Références sciences



# Codage de canal

## Une introduction aux codes correcteurs d'erreurs

Abdelghafour Berraissoul

ellipses

Collection Références sciences

dirigée par Paul de Laboulaye
paul.delaboulaye@editions-ellipses.fr

*Retrouvez tous les livres de la collection et des extraits sur www.editions-ellipses.fr*

ISBN 9782340-057227

8/10 rue la Quintinie 75015 Paris



www.editions-ellipses.fr

# Avant-propos

Les technologies de l'information comprennent toutes les techniques de traitement, de transmission et de stockage de l'information et constituent la base de l'économie numérique. La transmission et le stockage de l'information jouent donc partout un rôle décisif. Cependant, les systèmes réels d'information ne sont pas parfaits ; par exemple, des perturbations sur le trajet de transmission peuvent entraîner des distorsions et donc des erreurs qui peuvent se produire lors de la transmission ou du stockage de la source au destinataire. Il est donc souhaitable de développer un codage capable de détecter et de corriger ces erreurs. Le codage de canal (codage correcteur d'erreurs) est ainsi utilisé pour le contrôle des erreurs.

Les codes correcteurs d'erreurs existent depuis 60 ans, mais on peut être surpris de leur diffusion actuelle. La plupart des technologies nouvelles de transmission et de stockage des données seraient inconcevables sans ces codes.

Dans cet ouvrage, nous avons d'abord insisté pour expliquer clairement ce qu'est le codage de canal, c'est-à-dire l'ajout de données redondantes à l'information réelle, afin de pouvoir détecter ou même corriger indépendamment les erreurs lors de la transmission ou lors de la lecture des données d'une mémoire. A cette fin, nous introduisons le concept de codes en blocs et résumons leurs principales propriétés.

Le but ultime de cet ouvrage est l'introduction aux codes correcteurs d'erreurs de base, importants et fondamentaux, tels que les codes en blocs linéaires, cycliques et convolutifs. Le chapitre 1 donne un aperçu du codage de canal et des définitions détaillées. Au chapitre 2, les mathématiques inévitables sont présentées sous des formes cohérentes, étayées par de nombreux exemples. Une grande importance a été accordée à la cohérence de la terminologie et des notations. Les chapitres 3 et 4 traitent des codes linéaires en blocs et cycliques. Les chapitres 5 et 6 sont consacrés aux représentants des codes cycliques : le code BCH et le code Reed-Solomon. Les codes convolutifs sont traités en détail au chapitre 7.

Un traitement plus approfondi, en particulier de certaines méthodes de codage, exige des calculs mathématiques détaillés. Ceux-ci ne sont pas présentés ici, intentionnellement, pour deux raisons : d'une part, il existe des ouvrages standards dans lesquels ils sont décrits en détail comme Berlekamp [28] et Blahut [29]. D'autre part, ce livre doit, avant tout, donner une représentation compacte et pragmatique des différentes méthodes des codes correcteurs fondamentaux, ce qui est, à mon avis, une méthodologie qui se présente à l'ingénieur.

Je suis persuadé que l'enseignement des connaissances de base revêt une importance considérable et probablement croissante. Les domaines de recherche actuels tels que les turbocodes, les LDPC à décodage itérative sont basés sur ces codes fondamentaux. Bien entendu, il n'est pas possible de traiter ces codes en détail dans un tel ouvrage. Ainsi, au chapitre 8, nous nous limitons à un aperçu non exhaustif qui présente le problème des turbocodes et des codes LDPC sous une forme délibérément élémentaire et décrit ensuite un certain nombre de questions algébriques qui en découlent. Pour un développement plus complet, nous avons fait référence aux travaux de la bibliographie en tenant compte des nouveaux développements de la recherche.

De nombreuses années d'expérience dans l'enseignement montrent que les difficultés résident davantage dans la nature peu familière de la matière que dans les exigences mathématiques, c'est pourquoi un accent particulier a été porté sur la compréhension du matériel à travers des exemples et des exercices avec des solutions détaillées.

Le présent ouvrage est basé sur des cours de télécommunications, à l'intention d'étudiants de Master et de Cycle d'ingénierie, que j'ai donnés, pendant mon mandat de professeur à la faculté des sciences (FSJ) et au département de télécommunications, réseaux et informatique (TRI) de l'école nationale des sciences appliquées d'El Jadida- Maroc (ENSAJ).

J'aimerais profiter de l'occasion pour remercier certaines personnes qui ont contribué à la création de cet ouvrage. Je tiens avant tout à remercier ma famille, qui a dû se passer de son mari ou de son père pendant de nombreuses heures. Surtout ma femme qui m'a toujours soutenu et encouragé à continuer. Je voudrais également remercier mes anciens collègues du département de TRI de l'ENSAJ pour leur précieux soutien.

# Table des matières

# Chapitre 1

# Introduction et notions générales

## 1.1. Généralités

### 1.1.1. Pourquoi le codage de canal ?

Nous souhaitons transmettre un message (représenté en bits) à une destination par un canal fiable. Des erreurs peuvent se produire lors de la transmission et nous espérons détecter et corriger ces erreurs de transmission. Pour ce faire, nous devons introduire une certaine redondance dans notre message transmis. Le principe des procédures de correction des erreurs consiste à ajouter une redondance aux informations à transmettre selon des règles bien définies.

Des erreurs de transmission surviennent dans chaque système de transmission de messages. La probabilité $P_e$ d'une telle erreur de symbole peut être maintenue très faible, par exemple par une très grande énergie de signal. Cependant, la probabilité d'erreur de symbole $P_e = 0$ ne peut jamais être atteinte en raison de la fonction de densité de probabilité gaussienne du bruit thermique qui est toujours présente.

C'est pourquoi il est essentiel d'assurer une protection particulière des données à transmettre, adaptée à l'application et au canal, en particulier dans le cas des canaux fortement perturbés ainsi que pour les applications critiques pour la sécurité. Pour ce faire, on ajoute de la redondance à l'émetteur et on utilise cette redondance au récepteur pour réduire le nombre d'erreurs de décodage.

Le codage de canal est, en général, une affectation unique des caractères émis par la source aux caractères transmis par le canal. Cette assignation devrait être aussi efficace que possible et, compte tenu des perturbations sur le canal, être aussi fiable que possible.

Pour résoudre ce problème, il s'est avéré utile de faire la distinction entre codage de sources et codage de canal. Le codage de sources est destiné à fournir une représentation des caractères sous une forme adaptée à la transmission ou au traitement avec le moins de redondance possible. Le codage de canal a pour tâche d'ajouter de la redondance aux caractères à transmettre afin de détecter et de corriger les caractères falsifiés par des perturbations de canal.

## 1.1.2. Quelques applications du codage de canal

Les codes de détection et de correction d'erreurs ne sont pas seulement utilisés dans des applications scientifiques telles que les missions spatiales Viking (Mars), Voyager (Jupiter, Saturne), Galileo (Jupiter), Cassini (Jupiter, Saturne, …), mais également dans les systèmes de la vie quotidienne. Presque tous les supports de stockage numériques tels que le CD (Compact Disc), le DVD (Digital Versatile Disc), la Dat-Tape ou le disque dur d'un PC protègent leurs données par des procédures de codage extrêmement efficaces.

Non seulement le stockage des données numériques, mais aussi le transfert de fichiers lui-même doit être protégé contre les erreurs. Les systèmes de communications mobiles basés sur la norme GSM (Global System for Mobile Communications), la 4G (quatrième Génération) et la 5G (cinquième Génération). En particulier, la transmission de données pures exige une qualité de transmission élevée (taux d'erreur très faible), qui ne peut être obtenue sans codage de canal. Ceci s'applique également, par exemple, aux connexions par modem via des lignes téléphoniques pour des applications telles que l'internet, le système web et d'autres services. Bien entendu, les nouveaux médias, tels que la radiodiffusion numérique (DAB : Digital Audio Broadcasting) et la télévision numérique (DVB : Digital Video Broadcasting), utilisent également des procédures de traitement des erreurs.

La conception de procédures de codage efficaces doit être toujours orientée vers les conditions marginales spécifiques du système de transmission et en particulier vers les caractéristiques du canal de transmission. Les applications spéciales nécessitent donc des codes spéciaux. Les conditions marginales les plus importantes à prendre en compte lors de la sélection et de l'optimisation d'un système de transmission avec codage de canal comprennent, entre autres, les propriétés du canal de transmission, en particulier la largeur de bande disponible, la puissance de transmission disponible et la méthode de modulation spécifiée.

# 1.2. Théorie du codage de Shannon

## 1.2.1. Le taux de codage

Un mot de code ***c*** d'un code ***C*** se compose d'un nombre de $n$ éléments $\{c_i\}$ d'un corps de nombre déterminé. Ces $n$ éléments sont constitués d'un certain nombre de $k$ éléments d'information et d'un certain nombre d'éléments de contrôle $r$, de sorte que $n = k + r$.

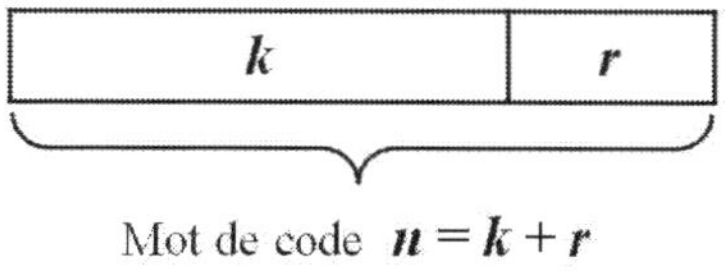


**Fig. 1.1** Structure symétrique d'un mot de code

Pour envoyer $M$ messages différents, $k$ symboles (bits) sont nécessaires tels que : $M = q^k$, c'est-à-dire $k = \log_q M$ (pour le cas binaire $q = 2$, et $M = 2^k$). Par contre, on enverra peut-être plus de bits à travers le canal pour améliorer la robustesse du message (voir plus loin). Ainsi, si on envoie $n$ bits pour en transmettre $k$, on aura un taux de codage (taux de transmission) donné par :

$$\boldsymbol{R_C} = \frac{\log_q \boldsymbol{M}}{\boldsymbol{n}} = \frac{\boldsymbol{k}}{\boldsymbol{n}} < \mathbf{1} \ [\text{bit/usage du canal}] \qquad 1.1$$

$R_C$ est une mesure pour l'évaluation du codage, il indique le rapport entre la longueur $k$ de séquence non codée et la longueur $n$ de séquence codée et prend la valeur un pour le cas non codé ($k = n$). Le taux de codage est également une mesure permettant d'augmenter la largeur de la bande du signal nécessaire, car un plus grand nombre de symboles ($n > k$) doit être transmis en même temps après le codage.

Shannon a pu montrer dans ses travaux de 1948 que chaque canal de transmission est décrit par une quantité quantitative appelée capacité du canal [1][2], de sorte qu'un taux d'erreur arbitrairement faible peut être atteint par le codage de canal, à condition que le débit de données à transmettre soit inférieur à la capacité du canal et qu'un traitement suffisamment complexe en émetteur et récepteur est possible.

Les caractéristiques du canal ne limitent pas la qualité de la transmission, mais seulement le débit. Autrement dit, le taux $R_C$ est atteignable s'il existe une suite de codes $(M,n)$ avec $M = M(n) = 2^{nR_c}$, où la probabilité d'erreur moyenne s'annule lorsque $n$ tend vers l'infini.

**C**ependant**,** dans la théorie de Shannon, l'existence de codes aussi puissants n'est prouvée que théoriquement. Dans les années qui ont suivi 1948, il n'a pas été possible de trouver les codes théoriquement prévus dans la pratique. Toutefois les procédures correspondantes n'étaient pas encore techniquement réalisables à l'époque.

## 1.2.2. Capacité de canal : Théorème du codage de canal

Pour chaque canal de capacité $C > 0$, il y a toujours (au moins) un code dont la probabilité d'erreur est proche de zéro, tant que le taux de codage $R_C$ est inférieur à la capacité $C$ [bit/symbole] du canal. La condition préalable est que la longueur du bloc de ce code soit très grande **:** $n \to \infty$.

- **Remarques**
  - La formulation « la probabilité d'erreur est proche de zéro » n'est pas identique à la formulation « la transmission est sans erreur ». Exemple : Dans une séquence infiniment longue, de nombreux symboles sont falsifiés.
  - Pour certains canaux, la probabilité d'erreur reste proche de zéro même avec $R_C = C$ (mais pas pour tous les canaux).
  - L'inverse du théorème de codage de canal est également vrai, énonçant : Si le taux de codage $R_C$ est supérieur à la capacité du canal $C$, une probabilité d'erreur arbitrairement faible ne peut en aucun cas être atteinte.

Pour le cas simple d'un canal AWGN (Additive White Gaussian Noise : bruit additif blanc gaussien) avec une densité spectrale de puissance constante de $\boldsymbol{N_0}$, la capacité du canal peut être facilement calculée [3][4]. Le résultat final est le suivant :

$$\boldsymbol{C} = \frac{1}{2}\,\mathrm{lb}\left(1 + 2\frac{\boldsymbol{E_S}}{\boldsymbol{N_0}}\right) \quad \left[\text{bit/usage de canal}\right] \qquad 1.2$$

où $E_S$ est l'énergie émise par symbole, $N_0$ la densité de puissance de bruit et $\mathrm{lb} = \log_2$ le logarithme binaire.

La relation suivante donne la capacité du canal par unité de temps

$$\boldsymbol{C_t} = \frac{\boldsymbol{C}}{\boldsymbol{\Delta T}} = \boldsymbol{B} \cdot \mathrm{lb}\left(1 + 2\frac{\boldsymbol{E_S}}{\boldsymbol{N_0}}\right) \quad \left[\text{bit/s}\right] \qquad 1.3$$

**Exemple 1.1**

$E_S/N_0 = 7{,}5 \Rightarrow C = \mathrm{lb}(1+2E_S/N_0) = 1/2 \cdot \mathrm{lb}(16) \Rightarrow C = 2$ bit/symbole. Pour un canal avec la largeur de bande (physique) $B = 4$ kHz, qui correspond à la fréquence d'échantillonnage $f_e = 8$ kHz, on a : $C_t = 16$ kbit/s.

■

Comme déjà mentionné ci-dessus, le codeur ajoute de la redondance au flux de données, c'est-à-dire que le vecteur codé contient plus d'éléments que le vecteur d'information ($n > k$). Puisque l'énergie n'est pas augmentée, chaque bit codé a inévitablement moins d'énergie qu'un bit d'information. Lors de l'évaluation et de la comparaison des systèmes, il est donc souvent intéressant de ne pas considérer l'énergie $E_S$ par symbole de canal, mais l'énergie $E_b$ appliquée pour chaque bit d'information. Les deux valeurs sont reliées par le taux de codage $R_C$, donc les conditions suivantes s'appliquent :

$$\boldsymbol{k \cdot E_b = n \cdot E_S \Rightarrow E_S = \frac{k}{n} \cdot E_b = R_C \cdot E_b} \qquad 1.4$$

La relation (1.4) peut être clairement interprétée de telle sorte que, en moyenne, exactement $1/R_C$ bits codés sont transmis par bit d'information, de sorte que l'énergie transmise par bit d'information augmente d'un facteur de $1/R_C$. Avec l'équation (1.4), l'expression de la capacité de canal prend la forme suivante :

$$\boldsymbol{C} = \frac{1}{2} \cdot \mathrm{lb}\left(1 + 2\boldsymbol{R_C}\frac{\boldsymbol{E_b}}{\boldsymbol{N_0}}\right) \qquad 1.5$$

En ce qui concerne l'efficacité de la bande passante, l'objectif de la transmission la plus efficace possible est atteint si le taux de codage $R_C$ est égal à la capacité du canal $C$. La relation (1.5) peut ensuite être utilisée pour déterminer le rapport signal sur bruit (SNR : Signal to Noise Ratio), requis pour un taux de code spécifique pour le canal AWGN. La conversion de la relation (1.5) en $E_b/N_0$ donne la relation suivante **[3][4][5]** :

$$\frac{\boldsymbol{E_b}}{\boldsymbol{N_0}} = \frac{2^{2\boldsymbol{R_C}} - 1}{2^{2\boldsymbol{R_C}}} \qquad 1.6$$

La figure (Fig. 1.2) présente l'évaluation graphique de la relation (1.6). On peut voir un tracé à peu près linéaire. La valeur limite pour $R_C \to 0$ est intéressante, elle peut facilement être calculée à l'aide de la règle de L'Hospitale, ce qui donne :

$$\lim_{R_C \to 0} \frac{E_b}{N_0} = \lim_{R_C \to 0} \frac{2^{2R_C} - 1}{2R_C} = \ln(2)$$, ou l'équivalent en dB :

$$\lim_{R_C \to 0} \mathbf{10} \cdot \log\left(\frac{\boldsymbol{E_b}}{\boldsymbol{N_0}}\right) = \mathbf{10}\log(\ln(\mathbf{2}) \approx \mathbf{-1{,}6}\ \text{dB} \qquad 1.7$$

Ce rapport signal sur bruit représente la limite inférieure du canal AWGN, jusqu'à laquelle une transmission sans erreur est encore théoriquement possible. Pour des rapports signal/bruit (SNR) plus faibles, une transmission sans erreur ne peut pas être réalisée même avec le plus grand effort, car le taux de codage tend à être nul ($n \to \infty$) et la transmission de l'information est plus efficace. Le graphique résume le résultat, où l'ordonnée $R_C$ est tracée sur une échelle linéaire et l'abscisse $E_b/N_0$ est tracée de façon logarithmique [3][5].

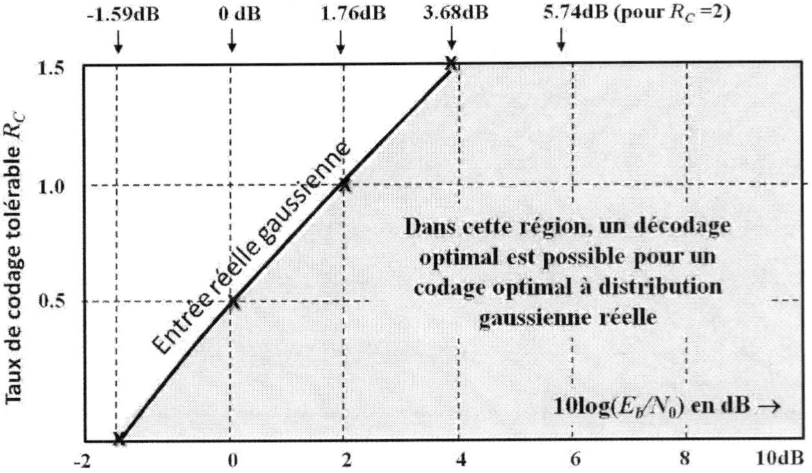


**Fig. 1.2 :** Capacité du canal (Canal AWGN)

Enfin, on considère le canal Gaussien continu limité à la bande $B$. A cette largeur de bande, selon le théorème d'échantillonnage [3][5] de Shannon, si la première condition de Nyquist [4][5][6] est remplie, un total de $2B \cdot \Delta T$ symboles peut être transmis dans une période de temps $\Delta T$. Avec la puissance de bruit $N = B \cdot N_0$ et la puissance de signal $S = R_b \cdot E_b$

($R_b$ est le débit de données des bits d'information [4])[1], la capacité de canal peut être adaptée sous la forme suivante :

$$C_t = \frac{C}{\Delta T} = B \cdot \mathrm{lb}\left(1 + \frac{R_b}{B}\frac{E_b}{N_0}\right) \qquad 1.8$$

On voit que la capacité $C_t$ dépend à la fois de la bande passante $B$ et du rapport signal sur bruit $E_b / N_0$. Dans certaines limites, un échange de bande passante et de rapport signal sur bruit est possible. Dans le cas extrême $R_b /B= C_t /B$ ($R_b = C_t$), la valeur limite du rapport signal sur bruit $E_b / N_0$ de la relation (1.8) résulte de la valeur limite $R_b /B = C_t /B \rightarrow 0$.

### 1.2.3. Conclusion

Lorsque l'on conçoit une chaîne de communication numérique, il est naturel de se poser les questions suivantes :

1. Peut-on transmettre une information sans erreurs sur un canal bruité ?
2. Si oui, est ce que cela implique que *le rendement* du codeur de canal doit être nul ?
3. Si non, y a t'il un rendement optimal, pour un niveau de bruit donné ?

La réponse à ces questions, selon la théorie de Shannon, peut être donnée comme suit :

1. En théorie de l'information, le deuxième théorème de Shannon dit (Théorème de codage de canal) montre qu'il est possible de transmettre des données numériques sur un canal même bruité presque sans erreur à un débit maximum calculable [1].
2. Pour une source de débit d'information $R_b$ bit/s et un canal de capacité $C_t$ bit/s, si $R_b > C_t$ la probabilité d'avoir des bits erronés au décodage reste strictement positive.
3. Pour tout débit binaire $R_b < C_t$ donné, on peut trouver un code de rendement (taux) $R_C$ et dont la probabilité d'erreur binaire est aussi proche de 0 que l'on veut. Le taux d'un code $R_C = k/n$ mesure la proportion de bits utiles transmis par utilisation du canal de transmission (où $k$ est la taille du mot d'information avant le codage et $n$ est la taille du mot de code après le codage).

---

[1]Le débit binaire $R_b$ est aussi généralement indiqué dans la biographie de référence avec $R$ ou $\dot{D}$.

On peut interpréter ce résultat de la manière suivante : si un canal de transmission génère des erreurs de transmission, il est tout de même possible de trouver une manière de coder les messages émis en leur rajoutant suffisamment de redondance de sorte qu'on puisse retrouver le message émis sans erreur. Ce théorème ne dit pas comment construire un tel code. Le problème des spécialistes des codes correcteurs d'erreurs est de trouver des méthodes de codage qui se rapprochent autant que possible de la borne de Shannon avec un rendement acceptable.

On peut affirmer qu'avec la diminution du rendement du code (taux de codage), les propriétés de protection contre les erreurs d'un code de canal peuvent être mieux observées et deviendront claires, par exemple, dans l'étude du code de Hamming (Chapitre 3) et des codes Reed-Solomon (Chapitre 5). Dans le même temps, cependant, avec un taux de code décroissant, l'effort pour les bits de contrôle supplémentaires $\boldsymbol{r}$ augmente en conséquence.

# 1.3. Chaîne de transmission générale

## 1.3.1. Définition

Dans un système de communication, on veut transmettre l'information provenant d'un émetteur vers un récepteur, à travers un canal de transmission (Fig.1.3). Ce dernier possède un certain nombre de caractéristiques, notamment sa capacité, sa nature physique, et le bruit qui falsifie l'information.

La figure (Fig. 1.4) illustre le principe de base d'une transmission numérique de messages avec codage de source et codage de canal. Comme on l'a déjà indiqué, la redondance est d'abord éliminée par le codage de source, puis ajoutée de manière contrôlée par le codage de canal. La redondance éventuellement présente dans les données sources est inutile pour le codage de canal, puisque les caractéristiques de cette redondance ne sont pas exactement contrôlables. Les données de base peuvent ne pas être redondantes du tout.

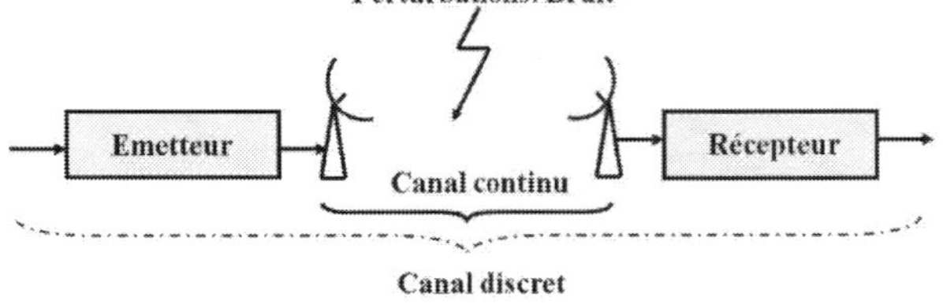


**Fig.1.3 :** Le canal de transmission

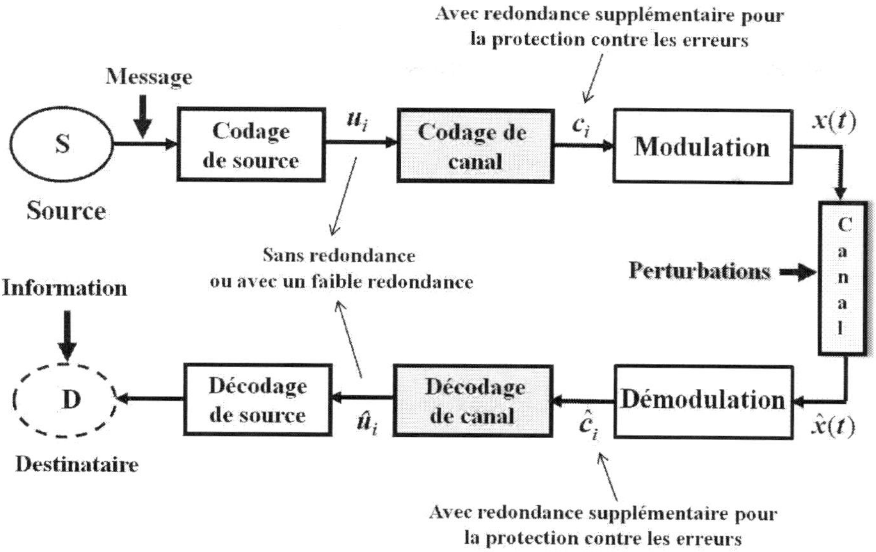


**Fig. 1.4** Chaîne de transmission indiquant les opérations du codage et de modulations

Selon la théorie de Shannon [1] comme le montre la figure (Fig. 1.4), le codage source et le codage de canal peuvent être réalisés et optimisés séparément. Toutefois, il peut y avoir des exigences pratiques, telles que des limitations de délai de transmission ou de complexité, de sorte que le codage de la source et le codage du canal doivent être adaptés.

Chaque opération du codeur correspond à une opération du décodeur. Le code cryptographique qui n'est pas illustré à la figure (Fig.1.4) se trouve normalement entre le codage source et le codage canal. Dans ce qui suit, le codage de source et la cryptographie ne sont plus considérés, de sorte que le codage de canal peut aussi être brièvement appelé codage.

## 1.3.2. Description brève de la chaîne de transmission

Les données $u_i$ sont adressées directement en tant que données source sous le nom bits d'information (Infobits) dans le cas binaire ou symboles d'information (Infosymboles) dans le cas à plusieurs niveaux [3][6]. Le codeur convertit les symboles d'information ou les bits d'information $u_i$ en symboles de code ou en bits de code $c_i$ et la redondance est ajoutée pour que les débits de données soient augmentés par le codeur. Le modulateur relie le codeur au canal physique (canal de transmission).

Le canal physique ne peut pas transmettre de symboles discrets (Fig. 1.3), mais seulement des signaux continus dans le temps $x(t)$. Ainsi, le modulateur a pour tâche d'attribuer aux valeurs discrètes un signal pouvant être transmis sur le canal physique. Cela comprend l'adaptation du signal modulé à la portée de transmission ou au spectre du canal physique, en particulier le déplacement du signal en bande de base vers la position passe-bande (opération de modulation). Toutefois, Dans le cas des méthodes de modulation codées par treillis [3][7], la division de l'émetteur en un codeur et un modulateur n'est plus claire et n'a plus de sens sous la forme présentée à la figure (Fig. 1.4).

En principe, le canal physique n'est pas idéal, c'est-à-dire qu'il change les signaux pendant la transmission. Cela s'applique à la transmission câblée (par ex. ligne d'abonné, câble coaxial, câble à fibres optiques), aux canaux radio terrestres (par ex. radio mobile, radio directionnelle, radiodiffusion radio, radio ondes courtes), aux liaisons par satellite, au stockage (par ex. supports magnétiques, mémoires électroniques et optiques) ainsi qu'aux combinaisons de ces canaux. Le canal physique se caractérise, par exemple, par des amplitudes et des réponses de phase non idéales, par des distorsions, par des interférences dues au bruit ou à la diaphonie, ou par des effets atmosphériques ou diverses voies de propagation, ainsi que par des interférences délibérées [3][5][6].

Le démodulateur ne transmet donc pas exactement les signaux continus $x(t)$, mais seulement une version perturbée et falsifiée de ceux-ci. Néanmoins, le récepteur doit reconstruire les valeurs d'émission en temps discret ou les symboles d'information de la manière la plus précise possible. Pour ce faire, le signal en bande de base est d'abord récupéré à partir du signal passe-bande dans le démodulateur, ce qui inclut une synchronisation de porteuse et de phase idéale pour les récepteurs cohérents [3][5][6]. A partir de là, une séquence de valeurs discrètes dans le temps est produite, de sorte que chaque symbole de code $\boldsymbol{c_i}$ correspond à une valeur reçue $\hat{c}_i$. Avec la démodulation dite de décision souple (soft decision) [8], le démodulateur doit produire des valeurs $\hat{c}_i$ qui contiennent autant d'informations que possible pour le décodeur - l'objectif n'est pas forcément que $\hat{c}_i$ doit correspondre à $c_i$ le plus exactement possible.

Le décodeur fonctionne en temps discret : à partir de la séquence des valeurs reçues $\hat{c}_i$ présentes dans l'horloge des symboles de code, on obtient une estimation $\hat{u}_i$ pour les symboles d'information $u_i$, cette estimation ayant généralement un retard de temps. Dans le cas idéal, le décodeur fonctionne même de manière séquentielle : Ce n'est qu'après la réception d'une séquence entière de valeurs de réception que la séquence entière de symboles d'information est estimée d'un coup.

## Exemple 1.2a : Transmission des données

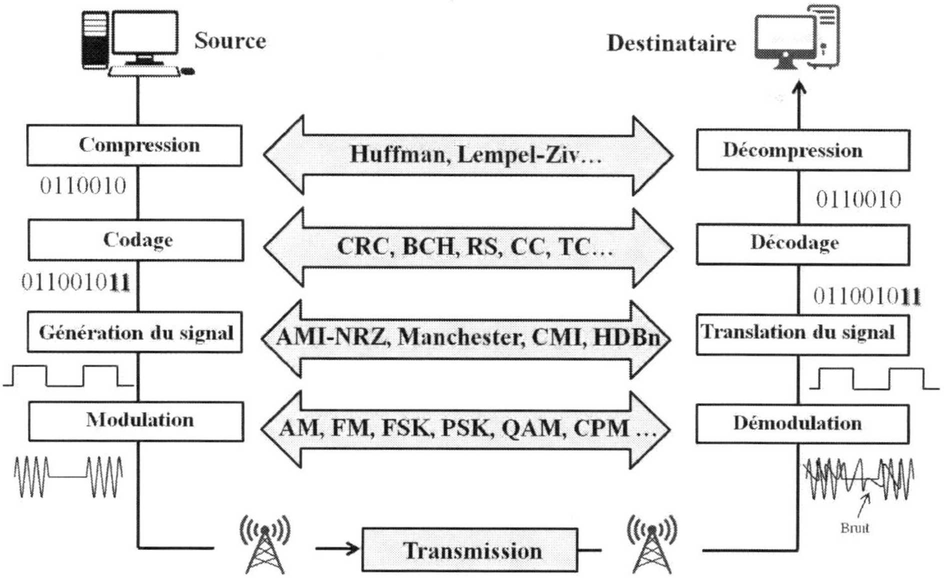


**Fig. 1.5a** : Chaîne de transmission des données (Exemple concret)

■

## Exemple 1.2b : Communications mobiles

- La figure (Fig. 1.5b) présente un exemple de communication mobile (GSM). Le but d'un réseau de téléphonie mobile (cellulaire) est d'offrir des services de voix et de données au public, les communications pouvant se faire n'importe où (dans la zone de couverture) et n'importe quand. Lorsqu'une communication est établie, celle-ci doit pouvoir se poursuivre avec un niveau de qualité satisfaisant, même si l'usager est en situation de mobilité. Pour satisfaire ces exigences, on utilise, entre autre, un codage correcteur qui se manifeste dans l'ajout de redondance après le codage de source en passant de 13kbit/s à 22,8 kbit/s (Fig. 1.5b).

  Quatre niveaux de codage convolutif (voir plus loin) sont disponibles, suivant la qualité de liaison souhaitée et le taux de brouillage existant dans la cellule.

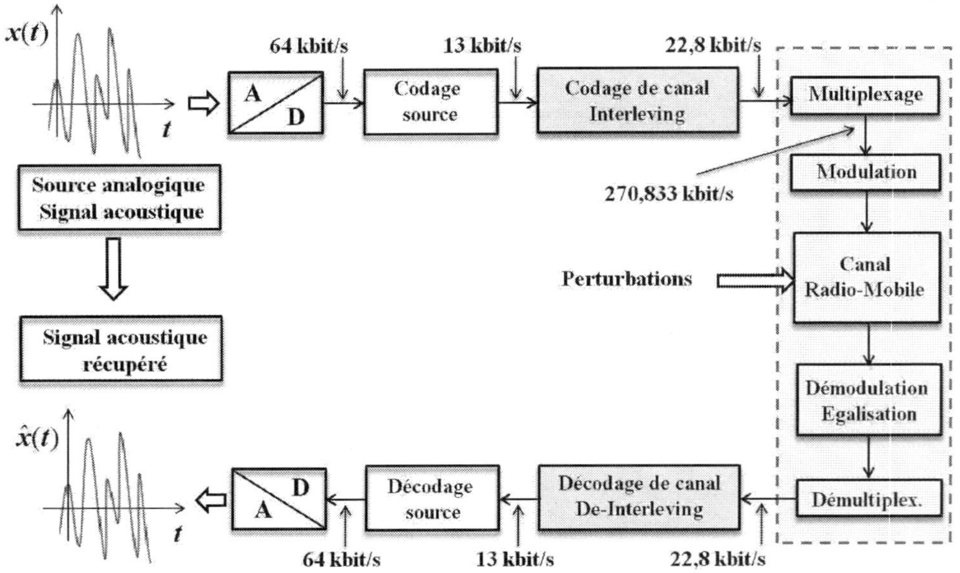


**Fig. 1.5b :** Chaîne de transmission (GSM)

# 1.4. Aperçu et histoire des codes

## 1.4.1. Généralités

Les sources de données et les canaux de transmission sont décrits à l'aide de modèles stochastiques. Avec une mesure mathématique de l'information (entropie), un contenu d'information est attribué à chaque message. Ceci permet de déterminer le nombre minimum de symboles absolument nécessaires pour la représentation sans erreur d'un message. Un message plus long avec le même contenu d'information est alors redondant. En général, le codage signifie l'affectation de messages à un ensemble ou à une séquence de symboles. La théorie de Shannon distingue trois types de codage :

**Codage source** : Les messages sont compressés de telle sorte qu'aucune information n'est perdue et la récupération parfaite des messages est donc possible, mais le nombre de symboles à transmettre est réduit. Le codage se sources élimine la redondance et soulage le système de transmission [4].

**Codage de canal (Codage correcteur d'erreurs)** : Il s'agit de méthodes et de procédures permettant de transmettre l'information d'une source à un destinataire avec un minimum d'erreurs. La redondance est ajoutée à l'information réelle d'une manière contrôlée afin que les erreurs survenant pendant la transmission puissent être détectées et corrigées par le récepteur. Cela permet d'obtenir une très grande fiabilité des données transmises. En outre, les perturbations peuvent être compensées, ce qui n'a pas pu être évité par d'autres mesures, telles que l'augmentation de la puissance de transmission.

**Cryptographie** : Chiffrement destiné à rendre les messages illisibles pour les personnes non autorisées ou à empêcher que les messages soient falsifiés ou trafiqués. Alors que le codage de canal permet aux messages de rester lisibles même en cas d'interférence, les messages cryptés devraient être illisibles sans connaissance de la clé, même si la transmission n'est pas perturbée.

Dans cet ouvrage, nous ne traiterons que du codage de canal (codage correcteur d'erreurs), en lien étroit avec la technologie de transmission numérique et en tenant compte des limites fondamentales et des possibilités d'une transmission fiable d'informations démontrée par la théorie de l'information de Shannon.

### 1.4.2. Stratégie de correction d'erreurs

Selon le type de canal et généralement pour des raisons de coût, il existe deux variantes différentes pour le traitement des erreurs qui se produisent.

La première variante est conçue pour que le récepteur avertisse l'émetteur en cas de transmission incorrecte des données. De tels systèmes sont appelés systèmes à demande de répétition automatique (ARQ : Automatic Repeat Request). Pour une telle procédure, le code sous-jacent ne doit pouvoir détecter que les erreurs. La deuxième possibilité vise à permettre au destinataire de reconnaître les erreurs et de les corriger lui-même. Une telle stratégie de correction d'erreur est appelée correction d'erreur directe (FEC : Forward Error Correction).

**La méthode ARQ** : Dans un tel système, le récepteur utilise un code de détection pour détecter si le paquet reçu est défectueux. Ici, les erreurs de transmission ne sont pas corrigées, mais le récepteur est limité à la détection des erreurs (code de détection d'erreurs). Cependant, il faut supposer que le temps de transmission n'est pas extrêmement court et qu'un canal de retour est disponible (Fig. 1.6). Si des erreurs sont détectées, une répétition est demandée via ce canal de retour afin de renvoyer le message ou de lui fournir une redondance supplémentaire. Les codes en bloc (voir plus loin) sont presque exclusivement utilisés pour la détection d'erreurs. La correction par retransmission est préférée dans les réseaux où le taux de perte est faible et le délai de retransmission est tolérable, car son surcoût est généralement plus faible que celui induit par les codes auto correcteurs.

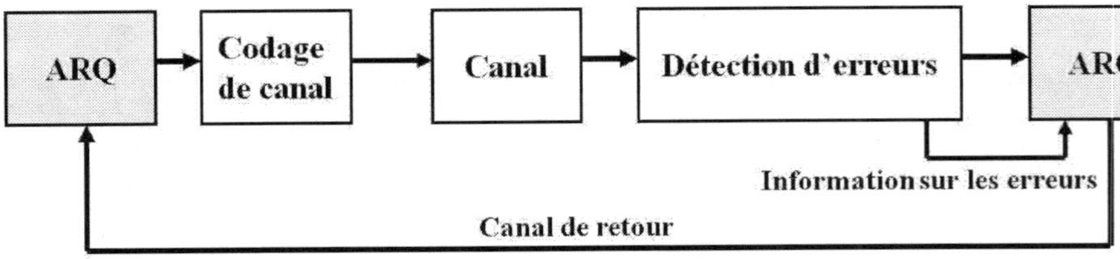


**Fig. 1.6 :** Présentation spécifique ARQ

Quatre techniques sont mises en œuvre pour la détection des erreurs :

- **La détection par écho** : Le récepteur renvoie le message reçu, si le message est différent de celui émis, l'émetteur retransmet le message. Cette technique est utilisée dans les milieux asynchrones.
- **La détection par répétition** : Chaque message émis est suivi de sa réplique. Si les deux messages sont différents, le récepteur demande une retransmission. Cette technique est très utilisée dans les milieux sécurisés et très perturbés.
- **La détection par code** : Une information supplémentaire au niveau du caractère (bit de parité) ou au niveau d'un groupe de caractères (clé) est ajoutée à l'information transmise. Le récepteur contrôle le bit de parité ou la clé, s'il détecte une erreur, il ignore les données reçues et en demande la retransmission. Généralement un contrôle de redondance cyclique (CRC : Cyclic Redundancy Check) est utilisé comme code pour la détection d'erreurs.
- **La détection et correction d'erreurs par répétition** : Une approche simple consiste à reproduire (c'est-à-dire à répéter) le message à transmettre. Chaque bit est transmis $m$ fois et le récepteur décide quel symbole s'est le plus produit. Supposons que nous voulons transmettre le mot de code 101 de longueur $k = 3$, nous choisissons $m = 3$, ce qui signifie que chaque bit est transmis trois fois. Le mot de code transmis serait donc 111000111). Cela peut être fait par une représentation matricielle :

$$[1 \quad 0 \quad 1]\cdot G = [1 \quad 0 \quad 1]\cdot\begin{bmatrix} 1 & 1 & 1 & 0 & 0 & 0 & 0 & 0 & 0 \\ 0 & 0 & 0 & 1 & 1 & 1 & 0 & 0 & 0 \\ 0 & 0 & 0 & 0 & 0 & 0 & 1 & 1 & 1 \end{bmatrix}$$
$$= [1 \quad 1 \quad 1 \quad 0 \quad 0 \quad 0 \quad 1 \quad 1 \quad 1]$$

La matrice $G$ s'appelle la matrice génératrice (voir chapitre 3). Elle a la dimension $n \cdot k$, où $n = m \cdot k = 3 \cdot 3 = 9$ est la longueur du bloc et $k = 3$ est le nombre de bits du message.

**Exemple 1.3**

- Ajouter de la redondance : Doubler chaque chiffre 1011010001

1011010001

↓

11 00 11 11 00 11 00 00 00 11

Si une erreur se produit

11 00 11 11 00 **0**1 00 00 00 11

↙ ↘

0 ou 1 ?

↓

On sait détecter mais ne pas corriger

- **Remarque**
    - Certaines erreurs sont indétectables.

■

**Méthode FEC (Forward Error Correction)** : Lorsque la correction des erreurs directe est utilisée (correction automatique), l'émetteur encode les données à transmettre de manière redondante, afin que le récepteur puisse détecter et corriger les erreurs de transmission sans consulter l'émetteur. Un code FEC peut avoir les propriétés suivantes :

- Une redondance plus élevée.
- Le canal influence directement la qualité de la transmission des données (la capacité de correction du code est dépassée dans des conditions défavorables → erreur résiduelle).
- Si la redondance est plus élevée, même dans de bonnes conditions de transmission, l'efficacité est inférieure à celle de l'ARQ.
- Aucun canal de retour pour les méthodes FEC pures (dans le cas des erreurs résiduelles : soit détection par code correcteur et camouflage, ou bien absence de détection).

- Les procédures FEC ont une cadence constante de données indépendamment de l'état actuel des canaux.
- Utilisation pour des canaux fortement perturbés.

**Procédés hybrides :** Combinaison des processus FEC et ARQ pour associer les avantages et éviter les inconvénients.

La figure ci-dessous présente la stratégie de protection contre les erreurs.

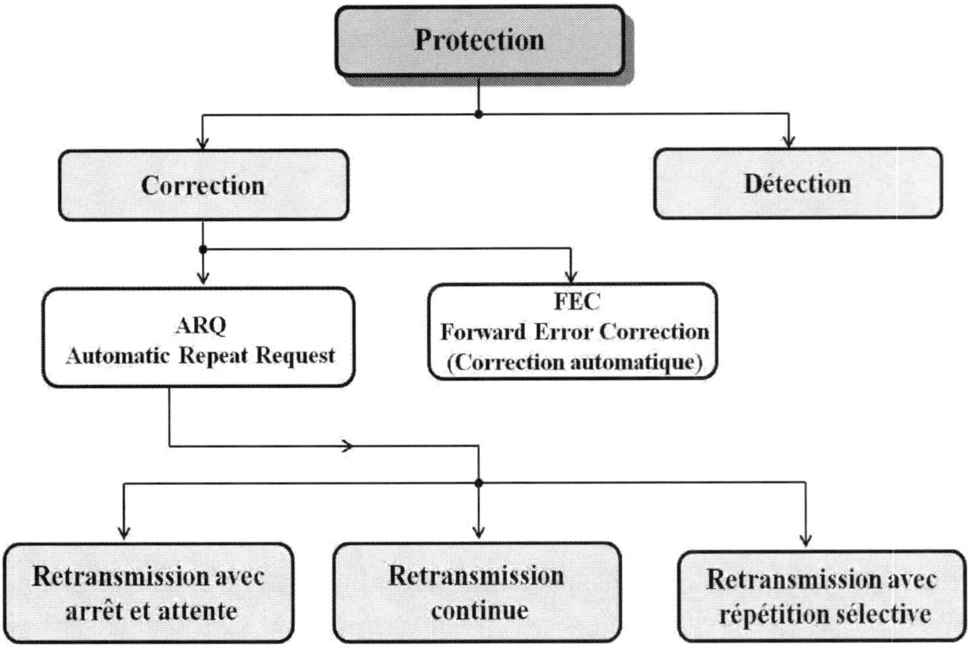


**Fig. 1.7 :** Stratégie de protection

## 1.4.3. Classification des codes FEC

Essentiellement il y a deux grandes familles des codes (FEC). Dans le diagramme ci-après, on peut distinguer deux classes de codes différentes et mathématiquement plus exigeantes : Les codes algébriques structurés (les codes en bloc et codes convolutifs) et les codes pseudo aléatoires (turbo code et LDPC).

Les méthodes FEC ont un débit de données constant, indépendamment de l'état actuel du canal. La figure ci-après montre une classification de ces codes.

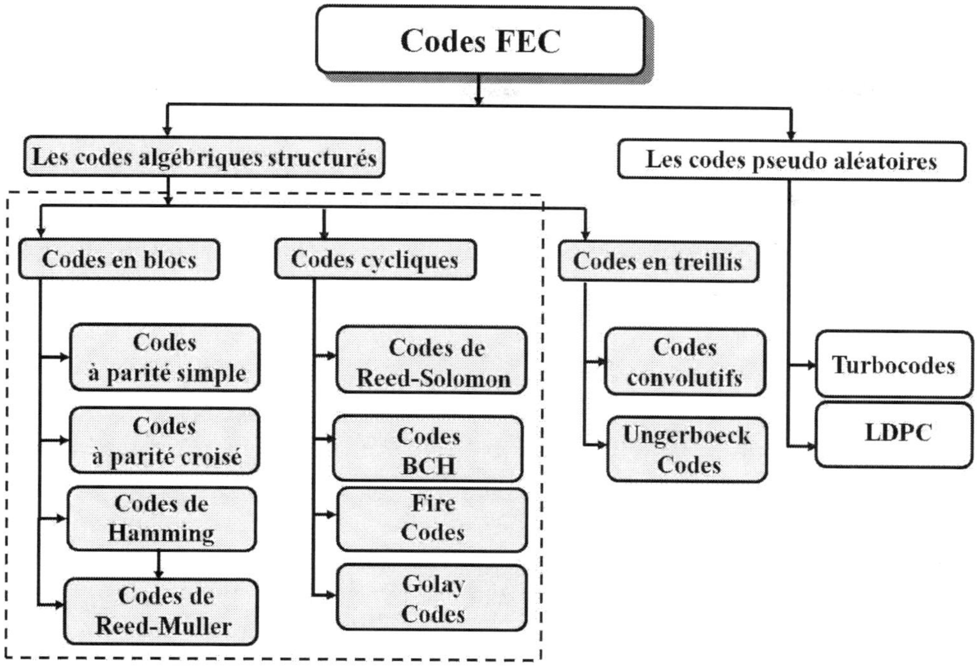


**Fig. 1.8 :** Classification des codes FEC

- **Les codes algébriques structurés (1948-1993)**

1. **Codes à bloc et les codes cycliques**: Hamming, Reed Solomon, BCH, Golay. .. : Le codage/décodage d'un bloc dépend uniquement des informations de ce bloc.
2. **Les codes en treillis** (convolutifs, récursifs ou non) : le codage/décodage d'un bloc dépend des informations d'autres blocs (généralement des blocs terminés précédemment transmis). Il s'applique sur une suite infinie de symboles et produit une suite infinie [8][9].

- **Les codes pseudo aléatoires (1993-2003)**

3. **Turbo Codes** (1993) : Un turbo codeur classique résulte de l'association de deux codeurs (ou plus). Il s'agit souvent de codeurs convolutifs, récursifs et systématiques [10].
4. **LDPC (Low Density Parity Check Codes)** : Les codes LDPC sont une famille de code uniquement définis par la matrice de parité $\boldsymbol{H}$ pseudo aléatoire de faible densité [11].

## 1.4.4. Historique

Après avoir eu une idée des différents codes, nous voulons donner un aperçu de leur évolution historique. Dès 1948, C. E. Shannon [1] a montré dans ses célèbres travaux sur la théorie de l'information qu'il est possible, à l'aide de longs codes correcteurs d'erreurs appropriés, de transmettre des données avec une certaine fiabilité malgré un canal perturbé, tant que le débit d'information est inférieur à la limite déterminée par la capacité du canal.

En 1950, C. W. Hamming [2] a réussi pour la première fois à formuler une description mathématique d'une classe de codes systématiques de correction d'erreurs et à spécifier le calcul d'une limite pour la sécurité des erreurs réalisables lors de l'utilisation de tels codes en bloc. Quatre ans plus tard, D. E. Muller et I. S. Reed [14] ont spécifié des codes de blocs correcteurs d'erreurs multiples. Ces codes Reed-Muller, qui portent leur nom, ont été utilisés dans des missions spatiales en 1964 et en raison de leurs propriétés orthogonales, sont maintenant proposés pour les systèmes de transmission utilisant le multiplexage par répartition en code.

R. C. Bose, D. K. Ray-Chaudhuri et A. Hocquenghem [13] ont développé en 1960 une grande classe de codes BCH portant leur nom. Ces codes BCH, comme les RS-Codes [13], développés dans la même année par I. S. Reed et G. Solomon appartiennent à la classe des codes à blocs cycliques, qui sont capables de corriger plusieurs erreurs dans un mot de code. Les algorithmes de codage et de décodage de ces codes de bloc peuvent être décrits à l'aide de procédures algébriques. La même année, W. W. Peterson a donné un algorithme de décodage pour la classe des codes BCH binaires qui pourrait être généralisé par D. C. Gorenstein et A. Zierler [15] également pour les codes BCH et RS non binaires. Ce n'est qu'en 1966 que E. R. Berlekamp[28] a réussi à mettre au point un algorithme de décodage itératif efficace qui a permis d'incorporer des méthodes de codage et de décodage algébriques dans des systèmes de transmission pratiques.

Les codes convolutifs ont été introduits pour la première fois par Elias [17] en 1955 comme alternative aux codes en bloc. Peu de temps après, Wozencraft [18] a publié le décodage séquentiel et J. L. Massey 1963 [19] le décodage de seuil pour les codes convolutifs, ce qui a ensuite conduit à des applications dans la technologie de transmission numérique. La grande percée des codes convolutifs a été réalisée en 1967 par le « décodage à probabilité maximale » proposé par Viterbi [20], qui grâce à sa facilité de mise en œuvre, a trouvé ses premières applications dans le domaine des missions spatiales au début des années 1970. Seul le codage de canal a pu répondre aux exigences de haute fiabilité dans la conception des systèmes de transmission et de stockage. Il est ainsi devenu une partie intégrante de la technologie moderne de communication.

La limite de l'amélioration des performances avec la FEC a été définie en 1948 par Claude Shannon. Mais aucune approche n'a été montrée pour construire un bon code pratique. Atteindre la limite de capacité du canal Shannon a été l'objectif des théoriciens du codage correcteur depuis cette époque. En 1993, C. Berrou, A. Glavieux et P. Thitimajshima ont présenté un Turbo-Code basé sur la concaténation de codes parallèles avec décodage itératif lors du « Conférence Internationale en Communications » de juin 1993 à Genève, Suisse [53].

Les turbocodes représentent une percée majeure dans le domaine des communications numériques. Ils sont utilisés dans de nombreux standards de téléphonie mobile (UMTS, LTE), de communications par satellites (Inmarsat, DVB-RCS) ou de courants porteurs en ligne. Leur inventeur est Claude Berrou qui breveta (brevet européen [archive], brevet américain [archive]) cette technologie pour le compte de France Télécom et TDF.

Les codes LDPC (low density parity check codes), ou codes Gallager, ont été développés en 1962 par Robert Gray Gallager dans le cadre de sa thèse au MIT [11].

Après avoir été longtemps oubliés, ces codes LDPC ont connu une renaissance lorsque R. Urbanke et T.J. Richardson [21] ont montré en 2001 qu'ils pouvaient opérer à proximité de la frontière de Shannon et qu'ils pouvaient être efficacement mis en œuvre en tant que LDPC irrégulier. Parmi les LDPC irréguliers figurent les Tornado Codes for Erasure Coding (M. Luby, M. Mitzenmacher, D. A. Spielman, A. Shokrollahi 2001 [23]).

Dans les systèmes modernes de radio mobile numérique, la transmission rapide de données devient de plus en plus importante, en plus de la transmission de la voix. Cela est dû, entre autres, à la possibilité d'ouvrir des accès aux ordinateurs centraux et aux réseaux pour un poste de travail mobile.

La figure ci-après montre l'évolution historique des codes correcteurs d'erreurs.

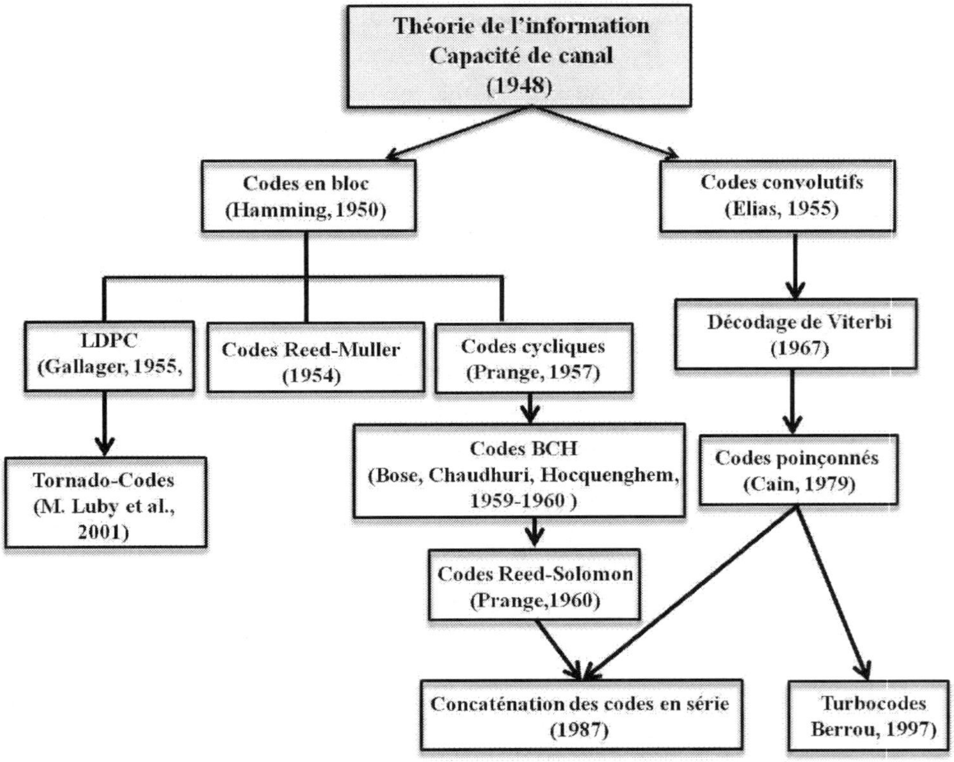


**Fig. 1.9** : Historique des codes

# 1.5. Probabilités d'erreur

## 1.5.1. Taux d'erreur binaire TEB

Le taux d'erreur binaire TEB ou BER abréviation de l'expression anglaise (Bit Error Rate) est défini comme étant le taux auquel les erreurs se produisent dans un système de transmission. Ceci peut être traduit directement par le nombre d'erreurs qui se produisent dans une suite déterminée de bits. La définition du taux d'erreur binaire peut être traduite en une formule simple :

$$\mathbf{TEB} = \frac{\text{Nobmre des bits érronés}}{\text{Nobmre total des bits transférés}} \qquad 1.9$$

Le TEB dépend de la nature de la ligne de transmission (locale/internationale, nombre de répéteurs, support : câble/satellite, ...) ; il varie typiquement de $10^{-4}$ à $10^{-7}$.

**Exemple 1.4**

1 1 0 0 1 1 1 1 0 1 0 1 1 0 1 0 1 0 18 bits

1 1 0 **1** 1 1 **0** 1 **1** 1 0 1 1 0 1 **1** 1 0 4 bits erronés

- Paquet des erreurs de 4 bits
- Le message reçu diffère de 4 bits du message émis.
  $\text{TEB} = 4/22 = 0,22$

■

## 1.5.2. Calcul des probabilités d'erreur

Comme nous l'avons vu, un processus de décodage ne peut corriger que dans une mesure limitée et peut même ajouter plus d'erreurs si la détectabilité des erreurs est dépassée. Il est donc particulièrement intéressant de calculer la probabilité avec laquelle un mot de code est correctement ou incorrectement reçu ou décodé.

La condition préalable à un tel calcul est la connaissance du canal de transmission ou du modèle correspondant à ce canal. Le type de perturbation le plus simple dans la transmission de caractères binaires est le canal binaire symétrique CBS ( BSC : Binary Symmetric Channel), dans lequel un caractère transmis $x$ = 1 ou 0 est transformé dans l'autre état binaire avec une probabilité d'erreur de bit $P$, ou est reçu correctement avec la probabilité $(1 - P)$.

Commençons par demander quelle est la probabilité qu'aucune erreur ne se soit produite dans le mot de code de longueur $n$ :

$$\boldsymbol{P(\varepsilon = 0) = (1 - P_e)\cdot(1 - P_e)\cdots(1 - P_e) = (1 - P_e)^n} \qquad 1.10$$

$\rightarrow \boldsymbol{\varepsilon}$ erreurs parmi $\boldsymbol{n}$ bits $\Rightarrow \boldsymbol{P(\varepsilon, n)}$

$\rightarrow \boldsymbol{P_e}$ : Probabilité d'erreur.

$\rightarrow 1 - \boldsymbol{P_e}$ : Probabilité de la réception d'un bit sans erreur.

$\rightarrow \boldsymbol{P}(\varepsilon = 0) = (1 - \boldsymbol{P_e})\cdot(1 - \boldsymbol{P_e})\cdots(1 - \boldsymbol{P_e}) = (1 - \boldsymbol{P_e})^{\boldsymbol{n}}$

: Probabilité de la réception de $\boldsymbol{n}$ bits sans erreur.

$\rightarrow \boldsymbol{P}(\varepsilon = 1) = \boldsymbol{P_e}\cdot(1 - \boldsymbol{P_e})^{\boldsymbol{n}-1}$

: Probabilité de recevoir un mot avec une erreur dans *une position donnée*.

$\rightarrow\ P(\varepsilon=1)=n\cdot P_e(1-P_e)^{n-1}$

: 1 bit erroné dans *n positions possibles* dans un mot.

En général, la configuration d'un mot avec *n* bits et *ε* erreurs est donnée par la relation suivante :

$$\left.\begin{aligned} P(\varepsilon,n) &= \binom{n}{\varepsilon}\cdot P_e^{\varepsilon}\cdot(1-P_e)^{n-\varepsilon} \\ \binom{n}{\varepsilon} &= \frac{n!}{\varepsilon!(n-\varepsilon)!} \qquad \varepsilon=0,1,2,\ldots,n \end{aligned}\right\} \qquad 1.11$$

Selon les relations (1.11), on peut calculer la probabilité avec laquelle un code peut corriger correctement l'erreur maximale *E*, comme suit :

$$P_{cor}=\sum_{\varepsilon=0}^{E}\binom{n}{\varepsilon}\cdot P_e^{\varepsilon}\cdot(1-P_e)^{n-\varepsilon} \qquad 1.12$$

Où *E* est le nombre maximal des erreurs corrigeables.

La probabilité qu'un mot reçu ne soit pas corrigé ou même incorrectement corrigé est déterminée :

$$P_{err}=1-P_{cor}=\sum_{\varepsilon=E+1}^{n}\binom{n}{\varepsilon}\cdot P_e^{\varepsilon}\cdot(1-P_e)^{n-\varepsilon} \qquad 1.13$$

**Exemple 1.5**

- Décoder correctement un chiffre en transmettant 3 chiffres sur un canal bruité. Par exemple l'émission d'un bit 0 selon le canal CBS ci-dessous :

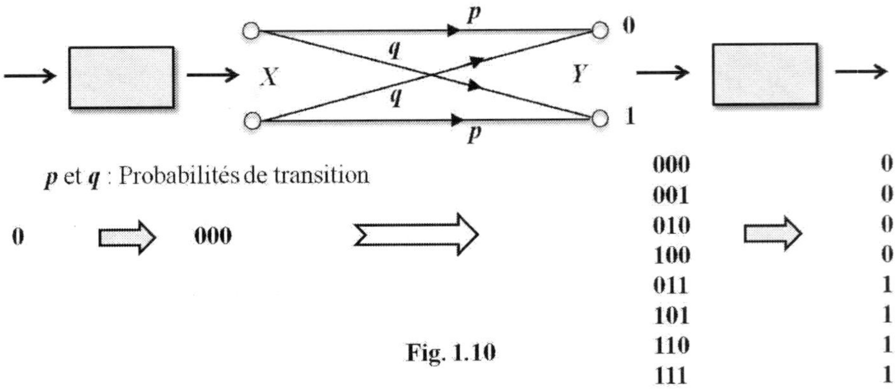


Fig. 1.10

| | | |
|---|---|---|
| 000 | 0 | $p^3$ |
| 001 | 0 | $p^2q$ |
| 010 | 0 | $p^2q$ |
| 100 | 0 | $p^2q$ |
| 011 | 1 | $pq^2$ |
| 101 | 1 | $pq^2$ |
| 110 | 1 | $pq^2$ |
| 111 | 1 | $q^3$ |

(lignes 000 à 100) : $p^2(p+3q) = p^2(3-2p)$ où $p = 1-q$

$Si\ p = 0{,}92 \Rightarrow q = 0{,}08$

■

**Exemple 1.6**

**a.** Calculer la probabilité $P(\varepsilon,n)$ lorsque $n$ bits sont transmis sur un canal binaire symétrique (CBS), avec la probabilité d'erreur $P_e$ et $\varepsilon$ symboles sont erronés.

**b.** Quelles conditions doivent satisfaire $n$, $\varepsilon$ et $P_e$, ($\varepsilon < n/2$) pour que: $P(\varepsilon,+1) < P(\varepsilon)$. Vérifier la condition calculée pour $n = 7$, $\varepsilon = 1$ et $P_e = 10^{-1}$

- **Réponse**

**a.** Calcul de la probabilité $P(\varepsilon,n)$:

$$P(\varepsilon) = \binom{n}{\varepsilon} \cdot P_e^{\varepsilon} \cdot (1-P_e)^{n-\varepsilon}$$

**b.** Avec le résultat de (a) nous obtenons :

$$P(\varepsilon+1) = \binom{n}{\varepsilon+1} \cdot P_e^{\varepsilon+1} \cdot (1-P_e)^{n-\varepsilon-1} < \binom{n}{\varepsilon} \cdot P_e^{\varepsilon} \cdot (1-P_e)^{n-\varepsilon} = P(\varepsilon)$$

$$\frac{n-\varepsilon}{\varepsilon+1} \cdot P_e < 1-P_e \Rightarrow P_e < \frac{\varepsilon+1}{n-\varepsilon}$$

Pour les valeurs explicites $n = 7$, $\varepsilon = 1$ et $P_e = 10^{-1}$ on obtient :

$$0{,}1 < \frac{2}{8} = 0{,}25$$

La condition est remplie pour les valeurs indiquées

■

**Exemple 1.7**

- Supposons une transmission de 130 caractères à 8 bits par caractère émis sur une liaison en mode synchrone de 4800 bit/s, avec un taux d'erreur TEB = $10^{-4}$. Les erreurs sont supposées être distribuées aléatoirement.

  Déterminons la probabilité pour qu'un message reçu soit erroné :

⇨ Le message de 130 caractères correspond à un bloc de
$\boldsymbol{n} = 8 \Rightarrow 130 \times 8 = 1040$ bit

⇨ La probabilité de réception d'un bloc correct $P_{cor}$ est de :
$P_{cor} = (1-0,0001)^{1040} = (0,9999)^{1040} = 0,90$

⇨ La probabilité de recevoir un message erroné est donc :
$P_e = (1-0,90) = 0,1$

■

**Exemple 1.8**

Comparer les deux probabilités d'erreur ($P_e$ = $10^{-10}$ et $P_e$ = $10^{-6}$) pour le même débit de 9,6 kbit/s.

→ $P_e = 1 - P_{cor}$ = $10^{-10}$ : On a une erreur chaque 30 heures

→ $P_e = 1 - P_{cor}$ = $10^{-6}$ : Pour le même débit, nous recevons une erreur chaque deux minites.

■

# 1.6. Bits de parité

## 1.6.1. Code à parité simple

Le contrôle de parité (appelé parfois VRC : Vertical Redundancy Check) est un des systèmes de contrôle les plus simples. Il consiste à ajouter un bit supplémentaire (appelé bit de parité) à un certain nombre de bits de données appelé mot de code. Les codes à parité simple se contentent d'ajouter un bit de parité pour la détection ou correction d'erreur. La valeur de la parité est calculée de manière à assurer que la somme des bits du message plus le bit de parité (checksum modulo 2) soit égale à 1, on parle alors de parité impaire, ou égale à 0, il s'agit dans ce cas de parité paire.

**Exemple 1.9**

- Dans cet exemple, la redondance d'information est faible, on introduit un bit supplémentaire tel que le nombre des bits « 1 » à transmettre soit pair (bit de parité) ou impaire (bit d'imparité). Compte tenu de la faible redondance introduite, le contrôle ne porte que sur un caractère

| | Contrôle | Information utile | | | | | | |
|---|---|---|---|---|---|---|---|---|
| **Position** | 8 | 7 | 6 | 5 | 4 | 3 | 2 | 1 |
| **Bit** | **1** | **0** | **1** | **0** | **0** | **1** | **1** | **0** |

**Tableau 1.1**

- Ce mot de code a une parité paire, il a exactement quatre 1. Si une simple erreur se produit, par exemple, à la position 6 le 1 devient un 0, le mot de code aura maintenant une parité impaire. L'erreur peut être détectée, mais pas corrigée, puisque la position d'erreur ne peut pas être déterminée. Pour deux erreurs, l'erreur n'est plus reconnaissable, car elle crée à nouveau un mot de code admissible (parité paire).
- 1 1 1 1: Nombre pair des un. L'erreur peut être détectée mais pas corrigée
- 1 0 1 **1** **1** 1 1 0 : Deux erreurs → nombre pair des un. Cette méthode est incapable de détecter un nombre pair d'erreurs.

■

## 1.6.2. Code à parité croisée

Comme extension du contrôle de parité unidimensionnelle décrit ci-dessus, il est possible de créer une méthode de parité bidimensionnelle, qui peut non seulement détecter certaines erreurs, mais aussi corriger certaines combinaisons d'erreurs. Le contrôle de parité devient ainsi une procédure de détection et de correction d'erreurs.

Ce type de contrôle ne consiste pas uniquement à contrôler l'intégrité des données d'un caractère, mais à contrôler l'intégrité des bits de parité d'un bloc de caractère.

Ce type de contrôle assure aussi le contrôle de parité par une vérification par deux modes de contrôle :

- **VRC (Vertical Redundancy Checking)** : Le contrôle vertical de redondance désigne la parité appliquée à un mot et non pas à la suite des mots (Parité Longitudinale) (Fig.1.11).

⇨ On insère à chaque mot de N bits un bit de parité pour que le nombre de bits à 1 dans le mot (modifié) de N + 1 bits soit pair (VRC pair) ; ou impair (VRC impair).

⇨ Le récepteur doit ensuite contrôler que le nombre de bits à 1 dans chaque mot est pair (ou impair).

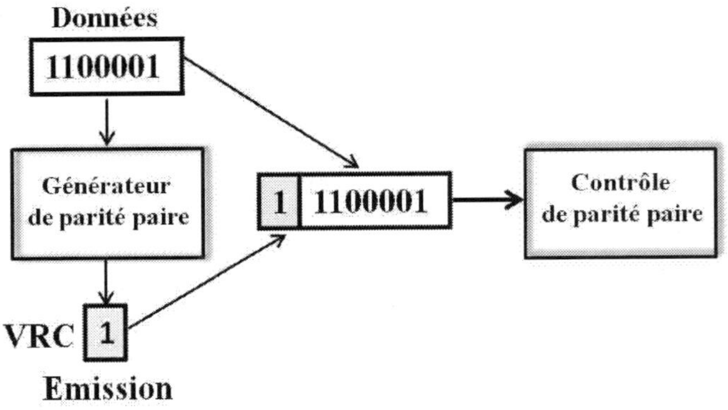


**Fig. 1.11** : Vertical Redundancy Check

## Exemple 1.10 : VRC

- On veut envoyer les trois caractères ASCII suivants : ITU. (Les caractères ASCII sont codés sur 7 bits.)

| ASCII | VRC : paire | VRC : impaire |
|---|---|---|
| **1001001** | **1** | **0** |
| **1010101** | **0** | **1** |
| **1010100** | **1** | **0** |

**Tableau 1.2**

⇨ Séquence envoyée avec un VRC pair : 1001001**1** 1010101**0** 1010100**1**

■

- **LRC (Longitudinal Redundancy Checking)** : Le contrôle longitudinal de redondance est système de détection d'erreurs par parité qui s'applique à la totalité d'un bloc par opposition à la parité verticale qui s'applique à chaque mot de ce bloc (Fig.1.12).

  ⇨ après une séquence de N mots de *n* bits, on insère un mot de parité de *n* bits pour que le nombre des bits à 1 dans chaque colonne soit pair (LRC pair) ou impair (LRC impair).

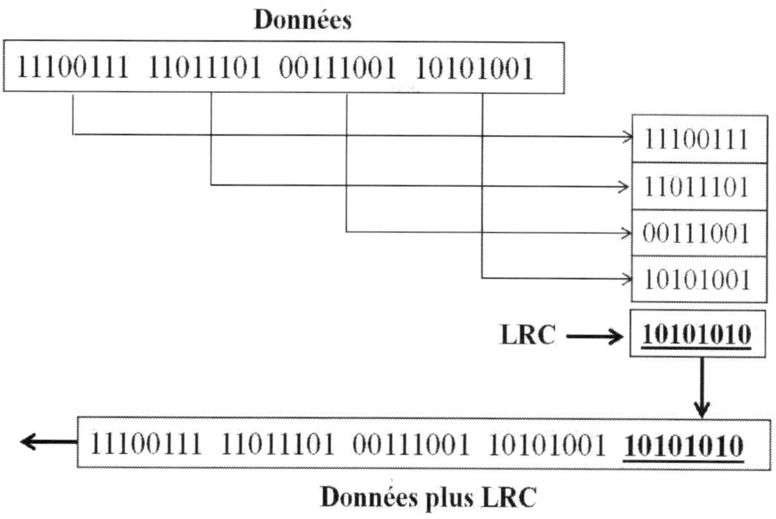


**Fig.1.12 :** LRC

Le contrôle de parité croisée (Longitudinal Redundancy Check – LRC) a été créé pour pallier au problème du VRC. Le LRC consiste à contrôler les bits de même poids grâce à un bit de parité.

Grâce à cette double vérification, si une erreur se glisse lors de la transmission, il est tout à fait possible de la corriger. Il suffit de changer le bit se situant à l'intersection du LRC et du VRC erroné.

Les parités verticales et horizontales permettent

- de corriger toutes les erreurs simples.
- de détecter toutes les erreurs sur 2 ou 3 bits.
- de détecter tous les blocs plus courts que la longueur d'une ligne.

**Exemple 1.11 :** Codes à contrôle de parité VRC + LRC:

- On code l'information présentée en blocs par un codage de parité croisé : A= 100000**1 ; B** = 010000**1 ; C** = 110000**1 ; D** = 001000**1 ; E** = 101000**1 ; F**= 011000**1 ; G** = 1110001

  Dans ce cas, l'information est codée sur 8 bits, où le huitième bit est un bit de parité. Le contrôle de parité croisée est plus résistant aux erreurs que le contrôle VRC seul, car il offre des contrôles à la fois horizontaux et verticaux.

| | **Données** | | | | | | | **LRC** |
|---|---|---|---|---|---|---|---|---|
| **Bloc** | 1 | 2 | 3 | 4 | 5 | 6 | 7 | |
| **A** | 1 | 0 | 0 | 0 | 0 | 0 | 1 | 0 |
| **B** | 0 | 1 | 0 | 0 | 0 | 0 | 1 | 0 |
| **C** | 1 | 1 | 0 | 0 | 0 | 0 | 1 | 1 |
| **D** | 0 | 0 | 1 | 0 | 0 | 0 | 1 | 0 |
| **E** | 1 | 0 | 1 | 0 | 0 | 0 | 1 | 1 |
| **F** | 0 | 1 | 1 | 0 | 0 | 0 | 1 | 1 |
| **G** | 1 | 1 | 1 | 0 | 0 | 0 | 1 | 0 |
| | | | | | | | | |
| **VRC** | 0 | 0 | 0 | 0 | 0 | 0 | 1 | 1 |

**Tableau 1.3 :** VRC à parité paire + LRC

■

**Exemple 1.12 :** VRC + LRC (Correction d'une erreur)

- Toutes les lignes et les colonnes conservent un poids pair.

**A. Aucune erreur:**

⇨ Les vérifications verticales et Longitudinales (horizontales) permettent de trouver partout la parité dans les deux sens avec zéro (Tableau. 1.4a).

**B. Une seule erreur:**

⇨ La parité est perturbée dans la ligne et dans la colonne où se trouve le bit erroné. (Tableau 1.4b).

⇨ Les contrôles indiquent la position avec les bits 1

A. Aucune erreur

| | | | | | | | |
|---|---|---|---|---|---|---|---|
| 1 | 0 | 0 | 1 | 1 | 1 | 0 | 0 |
| 0 | 1 | 0 | 0 | 1 | 0 | 0 | 0 |
| 0 | 1 | 1 | 1 | 1 | 0 | 0 | 0 |
| 1 | 0 | 1 | 0 | 1 | 1 | 0 | 0 |
| 0 | 0 | 1 | 1 | 0 | 1 | 1 | 0 |
| 0 | 0 | 1 | 1 | 0 | 1 | 1 | 0 |
| 0 | 0 | 0 | 0 | 0 | 0 | 0 | |

(a)

B. Une seule erreur

| | | | | | | | |
|---|---|---|---|---|---|---|---|
| 1 | 0 | 0 | 1 | 1 | 1 | 0 | 0 |
| 0 | 1 | 0 | 0 | 1 | 0 | 0 | 0 |
| 0 | 1 | **0** | 1 | 1 | 0 | 0 | **1** |
| 1 | 0 | 1 | 0 | 1 | 1 | 0 | 0 |
| 0 | 0 | 1 | 1 | 0 | 1 | 1 | 0 |
| 0 | 0 | 1 | 1 | 0 | 1 | 1 | 0 |
| 0 | 0 | **1** | 0 | 0 | 0 | 0 | |

(b)

**Tableaux 1.4a,b**

■

**Exemple 1.13 :** VRC + LRC (Deux erreurs dans des lignes et colonnes différentes)

- Toutes les lignes et les colonnes conservent un poids pair

| | | | | | | | |
|---|---|---|---|---|---|---|---|
| 1 | 0 | 0 | 1 | 1 | 1 | 0 | 0 |
| 0 | 1 | 0 | 0 | 1 | 0 | 0 | 0 |
| **0** | 1 | **0** | 1 | 1 | 0 | 0 | **1** |
| 1 | 0 | 1 | 0 | 1 | 1 | 0 | 0 |
| **1** | 0 | **1** | 1 | 0 | 1 | 1 | **1** |
| 0 | 0 | 1 | 1 | 0 | 1 | 1 | 0 |
| **1** | 0 | **1** | 0 | 0 | 0 | 0 | |

**0** ?, **0** ? → ligne 3 ; **1** ?, **1** ? → ligne 5

**Tableau 1.5 :** Deux erreurs dans des lignes et colonnes différentes

Aucun moyen pour déterminer quels sont les deux bits erronés parmi les quatre ainsi désignés !

■

**Exemple 1.14 :** VRC + LRC (Deux erreurs dans une même ligne)

- Toutes les lignes et les colonnes conservent un poids pair.

| | | | | | | | | |
|---|---|---|---|---|---|---|---|---|
| 1 | 0 | 0 | 1 | 1 | 1 | 0 | 0 | |
| 0 | 1 | 0 | 0 | 1 | 0 | 0 | 0 | |
| 0 | 1 | 1 | 1 | 1 | 0 | 0 | 0 | |
| 1 | 0 | 1 | 0 | 1 | 1 | 0 | 0 | |
| 0 | 0 | 1 | 1 | 0 | 1 | 1 | 0 | |
| **1** | 0 | **0** | 1 | 0 | 1 | 1 | 0 | ← ? |
| **1** | 0 | **1** | 0 | 0 | 0 | 0 | | |

**Tableau 1.6 :** VRC + LRC (Deux erreurs dans une même ligne)

- La parité est perturbée dans deux colonnes, mais les deux erreurs sur la même ligne ne peuvent pas être signalisées, on ne sait pas donc dans quelle ligne se trouve l'erreur.

■

## 1.6.3. Quelques codes courants

### A. Code ISBN

ISBN est l'abréviation de « International Standard Book Number ». Un tel numéro est utilisé pour identifier les livres et les produits d'édition qui apparaissent comme des publications indépendantes [24].

Depuis le 1er janvier 2007, le numéro est composé de treize chiffres (l'ancien numéro ISBN 10 est précédé du préfixe EAN à trois chiffres p.ex. 978 ou 979 et devient ainsi le numéro ISBN-13 qui est désormais valable). Ce numéro est particulièrement pratique pour le commerce du livre, car il permet d'identifier clairement chaque livre.

**Exemple 1.15 :** Présentation ISBN 10

| | Numéro de groupe | Préfixe d'éditeur | | | | Numéro de titre | | | | Chiffre de contrôle |
|---|---|---|---|---|---|---|---|---|---|---|
| **ISBN** | 0 | 8 | 4 | 3 | 6 | 1 | 0 | 7 | 2 | 7 |
| **Pondérations** | 10 | 9 | 8 | 7 | 6 | 5 | 4 | 3 | 2 | 1 |
| **Produits** | 0 | 72 | 32 | 21 | 36 | 5 | 0 | 21 | 4 | 7 |

**Tableau 1.7**

**Fig. 1.13 :** ISBN (International Standard Book Number)

■

Les mots non codés sont définis dans l'alphabet B = {0, ..., 9} et les mots de code dans l'alphabet A = {0, 1, ..., 9, X}. Le chiffre de contrôle $c_1$ est composé de telle sorte que pour $c_{10}, c_9, \ldots, c_1$ s'applique la relation suivante :

$$\sum_{i=1}^{10}(11-i)\cdot c_i = 0 \mod 11 \qquad 1.14$$

A partir des neufs premiers chiffres $c_1, c_2, c_3, \ldots, c_9$ (de gauche à droite sans tenir compte des tirets), on calcule la somme :

$S = 10 \times c_1 + 9 \times c_2 + 8 \times c_3 + 7 \times c_4 + 6 \times c_5 + 5 \times c_6 + 4 \times c_7 + 3 \times c_8 + 2 \times c_9$,

puis on calcule le reste de la division euclidienne de S par 11. La clé s'obtient en retranchant ce reste à 11. Il s'agit d'un entier compris entre 0 et 10 inclus; s'il vaut 10 on écrit alors le chiffre romain X.

Le code peut corriger une erreur : La somme de contrôle pondérée garantit également la détection de la permutation de deux chiffres.

**Exemple 1.16 :** ISBN détermination de chiffre de contrôle $c_1$

- Déterminer Le chiffre de contrôle $c_1$ du code : **ISBN : 3 -9 2- 8 4 4 4 0 4- ?**
  La somme S vaut dans ce cas :
  S = 30 + 81 + 16 + 56 + 24 + 20 + 16 + 0 + 8 = 251
  251mod 11 = 9 → 11-9 = 2 → Le chiffre de contrôle = 2
- Déterminer Le chiffre de contrôle $c_1$ du code **: ISBN : 0-19-857505-?**
  La somme S vaut dans ce cas :
  232 : 232 = 11×21 + 1. Le reste est donc égal à 1, donc la clé sera 11-1=10, notée X. On obtient alors le code 0-19-857505-X.
- Déterminer Le chiffre de contrôle $c_1$ du code **: ISBN 2 87-694033 -[?]**
  La somme S vaut dans ce cas :
  279 : 279 = 25×11 + 4 Le reste est donc égal à 4, donc la clé sera 11- 4 = 7 → Le chiffre de contrôle = 7

■

## B. Code de chiffre de contrôle EAN-13

Le numéro d'article européen (European Article Numbering) est un code à 13 chiffres que l'on retrouve sur de nombreux emballages de produits. Les messages et les mots de code sont issus de l'alphabet $A = B = \{0, \ldots, 9\}$. Soit

$c_{13}$ .... $c_1$ un mot de code. $c_{13}$.... $c_2$ décrit le pays de fabrication, le fabricant et le produit. $c_1$ est choisi pour que :

Les rangs pairs sont multipliés par trois et non par deux. Par exemple, le calcul de la clé de contrôle du code EAN-13 dont les 12 premiers chiffres sont 978020113447-*x* (où *x* est la clé de contrôle que l'on cherche), résulte du tableau suivant :

| **Chiffre n** | 9 | 7 | 8 | 0 | 2 | 0 | 1 | 1 | 3 | 4 | 4 | 7 |
|---|---|---|---|---|---|---|---|---|---|---|---|---|
| **Pondération p** | **1** | **3** | **1** | **3** | **1** | **3** | **1** | **3** | **1** | **3** | **1** | **3** |
| **n×p** | 9 | **21** | **8** | **0** | **2** | **0** | **1** | **3** | **3** | **12** | **4** | **21** |

**Tableau 1.8**

1. On alterne les valeurs 1 et 3 pour la pondération.
2. On calcule ensuite la somme des résultats.
3. On calcule le reste de la division par 10 de la somme précédemment calculée :
   - si le reste de la division est égal à 0, alors la clé est 0,
   - sinon, on ôte à 10 le reste ainsi trouvé : Clé = 10 – Reste.

La somme S vaut dans ce cas :

84 : 84 = 8×10 + 4. Le reste est donc égal à 4. Clé = $x$ = 10 – 4= 6

ENA-13 = 978020113447-**6**

Depuis le 01.01.07, l'ISBN-13 (Fig. 1.14), qui est compatible avec l'EAN-13, est utilisé à la place du code ISBN-10 décrit dans l'exemple (1.15).

1 234567 890128

**Fig. 1.14 :** European Article Numbering (EAN-13)

# 1.7. Distance de Hamming et distance minimale

## 1.7.1. Définitions

### A. Code en bloc

Le principe employé dans les codes en blocs consiste à construire le mot de code en sectionnant l'information utile en blocs de longueur fixe et en ajoutant à chaque bloc, ainsi obtenu, des bits de contrôle supplémentaires (bits de redondance).

Soit $A$ un alphabet fini, $n \in \mathbb{N}$. Un code en bloc $C$ de longueur du bloc $n$ dans $A$ est un sous-ensemble de $A^n = A \times A \ldots \times A$ ($n$-fois). Les éléments de $C$ sont appelés mots de code. Le code est maintenant la totalité de tous les mots de code et décrit un espace $C$ de puissance $q^k$. La méthode décrite ci-dessus définit un code en blocs $(n,k)$, également appelé code $C(n,k,d_{min})_q$, où $q = |A|$. Si $A = 2$ (en général $A = \{0,1\}$), alors $C$ est appelé code binaire (code en blocs)[2]. Pour un code binaire, on a $k$ bits d'information et $n$ bits de mot de code, le code est signalé par $C(n,k)_2$.

### B. Distance de Hamming

La distance de Hamming est un concept de base de la théorie de l'information nommé d'après le mathématicien Richard Wesley Hamming. La distance de Hamming [2] entre deux codes en bloc binaires est égale au nombre de positions auxquelles les symboles (bits) correspondants sont différents. La distance de Hamming $d(u,v)$ est définie comme le nombre d'écarts entre les composantes de $u$ et $v$.

Soit $A$ un alphabet fini, $n \in \mathbb{N}$, $u = (u_1, u_2, \ldots, u_n)$ et $v = (v_1, v_2, \ldots, v_n) \in A^n$

$$d(u_i, v_j) = \sum_{k=1}^{n} \left| u_{ik} - v_{jk} \right| \qquad 1.15$$

Pour un cas binaire $A = 2$

$$d(u_i, v_j) = \sum_{k=1}^{n} (u_{ik} \oplus v_{ik}) \qquad 1.16$$

Où $\oplus$ est une addition mod 2 et $d(u,v)$ est la distance de Hamming de $u$ et $v$.

---

[2] Tant qu'il s'agit de codes en blocs, on dit aussi "codes" au lieu de « codes en blocs ». Ils seront examinés en détail au chapitre 3.

**Exemple 1.17 :** Distance de Hamming

- Dans l'exemple suivant: La distance de Hamming ($d$ = 3), puisque il y a trois colonnes où les bits sont différents.

| | | | | | | | | | |
|---|---|---|---|---|---|---|---|---|---|
| $u$ | : | 1 | 0 | 1 | 0 | 1 | 0 | 1 | 0 |
| $v$ | : | 1 | 0 | **0** | 0 | 1 | **1** | 1 | **1** |

■

La distance de Hamming est une métrique au sens mathématique du terme, c'est-à-dire que les propriétés suivantes s'appliquent :

$$d(u,v) = d(v,u) \tag{1.17a}$$

$$0 \le d(u,v) \le n \tag{1.17b}$$

$$d(u,v) = 0 \Leftrightarrow u = v \tag{1.17c}$$

$$d(u,v) \le d(u,z) + d(v,z) \tag{1.17d}$$

La relation (1.17d) est appelée inégalité triangulaire, elle est illustrée à la figure (Fig.1.15), où $z = (z_1, z_2, \ldots, z_n) \in A^n$.

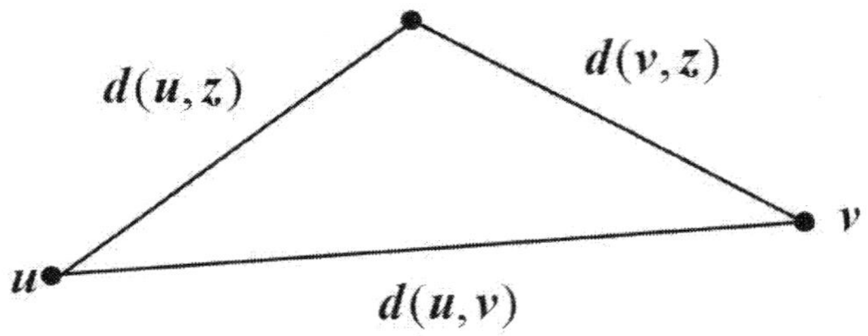


**Fig. 1.15 :** Illustration de l'inégalité triangulaire pour la distance de Hamming

## C. Distance minimale de Hamming $d_{min}$

La distance de Hamming minimale $d_{min}$, c'est-à-dire le nombre minimal de caractères différents de toutes les paires de mots de code possibles, est une mesure de la performance d'un code $C(n, k, d_{min})$. Il est définie comme étant la distance minimale entre tous les mots de code :

$$d_{min} = \min\left\{d(u,v) \mid u, v \in C, u_i \ne v_i\right\} \tag{1.18}$$

La distance minimale est le paramètre le plus important qui détermine la qualité d'un code. La caractérisation complète d'un code est donnée ultérieurement par la distribution de poids. Pour déterminer la distance minimale, il faut prendre en compte les distances de toutes les paires de mots de code. Plus la distance minimale est grande et plus la différence entre les mots de code est importante, le code est meilleur. Avec un taux de code donné $R_C = k/n$ et une longueur de bloc $n$ donnée, le code qui conduit à un grand $d_{min}$ doit être sélectionné.

Normalement, $d_{min}$ deviendra plus grand (c'est-à-dire que le code sera meilleur) à mesure que le débit de code diminuera (c'est-à-dire qu'il faudra plus de bande passante) ou que la longueur du bloc deviendra plus grande (c'est-à-dire qu'un traitement plus complexe sera nécessaire).

Il est déjà clair que de meilleures méthodes sont nécessaires pour décrire l'ensemble de codes et pour calculer la distance minimale - une structure algébrique sur l'ensemble de codes sera introduite ultérieurement.

**Exemple 1.18 :** Distance minimale de Hamming

- Le code Hamming (voir Chapitre 3) $C(7,4)_2$ se compose de 16 mots de code de longueur 7.
- Le code est donné ici par une énumération des mots de code et non par la nature (insignifiante) de la règle de codage (systématique, non systématique…). La comparaison des deux premiers mots de code donne $d_{min} \leq 3$. Si l'on tient compte de toutes les paires, il n'ya pas de paire avec la distance de Hamming égale à 2 telle que $d_{min} = 3$.

  $C$ = {0000000, 1000011, 0001111, 1001100, 0010110, 1010101, 0011001, 1011010, 0100101, 1101011, 0101010, 1101001, 0110011, 111000, 0111100, 1111111}.

■

## D. Poids de Hamming

Étant donné un vecteur binaire $u$ de longueur $n$, alors le poids de Hamming $w_H(u)$ est défini comme le nombre des « 1 » dans $u$:

$$\boldsymbol{w}_H(\boldsymbol{u}) = \sum_{i=0}^{n-1} \boldsymbol{w}_H(\boldsymbol{u}_i) \text{ avec } \boldsymbol{w}_H(\boldsymbol{u}_i) = \begin{cases} 0, & \boldsymbol{u}_i = 0 \\ 1, & \boldsymbol{u}_i \neq 0 \end{cases} \qquad 1.19$$

**Exemple 1.19 :** Poids de Hamming

$$w(u) = w(\mathbf{101001010}) \rightarrow w(u) = 4$$
$$w(v) = w(\mathbf{10001111}) \rightarrow w(v) = 5$$

La distance de Hamming entre deux mots est donc le poids de leur somme.

$$\boldsymbol{d(u,v) = w(u \oplus v)} \qquad 1.20$$

■

**Exemple 1.20 :** Poids de Hamming

$$d(10101010,10001111) = w(10101010 \oplus 10001111) = w(00100101) = 3$$

■

Si un « vecteur zéro » est défini, le poids de Hamming $w_{\mathrm{H}}(u)$ est le nombre de composantes de $u$ qui ne sont pas égales à zéro.

$$\boldsymbol{d(u,0) = w_H(u),\ \ 0 = (00\ldots0)} \qquad 1.21$$

La relation suivante s'applique toujours lorsqu'une soustraction de symboles est définie.

$$\boldsymbol{d(u,v) = w_H(u-v)} \qquad 1.22$$

Le poids minimum $w$ (pour simplification $w$ pour $w_H$) d'un code $C$ est le plus petit poids de n'importe quel vecteur du code - à l'exception du vecteur zéro :

$$\boldsymbol{w} = \min_{u_i \in C, u_i \neq 0} \boldsymbol{w(u_i)} \qquad 1.23$$

## 1.7.2. Représentation géométrique de la distance minimale

Il est possible d'illustrer graphiquement le code et les distances entre les différents mots (Fig. 1.16a).

La capacité d'un code à corriger des erreurs peut également être expliquée à partir d'un modèle géométrique. Les points d'angle d'un cube unitaire à $n$-dimensions sont interprétés comme des mots de code. chaque intersection des axes correspond à un chiffre du mot de code.

Pour le code à deux dimensions ($n$ =2) de la figure (Fig. 1.16a), la distance entre 00 et 11 est égale à 2, car il est nécessaire de parcourir deux segments pour joindre les deux points. Pour le code à trois dimensions ($n = 3$) de la figure (Fig. 1.16b), la distance entre 000 et 111 est égale à 3, car il est nécessaire de parcourir trois segments pour joindre les deux points. Autrement dit, la distance minimale pour joindre les points 000 et 111 est égale à trois.

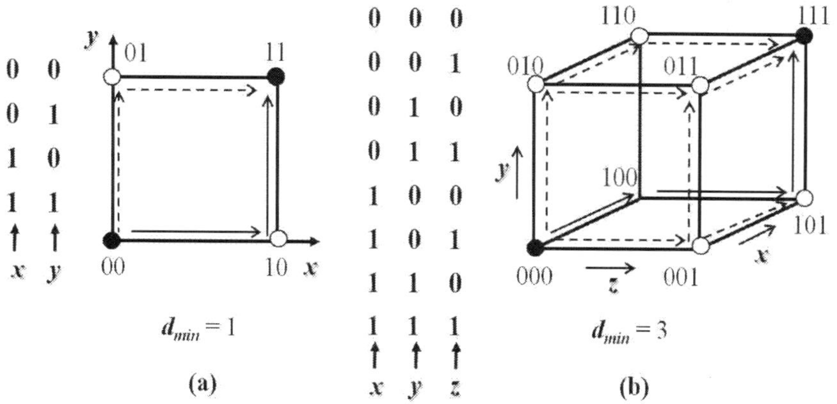


**Fig. 1.16 a,b** : Présentation géométrique de la distance minimale

## **Exemple 1.21 :** Présentation géométrique

- Soit un code $C(n,k,d_{min})_q = C(3,1,3)_2$. Chacun des huit coins d'un cube représente un mot possible et peut être identifié avec trois bits. On suppose qu'on a une seule erreur pendant la transmission. Le codage est pour une parité paire. La figure suivante montre trois possibilités pour une distance minimale $d_{min}$.

On examine ces trois cas.

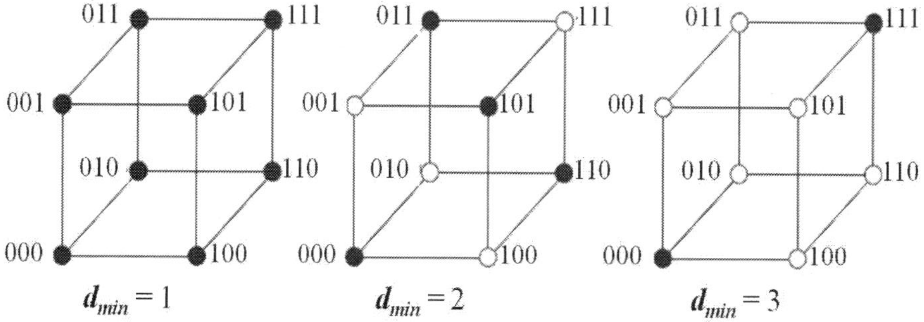


**Fig. 1.17** : Présentation géométrique de la distance minimale

- **Cube à gauche : $d_{min} = 1$**

| $d_{min} = 1$ | | |
|---|---|---|
| Mots de Code | | |
| Emission | Réception | Correction |
| 011 | 111 | ? |
| 101 | 111 | ? |
| 111 | 111 | ? |
| 110 | 111 | ? |
| 000 | 000 | ? |
| 100 | 000 | ? |
| 010 | 000 | ? |
| 100 | 000 | ? |

**Tableau 1.9**

⇨ $d_{min} = 1$ détection et correction impossible

- **Cube au milieu : $d_{min} = 2$**

⇨ $2^2 = 4$ Mots d'information.
⇨ $2^3 = 8$ Mots de code.
⇨ Par exemple : 000, 011, 101, 110.
⇨ SED: Single Error Detection.
⇨ Détection des parités impaires : 001, 010, 100, 111.
⇨ Par exemple, le mot incorrect peut provenir d'un autre mot envoyé : Il y a une erreur, mais le mot de code incorrect ne peut pas être identifié et donc ne peut pas être corrigé (Fig. 1.18).

⇨ $d_{min}$ = **2 :** Détection d'une seule erreur (SED : Single Error Detection).

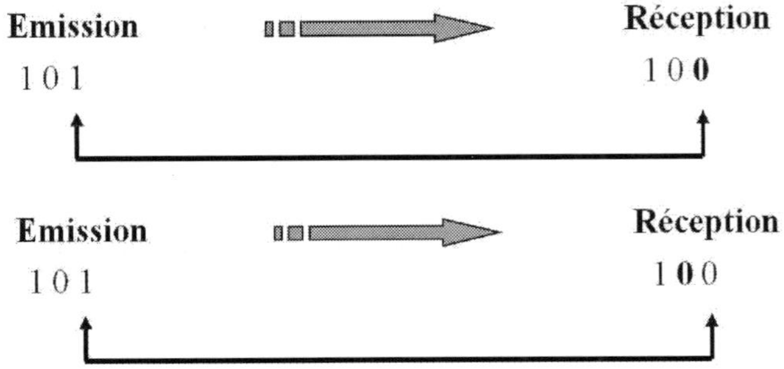


**Fig. 1.18**

- **Cube à droit : $d_{min} = 3$**

| $d_{min} = 3$ | | |
|---|---|---|
| Mots de Code | | |
| Emission | Réception | Correction |
| **111** | 011 | **111** |
| | 101 | **111** |
| | 110 | **111** |
| **000** | 001 | **000** |
| | 100 | **000** |
| | 010 | **000** |

**Tableau 1.10**

⇨ $d_{min} = 3$ : Correction d'une erreur ou détection de deux erreurs possibles.

Condition : Apparition d'une seule erreur pendant la transmission.

■

## 1.7.3. Instruction de décodage

### A. Capacité de détection et de correction d'erreurs

Il est clair que le mot de code erroné est une distorsion du mot de code le plus proche (dans le sens de Hamming). Si on utilise la méthode du maximum de vraisemblance [25] (on décode un mot reçu comme étant l'un des mot de code le plus proche), on essaie d'avoir une grande distance entre les mots de code de façon à pouvoir détecter et éventuellement corriger un maximum de nombre de bits mal transmis.

Soit $C(n, k, d_{min}) \subseteq A^n$ un code en blocs. On suppose :

**a)** Si $d_{min} \geq t'+1$ alors $C$ peut détecter au plus $t'$ erreurs
**b)** Si $d_{min} \geq 2t+1$ alors $C$ peut corriger au plus $t$ erreurs

**Pour a)** : Soit $x$ le mot de code envoyé et $y$ le mot de code de code reçu. S'il y a eu au plus $t'$ erreurs, alors $d(x, y) \leq t'$. Donc $y$ ne peut pas être un mot de code (puisque $d(x, y) < d_{min}$ et l'erreur est détectée.

Un tel code $C$ est appelé code détecteur de $t'$ erreurs.

**Pour b)** : Soit $x$ le mot de code envoyé et $y$ le mot de code reçu. Supposons qu'il y ait eu au plus $t$ erreurs. On a alors $d(x,y) \leq t$. Si $x'$ est un autre mot de code différent de $x$. En utilisant la relation (1.17d) on a donc :

$$d(x,y)+d(x',y)\geq d(x,x') \quad 1.24$$

Et si nous supposons

$$2t+1\leq d_{min}\leq 2t+2 \quad 1.25$$

où $t$ devrait être un entier positif, de sorte que $d_{min}$ soit paire, soit impaire. Et puisque $x$ et $x'$ sont des mots de code et selon les relations ci-dessus (1.24 et 1.25), nous obtenons alors :

$$d(x,x')\geq d_{min}\geq 2t+1 \quad 1.26$$

On suppose maintenant que $e$ erreurs se sont exactement produites lors de la transmission de $x$. Puisque $d(x,y) = e$, il en résulte donc des relations (1.25) et (1.26) : $d(x',y)\geq 2t+1-e>t$, si $e\leq t$.

Cela signifie que le vecteur d'entrée $\boldsymbol{y}$ peut être attribué sans ambiguïté, au mot de code transmis $x$, tant que le nombre d'erreurs $e < t$ s'est produit, puisque la distance entre $x$ et $y$ est inférieure à la distance entre $y$ et un autre mot de code $x$. Ceci détermine le nombre maximal $t$ d'erreurs correctement corrigées :

$$t\leq\left\lfloor\frac{d_{min}-1}{2}\right\rfloor \quad 1.27$$

La parenthèse $\lfloor\ \rfloor$ signifie que la valeur calculée entre parenthèses est arrondie au nombre entier le plus proche.

La capacité de correction et de détection des erreurs découle de considérations et d'exemples précédents. On peut généraliser ces notions, on obtient ainsi le théorème suivant :

$$\left.\begin{array}{lll} d_{min}\geq 2t+1 & \text{pour} & d_{min} \text{ impaire} \\ d_{min}\geq 2t+2 & \text{pour} & d_{min} \text{ paire} \end{array}\right\} \quad 1.28a$$

Pour un code détecteur d'erreur, on a :

$$d_{min}\geq t'+1 \quad 1.28b$$

Pour les cas limites ($t = t_{max}$) on peut écrire en général :

$$\left. \begin{aligned} t_{max} &= \frac{d_{min} - 1}{2} \quad \text{pour} \quad d_{min} \text{ impaire} \\ t_{max} &= \frac{d_{min} - 2}{2} \quad \text{pour} \quad d_{min} \text{ paire} \end{aligned} \right\} \qquad 1.29a$$

Pour un code détecteur d'erreur, on a :

$$t'_{max} = d_{min} - 1 \qquad 1.29b$$

Pour la correction de $t$ erreurs et la détection de $t' > t$ erreurs, la distance minimale de Hamming doit être :

$$d_{min} = t' + t + 1 \qquad 1.30$$

## B. Exemples avec représentation géométrique

Le tableau ci-dessous présente quelques propriétés SED et SEC en fonction de $d_{min}$.

| $d_{min}$ | Propriétés | Nombre des erreurs détectées SED | Nombre des erreurs corrigées SEC |
|---|---|---|---|
| **1** | Nul | 0 | 0 |
| **2** | SED | 1 | 0 |
| **3** | SED ou SEC | 2 | 1 |
| **4** | SED et SEC | 2 | 1 |
| **5** | SED ou SEC | 1, 2, 3 ou 4 | 2 |
| **6** | SED et SEC | 3 | 2 |

**Tableau 1.11**

SED : Single Error Detection, SEC : Single Error Correction

**Exemple 1.22 :** Présentation géométrique par le cercle de correction

- $d_{min} = 4$

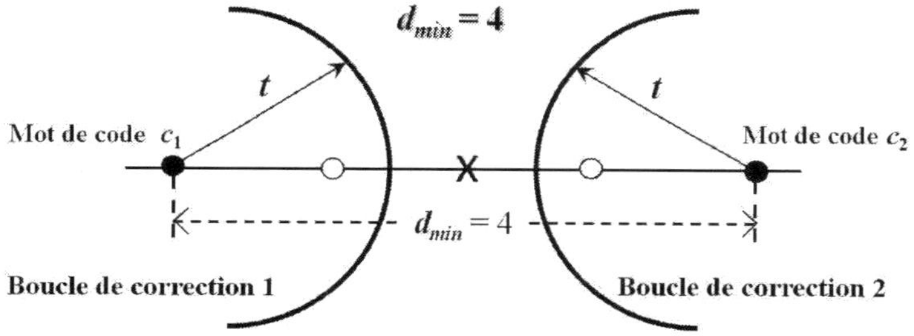


**Fig. 1.19 :** Cercle de correction $d_{min} = 4$

La figure (Fig. 1.19) montre deux mots de code $c_1$ et $c_2$ d'un code $C$ d'une distance minimale $d_{min} = 4$. Le cercle dessiné autour des mots de code symbolise une boucle de correction de rayon $t$. Un mot de code avec un bit erroné se trouve dans la boucle de correction de rayon $t$.

- Les points noirs représentent des mots de code valide.
- Les points blancs représentent les mots reçus corrigeables.
- x décrit un mot non corrigeable (il a un espacement égal aux deux mots de code → une décision serait purement aléatoire).

Si la distance entre les mots de code est grande, à l'exception de la distance entre deux mots de code, qui est petite, il est évident que cette dernière distance détermine le nombre d'erreurs détectables ou corrigeables.

■

**Exemple 1.23 :** Présentation géométrique par l'hypercube de Boole

- $d_{min} = 5$

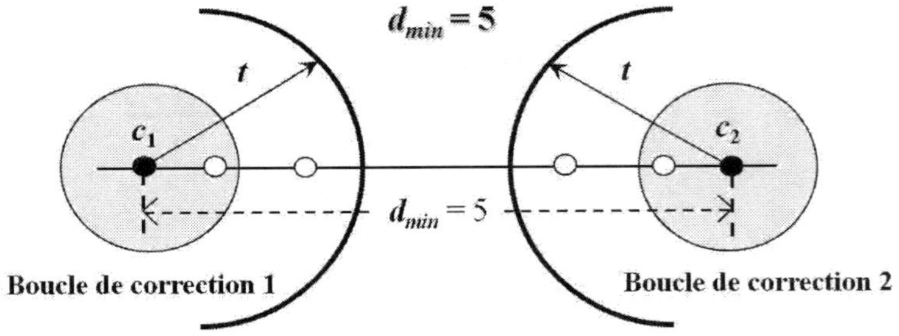


**Fig.1.20a :** Cercle de correction $d_{min} = 5$

$$d_{min} = 5 = 2t + 1 \Rightarrow t = 2, \quad d_{min} = 5 = t' + 1 \Rightarrow t' = 4$$

⇨ Correction de deux erreurs $t = 2$ ou détection de quatre erreurs $t' = 4$

- $d_{min} = 6$

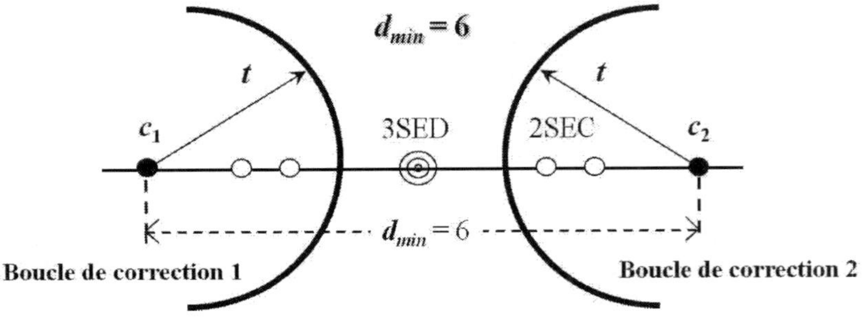


**Fig.1.20b :** Cercle de correction $d_{min} = 6$

⇨ Correction d'une erreur $t = 1$ et détection de deux erreurs $t' = 4$

$d_{min} = t' + t + 1$

⇨ Correction d'une erreur $t = 2$ ou détection de trois erreurs $t' = 3$

$d_{min} = 2t + 2$ ; $d_{min} = t' + t + 1$

■

**Exemple 1.24 :** Décodage de Hamming

- Soit $C \subseteq A^n$ un code à bloc, avec une langueur $n = 6$, $d_{min} = 3$ et $t = 1$. On suppose l'émission des mots de code suivants :

$C = \{x_1, x_2, x_3, x_4\} = \{000000,\ 011010,\ 101101,\ 110110\}$.

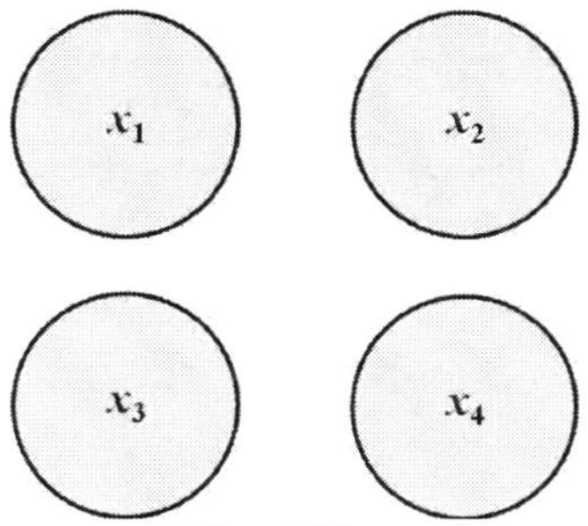


**Fig. 1.21a**

- Que se passe-t-il si $t = 2$ ?

⇨ **Cas 1** : On suppose avoir deux erreurs pendant la transmission du mot de code $\boldsymbol{x_1}$ : Emission : $x_1 = \{000000\} \to$ Réception : $y = \{0000\mathbf{11}\}$

$C = \{x_1, x_2, x_3, x_4\} = \{000000,\ 011010,\ 101101,\ 110110\}$

$d_{min}(x_1, y) = 2 \quad d_{min}(x_i, y) \geq 3 \quad i = 2,3,4$

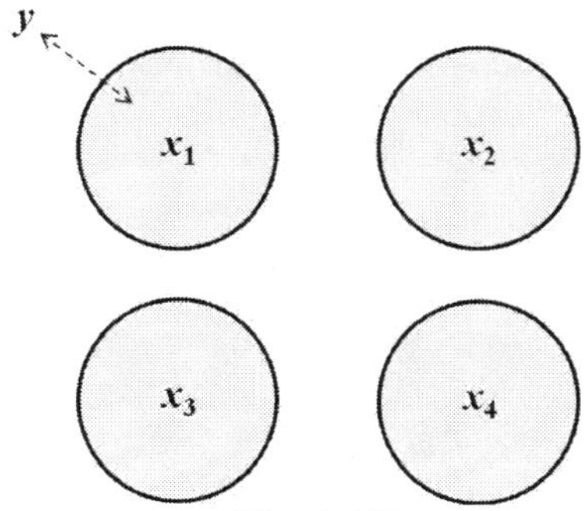


**Fig. 1.21b**

$\boldsymbol{y = x_1} \to$ Décodage correct

⇨ **Cas 2** : On suppose avoir deux erreurs pendant la transmission du mot de code $\boldsymbol{x_1}$ :

Emission : $x_1 = \{000000\} \rightarrow$ Réception : $y = \{\mathbf{1}0000\mathbf{1}\}$

$$C = \{x_1, x_2, x_3, x_4\} = \{000000,\ 011010,\ 101101,\ 110110\}$$

$$d_{min}(x_1, y) = d_{min}(x_3, y) = 2,\ d_{min}(x_i, y) \geq 4 \quad i = 2,4$$

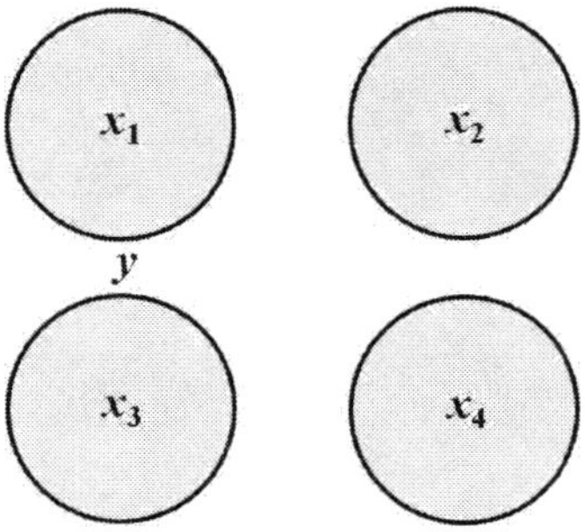


**Fig. 1.21c**

$$\left.\begin{array}{l} y = x_1 \\ \text{ou} \\ y = x_3 \end{array}\right\} \Rightarrow \text{Aucun décodage univoque}$$

⇨ **Cas 3** : On suppose avoir deux erreurs pendant la transmission du mot de code $\boldsymbol{x_1}$ :

Emission : $x_1 = \{000000\} \rightarrow$ Réception : $y = \{0\mathbf{11}000\}$

$$C = \{x_1, x_2, x_3, x_4\} = \{000000,\ 011010,\ 101101,\ 110110\}$$

$$d_{min}(x_2, y) = 1 \quad d_{min}(x_i, y) \geq 2 \quad i = 1,3,4$$

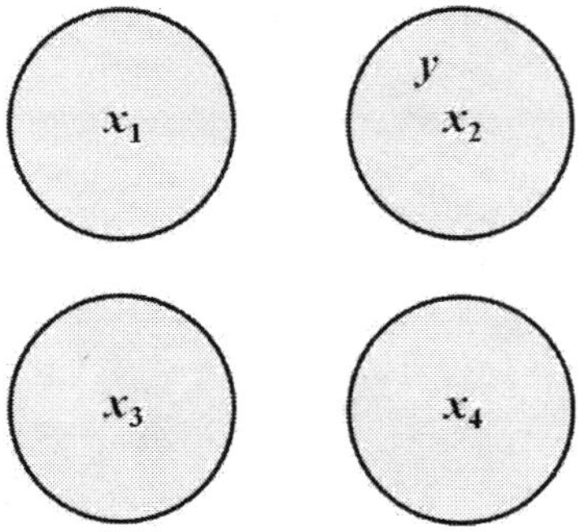


**Fig. 1.21d**

$\boldsymbol{y = x_2} \rightarrow$ Décodage incorrect

■

## D. Relation entre *r* et *n*

Pour la correction d'une seule erreur pour un code de longueur $n$ et de $r$ bits de contrôle (parité), le nombre des correcteurs $2^r$ doit être égal à $n + 1$ ou même plus grand[3], afin de pouvoir indiquer une erreur dans un des $n$ symboles du mot réceptionné ou pour indiquer qu'il n'y a pas d'erreur. Comme le vecteur de syndrome a $r = n - k$ bits (voir chapitre 3), il peut y avoir $2^r$ syndromes différents, y compris le syndrome nul qui désigne le cas sans erreur. Ces $2^r$ syndromes doivent pouvoir désigner chacune des $n+1$ situations mentionnées plus haut.

$$2^{\boldsymbol{r}} \geq 1+\boldsymbol{n} \qquad 1.31$$

Pour la correction de deux erreurs, c'est-à-dire $d_{min} = 5$, il existe les possibilités suivantes pour un code de longueur $n$ :

**1.** Pas d'erreur.

**2.** $n$ possibilités pour un bit erroné.

**3.** $\begin{pmatrix} n \\ 2 \end{pmatrix}$ possibilités pour deux bits erronés.

Ce qui donne la relation suivante :

$$2^r \geq 1+\boldsymbol{n}+\begin{pmatrix} \boldsymbol{n} \\ 2 \end{pmatrix} \qquad 1.32$$

Pour la correction de $t$ erreurs on a donc:

$$2^r \geq 1+\boldsymbol{n}+\begin{pmatrix} \boldsymbol{n} \\ 2 \end{pmatrix}+\begin{pmatrix} \boldsymbol{n} \\ 3 \end{pmatrix}+\cdots+\begin{pmatrix} \boldsymbol{n} \\ \boldsymbol{t} \end{pmatrix} \qquad 1.33$$

**Exemple 1.25 :** Relation entre *r* et *n*

$n = 20$, $t = 3$, $k$ ?

$$r \geq \mathrm{lb}\left[\begin{pmatrix} 20 \\ 0 \end{pmatrix}+\begin{pmatrix} 20 \\ 1 \end{pmatrix}+\begin{pmatrix} 20 \\ 2 \end{pmatrix}+\begin{pmatrix} 20 \\ 3 \end{pmatrix}\right]=10,4$$

$$r \geq 10,4 \Rightarrow r=11 \quad \Rightarrow \quad k=n-\boldsymbol{r} \Rightarrow k=20-11=9 \Rightarrow 2^k=512$$

$d_{min} = 2t+1 = 7$ pour $d_{min}$ impaire

$d_{min} = 2t+2 = 8$ pour $d_{min}$ paire

■

---

[3] Ce problème sera traité en détail au paragraphe § 3.4.2.

# 1.8. Principes de décodage

Le résultat d'un décodage est soit correct ou incorrect, soit le décodage ne donne aucun résultat. On parle de correction correcte, de correction incorrecte et d'échec de décodage.

En ce qui concerne le décodage de base des codes en bloc, il convient de mentionner trois principes de décodage, qui sont présentés graphiquement dans la figure (Fig. 1.23) et brièvement expliqués ci-dessous. La MAP (Maximum a posteriori Decoding) et le décodage à maximum de vraisemblance (MLD) ont été combinés en une seule catégorie.

## 1.8.1. Maximum a posteriori Decoding (MAP)

Condition préalable : Les mots de code sont transmis sur un canal discret sans mémoire (CDSM). Supposons $x = (x_1, x_2,.., x_n) \in A^n$ est envoyé et $y = (y_1, y_2,.., y_n) \in B^n$ est reçu. Dans quel $\hat{x} \in C$ doit être décodé ?

Puisque le canal est sans mémoire, la probabilité que $\boldsymbol{y}$ soit reçu si $x \in C$ est donnée par les probabilités de transition :

$$\boldsymbol{P(y|x) = \prod_{i=1}^{n} P(y_i|x_i)} \qquad 1.34$$

Le critère MAP (maximum de probabilité a posteriori : voir plus loin) garantit un décodage optimal. On détermine ici le mot de code $\hat{x} \in C$, qui maximise la probabilité a posteriori $P(x|y)$.

Dans ce cas, le meilleur décodage est le MAP (Maximum A Posteriori-Decoding ) : Pour $y \in B^n$ reçu, on a donc $\hat{x} \in C$ avec :

$$\boldsymbol{P_S(\hat{x}) \cdot P(y|\hat{x}) \geq P_S(x) \cdot P(y|x)} \quad \text{pour tout } \boldsymbol{x \in C} \qquad 1.35$$

Où $P_S(x)$ est la probabilité sur $A$ (Probabilité d'apparition d'un symbole) qui fournit de la même manière une probabilité $P$ sur $C$.

On maximise ainsi la probabilité *a posteriori.*

$$\underbrace{\boldsymbol{P(x|y)}}_{\substack{\textit{Probabilité conditionnelle} \\ \textit{Observation de y implique x}}} = \frac{\boldsymbol{P(y|x) \cdot P_S(x)}}{\underbrace{\boldsymbol{P(y)}}_{\substack{\textit{Valeur fixe pour y} \\ \textit{(Probabilité a postriori)}}}} \quad \boldsymbol{\forall x \in C} \qquad 1.36$$

- **Remarques**

  - Problème : d'habitude $P_S(x)$ n'est pas connue.
  - La relation (1.36) montre qu'en plus des probabilités de transition $P(y\,|\,x)$ du canal, les probabilités *a priori* $P_S(x)$ sont également incluses dans la décision de décodage. Ainsi, si le décodeur dispose des statistiques de l'alphabet des codes *a priori*, il peut les utiliser avec profit.

### 1.8.2. Maximum de vraisemblance (Maximum-Likelihood-Decoding : MLD)

Pour un $y \in B^n$ donné, un mot de code $\hat{x} \in C$ est choisi pour le décodage, de sorte que :

$$\boldsymbol{P}(\boldsymbol{y}|\hat{\boldsymbol{x}}) \geq \boldsymbol{P}(\boldsymbol{y}|\boldsymbol{x}) \text{ pour tout } \boldsymbol{x} \in \boldsymbol{C} \qquad 1.37a$$

$$\hat{\boldsymbol{x}} = \arg\max_{y}\left(\boldsymbol{P}(\boldsymbol{x}|\boldsymbol{y})\right) = \arg\min_{y} \boldsymbol{d}_H(\boldsymbol{x},\boldsymbol{y}) \qquad 1.37b$$

Si on utilise la méthode du maximum de vraisemblance (voir plus loin), on décode un mot reçu comme étant l'un des mots de code le plus proche. On essaie d'avoir une grande distance entre les mots de code de façon à pouvoir détecter et éventuellement corriger un maximum de nombre de bits mal transmis.

- **Remarques**

  - Si tous les mots de code sont équiprobables, cela correspond à MAP
  - Le traitement théorique détaillé du MAP et du MLD est vaste, c'est ainsi que nous nous référons ici à la littérature correspondante [25][26].

### 1.8.3. Principes de décodage de canaux symétriques binaires

#### A. Décodage de Hamming

Pour un canal binaire symétrique, le MLD = le décodage de Hamming. Ici, chaque mot reçu est décodé en fonction du mot de code le plus proche.

Soit $C \subseteq A^n$ Supposons $c = (c_1, c_2,.., c_n) \in A^n$ est envoyé et $y = (y_1, y_2,.., y_n) \in B^n$ est reçu. Dans l'idée de pouvoir utiliser le décodage par minimum de distance, on est amené à poser la définitiona suivante :

$$\boldsymbol{d}(\boldsymbol{C}) = \min_{c,y \,\in\, C} \boldsymbol{d}_{min}(\boldsymbol{c},\boldsymbol{y}) \qquad 1.38$$

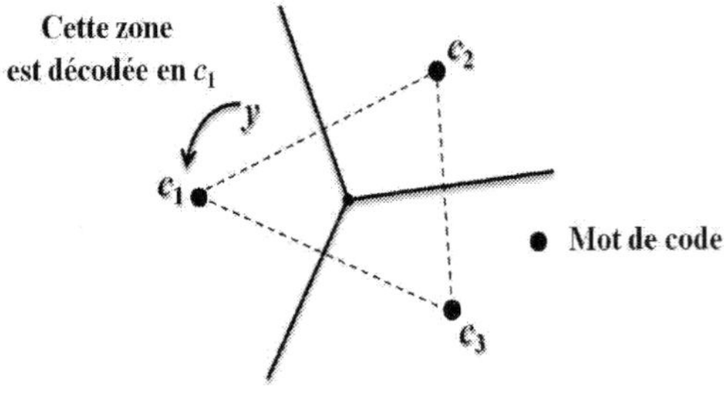


**Fig.1.22 :** Décodage par minimum de distance

Le décodage de Hamming peut être très complexe. Au lieu de cela, des méthodes plus simples peuvent être utilisées :

## B. Décodage à distance limitée (Bounded Distance Decoding : BDD)

Avec le BDD, une sphère de rayon $t$ est placée autour de chaque mot de code. Tous les mots de réception qui se trouvent exclusivement dans une sphère unique sont décodés, c'est-à-dire assignés au mot de code correspondant à leur sphère. Les mots de réception qui se trouvent dans plusieurs sphères ou dans aucune sphère ne sont pas décodés, mais marqués comme incorrects. Le BDD est moins efficace que le MLD, mais dans certains cas plus facile.

## C. Décodage à distance minimale limitée (Bounded Minimal Distance : BMD)

Une sphère de rayon $t = \lfloor (d_{min} - 1)/2 \rfloor$ est placée autour de chaque mot de code, toutes les sphères étant disjointes, c'est-à-dire sans zones communes. Tous les mots de réception d'une sphère sont ensuite décodés vers le centre de la sphère, ce qui permet de décoder jusqu'à la moitié de la distance minimale. Des trois principes présentés ici, le BMD a la performance la plus faible, mais pour des codes parfaits, il est identique au décodage maximum de vraisemblance.

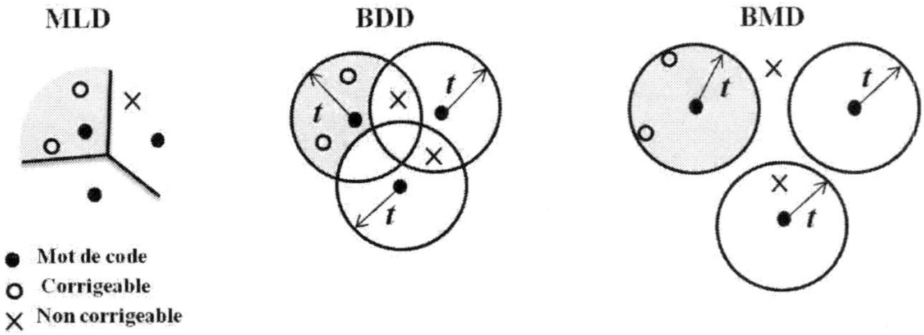


**Fig.1.23** : Illustration des principes de MLD, BDD et BMD

## 1.9. Exercices

**1.1.** Un code de canal avec des mots de code de longueur $n = 15$ devrait permettre la correction d'erreurs d'un poids de $w(t_i) \leq 3$.

- **1.1.1.** Combien des éléments de contrôle $r$ le code de canal doit-il contenir ?
- **1.1.2.** Quelle est la redondance relative $r_c$ et le taux de codage $R_C$ d'un code de canal avec $n = 63$ et $d_{min} = 3$ ?

**1.2.** La séquence des données suivantes :

001, 100, 100, 001, 001, 111, 010, 100, 111, 010, 110, 100

doit être assurée au moyen d'un code de parité croisée (six mots d'information avec six bits d'information chacun dans un bloc).

- **1.2.1.** Déterminer la parité paire verticale (VRC) et longitudinale (LRC) .
- **1.2.2.** Combien de bits doivent être transmis pour l'ensemble du bloc ?
- **1.2.3.** En déduire la redondance relative du code.
- **1.2.4.** Dans le décodeur, la parité verticale (VRC) et horizontale (LRC) est déterminée respectivement à 001100 et 101110. Localiser l'erreur et indiquer la position du bit modifié.

**1.3.** Un code linéaire de longueur $n = 7$ doit être utilisé pour la détection des erreurs avec confirmation ultérieure des mots corrects. La probabilité d'erreur sur les bits du canal binaire symétrique est de $P_e = 5 \cdot 10^{-3}$.

- **1.3.1.** Calculer la probabilité qu'un mot de code soit reçu de manière erronée.
- **1.3.2.** Combien d'erreurs peuvent-elles être détectées grâce à un contrôle simple de parité ? Est-il possible de corriger ces erreurs ?
- **1.3.3.** Coder les messages suivants à l'aide d'un bit de parité :
  - **a.** 0010100110
  - **b.** 011
  - **c.** 0001111110001110011
- **1.3.4.** Quels sont les taux de transmission (rendement) des trois messages ci-dessus ?

**1.4.** On considère les codes binaires suivants :

$$C_1 = \{0000, 0011, 0101, 0110, 1001, 1010, 1100, 1111\} \in \mathbb{F}_2^4 \quad (1)$$
$$C_2 = \{01111, 10101, 11110\} \in \mathbb{F}_2^5 \quad (2)$$
$$C_3 = \{000000, 101010, 010101\} \in \mathbb{F}_2^6 \quad (3)$$

Dans tous ces cas, indiquer, si le code est linéaire et combien d'erreurs peuvent être détectées et corrigées.

**1.5**. Nous considérons le système de transmission numérique selon le schéma ci-dessous.

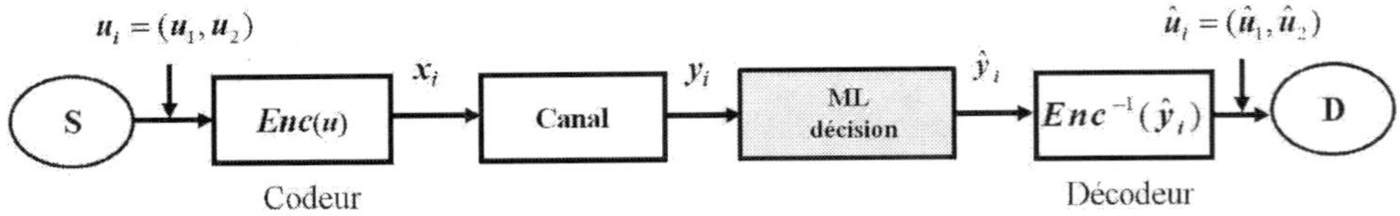


Un code *C systématique* avec les mots de code suivants :

$\boldsymbol{x}_0 = (0, 0, 0, 0, 0)$ ; $\boldsymbol{x}_1 = (0, 1, 0, 1, 0)$

$\boldsymbol{x}_2 = (1, 0, 1, 0, 1)$ ; $\boldsymbol{x}_3 = (1, 1, 1, 1, 1)$

est émis via le canal ci-dessus. Le décodage est effectué à l'aide de la décision à maximum de vraisemblance (ML) avec la règle de décision (1.34b) :

$$\hat{\boldsymbol{x}} = \arg\max_{y}\left(\boldsymbol{P}(\boldsymbol{x}|\boldsymbol{y})\right) = \arg\min_{y} \boldsymbol{d}_H(\boldsymbol{x}, \boldsymbol{y})$$

**1.5.1.** Le mot de code $y = (1, 0, 0, 0, 1)$ a été reçu. Quelles décisions répondent au critère ML ?

**1.5.2.** Quelle décision le décodeur ML prend-il pour $y = (1, 0, 1, 1, 1)$ lorsqu'on lui annonce que les deux derniers symboles sont incertains ?

**1.6.** Les deux figures ci-dessous présentent deux cas de réception pour des mots code $c_i$ correctement reçus (points noirs) et des mots code $y_i$ qui peuvent être erronés (points blancs). Dans un cas $d_{min}$ est impaire, dans l'autre cas $d_{min}$ est paire.

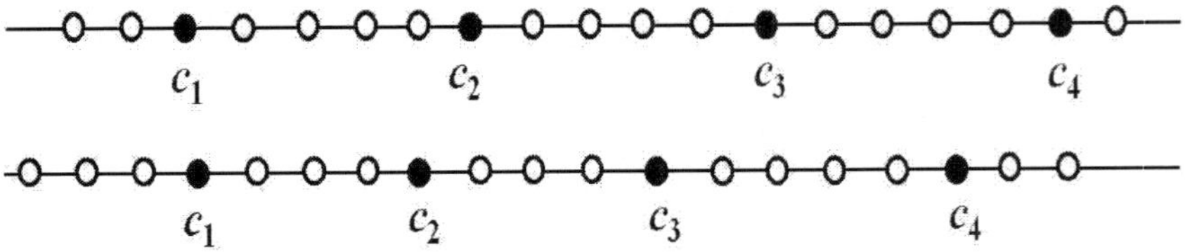

**1.6.1.** Tracer les cercles (sphères) de décodage et présenter les vecteurs $t$ et $t'$ et $d_{min}$. Donner pour chaque cas la distance minimale de Hamming.

**1.6.2.** Donner la relation entre le nombre d'erreurs détectables $t'$ et le nombre d'erreurs corrigeables $t$ pour les deux images sous forme de formule. Calculer les quantités $t'$ et $t$ comme valeurs numériques pour les deux images.

**1.7.** Soit un code en blocs binaire de $k$ bits d'information et $n$ bits de mot de code, sa distance minimale est $d_{min} = 8$.

**1.7.1.** Déterminer le nombre maximum d'erreurs qui peuvent être corrigées et le nombre d'erreurs détectables.

**1.7.2.** Le code doit être utilisé pour corriger 2 erreurs et pour détecter 5 autres erreurs en même temps. Montrer par une illustration dans l'espace de codes que cela est possible.

**1.8.** Prenons deux codes de canal en série (figure ci-dessous) : Les longueurs respectives des mots d'information sont $k_1$ et $k_2$ et les longueurs des mots de code $n_1$ et $n_2$. Le débit binaire d'entrée est $R_b$.

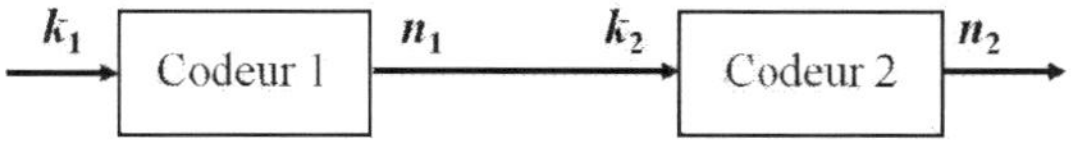


**1.8.1.** Expliquer les termes « taux de codage $R_C$ » et « débit binaire $R_b$ »

**1.8.2.** Quel est le débit binaire $R_{b1}$ après le premier bloc de codage en relation avec $k_1$, $n_1$ et $R_b$ ?

**1.8.3.** Le taux de codage du premier bloc est $R_{C1} = 1/3$. En fonction du taux de codage $R_{C2}$ et de la longueur de bit d'information $k_1$, entrer les valeurs de $n_1$ et $n_2$ dans le tableau et calculer le quotient $k/n$.

| $R_{C2}$ | $k_1$ | $n_1$ | $n_2$ | $k_1/n_1$ | $k_2/n_2$ |
|---|---|---|---|---|---|
| | 1 | | | | |
| | 2 | | | | |
| | 3 | | | | |
| | 4 | | | | |

**1.8.4.** Quel est le taux de codage $R_C$ de la concaténation de codes en série par rapport aux taux de codage individuels $R_{C1}$ et $R_{C2}$ ? Quel est le débit binaire $R_{btot}$, après le codage complet du canal en fonction de $R_C$ et $R_b$ ?

**1.9.** Soit un code avec les quatre mots de code (symboles) suivants : (0000), (0011), (1100), (1111). Nous recevons le symbole (1010) mais nous savons que le canal a changé pendant la transmission. Le premier et le quatrième mots de code symbole sont été transmis via un canal CBS avec une probabilté d'erreurs de $P_e = 0{,}3$ et le deuxième et le troisième symbole ont été transmis dans le même canal avec $P_e = 0{,}1$. Quelle décision prend un décodeur MAP **?**

**1.10.** Étant donné un canal CBS avec la probabilité d'erreur = 0,4 et un codeur de canal avec $(k,n) = (2,3)$, c'est-à-dire un code de canal avec $N = 2^2 = 4$ mots de code de longueur $n = 3$. Les mots de code et leurs probabilités d'apparition sont :

| **Mot de code $\mathbf{x}_i$** | **Probabilité $P(\mathbf{x}_i)$** |
|---|---|
| $\mathbf{x}_1 = (000)$ | 0,4 |
| $\mathbf{x}_2 = (011)$ | 0,2 |
| $\mathbf{x}_3 = (101)$ | 0,1 |
| $\mathbf{x}_4 = (110)$ | 0,3 |

Nous recevons le vecteur : $\mathbf{y} = (111)$

**1.10.1.** Effectuer un décodage MLD

**1.10.2.** Effectuer un décodage Block-MAP.

Les exemples et les exercices présentés dans ce chapitre devraient motiver les lecteurs pour les chapitres suivants, qui couvrent une grande partie des codes en bloc et des codes convolutifs connus aujourd'hui. Selon ces chapitres, des connaissances très différentes en mathématiques sont requises. Pour cette raison, il semble logique à l'auteur de placer un chapitre traitant des bases de l'algèbre sur les corps des nombres finis, de manière à ce que les pré-requis nécessaires des différents chapitres puissent être trouvés à une place centrale.

# Chapitre 2

# Bases mathématiques supplémentaires

## 2.1. Introduction

La réflexion sur le problème de la construction des codes nous confronte d'abord à la tâche de définir et d'expliquer des concepts de base importants. La solution à ce dernier problème comporte à la fois des parties simples et des parties difficiles. Quelques blocs de construction de base du codage sont facilement compréhensibles pour les lecteurs intéressés par les sciences naturelles, tandis que d'autres exigent une introduction à l'algèbre moderne sur les corps des nombres finis. Pour la description de ces codes, une certaine connaissance mathématique dans le domaine de l'algèbre linéaire et des structures algébriques est nécessaire. Pour cette raison, il conviendrait d'introduire un chapitre consacré aux outils mathématiques nécessaires.

Ce chapitre fournit une introduction à plusieurs types de structures algébriques abstraites, en particulier les groupes, les champs et les polynômes. Nous nous intéressons principalement aux champs finis, c'est-à-dire aux champs avec un nombre fini d'éléments appelés champs de Galois noté $GF(q)$ (Galois-Fields) de base $q = p^m$ (corps d'extension). Dans les chapitres 5 et 6, les champs finis seront utilisés pour développer les codes Reed-Solomon (RS) et le code BCH qui présentent les classes les plus utiles des codes algébriques. Les groupes et les polynômes fournissent l'arrière-plan nécessaire à la compréhension des champs finis. Une représentation simple et plus complète des concepts fondamentaux algébriques se trouve, par exemple, dans les références [25][27][28][29].

Les symboles individuels $u_i$ du mot d'information $u$ ainsi que les symboles $c_i$ du mot de code $c$ peuvent prendre des valeurs différentes de base $p$. C'est pourquoi, nous ne parlons pas de symboles binaires ici, mais de symboles en général. Plus tard, nous nous limitons au cas binaire avec $p = 2$. Toutes les opérations mathématiques comme les additions ou les multiplications sont exécutées modulo $p$, c'est-à-dire qu'elles ont lieu dans un champ fini $GF(p)$ à la base $p$.

Cette introduction a pour but de fournir au lecteur des connaissances de base sur le calcul en champ fini et de l'aider ainsi à mieux comprendre le sujet des sections suivantes. Ce chapitre est consacré à cette tâche.

Les preuves sont souvent omises au profit d'une explication plausible. Je me réfère ici à la littérature correspondante et j'essaierai de rendre le sujet compréhensible au moyen de nombreux exemples.

## 2.2. Structure algébrique

En mathématiques, plus particulièrement en algèbre, une structure algébrique est formée d'un ensemble combiné à une ou plusieurs lois de composition, éventuellement complétées par un ordre ou une topologie, le tout satisfaisant un certain nombre d'axiomes.

### 2.2.1. Ensemble : Définition

Un ensemble est une collection ou un groupement d'éléments.

- Ensemble $M$ : $M = \{E_0, E_1, E_2, \cdots\}$
- Ensemble $\Omega$ : $\Omega = \{O_0, O_1, O_2, \cdots\}$
- Ensemble $\mathbb{Z}$ : $\mathbb{Z}^+ = \{1, 2, 3, \ldots\}$
- Ensemble des nombres binaires : $\{0,1\}$

Un ensemble est considéré comme vide, s'il ne contient aucun élément. Il est généralement identifié par le symbole $\varnothing$.

Soient $A$ et $B$ deux ensembles. On dit que $A$ est inclu dans $B$ si chaque élément de $A$ est un élément de $B$. On note $A \subset B$. On dit aussi $A$ est contenu dans $B$ ou $A$ est une partie de $B$ ou $A$ est un sous-ensemble de $B$.

- **Remarques**
  - $A \subset A$
  - Si $A \subset B$ et $B \subset C$, alors $A \subset C$
  - $A = B$ si et seulement si ($A \subset B$ et $B \subset A$)

### 2.2.2. Lois de composition

On dit qu'on a une structure algébrique sur $M$ lorsqu'on définit sur $M$ une loi de composition ayant certaines propriétés.

### A. Loi interne

On appelle loi de composition interne, sur l'ensemble $M$, une application de la forme $f$: $M*M \rightarrow M$. Cette loi associe à chaque paire $(E_i, E_j)$ l'élément $f[(E_i, E_j)]$, élément que nous allons noter par : $E_i \oplus E_j$ ou par $E_i \otimes E_j$.

Les opérations ⊕ ⊗ peuvent être des opérations d'addition et de multiplication, ou des autres opérations reliant $E_i$ et $E_j$ .

### B. Loi externe

On appelle loi de composition externe sur $M$ une application $g$ $g : \Omega *M \rightarrow M,$ laquelle associe à chaque paire $(Oi, Ei) \in \Omega *M,$ l'élément $g[(O_i, E_i)]$ avec $E_i \in M$ et $O_i \in \Omega.$

# 2.3. Généralités et définitions

## 2.3.1. Groupe : Définition

Un groupe $(\mathcal{G},\circ)$ est un ensemble $\mathcal{G}$ muni d'une loi ($\circ$) associative, possédant un élément neutre et pour laquelle tout élément de $M$ est inversible. Si de plus la loi ($\circ$) est commutative, on dit que $(\mathcal{G}, \circ)$ est un groupe commutatif, ou abélien.

Soit un ensemble doté d'une loi de composition interne ⊕. On dit que $\mathcal{G}$ a une structure de groupe notée $(\mathcal{G},\oplus)$, lorsque la loi ⊕ soumise aux axiomes suivants :

- **Axiome 1**

  La somme de deux éléments arbitraires $E_i \oplus E_j$ est définie et appartient à $\mathcal{G}$.

$$\boldsymbol{E_i \oplus E_j \in \mathcal{G}} \qquad 2.1$$

- **Axiome 2**

  Pour cette somme, la loi d'associativité est remplie.

$$\boldsymbol{(E_i \oplus E_j) \oplus E_k = E_i \oplus (E_j \oplus E_k)} \qquad 2.2$$

➤ **Axiome 3**

L'ensemble $M$ possède un élément neutre $E_0 \in \mathcal{G}$ tel que :

$$\boldsymbol{E_i \oplus E_0 = E_i \quad \forall\ E_i \in \mathcal{G}} \qquad 2.3$$

➤ **Axiome 4**

Chaque élément de l'ensemble $\mathcal{G}$ possède un élément inverse $-E_i \in \mathcal{G}$ tel que :

$$\boldsymbol{E_i \oplus (-E_i) = E_0 \quad \forall\ E_i \in \mathcal{G}} \qquad 2.4$$

Où $\boldsymbol{E_0}$ est l'élément neutre.

Un groupe est dit commutatif ou abélien lorsque $E_i \oplus E_j = E_j \oplus E_i$.

**Exemple 2.1 :** Groupe

- L'ensemble des nombres naturels $\{1,2,3,\ldots\}$ n'est pas un groupe, même avec l'élément neutre **0**, car l'axiome 4 n'est pas rempli.

■

**Exemple 2.2 :** Groupe

- L'ensemble des nombres binaires $\mathcal{G} = \{0,1\}$ défini par la loi de composition interne Ex-or est un groupe.

$$0 \oplus 0 = 0,\ 0 \oplus 1 = 1,\ 1 \oplus 0 = 1,\ 1 \oplus 1 = 0$$

| ⊕ | **0** | **1** |
|---|---|---|
| **0** | 0 | 1 |
| **1** | 1 | 0 |

**Tableau 2.1**

- Élément neutre : $E_0 = 0 \Leftrightarrow 0 \oplus 0 = 0,\ 1 \oplus 0 = 1$
- **0** est élément inverse à **0** : $(-0) = \mathbf{0} \Leftrightarrow 0 \oplus \mathbf{0} = 0$
- **1** est élément inverse à **1** : $(-1) = \mathbf{1} \Leftrightarrow 1 \oplus \mathbf{1} = 0$

■

## 2.3.2. Anneau : Définition

On dit que l'ensemble $\mathcal{R}$ est un anneau $(\mathcal{R}, \oplus, \otimes)$ si :

- $\mathcal{R}$ a une structure de groupe abélien par rapport à la loi ⊕

- La loi ⊗ est associative et distributive par rapport à la loi ⊕
- Il y a une structure d'anneau, si la structure de groupe est complétée par les axiomes suivants :

➤ **Axiome 5**

- La somme est commutative :

$$E_i \oplus E_j = E_j \oplus E_i \qquad 2.5$$

➤ **Axiome 6**

- La loi ⊗ est associative

$$\left(E_i \otimes E_j\right) \otimes E_k = E_i \otimes \left(E_j \otimes E_k\right) \qquad 2.6$$

➤ **Axiome 7**

- La loi ⊗ est associative et distributive par rapport à la loi ⊕

$$E_i \otimes \left(E_j \oplus E_k\right) = \left(E_i \otimes E_j\right) \oplus \left(E_i \otimes E_k\right) \qquad 2.7$$

### 2.3.3. Corps : Définition

Un ensemble $\mathcal{K}$ muni de deux lois de composition aura une structure de Corps (Field) ($\mathcal{K}$, ⊕, ⊗) si :

- L'ensemble $\mathcal{K}$ possède une structure d'anneau.
- L'ensemble des éléments qui diffèrent de zéro forme un *groupe multiplicatif*.
- Il y a une structure du corps, si la structure d'anneau est complétée par les axiomes suivants :

➤ **Axiome 8**

- La loi du produit est commutative

$$E_i \otimes E_j = E_j \otimes E_i \qquad 2.8$$

➤ **Axiome 9**

- L'ensemble $\mathcal{K}$ possède un élément neutre $E_1 \in M$ tel que :

$$E_i \otimes E_1 = E_i \quad \forall \ E_i \in M \qquad 2.9$$

### ➤ Axiome 10

- Chaque élément $E_i \in M$ sauf l'élément neutre $E_0$ possède un multiplicatif inverse (réciproque) $E^{-1}$ tel que :

$$\boldsymbol{E_i \otimes E_i^{-1} = E_1} \quad 2.10$$

où $\boldsymbol{E_i \neq E_0 = 0}$

**Exemple 2.3 :** Groupe

- L'ensemble $\mathcal{G} = \{0,1\}$ défini par les lois ($\mathcal{G}$, ⊕, ⊗)

| ⊕ | **0** | **1** |
|---|---|---|
| **0** | 0 | 1 |
| **1** | 1 | 0 |

(a)

| ⊗ | **0** | **1** |
|---|---|---|
| **0** | 0 | 0 |
| **1** | 0 | 1 |

(b)

**Tableau 2.2a,b**

- $\boldsymbol{E_1} = 1$
- $0 \otimes 1 = 0$
- $1 \otimes 1 = 1$
- $\boldsymbol{E_i^{-1}} = \boldsymbol{E_1^{-1}} = 1$

■

## 2.3.4. Calcul modulo *p*

### A. Définition

Modulo (mod) est une fonction mathématique qui désigne le reste d'une division de deux entiers. Cette division euclidienne ou division d'entiers est une opération qui relie à deux entiers, appelés dividende et diviseur, deux autres entiers appelés quotient et reste. Dans le calcul modulo *p*, on ne distingue pas entre un nombre ***c*** et un nombre défini ***r*** de la forme suivante :

$$\boldsymbol{c = r + l \cdot p \Leftrightarrow z = z + l \cdot p}, \ \boldsymbol{l} = 1,2,3,... \text{ et } \boldsymbol{p} \in \mathbb{N} \quad 2.11$$

**Exemple 2.4 :** Calcul modulo

<u>$\boldsymbol{l = 1}$</u>

$c = r + l \cdot p \rightarrow z = z + l \cdot p \rightarrow \ 3 = 3 + 1 \cdot 5 \Rightarrow 8 = 3 \text{ mod } 5$

$8/5 = 1 \ rest = r = \ 3$

**$l = 4$**

$c = r + l \cdot p \rightarrow z = z + l \cdot p \rightarrow 3 = 3 + 4 \cdot 5 \Rightarrow 23 = 3 \mod 5$

$23/5 = 4 \; rest = r = 3$

■

- **Remarques**

- La soustraction et donnée par :

  $\rightarrow -i = p - i \mod p,$

  car : $-i + i = 0 = p \mod p$

- Pour chaque nombre premier $p$, on a :

  $$\rightarrow \quad (p-1)^{-1} = \frac{1}{p-1} = p - 1 = -1 \mod p,$$

  car : $\frac{1}{p-1} = -1 \mod p \Rightarrow 1 = -p + 1 \mod p \Leftrightarrow p - 1 = -1 \mod p$

**Exemple 2.5 :** Calcul mod10

- $c = r + l \cdot p \Leftrightarrow z = z + l \cdot p$

$$\begin{array}{ccccccccc} c & = & r & + & l \; p & & & & \\ \downarrow & & \downarrow & & \downarrow \; \downarrow & & & & \\ 7 & = & 7 & - & 2 \cdot 10 & \longrightarrow & 7 & = & -13 \mod 10 \\ 7 & = & 7 & - & 1 \cdot 10 & \longrightarrow & 7 & = & -3 \mod 10 \\ 7 & = & 7 & + & 0 \cdot 10 & \longrightarrow & 7 & = & 7 \mod 10 \\ 7 & = & 7 & + & 1 \cdot 10 & \longrightarrow & 7 & = & 17 \mod 10 \\ 7 & = & 7 & + & 2 \cdot 10 & \longrightarrow & 7 & = & 27 \mod 10 \end{array}$$

$7 \triangleq \cdots - 13, -3, 7, 17, 27 \mod 10 \quad l = \cdots - 2, -1, 0, 1, 0, 2$

Par exemple : $7 = 7 - 10 \mod 10 \Rightarrow 7 = -3 \mod 10 \Rightarrow 10 = 0 \mod 10$

■

## B. Classes résiduelles

Un anneau de résidus est une structure algébrique dans laquelle les ensembles sont des résidus. Par exemple, une classe de résidus notée aussi $\mathbb{F}_p = \mathbb{Z}/p\mathbb{Z}$[4] a exactement les nombres de 0 à $p - 1$. Si on définit l'addition et la multiplication, on obtient un anneau de résidus : **($\mathbb{F}_p$, ⊕,⊗).**

[4] $\mathbb{Z}/p\mathbb{Z}$ est un corps si et seulement si $p$ est un nombre premier.

Dans le sens de la relation z = z + $l \cdot p$ qui peut être exprimée de la forme suivante $c = r + l \cdot p$, où $r$ exprime le reste de la division $c/(l \cdot p)$. Il y a $p$ nombres différents (0, 1, ..., $p-1$), dont le calcul est en modulo $p$.

**Exemple 2.6 :** Classes résiduelles mod 2

- Classe résiduelle : $\mathbb{F}_2 = \{0,\ldots, 2-1\} = \{0, 1\}$ $((0, 1) \in \mathbb{F}_2)$

  $(\mathbb{F}_2, \oplus, \otimes)$

| ⊕ | **0** | **1** |
|---|---|---|
| **0** | 0 | 1 |
| **1** | 1 | 0 |

**(a)**

| ⊗ | **0** | **1** |
|---|---|---|
| **0** | 0 | 0 |
| **1** | 0 | 1 |

**(b)**

**Tableau 2.3a,b**

■

**Exemple 2.7 :** Classes résiduelles mod 3

- Le calcul 3 est une classe résiduelle des éléments (0 1 2) $\in \mathbb{F}_3$

| ⊕ | **0** | **1** | **2** |
|---|---|---|---|
| **0** | 0 | 1 | 2 |
| **1** | 1 | 2 | 0 |
| **2** | 2 | 0 | 1 |

$$0 = 0 + 3$$
$$1 = 1 + 3$$
$$2 = 2 + 3$$

**Fig. 2.1**

■

**Exemple 2.8 :** Classes résiduelles mod 10

- $l = 1, \quad p = 10$

  $\mathbb{F}_{10} = \{0, 1, \ldots, 9\}$

  La figure ci-après montre la eésuduelle pour l'exemple :

  $c = r + l \cdot p$ mod $p$ pour ($p$ = 10 et $l$ = 1).

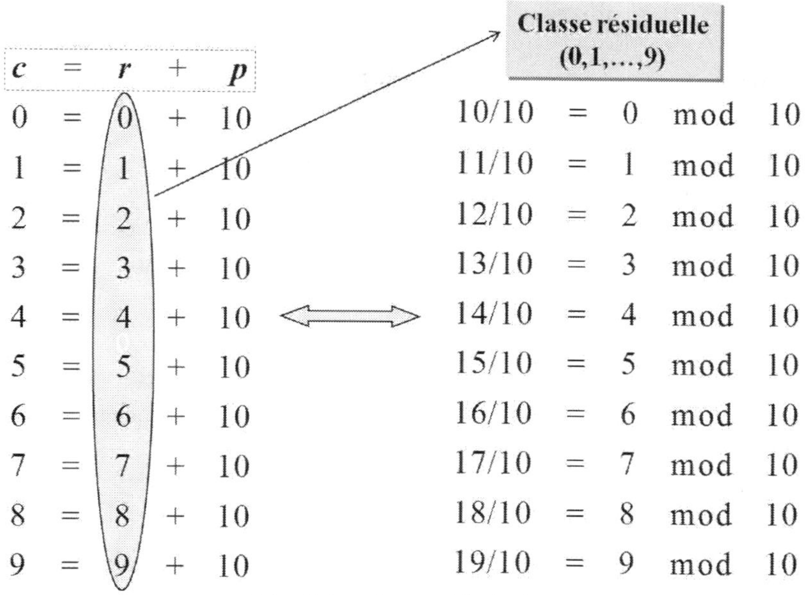


**Fig. 2.2 :** Classe réduduelle

■

## 2.3.5. Champs de Galois

Les ensembles de nombres auxquels peuvent être appliquées les règles habituelles d'addition (ou de soustraction) et de multiplication (ou de division), comme nous y sommes habitués avec les nombres rationnels, réels ou complexes, sont appelés « Champs : Fields ». Les champs à nombre fini sont appelés champs de Galois (Galois Fields : *GF*).

Si l'ensemble $\mathcal{K}$ ne contient qu'un nombre fini d'éléments ($q$), on parle d'un champ fini ou aussi d'un champ de Galois $GF(q)$ de base $q$. Les champs de Galois n'existent que pour $q = p^m$, où $p$ est un nombre premier et $m$ est un nombre naturel. Sinon, les mêmes règles s'appliquent aussi bien à un champ de Galois qu'aux corps. Si $q = p$ est un nombre premier, on parle aussi de corps premiers finis.

## 2.3.6. Corps premier fini *GF*(*p*)

L'ensemble des éléments $p$ : $(0, 1, \ldots, p-1)$ dont les lois de composition sont $\oplus$, $\otimes$ mod $p$ ($p$ étant un nombre premier), et qui accompli les axiomes d'un corps s'appelle un *corps premier fini* et noté par $GF(p)$, $\mathbb{F}_p$ ou $\mathbb{Z}/p\mathbb{Z}$.

Dans ce corps premier, on calcule donc avec les entiers (0,…, $p-1$) mod $p$. Il est défini comme une classe de nombres modulo $p$ et il ne peut contenir qu'un nombre premier d'éléments. Ceci est restrictif. Certaines propriétés élémentaires peuvent être dérivées directement de cette définition.

$$\text{Corps fini} : \mathbb{F}_p = \{0,1,...,p-1\} \quad p : \text{nombre premier}$$

$$|F| = p^m,\ p : \text{nombre premier} \ ;\ m \in \mathbb{N}$$

$$\text{toutes opérations} : \oplus, \otimes \ \text{ sont mod } p$$

- Pour chaque élément $a_i \neq 0$ existe un élément $a_j \neq 0$ tel que

$$\boldsymbol{a}_i \otimes \boldsymbol{a}_j = \mathbf{1} \Rightarrow \boldsymbol{a}_j \equiv \boldsymbol{a}_i^{-1}, \boldsymbol{a}_i \text{ et } \boldsymbol{a}_j \in \boldsymbol{GF}(\boldsymbol{p}) \qquad 2.12$$

- Prenant par exemple *GF*(3) et *GF*(7), chaque élément non nul a un inverse pour la multiplication : les éléments « non nuls » forment un sous-groupe multiplicatif (voir exemple 2.9)
- L'interprétation du nombre 1 par l'opération d'addition dans le champ *GF*(2) est tout à fait différente dans le *GF*(*p*) (p.ex. $p = 5$) à savoir :

| En $GF(2)$ | En $GF(5)$ |
|---|---|
| $1 \oplus 1 = 0 \mod 2$ | $1 \oplus 1 = 2 \neq 0 \mod 5$ |

- L'interprétation du nombre 1 par l'opération de multiplication est la même.
- On peut présenter un corps primaire soit par des nombres, soit des exposants. En *GF*(5), on peut avoir les éléments $a_i \neq 0 \in GF(5)$ par les éléments $2^0 = 1$, $2^1 = 2$, $2^2 = 4$, $2^3 = 3$, $2^4 = 1 \in GF(5)$.

**Exemple 2.9 : *GF*(2), *GF*(3) et *GF*(7)**

Comme exemples, nous considérons les corps premiers pour $p = 2$, 3 et 7 : *GF*(2), *GF*(3) et *GF*(7). Pour l'addition ou la multiplication, un tableau de résultats doit être spécifié, dans lequel le résultat de $(i \oplus j)$ ou $(i \otimes j) \mod p$ est écrit sur la $i$-ème ligne et la $j$-ème colonne.

La figure ci-après montre un exemple pour *GF*(2), *GF*(3) et *GF*(7), où le les élément dits sous-groupe multiplicatifs sont également indiqués (voir plus loin).

| ⊕ | 0 | 0 |
|---|---|---|
| **0** | 0 | 1 |
| **1** | 1 | 0 |

| ⊗ | 0 | 1 |
|---|---|---|
| **0** | 0 | 0 |
| **1** | 0 | 1 |

| ⊕ | 0 | 1 | 2 |
|---|---|---|---|
| **0** | 0 | 1 | 2 |
| **1** | 1 | 2 | 0 |
| **2** | 2 | 0 | 1 |

| ⊗ | 0 | 1 | 2 |
|---|---|---|---|
| **0** | 0 | 0 | 0 |
| **1** | 0 | 1 | 2 |
| **2** | 0 | 2 | 1 |

| ⊕ | 0 | 1 | 2 | 3 | 4 | 5 | 6 |
|---|---|---|---|---|---|---|---|
| **0** | 0 | 1 | 2 | 3 | 4 | 5 | 6 |
| **1** | 1 | 2 | 3 | 4 | 5 | 6 | 0 |
| **2** | 2 | 3 | 4 | 5 | 6 | 0 | 1 |
| **3** | 3 | 4 | 5 | 6 | 0 | 1 | 2 |
| **4** | 4 | 5 | 6 | 0 | 1 | 2 | 3 |
| **5** | 5 | 6 | 0 | 1 | 2 | 3 | 4 |
| **6** | 6 | 0 | 1 | 2 | 3 | 4 | 5 |

| ⊗ | 0 | 1 | 2 | 3 | 4 | 5 | 6 |
|---|---|---|---|---|---|---|---|
| **0** | 0 | 0 | 0 | 0 | 0 | 0 | 0 |
| **1** | 0 | 1 | 2 | 3 | 4 | 5 | 6 |
| **2** | 0 | 2 | 4 | 6 | 1 | 3 | 5 |
| **3** | 0 | 3 | 6 | 2 | 5 | 1 | 4 |
| **4** | 0 | 4 | 1 | 5 | 2 | 6 | 3 |
| **5** | 0 | 5 | 3 | 1 | 6 | 4 | 2 |
| **6** | 0 | 6 | 5 | 4 | 3 | 2 | 1 |

Sous-groupes multiplicatifs

**Fig. 2.3 :** Sous-groupes multiplicatifs

■

**Exemple 2.10 :** *GF*(4)

- Affin de mettre en évidence la nécessité d'avoir un nombre premier, nous étudions le cas *GF*(4).

| ⊕ | 0 | 1 | 2 | 3 |
|---|---|---|---|---|
| 0 | 0 | 1 | 2 | 3 |
| 1 | 1 | 2 | 3 | 0 |
| 2 | 2 | 3 | 0 | 1 |
| 3 | 3 | 0 | 1 | 2 |

(a)

| ⊗ | 0 | 1 | 2 | 3 |
|---|---|---|---|---|
| 0 | 0 | 0 | 0 | 0 |
| 1 | 0 | 1 | 2 | 3 |
| 2 | 0 | 2 | 0 | 2 |
| 3 | 0 | 3 | 2 | 1 |

Pas d'inverse
Inverse

(b)

**Tableau 2.4a,b**

L'élément 2 (Fig. 2.4b) n'a visiblement pas d'inverse pour la multiplication (c'est un diviseur de zéro → *GF*(4) n'est pas un corps, c'est un anneau).

Chaque ligne et colonne ne peut contenir un élément qu'une seule fois.

■

## 2.3.7. Elément primitif

### A. Définition

Un corps $GF(p)$ est appelé cyclique si tous les éléments de $GF(p)$ peuvent être générés par les puissances d'un élément.

Pour chaque champ de Galois, il existe un élément $\alpha$ dont les $p-1$ puissances $\alpha^j$, $j=1, \ldots, p-1$, produisent exactement tous les éléments $a_i \neq 0$ du corps de Galois $GF(p)$. Cet élément générateur $\alpha$ est appelé élément primitif.

$$\boldsymbol{GF(p)=\left\{\alpha^j \middle| \alpha \in GF(p), j=1,\ldots,p-1\right\}} \qquad 2.13$$

Revenons à $GF(3)$ (calcul mod 3) et examinons les puissances successives des éléments du sous-groupe multiplicatif. Toutes les puissances de l'élément 1 valent 1 ($1^i = 1$).

Visiblement, les puissances successives de 2 décrivent tous les éléments de sous-groupe multiplicatif. Ce groupe est cyclique et le nombre 2 est un générateur de cycle (Fig. 2.4).

$$2^1 = 2, \quad 2^2 = 1, \quad 2^3 = 2, \quad 2^4 = 1, \quad \vdots$$

| ⊗ | 0 | 1 | 2 |
|---|---|---|---|
| 0 | 0 | 0 | 0 |
| 1 | 0 | 1 | 2 |
| 2 | 0 | 2 | 1 |

**Fig. 2.4 :** Element primitif (Circulation)

### B. Ordre multiplicatif

On appelle l'ordre multiplicatif $\mu$ d'un élément $a \neq 0 \in GF(p)$ le plus petit exposant $\mu > 0$ positif tel que :

$$\boldsymbol{a^{\mu}} = 1 \text{ mod } \boldsymbol{p} \qquad 2.14a$$

Il est diviseur de $p-1$. Pour $GF(3)$, on a : $\mu(a=2)=2 \Leftrightarrow \left(2^2=1\right)$

On appelle un élément primitif $\alpha$, un élément de $GF(p)$ dont l'ordre est $p-1$. Donc, un élément primitif est un générateur pour le sous-groupe cyclique.

$$\alpha^{p-1} = 1 \rightarrow \mu = p-1 \qquad 2.14b$$

Un champ $GF(p)$ a au moins un élément primitif $\alpha$ possédant la propriété, que les éléments non-nuls de $GF(p)$ peuvent être exprimés comme puissance de $\alpha$ ($\alpha^1$, $\alpha^2$, $\alpha^3$, ..., $\alpha^{p-1}$). Autrement dit les éléments non nuls de $GF(p)$ forment un groupe multiplicatif cyclique ($\underline{\alpha^0 = 1}$, $\alpha^1$, $\alpha^2$, $\alpha^3$, ..., $\underline{\alpha^{p-1} = 1}$).

**Exemple 2.11 :** Sous-groupe multiplicatif cyclique mod 7

- On examine pour le champ $GF(7)$ le sous-groupe multiplicatif cyclique.

| ⊗ | **0** | **1** | **2** | **3** | **4** | **5** | **6** |
|---|---|---|---|---|---|---|---|
| **0** | 0 | 0 | 0 | 0 | 0 | 0 | 0 |
| **1** | 0 | 1 | 2 | 3 | 4 | 5 | 6 |
| **2** | 0 | 2 | 4 | 6 | 1 | 3 | 5 |
| **3** | 0 | 3 | 6 | 2 | 5 | 1 | 4 |
| **4** | 0 | 4 | 1 | 5 | 2 | 6 | 3 |
| **5** | 0 | 5 | 3 | 1 | 6 | 4 | 2 |
| **6** | 0 | 6 | 5 | 4 | 3 | 2 | 1 |

**Sous-groupe multiplicatif**

**Fig. 2.5 :** Sous-groupe multiplicatif

Les ordres multiplicatifs pour $GF(7)$ sont :

$$1^1 = 1 \rightarrow \mu(1) = 1$$
$$2^3 = 1 \rightarrow \mu(2) = 3$$
$$3^6 = 1 \rightarrow \mu(3) = 6^*$$
$$4^3 = 1 \rightarrow \mu(4) = 3$$
$$5^6 = 1 \rightarrow \mu(5) = 6^*$$
$$6^2 = 1 \rightarrow \mu(6) = 2$$

**$p - 1 = 6$**

**$\alpha = 3$**

$$3^0 = \mathbf{1}$$
$$3^1 = 3$$
$$3^2 = 2$$
$$3^3 = 6$$
$$3^4 = 4$$
$$3^5 = 5$$
$$3^6 = \mathbf{1}$$

Cycle

**Fig. 2.6 :** Ordre multiplicatif

Pour l'élément $\alpha = 2$ (ou $\alpha = 4$), on a $\mu = 3 \neq p - 1$.

Pour $\mu = 6 = p - 1$ cette valeur n'indique pas le plus petit élément, donc $\alpha = 2$ n'est pas un élément primitif.

| $\alpha$ | $\alpha^1$ | $\alpha^2$ | $\alpha^3$ | $\alpha^4$ | $\alpha^5$ | $\alpha^6$ | $\mu$ | Elément primitif |
|---|---|---|---|---|---|---|---|---|
| 1 | 1 | 1 | 1 | 1 | 1 | 1 | $1, 2, \cdots, 6$ | |
| 2 | 2 | 4 | 1 | 2 | 4 | 1 | 3, 6 | |
| 3 | 3 | 2 | 6 | 4 | 5 | ① | $6 = p-1$ | $\alpha = 3$ |
| 4 | 4 | 2 | 1 | 4 | 2 | 1 | 3, 6 | |
| 5 | 5 | 4 | 6 | 2 | 3 | ① | $6 = p-1$ | $\alpha = 5$ |
| 6 | 6 | 1 | 6 | 1 | 6 | 1 | 2, 4, 6 | |

**Tableau 2.5**

En figurant les éléments sur un cercle, disposé dans l'ordre des puissances successives d'un élément primitif (par exemple $\alpha = 3$), on met en évidence un isomorphisme de groupe très concluant.

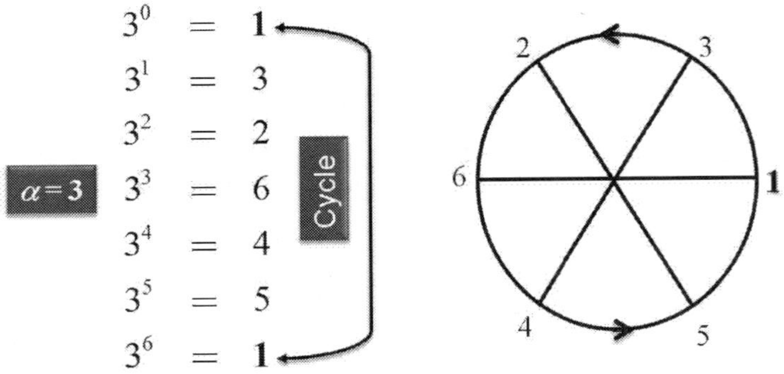


**Fig.2.7 :** Element primitif (Circulation)

$$GF(7)\setminus\{0\} = \{1,2,3,4,5,6\} = \{3^0, 3^2, 3^1, 3^4, 3^5, 3^3\} \bmod 7$$

■

## 2.4. Représentation polynomiale

### 2.4.1. Introduction

Pour de nombreuses applications, il est avantageux de ne pas considérer uniquement les champs à la base d'un nombre premier $q$ ($q$ doit être premier $q = p \rightarrow$ champ premier) ou une puissance d'un premier ($q = p^m$, $m \in \mathbb{N}$, $p$ premier). Ainsi, dans la technologie numérique actuelle, on rencontre généralement des systèmes binaires, qui peuvent être mal représentés avec des nombres premiers. L'addition (soustraction) de vecteurs ou de mots de code correspond à l'addition (soustraction) de polynômes. Par conséquent, cette section expliquera certaines règles importantes pour le traitement des polynômes.

- **Remarque**
  - $GF(4)$ dans l'exemple (2.10) peut à nouveau être interprété différemment, à savoir comme un ensemble de tous les polynômes mod $p(x)$ ou comme un ensemble de tous les polynômes avec des coefficients de $GF(2)$ de degré $\leq 1$ (voir plus loin, exemple 2.19).

Considérons les polynômes en $x$**,** dont les coefficients sont dans $GF(p = 2\ )$ Soit $a(x)$ un tel polynôme, il s'écrit :

$$\boldsymbol{a}(\boldsymbol{x}) = \boldsymbol{a}_{n-1}\boldsymbol{x}^{n-1} + \boldsymbol{a}_{n-2}\boldsymbol{x}^{n-2} + \cdots + \boldsymbol{a}_1\boldsymbol{x} + \boldsymbol{a}_0,\ \ \boldsymbol{a}_{n-1} \neq 0 \qquad 2.15$$

Les coefficients $a_0$, $a_1$, ...., $a_{n\text{-}1}$ sont des éléments de $GF(2)$. Non seulement les variable $x$ peuvent prendre les valeurs $(0{,}1) \in GF(2)$ mais encore les coefficients $a_i \in GF(2)$.

Comme exemple, on a le polynôme de 3e degré :

$a(x) = a_3x^3 + a_2x^2 + a_1x + a_0$

Quand les coefficients $a_0$, $a_1$, $a_2$ et $a_3$ prennent les valeurs (0 1), il y a donc $2^4$ =16 différents polynômes de 3e degré. En général il y a $2^n$ différents polynômes.

## A. Polynôme réductible

Un polynôme réductible est un polynôme divisible par un autre polynôme de degré inférieur.

**Exemple 2.12 :** Polynôme réductible

- Prenons le cas suivant: $a(x) = x^3 + x \in GF(2)$

  Ce polynôme a la racine $x = 0 \rightarrow a(x) = 0$, on peut donc écrire :

  $a(x) = x^3 + x = x \cdot (x^2 + 1) = x \cdot a_1(x)$

  Le polynôme réductible $a_1(x)$ a une racine $x = 1$ en $GF(2)$ :

  $a_1(x) = (x^2 + 1) = (x + 1) \cdot a_2(x)$.

  Le polynôme résiduel $a_2(x)$ peut être calculé par division polynomiale :

  $a_2(x) = a_1(x) \div (x + 1) = x + 1$

Ce qui donne : $a_1(x) = (x+1)\cdot(x+1)$ et en fin :

$a(x) = x\cdot(x^2+1) = x\cdot(x+1)\cdot(x+1) = x\cdot(x+1)^2$ mod 2.

■

### B. Polynôme irréductible

Un polynôme $u(x)$ de degré $m$ avec coefficients $a_i$ dans $GF(p)$ est dit irréductible s'il ne peut pas être factorisé en polynômes de degré $< m$ (avec coefficients de $GF(p)$). Autrement dit, Un polynôme dit irréductible veut dire qui n'est pas divisible par aucun autre polynôme de degré inférieur. Par conséquent, $u(x)$ n'a pas de racines dans $GF(p)$ (l'absence de racines ne garantit pas l'irréductibilité d'un polynôme). Le terme irréductible fait toujours référence à un corps spécifique. L'énoncé suivant montre comment déterminer les polynômes irréductibles sur un corps $\mathbb{F}_p$.

*Pour tout corps* $\mathbb{F}_p$ *,* $\boldsymbol{x^{p^m} - x}$ *est le produit de tous les polynômes unitaires irréductibles sur* $\mathbb{F}_p$ *dont le degré divise m.*

**Exemple 2.13 :** Polynôme irréductible

- Considérons dans $GF(2)$ le polynôme suivant : $a(x) = x^3 + x + 1$
  Ce polynôme ne possède pas des racines dans le champ $GF(2)$, c'est-à-dire $x \neq 0$; $x \neq 1$. On appelle un tel polynôme « polynôme irréductible ».

  Les polynômes irréductibles ne peuvent pas être décomposés en produit des polynômes à degré inférieur.

■

## 2.4.2. Calcul dans l'ensemble des polynômes à classe résiduelle

La définition des classes résiduelles a été évoquée au paragraphe (§ 2.3.4-B) par le calcul modulo $p$. Dans ce calcul, il y a eu (0,1, …, $p$ –1) classes résiduelles dans le sens de la relation (2.11) : $c = r + l \times p$.

De même, on peut introduire un calcul polynomial dans ce sens, c'est-à-dire modulo un polynôme $p(x)$ tel que :

$$\boldsymbol{c(x) = r(x) + l(x)\cdot p(x) \bmod p(x)} \quad 2.16$$

On suppose que le polynôme modulaire $p(x)$ est irréductible et de degré $m$ :

$$\mathbf{p(x) = p_m x^m + p_{m-1} x^{m-1} + \cdots + p_1 x + p_0} \qquad 2.17$$

Le polynôme $r(x) = r_r x^r + r_{r-1} x^{r-1} + \cdots + r_1 x + r_0$ de degré $r \leq m - 1$ forme une classe résiduelle des polynômes. Le polynôme $l(x)$ est un polynôme quelconque tel que $c(x) = r(x) + l(x) \cdot p(x)$.

Similaire à la relation des nombres $c = r + l \cdot p$, on peut constater qu'il n' y a pas de différence entre le polynôme $c(x)$ et $r(x) + l(x) \cdot p(x)$ (mod $p(x)$).

Pour trouver un polynôme résiduel $r(x)$ d'un polynôme quelconque $f(x) = c(x)$, on divise $f(x)$ sur le polynôme modulaire $p(x)$, ce qui donne le polynôme $l(x)$ et un polynôme reste. Ce reste est le polynôme résiduel cherché $r(x)$.

**Exemple 2.14 :** Polynôme résiduel

- On considère le polynôme $f(x)$ **:** $f(x) = x^4 + x^3 + x + 1$, et le polynôme modulaire $p(x)$ **:** $p(x) = x^2 + x + 1$.
- Calculer le polynôme résiduel pour le polynôme $\boldsymbol{f(x)}$ mod $p(x)$ dans $GF(2)$. En divisant $f(x)$ sur $p(x)$ on a donc :

  $x^4 + x^3 + x + 1 \div x^2 + x + 1 = x^2 + 1$ ; polynôme résiduel $r(x) = 0$

$$\begin{array}{r|l} f(x) = x^4 + x^3 + x + 1 & p(x) = x^2 + x + 1 \\ \underline{x^4 + x^3 + x^2 \quad\quad} & \hline \\ x^2 + x + 1 & x^2 + 1 \\ \underline{x^2 + x + 1} & \\ \boldsymbol{r(x) = 0} & \end{array}$$

$$\boldsymbol{f(x)} = 0 + (\boldsymbol{x}^2 + 1) \cdot (\boldsymbol{x}^2 + \boldsymbol{x} + 1)$$

$$\downarrow \qquad \downarrow \qquad \downarrow$$

$$c(x) = r(x) + l(x) \cdot p(x) \text{ mod } p(x)$$

■

**Exemple 2.15 :** Polynôme résiduel

- Chercher le polynôme résiduel mod $p(x)$ pour le polynôme $f(x) = x^5 + x^3 + 1$ dans $GF(2)$. Le polynôme modulaire est donné par : $p(x) = x^2 + x + 1$.

  En divisant $f(x)$ sur $p(x)$ on a :

$$
\begin{array}{l|l}
\boldsymbol{f(x) = x^5 + x^3 + 1} & \boldsymbol{p(x) = x^2 + x + 1} \\
\quad x^5 + x^4 + x^3 & \\ \hline
\quad x^4 \qquad\qquad + 1 & x^3 + x^2 + x \\
\quad x^4 + x^3 + x^2 & \\ \hline
\qquad x^3 + x^2 + 1 & \\
\qquad x^3 + x^2 + x & \\ \hline
\qquad \boldsymbol{r(x) = x + 1} &
\end{array}
$$

$$\boldsymbol{f(x) = x + 1 + (x^3 + x^2 + x)\cdot(x^2 + x + 1)}$$

$$\downarrow \qquad \swarrow \qquad \swarrow$$

$$\boldsymbol{c(x) = r(x) + l(x)\cdot p(x)} \text{ mod } \boldsymbol{p(x)}$$

  Le polynôme résiduel est donc : $\underline{\underline{\boldsymbol{r(x) = x + 1}}}$

■

## 2.4.3. Propriétés des polynômes à classe résiduelle

- Pour trouver à quelle classe de polynômes mod $p(x)$ appartient un polynôme quelconque $f(x)$, on effectue la division euclidienne de $f(x)$ par $p(x)$. Le reste de la division $r(x)$ devrait remplir la condition suivante :

$$0 \leq \deg \boldsymbol{r(x)} < \deg \boldsymbol{p(x)} = \boldsymbol{m} \qquad 2.18$$

- L'ensemble des polynômes mod $p(x)$ à coefficients dans $GF(q)$ est un ensemble fini : on peut démontrer que c'est un corps.
- L'ensemble $GF(q = p^m)$ est formé de l'ensemble des classes de polynômes de degré inférieur à $m$ (puisque ce sont les restes par divisions euclidiennes par $p(x)$).
- Chaque polynôme contient $m$ éléments $(0,\ldots,m-1)$ de $GF(q)$ qui peuvent prendre $(0, \ldots, q-1)$ valeurs : donc le nombre de polynômes est $p^m$ (y compris le polynôme 0).

- Pour $q = p$, le champ de Galois $GF(q{=}p)$ est donné par les nombres entiers $(0, \ldots, p-1)$.
- Un polynôme dans un champ primaire $GF(2)$ possède la propriété suivante :

$$[f(x)]^2 = f(x^2) \qquad 2.19$$

La démonstration de cette relation peut être effectuée comme suit :

$$\begin{aligned}(x_1 + x_2 + \cdots + x_n)^2 &= [(x_1) + (x_2 + x_3 + \cdots + x_n)]^2 \\ &= x_1^2 + \not{2} \cdot x_1 \cdot (x_2 + x_3 + \cdots + x_n) \\ &\quad + (x_2 + x_3 + \cdots + x_n)^2, \ \ 2 \notin GF(2) \\ &= x_1^2 + (x_2 + x_3 + \cdots + x_n)^2 \\ &= x_1^2 + [x_2 + (x_3 + x_4 \cdots + x_n)]^2 \\ &= x_1^2 + x_2^2 + (x_3 + x_4 \cdots + x_n)^2 \\ &\ \ \vdots \\ &= x_1^2 + x_2^2 + x_3^2 + \cdots x_n^2\end{aligned}$$

- **Addition**

  L'addition de deux éléments de $GF(p^m)$ est généralement l'addition de polynômes terme par terme, il faut se rappeler de la propriété de l'addition dans le corps de départ, dans lequel les coefficients ont été définis.

- **Multiplication**

  Pour sa définition, on fait enfin appel à la définition du corps. Cherchons par exemple : $f_1(x) \cdot f_2(x)$ dans le corps $GF(2^m)$, où $p(x)$ est le polynôme modulaire. Les éléments de corps $GF(2^3)$, p.ex., comportent 8 éléments, qui peuvent être représentés sous forme de polynôme et de séquence de bits de longueur 3.

| **Polynôme résiduel** | $0$ | $1$ | $x$ | $x+1$ | $x^2$ | $x^2+1$ | $x^2+x$ | $x^2+x+1$ |
|---|---|---|---|---|---|---|---|---|
| **Présentation binaire** | **000** | **001** | **010** | **011** | **100** | **101** | **110** | **111** |

**Tableau 2.6**

Pour la multiplication par exemple de (101)·(011), on a :

$$101\cdot 011 = f_1(x)\cdot f_2(x) = (x^2+1)\cdot(x+1) \mod x^3+x+1$$
$$= x^3+x^2+x+1 \mod x^3+x+1 = x = 010$$

- **Propriétés d'anneau**

  ⇨ Dans $GF(p^m)$, avec $p(x)$ comme polynôme modulaire, les mêmes règles de calcul que dans $GF(p)$ s'appliquent, c'est-à-dire que $GF(p^m)$ forme un anneau.

  ⇨ Ainsi, l'addition, la soustraction (qui est la même que l'addition en raison de 1 + 1 = 0) et la multiplication sont expliquées dans $\mathbb{F}_2[x]_{p(x)}$ et obéissent aux règles de calcul habituelles.

  ⇨ L'élément Zéro et l'élément 1

  Dans $GF(p^m)$, $e_0(x) = 0$ est l'élément zéro caractérisé par $e_0(x) + f(x) = f(x)$ et $f(x)\cdot e_0(x) = 0$ pour tous $f(x)$.

  $e_1(x) = 1$ est l'élément 1 caractérisé par $f(x)\cdot e_1(x) = f(x)$ pour tous $f(x)$.

  ⇨ Si $p(x)$ est irréductible, alors chaque $b(x) \neq 0$ dans $\mathbb{F}_2[x]_{p(x)}$ a une inverse multiplicative $b^{-1}$. Dans ce cas, $\mathbb{F}_2[x]_{p(x)} = GF(2^m)$ est un corps, le corps de Galois avec $2^m$ éléments, où $m$ est le degré de $p(x)$ et et toutes les opérations sont en modulo $p(x)$.

  ⇨ L'inverse multiplicatif permet une division en $GF(2^m)$ sous la forme :

$$\frac{\boldsymbol{a}(\boldsymbol{x})}{\boldsymbol{b}(\boldsymbol{x})} = \boldsymbol{a}(\boldsymbol{x})\cdot \boldsymbol{b}(\boldsymbol{x})^{-1} \mod \boldsymbol{p}(\boldsymbol{x})^*$$

  ⇨ L'inverse multiplicatif est nécessaires pour expliquer la division en $GF(p^m)$. Ici, $a(x)$ est l'inverse multiplicatif de $b(x) \in GF(p^m)$, si :

$$\left.\begin{aligned} \boldsymbol{a}(\boldsymbol{x})\cdot \boldsymbol{b}(\boldsymbol{x}) &= 1 \\ \boldsymbol{a}(\boldsymbol{x}) &= \boldsymbol{b}(\boldsymbol{x})^{-1} \end{aligned}\right\} \mod \boldsymbol{p}(\boldsymbol{x}) \qquad 2.20$$

* Cette division ne doit pas être confondue avec la division polynomiale.

**Exemple 2.16 :** Polynôme résiduel

- Prenant le cas de l'exemple (2.15). On sait bien que le degré $m = 2$ de $p(x)$ est plus grand que le degré de $r(x)$.

$$\left.\begin{array}{l} p(x) = x^2 + x + 1 \\ r(x) = x + 1 \end{array}\right\} \quad \deg(r(x)) = 1, \ \deg(p(x)) = 2$$

Puisque $p(x)$ a le degré 2, $r(x)$ a le degré maximum 1. Cela signifie que la classe résiduelle des polynômes est constituée des polynômes suivants :

$$\left.\begin{array}{l} r(x) = 0 \\ r(x) = 1 \\ r(x) = x \\ r(x) = x + 1 \end{array}\right\} \Leftrightarrow p^m = 2^2 = 4 \ \text{ polynômes}$$

Dans le cas des nombres, on a eu (0, ..., $p$–1) nombres mod $p$

■

**Exemple 2.17 :** Eléments 0 et 1

- Dans $GF(2^3)$, on a le polynôme modulaire $p(x) = x^3 + x + 1$

  L'élément zéro est $e_0(x) = 0 = (000)$
  L'élément 1 est $e_1(x) = 1 = (001)$

■

**Exemple 2.18 :** Classe de polynômes mod $p(x)$

- Considérons un polynôme irréductible : $p(x) = x^3 + x + 1 \in GF(2)$. On peut montrer que le calcul mod $p(x)$ forme un corps fini avec des éléments $p^m$ ($p = 2$ et $m = 3$), si $p(x)$ est un polynôme irréductible. Ces $p^m$ polynômes forment un champ de Galois. Pour prouver cette constatation, il faudrait vérifier la validité des 11 axiomes (voir ci-dessus) applicables à un corps.

  La définition de la multiplication dans $GF(2^m)$ dépend du choix du polynôme modulaire $p(x)$, qui n'est pas unique pour $m \geq 3$, Cependant, des polynômes modulaires différents avec le même $m$ conduisent à des structures algébriques isomorphes.

  Tous les polynômes de degré inférieur à 3 forment une classe de polynômes mod $p(x)$. Le tableau (2.7) ci-après présente ces polynômes.

  On voit que les éléments du $GF(p^m)$, définis de cette façon, ne sont pas très commodes à écrire. Pour les utiliser, on peut les représenter sous forme de $m$-uplets du corps de départ, soit $m$ bits si celui-ci est $GF(2)$.

| Polynôme $f_i(x)$ | $x^2$ | $x^1$ | $x^0$ |
|---|---|---|---|
| $f_0(x)$ | 0 | 0 | 0 |
| $f_1(x)=1$ | 0 | 0 | 1 |
| $f_2(x)=x$ | 0 | 1 | 0 |
| $f_3(x)=x+1$ | 0 | 1 | 1 |
| $f_4(x)=x^2$ | 1 | 0 | 0 |
| $f_5(x)=x^2+1$ | 1 | 0 | 1 |
| $f_6(x)=x^2+x$ | 1 | 1 | 0 |
| $f_7(x)=x^2+x+1$ | 1 | 1 | 1 |

**Tableau 2.7**

■

**Exemple 2.19 :** Les éléments 0 et 1 et l'inverse multiplicatif

- Pour une représentation plus claire dans ce champ : $GF(p^m) = GF(2^2)$, on va adjoindre les polynômes résiduels aux symboles suivants :

| *Polynôme résiduel* | $0$ | $1$ | $x$ | $x+1$ |
|---|---|---|---|---|
| *Symbole* | $E_0=0$ | $E_1=1$ | $E_2$ | $E_3$ |

**Tableau 2.8a**

Calcul modulo $p(x): p(x)=x^2+x+1 \in GF(2)$

(b)

| $\otimes$ | **0** | **1** | $E_2$ | $E_3$ |
|---|---|---|---|---|
| **0** | 0 | 0 | 0 | 0 |
| **1** | 0 | 1 | $E_2$ | $E_3$ |
| $E_2$ | 0 | $E_2$ | $E_3$ | **1** |
| $E_3$ | 0 | $E_3$ | 1 | $E_2$ |

(c)

| $\oplus$ | **0** | **1** | $E_2$ | $E_3$ |
|---|---|---|---|---|
| **0** | 0 | 1 | $E_2$ | $E_3$ |
| **1** | 1 | 0 | $E_3$ | $E_2$ |
| $E_2$ | $E_2$ | $E_3$ | 0 | **1** |
| $E_3$ | $E_3$ | $E_2$ | 1 | 0 |

**Tableau 2.8 b, c**

Comme simple exemple, on examinant le produit : $E_2 \otimes E_3$

$E_2 = x$ ; $E_3 = x+1$

$E_2 \otimes E_3 = x\cdot(x+1) = x^2+x = 1 \mod p(x)$

$\boldsymbol{E_3}$ est l'élément inverse multiplicatif.

$$\begin{array}{r|l} \boldsymbol{E}_2 \otimes \boldsymbol{E}_3 = \boldsymbol{x}^2 + \boldsymbol{x} & p(x) = x^2 + x + 1 \\ \underline{x^2 + x + 1} & 1 \\ r(x) = 1 = \boldsymbol{E}_1 & \end{array}$$

Le calcul mod $p(x)$ donne :

$$\left.\begin{array}{l} E_2 = x \; ; \; E_2 = x \\ E_2 \oplus E_2 = 2x \mod p(x) \end{array}\right\} \text{Coef. } a_1 = 2 \notin GF(2) \Rightarrow E_2 \oplus E_2 = 0$$

$\boldsymbol{E_2}$ est l'élément Zéro.

$$E_2^2 = x^2 = x + 1 \mod p(x)$$

$$GF(4): E_0 = 00,\ E_1 = 10,\ E_2 = 01,\ E_3 = 11$$

| ⊕ | **00** | **10** | **01** | **11** |
|---|---|---|---|---|
| **00** | 00 | 10 | 01 | 11 |
| **10** | 10 | 00 | 11 | 01 |
| **01** | 01 | 11 | 00 | 10 |
| **11** | 11 | 01 | 10 | 00 |

(a)

| ⊗ | **00** | **10** | **01** | **11** |
|---|---|---|---|---|
| **00** | 00 | 00 | 00 | 00 |
| **10** | 00 | 10 | 01 | 11 |
| **01** | 00 | 01 | 11 | **10** |
| **11** | 00 | 11 | 10 | 01 |

(b)

**Tableau 2.9 a,b**

■

**Exemple 2.20 :** Inverse multiplicatif

- Avec le polynôme modulaire $p(x) = x^3 + x^2 + 1$, par exemple, et pour $\boldsymbol{a} = 101$.

| ***b*** | **000** | **001** | **010** | **011** | **100** | **101** | **110** | **111** |
|---|---|---|---|---|---|---|---|---|
| **101·*b*** | **000** | **101** | **111** | **010** | **011** | **110** | **100** | **001** |

**Tableau 2.10a**

$$a(x) \cdot b(x) = 1 \mod p(x) = \boldsymbol{x}^3 + \boldsymbol{x}^2 + 1$$

$$a(x) = b(x)^{-1} = 101 \cdot 111 = 001 \Leftrightarrow 111 = (101)^{-1}$$

Une équation telle que : $(101)\cdot x = y$ peut maintenant être résolue sans ambiguïté en $x$ : $x = (111)\cdot y$ (tous les calculs sont effectués en modulo $p(x)$).

| $y$ | 000 | 001 | 010 | 011 | 100 | 101 | 110 | 111 |
|---|---|---|---|---|---|---|---|---|
| $111\cdot y$ | 000 | 111 | 011 | 100 | 110 | 001 | 101 | 010 |

**Tableau 2.10b**

A partir du tableau complet de multiplication, tous les éléments inverses peuvent être déterminés dans $GF(2^3)$ : $\mathbb{F}_p[x]_{p(x)}$, $p(x) = x^3 + x^2 + 1$

| ⊗ | 000 | 001 | 010 | 011 | 100 | 101 | 110 | 111 |
|---|---|---|---|---|---|---|---|---|
| 000 | 000 | 000 | 000 | 000 | 000 | 000 | 000 | 000 |
| 001 | 000 | 001 | 010 | 011 | 100 | 101 | 110 | 111 |
| 010 | 000 | 010 | 100 | 110 | 101 | 111 | 001 | 011 |
| 011 | 000 | 011 | 110 | 101 | 001 | 010 | 111 | 100 |
| 100 | 000 | 100 | 101 | 001 | 111 | 011 | 010 | 110 |
| 101 | 000 | 101 | 111 | 010 | 011 | 110 | 100 | 001 |
| 110 | 000 | 110 | 001 | 111 | 010 | 100 | 011 | 101 |
| 111 | 000 | 111 | 011 | 100 | 110 | 001 | 101 | 010 |

**Tableau 2.10c**

| $b$ | 000 | 001 | 010 | 011 | 100 | 101 | 110 | 111 |
|---|---|---|---|---|---|---|---|---|
| $b^{-1}$ | --- | 001 | 110 | 100 | 011 | 111 | 010 | 101 |

**Tableau 2.10d**

■

## 2.4.4. Polynômes résiduels cycliques

Il convient d'examiner quels polynômes résiduels apparaissent lorsque le calcul mod $p(x)$ est appliqué aux puissances $x^0$, $x^1$, $x^2$, …, où $p(x)$ est un polynôme irréductible.

Le tableau (2.11) ci-après montre les résultats de ce calcul pour le polynôme modulaire $p(x) = x^2 + x + 1$.

| Polynôme $x^i$ | $x^i$ mod $x^2+x+1$ | Présentation binaire |
|---|---|---|
| $x^0$ | $x^0$ | **0 1** |
| $x^1$ | $x^1$ | 1 0 |
| $x^2$ | $x^1$ $x^0$ | 1 1 |
| $x^3$ | $x^0$ | 0 1 |
| $x^4$ | $x^1$ | 1 0 |
| $x^5$ | $x^1$ $x^0$ | 1 1 |
| $x^6$ | $x^0$ | **0 1** |

Circulation

Circulation

**Tableau 2.11**

Apparemment, une période de la taille 3 se développe avec les polynômes résiduels, ce qui est plausible.

Avec le polynôme $p(x)$ actuel du second degré, la classe résiduelle se compose, comme déjà mentionné ci-dessus, de quatre éléments, à savoir le polynôme 0, 1, $x$ et $x + 1$, les répétitions sont inévitables. Puisque l'élément zéro ne peut pas se produire comme reste polynomial d'une puissance, la période résultante peut au plus avoir la valeur 3.

Dans le cas général (calcul mod $p(x)$), le groupe résiduel contient exactement $2^m$ polynômes du degré maximum $m - 1$, lorsque $m$ est le degré de $p(x)$. L'un des polynômes de $2^m$ est le « zéro polynôme : 0 », qui ne peut pas apparaître sous la forme d'un résidu de puissance de $x^i$. Cela signifie que les résultats du calcul $\boldsymbol{x^i}$ mod $p(x)$, peuvent avoir une période maximale de :

$$\boldsymbol{période}_{\max} = \boldsymbol{p}^m - 1 \qquad 2.21$$

- **Remarque**

  - Cependant, la période maximale ne se produit pas avec tous les polynômes irréductibles $p(x)$. A titre d'exemple, nous considérons le polynôme irréductible $p(x)$ dans l'exemple suivant.

**Exemple 2.21 : Période maximale**

- On considère le polynôme irréductible : $p(x) = x^4 + x^3 + x^2 + x + 1$
  La classe résiduelle ici est composée de $2^4 = 16$ éléments, la période maximale des polynômes résiduels de $x^i$ pourrait être de 15. Pour une représentation plus simple, on considère le corps $GF(p)$ comme

les espaces des nombres réels $\mathbb{R}$ et le champ d'extension $GF(p^m)$[5] comme le champ des nombres complexes $\mathbb{C}$.

| Polynôme $x^i$ | $x^i$ mod $x^4 + x^3 x^2 + x + 1$ | Présentation binaire |
|---|---|---|
| $x^0$ | $x^0$ | **0 0 0 1** |
| $x^1$ | $x^1$ | 0 0 1 0 |
| $x^2$ | $x^2$ | 0 1 0 0 |
| $x^3$ | $x^3$ | 1 0 0 0 |
| $x^4$ | $x^3$ $x^2$ $x^1$ $x^0$ | 1 1 1 1 |
| $x^5$ | $x^0$ | **0 0 0 1** |
| $x^6$ | $x^1$ | **0 0 1 0** |

Circulation

Circulation

**Tableau 2.12**

Les polynômes irréductibles, qui conduisent à une période maximale de $2^m - 1$ pour les résidus de puissance de $x^i$ sont appelés polynômes primitifs. On voie ici que la périodicité n'est pas maximale (voir plus loin, exemple 2.26).

■

# 2.5. Corps d'extension $GF(p^m)$

## 2.5.1. Pourquoi le corps d'extension ?

Pour de nombreuses applications, il est avantageux de ne pas prendre en compte uniquement les champs basés sur un nombre premier $p$. Dans la technologie numérique d'aujourd'hui, on peut généralement trouver des systèmes à deux nombres qui sont difficiles à représenter avec des nombres premiers. Dans la pratique, on utilise presque toujours des extensions de $GF(2)$ ($GF(2^m)$, $m \in \mathbb{N}$), notamment pour mieux exploiter la représentation binaire des éléments d'un champ de Galois (voir exemple 2.10 et 2.19).

En outre, un corps fini à $p^m$ éléments $\in GF(p^m)$ est isomorphe au corps des polynômes à coefficients dans $GF(p)$ modulo d'un polynôme irréductible dans $GF(p)$ de degré $m$, où $GF(p)$ est le corps de base (Ground Field) pour $GF(p^m)$.

Pour une représentation plus simple, on considère le corps $GF(p)$ comme les espaces des nombres réels $\mathbb{R}$ et le champ d'extension $GF(p^m)$[5] comme le champ des nombres complexes $\mathbb{C}$.

[5] $GF(p^m)$ ou $\mathbb{F}_p[x]_{p(x)}$, où $p(x)$ est le polynôme modulaire.

**1. Extension $\mathbb{R} \to \mathbb{C}$**

- $x^2 + 1$ ne possède pas des solutions sur $\mathbb{R}$, on va étendre l'espace des $\mathbb{R}$ sur l'espace des $\mathbb{C}$ avec $\alpha^2 + 1 = 0 \Rightarrow \alpha^2 = -1$, où $\alpha = \sqrt{-1} \in \mathbb{C}$.

$$a = a_0 + a_1 \cdot \alpha \mod \alpha^2 + 1,\ a_0, a_1 \in \mathbb{R} \qquad 2.22$$

**2. Extension $GF(2) \to GF(2^2)$**

- $x^2 + x + 1$ ne possède pas de solutions sur $GF(2)$, on va étendre le champ $GF(2)$ au champ $GF(2^2)$ avec $\alpha \in GF(2^2)$ tel que :
  $\alpha^2 + \alpha + 1 = 0 \to \alpha^2 = \alpha + 1$

$$a = a_0 + a_1 \cdot \alpha \mod \alpha^2 + \alpha + 1,\ a_0, a_1 \in GF(2) \qquad 2.23$$

**3. Extension $GF(p) \to GF(p^m)$**

- Un polynôme irréductible $p(x)$ sur $GF(p)$ n'a pas de racine dans $GF(p)$, alors nous définissons: Un élément $\alpha$ du corps d'extension $GF(p^m)$, défini par $p(\alpha) = 0$ est appelé racine de $p(x)$.
- Soit $p(x)$ est un polynôme irréductible sur $GF(p)$ et $\alpha \notin GF(p)$ est racine du polynôme $p(x)$ avec $\deg(p(x)) = m$, alors le corps d'extension $GF(p^m)$ est le plus petit corps contenant $GF(p)$) et $\alpha$.
- Le polynôme $p(x) = x^m + p_{m-1}x^{m-1} + \ldots + p_1x + p_0$, $p_0, p_1, \ldots, p_{m-1} \in GF(p)$ n'a pas de solution sur $GF(p) \to$ extension sur $GF(p^m)$ avec $\alpha \in GF(p)$ :

$$\left.\begin{array}{l} p(x) = x^m + p_{m-1}x^{m-1} + \cdots + p_1x + p_0 \\ p(\alpha) = 0 \\ \alpha^m = -p_{m-1}\alpha^{m-1} - \cdots - p_1\alpha - p_0 \end{array}\right\} \qquad 2.24$$

- **Remarques**
  - **Multiplication** : on utilise la notation en puissances de $\alpha$ :

$$\alpha^i \cdot \alpha^j = \alpha^{(i+j) \bmod p^m - 1} \qquad 2.25$$

  - **Addition** : on utilise la notation en polynômes de $\alpha$. On fait la somme bit par bit mod 2.

**Exemple 2.22 :** Corps de Galois à $p^m$ éléments

- $GF(8) \rightarrow GF(2^3) \leftrightarrow m = 3$
  - D'après la définition ci-dessus, il faut trouver un polynôme du troisième degré, irréductible sur $GF(2)$.
  - $GF(2)$ n'est que l'ensemble $GF(2) = \{0, 1\}$ muni de l'addition et la multiplication mod 2.
  - Le polynôme $x^3 + x + 1$ est irréductible dans $GF(2)$, donc $GF(2^3)$ peut être considéré comme l'ensemble des classes résiduelles sur $GF(2)$.
  - Autrement dit, l'ensemble des éléments de $GF(2^3)$ est l'ensemble des polynômes sur $GF(2)$ dont le degré est inférieur à 3.
  - le corps $GF(2^3)$ est le corps d'extension du corps de base $GF(2)$. En effet, toutes les constantes de $GF(2) = \{0,1\}$ sont des éléments du $GF(2^3)$, puisque ce sont des polynômes de degré < 3.

■

## 2.5.2. Polynôme primitif

Très similaire à la définition dans le paragraphe (§ 2.3.7) et à la signification de l'élément primitif sur le champ premier fini $GF(p)$, nous pouvons aussi déclarer un polynôme primitif sur le corps de l'extension $GF(p^m)$ :

- Un polynôme irréductible $p(x)$ de degré $(p(x)) = m$ et $p_i \in GF(p)$ est dit primitif, s'il y a une racine $\alpha$ ($\alpha$ élément primitif et $p(\alpha) = 0$) tel que $\alpha^i$ mod $p(\alpha)$ pour $i = 0,1,\ldots,p^m - 2$, donne tous les différents $p^m - 1$ polynômes possibles du corps d'extension. L'élément $\alpha \in GF(p^m)$ est appelé élément primitif.

  En résumé :

  ⇨ $GF(p)$ est le corps de base
  ⇨ Le corps $GF(p^m)$ et le corps $GF(p)$ sont isomorphes
  ⇨ $p_{m-1}, \ldots, p_1, p_0 \in GF(p)$
  ⇨ $\alpha$ élément primitif $\in GF(p^m)$
  ⇨ $p(\alpha) = 0$ (solution dans $GF(p^m)$)
  ⇨ $p(x)$ est dit *polynôme primitif*

- En effet, on va trouver les éléments du corps de Galois en considérant toutes les puissances de $\alpha : \left\{ \alpha^0, \alpha^1, \cdots \alpha^{p^m - 2} \right\}$.
- En général, si le polynôme $p(x)$ est correctement choisi, on a :

$$\boldsymbol{\alpha^{2^m - 1} \pm 1 = 0} \qquad 2.26$$

- Ou encore pour un corps de caractéristique $p$

$$\alpha^{p^m-1}-1=0 \qquad 2.27$$

- Le polynôme $p(x)$ est *correctement* choisi, cela veut dire qu'il n'existe pas de puissance $j < 2^m - 1$ (ou $p^m - 1$) telle que $\alpha^j - 1 = 0$ (ou $\alpha^j + 1 = 0$). On dit que le polynôme est primitif.
- Un polynôme irréductible n'est pas forcement primitif.

**Exemple 2.23 :** Polynôme primitif

- Construire le champ de Galois $GF(2^3) = GF(8)$ à l'aide du polynôme primitif $p(x) = x^3 + x + 1$, $p_i \in GF(2)$ et de l'élément primitif $\alpha$.
  - On appelle $\alpha$ une de ces racines, et on va exprimer les différentes puissances de $\alpha$ en fonction de $\alpha^0 = 1$, $\alpha$, $\alpha^2$.
  - De façon générale, on effectue la division de $\alpha^i$ par $\alpha^3 + \alpha + 1$, $\alpha^i = r(\alpha) + l(\alpha) \cdot p(\alpha)$, ($i = 0\ldots, 2^3 - 1$) où $r(\alpha)$ est le reste de la division donné dans le tableau (2.13) dit tableau de conversion. La circulation est pour $p^m - 1 = 7$.
  - En effet, on a pour l'élément primitif $\alpha$, la condition $p(\alpha) = \alpha^3 + \alpha + 1 = 0 \rightarrow \alpha^3 = \alpha + 1$, on peut donc indiquer les relations suivantes :

| $\alpha^i$ | $r(\alpha)=\alpha^i \bmod p(\alpha)$ | | | | | | |
|---|---|---|---|---|---|---|---|
| $\alpha^0$ | = | | | | | 1 | **001** |
| $\alpha^1$ | = | | | $\alpha$ | | | 010 |
| $\alpha^2$ | = | $\alpha^2$ | | | | | 101 |
| $\alpha^3$ | = | | | $\alpha$ | + | 1 | 011 |
| $\alpha^4$ | = | $\alpha^2$ | + | $\alpha$ | | | 110 |
| $\alpha^5$ | = | $\alpha^2$ | + | $\alpha$ | + | 1 | 111 |
| $\alpha^6$ | = | $\alpha^2$ | | | + | 1 | 101 |
| $\alpha^7$ | = | | | | | 1 | **001** |

**Tableau 2.13 : :** Tableau de conversion

Les éléments du champ d'extension ci-dessus sont donc :

$$\left\{1,\alpha,\alpha^2,\alpha+1,\alpha^2+\alpha,\alpha^2+\alpha+1,\alpha^2+1\right\}=\left\{1,\alpha,\alpha^2,\alpha^3,\alpha^4,\alpha^5,\alpha^6\right\}+0$$

Ils représentent donc tous les polynômes du degré maximal : $m - 1 = 2$

et peuvent être également décrits comme des triples composés de 3 chiffres binaires.

- **Remarque :**
    - La représentation binaire dépend de l'utilisation de la forme utlisée (ascendante ou descendante) du polynôme. Le tableau 2.13 présente une forme descendante : $p(\alpha) = \alpha^3 + \alpha + 1$. A partir du chapitre 4, nous utiliserons la forme ascendante.

■

**Exemple 2.24 :** Addition et Multiplication

- Un champ de Galois $GF(2^3)$ avec un polynôme primitif $p(x) = x^3 + x^2 + 1$, $p_i \in GF(2)$ et un élément primitif $\alpha$ tel que $p(\alpha) = 0$ peut être présenté par le tableau de conversion suivante :

| $\alpha^i$ | | $\alpha^i \bmod p(\alpha)$ | | | $\alpha^i \bmod p(\alpha)$ |
|---|---|---|---|---|---|
| $\alpha^0$ | $=$ | $1$ | $\alpha^4$ | $=$ | $\alpha^2+\alpha+1$ |
| $\alpha^1$ | $=$ | $\alpha$ | $\alpha^5$ | $=$ | $\alpha+1$ |
| $\alpha^2$ | $=$ | $\alpha^2$ | $\alpha^6$ | $=$ | $\alpha^2+\alpha$ |
| $\alpha^3$ | $=$ | $\alpha^2+1$ | $\alpha^7$ | $=$ | $1$ |

**Tableau 2.14 :** Tableau de conversion

La multiplication se calcule comme suit : $\alpha^4 \cdot \alpha^5 = \alpha^{9 \bmod 7} = \alpha^2$
En comparaison avec le tableau (2.14), on a :

$$\begin{aligned}\alpha^4 \cdot \alpha^5 &= (\alpha^3 + \alpha)\cdot(\alpha^3 + \alpha^2 + \alpha) \\ &= \alpha^6 + \alpha^5 + \alpha^4 + \alpha^4 + \alpha^3 + \alpha^2 \\ &= \alpha^2 + \alpha + \alpha^3 + \alpha^2 + \alpha + \alpha^3 + \alpha^2 = \alpha^2 \mod 2\end{aligned}$$

Selon le tableau (2.14) on a $\alpha^3 = \alpha^2 + 1 \mod 2 \Rightarrow \alpha^3 + 1 = \alpha^2$

On voit ici que la notation en puissances est plus rapide et plus facile.
Pour l'addition, on a : $\alpha^4 + \alpha^5 = 110 \oplus 111 = 001 = \alpha^0 = 1$

$\oplus$ : Addition dans le corps de base $GF(2)$.

■

**Exemple 2.25 :** Polynôme primitif

- Dans l'exemple (2.23), $\alpha$ est un élément primitif d'ordre $p^m - 1 = 2^3 - 1 = 7$. $\alpha$ est un générateur pour le sous-groupe cyclique multiplicatif et racine de $p(x) = x^3 + x + 1$. Les autres racines de ce polynôme sont-elles éléments de $GF(2^3) = GF(8)$ ? Essayons chacun de ces éléments.

| | | | |
|---|---|---|---|
| $0$ | $0+0+1$ | $=$ | $1$ |
| $1$ | $0+1+0$ | $=$ | $1$ |
| $\alpha$ | $\alpha^3+\alpha+1$ | $=$ | $0$ |
| $\alpha^2$ | $\alpha^6+\alpha^2+1=(\alpha^2+1)+\alpha^2+1$ | $=$ | $0$ |
| $\alpha^3$ | $\alpha^9+\alpha^3+1=\alpha^2+\alpha+1+1$ | $=$ | $\alpha^4$ |
| $\alpha^4$ | $\alpha^{12}+\alpha^4+1=(\alpha^2+\alpha+1)+(\alpha^2+\alpha)+1$ | $=$ | $0$ |
| $\alpha^5$ | $\alpha^{15}+\alpha^5+1=\alpha+(\alpha^2+\alpha+1)+1$ | $=$ | $\alpha^2$ |
| $\alpha^6$ | $\alpha^{18}+\alpha^6+1=(\alpha^2+\alpha)+(\alpha^2+1)+1$ | $=$ | $\alpha$ |

**Tableau 2.15**

Le tableau (2.15) donne toutes les racines $\alpha^i$ possible de $p(x)$, tout en constatant que toutes les $\alpha$ ne sont pas des racines. On a racine seulement pour $i = 1$, $i = 2$ et $i = 4$.

■

**Exemple 2.26 :** Polynôme irréductible non primitif

- Le polynôme $p(x) = x^4 + x^3 + x^2 + x + 1$ avec $p_i \in GF(2^4)$ est irréductible mais non primitif, car :

$$p(\alpha) = 0 \Rightarrow \alpha^4 = \alpha^3 + \alpha^2 + \alpha + 1$$
$$\alpha^5 = \alpha \cdot (\alpha^3 + \alpha^2 + \alpha) = \alpha^4 + \alpha^3 + \alpha^2 + \alpha = 1$$

La propriété (2.21) n'est pas assurée.

■

## 2.5.3. Quelques propriétés du corps d'extension $GF(p^m)$

- Le champ de Galois $GF(p^m)$ ne peut pas être représenté par $(0, ..., p\text{-}1)$. Au lieu de cela, $GF(p^m)$ est représenté par :
  - tous les polynômes $p(x) = p_0 + p_1 x + ... + p_{m-1} x^{m-1}$ de degré $< m$ avec coefficients $p_i \in GF(p)$.
  - les puissances d'un élément $\alpha \in GF(q)$, $(\alpha^0 \ldots \alpha^{m-1}$ : Corps cyclique

En outre, tous les éléments du corps d'extension $GF(p^m)$ peuvent être représentés comme des combinaisons linéaires des puissances de $\alpha$ :

$$\begin{aligned} GF(p^m) &= \left\{ \sum_{i=1}^{m-1} p_i x^i \,\middle|\, p_0, p_1, \dots, p_{m-1} \in GF(p) \right\} \\ &= \left\{ 0,\ \alpha,\ \alpha^2, \dots,\ \alpha^{p^m-2},\ \alpha^{p^m-1} = \alpha^0 = 1 \right\} \end{aligned} \quad 2.28$$

- Le corps contient effectivement $p^m$ éléments.

$$\alpha^{p^m-1} = 1 \quad 2.29$$

- $\alpha$ est une racine d'un polynôme $p(x)$ de degré $m$ irréductible dans $GF(p)$. Ce polynôme doit être en plus primitif. C'est-à-dire qu'on ne trouve pas d'autre puissance $j$ inférieure à $p^m-1$ telle que $\alpha^j = 1$.
- Pour tout $j$, on a :

$$\left(\alpha^j\right)^{p^m-1} = 1 \quad 2.30$$

Donc $0, \alpha^0, \alpha^1, \cdots, \alpha^{p^m-2}$ sont les racines du polynôme.

- Comme ce polynôme de degré $(p^m-1)$ a $p^m-1$ racines, on peut écrire donc :

$$x^{p^m-1} - 1 = (x-1)(x-\alpha)(x-\alpha^2)\cdots(x-\alpha^j)\cdots(x-\alpha^{p^m-2}) \quad 2.31$$

mais si l'on considère que $\alpha^{p^m-1} = 1$, on peut aussi écrire :

$$\begin{aligned} x^{p^m-1} - 1 = {} & (x-\alpha)(x-\alpha^2)\cdots \\ & \cdots(x-\alpha^j)\cdots(x-\alpha^{p^m-2})(x-\alpha^{p^m-1}) \end{aligned} \quad 2.32$$

- On peut démontrer que si un élément $\beta$ du $GF(p^m)$ est racine d'un polynôme $f(x)$ à coefficients dans $GF(p)$, $(\beta^p, \beta^{p^2}, \cdots, \beta^{p^j})$ sont aussi racines de $f(x)$.
- En particulier, les racines de $p(x)$ sont : $\alpha^1,\ \alpha^p,\ \alpha^{p2} \cdots,\ \alpha^{p^{m-1}}$. On a $p^m$ racines puisque : $\alpha^{p^m} = \alpha \Leftrightarrow \alpha^{p^m-1} = 1$, donc

$$p(x) = (x-\alpha)(x-\alpha^2)\cdots(x-\alpha^{p^{m-1}}) \quad 2.33$$

Les racines de $p(x)$ sont appelées complexes conjuguées (voir plus loin § 2.5.4. B).

On voit que $p(x)$ est un diviseur de $\alpha^{p^m-1}-1$ ; où $\alpha$ est une racine de $\alpha^{p^m-1}-1$. On peut démontrer de même que tous les polynômes irréductibles de degré $m$ divisent $\alpha^{p^m-1}-1$.

- A cause de la relation de circulation $\alpha^{p^m-1}=\alpha^0=1$, le corps d'extension $GF(p^m)$ est dit corps de division circulaire en analogie à l'espace des complexes.

$$\left(e^{\frac{j2\pi}{N}}\right)^N=1\Leftrightarrow\left(\alpha^{p^m-1}\right)=1 \qquad 2.34$$

- Nous étions également arrivés au corps des nombres complexes $\mathbb{C}$ en cherchant les racines du polynôme $x^2+1=0$. Le résultat a été : $x^2+1=(x-j)(x+j),\ j=\sqrt{-1}$.

  Donc en multipliant deux polynômes complexes conjugués, nous obtenons un polynôme avec des coefficients de $\mathbb{R}$. Une situation très similaire sur un champ d'extension fini devrait être donnée sans preuve.

- Si $p_1(x)$ est un polynôme primitif, le polynôme réciproque :

$$p_2(x)=x^m\cdot p_1(x^{-1}), \qquad 2.35$$

est également primitif [30].

**Exemple 2.27 :** Polynôme primitif et réciproque

- On prend le polynôme $p_1(x) = x^3 + x + 1$ de degré $m = 3$ et les coefficients $p_i \in GF(2)$. D'après la relation (2.33) et le tableau (2.13), on a :

$$\begin{aligned}
p_1(x)&=(x-\alpha)(x-\alpha^2)\cdots(x-\alpha^{p^{m-1}})=(x-\alpha)(x-\alpha^2)(x-\alpha^4)\\
&=(x-\alpha)(x-\alpha^2)(x-\alpha^4)\ \bmod 2,\quad \text{avec}\quad \alpha^3=\alpha+1\\
&=(x^2-(\alpha+\alpha^2)x+\alpha^3)(x-(\alpha+\alpha^2))\\
&=x^3-2(\alpha+\alpha^2)x^2+((\alpha+\alpha^2)^2+\alpha^3)x-\alpha^4+\alpha^5\\
&=x^3-0\cdot x^2+(\alpha^2+\alpha^4+\alpha^3)x+(-\alpha-\alpha^2+\alpha^2+\alpha^3)\\
&=x^3-0\cdot x^2+(\alpha^2+\alpha+\alpha^2+\alpha^3)x+(-\alpha+\alpha^3)
\end{aligned}$$

$$\underline{\underline{p_1(x)=x^3+x+1}}$$

Le polynôme réciproque $p_2(x)$ est donné par la relation (2.35), on a donc : $\underline{\underline{p_2(x)}}=x^3\cdot(x^{-3}+x^{-1}+1)=\underline{\underline{x^3+x^2+1}}$

**Exemple 2.28 :** Polynômes irréductibles, primitifs et réciproques

- Dans le tableau (2.16), nous présentons tous les polynômes irréductibles

| $m$ | Irréductible et primitif | Polynôme réciproque | Irréductible et non primitif |
|---|---|---|---|
| 2 | $x^2+x+1$ | | |
| 3 | $x^3+x+1$ | $x^3+x^2+1$ | |
| 4 | $x^4+x+1$ | $x^4+x^3+1$ | $x^4+x^3+x^2+x+1$ |
| 5 | $x^5+x^2+1$<br>$x^5+x^3+x^2+x+1$<br>$x^5+x^4+x^2+x+1$ | $x^5+x^3+1$<br>$x^5+x^4+x^3+x^2+1$<br>$x^5+x^4+x^3+x+1$ | |
| 6 | $x^6+x+1$<br>$x^6+x^4+x^3+x+1$<br>$x^6+x^5+x^2+x+1$ | $x^6+x^5+1$<br>$x^6+x^5+x^3+x^2+1$<br>$x^6+x^5+x^4+x+1$ | $x^6+x^3+1$<br>$x^6+x^4+x^2+x+1$<br>$x^6+x^5+x^4+x^2+1$ |

**Tableau 2.16**

■

## 2.5.4. Polynôme minimal

### A. Définitions

Les polynômes minimaux représentent un élément important des corps de Galois. Ils sont toujours irréductibles et permettent de calculer simplement le polynôme qui produit un code BCH (voir chapitre 6). Il existe un polynôme minimal pour chaque élément d'un champ de Galois et plusieurs éléments peuvent avoir le même polynôme minimal. Nous pouvons assigner au polynôme minimal les propriétés suivantes :

- Le polynôme minimal d'un élément $\beta$ du corps d'extension $GF(p^m)$ est le polynôme normalisé à coefficients dans $GF(p)$ qui a pour racine $\beta$ et de degré minimum.
- Le polynôme minimal $m(x)$ d'un élément $\beta$ de $GF(p^m)$ est le polynôme de plus faible degré dont $\beta$ est racine $m(\beta) = 0$.
- Ce polynôme a aussi pour racines $\beta, \beta^p, \cdots, \beta^{p^j}, \cdots, \beta^{p^{r-1}}$, l'exposant étant pris mod $p^r$-1, et $r$ est le premier entier tel que $\beta^{p^r} = \beta$.
- Les racines $\beta, \beta^p, \cdots, \beta^{p^j}, \cdots, \beta^{p^{r-1}}$ sont des racines conjuguées, ils ont le même polynôme minimal. Le polynôme minimal d'un élément est le polynôme qui a pour racines toutes les racines conjuguées de cet élément.

- $\mu$ est l'ordre multiplicatif de l'élément β (voir § 2.3.7. B et les relations 2.14a et 2.14b).

$$\beta^{p^r} = \beta \Leftrightarrow \beta^{p^r - 1} = 1,\ p^r - 1 = \mu \qquad 2.36$$

Par conséquent, on peut confirmer la relation (2.33), où: $\beta = \alpha^p$ :

Si $p(x)$ est un polynôme irréductible dans $GF(p)$, où $\deg(p(x)) = m$, $p_i \in GF(p)$ et si $\alpha$ est la racine de $p(x)$, alors les éléments suivants $\alpha^p, \alpha^{p^2}, \ldots \alpha^{p^{m-1}}$ sont aussi des racines de $p(x)$, où $\alpha^{p^m} = \alpha$ .

$$p(x) := m(x) = (x-\alpha)(x-\alpha^p)(x-\alpha^{p^2})\cdots(x-\alpha^{p^{m-1}}) \qquad 2.37$$

Les polynômes $p(x)$, qui peuvent être attribués à un corps d'extension selon la relation (2.37), sont appelés polynômes minimaux $m(x)$.

**Exemple 2.29 :** Polynôme minimal

- Nous déterminons le polynôme minimal de $\alpha^2$ dans $GF(2^3)$. nous procédons systématiquement :
  - ⇨ Soit β un élément arbitraire du corps de Galois $GF(2^3)$. Nous choisissons $\beta = \alpha^2$.
  - ⇨ Chercher maintenant les éléments conjugués de β. Ce sont les éléments qui sont dérivés de β en carré, donc : $\beta^2, \beta^4, \beta^{16}, \cdots$
  - ⇨ La mise au carré s'arrêtera lorsqu'on récupère l'élément original de β. Dans notre cas, le résultat est le suivant :

| | |
|---|---|
| $\alpha^{2^3-1} = \alpha^7 = 1$ | $\beta^4 = (\alpha^2)^4 = \alpha^8 = \alpha^7 \cdot \alpha = \alpha$ |
| $\beta^2 = (\alpha^2)^2 = \alpha^4$ | $\beta^8 = (\alpha^2)^8 = \alpha^7 \cdot \alpha^7 \cdot \alpha^2 = \alpha^2$ |

Les éléments conjugués de $\alpha^2$ sont donc $\alpha$ et $\alpha^4$. Nous avons alors :

$$\underline{\underline{m(x)}} = (x-\beta)(x-\beta^2)(x-\beta^4)$$
$$= (x-\alpha)(x-\alpha^2)(x-\alpha^4) = \underline{\underline{x^3 + x + 1}}$$

■

**Exemple 2.30 :** Polynôme minimal

- Les polynômes minimaux de chaque élément dans le champ $GF(2^3)$, défini par $p(x) = x^3 + x + 1$, sont donnés par le tableau ci-après (Tableau 2.19).

(1) Polynôme minimal de $\alpha^0 \Rightarrow m_0(x) = x+1$

(2) Polynômes minimaux de $\alpha,\ \alpha^2,\ \alpha^4 \Rightarrow m_1(x) = m_2(x) = m_4(x)$

En général :

$$m_i(x) = m_{2i}(x) \qquad 2.38$$

| β | Polynôme minimal |
|---|---|
| 0 | $x$ |
| 1 | $x+1$ (1) |
| $\alpha$ | $x^3+x+1$ (2) |
| $\alpha^2$ | $x^3+x+1$ (2) |
| $\alpha^3$ | $x^3+x^2+1$ (3) |
| $\alpha^4$ | $x^3+x+1$ (2) |
| $\alpha^5$ | $x^3+x^2+1$ (3) |
| $\alpha^6$ | $x^3+x^2+1$ (3) |

**Tableau 2.17**

On ne peut pas trouver un polynôme avec un degré < 3 dont p. ex. $\alpha^i$ est racine. On utilisant le tableau (2.13), les exposants sont pris mod $2^3-1$, on a :

$$p(x) = x^3+x+1$$
$$p(\alpha) = 0 \rightarrow \alpha^3+\alpha+1 = 0 \Rightarrow \alpha^3 = \alpha+1$$
$$\alpha^2 \Rightarrow p(\alpha^2) = \alpha^6+\alpha^2+1 = (\alpha^2+1)+\alpha^2+1$$
$$p(\alpha^2) = \alpha^2+1+\alpha^2+1 = 0$$
$$p(\alpha^4) = \alpha^{12}+\alpha^4+1 = \alpha^{12 \bmod 7}+\alpha^4+1 = \alpha^5+\alpha^4+1$$
$$= \alpha^2+\alpha+1+\alpha^2+\alpha+1 = 0$$

(3) Minimum de $\alpha^3,\ \alpha^6,\ \alpha^{12 \bmod 7} = \alpha^5 \Rightarrow m_3(x) = m_6(x) = m_5(x)$

$$\Rightarrow x^3+x^2+1 = (x-\alpha^3)(x-\alpha^6)(x-\alpha^{12 \bmod 7}) = (x-\alpha^3)(x-\alpha^6)(x-\alpha^5)$$

Même procédure pour prouver $p(\alpha) = 0 \rightarrow \alpha^3+\alpha^2+1 = 0$. En utilisant le tableau de conversion (2.14), on a :

$$m_3(x) = \left(\alpha^3\right)^3+\left(\alpha^3\right)^2+1 = \alpha^{9 \bmod 7}+\alpha^6+1 = \alpha^2+\alpha^2+1+1 = 0$$
$$m_6(x) = \left(\alpha^6\right)^3+\left(\alpha^6\right)^2+1 = \alpha^{18 \bmod 7}+\alpha^{12 \bmod 7}+1 = \alpha^4+\alpha^5+1 = 0$$
$$m_{12}(x) = m_{12 \bmod 7}(x) = m_5(x)$$
$$m_5(x) = \left(\alpha^5\right)^3+\left(\alpha^5\right)^2+1 = \alpha^{15 \bmod 7}+\alpha^{10 \bmod 7}+1$$
$$= \alpha+\alpha^3+1 = \alpha^3+\alpha+1 = p(\alpha) = 0$$

■

## Exemple 2.31 : Tableau des polynômes minimaux $GF(2^4)$

- $GF(2^4)$ défini par $p(x) = x^3 + x + 1$

| Elément β | Polynôme minimal | | |
|---|---|---|---|
| 0 | $x$ | = | $x$ |
| 1 | $m_0(x)$ | = | $x+1$ |
| $\alpha, \alpha^2, \alpha^4, \alpha^8$ | $m_1(x)$ | = | $x^4+x+1$ |
| $\alpha^3, \alpha^6, \alpha^{12}, \alpha^9$ | $m_3(x)$ | = | $x^4+x^3+x^2+x+1$ |
| $\alpha^5, \alpha^{10}$ | $m_5(x)$ | = | $x^4+x+1$ |
| $\alpha^7, \alpha^{14}, \alpha^{13}, \alpha^{11}$ | $m_7(x)$ | = | $x^4+x^3+1$ |

**Tableau 2.18**

■

## Exemple 2.32 : Tableau des polynômes minimaux

- $GF(2^5)$ défini par $p(x) = x^5 + x + 1$

| Élément β | Polynôme minimal | | |
|---|---|---|---|
| 0 | $x$ | = | $x$ |
| 1 | $m_0(x)$ | = | $x+1$ |
| $\alpha, \alpha^2, \alpha^4, \alpha^8, \alpha^{16}$ | $m_1(x)$ | = | $x^5+x+1$ |
| $\alpha^3, \alpha^6, \alpha^{12}, \alpha^{24}, \alpha^{17}$ | $m_3(x)$ | = | $x^5+x^4+x^3+x^2+1$ |
| $\alpha^5, \alpha^{10}, \alpha^{20}, \alpha^9, \alpha^{18}$ | $m_5(x)$ | = | $x^5+x^4+x^3+x+1$ |
| $\alpha^7, \alpha^{14}, \alpha^{28}, \alpha^{25}, \alpha^{19}$ | $m_7(x)$ | = | $x^5+x^3+x^2+x+1$ |
| $\alpha^{11}, \alpha^{22}, \alpha^{13}, \alpha^{26}, \alpha^{21}$ | $m_{11}(x)$ | = | $x^5+x^4+x^3+x+1$ |
| $\alpha^{15}, \alpha^{30}, \alpha^{29}, \alpha^{27}, \alpha^{23}$ | $m_{15}(x)$ | = | $x^5+x^3+1$ |

**Tableau 2.19**

■

## B. Racines complexes conjuguées sur *GF(p)*

### B1. Rappel : Nombres complexes

Si $f(x) = x^2 + c_1x + c_0 = 0$ n'a pas de solution dans ℝ, mais $f(x)$ a une racine $\beta_1$ dans ℂ, le conjugué de $\beta_1 = \beta^*_1 = \beta_2$ est aussi une racine de $f(x)$ dans ℂ. On peut écrire donc : (Le terme β est choisi pour ne pas confondre avec l'élement primitif).

$$f(x) = (x - \beta_1)(x - \beta_2) \; ; \; \beta_1, \beta_2 \in \mathbb{C} \qquad 2.39$$

### B2. Définition

On peut donc utiliser les mêmes réflexions pour $GF(p)$ (nombres réels) et $GF(p^m)$ (extension: espace complexe) pour donner la définition suivante :

⇨ Les éléments racines qui admettent le même polynôme minimal sont dits conjugués.

⇨ Le polynôme minimal d'un élément est le polynôme qui a pour racines toutes les racines conjuguées de cet élément.

Soit $p(x)$ est un polynôme irréductible dans un champ $GF(p)$ de degré $m$, et il accepte $\beta \in GF(p^m)$ comme racine, les éléments $\beta, \beta^p, \cdots \beta^{p^j}, \cdots \beta^{p^{m-1}}$ seront aussi des racine, où $\beta = \beta^{p^m}$.

$$m(x) = (x-\beta)(x-\beta^p)\cdots(x-\beta^{p^{m-1}}) \qquad 2.40$$

Ces éléments $\beta, \beta^p, \cdots \beta^{p^j}, \cdots, \beta^{p^{m-1}}$ sont des racines conjuguées, dans le champ $GF(p)$.

⇨ Deux éléments $a$, $b \in GF(p^m)$ sont dits conjugués $\beta_1 \sim \beta_2$ si l'un peut être présenté comme exposant de l'autre.

$$\beta_1 = \beta_2^{p^r} \qquad 2.41a$$

### B3. Propriétés

- Pour tous éléments $\beta \in GF(p^m)$ $\beta_1 \sim \beta_2$ ($\beta_1$ conjugué de $\beta_2$)
- Pour tous éléments $\beta_1, \beta_2 \in GF(p^m)$ $\beta_1 \sim \beta_2$ ⇨ $\beta_2 \sim \beta_1$
- Pour tous éléments $\beta_1, \beta_2, \beta_3 \in GF(p^m)$ $\beta_1 \sim \beta_2$ ⇨ $\beta_2 \sim \beta_3$ et $\beta_1 \sim \beta_3$
- Deux éléments conjugués ont le même polynôme minimal.

### B4. Classes d'équivalence

La combinaison d'éléments conjugués, selon la relation (2.41a), est appelé classes d'équivalence et forme des décompositions disjointes de $GF(p^m)$.

Les classes d'équivalence, sont les ensembles d'éléments $a$ par rapport à un élément $b$ :

$$[a] = \{b | a \sim b\} = \{a, a_i^p, a_i^{p^2}, a_i^{p^3}, \ldots\} \qquad 2.41b$$

Pour un élément $\alpha^j$, la classe d'équivalence est donc :

$$[\alpha^j] = \{\alpha^j, \alpha^{j \cdot p}, \alpha^{j \cdot p^2}, \ldots\} \qquad 2.41c$$

**Exemple 2.33 : Racines conjuguées**

- Soit $p(x) = x^3 + x + 1$ un polynôme primitif et irréductible de degré $m = 3$ dans $GF(2)$. Le corps d'extension sera donc $GF(2^3)$.

  A l'aide d'un élément primitif $\alpha$ tel que $p(\alpha) = 0$, on a donc, d'après la relation (2.33), les racines : $\alpha$, $\alpha^2$, $\alpha^4$, $\alpha^8$ (où $\alpha^8 = \alpha^7 \cdot \alpha = \alpha$, car $\alpha^7 = 1$).

  Si on part de $\beta = \alpha^2$, on aura donc les racines conjuguées sur $GF(2)$ :
  $\beta = \alpha^2$, $\beta^2 = \alpha^4$, $\beta^4 = \alpha^8 = \alpha^7 \cdot \alpha = \alpha$ (voir exemple 2.29).

  Un essai :

$$(x+\alpha)\cdot(x+\alpha^2)\cdot(x+\alpha^4)\overset{?}{=}p(x)$$

$$\begin{aligned} p(x) &= \alpha\cdot\alpha^2\cdot\alpha^4 + (\alpha\cdot\alpha^2 + \alpha\cdot\alpha^4 + \alpha^2\cdot\alpha^4)\cdot x \\ &\quad + (\alpha+\alpha^2+\alpha^4)\cdot x^2 + x^3 \\ &= \alpha^7 + \left([1+\alpha]+\left[1+\alpha+\alpha^2\right]+\left[1+\alpha^2\right]\right)\cdot x \\ &\quad + \left(\alpha+\alpha^2+\left[\alpha+\alpha^2\right]\right)\cdot x^2 + x^3 \\ &= 1+1\cdot x+0\cdot x^2+x^3 = x^3+x+1 = p(x) \end{aligned}$$

■

**Exemple 2.34 : Racines conjuguées et polynômes minimaux**

- Soit le polynôme primitif $p(x) = x^4 + x + 1$ degré $m = 4$ est irréductible dans $GF(2)$. Le corps d'extension sera donc $GF(2^4)$.

  En déduire les éléments β et les polynômes minimaux correspondants.

  A l'aide d'un élément primitif $\alpha$, où $p(\alpha) = 0$, on a donc d'après la relation (2.27), les racines suivantes :

$$\alpha, \alpha^2, \alpha^4, \alpha^8, \alpha^{16} (\alpha^{16} = \alpha^{15}\cdot\alpha = \alpha^{(i+j) \bmod p^m-1} = \alpha)$$
$$\alpha^4 = \alpha + 1,$$
$$\alpha^{2^4-1} = \alpha^{15} = 1$$
$$\alpha^i \neq 1 \text{ pour } i = 1, 2, \ldots, 14$$

| Elément β | | Polynôme minimal |
|---|---|---|
| $\beta = \alpha, \alpha^2, \alpha^4, \alpha^8$ | $\Leftrightarrow (\alpha^{16} = \alpha^1) \Rightarrow$ | $m_1 = x^4 + x + 1,\ m = 4$ |
| $\beta = \alpha^3, \alpha^6, \alpha^9, \alpha^{12}$ | $\Leftrightarrow (\alpha^{18} = \alpha^3) \Rightarrow$ | $m_3 = x^4 + x^3 + x^2 + x + 1,\ m = 4$ |
| $^*\beta = \alpha^5, \alpha^{10}$ | $\Leftrightarrow (\alpha^{20} = \alpha^5) \Rightarrow$ | $^{**}m_5 = x^2 + x + 1,\ m = 2$ |
| $\beta = \alpha^7, \alpha^{14}, \alpha^{28} = \alpha^{13}, \alpha^{26} = \alpha^{11}$ | $\Leftrightarrow (\alpha^{22} = \alpha^7) \Rightarrow$ | $m_7 = x^4 + x^3 + 1,\ m = 4$ |
| $\alpha^0 = 1$ | $\Leftrightarrow (\alpha^0) \Rightarrow$ | $m_0(x) = x + 1,\ m = 1$ |
| 0 | $\Leftrightarrow \alpha^{-\infty} \Rightarrow$ | ... |

**Tableau 2.20**

$* \beta = \alpha^5 \Rightarrow \beta^3 = (\alpha^5)^3 = \alpha^{15} = 1 \quad \text{car} : \beta^{p^m - 1} = 1$

$\alpha^{20} = \alpha^{15} \times \alpha^5 = \alpha^5$

$** \ m_5 = (x - \alpha^5)(x - \alpha^{10}) = x^2 + x + 1$

■

# 2.6. Classes cyclotomiques (Splitting Fields)

## 2.6.1. Introduction et définition

### A. Introduction

Déjà dans le paragraphe (§ 2.5.4), nous avons établi la dépendance de la racine différente d'un polynôme. L'introduction des classes cyclotomiques (Classes de division circulaire) utilise cette dépendance pour calculer facilement les éléments complexes conjugués d'un corps d'extension. Ils seront utiles au chapitre 6 pour décrire et construire les codes du BCH.

Le terme « cyclotomique » résulte des nombres complexes, parce que les puissances de $\alpha = \exp(j2\pi/n) = \cos(2\pi/n) + j\sin(2\pi/n)$ donnent la $n$-ième racine unitaire, puisque $\alpha^n = \exp(j2\pi) = 1 \leftrightarrow (\alpha^r)^n = 1$.

### B. Définitions

On appelle une classe cyclotomique $K_j$, par rapport au nombre $n = p^m - 1$, l'ensemble défini par :

$$K_j := \left\{ j \cdot p^i \bmod n \ \middle|\ i = 0, 1, \ldots m - 1 \right\} \qquad 2.42$$

Où $j$ est le nombre le plus petit de l'ensemble $K_j$ pour $p$ un nombre premier et $n = p^m - 1$. $K_j$ contient les exposants des éléments d'un corps d'extension qui sont conjugués les uns aux autres.

## 2.6.2. Propriétés des classes cyclotomiques

- Les classes cyclotomiques ont les propriétés suivantes :

$$\left.\begin{aligned}&\left|\boldsymbol{K}_j\right| \leq \boldsymbol{m}\\&\boldsymbol{K}_j \cap \boldsymbol{K}_i = 0 \text{ pour } \boldsymbol{i} \neq \boldsymbol{j}\\&\boldsymbol{K}_0 = \{0\}\\&\boldsymbol{M} = \boldsymbol{K}_0 \cup \boldsymbol{K}_1 \cup \cdots \cup \boldsymbol{K}_{\max} = \{0,1,2,\cdots \boldsymbol{n}-1\},\ \boldsymbol{n} = \boldsymbol{p}^{\boldsymbol{m}} - 1\end{aligned}\right\} \quad 2.43$$

$|K_j|$ : Nombre des éléments dans l'ensemble $K_j$.

- On trouve des racines du polynôme $x^n - 1$ de $GF(p)$ dans l'extension $GF(p^m)$ où $p^m = 1 \bmod n$. Dans cette extension $x^n - 1$ se factorise entièrement et toutes ses racines sont des puissances d'une même racine.
- Les classes cyclotomiques sont en correspondance avec les facteurs irréductibles de $x^n - 1$ dans $GF(p)$. Le nombre d'éléments dans une classe est le degré du polynôme irréductible correspondant.
- Le produit $\prod_{i \in K_j} (x - \alpha^i)$ correspond à un polynôme irréductible $p_i(x)$.

  Le produit de tous les polynômes irréductibles $(x - \alpha^{-\infty})$ donne $x^n - 1$, où $p$ dans $GF(p)$ peut aussi être utilisé comme $q = p^l$, où $l \geq 1$ est un nombre premier.
- Soit $K_j$ une classe cyclotomique pour $n = p^m - 1$ et $\alpha$ est un élément primitif dans $GF(p^m)$, on définit un polynôme minimal par les relations (2.37, 2.44). $m_j(x)$ est irréductible et $m_j(x) \in GF(p)$.
- Les classes cyclotomiques permettent de déterminer le nombre de facteurs irréductibles de $(x^n - 1)$, où $n = p^m - 1$. Connaissant le polynôme minimal d'une racine de $(x^n - 1)$, ces classes permettent de trouver tous les polynômes minimaux des racines de $(x^n - 1)$, c'est à dire tous les facteurs de $(x^n - 1)$.
- Si $\beta \in GF(p^m)$, alors les éléments $\beta, \beta^p, \cdots \beta^{p^j}, \cdots \beta^{p^{m-1}}$ sont appelés les conjugués de $\beta$ pour le corps $GF(p)$.
- Si $\beta \in GF(p^m)$, alors $\beta^p$ a le même polynôme minimal (voir exemple 2.34).
- Les quantités $\{j, j \cdot p, j \cdot p^2, j \cdot p^3, \ldots j \cdot p^{m-1}\}$ sont également appelées sous-classes cyclotomiques.

**Exemple 2.35 :** Classes cyclotomiques et polynômes minimaux

- On désigne un ensemble des racines conjuguées par une classe cyclotomique pour $p = 2$ et $m = 4 \Rightarrow n = p^m - 1 = 2^4 - 1 = 15$

  $K_j := \left\{ j \cdot p^i \mod n \mid i = 0,1,\ldots m-1 \right\}$

  $$\begin{aligned} \boldsymbol{K}_0 &= \{0\} \\ \boldsymbol{K}_1 &= \{1,2,4,8\} \\ \boldsymbol{K}_3 &= \{3,6,9,12\} \\ \boldsymbol{K}_5 &= \{5,10\} \\ \boldsymbol{K}_7 &= \{7,11,13,14\} \end{aligned}$$

- A partir de l'exemple (2.34), le produit des facteurs linéaires donne (l'indice $\boldsymbol{i}$ de $m_i(x)$ qui doit indiquer que $\alpha^i$ est une racine) :

  $$\begin{aligned} (x-\alpha^1)\cdot(x-\alpha^2)\cdot(x-\alpha^4)\cdot(x-\alpha^8) &= x^4+x+1 &&= m_1(x) \\ (x-\alpha^3)\cdot(x-\alpha^6)\cdot(x-\alpha^{12})\cdot(x-\alpha^9) &= x^4+x^3+x^2+x+1 &&= m_3(x) \\ (x-\alpha^5)\cdot(x-\alpha^{10}) &= x^2+x+1 &&= m_5(x) \\ (x-\alpha^7)\cdot(x-\alpha^{14})\cdot(x-\alpha^{13})\cdot(x-\alpha^{11}) &= x^4+x^3+1 &&= m_7(x) \\ (x-\alpha^0) &= x+1 &&= m_0(x) \end{aligned}$$

Avec l'aide des classes cyclotomiques, les polynômes minimaux d'un corps d'extension peuvent être facilement décrits selon la relation suivante :

$$m_j(\boldsymbol{x}) = \prod_{i \in \boldsymbol{K}_j} (\boldsymbol{x} - \boldsymbol{\alpha}^i) = \boldsymbol{x}^n - 1 \qquad 2.44$$

$$m_0(x) = \prod_{i \in K_0} (x - \alpha^i) = x + 1$$

$$m_1(x) = \prod_{i \in K_1} (x - \alpha^i) = x^4 + x + 1$$

$$m_3(x) = \prod_{i \in K_3} (x - \alpha^i) = x^4 + x^3 + x^2 + x + 1$$

$$m_5(x) = \prod_{i \in K_5} (x - \alpha^i) = x^2 + x + 1$$

$$m_7(x) = \prod_{i \in K_7} (x - \alpha^i) = x^4 + x^3 + 1$$

- La multiplication de tous les polynômes minimaux donne :

$$x^{15} - 1 = \prod_{i=0}^{14} (x - \alpha^i) = m_0(x) \cdot m_1(x) \cdot m_3(x) \cdot m_5(x) \cdot m_7(x)$$

En général :

$$\prod_{i \in K_j} m_i(x) = x^n - 1 \qquad 2.45$$

- La multiplication de tous les polynômes irréductibles donne :

$$(x - 0) \cdot m_0(x) \cdot m_1(x) \cdot m_3(x) \cdot m_5(x) \cdot m_7(x) = x^{16} - x$$

Les polynômes $x$ et $x + 1$ sont irréductibles, car ils ne peuvent pas se décomposer aux polynômes à degré inférieur.

■

## 2.7. Résumé

Dans ce chapitre, nous avons décrit les champs de Galois et appris à connaître certaines propriétés et règles de calcul pour les corps primaires ainsi que pour les corps d'extension. Seules les propriétés les plus importantes et nécessaires des champs de Galois ont été décrites ici. Pour des études complémentaires, veuillez vous référer aux documents [27] [28] [29] [30].

Le principe mathématique des corps d'extension est le même que celui de d'extension des nombres réels vers des nombres complexes. Ces deux ensembles de nombres satisfont tous les axiomes du corps, mais contiennent un nombre infini d'éléments. Nous avons considéré le champ fini $GF(p)$ comme des nombres réels et le champ d'extension fini $GF(p^m)$ comme des nombres complexes.

Lors de l'utilisation de codes, le corps d'extension $GF(2^m)$ est utilisé presque exclusivement, car il peut être utilisé pour représenter à la fois les exposants et les composants en binaire. L'addition de deux éléments est alors une addition modulo 2 des composants distinctes et la multiplication est une addition des exposants à deux nombres modulo $(2^m - 1)$. Il est donc seulement important d'avoir une table de conversion entre les deux représentations.

Les classes cyclotomiques dont nous avons parlé en dernier lieu, seront utilisées pour définir les codes BCH au chapitre 6.

Les codes Reed-Solomon du chapitre 5 sont principalement décrits sur la base des corps premiers, de sorte que le calcul peu familier dans le corps d'expansion n'affecte pas la compréhension de la théorie. En principe, cependant, les corps premiers ou les corps d'extension peuvent être utilisés de la même manière.

Il faut noter ici que les corps finis sont très utiles pour résoudre des problèmes tels que la correction d'erreurs, en particulier la correction d'erreurs en relation avec les méthodes de modulation numérique (qui ont aussi souvent des propriétés cycliques, comme la représentation des signaux modulés en QPSK dans le plan des nombres complexes), etc.

Nous voulons utiliser la notation suivante dans le reste de l'ouvrage : $p$ représente un nombre primaire et $q$ représente une puissance primaire, c'est-à-dire $q = p^m$ , $m \in \mathbb{N}$ et $p$ un nombre premier.

## 2.8. Exercices

**2.1.** On considère le champ de Galois $GF(5)$.

**2.1.1.** Indiquer les éléments du $GF(5)$.

**2.1.2.** Remplir les tableaux d'addition et de multiplication du $GF(5)$ ci-dessous.

**2.1.3.** En déduire les éléments neutres $e_1$ pour l'addition et $e_0$ pour la multiplication.

**2.1.4.** Indiquer l'élément inverse de l'addition $-a$ et l'élément inverse de la multiplication $a^{-1}$ pour tous les éléments a de $GF(5)$ (Tableaux ci-dessous.

| ⊕ | 0 | 1 | 2 | 3 | 4 |
|---|---|---|---|---|---|
| 0 | | | | | |
| 1 | | | | | |
| 2 | | | | | |
| 3 | | | | | |
| 4 | | | | | |

| ⊗ | 0 | 1 | 2 | 3 | 4 |
|---|---|---|---|---|---|
| 0 | | | | | |
| 1 | | | | | |
| 2 | | | | | |
| 3 | | | | | |
| 4 | | | | | |

| $a$ | 0 | 1 | 2 | 3 | 4 |
|---|---|---|---|---|---|
| $-a$ | | | | | |

| $a$ | 0 | 1 | 2 | 3 | 4 |
|---|---|---|---|---|---|
| $a^{-1}$ | | | | | |

**2.1.5.** Calculer les expressions suivantes dans $GF(5)$ :

$4 + 3$ ; $1\text{-}3$ ; $2\cdot 4$ ; $1\div 3$.

**2.1.6.** Résoudre l'équation $2x + 2 = 0$ dans $GF(5)$.

**2.1.7.** Prouver que $\alpha = 2$ est un élément primitif du $GF(5)$.

**2.1.8.** Le polynôme $p(x) = x^3 + 2x^2 + 4x + 3$, avec $p_i \in GF(5)$ est-il un polynôme primitif ?

**2.2.** Soit le champ d'extension de Galois $GF(2^3)$ avec le polynôme primitif $p(x) = x^3 + x + 1$, $p_i \in GF(2)$ et l'élément primitif $\alpha$.

**2.2.1.** Préciser la relation entre l'élément primitif $\alpha$ et le polynôme primitif $p(x)$.

**2.2.2.** Développer les éléments du corps d'extension $GF(2^3)$ dans la représentation des composantes, des vecteurs et des exposants.

**2.2.3.** Mettre en place le tableau d'addition pour $GF(2^3)$ et la tableau de multiplication pour $GF(2^3)\backslash\{0\}$ dans la représentation des exposants.

Soit le champ d'extension de Galois $GF(3^4)$

**2.2.4.** Calculer les classes cyclotomique pour $n$

**2.3.** Soit le champ d'extension de Galois $GF(2^3)$

**2.3.1.** Effectuer les opérations suivantes dans $GF(2^3)$ :

- 101101 mod 110
- 1011101100000 mod 10101
- 110 ⊗110 mod 1101 et 101 ⊗ 011mod 1101

**2.3.2.** Résoudre les équations suivantes en :

- $111 \cdot a = 100$
- $101 \cdot (a + 111) = (a + 001) \cdot 111$

**2.3.3.** $a = 010$ est le producteur du groupe multiplicatif du $GF(2^3)$. On obtient :

| ***k*** | 0 | 1 | 2 | 3 | 4 | 5 | 6 | 7 |
|---|---|---|---|---|---|---|---|---|
| $a^k$ | 001 | 010 | 100 | 101 | 111 | 011 | 110 | 001 |

Calculer : $101 \cdot 110$ ; $111^{-1}$ ; $100 \div 100$

**2.4.** Soit le champ d'extension $GF(p^m)$, $\alpha \in GF(p)$ ($\alpha$ élément primitif)

**2.4.1.** Déterminer tous les polynômes irréductibles dans $GF(p^m)$, pour $p = 2$ ; $m = 1$, $m = 2$ et $m = 3$.

**2.4.2.** En déduire les polynômes minimaux correspondants

**2.5.** Il y a trois façons d'afficher les éléments d'un champ de Galois. Spécifier ces représentations pour le champ d'extension $GF(2^2)$ avec le polynôme primitif $p(x) = x^2 + x + 1$ et l'élément primitif $\alpha$.

**2.6.** Soit le champ d'extension $GF(3^2)$ avec $p(x) = x^2 + 2x + 2$ comme polynôme primitif.

**2.6.1.** Déterminer tous les éléments de $GF(3^2)$ en fonction de $\alpha$, où $\alpha$ est un élément primitif.

**2.6.2.** Donner le tableau des additions et des multiplication correspondant.

**2.6.3.** Quel est l'ordre multiplicatif $\mu$ de l' élément (11) ?

**2.6.4.** Quel est l'inverse de l'élément (22) ?

# Chapitre 3

# Codes linéaires en blocs

## 3.1. Introduction

### 3.1.1. Définitions

#### A. Linéarité et structure en blocs

Si les mots de code d'un alphabet $A$ ont une longueur fixe, le code est appelé code en blocs. Un code en blocs est dit linéaire si la somme de deux mots de code donne à nouveau un mot de code. Un code linéaire en blocs est désigné par la longueur de blocs $n$, le nombre de bits d'information $k$ et la distance minimal de Hamming .

$x_i \in \mathbb{F}_P$, $\mathbb{F}_P$ est un corps et $p$ premier, on note :

- $\mathbb{F}_p = GF(p)$ l'ensemble fini à $p$ éléments $\{0,1,\ldots, p\text{-}1\}$.
- $\mathbb{F}_p^n = \left\{ x_1 x_2 \ldots x_n \middle| x_i \in \mathbb{F}_p \right\}$
- $\mathbb{F}_2 = GF(2)$ l'ensemble fini à deux éléments $\{0,1\}$.
- $\mathbb{F}_2^n = \left\{ x_1 x_2 \ldots x_n \middle| x_i \in (0,1) \right\}$ ; $\mathbb{F}_2^k = \left\{ x_1 x_2 \ldots x_k \middle| x_i \in (0,1) \right\}$

Sur cette base, un code en blocs est une application $\mathcal{G}$ (Groupe)

$$\begin{aligned} &\mathbb{F}_2{}^k \rightarrow \mathbb{F}_2{}^n \\ &u \rightarrow u = \mathcal{G}(i) \end{aligned} \qquad 3.1$$

L'ensemble $\mathbb{F}_2$ muni des opérations d'addition (XOR) et de multiplication (AND) a la structure d'un corps fini.

Un code en blocs $C(n, k)$ est linéaire si les $2^k$ mots du code forment un sous-espace vectoriel de $\mathbb{F}_2^n$, de dimension $\dim(C) = k$. Autrement dit, le code $C(n,k)$ est constitué par un ensemble de $2^k$ mots de code $\{c_i\}$, ensemble qui constitue un groupe muni de l'addition mod 2.

Un code linéaire en blocs est caractérisé par le fait qu'un message donné est toujours représenté par la même série de symboles. Toutes les séquences (à savoir les vecteurs) de ce code ont donc une longueur fixe $n$ appelée longueur du bloc.

Les informations sont décomposées en blocs (mots) de $k$ symboles. Pour chaque mot d'information ainsi obtenu, le codeur attribue à chacun un mot de code de longueur $n > k$. Autrement dit, un mot de code ne dépendra donc que d'un seul mot d'information. Les symboles $r = n–k$ ajoutés sont appelés symboles de contrôle. Ils ne contiennent aucune nouvelle information et sont utilisés exclusivement pour la détection ou la correction d'erreurs et représentent donc une redondance.

Un code linéaire en blocs de longueur $n$ avec $2^k$ mots de code et d'une distance de Hamming minimale $d_{min}$ est un code de canal $C(n, k, d_{min})$ ou simplement : $C(n, k)$ de $A \in \{0;1\}^n$.

On notera le code $C(n,k)$ pour

$$\boldsymbol{n = k + r} \tag{3.2}$$

$\boldsymbol{n}$ = longueur de mot de code $\boldsymbol{c}$ (exprimé en bits)
$\boldsymbol{k}$ = nombre des bits de l'information $u$
$\boldsymbol{r}$ = nombre des bits de contrôle

## B. Code systématique

Un code dont le vecteur contient les $k$ symboles de l'information initiale sans les avoir transformés, est dit systématique. En l'occurrence, les symboles d'information $i$ sont explicitement contenu dans le mot de code $c$, tel que $c = (u\ p)$, où $p$ est constitué de $r = n - k$ symboles de contrôle annexés et ne contient aucune nouvelle information.

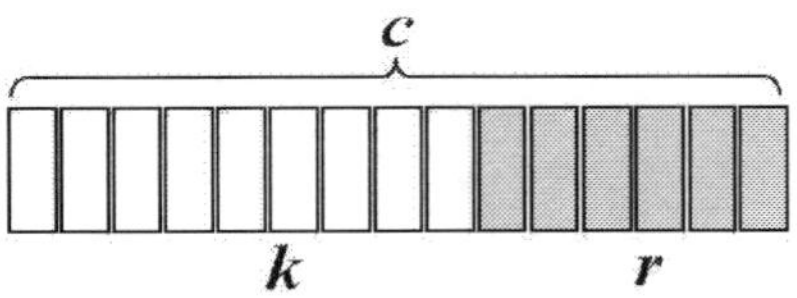


**Fig. 3.1 :** Code systématique

Dans le cas binaire les propriétés du code général sont :

- Segmentation du train binaire en mots de longueur constante de $k$ éléments binaires (é. b).

- Association de $r$ éléments binaires de contrôle. Le mot de contrôle est uniquement fonction du mot d'information courant (code linéaire, *code cyclique* -voir plus loin) et éventuellement des mots d'information précédents (*code convolutif*- voir plus loin).
- Codage : Construction du mot de code en ajoutant à la suite des $k$ bits d'information $u_1, u_2, \ldots, u_k$ , $r = (n - k)$ bits : $p_{k+1}, \ldots, p_n$ bits appelés bits de contrôle formant la clé de contrôle. On obtient :

$$c_1, c_2, \ldots, c_n = u_1, u_2, \ldots, u_k, p_{k+1}, \ldots, p_n$$

## C. Code non systématique

Un code n'est pas systématique s'il n'est pas possible de séparer les symboles (bits) d'informations et les symboles (bits) de contrôle.

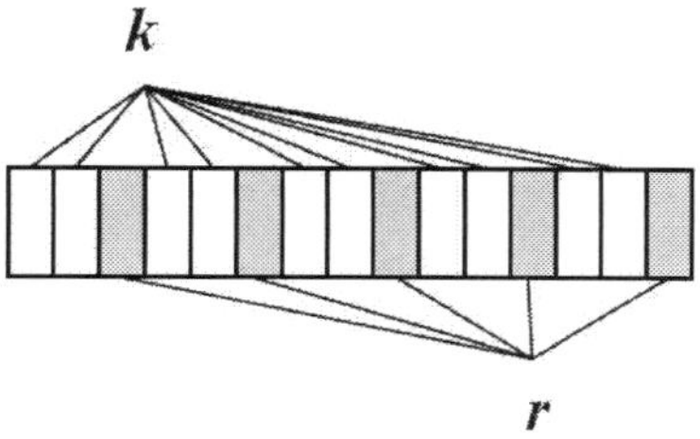


**Fig. 3.2 :** Code non systématique

Il est possible de montrer que tout code linéaire non systématique peut être ramené à un code systématique.

## D. Regroupement de codage par blocs

La classe des codes en blocs linéaires couvre un très large éventail de méthodes de codage. Le codage par blocs regroupe :

- les codes linéaires en blocs
- les codes polynomiaux
- les codes cycliques

- **Remarque**
  - Si les mots de code d'un code de canal ont une longueur fixe, le code est appelé code en blocs. Si les mots de code (et les liens qui leur sont appliqués) ont les propriétés algébriques d'un groupe, le code est appelé code linéaire en blocs ou code linéaire. Les codes linéaires en blocs qui remplissent en outre les propriétés d'un corps sont appelés codes cycliques.

### 3.1.2. Théorème fondamental

Un code linéaire $C$ est invariant aux décalages additifs, c'est-à-dire pour tout $c_i$, $c_j \in C$ s'applique :

- $C$ code linéaire en $A^n$ ; $\dim(C) = k$ ; $C(n, k, d_{min})$,

$$\boldsymbol{C} \text{ code linéaire} = \left\{\boldsymbol{c}_i, \boldsymbol{c}_j \in \boldsymbol{C} \Rightarrow \boldsymbol{c}_i + \boldsymbol{c}_j \in \boldsymbol{C}\right\} \qquad 3.3a$$

- Soit $C \subseteq A^n$ est un code en blocs, la distance minimale par rapport à $C$ est donnée par la relation suivante :

$$\boldsymbol{d}_{\min}(\boldsymbol{C}) = \min_{\substack{c_i, c_j \in C \\ c_i \neq c_j}} \boldsymbol{d}(\boldsymbol{c}_i, \boldsymbol{c}_j) \qquad 3.3b$$

$$\boldsymbol{d}_{\min}(\boldsymbol{c}_i, \boldsymbol{c}_j) = \boldsymbol{d}_{\min}(\boldsymbol{c}_i - \boldsymbol{c}_j, 0) = \boldsymbol{d}_{\min}(\boldsymbol{c}', 0) = \boldsymbol{w}(\boldsymbol{C}) \qquad 3.3c$$

- Décodage de Hamming pour un code en blocs $C \subseteq A^n$ : Lorsque $y \in A^n$ est reçu, $y$ est décodé en un $x' \in C$ avec

$$\boldsymbol{d}_{\min}(\boldsymbol{x}', \boldsymbol{y}) = \min_{x \in C} \boldsymbol{d}(\boldsymbol{x}, \boldsymbol{y}) \qquad 3.3d$$

## 3.2. Matrice génératrice et matrice de contrôle

### 3.2.1. Matrice génératrice

### A. Représentation par une matrice génératrice

Les codes linéaires en blocs composés de $k$ lignes et $n$ colonnes peuvent être complètement décrits par une matrice dite matrice génératrice $G$.

On appelle matrice génératrice $G$ du code, une matrice de ($k$, $n$) dont les $k$ lignes forment les $k$ mots de la base. L'ensemble des combinaisons linéaires de $k$ vecteurs de lignes (l'espace des vecteurs de ligne de $G$) forme un espace vectoriel $V$ composé de $A^k = 2^k$ vecteurs. Cet espace est le code linéaire cherché et, de façon formelle, on dit que les $k$ vecteurs forment une base de l'espace vectoriel $V$.

La correspondance entre le message (information) et le mot de code est de la forme :

$$C = \left\{ c = u \cdot G, \quad u \in 2^k \right\} \qquad 3.4a$$

$$c^{(j)} = (u_1, u_2, \cdots, u_k) \cdot G \in C \text{ où } j = 1,2,3 \ldots 2^k \qquad 3.4b$$

$$u = (u_1, u_2, \ldots, u_k) \; ; \; c = (c_1, c_2, \ldots, c_n) \; ; \; g = (g_1, g_2, \ldots, g_k)^T$$

***k*** : bits d'information ⟺ $2^k$ mots d'information possibles
***n*** : bits de mots de code ⟺ $2^n$ mots de code possibles

La modélisation mathématique d'une matrice génératrice[6] $G$ a la forme suivante :

$$G = \begin{bmatrix} g_{11} & g_{12} & \cdots & g_{1n} \\ g_{21} & g_{22} & \cdots & g_{2n} \\ \vdots & \vdots & \cdots & \vdots \\ g_{k1} & g_{k2} & \cdots & g_{kn} \end{bmatrix} = \begin{bmatrix} g_1 \\ g_2 \\ \vdots \\ g_k \end{bmatrix} \qquad 3.5$$

Les $g_{ij}$ sont des éléments de $GF(2)$, où les vecteurs de ligne sont linéairement indépendants.

**Exemple 3.1 :** Code en bolcs systématique

- Matrice génératrice

$c^{(j)} = (u_1, u_2, \cdots, u_k) \cdot G$ où $j = 1,2,3 \ldots 2^k$ pour $k = 2$

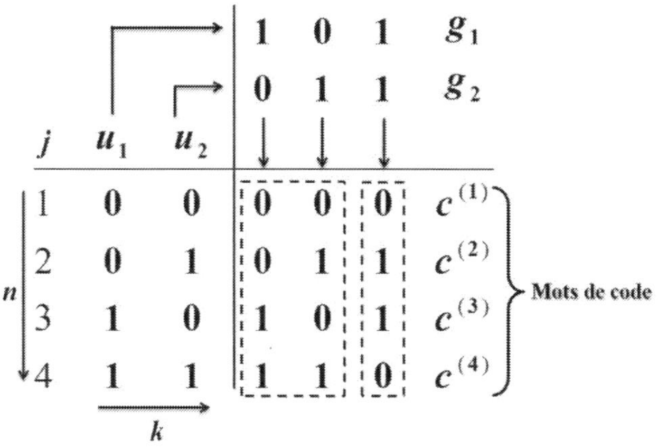


**Fig. 3.3 :** Code systématique

[6] Range d'une matrice ***rg*** : Nombre maximal des lignes linéairement indépendantes ($rg \neq 0$).

$$\underbrace{\begin{bmatrix} c^{(1)} \\ c^{(2)} \\ c^{(3)} \\ c^{(4)} \end{bmatrix}}_{c} = \underbrace{\begin{bmatrix} u_{11} & u_{12} \\ u_{21} & u_{22} \\ u_{31} & u_{32} \\ u_{41} & u_{42} \end{bmatrix}}_{u} \cdot \underbrace{\begin{bmatrix} g_{11} & g_{12} & g_{13} \\ g_{21} & g_{22} & g_{23} \end{bmatrix}}_{G} = \begin{bmatrix} 0 & 0 \\ 0 & 1 \\ 1 & 0 \\ 1 & 1 \end{bmatrix} \cdot \begin{bmatrix} 1 & 0 & 1 \\ 0 & 1 & 1 \end{bmatrix} = \begin{bmatrix} 0 & 0 & 0 \\ 0 & 1 & 1 \\ 1 & 0 & 1 \\ 1 & 1 & 1 \end{bmatrix}$$

$$c^{(1)} = 000 \ ; \ c^{(2)} = 011 \ ; \ c^{(3)} = 101 \ ; \ c^{(4)} = 110$$

- Calcul des bits de parité (de contrôle)

  $n = k + r \ ; k = 2, \ r = 1 \Rightarrow n = 3$

$$c = \begin{bmatrix} u_{11} & u_{12} & \boldsymbol{p}_1 \\ u_{21} & u_{22} & \boldsymbol{p}_2 \\ u_{31} & u_{32} & \boldsymbol{p}_3 \\ u_{41} & u_{42} & \boldsymbol{p}_4 \end{bmatrix} = \begin{bmatrix} 0 & 0 & \mathbf{0} \\ 0 & 1 & \mathbf{1} \\ 1 & 0 & \mathbf{1} \\ 1 & 1 & \mathbf{1} \end{bmatrix}$$

$\boldsymbol{p}_j = u_{j1} \oplus u_{j2} \ ; \ j = 1,2,3,4$

Pour $p_1 = u_{11} \oplus u_{12} = 0 \oplus 0 = 0$

D'après la figure (Fig. 3.4), on a :

$\boldsymbol{p}_j = u_1 \oplus u_2 \ ; \ j = 1,2,3,4$

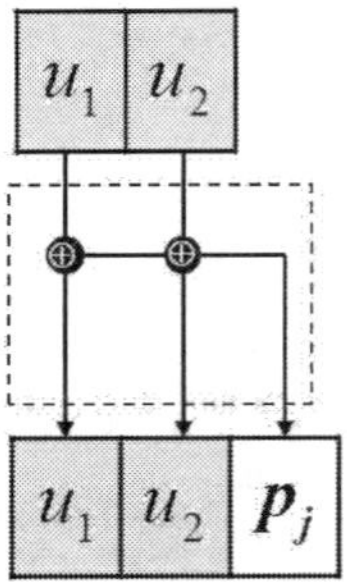


**Fig. 3.4 :** Réalisation du code *c*

■

## Exemple 3.2 : Code non systématique

- La figure ci-dessous présente une structure d'un code en blocs :

| | 1 | 2 | 3 | 4 | 5 | 6 | 7 | | |
|---|---|---|---|---|---|---|---|---|---|
| $u_1$ → | × | × | **1** | × | **0** | **0** | **0** | $g_1$ | |
| $u_2$ → | × | × | **0** | × | **1** | **0** | **0** | $g_2$ | |
| $u_3$ → | × | × | **0** | × | **0** | **1** | **0** | $g_3$ | |
| $u_4$ → | × | × | **0** | × | **0** | **0** | **1** | $g_4$ | |
| $u_1$ $u_2$ $u_3$ $u_4$ | | | $u_1$ | | $u_2$ | $u_3$ | $u_4$ | $c^{(j)}$ | mot de code |

× : Bit de contrôle de parité, $c^{(j)}$ : $j^{\text{ème}}$ Mot de code, $g_j$ : $j^{\text{ème}}$ ligne de la matrice génératrice

**Fig. 3.5 :** Code en blocs non systématique

Les bits X dans la figure (Fig. 3.5) sont des bits de contrôle (Parity check bits) pour les bits d'information, ils sont organisés par exemple par la combinaison suivante :

Pour la colonne 1, on a : $X \oplus 3 \oplus 5 \oplus 7 = 0$
Pour la colonne 2, on a : $X \oplus 3 \oplus 6 \oplus 7 = 0$
Pour la colonne 4, on a : $X \oplus 5 \oplus 6 \oplus 7 = 0$

En déduire la matrice génératrice pour ce codage comme suit :

- Pour les bits de contrôle de la colonne 1, on a :

$$\begin{array}{l} X \oplus 1 \oplus 0 \oplus 0 = 0 \Rightarrow X = 1 \\ X \oplus 0 \oplus 1 \oplus 0 = 0 \Rightarrow X = 1 \\ X \oplus 0 \oplus 0 \oplus 0 = 0 \Rightarrow X = 0 \\ X \oplus 0 \oplus 0 \oplus 1 = 0 \Rightarrow X = 1 \end{array} \Leftrightarrow \begin{bmatrix} X \\ X \\ X \\ X \end{bmatrix} = \begin{bmatrix} 1 \\ 1 \\ 0 \\ 1 \end{bmatrix}$$

- Nous pouvons également déterminer les bits des colonnes 2 et 4 et nous obtenons la matrice génératrice :

$$G = \begin{bmatrix} \mathbf{1} & \mathbf{1} & 1 & \mathbf{0} & 0 & 0 & 0 \\ \mathbf{1} & \mathbf{0} & 0 & \mathbf{1} & 1 & 0 & 0 \\ \mathbf{0} & \mathbf{1} & 0 & \mathbf{1} & 0 & 1 & 0 \\ \mathbf{1} & \mathbf{1} & 0 & \mathbf{1} & 0 & 0 & 1 \end{bmatrix}$$

■

## B. Forme standard (canonique) de la matrice génératrice

On peut démontrer que tout code non systématique est équivalent, du point de vue de correction, à un code systématique obtenu par les opérations matricielles élémentaires autorisées suivantes :

➤ Échange des colonnes (codes équivalents)

- L'échange de deux colonnes ou plus en $G$ entraîne un changement dans l'ordre des symboles d'un mot de code et fournit un code équivalent.
- Les colonnes de $G$ peuvent être disposées comme on le souhaite.
- Les codes équivalents ont des caractéristiques de distance identiques, seule l'affectation de $u$ à $c$ est différente. Néanmoins, il existe des

différences de performance, par exemple pour la détection ou la correction des erreurs par paquet.

- Opérations sur les lignes (le code ne change pas).
  - Échange de deux lignes.
  - Multiplication d'une ligne par un scalaire selon les règles du $GF(p)$.
  - Combinaisons linéaires de deux lignes, c'est-à-dire addition de deux lignes multipliées par des scalaires.

Au moyen des ces opérations élémentaires, chaque matrice génératrice peut être transformée en forme standard (canonique).

$$\boldsymbol{G}_S = \left[\boldsymbol{U}_{k,k}, \boldsymbol{P}_{k,n-k}\right] \text{ ou } \boldsymbol{G}_S = \left[\boldsymbol{P}_{k,n-k}, \boldsymbol{U}_{k,k}\right] \tag{3.6}$$

$\boldsymbol{U}_{k,k}$ : représente la matrice d'unité avec $k$ lignes et colonnes.
$\boldsymbol{P}_{k,n-k}$ : est une matrice de parité avec $k$ lignes et $n-k$ colonnes correspondantes.

En permutant des lignes ou des colonnes, et/ou en ajoutant à une ligne une ou plusieurs autres lignes (nouvelle base sur $GF(2)$), on peut toujours écrire $G$ sous une forme canonique (code systématique).

$$\boldsymbol{G}_S = \left[\begin{array}{ccccc|cccc} 1 & 0 & 0 & \cdots & 0 & p_{11} & p_{12} & \cdots & p_{1,n-k} \\ 0 & 1 & 0 & \cdots & 0 & p_{21} & p_{22} & \cdots & p_{2,n-k} \\ 0 & 0 & 1 & \cdots & 0 & p_{31} & p_{32} & \cdots & p_{3,n-k} \\ \vdots & \vdots & \vdots & \cdots & \vdots & \vdots & \vdots & \cdots & \vdots \\ 0 & 0 & 0 & \cdots & 1 & p_{k1} & p_{k2} & \cdots & p_{k,n-k} \end{array}\right] \tag{3.7}$$

La matrice génératrice en (3.7) décrit un code systématique (première répétition des symboles d'information par $I_k$ (les $k$ premières coordonnées du mot de code $c$ : présentent l'information $u$). Ensuite, ajouter les symboles de parité avec $P_{n-k}$. Les $(n-k)$ dernières coordonnées de $G$ sont reliées aux $k$ premières symboles par les relations de parité (3.8b). Tous les codes linéaires en blocs peuvent toujours être représentés sous forme de codes systématiques standards.

On peut donner le code par la forme générale :

$$\boldsymbol{c} = \boldsymbol{u} \cdot \boldsymbol{G}_S = \left[u_1, u_2, \ldots, u_k\right] \times \left[\boldsymbol{U}_{k,k}, \boldsymbol{P}_{k,n-k}\right] \tag{3.8a}$$

$$c = u \cdot G_s = [u_1, u_2, \ldots, u_k] \times \left[\begin{array}{ccccc|cccc} 1 & 0 & 0 & \cdots & 0 & p_{11} & p_{12} & \cdots & p_{1,n-k} \\ 0 & 1 & 0 & \cdots & 0 & p_{21} & p_{22} & \cdots & p_{2,n-k} \\ 0 & 0 & 1 & \cdots & 0 & p_{31} & p_{32} & \cdots & p_{3,n-k} \\ \vdots & \vdots & \vdots & \cdots & \vdots & \vdots & \vdots & \cdots & \vdots \\ 0 & 0 & 0 & \cdots & 1 & p_{k1} & p_{k2} & \cdots & p_{k,n-k} \end{array}\right]$$

$$\left.\begin{array}{l} \boldsymbol{c} = (\boldsymbol{c}_1, \boldsymbol{c}_2, \ldots \boldsymbol{c}_k, \boldsymbol{c}_{k+1}, \boldsymbol{c}_{k+2}, \ldots, \boldsymbol{c}_n) \\ \boldsymbol{c}_\lambda = \boldsymbol{u}_\lambda \quad 1 \le \boldsymbol{\lambda} \le \boldsymbol{k} \\ \boldsymbol{c}_{\mu+k} = \boldsymbol{p}_{1\mu}\boldsymbol{u}_1 + \boldsymbol{p}_{2\mu}\boldsymbol{u}_2 + \cdots + \boldsymbol{p}_{k\mu}\boldsymbol{u}_k; \quad 1 \le \boldsymbol{\mu} \le \boldsymbol{n} - \boldsymbol{k} \end{array}\right\} \quad 3.8b$$

**Exemple 3.3 :** Code en blocs de forme canonique (standard)

- Soit la matrice génératrice suivante (pour simplification $G_s \equiv G$) :

$$G = \left[\begin{array}{ccccc|ccc} 1 & 0 & 0 & 0 & 0 & \mathbf{1} & \mathbf{1} & \mathbf{1} \\ 0 & 1 & 0 & 0 & 0 & \mathbf{1} & \mathbf{0} & \mathbf{1} \\ 0 & 0 & 1 & 0 & 0 & \mathbf{1} & \mathbf{1} & \mathbf{0} \\ 0 & 0 & 0 & 1 & 0 & \mathbf{0} & \mathbf{0} & \mathbf{1} \\ 0 & 0 & 0 & 0 & 1 & \mathbf{0} & \mathbf{1} & \mathbf{1} \end{array}\right]$$

Il s'agit de déterminer la suite binaire (mot de code) que restitue le codeur construit à partir de $G$, lorsque celui-ci reçoit la séquence $(u_1, u_2, u_3, u_4, u_5) = (1, 1, 0, 1, 0)$ pour construire le mot de code **:**

$$c = (c_1, c_2, c_3, c_4, c_5, c_6, c_7, c_8) = (u_1, u_2, u_3, u_4) \cdot G$$

- **Réponse**

$$c_\lambda = u_\lambda \quad 1 \le \lambda \le k \ ; \ k = 5$$

$$c_1 = u_1,\ c_2 = u_2,\ c_3 = u_3,\ c_4 = u_4,\ c_5 = u_5$$

Le codeur ajoute à la suite 11010, $(n-k) = 3$ bits de contrôle calculés d'après des relations précédentes.

$$c_{\mu+k} = p_{1\mu} \cdot u_1 + p_{2\mu} \cdot u_2 + \cdots p_{k\mu} \cdot u_k \quad 1 \le \mu \le n-k \ ; \ n = 8,\ k = 5$$

$$c_6 = [u_1, u_2, u_3, u_4, u_5] \cdot \begin{bmatrix} p_{11} \\ p_{21} \\ p_3 \\ p_{41} \\ p_{51} \end{bmatrix} = [11010] \cdot \begin{bmatrix} 1 \\ 1 \\ 1 \\ 0 \\ 0 \end{bmatrix} = 1 \oplus 1 \oplus 0 \oplus 0 \oplus 0 = \mathbf{0}$$

$$c_7 = [u_1, u_2, u_3, u_4, u_5] \cdot \begin{bmatrix} p_{12} \\ p_{22} \\ p_3 \\ p_{42} \\ p_{52} \end{bmatrix} = [11010] \cdot \begin{bmatrix} 1 \\ 0 \\ 1 \\ 0 \\ 1 \end{bmatrix} = 1 \oplus 0 \oplus 0 \oplus 0 \oplus 0 = \mathbf{1}$$

$$c_8 = [u_1, u_2, u_3, u_4, u_5] \cdot \begin{bmatrix} p_{11} \\ p_{21} \\ p_3 \\ p_{41} \\ p_{51} \end{bmatrix} = [11010] \cdot \begin{bmatrix} 1 \\ 1 \\ 0 \\ 1 \\ 1 \end{bmatrix} = 1 \oplus 1 \oplus 0 \oplus 1 \oplus 0 = \mathbf{1}$$

Donc le codeur qui reçoit la suite binaire 11010 restitue les mots de code 11010**<u>011</u>** dont les trois bits les plus à droite correspondent respectivement à $c_6$, $c_7$, $c_8$.

$$c = u \cdot G = (u_1, u_2, u_3, u_4, u_5) \cdot G$$
$$c = (c_1, c_2, c_3, c_4, c_5, c_6, c_7, c_8) = (u_1, u_2, u_3, u_4, u_5, c_6, c_7, c_8)$$

Nombre possible des mots d'information : $2^k$.
Nombre possible des mots de code reçus : $2^n$.

■

**Exemple 3.4 :** Réalisation du codeur

- Soit le code $C(n, k)$ avec $n = 7$ et $k = 4$, dont la matrice génératrice est donnée par $G$ :

$$G = \left[ U_{k,k}, \boldsymbol{P}_{k,n-k} \right] = \left[ \begin{array}{cccc|ccc} 1 & 0 & 0 & 0 & \mathbf{1} & \mathbf{1} & \mathbf{1} \\ 0 & 1 & 0 & 0 & \mathbf{1} & \mathbf{1} & \mathbf{0} \\ 0 & 0 & 1 & 0 & \mathbf{1} & \mathbf{0} & \mathbf{1} \\ 0 & 0 & 0 & 1 & \mathbf{0} & \mathbf{1} & \mathbf{1} \end{array} \right]$$

On construit le circuit représentant le codeur correspondant :

$$c = [c_1, c_2, c_3, c_4, c_5, c_6, c_7] = [u_1, u_2, u_3, u_4, p_1, p_2, p_3]$$

$$c = u \cdot G = [u_1, u_2, u_3, u_4] \cdot \left[\begin{array}{cccc|ccc} 1 & 0 & 0 & 0 & \mathbf{1} & \mathbf{1} & \mathbf{1} \\ 0 & 1 & 0 & 0 & \mathbf{1} & \mathbf{1} & \mathbf{0} \\ 0 & 0 & 1 & 0 & \mathbf{1} & \mathbf{0} & \mathbf{1} \\ 0 & 0 & 0 & 1 & \mathbf{0} & \mathbf{1} & \mathbf{1} \end{array}\right]$$

Calcul de parité :

$$p_1 = c_5 = u_1 \oplus u_2 \oplus u_3$$
$$p_2 = c_6 = u_1 \oplus u_2 \oplus u_4$$
$$p_3 = c_7 = u_1 \oplus u_3 \oplus u_4$$

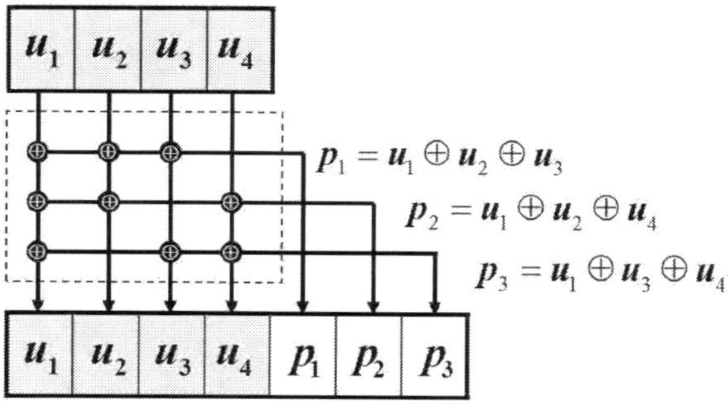


**Fig. 3.6 :** Réalisation du code *c*

Le nombre des mots de code = nombre des mots d'information possibles $2^k = 2^4 = 16$ (Tableau 3.1).

| Mot de code | Information | Contrôle |
|---|---|---|
| $c^{(0)}$ | 0000 | 000 |
| $c^{(1)}$ | 0001 | 011 |
| $c^{(2)}$ | 0010 | 101 |
| $c^{(3)}$ | 0011 | 110 |
| $c^{(4)}$ | 0100 | 110 |
| $c^{(5)}$ | 0101 | 101 |
| $c^{6)}$ | 0110 | 011 |
| $c^{(7)}$ | 0111 | 000 |

| Mot de code | Information | Contrôle |
|---|---|---|
| $c^{(8)}$ | 1000 | 111 |
| $c^{(9)}$ | 1001 | 100 |
| $c^{(10)}$ | 1010 | 010 |
| $c^{(11)}$ | 1011 | 001 |
| $c^{(12)}$ | 1100 | 001 |
| $c^{(13)}$ | 1101 | 010 |
| $c^{(14)}$ | 1110 | 100 |
| $c^{(15)}$ | 1111 | 111 |

**Tableau 3.1**

■

## 3.2.2. Matrice de contrôle

### A. Définition

Un code peut être défini non seulement par la matrice génératrice *G*, mais aussi par la matrice de contrôle *H*, décrite ci-dessous. Une matrice de contrôle possible et une matrice génératrice possible peuvent être dérivées l'une de l'autre. En outre, le concept central du syndrome est introduit par la matrice de contrôle dans la section (3.5).

Une matrice $H \in \mathbb{F}_p^{n-k,n}$ est appelée matrice de contrôle de parité pour le code linéaire en blocs *C*(*n*,*k*), présentant un ensemble de vecteurs de longueur *n* où chaque vecteur $c^{(j)}$ est orthogonale à chacune des lignes de la matrice *H*.

$$\boldsymbol{C} = \left\{ \boldsymbol{c} \in \mathbb{F}_p^n \middle| \begin{matrix} \boldsymbol{c} \cdot \boldsymbol{H}^T = 0 & \forall\, \boldsymbol{c} \in \boldsymbol{C} \\ \boldsymbol{x} \cdot \boldsymbol{H}^T \neq 0 & \forall\, \boldsymbol{x} \notin \boldsymbol{C} \end{matrix} \right\} \quad 3.9$$

$H^T$ est la transposée de *H*.

**Exemple 3.5 :** Matrice de contrôle

- Soit la matrice génératrice standard d'un code $C(7,4)_2$

$$G = \begin{bmatrix} 1 & 0 & \cdots & 0 & g_{1,k+1} & g_{1,k+2} & g_{1,k+3} \\ 0 & 1 & \cdots & 0 & g_{2,k+1} & g_{2,k+2} & g_{2,k+3} \\ 0 & 0 & \cdots & 0 & g_{3,k+1} & g_{3,k+2} & g_{3,k+3} \\ 0 & 0 & \cdots & 1 & g_{4,k+1} & g_{4,k+2} & g_{4,k+3} \end{bmatrix}$$

En introduisant une forme explicite avec la matrice de parité, on a :

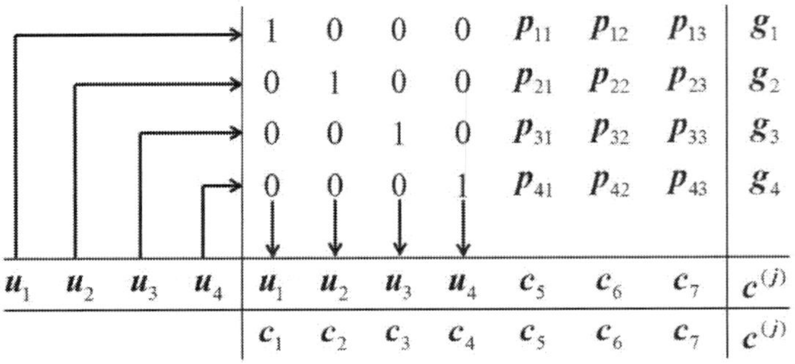


**Fig. 3.7 :** Structure de la matrice génératrice

La matrice de parité est donnée par :

$$P = \begin{bmatrix} p_{11} & p_{12} & p_{13} \\ p_{21} & p_{22} & p_{23} \\ p_{31} & p_{32} & p_{33} \\ p_{41} & p_{42} & p_{43} \end{bmatrix} = \begin{bmatrix} g_{1,k+1} & g_{1,k+2} & g_{1,k+3} \\ g_{2,k+1} & g_{2,k+2} & g_{2,k+3} \\ g_{3,k+1} & g_{3,k+2} & g_{3,k+3} \\ g_{4,k+1} & g_{4,k+2} & g_{4,k+3} \end{bmatrix}$$

La partie de $g_{i1}\ldots g_{ik}$ $(i = 1, \ldots, k)$ est une matrice unitaire $[U_{k,k}] = 1$.

La partie $P$ c'est la partie de la matrice génératrice liée à la construction de code par les bits de contrôle, c'est la partie $g_{i,k+1}\ldots g_{i,k+r}$.

A partir de la structure de la figure (Fig. 3.7), on peut déterminer chaque élément de vecteur code $\boldsymbol{c_i}$ par exemple :

$$c_5 = u_1 \cdot p_{11} + u_2 \cdot p_{21} + u_3 \cdot p_{31} + u_4 \cdot p_{41} \mod 2$$

Ce que nous pouvons écrire à cause des calculs mod 2 comme suit :

$$u_1 \cdot p_{11} + u_2 \cdot p_{21} + u_3 \cdot p_{31} + u_4 \cdot p_{41} + c_5 = 0 \mod 2$$

Analogue pour $c_6$ et $c_7$, on obtient donc :

$$u_1 \cdot p_{11} + u_2 \cdot p_{21} + u_3 \cdot p_{31} + u_4 \cdot p_{41} + c_5 = 0$$
$$u_1 \cdot p_{12} + u_2 \cdot p_{22} + u_3 \cdot p_{32} + u_4 \cdot p_{42} + c_6 = 0$$
$$u_1 \cdot p_{13} + u_2 \cdot p_{23} + u_3 \cdot p_{33} + u_4 \cdot p_{43} + c_7 = 0$$

Ou bien par la forme matricielle :

$$\left[\begin{array}{cccc:ccc} p_{11} & p_{21} & p_{31} & p_{41} & 1 & 0 & 0 \\ p_{12} & p_{22} & p_{32} & p_{42} & 0 & 1 & 0 \\ p_{13} & p_{23} & p_{33} & p_{43} & 0 & 0 & 1 \end{array}\right] \cdot \begin{bmatrix} u_1 \\ u_2 \\ u_3 \\ u_4 \\ c_5 \\ c_6 \\ c_7 \end{bmatrix} = 0 \Leftrightarrow H_s = \left[P^T, U_{n-k,n-k}\right]$$

Et comme $u_1 = c_1$ ; $u_2 = c_2$ ; $u_3 = c_3$ et $u_4 = c_4$, on peut donc écrire pour $H_s$ [7]:

[7] Pour simplification, on écrit souvent $H$ pour $H_S$ et $G$ pour $G_S$.

$$\underbrace{\begin{bmatrix} p_{11} & p_{21} & p_{31} & p_{41} & 1 & 0 & 0 \\ p_{12} & p_{22} & p_{32} & p_{42} & 0 & 1 & 0 \\ p_{13} & p_{23} & p_{33} & p_{43} & 0 & 0 & 1 \end{bmatrix}}_{H} \cdot \underbrace{\begin{bmatrix} c_1 \\ c_2 \\ c_3 \\ c_4 \\ c_5 \\ c_6 \\ c_7 \end{bmatrix}}_{c^T} = 0 \Rightarrow H \cdot c^T = 0$$

$$\Leftrightarrow H = \left[ \boldsymbol{P}^T_{n-k,k}, U_{n-k,n-k} \right]$$

■

**Exemple 3.6 :** Relation entre la matrice $G$ et $H$

- Soit la matrice génératrice $G$ (*Pour simplification* $G_S \equiv G$)

$$\boldsymbol{G} = \begin{bmatrix} 1 & 0 & 0 & \mathbf{1} & \mathbf{0} \\ 0 & 1 & 0 & \mathbf{0} & \mathbf{1} \\ 0 & 0 & 1 & \mathbf{1} & \mathbf{1} \end{bmatrix} = \left[ U_{k,k}, \boldsymbol{P}_{k,n-k} \right] = \left[ U_{3,3}, \boldsymbol{P}_{3,2} \right]$$

Le code correspondant est systématique, de sorte que le bloc de gauche de cette matrice est utilisé pour copier les bits d'information et le bloc de droite pour générer les bits de contrôle.

Pour une information de combinaison $2^k = 2^3$, on a :

$$\overset{c_1\;c_2\;c_3\;c_4\;c_5}{\begin{bmatrix} 0 & 0 & 0 & 0 & 0 \\ 0 & 0 & 1 & 1 & 1 \\ 0 & 1 & 0 & 0 & 1 \\ 0 & 1 & 1 & 1 & 0 \\ 1 & 0 & 0 & 1 & 0 \\ 1 & 0 & 1 & 0 & 1 \\ 1 & 1 & 0 & 1 & 1 \\ 1 & 1 & 1 & 0 & 0 \end{bmatrix}} = \overset{u_1\;u_2\;u_3}{\begin{bmatrix} 0 & 0 & 0 \\ 0 & 0 & 1 \\ 0 & 1 & 0 \\ 0 & 1 & 1 \\ 1 & 0 & 0 \\ 1 & 0 & 1 \\ 1 & 1 & 0 \\ 1 & 1 & 1 \end{bmatrix}} \times \begin{bmatrix} 1 & 0 & 0 & \mathbf{1} & \mathbf{0} \\ 0 & 1 & 0 & \mathbf{0} & \mathbf{1} \\ 0 & 0 & 1 & \mathbf{1} & \mathbf{1} \end{bmatrix} \Longrightarrow c_4 = [0 \quad 0 \quad 1] \cdot \begin{bmatrix} 1 \\ 0 \\ 1 \end{bmatrix} = 1$$

$$\boldsymbol{c} = \boldsymbol{u} \times \boldsymbol{G}$$

Les colonnes de $G$ permettent donc de retrouver les liaisons entre les bits de chacun des mots de code : $c = (c_1, c_2, c_3, c_4, c_5)$ avec $u_1 = c_1$ ; $u_2 = c_2$ ; $u_3 = c_3$.

$c_4$ est l'addition du premier et du troisième bit de *l'information* ($u_i \equiv c_i$, $i$ =1,...,4), $c_5$ est le résultat de l'addition modulo 2 du deuxième et du troisième bit de *l'information*. On a donc :

$$c_4 = c_1 \oplus c_3 \rightarrow c_1 \oplus c_3 \oplus c_4 = 0$$

$$c_5 = c_2 \oplus c_3 \rightarrow c_2 \oplus c_3 \oplus c_5 = 0$$

Tous les bits du mot de code **c** peuvent être inclus dans l'une ou l'autre de ces deux relations, ce qui explique leurs coefficients :

$$1 \cdot c_1 \oplus 0 \cdot c_2 \oplus 1 \cdot c_3 \oplus 1 \cdot c_4 \oplus 0 \cdot c_5 = 0$$

$$0 \cdot c_1 \oplus 1 \cdot c_2 \oplus 1 \cdot c_3 \oplus 0 \cdot c_4 \oplus 1 \cdot c_5 = 0$$

Si nous mettons le système des deux équations sous forme matricielle, nous obtenons :

$s^T = H \cdot c^T$, où

$$H = \begin{bmatrix} 1 & 0 & 1 & 1 & 0 \\ 0 & 1 & 1 & 0 & 1 \end{bmatrix} \Rightarrow \underbrace{\begin{bmatrix} 1 & 0 & 1 & 1 & 0 \\ 0 & 1 & 1 & 0 & 1 \end{bmatrix}}_{H} \cdot \underbrace{\begin{bmatrix} \boldsymbol{c}_1 \\ \boldsymbol{c}_2 \\ \boldsymbol{c}_3 \\ \boldsymbol{c}_4 \\ \boldsymbol{c}_5 \end{bmatrix}}_{\boldsymbol{c}^T} = \begin{bmatrix} 0 \\ 0 \end{bmatrix} \Leftrightarrow H \cdot \boldsymbol{c}^T = 0$$

On peut constater ici, que tous les mots de code $c$ sont orthogonaux à tous les vecteurs-ligne de la matrice $H$, c'est-à-dire le produit $H \cdot c^T = 0$.

Cette relation contient toutes les informations nécessaires pour exprimer la dépendance des bits de contrôle en fonction des bits d'information.

■

**Exemple 3.7 :** Construction de *H* à partir de *G*

- Considérons le code linéaire $C(n,k) = C(6,4)$ défini par la matrice génératrice suivante :

$$G = \left[\begin{array}{cccc:cc} 1 & 0 & 0 & 0 & \mathbf{1} & \mathbf{0} \\ 0 & 1 & 0 & 0 & \mathbf{0} & \mathbf{1} \\ 0 & 0 & 1 & 0 & \mathbf{1} & \mathbf{0} \\ 0 & 0 & 0 & 1 & \mathbf{0} & \mathbf{1} \end{array}\right] = \left[U_{k,k}, \boldsymbol{P}_{k,n-k}\right] = \left[U_{4,4}, \boldsymbol{P}_{4,r=2}\right], \text{où } r = n-k = 2$$

- La matrice de parité $[\boldsymbol{P}_{k,n-k}] \equiv [\boldsymbol{P}_{k,r}]$ est donnée par :

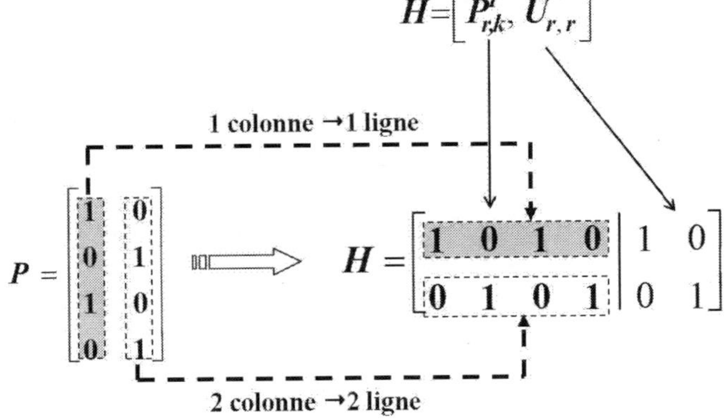


**Fig. 3.8 :** Matrice de parité $P_{k,r}$

La matrice génératrice et la matrice de contrôle sont orthogonales, ce que nous pouvons prouver directement :

$$\boldsymbol{G}\cdot\boldsymbol{H}^{T}=\begin{bmatrix}1&0&0&0&\mathbf{1}&\mathbf{0}\\0&1&0&0&\mathbf{0}&\mathbf{1}\\0&0&1&0&\mathbf{1}&\mathbf{0}\\0&0&0&1&\mathbf{0}&\mathbf{1}\end{bmatrix}\cdot\begin{bmatrix}\mathbf{1}&\mathbf{0}\\\mathbf{0}&\mathbf{1}\\\mathbf{1}&\mathbf{0}\\\mathbf{0}&\mathbf{1}\\1&0\\0&1\end{bmatrix}=0$$

Dans cet exemple, si les bits de l'information sont donnés (1001***xy***), les bits de contrôle ($x$ $y$) peuvent être calculés de la manière suivante :

$$c\cdot H^{T}=0=\begin{bmatrix}1&0&0&1&\boldsymbol{x}&y\end{bmatrix}\cdot H^{T}=\begin{bmatrix}1+x&1+y\end{bmatrix}=\begin{bmatrix}0&0\end{bmatrix}$$

$(xy) = (00) \rightarrow$ le mot de code $c$ = (100**11**)

Ce qui est également confirmé par la relation :

$$c=u\cdot G=\begin{bmatrix}1001\end{bmatrix}\cdot\begin{bmatrix}1&0&0&0&\mathbf{1}&\mathbf{0}\\0&1&0&0&\mathbf{0}&\mathbf{1}\\0&0&1&0&\mathbf{1}&\mathbf{0}\\0&0&0&1&\mathbf{0}&\mathbf{1}\end{bmatrix}=(1001\mathbf{11})$$

■

## B. Propriétés de la matrice de contrôle

- La matrice de contrôle $H$ a le rang maximum possible $(n - k)$ et les opérations de ligne élémentaire sont autorisées pour $H$, mais pas pour la matrice transposée $H^T$.
- En utilisant la forme standard de la relation (3.6), la matrice de contrôle $H$ peut être représentée comme suit :

$$\boldsymbol{H} = \left[ \boldsymbol{P}^T_{n-k,k}, \boldsymbol{U}_{n-k,n-k} \right] \qquad 3.10$$

Dans $GF(2)$ on a $-1 = 1$ et donc :

$$\boldsymbol{H} = \left[ \boldsymbol{P}^T_{n-k,k}, \boldsymbol{U}_{n-k,n-k} \right] \Leftrightarrow \boldsymbol{H}^T = \begin{bmatrix} \boldsymbol{P}_{k,n-k} \\ \boldsymbol{U}_{n-k,n-k} \end{bmatrix} \qquad 3.11$$

- La matrice de contrôle et la matrice génératrice sont orthogonales

$c \cdot H^T = u \cdot G \cdot H^T = u \cdot G \cdot H^T = 0$. Il s'ensuit :

$$\left.\begin{matrix} \boldsymbol{G} \cdot \boldsymbol{H}^T = 0 \\ \boldsymbol{H} \cdot \boldsymbol{c}^T = 0 \end{matrix}\right\} \qquad 3.12$$

- $H$ est une matrice de $(n - k) \times n$ orthogonale à la matrice génératrice

$$\boldsymbol{G} \cdot \boldsymbol{H}^T = \left[ \boldsymbol{U}_{k,k}, \boldsymbol{P}_{k,n-k} \right] \cdot \begin{bmatrix} -\boldsymbol{P}_{k,n-k} \\ \boldsymbol{U}_{n-k,n-k} \end{bmatrix} = 0 \qquad 3.13$$

- Comme déjà annoncé au début, la matrice $H$ est définie comme suit :

$$\boldsymbol{c} \cdot \boldsymbol{H}^T = 0 \Leftrightarrow \boldsymbol{H} \cdot \boldsymbol{c}^T = 0 \qquad 3.14$$

- Par conséquent, pour contrôler l'appartenance au code d'un mot de code reçu $\boldsymbol{c}'$, il suffit d'effectuer le produit :

$$\boldsymbol{s} = \boldsymbol{H} \cdot (\boldsymbol{c}')^T \qquad 3.15$$

- Si le résultat est nul, $\boldsymbol{c}'$ est un mot de code. Dans le cas contraire, le mot reçu a subi des altérations au cours de la transmission.

## C. Structure métrique de la matrice de contrôle

Pour l'application pratique des codes correcteurs d'erreurs, il est particulièrement important de définir une mesure de la distance entre deux mots de code. C'est pourquoi, dans les sections suivantes, une mesure de la distance doit être développée, en partant du poids d'un vecteur défini dans le paragraphe (§ 1.7.1 et les relations 3.3a,b,c du § 3.1.2).

Nous pouvons afficher la matrice de contrôle directement à travers ses colonnes en présentant les colonnes de la matrice *H* comme suit :

$$\boldsymbol{H} = \left[ \begin{array}{c|c|c|c|c} \boldsymbol{h}_1 & \boldsymbol{h}_2 & \cdots & \boldsymbol{h}_i & \cdots & \boldsymbol{h}_n \end{array} \right]$$

La relation $\boldsymbol{H}\cdot\boldsymbol{c}^T = \boldsymbol{0}$ peut être exprimée avec la notation ci-dessus :

$$\boldsymbol{H}\cdot\boldsymbol{c}^T = \begin{bmatrix} \boldsymbol{h}_1 \end{bmatrix}\cdot c_1 \oplus \begin{bmatrix} \boldsymbol{h}_2 \end{bmatrix}\cdot c_2 \oplus \cdots \begin{bmatrix} \boldsymbol{h}_n \end{bmatrix}\cdot c_n = \begin{bmatrix} 0 \end{bmatrix} \qquad 3.16$$

Les bits non nuls de $\boldsymbol{c}$ sélectionnent un certain nombre de colonnes de *H* dont la somme est nulle. Si l'on prend en considération le poids d'un mot de code de *c*, on constate que le nombre de colonnes sélectionnées est étroitement lié à la distance minimale $d_{min}$. Autrement dit :

- ⇨ Le poids de *c* ne peut être inférieur à $d_{min}$, donc le nombre des colonnes choisi doit être d'au moins de $d_{min}$-colonnes pour que la somme soit nulle.
- ⇨ Cependant, un nombre de colonnes inférieur à $d_{\min}$ ne peut jamais avoir une somme nulle, car cela impliquerait qu'il existe un mot de code dont le poids est inférieur à $d_{\min}$.

On peut donc énoncer le théorème suivant :

*La distance minimale $d_{min}$ d'un code linéaire en blocs est le nombre minimal des colonnes dépendantes de la matrice de parité H.*

Ce théorème peut être encore expliqué par les conditions nécessaires et suffisantes pour que la distance d'un code linéaire soit $d_{min}$ :

- qu'il existe *au moins* un choix de $d_{min}$ colonnes de la matrice *H* dont la somme soit nulle.
- qu'il n'existe aucun choix de *t* colonnes de *H* dont la somme soit nulle pour $t > (d_{min} - 1)/2$.

**Exemple 3.8 :** Distance minimale via la matrice de contrôle

On examine le code de l'exemple (3.6), avec la matrice génératrice :

$$G = \left[\begin{array}{ccc|cc} 1 & 0 & 0 & \mathbf{1} & \mathbf{0} \\ 0 & 1 & 0 & \mathbf{0} & \mathbf{1} \\ 0 & 0 & 1 & \mathbf{1} & \mathbf{1} \end{array}\right]$$

On a le mot de code $c$ :

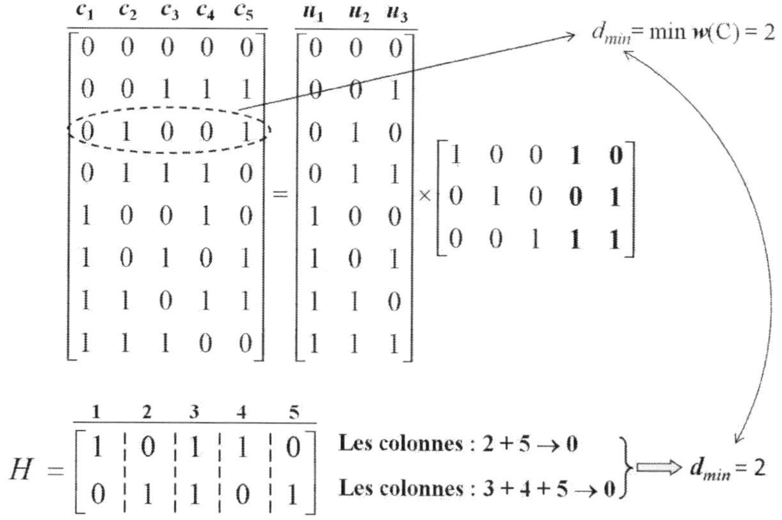


**Fig. 3.9 :** Distance minimale

■

## 3.2.3. Code dual

Le code $C(n, k)_p$ est représenté par la matrice génératrice $G \in \mathbb{F}_p^{n,k}$ et la matrice de contrôle $H \in \mathbb{F}_p^{n-k,n}$. Si on utilise $H$ comme matrice génératrice et $G$ comme matrice de contrôle, alors on aurait un code $C(n, n - k)_p$, qui est appelé le code dual $C^{\perp}$. Si $H$ est utilisé comme une matrice génératrice, le code $\boldsymbol{c_d}$ généré par $H$ sera orthogonal à $c$ tel que :

$$\boldsymbol{C}^{\perp} = \left\{ \boldsymbol{c_d} \in \mathbb{F}_{\boldsymbol{p}}^{\boldsymbol{n}} \middle| \boldsymbol{c_d} \perp \boldsymbol{c} \text{ pour tous } \boldsymbol{c} \in \boldsymbol{C} \right\} \qquad 3.17$$

Pour les deux mots de code $\boldsymbol{c}$ et $\boldsymbol{c_d}$ s'appliquent les relations suivantes :

$c = u \cdot G \in C$ et $c_d = v \cdot H \in C_d$

$c \cdot c_d^T == (u \cdot G)(v \cdot H)^T = u \cdot GH^T \cdot v^T = u \cdot 0 \cdot v^T = 0$

Ce que nous pouvons exprimer comme suit :

$$\boldsymbol{C}^{\perp} = \left\{ (\boldsymbol{c}_{d1}, \boldsymbol{c}_{d2}, \ldots \boldsymbol{c}_{dn}) \middle| \sum_{i=1}^{n} \boldsymbol{c}_i \boldsymbol{c}_{di} = 0 \text{ pour tous } (\boldsymbol{c}_1, \boldsymbol{c}_2, \ldots \boldsymbol{c}_n) \in \boldsymbol{C} \right\} \quad 3.18$$

En général, les mots de code sont orthogonaux $c \perp c_d \Leftrightarrow u \perp v$ et le nombre des bits $k_d$ d'information du mot de code dual $\boldsymbol{c_d}$ est égal au nombre des bits de contrôle du mot de code **c.** En outre, $C^{\perp\perp} = C$ et $\dim(C^{\perp}) = n - \dim(C)$.

$$\boldsymbol{k_d = n - k = r} \quad 3.19$$

**Exemple 3.9 :** Code dual

- Soit le code $C(n,k)_2 = \boldsymbol{C}(7,4)$, dont la matrice génératrice est

$$G = \left[\begin{array}{cccc|ccc} 1 & 0 & 0 & 0 & 1 & 1 & 0 \\ 0 & 1 & 0 & 0 & 1 & 0 & 1 \\ 0 & 0 & 1 & 0 & 0 & 1 & 1 \\ 0 & 0 & 0 & 1 & 1 & 1 & 1 \end{array}\right]$$

En déduire le code dual $C^{\perp}$ correspondant.

- **Réponse**

Matrice génératrice et matrice de contrôle :

$$G_{(7,4)} = \left[\begin{array}{cccc|ccc} 1 & 0 & 0 & 0 & 1 & 1 & 0 \\ 0 & 1 & 0 & 0 & 1 & 0 & 1 \\ 0 & 0 & 1 & 0 & 0 & 1 & 1 \\ 0 & 0 & 0 & 1 & 1 & 1 & 1 \end{array}\right] \Rightarrow H = \left[\begin{array}{cccc|ccc} 1 & 1 & 0 & 1 & 1 & 0 & 0 \\ 1 & 0 & 1 & 1 & 0 & 1 & 0 \\ 0 & 1 & 1 & 1 & 0 & 0 & 1 \end{array}\right] = G_{(7,3)}$$

Dimension du code $C^{\perp}$ : $\dim(C^{\perp}) = n - \dim(C) = 7 - 4 = 3 \Rightarrow C^{\perp}(7,3)$ ■

# 3.3. Propriétés des codes linéaires en blocs

- Un code est dit linéaire, s'il peut être décrit par la relation $c = u \times G$.
- Les méthodes décrites ci-dessus définissent un code en blocs linéaire $C(n, k)$, également appelé en notation plus détaillée code en blocs $C(n, k, d_{min})$, où $d_{min}$ est la distance minimale (voir les relations 3.3b,c,d). La longueur du bloc est $n$ et le taux de codage (relation 1.1) est le rapport entre $k$ et $n$ : $R_C = k/n$ [bit/usage de canal].

- Le code $C$ est l'ensemble de tous les mots de code.
- Le code se constitue de toutes les combinaisons linéaires de $G$.
- Chaque mot de code est une combinaison linéaire des lignes de la matrice $G$.
- La somme de tous les mots de code est un mot de code.
- Le mot de code zéro est donné par (0, 0, 0, …, 0).
- Les lignes de la matrice génératrice doivent être indépendantes ($u$ est aléatoire).
- Les opérations élémentaires décrites ci-dessus ne changent pas la structure d'un code en $C$.
- Codes en blocs identiques : sont des codes avec les mêmes mots de code.
- Codes en blocs équivalents : sont des codes qui restent inchangés après certaines permutations.
- Nombre des mots de code $N = 2^k$.
- Nombre *possible* des mots de code reçus $N' = 2^n$.
- En utilisant les relations conventionnelles d'orthogonalité, on peut donner la définition suivante :

  Un code linéaire en blocs $C(n,k)_p$ est un ensemble de vecteurs de longueur $n$, où chaque vecteur $c$ est orthogonal à chacune des lignes de la matrice $H$. La matrice 0 représente un vecteur colonne, $c = (c_1, c_2, c_3, \dots, c_n)$. Les calculs pour un code binaire sont faits dans $GF(p = 2)$, ce qui signifie que l'on effectue les calculs modulo 2. Pour réaliser la multiplication matricielle, $H$ doit avoir $n$ colonnes et $(n - k)$ lignes, on a donc :

$$\sum_{j=1}^{n} \boldsymbol{h}_{ij} \cdot \boldsymbol{c}_j = 0 \mod 2,\ i = 1, \dots, n-k \qquad 3.20$$

Ce que nous pouvons écrire sous forme de matricielle :

$$\begin{bmatrix} \boldsymbol{h}_{11} & \boldsymbol{h}_{12} & \cdots & \boldsymbol{h}_{1n} \\ \vdots & \vdots & \cdots & \vdots \\ \boldsymbol{h}_{i1} & \boldsymbol{h}_{i2} & \cdots & \boldsymbol{h}_{in} \\ \vdots & \vdots & \cdots & \vdots \\ \boldsymbol{h}_{(n-k)1} & \boldsymbol{h}_{(n-k)2} & \cdots & \boldsymbol{h}_{(n-k)n} \end{bmatrix} \cdot \begin{bmatrix} c_1 \\ \vdots \\ c_i \\ \vdots \\ c_n \end{bmatrix} = \begin{bmatrix} 0 \\ \vdots \\ 0 \\ \vdots \\ 0 \end{bmatrix} \qquad 3.21$$

# 3.4. Bornes de codage

## 3.4.1. Introduction

Les quatre variables suivantes jouent un rôle décisif dans la transmission des données codées :

1. Le canal lui-même, qui est décrit par ses probabilités de transmission, qui dépendent à leur tour du rapport signal/bruit ou de la probabilité d'erreur de symbole.
2. Le débit binaire de transmission $R_b$ décrit la composante de redondance du flux de données et influence donc la vitesse de transmission.
3. La probabilité d'erreur $P_e$, qui peut être atteinte avec un codage correcteur d'erreurs, est une mesure de la qualité de la transmission.
4. Les paramètres de code $n$, $k$ et $q$, qui représentent une mesure de la dépense de décodage.

La signification de $d_{min}$ et $t$ est claire d'après le chapitre 1. Mais comment ces quantités sont-elles liées aux paramètres de code $n$, $k$ et $q$ ? Afin de se faire une idée de la distance minimale qui peut être atteinte pour un certain choix de paramètres $k$, $n$ et $q$, quelques bornes doivent être présentées ci-dessous (sans démonstration).

Pour la sélection des paramètres appropriés $n$, $k$, $d_{min}$, ou pour l'évaluation d'un code donné, il existe un certain nombre de « bornes de codage ». Avec leur aide, il est possible de déterminer si un code avec les paramètres souhaités existe ou s'il se rapproche des limites théoriques.

Il est donc intéressant de connaître les inégalités liant la distance $d_{min}$ à $n$ et $k$. Dans la suite, on établit les bornes suivantes pour un code binaire $C(n,k, d_{min})_2$ .

## 3.4.2. Bornes pour la distance minimale

### A. Borne de Singleton

Pour un code linéaire $C(n, k, d_{min})q$, $d_{min}$ doit accomplir la relation suivante :

$$d_{min} \leq n - k + 1 \qquad 3.22$$

En cas d'égalité dans la relation (3.22), il existe un code MDS (Maximum Distance Separable).

On peut constater pour un code systématique $\left[1\middle|\boldsymbol{P}\right]$, où $d_{min} = w(C)$ :

$$\left.\begin{array}{l}\text{La partie de l'nformation donne un } d_{min,inf} = 1 \\ \text{La partie de parité donne } d_{min,\,pat} = r = n - k\end{array}\right\} \Rightarrow d = n - k + 1$$

Autrement dit, un code dont $d_{min} = n - k + 1$ est dit un code MDS (Maximum Distance Separable) [25].

- **Remarques**
  - Forme générale :
    $\log_q |C| \leq n - d + 1$ pour $|C| = p^k$ et $p = 2$ on a $\Rightarrow\ k \leq n - d_{min} + 1$
  - Pour un champ binaire $\mathbb{F}_2^n$, le MDS est seulement possible pour des cas triviales.
  - La borne du singleton signifie qu'au moins $2t$ symboles de contrôle sont nécessaires pour corriger $t$ erreurs.

## B. Borne de Hamming

La borne de Hamming permet de spécifier le nombre maximum de mots de code pouvant être atteints avec une longueur de code $n$ donnée et un nombre d'erreurs corrigeables $t$.

$$2^r = 2^{n-k} \geq 1 + n + \binom{n}{2} + \cdots + \binom{n}{t} \quad \text{où} \quad d_{min} \geq 2t + 1$$

Ou encore : $2^k \cdot \left\{1 + \binom{n}{1} + \binom{n}{2} + \cdots + \binom{n}{t}\right\} \leq 2^n \Rightarrow 2^k \sum_{i=0}^{t} \binom{n}{i} \leq 2^n$

$$\boldsymbol{k} \leq \boldsymbol{n} - \mathrm{lb}\left[1 + \sum_{\boldsymbol{i}=1}^{\boldsymbol{t}} \binom{\boldsymbol{n}}{\boldsymbol{i}}\right] \qquad 3.23$$

La forme générale pour $|C| = q^k$ (Dans notre cas $q = p = 2$)

$$\boldsymbol{q}^{\boldsymbol{n}-\boldsymbol{k}} \geq \sum_{\boldsymbol{i}=0}^{\boldsymbol{t}} \binom{\boldsymbol{n}}{\boldsymbol{i}} (\boldsymbol{q} - 1)^{\boldsymbol{i}} \qquad 3.24$$

- Interprétation de la relation (3.24)
  - Avec $(n-k)$-symboles de contrôle, on peut générer exactement $q^{n-k}$ différents vecteurs (syndromes).

- Pour corriger chaque mot d'erreur $e$ avec le poids $w_H(e) \leq t$ (maximum $t$ erreurs), au moins un des syndromes $q^{n-k}$ doit être attribué à chaque $e$.
- Nombre de mots d'erreur possibles : côté droit de la relation (3.24).
- La relation (3.24) énonce : Pour corriger $t$ erreurs, le nombre de syndromes doit toujours être supérieur au nombre d'erreurs.
- L'égalité est obtenue pour les codes parfaits → Décodage est toujours possible pour un maximum de $t$ erreurs (voir plus loin).

## C. **Borne de Plotkin**

La borne de Plotkin [33] est également une limite supérieure pour la distance minimale qui peut être atteinte pour un code $C(n,k)$. Le principe de la borne de Plotkin repose sur le fait que le poids minimum d'un code linéaire en blocs est inférieur ou égal au poids moyen de tous les mots de code (à l'exclusion du mot nul). Si tous les mots de code d'un code binaire en blocs $C(n,k)$ sont disposés dans une matrice $2^k \times n$, alors chaque élément $\neq 0$ apparaît exactement $2^k - 1$ fois dans chacune des $n$ colonnes. Cela donne la somme des poids de tous les mots de code à $n \cdot 2^{k-1}$.

Comme il y a $2^k - 1$ mots de code$\neq 0$ et que le poids minimum est inférieur ou égal au poids moyen, on obtient (sans démonstration) :

$$d_{min} \leq \frac{n \cdot 2^{k-1}}{2^k - 1} \qquad 3.25$$

Pour les codes non binaires, la barrière de Plotkin se généralise :

$$d_{min} \leq \frac{n \cdot (q-1) q^{k-1}}{q^k - 1} \qquad 3.26a$$

Pour grand $k$, on a :

$$d_{min} \leq \frac{n \cdot (q-1) q^{k-1}}{q^k - 1} \approx \frac{n \cdot (q-1)}{q} \qquad 3.26b$$

Les relations (3.25) et (3.26a) représentent la forme la plus simple de la borne de Plotkin pour déterminer la distance $d_{min}$ maximale d'une longueur donnée de code $n$ et un nombre de symnoles d'information $k$. Si $d_{min}$ et $n$ sont définis, et que la valeur maximale de $k$ doit être estimée, la représentation suivante convient :

$$k \leq n - 2d_{min} + 2 + \mathrm{lb}\left(d_{min}\right) \qquad 3.27$$

Pour les codes non binaires $GF(q)$ ($q$ Nombre premier $\neq 2$)

$$\boldsymbol{k} \leq \boldsymbol{n} - \boldsymbol{q}\frac{\boldsymbol{d}_{min} - 1}{\boldsymbol{q} - 1} + 2 + \log_q\left(\boldsymbol{d}_{min}\right) \qquad 3.28$$

### D. Borne de Gilbert-Varshamov

Les bornes de Hamming et Plotkin estiment la distance $d_{min}$ maximale possible pour une longueur de code et un taux de codage donné. En revanche, la barrière Varshamov-Gilbert [31][34][35] représente une limite inférieure de la distance minimale $d_{min}$ du meilleur code. Elle précise qu'il est toujours possible de trouver un code $C(n,k)$ avec une distance minimale d'au moins $d_{min}$ et un nombre maximal de symboles de contrôle $n - k$.

$$2^{\boldsymbol{n}-\boldsymbol{k}} \geq \sum_{i=0}^{d_{min}-2} \binom{\boldsymbol{n}-1}{\boldsymbol{i}} \qquad 3.29$$

Dans le cas non binaire :

$$\boldsymbol{q}^{\boldsymbol{n}-\boldsymbol{k}} \geq \sum_{i=0}^{d_{min}-2} \binom{\boldsymbol{n}-1}{\boldsymbol{i}} (\boldsymbol{q}-1)^{i} \qquad 3.30$$

## 3.4.3. Bornes asymptotiques pour des codes à grand *n*

Le cas $n \rightarrow \infty$ est maintenant considéré avec un taux de codage constant $R_C$, de sorte que $k = R_C{\cdot}n \rightarrow \infty$. Pour toutes les limites supérieures et inférieures de la section précédente, il existe des formes asymptotiques dans lesquelles le taux de distance $d_{min}/n$ converge vers une valeur limite pour $n \rightarrow \infty$. Pour les limites asymptotiques, cette valeur limite du taux de distance et le taux de code sont alors directement liés l'un à l'autre. Dans ce qui suit, seuls les codes binaires sont pris en compte.

### A. Borne de Singleton

De la relation (3.22) résulte directement $d_{min}/n \leq (n - k + 1)/n \approx 1 - R_C$, et donc :

$$\boldsymbol{R}_C \leq 1 - \frac{\boldsymbol{d}_{min}}{\boldsymbol{n}} \qquad 3.31$$

### B. Borne de Hamming

De la relation (3.23) résulte directement l'inégalité :

$$1 - R_C \geq n^{-1} \cdot \mathrm{lb}\left[1 + \sum_{i=1}^{t} \binom{n}{i}\right].$$

Le côté droit de cette inégalité converge vers la fonction d'entropie binaire[8] [4][36] en fixant $t/n \approx d_{min}/(2n)$, on a :

$$\boldsymbol{R}_C \leq 1 - \boldsymbol{H}_2\left(\frac{\boldsymbol{d}_{min}}{2\boldsymbol{n}}\right) \quad 3.32$$

## C. Borne de Plotkin

D'après la relation (3.26b), on a $1/2 \geq d_{min}/n$. Cependant, il peut être démontré avec un effort supplémentaire [33].

$$\boldsymbol{R}_C \leq 1 - 2\frac{\boldsymbol{d}_{min}}{\boldsymbol{n}} \quad 3.33$$

## D. Borne de Gilbert-Varshamov

A partir de la relation (3.29), après calcul logarithmique et utilisation de la fonction d'entropie binaire, on obtient la relation :

$$n - k \geq \mathrm{lb}\left[\sum_{i=0}^{d_{min}-2}\binom{n-1}{i}\right] \approx nH_2\left(\frac{d_{min}-2}{n-1}\right) \approx nH_2\left(\frac{d_{min}}{n}\right)$$

Il en résulte finalement la limite inférieure asymptotique

$$\boldsymbol{R} \leq 1 - \boldsymbol{n}\boldsymbol{H}_2\left(\frac{\boldsymbol{d}_{min}}{\boldsymbol{n}}\right) \quad 3.34$$

## E. Borne d'Elias

Cette limite supérieure est plus stricte que toutes les autres limites supérieures et elle s'applique [17].

$$\boldsymbol{R} \leq 1 - \boldsymbol{n}\boldsymbol{H}_2\left(\left(1 - \sqrt{1 - 2\frac{\boldsymbol{d}_{min}}{\boldsymbol{n}}}\right)\Big/ 2\right) \quad 3.35$$

La figure (Fig. 3.10) compare les barrières asymptotiques en représentant le taux de codage $R_C$ en fonction de $d_{min}/n$. Tous les codes se situent en dessous des limites supérieures, et il y a quelques bons codes au-dessus de la barrière inférieure de Gilbert-Varshamov, c'est-à-dire dans la zone grise.

---

[8] $\boldsymbol{H}_2\left(\frac{\boldsymbol{d}_{min}}{2\boldsymbol{n}}\right) = -\frac{\boldsymbol{d}_{min}}{2\boldsymbol{n}}\mathrm{lb}\left(\frac{\boldsymbol{d}_{min}}{2\boldsymbol{n}}\right)$.

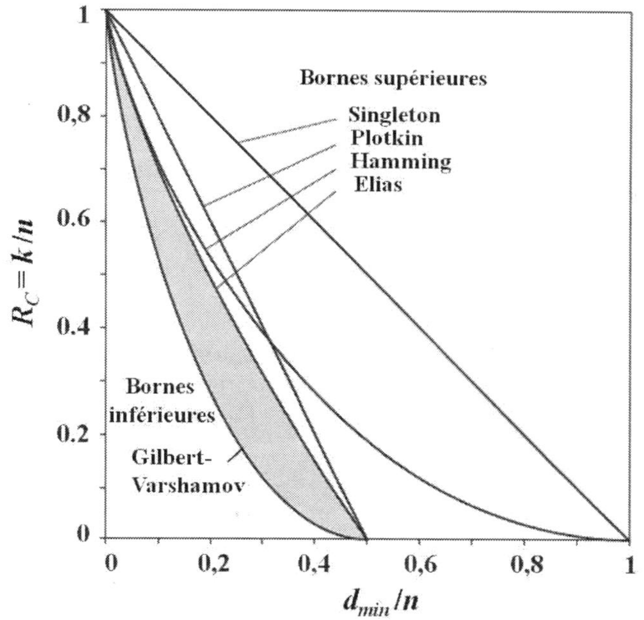


**Fig. 3.10 :** Bornes de codage

# 3.5. Opération de décodage

## 3.5.1. Décodage par le maximum de vraisemblance

Une règle de décodage possible est basée sur le maximum de vraisemblance MLD (voir § 1.8.2), qui sélectionne celui de tous les mots de code qui a la plus petite distance par rapport au mot reçu. Il en résulte une probabilité minimale d'erreur de mot avec la même probabilité *a priori* des mots de code.

Lors de la transmission, le mot de code $c \in C(n,k)$ est soumis à des perturbations, ce qui entraîne une modification des informations. Le mot de code reçu $c'$ peut alors être exprimé comme la somme du mot de code $c$ et d'un mot d'erreur $e$ :

$$c' = c \oplus e \qquad 3.36$$

Où $\boldsymbol{e}$ représente le vecteur d'erreurs :

$$e = (e_1, e_2, \ldots, e_n) \Rightarrow \begin{Bmatrix} e_i = 0 & \text{s'il n'y a pas d'erreur} \\ e_i = 1 & \text{s' il y a d'erreur} \end{Bmatrix} \qquad 3.37$$

On calcule la distance de Hamming de $c'$ avec tous les mot de codes $c_i$ et on choisit le mot de code le plus proche de $c'$.

$$c' = \boldsymbol{Arg}\min\left\{\boldsymbol{d}_{min}(\boldsymbol{c}',\boldsymbol{c})\middle|\boldsymbol{c}\in\boldsymbol{C}(\boldsymbol{n},\boldsymbol{k})\right\} \quad 3.38$$

## 3.5.2. Décodage par le syndrome

### A. Définition de Syndrome

Seul le décodage à décision dure [8] est considéré ici, c'est-à-dire le mot de code avec une distance de Hamming minimale est recherché pour le mot de réception. Un simple essai de tous les mots de code ne fonctionne qu'en principe, mais pas en pratique, car l'effort est beaucoup trop grand. Cependant, le décodage du syndrome n'a pas une grande importance pratique, car la mise en œuvre avec des codes puissants est encore beaucoup trop complexe. Il existe d'autres méthodes, tel que le décodage majoritaire et à seuil, qui ne sont pas traitées ici. Des méthodes de décodage vraiment puissantes ne sont possibles qu'avec des codes cycliques.

Après la transmission du mot de code $\boldsymbol{c}$ généré avec la relation (3.4), le décodeur doit récupérer un mot d'information $u'$ de l'alphabet $\{u\}$ à partir du mot de code $c'$ éventuellement détérioré (Fig. 3.11).

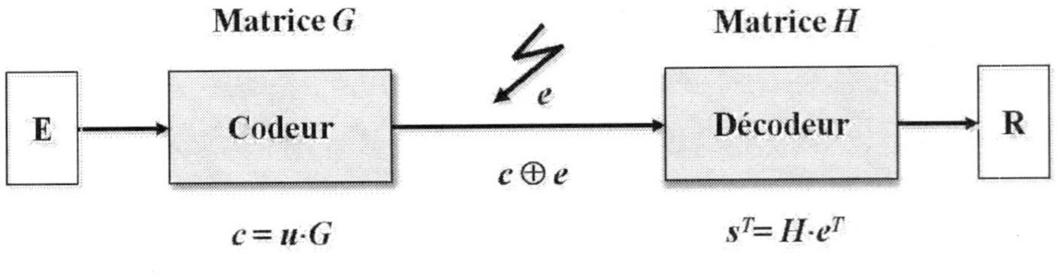


**Fig. 3.11 :** Opération de codage-décodage

Cela se fait dans un premier temps à l'aide de la matrice de contrôle $\boldsymbol{H}$, qui est orthogonale à la matrice génératrice $G$ (Relations 3.13).

Considérons tout d'abord le cas d'une seule erreur en position $\boldsymbol{i}$

$$c' = c \oplus e \Leftrightarrow e = (0, 0, \ldots, \underset{i}{1}, 0, \ldots, 0)$$

On évalue ensuite :

$$H \cdot [c']^T = H \cdot [c \oplus e]^T = s^T \Rightarrow s^T = H \cdot c^T \oplus H \cdot e^T = 0 \oplus H \cdot e^T = s^T$$

La partie de la multiplication $H \cdot (c')^T$ qui est indépendante du mot de code et qui dépend uniquement du vecteur d'erreur $e$ est appelée syndrome.

La condition préalable est un code $C(n,k)_p$ (cas binaire $p = 2$) avec la matrice de contrôle $H \in \mathbb{F}_2^{n-k,n}$. Pour le mot de code reçu $c'$, le syndrome est défini comme suit :

$$\boldsymbol{s}^T = \boldsymbol{H} \cdot \boldsymbol{e}^T \tag{3.39}$$

Le syndrome a donc la longueur $r = n - k$.

$$\boldsymbol{s} = (\boldsymbol{s}_1, \boldsymbol{s}_2, \ldots, \boldsymbol{s}_{n-k}) \tag{3.40}$$

- **Remarque**
  - La dimension de $s^T$ est $r$, c'est-à-d il y au moins $2^r$ possibilités des erreurs, y compris le syndrome 0 (pas d'erreur).

$$2^r \geq \binom{n}{0} + \binom{n}{1} + \binom{n}{2} + \cdots + \binom{n}{t} = 1 + n + \binom{n}{2} + \cdots + \binom{n}{t}$$

## B. Procédure de décodage

- Le vecteur $s(1,r)$ obtenu est appelé syndrome de $c'$.
- Le syndrome $s$ du mot de code reçu $c'$ n'est un vecteur nul que si et seulement $c'$ est un mot de code. Le syndrome $s$ est donc indépendant du mot du code envoyé et ne dépend que du motif d'erreur superposée.
- Ainsi, si on connaît $s$ alors on peut constater que $H{\cdot}e^T$ est la $i$-ème colonne de la matrice $H$.
- Il apparaît que le syndrome $s^T$ est la somme des colonnes $H$ correspondant aux bits défectueux.
- On peut repérer la position d'une erreur en composant $\boldsymbol{s}$ aux colonnes de $H$.

$$[\boldsymbol{s}]^T = [\boldsymbol{h}_1] \cdot \boldsymbol{e}_1 \oplus [\boldsymbol{h}_2] \cdot \boldsymbol{e}_2 \oplus \cdots \oplus [\boldsymbol{h}_n] \cdot \boldsymbol{e}_n \tag{3.41}$$

  Où $[h_i]$ les colonnes de la matrice $H$ et $i = 1, .., n$

- La méthode de décodage d'un message par cette comparaison est appelée décodage syndromique.

**Exemple 3.10 :** Calcul de syndrome

- Soit la matrice de contrôle $H = \begin{bmatrix} 1 & 0 & 1 & 1 & 0 \\ 0 & 1 & 1 & 0 & 1 \end{bmatrix}$

 et le vecteur d'erreur $e = (0, 0, 0, 0, 1)$.

 Le syndrome correspondant est donc :

$$H \cdot e^T = \begin{bmatrix} 1 & 0 & 1 & 1 & 0 \\ 0 & 1 & 1 & 0 & 1 \end{bmatrix} \cdot \begin{bmatrix} 0 \\ 0 \\ 0 \\ 0 \\ \mathbf{1} \end{bmatrix} = \begin{bmatrix} 0 \\ 1 \end{bmatrix} = s^T \Leftrightarrow s = (0, 1)$$

■

**Exemple 3.11 :** Décodage par syndrome

- Soit la matrice génératrice d'un code binaire en blocs $C(7{,}4)_2$

$$G = \left[\begin{array}{cccc|ccc} 1 & 0 & 0 & 0 & 1 & 1 & 0 \\ 0 & 1 & 0 & 0 & 1 & 0 & 1 \\ 0 & 0 & 1 & 0 & 0 & 1 & 1 \\ 0 & 0 & 0 & 1 & 1 & 1 & 1 \end{array}\right] \Leftrightarrow H = \left[\begin{array}{cccc|ccc} 1 & 1 & 0 & 1 & 1 & 0 & 0 \\ 1 & 0 & 1 & 1 & 0 & 1 & 0 \\ 0 & 1 & 1 & 1 & 0 & 0 & 1 \end{array}\right]$$

 Le vecteur d'information est donné par

 $u = (1, 1, 0, 1)$

 Le mot de code correspondant est donc :

 $c = u \cdot G = (1, 1, 0, 1, 1, 0, 0)$

 - **Cas 1 :** Une seule erreur

| Emission | | Réception |
|---|---|---|
| $c = (1, 1, 0, 1, 1, 0, 0)$ | $\Rightarrow$ | $c' = (1, 1, 0, \underline{\mathbf{0}}, 1, 0, 0)$ |

 $c' = c \oplus e \quad \Rightarrow \quad e = (0, 0, 0, \underline{\mathbf{1}}, 0, 0, 0)$

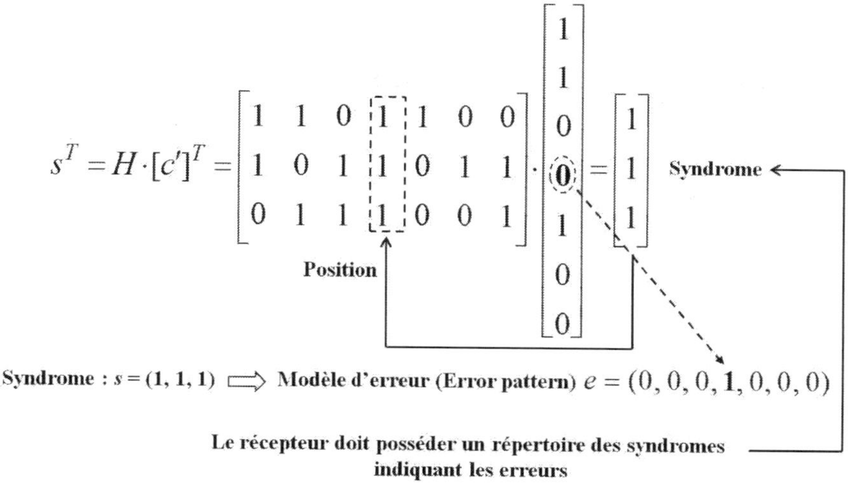


**Fig. 3.12** Syndrome et position d'erreur correspondante

- **Cas 2 :** Deux erreurs

| Emission | | Réception |
|---|---|---|
| $\boldsymbol{c} = (1, 1, 0, 1, 1, 0, 0)$ | $\Rightarrow$ | $\boldsymbol{c}' = (1, 1, 0, \underline{\mathbf{0}}, 1, 0, \underline{\mathbf{1}})$ |

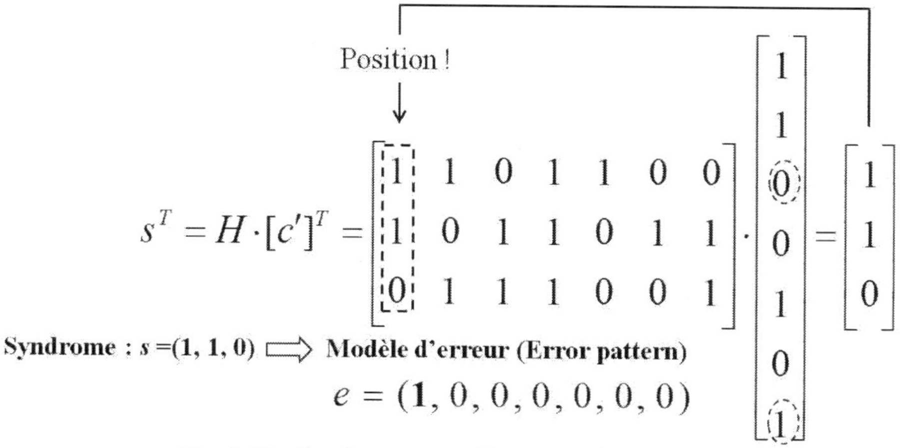


**Fig. 3.13 :** Syndrome et position : Cas de deux erreurs

L'erreur ne peut pas être localisée, car selon (§ 1.7.3)

$d_{min} = \min w(c, c') = 4 \Leftrightarrow d_{min} = 4 = 2t + 2 \Rightarrow t = 1$

On ne peut pas corriger deux erreurs : $\boldsymbol{c}'' = \boldsymbol{c}' \oplus \boldsymbol{e} \neq \boldsymbol{c}$

■

**Exemple 3.12 :** Construction de codeur et décodeur

- Construire le mot de code du vecteur d'information $u = (1, 0, 1, 1)$ par la matrice génératrice suivante :

$$G = \begin{bmatrix} 1 & 0 & 0 & 0 & 1 & 1 & 1 \\ 0 & 1 & 0 & 0 & 1 & 1 & 0 \\ 0 & 0 & 1 & 0 & 1 & 0 & 1 \\ 0 & 0 & 0 & 1 & 0 & 1 & 1 \end{bmatrix} \Leftrightarrow H = \begin{bmatrix} 1 & 1 & 1 & 0 & 1 & 0 & 0 \\ 1 & 1 & 0 & 1 & 0 & 1 & 0 \\ 1 & 0 & 1 & 1 & 0 & 0 & 1 \end{bmatrix}$$

$c = u \cdot G = [1011011]^T$

Soit le vecteur d'erreur : $e = (0, 0, \mathbf{1}, 0, 0, 0, 0)$

| Emission | | Réception |
|---|---|---|
| $\boldsymbol{c} = (1, 0, 1, 1, 0, 1, 1)$ | $\Rightarrow$ | $\boldsymbol{c}' = (1, 0, \underline{\mathbf{0}}, 1, 0, 1, 1)$ |

On construit les circuits qui représentent les matrices $G$ et $H$.

- Le syndrome :

$$s^T = H \cdot [c']^T = \begin{bmatrix} 1 & 1 & 1 & 0 & 1 & 0 & 0 \\ 1 & 1 & 0 & 1 & 0 & 1 & 0 \\ 1 & 0 & 1 & 1 & 0 & 0 & 1 \end{bmatrix} \cdot [1001011]^T = [101]^T$$

- Circuits représentant les matrices $G$ et $H$ :

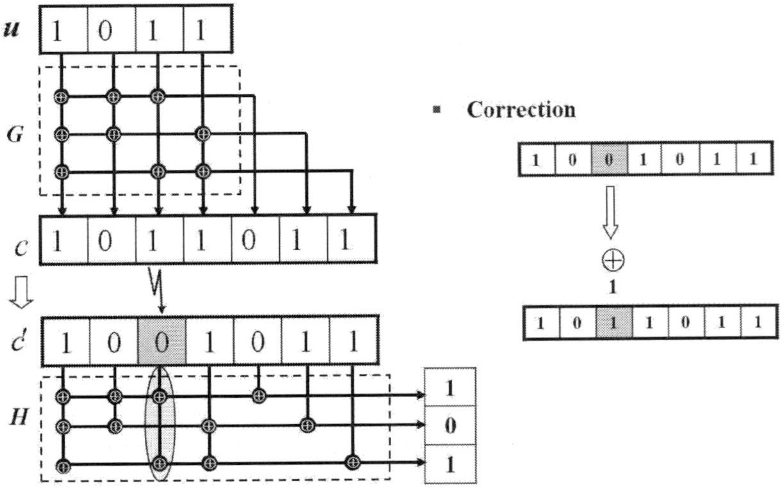


**Fig. 3.14 :** Circuits représentant les matrices $G$ et $H$

■

## C. Tableau standard (Standard Array)

Le décodage des codes linéaires consiste essentiellement à évaluer le vecteur d'erreur $\boldsymbol{e}$. Ceci nécessite le recours à des algorithmes suffisamment élaborés pour traiter des codes relativement longs, avec un effort de calcul raisonnable.

L'une des méthodes les plus simples utilisées pour décoder les codes linéaires est celle du tableau standard (Standard Array) ou table de décodage.

Pour un code linéaire $C(n, k, d_{min})$, un tableau standard est une table listant tous les vecteurs $c'$ pouvant être reçus (après la transmission d'un mot de code). Le tableau est construit pour pouvoir lire pour chaque vecteur $c'$ le plus proche mot de code $c$.

La décomposition en sous-classes dans l'espace $\mathbb{F}_p^n$ des mots reçus possibles est à la base des procédures de décodage décrites dans la section suivante.

Nous allons, dans le cadre d'un exemple, décrire le processus d'élaboration de décodage par un tableau standard.

**Exemple 3.13 :** Décodage par le tableau standard

- Considérons le code linéaire $C(5,3)$ défini par la matrice génératrice suivante :

$$G = \begin{bmatrix} 1 & 0 & 0 & \vdots & 1 & 0 \\ 0 & 1 & 0 & \vdots & 0 & 1 \\ 0 & 0 & 1 & \vdots & 1 & 1 \end{bmatrix} \Leftrightarrow H = \begin{bmatrix} 1 & 0 & 1 & \vdots & 1 & 0 \\ 0 & 1 & 1 & \vdots & 0 & 1 \end{bmatrix}$$

  - Le syndrome $\boldsymbol{s}$ constitue un vecteur binaire de $(n - k)$ composantes.
  - Le nombre de syndromes distincts de ce code est : $2^{n-k} = 2^{5-3} = 4$.
  - Ces syndromes, de longueur 2, sont 00, 01, 10 et 11.
  - Il sont obtenus à partir de la relation $s^T = H \cdot (c')^T$ ou directement de la relation :

$$\boldsymbol{s} = \boldsymbol{e} \cdot \boldsymbol{H}^T = (s_1, s_2, \ldots, s_{n-k}) \qquad 3.42$$

  - Par exemple le syndrome du vecteur binaire de longueur cinq, $e$ = (0000**1**), se calcule de la manière suivante :

$$s = e \times H^T = \begin{bmatrix} 0 & 0 & 0 & 0 & \mathbf{1} \end{bmatrix} \cdot \begin{bmatrix} 1 & 0 \\ 0 & 1 \\ 1 & 1 \\ 1 & 0 \\ 0 & 1 \end{bmatrix} = [0\ 1]$$

$$\underline{\underline{s = (0, 1)}}$$

- Le tableau A comprend 32 échantillons d'erreurs simples possibles et leurs syndromes.

**Tableau A**

| Vecteur (Error pattern) | Syndrome | Vecteur (Error pattern) | Syndrome |
|---|---|---|---|
| 00000 | 00 • | 10000 | 10 × |
| 00001 | 01 ∘ | 10001 | 11 * |
| 00010 | 10 × | 10010 | 00 • |
| 00011 | 11 * | 10011 | 01 ∘ |
| 00100 | 11 * | 10100 | 01 ∘ |
| 00101 | 10 × | 10101 | 00 • |
| 00110 | 01 ∘ | 10110 | 11 * |
| 00111 | 00 • | 10111 | 10 × |
| 01000 | 01 ∘ | 11000 | 11 * |
| 01001 | 00 • | 11001 | 10 × |
| 01010 | 11 * | 11010 | 01 ∘ |
| 01011 | 10 × | 11011 | 00 • |
| 01100 | 10 × | 11100 | 00 • |
| 01101 | 11 * | 11101 | 01 ∘ |
| 01110 | 00 • | 11110 | 10 × |
| 00111 | 01 ∘ | 11111 | 11 * |

**Tableau 3.2**

- A partir du tableau A, nous pouvons déterminer la classe des vecteurs binaires de même syndrome. Ce qui donne le tableau B.

**Tableau B**

| Syndrome | Vecteurs d'erreurs binaires associés (Error pattern) | | | | | | | |
|---|---|---|---|---|---|---|---|---|
| **00 •** | 00000 | 00111 | 01001 | 01110 | 10010 | 10101 | 11011 | 11100 |
| **01 ∘** | 00001 | 01100 | 01000 | 01111 | 10011 | 10100 | 11010 | 11101 |
| **01 ×** | 00010 | 00101 | 01011 | 01100 | 10000 | 10111 | 11001 | 11110 |
| **11 *** | 00011 | 00100 | 01010 | 01101 | 10001 | 10110 | 11000 | 11111 |

**Tableau 3.3**

- Maintenant, dans chaque classe de vecteurs binaires ayant le même syndrome, nous pouvons choisir, comme représentant de classe (Coset leader), un vecteur binaire de poids minimum pour la classe considérée.

  Parfois, il y a plusieurs mots avec le même poids minimal dans un coset, et dans ce cas, l'un de ces mots peut être choisi comme représentant de classe. Le tableau C ci-dessous indique les représentants de classe (coset leader).

**Tableau C**

| Classe (Syndrome) | Représentant (Coset leader) |
|---|---|
| 00 | 00000 |
| 01 | 00001 |
| 10 | 00010 |
| 11 | 00100 |
| 01 ! | 01000 |
| 10 ! | 10000 |

**Tableau 3.4**

- À partir des représentations de classe du tableau C, nous pouvons créer le tableau standard en utilisant la procédure suivante :

- **Etape 1 :**

  On dispose sur la première ligne du tableau D tous les mots de code $c^{(j)}$, en commençant par le mot nul (les mots de code sont les vecteurs $c$ tel que $s(c) = 0$.

**Tableau D**

| $c^{(1)}$ | $c^{(2)}$ | $c^{(3)}$ | $c^{(4)}$ | $c^{(5)}$ | $c^{(6)}$ | $c^{(7)}$ | $c^{(1)}$ |
|---|---|---|---|---|---|---|---|
| 00000 | 00111 | 01001 | 01110 | 10010 | 10101 | 11011 | 11100 |

**Tableau 3.5**

- **Etape 2 :**

  On dispose sur la première colonne du tableau E (celle du $c^{(1)}$) représentant (coset leader) $e^{(i)}$ :

**Tableau E**

| $c^{(1)}$ | $c^{(2)}$ | $c^{(3)}$ | $c^{(4)}$ | $c^{(5)}$ | $c^{(6)}$ | $c^{(7)}$ | $c^{(1)}$ |
|---|---|---|---|---|---|---|---|
| $e^{(0)} = 00000$ | 00111 | 01001 | 01110 | 10010 | 10101 | 11011 | 11100 |
| $e^{(1)} = 00001$ | | | | | | | |
| $e^{(2)} = 00010$ | | | | | | | |
| $e^{(3)} = 00100$ | | | | | | | |

**Tableau 3.6**

- **Etape 3 :**

  On complète les autres colonnes du tableau en disposant le vecteur $(c'^{(j)} + e^{(i)})$ à l'intersection de la ligne de représentant $e^{(i)}$ et la colonne du mot de code $c^{(j)}$. Ce qui donne le tableau F (Standard Array).

  Tableau standard associé au code (5,3)

**Tableau F**

| $c^{(1)}$ 00000 | $c^{(2)}$ 00111 | $c^{(3)}$ 01001 | $c^{(4)}$ 01110 | $c^{(5)}$ 10010 | $c^{(6)}$ 10010 | $c^{(7)}$ 11011 | $c^{(8)}$ 11100 | |
|---|---|---|---|---|---|---|---|---|
| $e^{(0)}$ = 00000 | 00111 | 01001 | 01110 | 10010 | 10010 | 11011 | 11100 | |
| $e^{(1)}$ = 0000**1** | 0110**0** | 0100**0** | 0111**1** | 1001**1** | 1010**0** | 1101**0** | 1110**1** | $c'$ |
| $e^{(2)}$ = 000**1**0 | 001**0**1 | 010**1**1 | 011**0**0 | 100**0**0 | 101**1**1 | 110**0**1 | 111**1**0 | |
| $e^{(3)}$ = 00**1**00 | 00011 | 01**1**01 | 01**0**10 | 10**1**10 | 10**1**10 | 11**1**11 | 11**0**00 | |

**Tableau 3.7**

- Quand un vecteur reçu par le décodeur est erroné, parce que il ne figure pas à la première ligne du tableau standard, le décodeur le corrige en restituant à sa place le mot de code situé à la première ligne de la colonne du vecteur erroné.

  Par exemple, le décodeur a reçu le vecteur $c' = (0,1,1,0,1)$ il restitue $(0,1,0,0,1)$ au récepteur. De même, le décodeur ayant reçu l'information $(0,0,0,0,1)$ devra restituer $(0,0,0,0,0)$

$$c' = (0,1,\mathbf{1},0,1) \Rightarrow c^{(3)} = c' + e^{(3)} = (0,1,\mathbf{0},0,1)$$
$$c' = (0,0,0,0,\mathbf{1}) \Rightarrow c^{(1)} = c' + e^{(1)} = (0,0,0,0,\mathbf{0})$$

- En général, le tableau standard a la forme suivante :

| $c^{(1)}$ | $c^{(2)}$ | $c^{(3)}$ | $\cdots$ | $c^{(2^k)}$ |
|---|---|---|---|---|
| $e^{(0)})+c'^{(1)}$ | $e^{(0)}+c'^{(2)}$ | $e^{(0)}+c'^{(3)}$ | $\cdots$ | $e^{(0)}+c'^{(2^k)}$ |
| $e^{(1)})+c'^{(1)}$ | $e^{(1)}+c'^{(2)}$ | $e^{(1)}+c'^{(3)}$ | $\cdots$ | $e^{(1)}+c'^{(2^k)}$ |
| $e^{(2)})+c'^{(1)}$ | $e^{(2)}+c'^{(2)}$ | $e^{(2)}+c'^{(3)}$ | $\cdots$ | $e^{(2)}+c'^{(2^k)}$ |
| $\vdots$ | $\vdots$ | $\vdots$ | $\cdots$ | $\vdots$ |
| $e^{(2^{n-k})})+c'^{(1)}$ | $e^{(2^{n-k})}+c'^{(2)}$ | $e^{(2^{n-k})}+c'^{(2)}$ | $\cdots$ | $e^{(2^{n-k})}+c'^{(2^k)}$ |

**Tableau 3.8**

■

**Exemple 3.14 :** Décodage par le tableau standard

- Considérons le code systématique $C(6,3)$ défini par la matrice génératrice $G$ :

$$G = \left[\begin{array}{ccc|ccc} 1 & 0 & 0 & 1 & 1 & 0 \\ 0 & 1 & 0 & 0 & 1 & 1 \\ 0 & 0 & 1 & 1 & 0 & 1 \end{array}\right] \Leftrightarrow H = \left[\begin{array}{ccc|ccc} 1 & 0 & 1 & 1 & 0 & 0 \\ 1 & 1 & 0 & 0 & 1 & 0 \\ 0 & 1 & 1 & 0 & 0 & 1 \end{array}\right]$$

Déterminer les erreurs corrigeables en déterminant le « coset leader » et le syndrome associé .

- **Réponse**

| Information $k = 3 \Rightarrow 2^3$ combinaison possible | Mots de code $c = u \cdot G$ $2^k$ mots-code |
|---|---|
| 0 0 0 | 000000 |
| 0 0 1 | 001101 |
| 0 1 0 | 010011 |
| 0 1 1 | 011110 |
| 1 0 0 | 100110 |
| 1 0 1 | 101011 |
| 1 1 0 | 110101 |
| 1 1 1 | 111000 |

**Tableau 3.9**

| Coset leaders $e^{(i)}$ | Syndromes $s^{(i)} = e^{(i)}.H^T$ |
|---|---|
| 000000 | 000 |
| 000001 | 001 |
| 000010 | 010 |
| 000100 | 100 |
| 001000 | 101 |
| 010000 | 011 |
| 100000 | 110 |
| 100001 | 111 |

**Tableau 3.10**

- Etant donné que cet algorithme nécessite le stockage de tout le tableau standard, on ne peut vraiment l'utiliser que pour des codes de dimensions peu importantes.

■

# 3.6. Codes de Hamming

Les codes de Hamming sont probablement la classe la plus connue de codes de correction d'une d'erreur et de détection de deux d'erreurs. Ils ont la propriété qu'avec l'augmentation de la longueur des blocs $n$, le taux de codage $R_C$ tend vers la valeur 1.

## 3.6.1. Définition

Un code $C(n, k, d_{min})_q = (n, n-r, 3)_q$ d'ordre $r$ est défini par

$$n = \frac{q^r - 1}{q - 1} \quad 3.43$$

Pour $q = p = 2$ on an a : $n = 2^r - 1$ et $d(C) = d_{min} = 3$

Les codes de Hamming sont des codes parfaits, c'est-à-dire le nombre de syndromes pouvant être affichés correspond exactement au nombre de modèles d'erreur corrigeables. Pour le cas spécial $q = 2$, il y a $(2^r - 1,\ 2^r - 1 - r,\ 3)_2$ codes de Hamming, donc les combinaisons suivantes se produisent : $(n,k) \rightarrow$ (3,1) ; (7,4) ; (15,11) ; (31,26) ; (63,57) ; (127,120)... (tableau 3.11). Ici les colonnes de la matrice de contrôle représentent les $2^r$ -1 mots binaires de longueur $r$ (sans le mot zéro).

| $r$<br>$r = n - k$ | $n$<br>$n = 2^r - 1$ | $k$<br>$k = n - r$ | $R_C$<br>$R = k/n$ |
|---|---|---|---|
| 2 | 3 | 1 | 0,33 |
| 3 | 7 | 4 | 0,57 |
| 4 | 15 | 11 | 0,73 |
| 5 | 31 | 26 | 0,84 |
| 6 | 63 | 57 | 0,90 |
| 7 | 127 | 120 | 0,945 |
| 8 | 255 | 247 | 0,969 |
| 9 | 511 | 502 | 0,982 |
| 10 | 1023 | 1013 | 0,990 |
| 11 | 2047 | 2036 | 0,994 |

**Tableau 3.11**

En résumé, pour chaque nombre naturel $r \geq 3$, il existe un code de Hamming avec les cinq propriétés suivantes :

| | | |
|---|---|---|
| Longueur du code | : | $n = 2^r - 1$ |
| Nombre des symboles d'information | : | $k = 2^r - 1 - r$ |
| Nombre des symboles de contrôle | : | $r = n - k$ |
| Capacité de correction des erreurs | : | $t = 1,\ d_{min} = 2t + 1 = 3$ |
| Code parfait | : | Oui |

Hamming a réussi, en permutant habilement les colonnes de $H$, à ce que la $i$-ème colonne de $H$ corresponde à la représentation binaire de $i$. Le syndrome d'erreur $s^T$ renvoie alors immédiatement la position binaire de l'élément erroné dans $c'$.

- **Remarque**
  - Le code dual généré par la matrice de contrôle $H$ est appelé code simplex $C(n,\ k, d_{min})_2 = C(2^r - 1, r,\ 2^{r-1})_2$. Il se caractérise par le fait que toutes les lignes de $H$ et donc tous les mots de code ont le poids constant $2^{r-1}$ (sauf le mot zéro). Cela ressort du fait que les colonnes de $H$ représentent toutes les combinaisons numériques de 1 à $2^r - 1$ et que les uns et les zéros sont donc uniformément répartis. En outre, tous les mots de code ont la distance constante $2^{r-1}$ les uns par rapport aux autres, ce qu'on appelle simplex en géométrie.

## 3.6.2. Code $C(7,4)_2$ de Hamming

Le code $C(7,4)$ proposé par Hamming lui même est présenté par la matrice de contrôle suivante :

$$G = \left[\begin{array}{cccc|ccc} 1 & 0 & 0 & 0 & 0 & 1 & 1 \\ 0 & 1 & 0 & 0 & 1 & 0 & 1 \\ 0 & 0 & 1 & 0 & 1 & 1 & 0 \\ 0 & 0 & 0 & 1 & 1 & 1 & 1 \end{array}\right] \Leftrightarrow H = \left[\begin{array}{cccc|ccc} 0 & 1 & 1 & 1 & 1 & 0 & 0 \\ 1 & 0 & 1 & 1 & 0 & 1 & 0 \\ 1 & 1 & 0 & 1 & 0 & 0 & 1 \end{array}\right]$$

En réorganisant les colonnes de $H$, le syndrome sera interprété comme un nombre décimal et pourrait être utilisé directement comme adresse pour les endroits erronés, on a alors un code équivalent :

$$H = \begin{bmatrix} \mathbf{1} & \mathbf{2} & \mathbf{3} & \mathbf{4} & \mathbf{5} & \mathbf{6} & \mathbf{7} \\ \hline 0 & 0 & 0 & 1 & 1 & 1 & 1 \\ 0 & 1 & 1 & 0 & 0 & 1 & 1 \\ 1 & 0 & 1 & 0 & 1 & 0 & 1 \end{bmatrix} \qquad 3.44a$$

Avec ces notations on peut composer un vecteur code peut être écrit sous la forme suivante :

$$c = u \cdot G = (\boldsymbol{c_1}, \boldsymbol{c_2}, c_3, \boldsymbol{c_3}, c_5, c_6, c_7) = (\boldsymbol{v_1}, \boldsymbol{v_2}, u_1, \boldsymbol{v_3}, u_2, u_3, u_4) \qquad 3.44b$$

Les colonnes de cette matrice représentent l'équivalent binaire des nombres de 1 à 7. Ces positions sont 1, 2, 3, 4, 5, 6, 7**.** Les symboles de contrôle seront notés par $\boldsymbol{v_i}$ tandis que ceux d'information par $u_j$.

Le syndrome $\boldsymbol{s^T}$ de cette matrice désignera donc le bit défectueux avec le numéro d'ordre.

$$H \cdot (c+e)^T = H \cdot c^T + H \cdot e^T = 0 + s^T$$

$$s^T = [h_1\ h_2 \cdots h_i\ \cdots h_n] \cdot \begin{bmatrix} \vdots \\ e_i \\ \vdots \end{bmatrix} \Leftrightarrow H \cdot c^T = [h_1, h_2, \ldots, h_n] \cdot \begin{bmatrix} \boldsymbol{v_1} \\ \boldsymbol{v_2} \\ u_1 \\ \boldsymbol{v_3} \\ u_2 \\ \vdots \\ u_n \end{bmatrix} = 0$$

Ou encore :

$$\begin{bmatrix} 0 \\ 0 \\ 1 \end{bmatrix} \cdot \boldsymbol{v_1} \oplus \begin{bmatrix} 0 \\ 1 \\ 0 \end{bmatrix} \cdot \boldsymbol{v_2} \oplus \begin{bmatrix} 0 \\ 1 \\ 1 \end{bmatrix} \cdot u_1 \oplus \begin{bmatrix} 1 \\ 0 \\ 0 \end{bmatrix} \cdot \boldsymbol{v_3} \oplus \begin{bmatrix} 1 \\ 0 \\ 1 \end{bmatrix} \cdot u_2 \oplus \cdots \oplus \begin{bmatrix} 1 \\ 1 \\ 1 \end{bmatrix} \cdot u_n = 0$$

C'est-à-dire que le correcteur est la représentation binaire du nombre $\boldsymbol{i}$ qui indique la position dans laquelle il y a erreur. De ce fait, le décodage devient tout à fait simple, tout ce qu'il y a à faire étant une conversion du binaire au décimal.

Dans notre cas (code de Hamming $C(7,4)_2$), on a donc : $s^T = H \cdot e^T$

Ce qui donne :

$$\boldsymbol{s}^T = \begin{bmatrix} 0 & 0 & 0 & 1 & 1 & 1 & 1 \\ 0 & 1 & 1 & 0 & 0 & 1 & 1 \\ 1 & 0 & 1 & 0 & 1 & 0 & 1 \end{bmatrix} \cdot \begin{bmatrix} \boldsymbol{e}_1 \\ \boldsymbol{e}_2 \\ \boldsymbol{e}_3 \\ \boldsymbol{e}_4 \\ \boldsymbol{e}_5 \\ \boldsymbol{e}_6 \\ \boldsymbol{e}_7 \end{bmatrix} \Rightarrow \begin{cases} \boldsymbol{s}_1 = 0+0+0+\boldsymbol{e}_4+\boldsymbol{e}_5+\boldsymbol{e}_6+\boldsymbol{e}_7 \\ \boldsymbol{s}_2 = 0+\boldsymbol{e}_2+\boldsymbol{e}_3+0+0+\boldsymbol{e}_6+\boldsymbol{e}_7 \\ \boldsymbol{s}_3 = \boldsymbol{e}_1+0+\boldsymbol{e}_3+0+\boldsymbol{e}_5+0+\boldsymbol{e}_7 \end{cases}$$

Les relations linéaires du code (Matrice *H*) sont :

$$\begin{bmatrix} 0 & 0 & 0 & 1 & 1 & 1 & 1 \\ 0 & 1 & 1 & 0 & 0 & 1 & 1 \\ 1 & 0 & 1 & 0 & 1 & 0 & 1 \end{bmatrix} \cdot \begin{bmatrix} c_1 \\ c_2 \\ c_3 \\ c_4 \\ c_5 \\ c_6 \\ c_7 \end{bmatrix} = 0 \Leftrightarrow \begin{cases} c_4+c_5+c_6+c_7 & = & 0 \\ c_2+c_3+c_6+c_7 & = & 0 \\ c_1+c_3+c_5+c_7 & = & 0 \end{cases}$$

Les bits de contrôle peuvent en être déduits en fonction des bits d'information :

$$\begin{aligned} &1.\ \boldsymbol{v}_1 = \boldsymbol{c}_1 = \boldsymbol{c}_3 + \boldsymbol{c}_5 + \boldsymbol{c}_7 = \boldsymbol{u}_1 + \boldsymbol{u}_2 + \boldsymbol{u}_4 \\ &2.\ \boldsymbol{v}_2 = \boldsymbol{c}_2 = \boldsymbol{c}_3 + \boldsymbol{c}_6 + \boldsymbol{c}_7 = \boldsymbol{u}_1 + \boldsymbol{u}_3 + \boldsymbol{u}_4 \\ &3.\ \boldsymbol{v}_3 = \boldsymbol{c}_4 = \boldsymbol{c}_5 + \boldsymbol{c}_6 + \boldsymbol{c}_7 = \boldsymbol{u}_2 + \boldsymbol{u}_3 + \boldsymbol{u}_4 \end{aligned} \qquad 3.45$$

Le format des vecteurs de codes dépend de *H*. Si la matrice *H* est utilisée pour un code portant sur la parité, le codeur doit obtenir un symbole de parité *v* pour chacune des équations de relation linéaire, donc $v_1$ pour l'équation (1), $v_2$ pour l'équation (2) et $v_3$ pour l'équation (3).

Par conséquent, la matrice génératrice *G* peut être déterminée par les relations précédentes.

$$\boldsymbol{G} = \left[\begin{array}{cccc|ccc} \mathbf{1} & \mathbf{1} & 1 & \mathbf{0} & 0 & 0 & 0 \\ \mathbf{1} & \mathbf{0} & 0 & \mathbf{1} & 1 & 0 & 0 \\ \mathbf{0} & \mathbf{1} & 0 & \mathbf{1} & 0 & 1 & 0 \\ \mathbf{1} & \mathbf{1} & 0 & \mathbf{1} & 0 & 0 & 1 \end{array}\right]$$

Nous pouvons reconnaître que les bits $c_3$, $c_5$, $c_6$ et $c_7$ des mots de code copient bien les bits d'information (ce qui correspond aux colonnes de la matrice unitaire dans la matrice génératrice $G$). Nous pouvons également constater que la distance minimale du code est bien $d_{min} = 3$.

**Exemple 3.15 :** Code de Hamming $(7,4)_2$

- Considérons la matrice $H$ donnée par la forme (3.44a), le vecteur code de contrôle de parité correspondant au message 13 en base-10 est de la forme suivante : $u = (1101) \Leftrightarrow \boldsymbol{c} = (\boldsymbol{v_1}, \boldsymbol{v_2}, 1, \boldsymbol{v_3}, 1, 0, 1)$.

- En utilisant les relations (3.45)

$$\begin{array}{lllll} 1. & \boldsymbol{v}_1 & = \boldsymbol{c}_1 & = & \boldsymbol{c}_3 + \boldsymbol{c}_5 + \boldsymbol{c}_7 \\ 2. & \boldsymbol{v}_2 & = \boldsymbol{c}_2 & = & \boldsymbol{c}_3 + \boldsymbol{c}_6 + \boldsymbol{c}_7 \\ 3. & \boldsymbol{v}_3 & = \boldsymbol{c}_4 & = & \boldsymbol{c}_5 + \boldsymbol{c}_6 + \boldsymbol{c}_7 \end{array}$$

$$\left.\begin{array}{lllll} \boldsymbol{v}_1 \oplus 1 \oplus 1 \oplus 1 & = 0 & \Rightarrow & \boldsymbol{v}_1 & = 1 \\ \boldsymbol{v}_2 \oplus 1 \oplus 0 \oplus 1 & = 0 & \Rightarrow & \boldsymbol{v}_2 & = 0 \\ \boldsymbol{v}_3 \oplus 1 \oplus 0 \oplus 1 & = 0 & \Rightarrow & \boldsymbol{v}_3 & = 0 \end{array}\right\} \Rightarrow \boldsymbol{c} = (\mathbf{1}\mathbf{0}1\mathbf{0}101)$$

■

**Exemple 3.16 :** Code de Hamming $(7,4)_2$. Détection directe d'erreur

- Soit le mot de code $c = (1, 1, 0, 0, 1, 1, 0)$. Si ce mot de code est transmis sans erreurs, alors $H \cdot c^T = 0$. Si le mot de code est modifié d'un bit pendant la transmission, p. ex. le quatrième bit, le mot de code reçu sera $\boldsymbol{c}' = (1, 1, 0, 1, 1, 1, 0)$, le syndrome sera donc $s = (1, 0, 0)$.

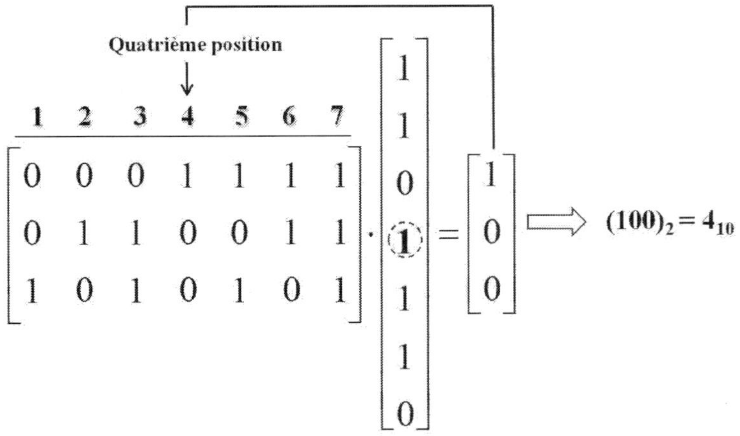


**Fig. 3.15 :** Code de Hamming $C(7,4)_2$

Après le calcul du syndrome, la correction d'erreur se limite à la recherche de la colonne correspondante dans la matrice de contrôle. Pour la correction, il suffit donc de prendre le complément à 1 à partir de la position 4 (Fig. 3.14).

■

## 3.6.3. Décodage des codes de Hamming

### A. Opération de décodage

Le mot $\boldsymbol{c'}$ reçu est d'abord entré dans une mémoire de cellules binaires, puis le facteur de correction est calculé avec la relation :

$$H \cdot (c')^T = H \cdot (c+e)^T = H \cdot (c)^T + H \cdot (e)^T = 0 + (s)^T$$

$$s = e \cdot H^T = (s_1, s_2, \ldots, s_{n\text{-}k}),\ \text{où } n-k = r$$

$$s^T = H \cdot [c']^T = \begin{bmatrix} s_1 \\ s_2 \\ \vdots \\ s_{n\text{-}k} \end{bmatrix} = \begin{bmatrix} h_1 & h_2 & \cdots & h_n \end{bmatrix} \cdot \begin{bmatrix} c'_1 \\ c'_2 \\ \vdots \\ c'_n \end{bmatrix}$$

Nous effectuons la multiplication avec la matrice de contrôle de Hamming $H$ ($C(7,4)_2$) afin d'obtenir le syndrome correspondant d'après la figure (Fig. 3.16).

$$\left.\begin{aligned} \boldsymbol{s}_r &= \boldsymbol{c}'_1 \oplus \boldsymbol{c}'_3 \oplus \boldsymbol{c}'_5 \oplus \boldsymbol{c}'_7 \\ \boldsymbol{s}_{r-1} &= \boldsymbol{c}'_2 \oplus \boldsymbol{c}'_3 \oplus \boldsymbol{c}'_6 \oplus \boldsymbol{c}'_7 \\ \boldsymbol{s}_{r-2} &= \boldsymbol{c}'_4 \oplus \boldsymbol{c}'_5 \oplus \boldsymbol{c}'_6 \oplus \boldsymbol{c}'_7 \end{aligned}\right\} \quad 3.46$$

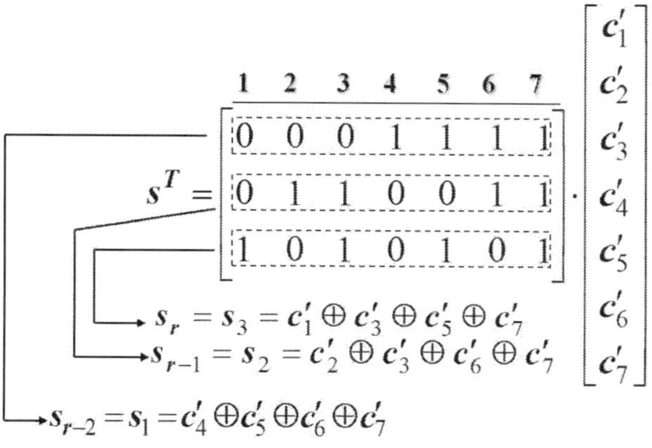


**Fig. 3.16 :** Calcul de syndrome

Le nombre binaire des syndromes ($s_{r-2}, s_{r-1}, s_r$) est entré dans un convertisseur à la sortie duquel est généré un signal qui indique la position de l'erreur et permet ainsi la correction de l'erreur.

## B. Schéma général d'un codeur et d'un décodeur

La réalisation pratique des relations (3.45) se fait au moyen de circuit de commutations logiques typiques (Fig. 3.17), qui contiennent les éléments suivants :

- Bascule bistable.
- Addition mod2 à deux ou plusieurs entrées.
- Circuit de multiplication à un élément en $GF(2)$.

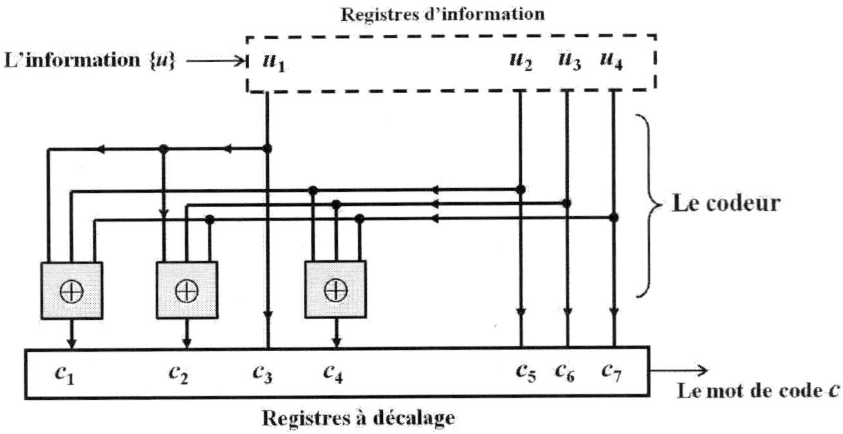


**Fig. 3.17 :** Circuit réalisant le code de Hamming $C(7,4)_2$

Le mot codé $\boldsymbol{c}$ est transféré sur le canal de transmission. Le mot $\boldsymbol{c'}$ reçu sur la chaîne est décodé par le décodeur.

Au niveau de décodeur, la génération du syndrome $s=(s_{r-2}, s_{r-1}, s_r)$ est facile à réaliser à partir des relations (3.46).

$$s_{r-2} = c'_4 \oplus c'_5 \oplus c'_6 \oplus c'_7 \quad \Leftrightarrow \quad r=3 \quad s_1 = c'_4 \oplus c'_5 \oplus c'_6 \oplus c'_7$$

$$s_{r-1} = c'_2 \oplus c'_3 \oplus c'_6 \oplus c'_7 \quad \Leftrightarrow \quad r=3 \quad s_2 = c'_2 \oplus c'_3 \oplus c'_6 \oplus c'_7$$

$$s_r = c'_1 \oplus c'_3 \oplus c'_5 \oplus c'_7 \quad \Leftrightarrow \quad r=3 \quad s_3 = c'_1 \oplus c'_3 \oplus c'_5 \oplus c'_7$$

Les bits du syndrome $s_1\ s_2\ s_3$ sont introduits dans le convertisseur binaire-décimal qui produit dans la cellule un signal de correction d'erreur dont le nombre d'ordre est la représentation binaire de $s$.

Le circuit de correction doit corriger les bits d'information reçus ($u'_1$, $u'_2$, $u'_3$, $u'_4$) conformément à ($c'_3$, $c'_5$, $c'_6$, $c'_7$), l'erreur pourra atteindre à la fois les bits d'information et les bits de contrôle, mais la récupération des bits de contrôle ne présente aucun intérêt. La réalisation de cette étape peut être représentée par le circuit ci-dessous :

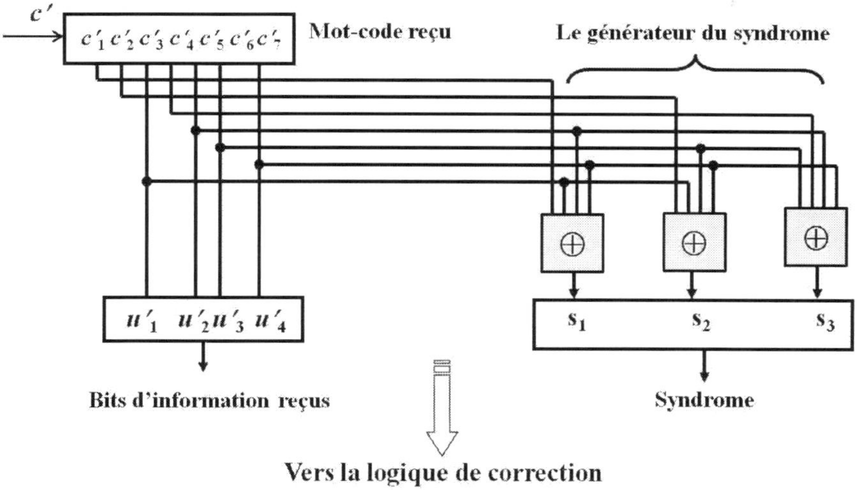


**Fig. 3.18 :** Circuit réalisant la première étape de décodage du code de Hamming $C(7,4)_2$

L'étape suivante est la construction de la logique de décodage qui peut être réalisée à l'aide des relations (3.43) (voir exercice 3.10).

La figure (Fig. 3.19) montre une construction complète possible d'un codeur et d'un décodeur pour le code de Hamming $C(7,4)_2$.

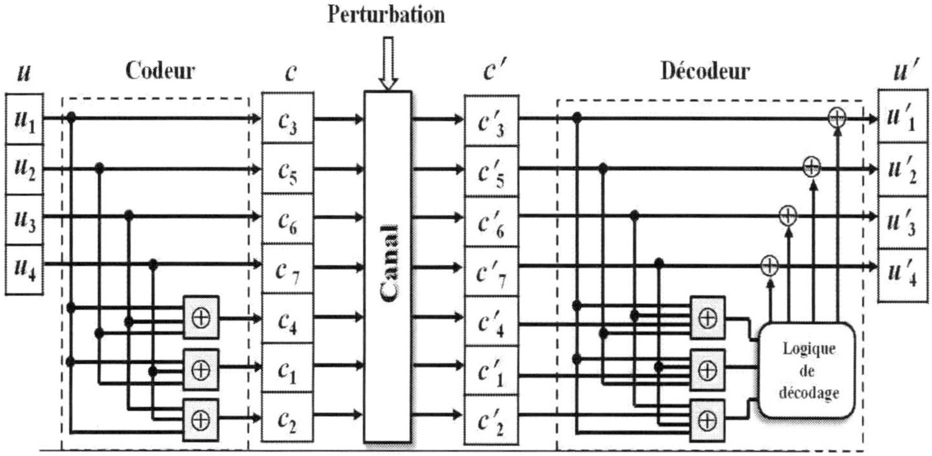


**Fig. 3.19 :** Codeur et décodeur de Hamming $C(7,4)_2$

# 3.7. Modifications simples et cas spéciaux des codes linéaires

## 3.7.1. Types de modifications

Dans la pratique, la modification des codes vise à adapter le code en blocs aux conditions marginales spécifiques à une application donnée. Cela peut être, par exemple, la longueur prédéterminée d'une trame de données. La modification des codes ne jouent qu'un rôle mineur dans la théorie du codage, elle est d'une importance théorique limitée mais d'une grande importance pratique. En principe, on distingue les formes de modifications suivantes :

Un code $C(n, k, d_{min})_q$ peut être changé en un code $C'(n', k', d'_{min})_q$ comme suit :

1. **Expansion (Extending)** : Des symboles de contrôle supplémentaires sont joints ;

$$n' > n \;;\; k' = k \;;\; R'_C < R_C \;;\; d'_{min} \geq d_{min} \qquad 3.47$$

2. **Perforation (Puncturing)** : Lors de la perforation ou du poinçonnage, des bits de contrôle sont supprimés :

$$n' < n \;;\; k' = k \;;\; R'_C > R_C \;;\; d'_{min} \leq d_{min} \qquad 3.48$$

3. **Allongement (Lengthening)** : Des bits d'informations supplémentaires sont ajoutés en augmentant simultanément $n$ et $k$.

$$n' > n \;;\; k' > k \;;\; R'_C < R_C \;;\; d'_{min} \geq d_{min} \qquad 3.49$$

4. **Raccourcissement (Shortening)** : Des bits d'informations sont supprimés, cette opération est la transformation inverse de l'allongement.

$$n' < n \;;\; k' < k,\; n' - k' = n - k \;;\; R'_C < R_C \;;\; d'_{min} \geq d_{min} \qquad 3.50$$

5. **Augmentation (Augmentation)** : Cela se fait en ajoutant de nouveaux mots (lignes) à la matrice génératrice.

$$n' = n \;;\; k' > k \;;\; R'_C > R_C \;;\; d'_{min} \leq d_{min} \qquad 3.51$$

6. **Expurgation** (**Expurgation**) : Il s'agit de l'opération inverse de l'augmentation.

$$n' = n \; ; \; k' < k \; ; \; R'_C < R_C \; ; \; d'_{min} \geq d_{min} \qquad 3.52$$

Il est clair que les modifications 1 et 2 ainsi que 3 et 4 sont inverses l'une par rapport à l'autre.

**Exemple 3.17 :** Expansion (code étendu)

- Expansion du code $C(7, 4, 3)_2$ de Hamming au code $C(8, 4, 4)_2$

  Cas courant : on ajoute un bit de parité général, ce qui peut s'exprimer par l'adjonction à la matrice de contrôle d'une colonne, puis une ligne des « 1 ».

$$(n,k) \to (n+1,k) : H_e = \left[\begin{array}{ccc|c} & & & \mathbf{0} \\ & H & & \mathbf{0} \\ & & & \vdots \\ \hline \mathbf{1} & \mathbf{1} & \cdots & \mathbf{1} \end{array}\right]$$

$$G_e = \left[\begin{array}{ccccccc|c} 1 & 0 & 0 & 0 & 0 & 1 & 1 & \mathbf{1} \\ 0 & 1 & 0 & 0 & 1 & 0 & 1 & \mathbf{1} \\ 0 & 0 & 1 & 0 & 1 & 1 & 0 & \mathbf{1} \\ 0 & 0 & 0 & 1 & 1 & 1 & 1 & \mathbf{0} \end{array}\right] \Rightarrow H_e = \left[\begin{array}{ccccccc|c} 0 & 1 & 1 & 1 & 1 & 0 & 0 & \mathbf{0} \\ 1 & 0 & 1 & 1 & 0 & 1 & 0 & \mathbf{0} \\ 1 & 1 & 0 & 1 & 0 & 0 & 1 & \mathbf{0} \\ \hline \mathbf{1} & \mathbf{1} & \mathbf{1} & \mathbf{1} & \mathbf{1} & \mathbf{1} & \mathbf{1} & \mathbf{1} \end{array}\right]$$

  $G' \cdot H'^T = 0$ s'applique. Le poids de ligne minimal en $G'$ est 4. Trois colonnes dans $H'$ sont linéairement indépendantes. La somme des trois premières colonnes de $H'$ donne la dernière colonne et donc $d'_{min} = 4$. Le code Hamming étendu est uniquement pour $r = 3$ auto-dual (voir plus loin).

■

**Exemple 3.18 :** Perforation (code perforé ou poinçonné)

- Dans cet exemple, un code $C(4,2)$ doit être obtenu par poinçonnage à partir d'un code en blocs $C(5,2)$.
  $c = \{(0,0,0,0,0) \; ; \; (0,1,0,1,1) \; ; \; (1,0,1,1,0) \; ; \; (1,1,1,0,1)\}$

  La mtrice génératrice correspondant au code est :

$$\boldsymbol{G}_{(5,2)} = \left[\begin{array}{cc|ccc} 1 & 0 & 1 & 1 & 0 \\ 0 & 1 & 0 & 1 & 1 \end{array}\right]$$

- **Réponse :**

La matrice de contrôle et la matrice génératrice du code systématique $C(5,2)$ sont :

$$G_{(5,2)} = \left[\begin{array}{cc|ccc} 1 & 0 & 1 & 1 & 0 \\ 0 & 1 & 0 & 1 & 1 \end{array}\right] \Rightarrow H_{(5,2)} = \left[\begin{array}{cc|ccc} 1 & 0 & 1 & 0 & 0 \\ 1 & 1 & 0 & 1 & 0 \\ 0 & 1 & 0 & 0 & 1 \end{array}\right]$$

Le taux de codage est : $R_C = 2/5 = 0,4$. Le code indiqué permet de reconnaître la distance minimale $d_{min} = 3$

En supprimant la dernière colonne de la matrice génératrice, la dernière ligne et la dernière colonne de la matrice de contrôle, on obtient sous forme systématique les matrices perforées correspondantes :

$$G_{(4,2)} = \left[\begin{array}{cc|cc} 1 & 0 & 1 & 1 \\ 0 & 1 & 0 & 1 \end{array}\right] \Rightarrow H_{(4,2)} = \left[\begin{array}{cc|cc} 1 & 0 & 1 & 0 \\ 1 & 1 & 0 & 1 \end{array}\right]$$

La distance minimale de ce code est $d_{min} = 2$ et donc inférieure à la distance minimale $d_{min} = 3$ du code $C(5,2)$.

En règle générale : la perforation diminue $d_{min}$ de 1 (si elle était paire auparavant) ou elle reste inchangée.

Cette technique aboutit rarement à des solutions utilisables pour les codes en blocs. La technique de perforation (poinçonnage) a cependant une grande importance pratique pour les codes convolutifs décrits au chapitre 7.

■

## 3.7.2. Cas spéciaux des codes linéaires

### A. Code de répétition $(n, 1, n)_2$

Le code de répétition est le code de canal correcteur d'erreurs le plus simple. Il répète chaque symbole transmis $n$ fois.

- Les mots de code se composent de 1 symbole d'information $u = u_1$ et $n - 1$ symboles de contrôle $p_1 = u_1$.
- Les symboles d'information sont donc répétés $n$ fois.
- Le taux de codage est donc :

$$\boldsymbol{R_C = \frac{1}{n}} \qquad 3.53$$

- L'espace de codage ne se compose que de deux éléments, à savoir le 0 et le 1.
- Les mots de code ont une distance $n$ les uns par rapport aux autres (très faible par rapport au taux de codage).

$$\boldsymbol{d}_{min} = \boldsymbol{n} \qquad 3.54$$

ce qui permet de corriger $t$ erreurs par arrondi

$$\boldsymbol{t} = \left\lfloor \frac{\boldsymbol{n}-1}{2} \right\rfloor \qquad 3.55$$

- Faible performance en raison de sa structure simple.
- La matrice génératrice et la matrice de contrôle :

$$\boldsymbol{G} = [1 \mid 1 \quad \cdots \quad 1] \quad \Rightarrow \quad \boldsymbol{H} = \left.\left[\begin{array}{c|ccccc} 1 & 1 & 0 & \cdots & 0 & 0 \\ 1 & 0 & 1 & \cdots & 0 & 0 \\ \vdots & 0 & 0 & \ddots & 0 & \vdots \\ 1 & \vdots & 0 & \cdots & 1 & 0 \\ 1 & 0 & 0 & \cdots & & 1 \end{array}\right]\right\} \boldsymbol{n}-1 \qquad 3.56$$

### B. Contrôle de parité simple (SPC) $C(n, n\text{-}1, 2)_2$

Le code de contrôle de parité simple (Single Parity Check SPC), est le code de détection d'erreurs le plus connu. Dans ce code, un mot de données binaires de $k$ bits est remplacé par un mot de code de $n$ bits où $n = k + 1$. Le bit supplémentaire, appelé bit de parité, est sélectionné pour rendre le nombre total des 1s du mot de code pair (ou impair). La distance de Hamming minimale pour cette catégorie est $d_{min} = 2$, ce qui signifie que le code est un code de détection d'erreur à un seul bit et qu'il ne peut corriger aucune erreur.

En tant que code de contrôle de parité simple SPC (Single Parity Check), le code $C(n, n-1, 2)_2$ est donné pour une parité paire par :

$$\boldsymbol{C} = \left\{ c_1, c_2, \ldots, c_n \in \boldsymbol{GF}(2) \middle| \sum_{i=1}^{n} \boldsymbol{a}_i = 0 \right\} \qquad 3.57$$

Un seul bit est ajouté à la fin de chaque trame, le bit est égal à 1, si la partie des données de la trame a un nombre impair de 1. Sinon, il est égal à 0.

- Le symbole de contrôle est calculé à partir de la somme transversale de tous les symboles d'information (dans $GF(2)$).
- La distance minimale des codes SPC : $d_{min} = 2$
  - Aucune correction d'erreur n'est possible.
  - Des erreurs individuelles peuvent être détectées.
- La matrice génératrice et la matrice de contrôle :

$$\boldsymbol{G} = \left.\begin{bmatrix} 1 & 0 & \cdots & 0 & 0 & 1 \\ 0 & 1 & \cdots & 0 & 0 & 1 \\ 0 & 0 & \ddots & 0 & \vdots & \vdots \\ \vdots & 0 & \cdots & 1 & 0 & 1 \\ 0 & 0 & \cdots & & 1 & 1 \end{bmatrix}\right\} \boldsymbol{n}-1 \quad \Rightarrow \boldsymbol{H} = \begin{bmatrix} 1 \mid 1 & \cdots & 1 \end{bmatrix} \qquad 3.58$$

Comme le montrent les relations (3.56) et (3.58), le code de contrôle de parité et le code de répétition peuvent être convertis l'un et l'autre en permutant simplement la matrice de contrôle et la matrice génératrice. Il s'agit donc de codes doubles, c'est-à-dire orthogonaux.

## 3.8. Résumé

Dans ce chapitre, nous avons appris quelques concepts de base pour décrire les codes linéaires en blocs. Pour ces codes, la capacité de correction dépend de la distance minimale qui correspond au poids minimum.

Comme modèle de canal, nous avons introduit un modèle simple, le canal binaire symétrique, qui pour l'instant suffit à la description du canal. La borne de Hamming, l'un des problèmes centraux du codage de canal, a été introduite pour l'estimation des paramètres possibles d'un code (longueur, dimension et distance minimale).

Nous avons également expliqué le théorème de codage de canal, qui stipule que la probabilité d'erreur résiduelle après décodage peut être rendue arbitrairement petite, si un code est utilisé à un débit inférieur à la capacité du canal [1][27]. La description d'un code linéaire en blocs a été expliquée par la matrice génératrice $G$ et la matrice de contrôle $H$.

En outre, nous avons présenté en détail le décodage par syndrome et l'avons illustré à l'aide de l'exemple du code de Hamming $C(7,4)_2$.

Les points suivants en donnent un bref résumé :

- Si des données uniformément réparties sont codées et transmises sur un canal symétriquement perturbé, le décodage basé sur la distance de Hamming minimise la probabilité d'un décodage incorrect.
- En plus de la longueur de mot de code $n$, les paramètres clés d'un code $C$ sont le taux de code $R_C$ et la distance minimale $d_{min}$, qui déterminent combien d'erreurs peuvent être corrigées (ou détectées).
- La borne de Hamming spécifie une limite pour la relation entre la longueur de mot de code $n$, le nombre de bits d'information $k$ et le nombre d'erreurs corrigeables $t$. Les codes qui atteignent cette limite sont appelés codes parfaits.
- Pour $n$ suffisamment grand, il existe un code sur un canal de capacité $C_t$ dont le débit binaire $R_b$ se rapproche le plus possible de $C_t$ avec une probabilité d'erreur négligeable (Deuxième théorème de codage de Shannon).

La description des codes au moyen d'une matrice génératrice et d'une matrice de contrôle n'est pas très appropriée à la construction des codes. C'est la raison pour laquelle nous envisageons, dans le chapitre suivant, de nous pencher sur les codes des polynômes à nombre fini.

Des informations supplémentaires ou d'autres formes de description des concepts de base élémentaires de la théorie de codage peuvent être trouvées dans les ouvrages classiques sur la théorie du codage [8][12][28][56].

# 3.9. Exercices

**3.1.** On considère un code linéaire en blocs $C(6,3)$ dont les trois bits de contrôle de parité d'un bloc $c_4$, $c_5$, $c_6$ sont obtenus de la façon suivante :

$$c_4 = u_1 \oplus u_3$$
$$c_5 = u_1 \oplus u_2 \oplus u_3$$
$$c_6 = u_1 \oplus u_2$$

**3.1.1.** En déduire la matrice génératrice de ce code.

**3.1.2.** Donner tous les mots codés possible ce code.

**3.1.3.** On suppose que nous avons reçu le mot de code $(0,1,0,1,1,1)$. Décoder ce mot de code en identifiant et en corrigeant les bits erronés.

**3.2.** La matrice génératrice d'un code linéaire binaire est la suivante :

$$G = \begin{bmatrix} 0 & 0 & 1 & 1 & 1 & 0 & 1 \\ 0 & 1 & 0 & 0 & 1 & 1 & 1 \\ 1 & 0 & 0 & 1 & 1 & 1 & 0 \end{bmatrix}$$

**3.2.1.** Donner la matrice $G$ en forme canonique.
**3.2.2.** Déterminer la matrice de contrôle $H$ correspondante.
**3.2.3.** Construire le tableau standard de ce code.
**3.2.4.** En déduire la distance minimale de Hamming.
**3.2.5.** Coder le mot d'information $u = (1,0,1)$

**3.3.** La matrice de contrôle de parité d'un code est la suivante :

$$H = \begin{bmatrix} 1 & 0 & 1 & 1 & 0 & 0 \\ 1 & 1 & 0 & 0 & 1 & 0 \\ 0 & 1 & 1 & 0 & 0 & 1 \end{bmatrix}$$

**3.3.1.** Déterminer la matrice génératrice du code.
**3.3.2.** Trouver le mot de code qui a pour début 101…
**3.3.3.** Décoder le mot de code reçu $c = (1,1,0,1,1,0)$.

**3.4.** On considère un code corrigeant une erreur sur des mots codés à 11 bits de données.

**3.4.1.** Combien faut-il de bits de contrôle de parité à ce code ?
**3.4.2.** Quelle est la matrice de contrôle de parité $H$ de ce code ?

**3.5.** La matrice de contrôle de parité d'un code linéaire en blocs $C$ est la suivante :

$$H = \begin{bmatrix} 0 & 0 & 0 & 1 & 1 & 1 & 1 \\ 0 & 1 & 1 & 0 & 0 & 1 & 1 \\ 1 & 0 & 1 & 0 & 1 & 0 & 1 \end{bmatrix}$$

**3.5.1.** $c_a = (0,1,0,1,0,1,0) \in \mathbb{F}_2^7$ est-il un mot de code du code $C$ ?
**3.5.2.** Donner les paramètres du code et le taux de codage.
**3.5.3.** Soit $c_b = (1,1,0,1,1,0,1) \in \mathbb{F}_2^7$, déterminer au moins 3 vecteurs d'erreur $e$ possibles tels que l'addition $c_b + e$ soit un mot de code $C$.
**3.5.4.** Décoder $c_c = (0,1,1,1,0,1,0)$ par rapport au code $C$.

**3.6.** Soit un code de Hamming défini par $C(2^r-1,\ 2^r-1-r)$, où $n = 2^r-1$, $k = 2^r-1-r$ et $r = n-k$. La $i$-ème colonne de la matrice de contrôle $H$ représente la notation binaire de l'entier $i$. La matrice de contrôle peut donc être désignée par $r$ tel que : $H_r$.

**3.6.1.** Construire $H_2$ et $H_3$.
**3.6.2.** Donner une matrice génératrice pour ces codes.
**3.6.3**. Montrer que les codes de Hamming sont de distance 3.
**3.6.4**. Montrer qu'un code de Hamming est MDS si et seulement si $r = 2$.

**3.7.** Un système de transmission utilise, pour le codage de canal, un code avec la matrice génératrice.

$$G = \begin{bmatrix} 1 & 1 & 0 & 1 & 0 & 0 & 1 \\ 1 & 0 & 1 & 0 & 0 & 1 & 1 \\ 1 & 1 & 1 & 0 & 1 & 0 & 0 \end{bmatrix}$$

**3.7.1.** Calculer le nombre des mots de code N valables et le taux de code $R_C$. Configurer le code complet $C$.
**3.7.2.** Déterminer la distance minimale de Hamming minimale $d_{min}$ du code, le nombre $t'$ d'erreurs détectables et le nombre $t$ d'erreurs corrigeables.
**3.7.3.** Le mot $c' = (0,0,0,1,1,0,1)$ est reçu par le destinataire. Effectuer un décodage de maximum de vraisemblance (MLD) pour $c'$. En déduire le mot de code estimé $\hat{c}$.

Un autre système veut utiliser un code de canal systématique pour la transmission.

**3.7.4.** Déterminer la matrice génératrice systématique $G_S$ à partir de la matrice génératrice $G$.
**3.7.5.** Déterminer le mot de code systématique $c_s$ pour le mot d'information $u = (1, 0, 1)$.
**3.7.6.** En déduire la matrice de contrôle $H_S$ pour le code systématique.
**3.7.7.** Etablir le tableau des syndromes.
**3.7.8.** Préciser explicitement les équations de contrôle pour le calcul des syndromes.
**3.7.9.** Décrire les résultats possibles du décodage d'un mot reçu $\boldsymbol{c'}$ en utilisant le calcul du syndrome.
**3.7.10.** Les mots $c'_a = (1,1,1,0,0,0,0)$ et $c'_b = (1,0,0,0,1,0,0)$ sont reçus par le destinataire. Décoder les mots $c'_a$ et $c'_b$ reçus en utilisant le calcul du syndrome. Si possible, préciser les mots de

code estimés $\hat{c}_a$ et $\hat{c}_b$ et les mots d'information estimés correspondants $\hat{u}_a$ et $\hat{u}_b$.

**3.8.** On considère un code de Hamming $C(n, k)$ avec un nombre des bits de contrôle $r = 3$.

**3.8.1.** Donner le nombre d'erreurs que le code peut certainement corriger dans un mot de code.

**3.8.2.** Déterminer le nombre *maximum* de symboles $n$ de code que le code peut avoir afin de garantir la propriété de correction des erreurs. A partir de ceci, déterminer le nombre de symboles d'information $k$ que comporte alors le code.

**3.8.3.** Calculer le nombre de mots de code N et le nombre de mots de réception possible.

**3.8.4.** En déduire la distance minimale de Hamming $d_{min}$.

**3.8.5.** Déterminer la matrice génératrice de Hamming.

**3.9.** Soit la matrice de contrôle d'un code de Hamming $C(7,4)_2$

$$H = \begin{bmatrix} 0 & 1 & 1 & 1 & 1 & 0 & 0 \\ 1 & 0 & 1 & 1 & 0 & 1 & 0 \\ 1 & 1 & 0 & 1 & 0 & 0 & 1 \end{bmatrix}$$

**3.9.1.** Montrer que tous les éléments du Représentant (coset leader) de n'importe quel vecteur b conduisent au même syndrome.

**3.9.2.** Créer un tableau de tous les vecteurs d'erreurs binaires (error pattern) corrigeables et les syndromes associés.

**3.9.3.** Utiliser ce tableau pour justifier le nombre d'erreurs que ce code peut corriger ou détecter.

# Chapitre 4

# Codes cycliques

## 4.1. Introduction générale

Les codes cycliques représentent un sous-ensemble des codes linéaires. Ils contiennent une structure algébrique supplémentaire encore plus importante, ce qui permet de les décrire de manière compacte et de mettre en œuvre très simplement le décodeur. En principe, les codes cycliques se caractérisent par le fait que le décalage cyclique d'un mot de code $c$ de longueur $n$ donne lieu à un nouveau mot de code

La description des codes cycliques se fait de préférence avec des polynômes. Comme pour la description des matrices, il existe un polynôme générateur et un polynôme de contrôle. Des théorèmes mathématiques bien connus, comme le théorème de division et l'algorithme euclidien ainsi que les propriétés de la décomposition polynomiale en facteurs irréductibles, simplifient considérablement l'analyse et la construction des codes cycliques.

Par simplicité, nous nous limiterons aux codes binaires. Ensuite, le calcul doit être effectué avec les composantes des mots de code en arithmétique modulo 2.

### 4.1.1. Description polynomiale et permutation circulaire

#### A. Présentation polynomiale

Considérons un code linéaire $C(n,k)$. A chaque mot de ce code, nous pouvons associer un polynôme $c(x)$ de degré $(n\text{-}1)$ à coefficients binaires $c_0$, $c_1$, ..., $c_{n\text{-}2}$, $c_{n\text{-}1}$ ($c_i \in (0, 1)$)[9] tel que :

$$c(x) = c_0 x^0 + c_1 x^1 + \cdots + c_{n-2} x^{n-2} + c_{n-1} x^{n-1} \qquad 4.1a$$

[9] A partir de ce chapitre, nous utiliserons une forme polynomiale ascendante, sinon on le fait remarquer. En outre, il est courant d'afficher l'indice des polynômes commençant par 0.

Par exemple, la suite binaire 10101001 provenant d'un code correspondant à $c_0 = 1$, $c_1 = 0$, $c_2 = 1$, $c_3 = 0$, $c_4 = 1$, $c_5 = 0$, $c_6 = 0$, $c_7 = 1$, conformément à la relation de $c(x)$ se présente par le polynôme :

$$c = (1, 0, 1, 0, 1, 0, 0, 1) \Leftrightarrow c(x) = 1 + x^2 + x^4 + x^7$$

## B. Permutation circulaire

La représentation polynomiale nous permet de profiter de la structure algébrique des polynômes. Tout d'abord, nous examinons le mot de code en général, également appelé vecteur de code :

$$\boldsymbol{c} = (c_0, c_1, \ldots, c_{n-2}, c_{n-1})$$

Pour décrire, par exemple, une permutation vers la droite, prenons le vecteur de code $c$ et le vecteur de code $c^{(1)}$ correspondant décalé par une position vers la droite. Nous avons alors l'opération de permutation présentée dans la figure suivante :

$$\boldsymbol{c} = (c_0, c_1, \ldots, c_{n-2}, c_{n-1}) \Longrightarrow \boldsymbol{c}^{(1)} = (c_{n-1}, c_0, c_1 \ldots, c_{n-2})$$

**Permutation vers la droite**

**Fig. 4.1**

Le polynôme correspondant $\boldsymbol{c}^{(1)}(\boldsymbol{x})$ est alors le suivant :

$$\boldsymbol{c}^{(1)}(\boldsymbol{x}) = c_{n-1} + c_0 x + \cdots + c_{n-3} x^{n-4} + c_{n-2} x^{n-3} \qquad 4.1b$$

Effectuons une permutation circulaire vers la droite sur les symboles du mot de code, et écrivons le polynôme correspondant en indiquant les positions de coefficients par la permutation :

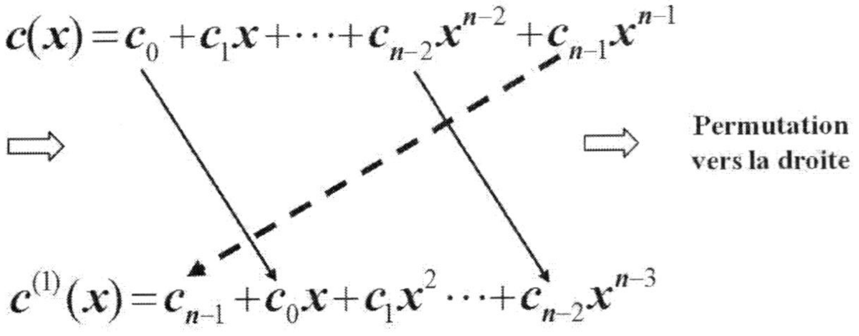


**Fig. 4.2 :** Permutation vers la droite de $c(x)$

Selon la relation (4.1b), une $i$-ème permutation vers la droite donne la structure des coefficient suivant :

$$c^{(i)} = (c_{n-i}, c_{n-i+1}, \ldots, c_{n-1}, c_0, c_1, \ldots, c_{n-i-1}) \qquad 4.1c$$

La $i$-ème permutation circulaire de $c = (c_0, c_1, \ldots, c_{n-2}, c_{n-1})$ vers la droite peut être présentée comme suit (Fig. 4.3) :

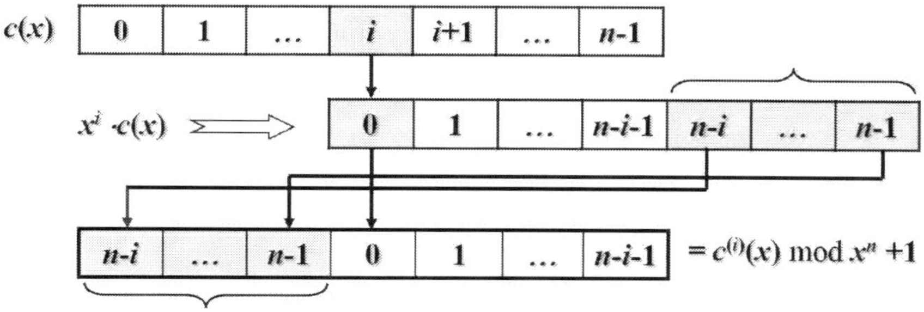


**Fig. 4.3 :** Permutation circulaire vers la droite de $c(x)$

La figure (Fig. 4.3) illustre la permutation cyclique du polynôme $c(x)$ vers la droite. Le polynôme $c(x)$ (représentation supérieure) a le degré $n$-1. Si le $n$-tuple associé à $c$ est décalé $i$-fois vers la droite, le polynôme $x^i \cdot c(x)$ (représentation du milieu) a le degré $(n - i - 1)$. Les coefficients $i$ les moins significatifs de ce polynôme sont cependant identiques à zéro. Si le polynôme $x^i \cdot c(x)$ est calculé mod $(x^n - 1)$ (représentation inférieure), les coefficients $c_i$ qui dépassent le degré de $c(x)$ sont déplacés aux endroits du polynôme $\boldsymbol{x}^{\boldsymbol{i}} \cdot c(x)$ qui étaient auparavant libres.

On peut constater que le polynôme $c^{(1)}(x)$ (relation 4.1b) est obtenu en multipliant $c(x)$ par $\boldsymbol{x}$, mais au lieu d'avoir le terme $c_{n-1} \cdot x^n$, on trouve le coefficient $c_{n-1}$ qui a été retiré de son terme $x^n$. Par conséquent, on doit déclarer que

$$x^n = 1 \Rightarrow x^n - 1 = 0 \qquad 4.2$$

Cela peut être décrit par le fait que $c_{n-1}x^n = c_{n-1}$ vient de la division $c_{n-1}\ x^n$ mod $x^n + 1$. C'est-à-dire $c_{n-1}$ est le reste de la division $c_{n-1} \cdot x^n : x^n - 1$.

Sous forme binaire, la permutation circulaire d'un mot est représentée par le produit du polynôme par $\boldsymbol{x}$ mod $(x^n - 1)$. En général :

$$c^{(i)}(x) = x^i \cdot c(x) \bmod (x^n - 1) \qquad 4.3$$

- **Remarque**

Puisque +1 = − 1 mod 2, nous pouvons également écrire la relation (4.2) sous la forme suivante :

$$x^n + 1 = x^n - 1 = 0 \mod 2 \qquad 4.4$$

**Exemple 4.1:** Permutation circulaire

- Soit la suite $a$ = 10101. Une permutation circulaire de 3 vers la droite donne : $a^{(111)}$ = 10110. Les vecteurs correspondants sont :

$$a = (1,0,1,0,1) \Rightarrow a(x) = 1 + x^2 + x^4$$
$$a^{(111)} = x^3 \cdot (1 + x^2 + x^4) \mod x^n + 1$$
$$= x^3 + x^5 + x^7 \Rightarrow a^{(111)} = (1,0,1,1,0)$$

On peut donc obtenir $a^{(111)}$ en cherchant le reste de la division de $x^3 + x^5 + x^7$ par $x^5 + 1$.

$$\begin{array}{l|l} x^7 + x^5 + x^3 & x^5 + 1 \\ \hline x^7 \qquad\qquad x^2 & x^2 + 1 \\ \hline \quad x^5 + x^3 + x^2 & \\ \quad x^5 \qquad\qquad +1 & \\ \hline \qquad x^3 + x^2 + 1 & \end{array}$$

$$x^3 + x^2 + 1 \quad \Rightarrow a^{(3)}(x) = 1 + x^2 + x^3 \quad \Leftrightarrow \quad \underline{\underline{a^{(111)} = (1, 0, 1, 1, 0)}}$$

La figure ci-dessous illustre cette permutation :

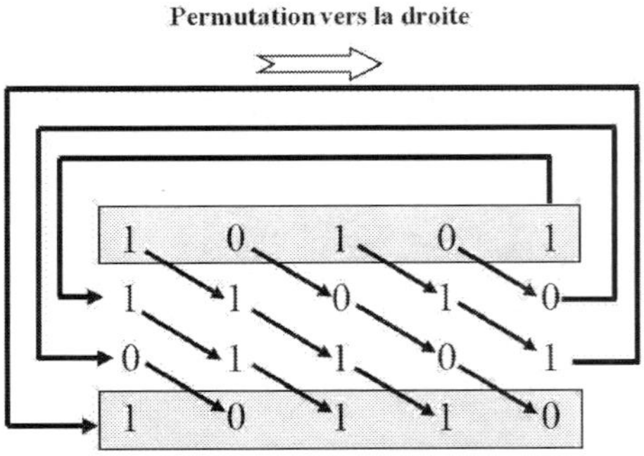


**Fig. 4.4 :** Permutation vers la droite

$$a(x) = 1 + x^2 + x^4 \Rightarrow a^{(3)}(x) = 1 + x^2 + x^3$$
$$a = (1,0,1,0,1) \Rightarrow \underline{\underline{a^{(111)} = (1,0,1,1,0)}}$$

■

## 4.1.2. Définition d'un code cyclique

Un code linéaire en blocs $C(n, k)q$* est dit cyclique si chaque décalage cyclique d'un mot de code est à nouveau un mot de code, c'est-à-dire :

$$(c_0, c_1, \dots, c_{n-2}, c_{n-1}) \in C \Rightarrow (c_{n-1}, c_0, c_1, \dots, c_{n-2}) \in C$$

$$\boldsymbol{x}^i \cdot \boldsymbol{c}(\boldsymbol{x}) = \tilde{\boldsymbol{c}}(\boldsymbol{x}) \ \text{mod} \ \boldsymbol{x}^n - 1, \ \ \tilde{\boldsymbol{c}}(\boldsymbol{x}) \in \boldsymbol{C} \qquad 4.5$$

En effectuant plusieurs déplacements cycliques, on obtient :

$$(c_{n-2}, c_{n-1}, c_0, \dots, c_{n-4}, c_{n-3}) \in C$$
$$(c_{n-3}, c_{n-2}, c_{n-1}, c_0, \dots, c_{n-4}) \in C$$
$$\vdots$$
$$(c_1, \dots, c_{n-3}, c_{n-2}, c_{n-1}, c_0) \in C$$

Il est donc indifférent que la définition exige le déplacement vers la droite ou vers la gauche.

*Définition de $q$ voir chapitre 2. Ici nous utiliserons plus souvent $q = p = 2$.

**Exemple 4.2 :** Code équivalent cyclique de Hamming

- Considérons le code $C(7, 4)_2$ avec la matrice génératrice systématique :

$$G = \left[\begin{array}{cccc|ccc} 1 & 0 & 0 & 0 & 0 & 1 & 1 \\ 0 & 1 & 0 & 0 & 1 & 0 & 1 \\ 0 & 0 & 1 & 0 & 1 & 1 & 0 \\ 0 & 0 & 0 & 1 & 1 & 1 & 1 \end{array}\right]$$

Il est évident que ce code n'est pas cyclique, car la suite {0001111} est un mot de code, mais le décalage cyclique {1111000} n'est pas un mot de code. Si les colonnes sont permutées, le résultat est un code équivalent $G_2$ :

$$G = \left[\begin{array}{cccc|ccc} 1 & 0 & 0 & 0 & 0 & 1 & 1 \\ 0 & 1 & 0 & 0 & 1 & 0 & 1 \\ 0 & 0 & 1 & 0 & 1 & 1 & 0 \\ 0 & 0 & 0 & 1 & 1 & 1 & 1 \end{array}\right] \Rightarrow G_2 = \begin{bmatrix} 1 & 1 & 0 & 1 & 0 & 0 & 0 \\ 0 & 1 & 1 & 0 & 1 & 0 & 0 \\ 0 & 0 & 1 & 1 & 0 & 1 & 0 \\ 0 & 1 & 1 & 1 & 0 & 0 & 1 \end{bmatrix}$$

Les opérations de lignes élémentaires (ajouter la ligne 2 à la ligne 4) donnent un code identique avec $G_3$.

$$lign_2(G_2)+lign_4(G_2)=lign_4(G_3)$$

$$G_2=\begin{bmatrix}1&1&0&1&0&0&0\\0&1&1&0&1&0&0\\0&0&1&1&0&1&0\\0&1&1&1&0&0&1\end{bmatrix}\Rightarrow G_3=\begin{bmatrix}1&1&0&1&0&0&0\\0&1&1&0&1&0&0\\0&0&1&1&0&1&0\\0&0&0&1&1&0&1\end{bmatrix}$$

Ce code est cyclique, comme on peut le constater : les lignes de la matrice génératrice sont d'abord séparées par des décalages cycliques. Le décalage de la dernière ligne donne 1000110 et il s'agit d'un mot de code pour le mot info 1110. Avec $G_3$, on a le codage suivant :

| ***u*** | ***c*** | ***u*** | ***c*** |
|---|---|---|---|
| 0000 | 0000000 | 1011 | 1111111 |
| 1000 | 1101000 | 0101 | 0111001 |
| 0010 | 0011010 | 1010 | 1110010 |
| 0001 | 0001101 | 1100 | 1011100 |
| 1110 | 1000110 | 0110 | 0101110 |
| 0111 | 0100011 | 0011 | 0010111 |
| 1101 | 1010001 | 1111 | 1001011 |
| 0100 | 0110110 | 1001 | 1100101 |

**Tableau 4.1**

Le mot {000000} et le mot {1111111} ne changent pas avec le décalage cyclique. Les 7 mots suivants sont décalés de façon cyclique, le poids de Hamming 3 restant toujours constant. Il en va de même pour les 7 derniers mots de Hamming poids 4.

■

Pour la description des codes cycliques, les matrices génératrices ne sont pas très appropriées, parce que les matrices de bande sont difficiles à manipuler et parce que l'exemple précédent indique déjà qu'une ligne de la matrice génératrice seule est caractéristique du code. En général, les codes cycliques ne sont pas décrits avec des vecteurs et des matrices, mais avec des polynômes.

Un vecteur est identifié par un polynôme comme suit :

$$\left.\begin{aligned} c = (c_0, c_1, \ldots, c_{n-2}, c_{n-1}) \in \mathbb{F}_q^n \\ \downarrow \\ c(x) = \sum_{i=0}^{n-1} c_i x^i \in \mathbb{F}_q[x]_{n-1} \end{aligned}\right\} \quad 4.6$$

Les codes cycliques constituent un cas particulier des codes polynomiaux.

- **Remarques**
  - L'abréviation $w(c(x))$ est également écrite pour $w(c)$. $\mathbb{F}_q[x]$ désigne l'ensemble de tous les polynômes de degré quelconque et $\mathbb{F}_q[x]_{n-1}$ désigne l'ensemble de tous les polynômes de degré inférieur ou égal à $n$ - 1, où les coefficients sont chacun issus de $\mathbb{F}_q$.
  - La grandeur $x$ (à ne pas confondre avec l'entrée du canal discret) n'a que la signification d'un espace réservé - à la place, on pourrait aussi écrire $y$, $z^{-1}$ ou $D$.
  - Un polynôme pour lequel le coefficient le plus élevé non nul est égal à 1, est appelé polynôme normalisé.
  - Les bases les plus importantes de l'arithmétique polynomiale pour la théorie du codage ont été discutées au chapitre 2.

**Exemple 4.3 :** Code cyclique polynomial

- Soit le mot $\underline{c}_0$ = (1,1,0,1,0,0,0).

  $\underline{c}_0 = (c_0, c_1, c_2, c_3, c_4, c_5, c_6) = (1,1,0,1,0,0,0);\ n = 7$

  Une permutation circulaire d'une position vers la droite donne :

  110100**0**

  ↘↘

  **0**110100

  $\underline{c}_0 = c^{(0)}(x) = 1 + x + x^3 = c(x)$

  $\underline{c}_1 = c^{(1)}(x) = x \cdot \underline{c}_0 = x(1 + x + x^3) \bmod\ x^7 - 1$

  $c^{(1)}(x) = x + x^2 + x^4 \bmod\ (x^7 + 1) = x + x^2 + x^4 \Rightarrow c^{(1)} = (0,1,1,0,1,0,0)$

  $c^{(7)}(x) = x^7 \cdot \underline{c}_0 = x^7(1 + x + x^3)\ \bmod\ (x^7 - 1) = 1 + x + x^3\ ;\ (x^7 = 1)$

  Comme indiqué dans le tableau ci-après, le mot de code $\underline{c}_0$ peut former six mots de code supplémentaires par six décalages cycliques.

Cependant, tous les mots de code $2^k$ ne peuvent pas être générés, donc un nouveau mot de code peut être généré par l'ajout modulo 2 de $\underline{c}_8 = \underline{c}_0 + \underline{c}_1$.

Ce mot de code $c_8$ peut être décalé ($n$–1)-fois de nouveau, chaque décalage générant un nouveau mot de code.

| $i$ | Décalage | Mot de code $\underline{c}_i$ | $w(\underline{c}_i)$ |
|---|---|---|---|
| 0 | $x^0 \cdot \underline{c}_0 = \underline{c}_0$ | 1101000 | 3 |
| 1 | $x^1 \cdot \underline{c}_0 = \underline{c}_1$ | 0110100 | 3 |
| 2 | $x^2 \cdot \underline{c}_0 = \underline{c}_2$ | 0011010 | 3 |
| 3 | $x^3 \cdot \underline{c}_0 = \underline{c}_3$ | 0001101 | 3 |
| 4 | $x^4 \cdot \underline{c}_0 = \underline{c}_4$ | 1000110 | 3 |
| 5 | $x^5 \cdot \underline{c}_0 = \underline{c}_5$ | 0100011 | 3 |
| 6 | $x^6 \cdot \underline{c}_0 = \underline{c}_6$ | 1010001 | 3 |
| 7 | $x^7 \cdot \underline{c}_0 = \underline{c}_7$ | 1101000 | 3 |
| 8 | $\underline{c}_0 + \underline{c}_1 = \underline{c}_8$ | 1011100 | 4 |
| 9 | $x^0 \cdot \underline{c}_8 = \underline{c}_{0,8}$ | 0101110 | 4 |
| 10 | $x^1 \cdot \underline{c}_8 = \underline{c}_{1,8}$ | 0010111 | 4 |
| 11 | $x^2 \cdot \underline{c}_8 = \underline{c}_{2,8}$ | 1001011 | 4 |
| 12 | $x^3 \cdot \underline{c}_8 = \underline{c}_{3,8}$ | 1100101 | 4 |
| 13 | $x^4 \cdot \underline{c}_8 = \underline{c}_{4,8}$ | 1110010 | 4 |
| 14 | $x^5 \cdot \underline{c}_8 = \underline{c}_{5,8}$ | 0111001 | 4 |
| 15 | $x^6 \cdot \underline{c}_8 = \underline{c}_{6,8}$ | 1011100 | 4 |
| 16 | $\underline{c}_0 + \underline{c}_{10} = \underline{c}_{7,8}$ | 1111111 | 7 |

**Tableau 4.2 :** Code cyclique (7,4) généré par $c(x) = 1 + x + x^3$

■

# 4.2. Polynôme générateur

## 4.2.1. Introduction

Les codes linéaires sont décrits par la matrice génératrice ou la matrice de contrôle. Les codes cycliques peuvent, en outre, être caractérisés de manière plus compacte et plus claire par des polynômes correspondants.

On peut démontrer [32] que tout mot de code est multiple d'un polynôme $g(x)$ appelé polynôme générateur.

### 4.2.2. Description par le polynôme générateur

Pour un code cyclique $C(n, k)_q$, il existe exactement un polynôme générateur $g(x) \in \mathbb{F}_q[x]_{n-k}$ de degré $r = n - k$ sur $\mathbb{F}_q$, avec lequel tout l'espace de code peut être généré. Si $u(x)$ représente le polynôme du mot d'information, alors le mot de code associé peut être déterminé par la relation :

$$\begin{aligned} \boldsymbol{c} &= \left\{ \boldsymbol{u}(\boldsymbol{x}) \cdot \boldsymbol{g}(\boldsymbol{x}) \middle| \boldsymbol{u}(\boldsymbol{x}) \in \mathbb{F}_q \left[ \boldsymbol{x} \right]_{k-1} \right\} \\ &= \left\{ \boldsymbol{c}(\boldsymbol{x}) \in \mathbb{F}_q \left[ \boldsymbol{x} \right]_{n-1} \middle| \boldsymbol{c}(\boldsymbol{x}) \bmod \boldsymbol{g}(\boldsymbol{x}) = 0 \; ; \; \boldsymbol{R}_{g(x)} \left[ \boldsymbol{c}(\boldsymbol{x}) \right] = 0 \right\} \end{aligned} \quad 4.7$$

En conséquence, l'espace du code est formé de toutes les combinaisons linéaires possibles de versions décalées cycliquement du polynôme générateur. Chaque mot de code est donc divisible par $g(x)$ sans reste. Pour un polynôme générateur :

$$\boldsymbol{g}(\boldsymbol{x}) = \boldsymbol{g}_0 + \boldsymbol{g}_1 \boldsymbol{x} + \cdots + \boldsymbol{g}_{r-1} \boldsymbol{x}^{r-1} + \boldsymbol{x}^r \quad 4.8$$

Il est de degré $r$ avec $r = n - k$, dont les coefficients $g_r$ et $g_0$ sont toujours égaux à 1, il est toujours supposé être normalisé. Donc $g(x)$ est de la forme :

$$\boldsymbol{g}(\boldsymbol{x}) = 1 + \boldsymbol{g}_1 \boldsymbol{x} + \cdots + \boldsymbol{g}_{r-1} \boldsymbol{x}^{r-1} + \boldsymbol{x}^r \quad 4.9$$

Le polynôme générateur permet d'obtenir un codeur sous la forme suivante :

$$\boldsymbol{u}(\boldsymbol{x}) \rightarrow \boldsymbol{c}(\boldsymbol{x}) = \boldsymbol{u}(\boldsymbol{x}) \cdot \boldsymbol{g}(\boldsymbol{x}) \quad 4.10$$

Le code cyclique $C(n,k)_q$ est généré par le polynôme générateur $g(x)$. Ensuite, le code est également généré par la matrice génératrice $G$ telle que :

$$\boldsymbol{G} = \begin{bmatrix} \boldsymbol{g}_0 & \cdots & \boldsymbol{g}_{n-k} & 0 & 0 \\ 0 & \boldsymbol{g}_0 & \cdots & \boldsymbol{g}_{n-k} & 0 \\ \vdots & \vdots & \cdots & \vdots & 0 \\ 0 & 0 & \boldsymbol{g}_0 & \cdots & \boldsymbol{g}_{n-k} \end{bmatrix} = \begin{bmatrix} \boldsymbol{g}^{(0)} \\ \boldsymbol{g}^{(1)} \\ \vdots \\ \boldsymbol{g}^{(k-1)} \end{bmatrix} \quad 4.11$$

Les lignes de la matrice génératrice forment la base canonique du sous-espace vectoriel des mots de code. Le polynôme de plus faible degré de cette base correspond à la ligne supérieure de la matrice $G$. Ce polynôme est visiblement de degré $r = n - k$.

$$\boldsymbol{G} = \begin{bmatrix} \boldsymbol{g(x)} \\ \boldsymbol{xg(x)} \\ \vdots \\ \boldsymbol{x^{k-1}g(x)} \end{bmatrix} \qquad 4.12$$

Dans le code cyclique $C(n,k)_q$, les permutations sur les bits du mot $g^{(i)}$, correspondant au polynôme générateur $g(x)$, sont des mots du code.

Ainsi les polynômes $g(x)$, $x \cdot g(x)$, $x^2 \cdot g(x)$, ..., $x^{k-1} \cdot g(x)$ correspondent à $k$ mots linéairement indépendants de $C$, donc forment une base pour le sous-espace des mots de $C$. Par suite l'espace ligne d'une matrice génératrice est formé par l'ensemble des combinaisons linéaires des vecteurs de ligne de la matrice $G$.

$$\boldsymbol{g^{(0)}(x)} = \overbrace{(\underbrace{\boldsymbol{g_0, g_1, \ldots, g_{r-1}}, 1}_{r+1}, \underbrace{0, \ldots, 0}_{k-1})}^{n}$$

$$\boldsymbol{g^{(i)}(x) = x^i \cdot g(x)} = (\underbrace{0, \ldots, 0}_{i}, \underbrace{\boldsymbol{g_0, g_1, \ldots, g_{r-1}}, 1}_{r+1}, \underbrace{0, \ldots, 0}_{k-1-i})$$

Les éléments des lignes (relation 4.11) sont les coefficients d'un polynôme de degré $n - 1$, où les coefficients des puissances de $\boldsymbol{x}$ absentes ont été remplacés par des zéros.

**Exemple 4.4 :** Matrice génératrice et polynôme générateur

- Pour le code $C(7,4)_2$ avec le polynôme générateur $g(x) = 1 + x + x^3$, la matrice génératrice correspondante sera donc d'après la relation (4.11)

$$G = \begin{bmatrix} \mathbf{1} & \mathbf{1} & \mathbf{0} & \mathbf{1} & 0 & 0 & 0 \\ 0 & \mathbf{1} & \mathbf{1} & \mathbf{0} & \mathbf{1} & 0 & 0 \\ 0 & 0 & \mathbf{1} & \mathbf{1} & \mathbf{0} & \mathbf{1} & 0 \\ 0 & 0 & 0 & \mathbf{1} & \mathbf{1} & \mathbf{0} & \mathbf{1} \end{bmatrix} = \begin{bmatrix} g^{(0)} \\ g^{(1)} \\ g^{(2)} \\ g^{(3)} \end{bmatrix} \Leftrightarrow \begin{bmatrix} g(x) \\ x \cdot g(x) \\ x^2 \cdot g(x) \\ x^3 \cdot g(x) \end{bmatrix}$$

- Cette matrice génétratrice $G$ ne conduit pas automatiquement à un code systématique. Cependant, Cette matrice peut être transformée en forme systématique par une combinaison élémentaire des lignes par exemple :

$$g_{(3)} = g^{(3)},\quad g_{(2)} = g^{(2)} + g^{(3)},$$
$$g_{(1)} = g^{(1)} + g^{(2)} + g^{(3)},\quad g_{(0)} = g^{(0)} + g^{(1)} + g^{(2)}$$

- Ce qui donne :

$$G = \underbrace{\begin{bmatrix} 1 & 0 & 0 & 0 & 1 & 1 & 0 \\ 0 & 1 & 0 & 0 & 0 & 1 & 1 \\ 0 & 0 & 1 & 0 & 1 & 1 & 1 \\ 0 & 0 & 0 & 1 & 1 & 0 & 1 \end{bmatrix}}_{k-1 \qquad\qquad r+1} = \begin{bmatrix} g_{(0)} \\ g_{(1)} \\ g_{(2)} \\ g_{(3)} \end{bmatrix}$$

- La matrice génératrice systématique génère le même code que la matrice génératrice non systématique. Seule l'affectation de l'information au mot de code change.

■

Pour tout polynôme $c(x)$ de degré $\deg(c(x)) < n$, $\deg(u(x)) = k-1$ et $\deg(g(x)) = n-k$ s'applique généralement :

$$\boldsymbol{c}(\boldsymbol{x}) = \boldsymbol{u}(\boldsymbol{x}) \cdot \boldsymbol{g}(\boldsymbol{x}) + \boldsymbol{r}(\boldsymbol{x}) \text{ avec } \deg(\boldsymbol{r}(\boldsymbol{x})) < \deg(\boldsymbol{g}(\boldsymbol{x})) \qquad 4.13$$

Le polynôme $r(x)$ représente le reste de la division polynomiale de $c(x)$ avec $g(x)$. Dans ce qui suit, nous utilisons une abréviation pour les restes de divisions polynomiales modulo $g(x)$ :

$$\boldsymbol{r}(\boldsymbol{x}) = \boldsymbol{c}(\boldsymbol{x}) \bmod \boldsymbol{g}(\boldsymbol{x}) = \boldsymbol{R}_{g(x)}\left[\boldsymbol{c}(\boldsymbol{x})\right] \qquad 4.14$$

Les règles suivantes s'appliquent à la division polynomiale, pour deux polynôme $a(x)$ et $b(x)$, on a :

$$\left.\begin{array}{l} 1\ \boldsymbol{R}_{g(x)}\left[\boldsymbol{a}(\boldsymbol{x}) + \boldsymbol{b}(\boldsymbol{x})\right] = \boldsymbol{R}_{g(x)}\left[\boldsymbol{a}(\boldsymbol{x})\right] + \boldsymbol{R}_{g(x)}\left[\boldsymbol{b}(\boldsymbol{x})\right] \\ 2\ \boldsymbol{R}_{g(x)}\left[\boldsymbol{a}(\boldsymbol{x}) \cdot \boldsymbol{b}(\boldsymbol{x})\right] = \boldsymbol{R}_{g(x)}\left[\boldsymbol{R}_{g(x)}\left[\boldsymbol{a}(\boldsymbol{x})\right] \cdot \boldsymbol{R}_{g(x)}\left[\boldsymbol{b}(\boldsymbol{x})\right]\right] \\ 3\ \boldsymbol{R}_{g(x)}\left[\boldsymbol{a}(\boldsymbol{x}) \cdot \boldsymbol{g}(\boldsymbol{x})\right] = 0 \\ 4\ \deg \boldsymbol{a}(\boldsymbol{x}) < \deg \boldsymbol{g}(\boldsymbol{x}) \Rightarrow \boldsymbol{R}_{g(x)}\left[\boldsymbol{a}(\boldsymbol{x})\right] = \boldsymbol{a}(\boldsymbol{x}) \end{array}\right\} \qquad 4.15$$

Un polynôme générateur $g(x)$ ne décrit pas un code de manière univoque. Jusqu'à présent, seule la dépendance entre $g(x)$ et le nombre de symboles de contrôle $n-k$ ($\deg(g(x)) = n-k$) était prise en compte. Toutefois, pour une description précise du code, une relation avec la longueur $n$ du mot de code est toujours nécessaire.

Soit $g(x)$ est un polynôme du degré $n-k$, et si $C$ est un code cyclique, donc

$$\boldsymbol{R}_{g(x)}\left[\boldsymbol{x}^{n}-1\right]=0 \qquad 4.16a$$

c'est-à-dire $g(x)$ divise $x^n - 1$ ($x^n + 1 = x^n - 1$) sans reste.

On suppose que : $x^n - 1 = g(x)\cdot h(x) + r(x)$, où $\deg(r(x)) < \deg(g(x))$

Pour que $g(x)$ divise $\boldsymbol{x}^{\boldsymbol{n}}$ - 1, $r(x)$ doit être = 0.

$$r(x)=\left\{(x^{n}-1)-g(x)\cdot h(x)\right\}_{\bmod\ (x^{n}-1)}=-g(x)\cdot h(x)$$

Cela veut dire que $\deg(r(x)) = \deg(g(x)\cdot h(x))$, mais en raison de $\deg(r(x)) < \deg(g(x))$, $r(x) \neq 0$ est une contradiction, donc : $r(x) = 0$.

Ainsi, un polynôme générateur peut décrire différents codes, puisque $n$ peut être valable pour plusieurs longueurs de mots de code : $R_{g(x)}[x^n + 1] = 0$.

Le nombre $n-k$ de symboles de contrôle, c'est-à-dire le degré de $g(x)$ est constant, mais la longueur $n$ du mot de code et donc le nombre $k$ de symboles d'information par mot de code ne l'est pas.

Puisque les codes cycliques sont un sous-ensemble des codes linéaires en blocs, toutes les déclarations précédentes s'appliquent également ici.Par exemple, l'ajout de deux mots de code conduit à un mot de code valide.

Si $n$ est connu, $g(x)$ contient toutes les informations déterminant un code et le décrit donc complètement.

Seulement si le polynôme générateur remplit la condition (4.16a), un code cyclique est généré.

La période $\rho$ d'un polynôme générateur $g(x)$ est le plus petit nombre entier auquel s'applique : $1 - x^\rho = 0 \bmod g(x)$. Elle est calculée en inversant l'algorithme de division gaussienne. Le polynôme est décalé de sorte que les plus petites puissances s'annulent toujours. Un code cyclique remplit donc la condition : $n = \rho$.

$$\boldsymbol{R}_{g(x)}\left[\boldsymbol{x}^{n}-1\right]=0 \Rightarrow \boldsymbol{\rho}=\boldsymbol{n} \qquad 4.16b$$

# 4.3. Polynôme de contrôle

## 4.3.1. Description par le polynôme de contrôle

Dans la section précédente, il a été démontré que $g(x)$ est un facteur de $x^n - 1$tel que :

$$g(x) \cdot h(x) = x^n - 1 \qquad 4.17$$

où $h(x)$ est un polynôme de degré $k$ :

$$h(x) = h_0 + h_1 x + h_2 x + \cdots + h_{k-1} x^{r-1} + h_k x^k \qquad 4.18$$

On peut maintenant démontrer que la matrice de contrôle $H$ peut être dérivée du polynôme $h(x)$.

Pour un mot de code $c = (c_0, c_1, ..., c_{n-1})$, on a : $c(x) = u(x) \cdot g(x)$, où $c(x)$ est un multiple de $g(x)$. Il en découle :

$$\begin{aligned} c(x) \cdot h(x) &= u(x) \cdot g(x) \cdot h(x) \\ &= u(x)(x^n - 1) = u(x)x^n - u(x) \end{aligned} \qquad 4.19$$

Comme le degré de $u(x)$ est inférieur ou égal à $k - 1$, les puissances $x^k, x^{k+1}, ..., x^{n-1}$ ne peuvent pas se produire dans $u(x) \cdot x^n + u(x)$. Il en résulte que :

$$\sum_{i=0}^{k} h_i \cdot c_{n-i-j} = 0 \qquad 4.20$$

- **Remarque**

$$\begin{matrix} i = k & j = n - k & c_{n-k-n+k} \\ \vdots & \vdots & \vdots \\ i = 0 & j = 1 & c_{n-0-1} \end{matrix} \Rightarrow \begin{pmatrix} c_0 \\ \vdots \\ c_{n-1} \end{pmatrix}$$

La forme matricielle de (4.18) est

$$H \cdot c^T = 0, \qquad 4.21$$

où la matrice de contrôle correspondante est déterminée par les coefficients de $h(x)$. Ci-après la forme matricielle explicite de $H$.

$$\boldsymbol{H} = \begin{bmatrix} \boldsymbol{h}_k & \cdots & \boldsymbol{h}_0 & 0 & \cdots & 0 \\ 0 & \boldsymbol{h}_k & \cdots & \boldsymbol{h}_0 & \cdots & 0 \\ \vdots & \vdots & \cdots & \vdots & \vdots & 0 \\ 0 & \cdots & 0 & \boldsymbol{h}_k & \cdots & \boldsymbol{h}_0 \end{bmatrix} = \begin{bmatrix} \overline{\boldsymbol{h}}(\boldsymbol{x}) \\ \boldsymbol{x}\overline{\boldsymbol{h}}(\boldsymbol{x}) \\ \vdots \\ \boldsymbol{x}^{n-k-1}\overline{\boldsymbol{h}}(\boldsymbol{x}) \end{bmatrix} \qquad 4.22$$

$\overline{h}(x)$ est le polynôme réciproque de $h(x)$ (relation 2.35) Bien sûr, l'ordre des lignes en $H$ comme en $G$ est arbitraire.

La matrice de contrôle $H$ est une matrice $(n - k)\times n$ avec la propriété que chaque vecteur de ligne $h^{(i)}$ est orthogonal à chaque mot de code. Si l'on compare la matrice de contrôle $H$ (relation 4.22) avec la matrice génératrice (relation 4.11), il devient évident qu'elles ont la même structure.

## 4.3.2. Le code dual et le polynôme de contrôle

D'après la définition du code dual (§ 3.2.3), si la première ligne de $H$ est interprétée comme le polynôme générateur $g_d(x)$ du code dual, alors

$$\begin{aligned} g_d(x) &= h_k + h_{k-1}x + h_{k-2}x^2 + \cdots + h_0 x^k \\ &= x^k (h_k x^{-k} + h_{k-1}x^{1-k} + \cdots + h_1 x^{-1} h_0) \end{aligned}$$

$$\boldsymbol{g_d(x) = x^k h(x^{-1})} \qquad 4.23$$

où $h(x) = \dfrac{x^n + 1}{g(x)}$ et $\overline{h}(x) = g_d(x)$

Le code cyclique $C(n,k)_q$ comprend le polynôme générateur $g(x)$ et le polynôme de contrôle $h(x)$. Le code dual $(n,\ n-k)_q$ est alors également cyclique avec le polynôme générateur $\overline{h}(x) = g_d(x) = x^k h(x^{-1})$ et le polynôme de contrôle $h_d(x) = \overline{g}(x) = x^{n-k} g(x^{-1})$.

**Exemple 4.5 :** Matrice de contrôle et code dual

- Examinons à nouveau le code cyclique $C(7,4)_2$ avec le polynôme générateur $g(x) = 1 + x + x^3$.

  Le polynôme de contrôle $h(x)$ est calculé comme suit :

  $$h(x) = \frac{x^n + 1}{g(x)} = \frac{x^7 + 1}{x^3 + x + 1} = x^4 + x^2 + x + 1$$

Pour le polynôme générateur du code dual $C^{\perp}$ de $C$, on a :

$$\overline{h}(x) \equiv g_d(x) = x^4 h(x^{-1}) = 1 + x^2 + x^3 + x^4$$

$$h_d(x) \equiv \overline{g}(x) = x^{n-k} g(x^{-1}) = x^3(1 + x^{-1} + x^{-3})$$

$$\underline{\underline{h_d(x) = 1 + x^2 + x^3}}$$

Le polynôme $g_d(x)$ génère un code cyclique $C(7,3)$ avec le nombre minimum $d_{min} = 4$.

- La matrice de contrôle $H$ du code $C$ est également la matrice génératrice du code dual $C^{\perp}$ :

La matrice génératrice du code $C$ : $g(x) = 1 + x + x^3 \Rightarrow g = (1, 1, 0, 1)$

$$G = \begin{bmatrix} g(x) \\ xg(x) \\ \vdots \\ x^{k-1}g(x) \end{bmatrix} \Rightarrow G = \begin{bmatrix} 1 & 1 & 0 & 1 & 0 & 0 & 0 \\ 0 & 1 & 1 & 0 & 1 & 0 & 0 \\ 0 & 0 & 1 & 1 & 0 & 1 & 0 \\ 0 & 0 & 0 & 1 & 1 & 0 & 1 \end{bmatrix}$$

Ou dans la forme systématique (voir exemple 4.4)

$$G = \left[\begin{array}{cccc|ccc} 1 & 0 & 0 & 0 & 1 & 1 & 0 \\ 0 & 1 & 0 & 0 & 0 & 1 & 1 \\ 0 & 0 & 1 & 0 & 1 & 1 & 1 \\ 0 & 0 & 0 & 1 & 1 & 0 & 1 \end{array}\right] \Rightarrow H = \left[\begin{array}{cccc|ccc} 1 & 0 & 1 & 1 & 1 & 0 & 0 \\ 1 & 1 & 1 & 0 & 0 & 1 & 0 \\ 0 & 1 & 1 & 1 & 0 & 0 & 0 \end{array}\right]$$

$$G^{\perp} = H = \left[\begin{array}{cccc|ccc} \boxed{1 \; 0 \; 1 \; 1} & \boxed{1} & 0 & 0 \\ 1 & 1 & 1 & 0 & 0 & 1 & 0 \\ 0 & 1 & 1 & 1 & 0 & 0 & 0 \end{array}\right] \Rightarrow g_d = 1 + x^2 + x^3 + x^4$$

$$h_d(x) = \frac{x^n + 1}{g_d(x)} = \frac{x^7 + 1}{x^4 + x^3 + x^2 + 1} = x^3 + x^2 + 1$$

$\underline{\underline{h_d(x) = 1 + x^2 + x^3}}$, ce que nous avons déjà réalisé.

■

# 4.4. Codage des codes cycliques

## 4.4.1. Codage non systématique par le polynôme générateur $g(x)$

Selon les relations (4.7 et 4.10), ce qui suit s'applique pour chaque polynôme de mot de code $c(x)$ du code $C \in GF(2)$ :

$$\boldsymbol{c}(\boldsymbol{x}) = \boldsymbol{u}(\boldsymbol{x}) \cdot \boldsymbol{g}(\boldsymbol{x}) = (\boldsymbol{u}_0 + \boldsymbol{u}_1\boldsymbol{x} + \boldsymbol{u}_1\boldsymbol{x}^2 + \cdots + \boldsymbol{u}_{k-1}\boldsymbol{x}^{k-1}) \cdot \boldsymbol{g}(\boldsymbol{x}) \qquad 4.24$$

Le vecteur de coefficient $(u_0, u_1, u_2, \ldots, u_{k-1})$ de $u(x)$ contient les informations transmises, tandis que le vecteur de coefficient $(c_0, c_1, c_2, \ldots, c_{n-1})$ de $c(x)$ représente le mot de code.

Une possibilité de représenter simplement le codage est donc la multiplication du polynôme de l'information avec le polynôme générateur. Le degré du polynôme générateur est identique au nombre de bits de contrôle. Ce type de codage simple est dit non systématique, car les bits d'information ne peuvent pas être lus directement à partir du mot de code après le codage.

**Exemple 4.6 :** Code non systématique

- Soit un code cyclique avec le polynôme générateur $g(x) = 1 + x + x^3$. On code directement l'information : $u = (1, 1, 1, 0)$.

  $u = 1 + x + x^2 \Leftrightarrow u = (1, 1, 1, 0)$.

  $c(x) = u(x) \cdot g(x) = (1 + x + x^2) \cdot (1 + x + x^3) \bmod 2$

  $\qquad = 1 + x^4 + x^5 \Leftrightarrow c = (10001100)$

L'information $u = (1, 1, 1, 0)$ ne peut pas être directement dérivée du mot de code $c = (1, 0, 0, 0, 1, 1, 0, 0)$.

■

## 4.4.2. Codage systématique

### A. Codage systématique par le polynôme générateur $g(x)$

Chaque code cyclique peut être codé systématiquement, car pour chaque code cyclique il existe une matrice génératrice selon la relation (4.10), qui peut être convertie en une forme systématique, le code restant identique. Le codage direct selon la relation (4.10) génère un code non systématique et n'est donc jamais utilisé. Dans cette section, différentes méthodes d'encodage systématique sont données, qui sont basées directement sur la description polynomiale et peuvent être mises en œuvre avec de simples registres à décalage.

L'approche de codage systématique est d'ajouter $(n-k)$ symboles de parité par un polynôme séparé $p(x)$ de rang$(n-k-1)$ à une version linéairement décalée de l'information $u(x)$. Le mot de code a la forme suivante :

$$c(x) = u(x)x^{n-k} + p(x) \qquad 4.25$$

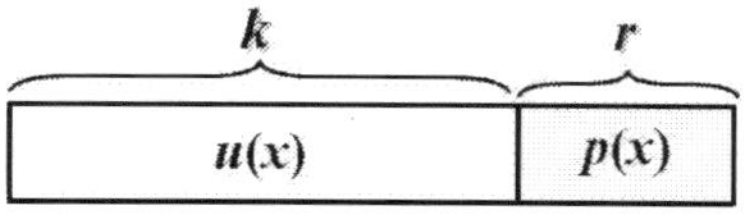


**Fig. 4.5 :** Structure systématique d'un mot de code

La matrice systématique est représentée, en général, par la forme suivante (voir exemple 4.4) :

$$G = \left[I_k \middle| P\right] = \begin{bmatrix} g^{(0)} \\ g^{(1)} \\ \vdots \\ g^{(k-1)} \end{bmatrix} \Rightarrow g^{(i)} = [\overbrace{0 \ \cdots \ 0 \ \underset{\substack{\uparrow \\ i}}{1} \ 0 \ \cdots \ 0}^{k} \ \overbrace{p_0 \ \cdots \ p_{r-1}}^{r}] \qquad 0 \le i \le k-1$$

On peut dire que la $i$-ème ligne de la matrice génératrice a la forme suivante :

$x^{n-i} + r(x)_{\bmod g(x)} \quad i = 1, 2, \ldots, k,$

où $r(x)$ est un polynôme de degré inférieur à $r = n - k$.

Le mot de code doit être généré par multiplication avec le polynôme générateur et en même temps obtenir la forme systématique, c'est-à-dire :

$$c(x) = q(x) \cdot g(x) = x^{n-i} + r(x) \qquad 4.26$$

$q(x) \cdot g(x)$ est un mot de code, ce qui signifie que $x^{n-i} + r(x)$ présente la ligne correspondante dans la matrice génératrice. Pour un code cyclique $C(n,k)_2$, la relation (4.26) peut également être représentée comme suit :

$$x^{n-i} = q_i(x) \cdot g(x) + r_i(x) \ \text{mod}\ 2, \ i = 1, 2, \ldots, k \qquad 4.27$$

**Exemple 4.7 :** Code systématique au moyen du polynôme générateur

- Pour le code systématique $C(7,4)_2$, la relation (4.27) doit être présentée en détail, où $n = 7$, $k = 4$ et $r = n - k = 3$ pour $i = 1, 2 \ldots, k$

| $i$ | $x^{n-i} = q_i(x) \cdot g(x) + r_i(x)$ | | | | | | | |
|---|---|---|---|---|---|---|---|---|
| 4 | $x^3 = 1 \cdot g(x) + \underline{1 + x}$ (*) → | 1 | 0 | 0 | 0 | 1 | 1 | 0 |
| 3 | $x^4 = x \cdot g(x) + \underline{x + x^2}$ → | 0 | 1 | 0 | 0 | 0 | 1 | 1 |
| 2 | $x^5 = (x^2+1)g(x) + \underline{1 + x + x^2}$ (**) → | 0 | 0 | 1 | 0 | 1 | 1 | 1 |
| 1 | $x^6 = (x^3+x+1)g(x) + \underline{1 + x^2}$ → | 0 | 0 | 0 | 1 | 1 | 0 | 1 |

- **Remarques**

(*) $g(x) = 1 + x + x^3 \Rightarrow x^3 = g(x) + 1 + x$

$$x^4 = x \cdot g(x) + x + x^2$$

(**) $x^5 = x^2 \cdot g(x) + x^2 + x^3 = x^2 \cdot g(x) + x^2 + g(x) + 1 + x$

$$x^5 = (x^2+1) \cdot g(x) + 1 + x + x^2$$

■

Le codage systématique au moyen du polynôme générateur s'effectue en trois étapes :

**Etape 1 :** Multiplication du polynôme d'information par $x^r = x^{n-k}$ :

$$\boldsymbol{u(x) \cdot x^{n-k} = u_0 x^{n-k} + u_1 x^{n-k+1} + \cdots + u_{k-1} x^{n-1}} \qquad 4.28a$$

Cela ne fait que déplacer l'information vers les coefficients les plus élevés du polynôme $c(x)$.

**Étape 2 :** Division du polynôme $u(x)\, x^{n-k}$ par $g(x)$ :

$$\boldsymbol{\frac{u(x) \cdot x^{n-k}}{g(x)} = q(x) + \frac{r(x)}{g(x)}} \qquad 4.28b$$

Où $q(x)$ est un multiple de la division et $r(x)$ est le reste de la division. Le degré du polynôme résiduel $r(x)$ est plus petit ou au plus $(n - k - 1)$, puisque le degré de $g(x)$ est $(n - k)$.

$$\boldsymbol{r(x) = R_{g(x)}\left[x^{n-k} \cdot u(x)\right] = x^{n-k} \cdot \frac{u(x)}{g(x)}} \qquad 4.29$$

Et puisque $\deg(r(x)) < \deg(g(x))$, on peut écrire :

$$\boldsymbol{u}(\boldsymbol{x}) \cdot \boldsymbol{x}^{n-k} = \boldsymbol{q}(\boldsymbol{x}) \cdot \boldsymbol{g}(\boldsymbol{x}) + \boldsymbol{r}(\boldsymbol{x}) \qquad 4.30$$

$$\boldsymbol{r}(\boldsymbol{x}) = \boldsymbol{r}_0 + \boldsymbol{r}_1 \boldsymbol{x} + \cdots + \boldsymbol{r}_{n-k-1} \boldsymbol{x}^{n-k-1} \qquad 4.31$$

**Étape 3 :** Changement des résultats du calcul de division de la relation (4.30).

$$\boldsymbol{c}(\boldsymbol{x}) = \boldsymbol{q}(\boldsymbol{x}) \cdot \boldsymbol{g}(\boldsymbol{x}) = \boldsymbol{u}(\boldsymbol{x}) \cdot \boldsymbol{x}^{n-k} + \boldsymbol{r}(\boldsymbol{x}),\ \boldsymbol{i} = \boldsymbol{k} \qquad 4.32$$

Ici $\boldsymbol{r}(\boldsymbol{x}) = -\boldsymbol{r}(\boldsymbol{x}) \bmod 2$.

Le mot de code associé $c$ a donc la forme suivante :

$$\boldsymbol{c} = (c_0, c_1, \ldots, c_{n-1}) = (\boldsymbol{r}_0, \boldsymbol{r}_1, \ldots, \boldsymbol{r}_{n-k-1}, \boldsymbol{u}_0, \boldsymbol{u}_1, \ldots, \boldsymbol{u}_{k-1}) \qquad 4.33$$

**Exemple 4.8 :** Codage systématique par division sur le polynôme $g(x)$

- Soit à calculer la séquence de contrôle correspondant au message $u(x) = x^8 + x^6 + x^5 + x^4 + x^2 + x = (1,0,1,1,1,0,1,1,0)$ d'un code généré par le polynôme : $g(x) = x^4 + x^2 + 1$.

  Etant donné que les informations sont de longueur $k = 9$ et le polynôme générateur de $r = 4$, on a alors $n = k + r = 13$. Il s'agit d'un code $C(n,k)_2 = C(13,9)_2$. La suite binaire correspondant au polynôme générateur $g(x)$ est $g = (1, 0, 1, 0, 1)$.

  **Étape1** : Ajouter $r$ bits de 0 à droite de la séquence de bits correspondant au vecteur information $\boldsymbol{u}$, donnant ainsi une suite binaire σ de longueur $n = r + k$ qui correspond au polynôme $x^{n-k} \cdot u(x)$. ce qui donne le vecteur : $\sigma = (1, 0, 1, 1, 1, 0, 1, 1, 0, \mathbf{0}, \mathbf{0}, \mathbf{0}, \mathbf{0})$.

  **Étape 2** : Diviser (division modulo 2) la suite binaire σ ainsi obtenue par celle qui correspond au polynôme générateur $g = (1, 0, 1, 0, 1)$ pour obtenir la séquence de contrôle $r(x)$ comme le reste de cette division.

  La séquence de contrôle correspond au reste de cette division, soit : $r = (0, 0, 1, 1) = x + 1$. Le mot de code $c$ qui sera alors transmis équivaut à la somme $(\sigma + r)$, soit :

$$\begin{array}{rl} \sigma: & 1\ 0\ 1\ 1\ 1\ 0\ 1\ 1\ 0\quad \mathbf{0\,0\,0\,0} \\ + & \\ r: & \qquad\qquad\qquad\quad \mathbf{0\,0\,1\,1} \\ \hline c: & 1\ 0\ 1\ 1\ 1\ 0\ 1\ 1\ 0\quad \mathbf{0\,0\,1\,1} \end{array}$$

Le déroulement de la division est représenté ci-dessous sous forme binaire :

```
1 0 1 1 1 0 1 1 0 0 0 0 0 | 1 0 1 0 1
1 0 1 0 1                 |----------
---------                 | 1 0 0 1 0 1 1 1
  0 0 1 0 0
  0 0 0 0 0
  ---------
    0 1 0 0 1
      0 0 0 0
    ---------
      1 0 0 1 1
          .
            .
              .
              1 0 1 1 0
              1 0 1 0 1
              ---------
                0 0 1 1  Reste : x^3 + x^2
```

Ou bien avec la forme (4.33) :

$\boldsymbol{r}(\boldsymbol{x}) = 1 + \boldsymbol{x} \Rightarrow \boldsymbol{r} = (1,1,0,0)$

Le mot de code $c$ avec la forme (4.33) :

$\underline{\underline{c}} = (r_0, r_1, \ldots, r_{n-k-1}, u_0, u_1, \ldots, u_{k-1}) = (\mathbf{1}, \mathbf{1}, \mathbf{0}, \mathbf{0}, 0, 1, 1, 0, 1, 1, 1, 0, 1)$

■

**Exemple 4.9 :** Codage systématique avec le polynôme $g(x)$

- Soit un code cyclique $C(7,4)_2$ avec un polynôme générateur $g(x) = 1 + x + x^3$. L'information $u = (1,1,0,0)$ doit être codée systématiquement.

  $u(x) = 1 + x$

  $u(x) \cdot x^{n-k} = (1 + x) \cdot x^3 = x^3 + x^4$

  $$\frac{u(x) \cdot x^{n-k}}{g(x)} = x^4 + x^3 \div (x^3 + x + 1) = x + 1 + \frac{x^2 + 1}{x^3 + x + 1} \Leftrightarrow r(x) = x^2 + 1$$

$$\left.\begin{array}{l} r(x) = 1 + x^2 \Rightarrow (1,0,1) \\ u(x) = 1 + x \Rightarrow (1,1,0,0) \end{array}\right\}$$

$$c(x) = u(x) \cdot x^{n-k} + r(x) \Leftrightarrow c(x) = 1 + x^2 + x^3 + x^4 \Rightarrow \underline{\underline{c = (1,0,1,1,1,0,0)}}$$

■

## B. Codage systématique par le polynôme de contrôle *h*(*x*)

Si l'on part de la relation $c(x) = u(x) \cdot g(x)$ et divisant $u(x)$ par $h(x)$ et en ajoutant le reste on peut écrire :

$$\left.\begin{array}{l} u(x) \cdot g(x) = c(x) \\ g(x) \cdot h(x) = x^n + 1 \end{array}\right\} \Rightarrow u(x) \cdot g(x) \cdot h(x) = u(x) \cdot (x^n + 1)$$

Ce qui donne :

$$\boldsymbol{c(x) = \frac{x^n \cdot u(x)}{h(x)} + \frac{u(x)}{h(x)}} \qquad 4.34$$

$$c(x) = \frac{x^n \cdot u(x)}{h(x)} + \frac{u(x)}{h(x)} = x^r \cdot u(x) + r(x)$$

$$x^r \rightarrow \text{ car : } \frac{x^n \cdot u(x)}{h(x)} = \frac{x^n \cdot g(x) \cdot u(x)}{x^n + 1} \text{ a un degré } \leq n$$

et $r(x)$ est la division de $u(x)$ mod $h(x)$

Dans ce cas, le code est défini comme suit :

$$\boldsymbol{C = \left\{ c(x) \in \mathbb{F}_q[x]_{n-1} \,\middle|\, R_{x^n-1}[c(x) \cdot h(x)] = 0 \right\}} \qquad 4.35$$

Le mot-code est de la forme :

$$c = (r_0, r_1, + \cdots + r_{n-k-1}, u_{n-k}, \cdots, u_{n-1}) = (\underbrace{c_0, c_1, \ldots, c_{n-k-1}}_{n-k \text{ bits de contrôle}}, \underbrace{c_{n-k}, \ldots, c_{n-1}}_{k \text{ bits d'information}}),$$

En général, on peut présenter le produit $c(x) \cdot h(x)$ par la relation suinante :

$$\sum_{\mu=0}^{k} \boldsymbol{h_\mu \cdot c_{i-\mu} = 0 \quad \forall\ k \leq i \leq n-1} \qquad 4.36$$

# 4.5. Réalisation pratique des codes cycliques

## 4.5.1. Méthodes de codage

Comme nous l'avons déjà mentionné dans les derniers paragraphes, le codage peut se faire de trois manières :

- Codage non systématique par multiplication de $g(x)$ (relation 4.10). Dans ce cas on obtient un code non systématique, et n'est donc jamais utilisé.
- Codage systématique par division sur $g(x)$ (relations 4.28b).
- Codage cyclique par division sur le polynôme de contrôle $h(x)$ : Elément de l'espace nul ($g(x) \cdot h(x) = 0 \bmod (x^n - 1)$)[10] .

## 4.5.2. Circuits de codage

L'application des codes cycliques est basée, entre autres, sur des circuits de codage et de décodage simples avec des registres à décalage à rétroaction. Cela permet d'encoder et de décoder efficacement même les messages très longs.

### A. Registres à décalage

Les représentations suivantes sont destinées à expliquer les éléments des registres à décalage, qui sont ensuite utilisés pour les opérations arithmétiques de base de multiplication, division et transformation dans un champ $GF(2)$.

Les composants utilisés sont :

- **Cellule à mémoire**

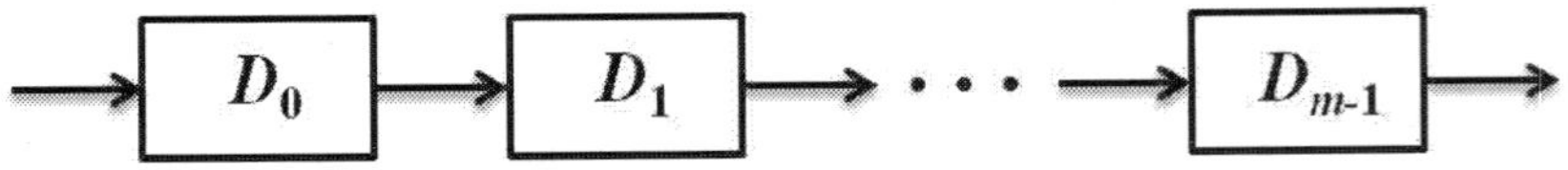


**Fig. 4.6 :** Registres à décalage

Le contenu de la cellule à mémoire $D_j$ (Registre) est transmis avec une horloge ($i$) à la sortie et donc à la cellule à mémoire suivante $D_{j+1}$, c'est-à-dire :

$$D_{j+1}(i+1) = D_j(i) \qquad 4.37$$

[10] $x^n + 1 = x^n - 1$ dans $GF(2)$.

La figure (Fig. 4.7) montre un circuit pour le décalage cyclique d'un polynôme.

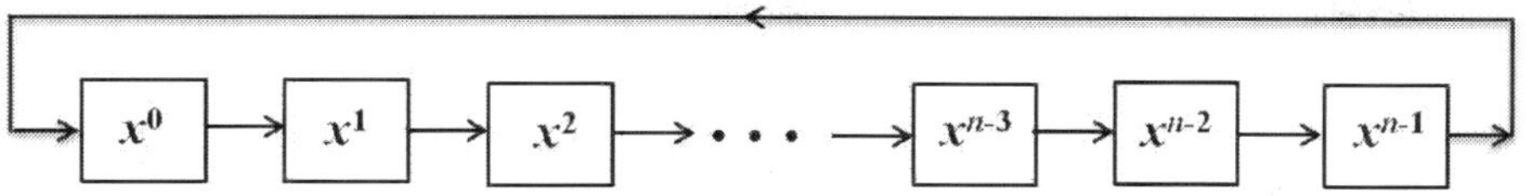


**Fig. 4.7 :** Permutation circulaire d'un polynôme par un registre à décalage

- **Composants de base**

  À l'aide des éléments de la figure suivnate (Fig. 4.8), il est désormais possible de spécifier des circuits de registre à décalage qui peuvent effectuer des opérations arithmétiques élémentaires.

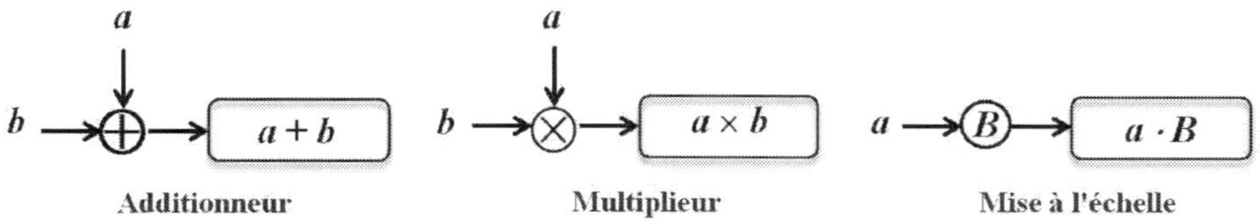


**Fig. 4.8 :** Composants de base

## B. Circuit de multiplication des polynômes

Soit les deux polynômes $a(x)$ et $b(x)$ :

$$a(x) = a_0 + a_1 x + \cdots + a_{n-1} x^{n-1} + a_n x^n \ ; \ b(x) = b_0 + b_1 x + \cdots + b_{m-1} x^{m-1} + b_m x^m$$

Selon une disposition suggérée par le produit de convolution discrète, on a deux possibilités de réalisation du produit $c(x) = a(x) \cdot b(x)$.

La figure (Fig. 4.9) montre un registre à décalage qui ne renvoie pas les coefficients (absence de rétroaction).

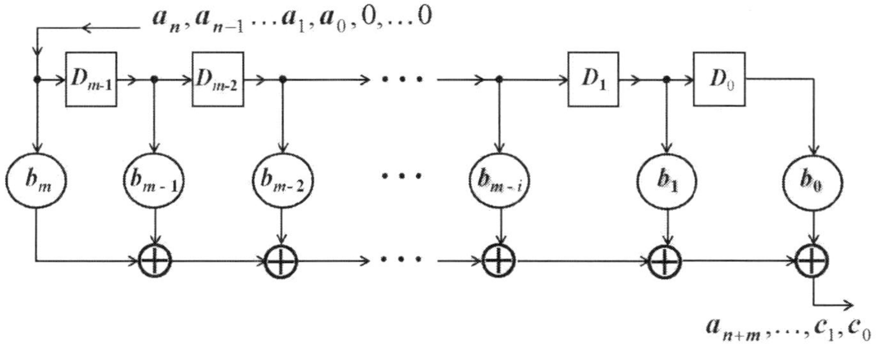


**Fig. 4.9 :** Circuit pour la multiplication de deux polynômes : $a(x) \cdot b(x)$

Ces structures sont également appelées filtres FIR (Finite-Impuls-Response [37][39]). Le circuit est capable de multiplier deux polynômes ensemble.

La structure du circuit est définie par les coefficients du polynôme $b(x)$. Les coefficients de $a(x)=a_0+a_1x+\cdots+a_{n-1}x^{n-1}+a_nx^n$ entrent dans le registre à décalage en commençant par la puissance la plus élevée. Le registre à décalage doit être initialisé avec des zéros au début du calcul. Les coefficients de $a(x)$ et $b(x)$ présentent un produit de convolution [37][39] tel que :

$$\boldsymbol{c}_j=\sum_{i=0}^{m}\boldsymbol{b}_i\boldsymbol{a}_{j-i} \text{ pour } \boldsymbol{j}=1,2,\ldots,\boldsymbol{n}+\boldsymbol{m} \qquad 4.38$$

## C. Circuit de division des polynômes

L'opération centrale de la réalisation des codes cycliques systématiques est la division des polynômes. Cette opération est basée sur des structures de registres à décalage à contre réaction.

Un registre à décalage à rétroaction linéaire peut également être utilisé pour diviser un polynôme $a(x)=a_0+a_1x+\cdots+a_{k-1}x^{k-1}+a_kx^k$ par un polynôme $b(x)=b_0+b_1x+\cdots+b_{r-1}x^{r-1}+b_rx^r$, où $\deg(b(x)) = m < \deg(a(x)) = k$.

La figure (Fig. 4.10) illustre la mise en œuvre pratique avec des registres à décalage à rétroaction linéaire (LFSR : Linear Feedback Shift Register). Au début, le registre est préréglé avec des zéros : $r_\mu=0 \quad \mu=0,1,2,\ldots,m-1$, et $a_i$ sont insérés dans l'ordre $a_{k-1},a_{k-2},\ldots,a_1,a_0$. La puissance la plus élevée du polynôme diviseur $b(x)$ reçoit un signe négatif (dans $GF(2)$, on a : $-1 = 1$). Ensuite, les plus petites puissances de $b(x)$ sont ajoutées au polynôme $a(x)$.

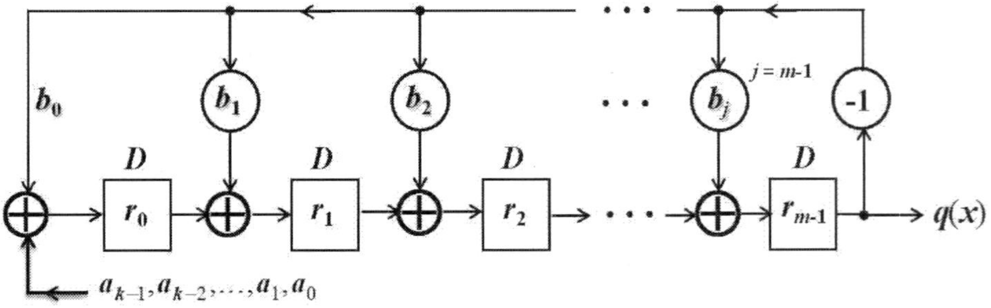


**Fig. 4.10 :** Circuit de division des polynômes

Si les coefficients polynomiaux proviennent de $GF(2)$, l'addition est faite mod 2.

Une division ordinaire : $\frac{a(x)}{b(x)} = q(x) + \frac{r(x)}{g(x)} \Rightarrow a(x) = q(x) \cdot g(x) + r(x)$

a les deux polynômes de résultat $q(x)$ et $r(x)$. Le multiple $q(x)$ est décalé hors du registre à décalage, tandis que le reste de la division $r(x)$ est contenu dans les mémoires ($r_0$, $r_1$,..., $r_{m-1}$) après le calcul. Le calcul est terminé lorsque le dernier coefficient $a_0$ de $a(x)$ est entré dans le registre à décalage.

**Exemple 4.10 :** Opération de division des polynômes

- L'opération de division $q(x) = u(x)/g(x)$ : La figure (Fig. 4.11) présente un circuit de division d'un polynôme $u(x)$ sur un polynôme $g(x) = 1 + x + x^2 + x^3$ ($r = 3$). Les registres $r_i$ présentent un décalage (retard de temps de $D$).

  Au début, tous les registres à décalage sont mis à zéro. Selon le circuit de la figure (Fig. 4.11), nous fixons les coefficients de $g(x)$ et effectuons toutes les opérations dans $GF(2)$, où ($-1 = +1$)

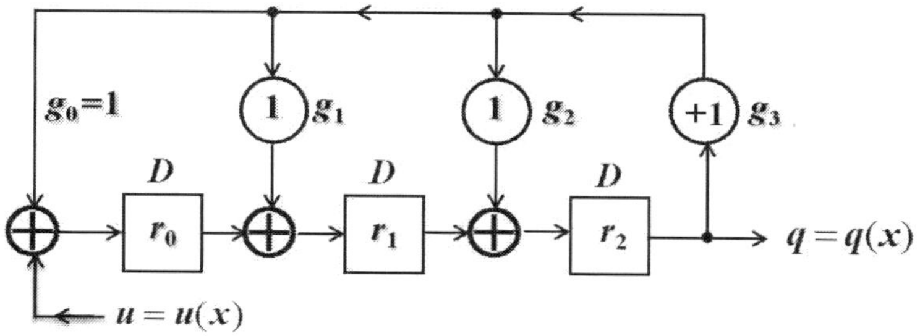


**Fig. 4.11 :** Circuit de division

Nous effectuons l'opération de décalage à contre réaction, on a :

$$\left\{\left[\left(u + g_0 \cdot q\right) \cdot D + g_1 \cdot q\right] \cdot D + g_2 \cdot q\right\} \cdot D = g_3 \cdot q$$

$$\left\{\left[u \cdot D + g_0 \cdot q \cdot D + g_1 \cdot q\right] \cdot D + g_2 \cdot q\right\} \cdot D = g_3 \cdot q$$

$$\left\{u \cdot D^2 + g_0 \cdot q \cdot D^2 + g_1 \cdot q \cdot D + g_2 \cdot q\right\} \cdot D = g_3 \cdot q$$

$$u \cdot D^3 + g_0 \cdot q \cdot D^3 + g_1 \cdot q \cdot D^2 + g_2 \cdot q \cdot D = g_3 \cdot q$$

$$u \cdot D^3 + g_0 \cdot q \cdot D^3 + g_1 \cdot q \cdot D^2 + g_2 \cdot q \cdot D = g_3 \cdot q$$

On peut écrire la dernière équation comme suit :

$$u \cdot D^3 = q \cdot (g_0 \cdot D^3 + g_1 \cdot D^2 + g_2 \cdot D + g_3)$$
$$= q \cdot D^3 \cdot (g_0 + g_1 \cdot D^{-1} + g_2 \cdot D^{-2} + g_3 \cdot D^{-3})$$

On prend : $D^{-1} = x$, on obtient :

$$u(x) = q(x) \cdot (g_0 + g_1 \cdot x + g_2 \cdot x^2 + g_3 \cdot x^3) \Rightarrow q(x) = \frac{u(x)}{g(x)}$$

- Un exemple concret :
  Division $u(x) = x^{12}$ *su* $g(x) = x^8 + x^7 + x^4 + x^2 + x + 1$ *en* $GF(2)$
  Opération de division :

$$\frac{x^{12}}{x^8 + x^7 + x^4 + x^2 + x + 1} = q(x) + \frac{r(x)}{x^8 + x^7 + x^4 + x^2 + x + 1}$$

Le tableau (4.3) donne la procedure de division, en présentant les étapes de décalage :

| $x$ | INP | $r_0$ | $r_1$ | $r_2$ | $r_3$ | $r_4$ | $r_5$ | $r_6$ | $r_7$ | OUT |
|---|---|---|---|---|---|---|---|---|---|---|
| $x^{12}$ | 1 | 1 | 0 | 0 | 0 | 0 | 0 | 0 | 0 | 0 |
| $x^{11}$ | 0 | 0 | 1 | 0 | 0 | 0 | 0 | 0 | 0 | 0 |
| $x^{10}$ | 0 | 0 | 0 | 1 | 0 | 0 | 0 | 0 | 0 | 0 |
| $x^9$ | 0 | 0 | 0 | 0 | 1 | 0 | 0 | 0 | 0 | 0 |
| $x^8$ | 0 | 0 | 0 | 0 | 0 | 1 | 0 | 0 | 0 | 0 |
| $x^7$ | 0 | 0 | 0 | 0 | 0 | 0 | 1 | 0 | 0 | 0 |
| $x^6$ | 0 | 0 | 0 | 0 | 0 | 0 | 0 | 1 | 0 | 0 |
| $x^5$ | 0 | 0 | 0 | 0 | 0 | 0 | 0 | 0 | 1 | 0 |
| $x^4$ | 0 | 1 | 1 | 1 | 0 | 1 | 0 | 0 | 1 | 1 |
| $x^3$ | 0 | 1 | 0 | 0 | 1 | 1 | 1 | 0 | 1 | 1 |
| $x^2$ | 0 | 1 | 0 | 1 | 0 | 0 | 1 | 1 | 1 | 1 |
| $x^1$ | 0 | 1 | 0 | 1 | 1 | 1 | 0 | 1 | 0 | 1 |
| $x^0$ | 0 | 0 | 1 | 0 | 1 | 1 | 1 | 0 | 1 | 0 |

**Tableau 4.3**

$r(x) = x + x^3 + x^4 + x^5 + x^7$ ; $q(x) = x^4 + x^3 + x^2 + x$

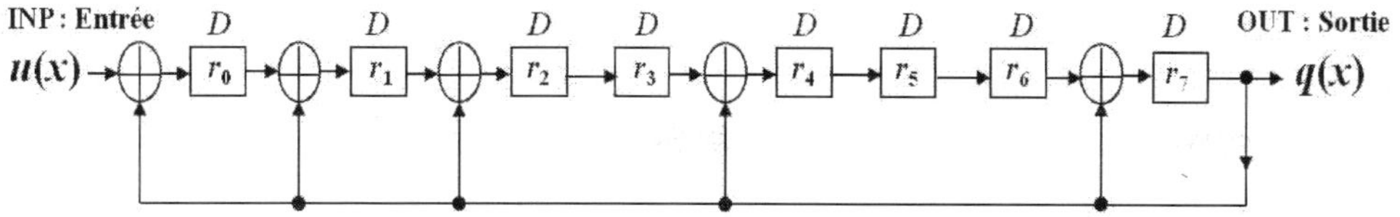


**Fig. 4.12 :** Circuit de division

- L'opération de division et de déplacement

$$r(x) = R_{g(x)}\left[x^{n-k} \cdot u(x)\right] = x^{n-k} \cdot \frac{u(x)}{g(x)}$$

$$x^{n-k} \cdot u(x) + r(x) = Q(x) \cdot g(x) = c(x) \Rightarrow$$

$$x^{n-k} \cdot u(x) = Q(x) \cdot g(x) + r(x)$$

$$r(x) = R_{g(x)}\left[x^{n-k} \cdot u(x)\right]$$

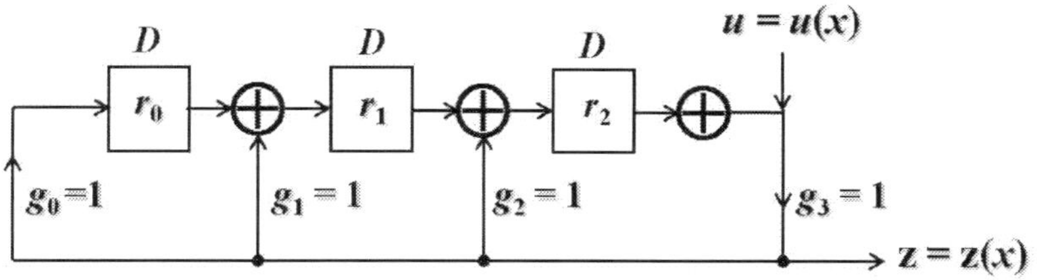


**Fig. 4.13 :** Circuit de division et de déplacement

$$\left[\left(g_0 \cdot z \cdot D + g_1 \cdot z\right) \cdot D + g_2 \cdot z\right] \cdot D + u = g_3 \cdot z \qquad \text{mod } 2$$

$$\left[\left(g_0 \cdot z \cdot D + g_1 \cdot z\right) \cdot D + g_2 \cdot z\right] \cdot D + u = g_3 \cdot z$$

$$\left[g_0 \cdot z \cdot D^2 + g_1 \cdot z \cdot D + g_2 \cdot z\right] \cdot D + u = g_3 \cdot z$$

$$g_0 \cdot z \cdot D^3 + g_1 \cdot z \cdot D^2 + g_2 \cdot z \cdot D + u = g_3 \cdot z$$

$$u = z \cdot \left(g_0 \cdot D^3 + g_1 \cdot D^2 + g_2 \cdot D + g_3\right)$$

$$u = z \cdot D^3 \cdot \left(g_0 + g_1 \cdot D^{-1} + g_2 \cdot D^{-2} + g_3 \cdot D^{-3}\right)$$

$$u \cdot D^{-3} = z \cdot \left(g_0 + g_1 \cdot D^{-1} + g_2 \cdot D^{-2} + g_3 \cdot D^{-3}\right)$$

Pour : $D^{-1} = x$, on obtient :

$$u(x) \cdot x^3 = z(x) \cdot (g_0 + g_1 \cdot x + g_2 \cdot x^2 + g_3 \cdot x^3)$$

$$z(x) = \frac{\boldsymbol{x}^3 \cdot u(x)}{g(x)} = R_{g(x)}\left[\boldsymbol{x}^{\boldsymbol{n-k}} \cdot u(x)\right] = r(x), \quad n-k=3$$

■

### 4.5.3. Réalisation d'un codeur non systématique par multiplication avec $g(x)$

A partir de la disposition précédente (Fig. 4.9), si $a(x)$ représente l'information $u(x)$ et $b(x)$ remplace le polynôme générateur $g(x)$, nous pouvons immédiatement réaliser la génération du code non systématique à partir de la relation $c(x) = u(x)\cdot g(x) \bmod (x^n - 1)$. Mais comme cela ne conduit pas à un code systématique, nous nous limiterons ici à un simple exemple.

**Exemple 4.11 :** Codage non systématique avec le polynôme $g(x)$

- Soit le polynôme générateur $g(x)=1+x+x^3$ d'un code de Hamming $C(7,4)$, on code l'information $u(x)=x+x^2+x^3$.

  $n=7,\ k=4$ et $r=3$

  $u(x)=x+x^2+x^3 \Rightarrow u=(0,1,1,1)$

  $\overline{g}(x)=x^3+x+1 \Rightarrow \overline{g}=1011$

  La figure (Fig. 4.14) montre cette multiplication polynomiale en termes simples, où les coefficients du circuit sont déterminés avec $g(x)$ en puissances décroissantes.

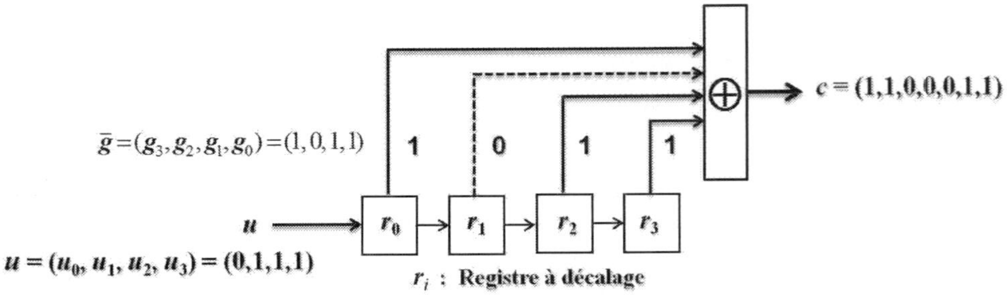


**Fig. 4.14 :** Circuit pour la multiplication de deux polynômes : $u(x)\cdot g(x)$

■

### 4.5.4. Réalisation d'un codeur systématique par division sur $g(x)$

La figure (Fig. 4.15) montre un circuit de registre à décalage qui effectue les trois opérations arithmétiques nécessaires pour le codage systématique d'un code $C(n,k)_2$. La fonction du circuit peut être décrite en trois étapes :

**Etape 1 :**

- Les $k$ bits d'information sont d'abord lus dans le registre à décalage : $u_{k-1}$ est le premier bit. Les interrupteurs $E_1$ et $E_2$ sont d'abord dans les positions ①, le registre à décalage est ainsi rebouclé. En lisant à droite, $u(x)$ est automatiquement pré-multiplié par $x^{n-k}$ (voir exemple 4.10, Fig. 4.13 : Circuit de division et de déplacement).
- Dès que les $k$ bits d'information sont complètement lus dans les registres à décalage, le reste $r(x)$ qui représente la redondance (relation 4.31) ou les bits de parité, est placé dans les $(n-k)$ registres.

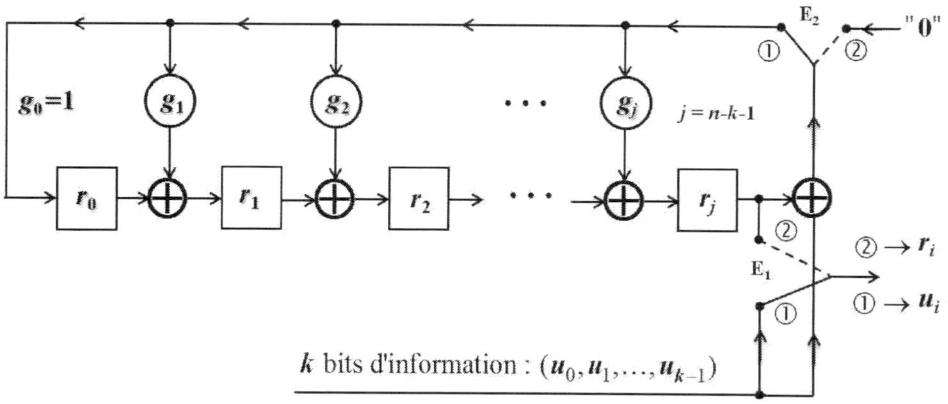


**Fig. 4.15 :** Codage systématique d'un code $C(n,k)_2$

**Etape 2 :**

- Dans la deuxième étape, l'interrupteur $E_2$ doit interrompre le trajet de rétroaction (position②) et $E_1$ est déplacé vers la haute position ②.

**Etape 3 :**

- Les $(n-k)$ bits de contrôle $(r_0, r_1,\dots, r_{n-k-1})$ peuvent maintenant être lus et constituent avec les bits d'information le mot de code complet $c = (r_0, r_1,\dots, r_{n-k-1}, u_0, u_1,\dots, u_{k-1}) = (c_0, c_1,\dots, c_{n-2}, c_{n-1})$.

**En résumé**

En position ①, les bits d'information entrent dans le diviseur, prémultiplié par $x^{n-k}$, et sortent en même temps vers le canal de transmission. En position②, des zéros entrent, et les bits de contrôle stockés dans les registres sortent. Le tableau (4.4) indique les étapes du codage :

| Horloge | Position de l'interrupteur | Action | Emission |
|---|---|---|---|
| **1, …, $k$** | ① | Emission des bits d'information et calcul du reste $r(x)$ par le circuit diviseur | $(u_0, u_1, \ldots, u_{k-1})$ |
| **$k$+1, …, $n$** | ② | Emission des bits de contrôle | $(r_0, r_1, \ldots, r_{n-k-1})$ Mot de code complet $c$ |
| **$n$+1, …** | ① | Emission des bits d'information | $(u_0, u_1, \ldots, u_{k-1})$ |

**Tableau 4.4**

## **Exemple 4.12 :** Codage systématique d'un code cyclique

- Considérons le code de Hamming $C(7,4)_2$ avec le polynôme générateur $g(x) = 1+ x + x^3$. Soit $u(x) = 1+ x^2 + x^3 \rightarrow u = (1, 0, 1, 1)$. Nous avons alors :

$$R_{g(x)}\left[x^{n-k} \cdot u(x)\right] = R_{x^3+x+1}\left[x^3(x^3+x^2+1)\right] = R_{x^3+x+1}\left[x^6+x^5+x\right]$$

$$\text{Rest}\,\frac{x^6+x^5+x}{x^3+x+1} = 1 \rightarrow r = (1,0,0) = (r_0, r_1, r_2)$$

Cette opération de codage systématique peuvent être effectués par le registre à décalage conformément à la figure ci-après (Fig. 4.16) et au tableau (4.5).

| Position d'interrupteur | Information | Décalage | Registres | | | Mot de code Emission |
|---|---|---|---|---|---|---|
| | | | $r_0$ | $r_1$ | $r_2$ | |
| Initial | | 0 | 0 | 0 | 0 | |
| ① | 1 | 1 | 1 | 1 | 0 | 1 |
| | 1 | 2 | 1 | 0 | 1 | 1 |
| | 0 | 3 | 1 | 0 | 0 | 0 |
| | 1 | 4 | 1 | 0 | 0 | 1 |
| ② | 0 | 5 | 0 | 1 | 0 | 0 |
| | 0 | 6 | 0 | 0 | 1 | 0 |
| | 0 | 7 | 0 | 0 | 0 | 1 |

**Tableau 4.5**

Le mot de code :

$$\underline{\underline{c}} = (c_0, c_1, c_2, c_3, c_4, c_5, c_6) = (r_0, r_1, r_2, u_0, u_1, u_2, u_3) = \underline{\underline{(1,0,0,1,0,1,1)}}$$

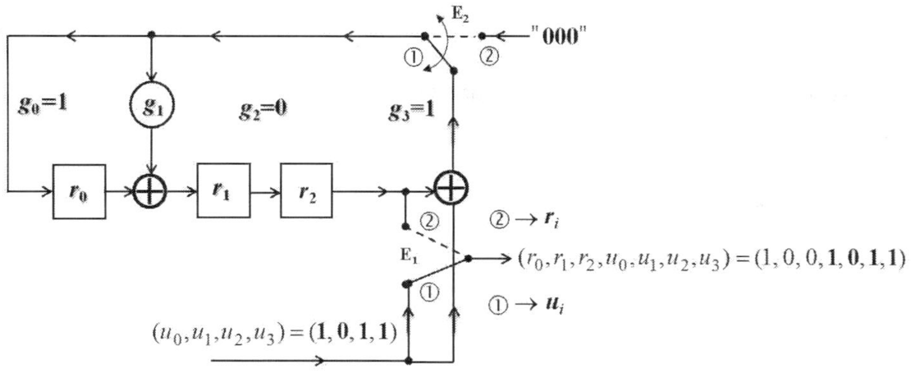


**Fig. 4.16 :** Codage systématique d'un code $C(7,4)_2$

■

## 4.5.5. Réalisation d'un codeur systématique par le polynôme de contrôle *h*(*x*)

Selon la description des codes cycliques par leur polynôme de contrôle $h(x)$, (§ 4.4.2. B) une structure de registre à décalage basée sur $h(x)$ peut également être spécifiée. Cette structure est présenté sous sa forme générale dans la figure (Fig. 4.17). Pour un mot de code $\boldsymbol{c}$ sous la forme :

$$c = (r_0, r_1, + \cdots + r_{n-k-1}, u_{n-k}, \cdots, u_{n-1}) = (\underbrace{c_0, c_1, \ldots, c_{n-k-1}}_{n-k \text{ bits de contrôle}}, \underbrace{c_{n-k}, \ldots, c_{n-1}}_{k \text{ bits d'information}}),$$

les $(n - k)$ symboles de contrôles sont calculés selon la relation (4.36) :

$$c_{i-k} = \sum_{\mu=0}^{k-1} h_\mu \cdot c_{i-\mu} = \sum_{\mu=0}^{k-1} h_\mu \cdot c_{m-\mu+i} \quad \forall\ k \le i \le n-1 \text{ et } m = 0, \cdots, n-k$$

Analogue à la description par le polynôme générateur $g(x)$ on peut réaliser un codeur basé sur le polynôme de contrôle $h(x)$ dans $GF(2)$ (Fig. 4.17). Cependant, ce codeur est mieux utilisé dans le cas où $k < r$.

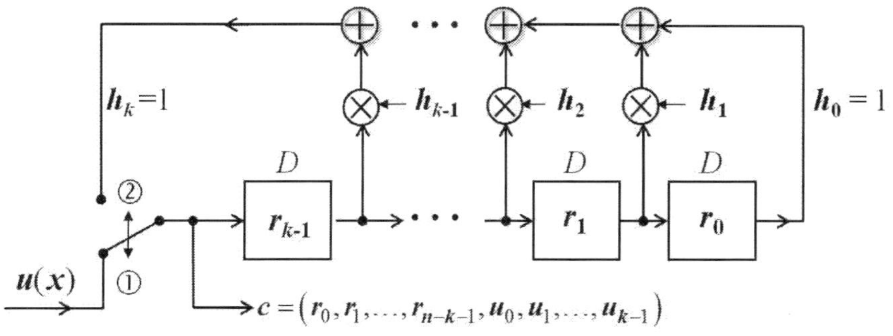


**Fig. 4.17 :** Codage systématique par division sur $h(x)$

Le tableau (4.6) présente la procédure du codage :

| Horloge | Position d'interrupteur | Action | Mot de code |
|---|---|---|---|
| $1, \ldots, k$ | ① | Emission des bits d'information | $u_j \rightarrow c_j$ |
| $k+1, \ldots, n$ | ② | Emission des bits de contrôle | $p_j \rightarrow c_j$ |

**Tableau 4.6**

**Exemple 4.13 :** Codage systématique par division sur $h(x)$

- Avec le même code de l'exemple précédent, nous voulons maintenant coder systématiquement l'information $u(x) = 1+x^2 + x^3 \leftrightarrow 1011$par le polynôme de contrôle $h(x)$ ($C(7,4)_2$, $g(x) = 1+ x + x^3$).

$$h(x) = \frac{x^n + 1}{g(x)} = x^4 + x^2 + x + 1$$

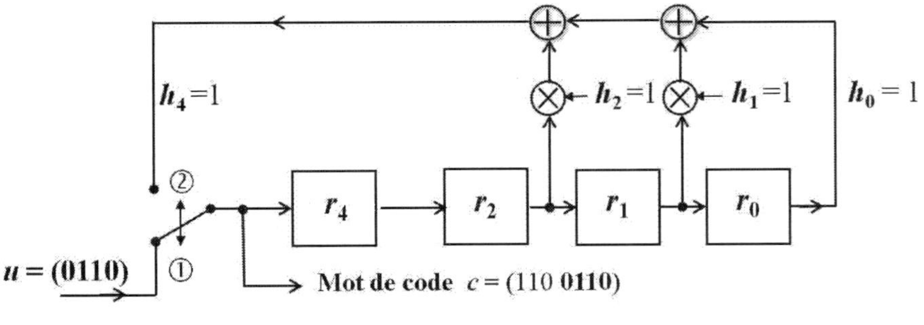


**Fig. 4.18 :** Codeur systématique par division sur $h(x)$

■

# 4.6. Décodage des codes cycliques

## 4.6.1. Syndrome : Définition

La grande majorité des procédures de décodage, tant pour les codes simples que complexes, nécessite le calcul du syndrome. En fait, le syndrome ne doit pas être redéfini ici, car $g(x)$ détermine $G$ et $H$ et ainsi $s = c' \cdot H^T$.

Le principe du décodage consiste à trouver une correspondance entre le mot de code erroné réceptionné $c'(x)$ et le mot $e(x)$, qui représente les erreurs introduites par le canal.

Le mot de code reçu est donc :

$$c'(x) = c(x) + e(x) \tag{4.39}$$

Si $e(x)$ peut être calculé par réception de $c'(x)$, la correction en $GF(2)$ est obtenue par addition mod 2 :

$$c(x) = c'(x) + e(x) \tag{4.40}$$

Toujours dans un contexte de codage cyclique, le décodeur connaît le polynôme générateur $g(x)$. Ainsi, lorsqu'il reçoit un vecteur binaire, représenté par $c'(x)$, le décodeur tente de le diviser par $g(x)$, ce qui revient finalement à un calcul du syndrome de $c'(x)$. Ainsi, tout message sera considéré correct si le syndrome de $c'(x)$ est un vecteur nul, ce qui revient à dire que le reste de la division de $c'(x)$ par $g(x)$ est nul et donc $c'(x) = c(x)$.

Soit $g(x)$ le polynôme générateur de degré $n - k$ d'un code cyclique $C(n, k)q$. Pour $c'(x) = c(x) + e(x)$, le syndrome du mot de code reçu ou du modèle d'erreur est défini comme un polynôme de degré $\leq n - k - 1$ :

$$s(x) = R_{g(x)}\left[c'(x)\right] = R_{g(x)}\left[c(x) + e(x)\right] = R_{g(x)}\left[c(x)\right] + R_{g(x)}\left[e(x)\right],$$

où $R_{g(x)}\left[c(x)\right] = 0$, on a donc :

$$\boldsymbol{s}(\boldsymbol{x}) = \boldsymbol{R}_{\boldsymbol{g}(x)}\left[\boldsymbol{c}'(\boldsymbol{x})\right] = \boldsymbol{R}_{\boldsymbol{g}(x)}\left[\boldsymbol{e}(\boldsymbol{x})\right] \tag{4.41}$$

$$\boldsymbol{s} = (\boldsymbol{s}_0, \boldsymbol{s}_1, \boldsymbol{s}_2, \ldots, \boldsymbol{s}_{n-k-2}, \boldsymbol{s}_{n-k-1}) \tag{4.42}$$

Dans un champ $GF(2)$, le nombre des syndromes sera donc $2^{n-k}$. Il résulte que l'ensemble des configurations possibles d'erreurs, à savoir les polynômes $e(x)$, au nombre $2^n$. On peut corriger que celles, qui peuvent être mise en correspondance biunivoque avec les syndromes $s(x)$ à savoir un nombre $2^{n-k}$ configurations d'erreurs. On peut constater une relation d'équivalence.

$$\boldsymbol{s}(\boldsymbol{x}) = \frac{\boldsymbol{e}(\boldsymbol{x})}{\boldsymbol{g}(\boldsymbol{x})} \Leftrightarrow \boldsymbol{s}^T = \boldsymbol{H} \cdot \boldsymbol{e}^T \tag{4.43}$$

Néanmoins, il convient de souligner que le polynôme du syndrome $s(x)$ défini ci-dessus (relation 4.41) ne correspond pas nécessairement au vecteur du syndrome $s = H \cdot e^T$, car la matrice de contrôle $H$ n'est pas déterminée sans ambiguïté. Le tableau ci-après (4.7) résume tous les polynômes introduits jusqu'à présent.

| Degré | Polynôme | Désignation |
|---|---|---|
| $n$-$k$<br>$k$ | $g(x)$<br>$h(x) = (x^n-1)/g(x)$ | Polynôme générateur<br>Polynôme de contrôle |
| $\leq k$-1<br>$\leq n$-1 | $u(x)$<br>$c(x) = u(x) \cdot g(x)$, $R_{x^n-1}\,[c(x) \cdot h(x)] = 0$ | Polynôme d'information<br>Polynôme de mot de code |
| $\leq n$-1<br>$\leq n$-1<br>$\leq n$-$k$-1 | $e(x)$<br>$c'(x) = c(x) + e(x)$<br>$s(x) = R_{g(x)}\,[c'(x)] = R_{g(x)}\,[e(x)]$ | Polynôme d'erreurs<br>Polynôme reçu<br>Polynôme du syndrome |
| Normalisation : $g_{n-k} = h_k = 1$ ; $g_0 = h_0 = 1$ | | |

**Tableau 4.7**

## 4.6.2. Calcul de syndrome

Comme pour le codage avec un polynôme générateur, le syndrome peut être calculé à l'aide d'un registre à décalage à rétroaction comme le montre la figure (Fig. 4.20).

$$\frac{c'(x)}{g(x)} = q(x) + \frac{s(x)}{g(x)} \Rightarrow c'(x) = q(x) \cdot g(x) + s(x) \Rightarrow s(x) = R_{g(x)}\left[c'(x)\right]$$

En effet, selon la règle du code, $s(x) = 0$ n'est obtenu que si $c'(x)$ est un mot de code et donc un multiple de $g(x)$.

Si $s(x) = 0 \Rightarrow c'(x) = c(x)$

Si $s(x) \neq 0 \Rightarrow s(x) \; = s_0 + s_1 x + \cdots + s_{n-k-1} x^{n-k-1}$

Le principe est illustré dans la figure (Fig. 4.19) : au début, le registre est préréglé avec des zéros : $r_i = 0$. Dans l'ordre, on insère $c'_{n-1}$, . . ., $c'_0$. Ensuite, le registre contient le syndrome : $r_i = s_i$. Contrairement à l'encodage, le registre est utilisé ici $n$-fois au lieu de $k$-fois, de sorte que des opérations $n(n - k) = n^2(1 - R_C)$ sont nécessaires.

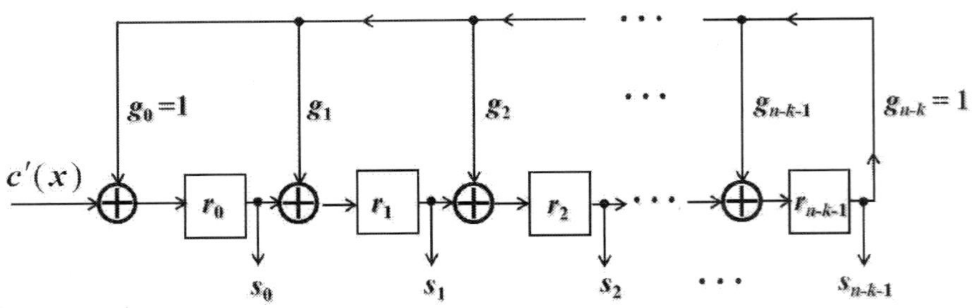


**Fig. 4.19 :** Détermination du syndrome pour un code cyclique $C(n,k)_2$

**Exemple 4.14** : Détermination du syndrome pour le code cyclique $C(7,4)_2$

- $c(x) = 1 + x^3 + x^5 + x^6$ est un mot de code avec un polynôme générateur $g(x) = 1 + x + x^3$. Soit $e(x) = x^6$, donc $c'(x) = c(x) + e(x) = 1 + x^3 + x^5$, $c' = (1,0,0,1,0,1,0)$.

  Le syndrome peut être calculé par la méthode de division (relation 4.43) ou directement du circuit à registre de décalge (Fig. 4.20).

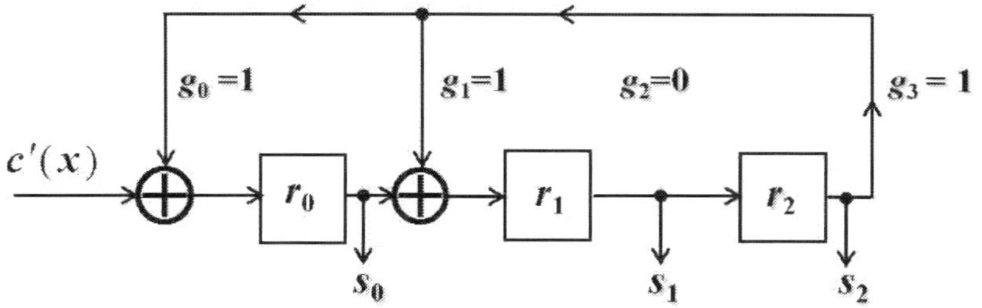


**Fig. 4.20 :** Détermination du syndrome

Le tableau (4.8) présente les étapes de détermination du syndrome.

| **Horloge** $i$ | $c'_{n-i}$ | $r_0$ | $r_1$ | $r_2$ |
|---|---|---|---|---|
| 0 | | 0 | 0 | 0 |
| 1 | 0 | 0 | 0 | 0 |
| 2 | 1 | 1 | 0 | 0 |
| 3 | 0 | 0 | 1 | 0 |
| 4 | 1 | 1 | 0 | 1 |
| 5 | 0 | 1 | 0 | 0 |
| 6 | 0 | 0 | 1 | 0 |
| 7 | 1 | **1** | **0** | **1** |

**Tableau 4.8 :** Syndrome $s = (1,0,1)$

■

## 4.6.3. Procédés de décodage

### A. Schéma de décodage

Le décodage peut être basé sur la procédure suivante :

- **Calcul et génération de syndrome** : Selon la relation (4.43), où $e(x)$ est le polynôme d'erreur.
- **Localisation d'erreurs** : La détermination du modèle d'erreur $e(x)$ à partir de $s(x)$ peut être effectuée par des tableaux standards ou par un circuit logique qui traite le syndrome.

- **Correction d'erreurs** : circuit de correction simple à réaliser dans *GF*(2).

La figure (Fig. 4.21) illustre le mode de fonctionnement et le principe d'un décodeur pour un code cyclique systématique.

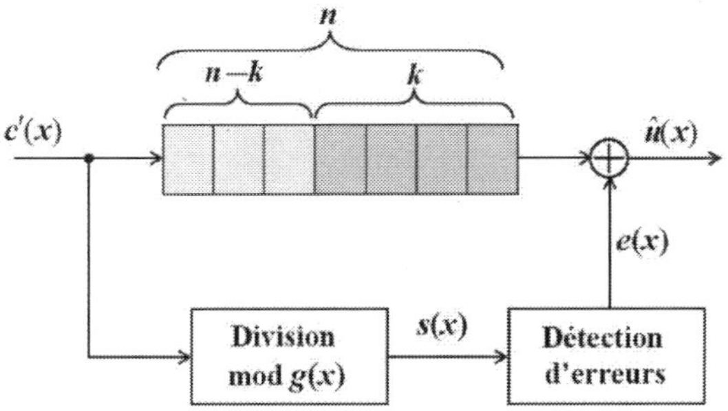


**Fig. 4.21 :** Schéma de décodage

## B. Circuit de décodage

Le décodeur dit de Meggitt teste le syndrome uniquement pour les modèles d'erreurs qui comportent une erreur dans la composante la plus élevée d'un mot de code. Cela signifie que le tableau des syndromes ne contient que les syndromes pour lesquels un modèle d'erreur avec $e_{n-1} \neq 0$ est obtenu. Les erreurs à d'autres endroits sont ensuite corrigées à l'aide de la structure de code cyclique. Afin d'illustrer le principe de base, nous nous limiterons d'abord à la forme la plus simple d'un décodeur Meggitt, comme le montre la figure (Fig. 4.22).

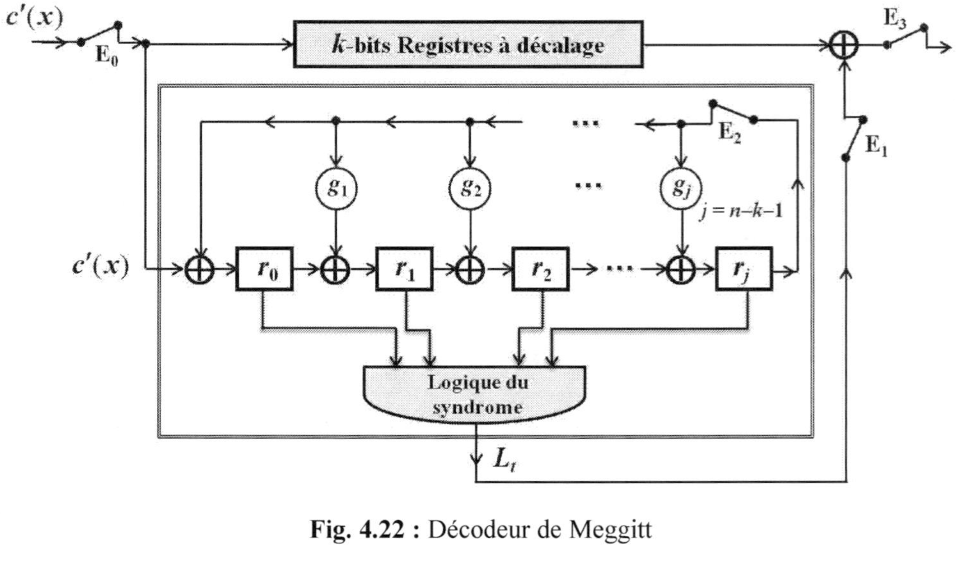


**Fig. 4.22 :** Décodeur de Meggitt

Il s'agit d'un registre à mémoire dans lequel la partie informationnelle de $c'(x)$ est stockée pendant le calcul du syndrome. Le calcul du syndrome s'effectue dans le registre à décalage rétroactif déjà connu.

La tâche de la logique du syndrome est de déterminer l'emplacement de l'erreur à partir du syndrome et d'éliminer les erreurs par une liaison (ou exclusif) en contrôlant le commutateur $E_1$.

Si la condition de corréction n'est jamais remplie dans un délai de $n$ coups d'horloges, après que $r(x)$ a complètement saisi le registre à décalage, des erreurs non corrigeables se sont produites.

La méthode de décodage de Meggitt s'applique aux codes binaires cycliques, mais peut être généralisée à des cas non binaires. L'idée de base est d'utiliser la nature cyclique du code pour limiter la table des syndromes et permettre des calculs récursifs.

## C. Opération de décodage

1. Structure de permutation dans le mémoire tampon.
2. Il suffit de calculer un syndrome et trouver les autres par permutation associée.

$$s^{(i)}(x) = x^i \cdot s(x) \mod g(x) \qquad 4.44$$

3. La condition de correction est :

$$\left.\begin{array}{l} e_{n-1} = 1 \rightarrow u_{k-1} \neq c'_{n-1} \\ e_{n-1} = 0 \rightarrow u_{k-1} = c'_{n-1} \end{array}\right\} \qquad 4.45$$

$$\left.\begin{array}{l} c'(x) = (r_0, r_1, \ldots, r_{n-k-1}, u_0, u_1, \ldots, u_{k-2}, u_{k-1}) \\ c'(x) = (c'_0, c'_1, \ldots, c'_{n-k-1}, c'_{n-k} \ldots, c'_{n-2}, c'_{n-1}) \end{array}\right\} \qquad 4.46$$

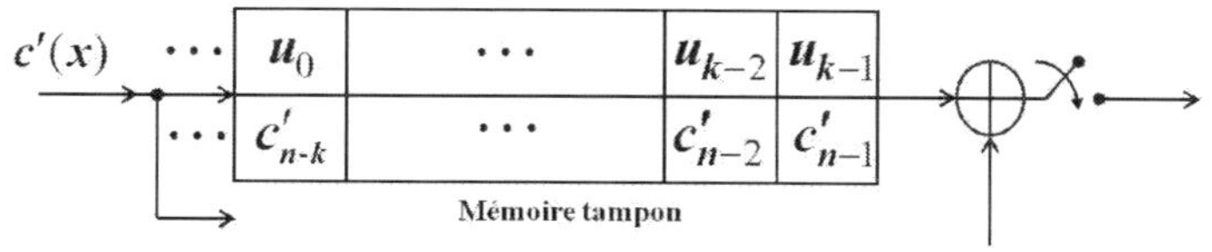


**Fig. 4.23 :** Mémoire tempon d'un décodeur de Meggitt

Le syndrome $s(x)$ est d'abord calculé. Deux cas peuvent se présenter :

⇨ Le syndrome appartient à un modèle d'erreur avec une erreur dans la $(n-1)$-ième composante, c'est-à-dire $e_{n-1} = 1$.

⇨ Le syndrome n'appartient pas à un modèle d'erreur. Autrement dit $e_{n-1} = 0$.

Dans ce dernier cas, cela signifie que le bit d'information le plus élevé $u_{k-1} = c'_{n-1}$ (Fig. 4.23) a été transmis sans erreur et lu à partir du registre tampon. Les autres bits sont déplacés vers la droite : $c'_{n-2} \to c'_{n-1}$.

Si la condition de correction d'un syndrome déplacé est atteinte ($e_{n-1} = 1$), cela signifie que le bit d'information situé à droite dans le registre tampon a été transmis de manière erronée. Une commande de l'interrupteur $E_1$ permet de corriger le modèle d'erreur par simple jonction (ou exclusif).

**Exemple 4.15 :** Décodeur de Meggitt : Correction d'erreurs

- Prenant l'exemple précédent $C(7,4)_2$, $g(x) = 1+x+x^3$

  On cherche le syndrome, dont l'erreur correspondante à un bit 1 dans la position $n-1$.

  $$s(x) = R_{g(x)}\left[e(x)\right] \Rightarrow e(x) = q'(x)\cdot g(x) + s(x) \mod g(x)$$

  Il faut trouver premièrement le syndrome de l'erreur $e_{n-1}$

  $$\text{Pour } n = 7 \to e_{n-1}(x) = x^6 \to \underline{e = (0,0,0,0,0,0,\mathbf{1})}$$

  $$g(x) = x^3 + x + 1 \to s(x) = R_{g(x)}\left[x^6\right] = 1 + x^2 \Rightarrow \underline{s = (1,0,1)}$$

  Par permutation associée :

  $$s^{(i)}(x) = x^i \cdot s(x) \mod g(x)$$

  $$\text{Par exemple : } x^6 \Rightarrow x^6 \cdot x = x^{7 \bmod 7} = 1 \Rightarrow e = (\mathbf{1},0,0,0,0,0,0)$$

  $$\underline{e = (\mathbf{1},0,0,0,0,0,0)} : s(x) = R_{g(x)}\left[e(x)\right] \Rightarrow \underline{s = (1,0,0)}$$

  Le tableau (4.9) montre toutes les erreurs simples possibles par décalage :

$$\begin{aligned} c'(x) &= (r_0, r_1, \ldots, r_{n-k-1}, u_0, \ldots, u_{k-2}, u_{k-1}) \\ &= (c'_0, c'_1, \ldots, c'_{n-k-1}, c'_{n-k} \ldots, c'_{n-2}, c'_{n-1}) \end{aligned}$$

| $e_i$ | $s(x)$ | $s$ |
|---|---|---|
| $e_0 = 1000000$ | $s(x) = 1$ | 1 0 0 |
| $e_1 = 0100000$ | $s(x) = x$ | 0 1 0 |
| $e_2 = 0010000$ | $s(x) = x^2$ | 0 0 1 |
| $e_3 = 0001000$ | $s(x) = 1 + x$ | 1 1 0 |
| $e_4 = 0000100$ | $s(x) = x + x^2$ | 0 1 1 |
| $e_5 = 0000010$ | $s(x) = 1 + x + x^2$ | 1 1 1 |
| $e_6 = 000000\mathbf{1}$ | $s(x) = 1 + x^2$ | 1 0 1 |

**Tableau 4.9 :** Correspondance entre erreurs et positions

La condition de la correction est que $e_{n-1} = 1$

Dans notre cas, c'est le syndrome :
$s(x) = 1 + x^2 = (101) \rightarrow e(x) = x^6 = (0,0,0,0,0,0,\mathbf{1})$

Par exemple la transmission du mot de code $c'(x)$ de la position 4 (voir tableau 4.7), on aura le syndrome :

$$s(x) = x + x^2 \Rightarrow s = (0,1,1) \rightarrow e(x) = x^4 \Rightarrow e = (0,0,0,0,\mathbf{1},0,0)$$

La condition de correction n'est pas accomplie → la position $c'_{n-1}$ n'est pas contaminée par une erreur, ce qui signifie que $\boldsymbol{u}_3 = \boldsymbol{c}'_6$ (Fig. 4.24, $E_1$ ouvert, $E_3$ fermé).

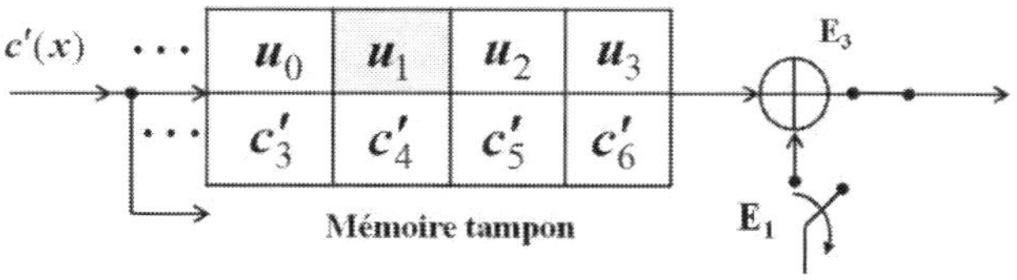


**Fig. 4.24**

Après un autre coup d'horloge, on a le syndrome $s = (1,1,1)$. La condition de correction $e = (0,0,0,0,0,0,\mathbf{1})$ n'est pas encore accomplie, c'est-à-dire $u_2 = c'_5$ peut être lue ($E_1$ ouvert, $E_3$ fermé).

Avec l'horloge qui suit, le registre des syndromes contient le syndrome recherché (1,0,1). Autrement dit, $u_1$ qui est maintenant à la position $n-1$ est erronée → $e = (0,0,0,0,0,0,\mathbf{1})$. Maintenant, la logique du syndrome ferme le commutateur $E_1$ et $E_3$ (Fig. 4.25) et corrige l'erreur dans la bonne position.

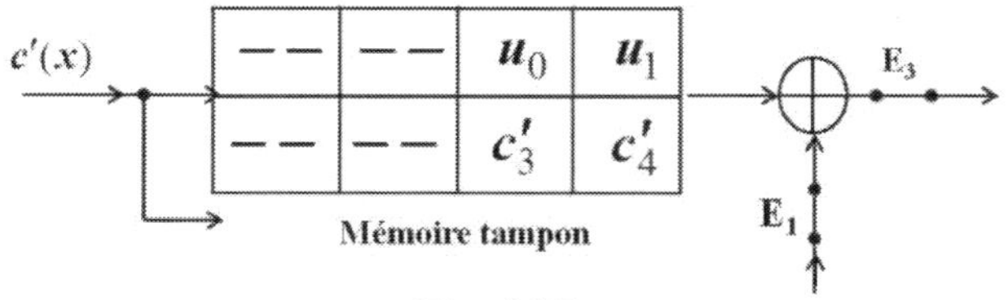


**Fig. 4.25**

Le décodage s'effectue en trois étapes, comme indiqué dans la figure ci-après :

- Détermination du syndrome.
- Affectation des modèles d'erreurs.
- Correction des erreurs

La figure (Fig. 4.26) montre le circuit du registre à décalage pour le décodage du code cyclique $C(7,4)_2$ avec $g(x) = 1 + x + x^3$.

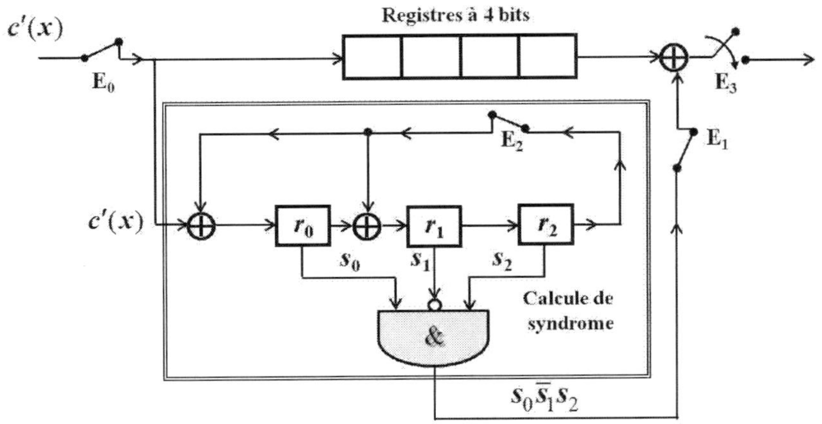


**Fig. 4.26 :** Décodeur de Meggitt pour un code $C(7,4)_2$

■

# 4.7. Détection des paquets d'erreurs

## 4.7.1. Paquet d'erreurs

Grâce aux propriétés cycliques d'un code, on obtient une aptitude particulière à reconnaître les paquets d'erreurs. Par paquet d'erreurs de longueur $l \geq 1$, on entend $l$ éléments (symboles) consécutifs d'un vecteur d'erreur $\boldsymbol{e}$ dont le premier et dernier élément sont différents de zéro. Les valeurs des éléments entre le premier et le dernier élément du paquet d'erreurs sont arbitraires. (Fig. 4.27).

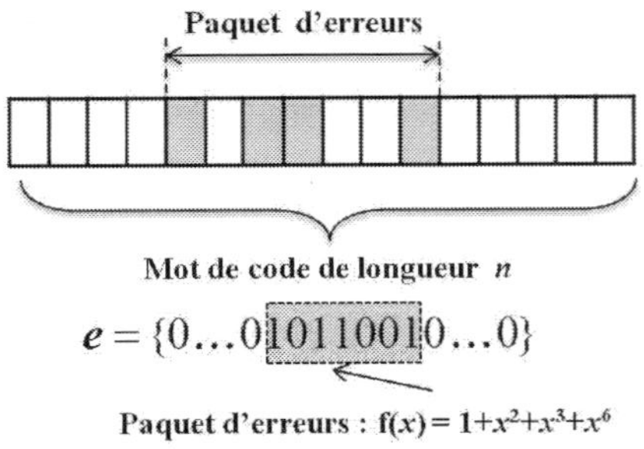


**Fig. 4.27** : Présentation polynomiale d'un paquet d'erreurs

Si un vecteur d'erreur $\boldsymbol{e}$ ne contient qu'un seul paquet d'erreurs **f**, le polynôme d'erreurs correspondant sera donc :

$$e(x) = x^i \cdot \mathrm{f}(x) \text{ avec } \mathrm{f}_0 = 1 \text{ et } \deg(\mathrm{f}) = l-1, \quad 0 \leq i \leq n-1 \qquad 4.47$$

**Exemple 4.16 :** Paquet d'erreurs

- Soit : $n = 11 \quad e = (000, \underbrace{\mathbf{10011}}_{\mathrm{f}}, 000) \Rightarrow e(x) = x^3 + x^5 + x^7$

  Le polynôme $\boldsymbol{e}(x)$ peut être factorisé en $e(x) = x^3(1 + x^2 + x^4) = x^3 \cdot \mathrm{f}(x)$ et comme deg(f(x)) = 4, le paquet est de longueur $l = 5$.

  $$e(x) = (000, \underbrace{\mathbf{10011}}_{\mathbf{f}(x)}, 000) \rightarrow \mathbf{f}(x) = 1 + x^2 + x^4 \Leftrightarrow l = \deg(\mathrm{f(x)}) + 1 = 5$$

■

Le nombre $L_l$ d'erreurs isolées pouvant être corrigées est déjà connu à partir du calcul de la probabilité d'erreur et du borne de Hamming (3.24). Pour le nombre de configurations d'erreur d'un vecteur d'erreur $\boldsymbol{e}$ du poids $w(e) \leq l$ ou d'un paquet d'errurs de longueur $\leq l$, on a :

$$L_l = \begin{cases} \sum_{i=0}^{l} \binom{n}{i} \cdot (q-1)^i & \text{Erreur unique } w(e) \leq l \\ 1 + n \cdot (q-1)^1 \cdot q^{l-1} & \text{Paquet d'erreur de longueur } \leq l \end{cases} \qquad 4.48$$

Dans les codes cycliques, le concept d'erreur pour les paquets d'erreurs est utilement étendu de sorte que l'erreur en paquets peuvent également commencer à la fin d'un mot et se poursuivre cycliquement au début : une erreur en paquet cyclique $e(x)$ de longueur $\boldsymbol{l}$ est caractérisée en ce qu'au maximum $\boldsymbol{l}$ positions cycliquement successifs ne sont pas égaux à zéro, c'est-à-dire :

$$e(x) = x^i \cdot \mathbf{f}(x) \bmod x^n + 1 \text{ avec } \deg(\mathbf{f}) = l-1 \text{ et } 0 \leq i \leq n-1$$

Pour la définition suivante, nous nous reportons aux références suivantes [8][ [26][27].

Chaque code cyclique $C(n, k)_q$ reconnaît toutes les paquets d'erreurs jusqu'à la longueur $l \leq n - k = \deg(g(x))$. Si $l \geq n - k$, le rapport $L$ entre les paquets d'erreurs non détectés et le nombre de paquets d'erreurs est donné par les relations suivantes :

$$L = \begin{cases} \dfrac{q^{-(n-k-1)}}{q-1} & \text{pour } l = n-k+1 \\ q^{-(n-k)} & \text{pour } l = n-k+2 \end{cases} \qquad 4.49$$

Dans un champ $GF(2)$, parmi les paquets d'erreurs d'une longueur $l \geq n\text{-}k$, un code cyclique ne reconnaît qu'un taux de :

$$\boldsymbol{L} = \begin{cases} 2^{-(n-k-1)} & \text{pour } \boldsymbol{l} = \boldsymbol{n} - \boldsymbol{k} + 1 \\ 2^{-(n-k)} & \text{pour } \boldsymbol{l} = \boldsymbol{n} - \boldsymbol{k} + 2 \end{cases} \quad 4.50$$

- **Remarque**

- Pour la détection des paquets d'erreurs, les codes équivalents ne sont pas aussi bons - en particulier lorsqu'un code non cyclique est comparé à un code cyclique. Les permutations peuvent transformer un bon code en mauvais code. Il en va de même pour la correction de paquets d'erreurs. En revanche, lors de l'identification ou de la correction d'erreurs séparées, les codes équivalents doivent être considérés comme similaires.

**Exemple 4.17 :** Paquet d'erreurs $\boldsymbol{l} \leq 4$

- Le tableau (4.10) donne quelques exemples des paquets d'erreurs pour $\boldsymbol{l} \leq 4$.

| | | | |
|---|---|---|---|
| $e^{(1)}$ | 00100000 | $l=1$ | $e(x)=1$ |
| $e^{(2)}$ | 00110000 | $l=2$ | $e(x)=1+x$ |
| $e^{(3)}$ | 00101000 | $l=3$ | $e(x)=1+x^2$ |
| $e^{(4)}$ | 00101100 | $l=4$ | $e(x)=1+x^2+x^3$ |
| $e^{(5)}=x^3 \cdot e^{(4)}$ | 10000101 | end arround burst (e.a.b) | |
| $e^{(6)}$ | 00010001 | $l=5$ : pas un paquet ou un e.a.b | |

**Tableau 4.10**

■

**Exemple 4.18 :** Paquet d'erreurs $\boldsymbol{l} \leq 3$

- Soit le code linéaire suivant $C(6,2) \in GF(2)$ avec $d_{min} = 3$ :

  $C = \{000000, 101010, 010101, 11111\}$

- Outre le décalage cyclique, il existe quatre schémas d'erreur différents pour $0 < \boldsymbol{l} \leq 3$

  $\boldsymbol{e}_1 = \{100000), \ \boldsymbol{e}_2 = \{110000\}, \ \boldsymbol{e}_3 = \{101000\}, \ \boldsymbol{e}_3 = \{111000\}.$

  Ce code détecte tous les paquets d'erreurs cycliques $L_3$ - 1 = 24 (realtion 4.48) de longueur $\leq 3$, car ces paquets d'erreurs ne sont pas des mots de code :

| $e_i$ | $e_i^{(1)}$ | $e_i^{(2)}$ | $e_i^{(3)}$ | $e_i^{(4)}$ | $e_i^{(5)}$ |
|---|---|---|---|---|---|
| $e_1$ : **100000** | 010000 | 001000 | 000100 | 000010 | 000001 |
| $e_2$ : **110000** | 011000 | 001100 | 000110 | 000011 | 100001 |
| $e_3$ : **101000** | 010100 | 001010 | 000101 | 100010 | 010001 |
| $e_4$ : **111000** | 011100 | 001110 | 100111 | 100011 | 110001 |

**Tableau 4.11**

■

- **Remarques**
  - Pour les codes cycliques pratiquement utilisés avec de nombreux symboles de contrôle, tels que $n - k = 16$, la proportion de paquets d'erreurs indétectables est faible. Plus de 99,9939 % des paquets d'erreurs de longueur $l = 17$ et 99,9984 % de longueur 18 ou plus sont détectés.
  - Les codes cycliques permettent non seulement de détecter les paquets d'erreurs, mais aussi de les corriger. Ils ont été décrits pour la première fois par Abramson en 1959 [38]. En ce qui concerne la correction, ils ont été généralisés par P. Fire [50] à une grande classe de codes corrigeant des paquets d'erreurs. Les codes Fire peuvent être décodés avec des circuits très simples.
  - On tente souvent (p.ex. dans les communications mobiles) de contourner les paquets d'erreurs par un « entrelacement » (Chapitre 8), puis on procède à une seule correction d'erreur.

## 4.7.2. Codes CRC (Cyclic Redundancy Check)

### A. Définition

Une famille de codes cycliques particulièrement importante pour les applications est celle des codes CRC (Cyclic Redundancy Check), également connus sous le nom de codes d'Abramson. Les bits de contrôle associés se trouvent souvent dans les formats de paquets ou de trames de communication de données sous la relation Frame-Checking-Sequence (FCS), comme les interfaces x-25 (HDLC), dans le protocole RNIS à canal D, dans les paquets de données pour le LAN. On trouve des fonctions CRC dans différents logiciels comme ceux dédiés à la sauvegarde, à la capture de données (échantillonnage) ainsi que dans les appareils et dispositifs de transmission de signaux numériques : DVB, MPEG-2 TS, DAB.

Les codes CRC sont une extension des codes de Hamming cycliques. Ils ont la forme :

$$C(2^r - 1, 2^r - r - 2, 4)_2 \text{ avec } r = n - k \qquad 4.51$$

Longueur $n = 2^r - 1$ ; Dimension $k = n - r - 1$ ; Distance minimale $d_{min} = 4$. Le polynôme générateur du CRC est défini à partir d'un polynôme primitif $p(x)$ de degré $r = n - k$ par le produit :

$$g(x) = (1 + x) \cdot p(x) \qquad 4.52$$

## B. Propriétés

- Les codes CRC possèdent tous $(x + 1)$ comme polynôme diviseur. Tous les mots qui ne sont pas des multiples du polynôme générateur sont rejetés comme étant incorrects.
- Le codage de CRC considère les mots de code comme des polynômes.
- Un polynôme générateur est utilisé comme base.
- Chaque mot de code est un multiple du polynôme générateur.
- Selon le polynôme générateur, différents codes CRC sont générés
- Les codes CRC peuvent détecter :

  ✓ Tous les modèles d'erreur avec un poids $w_H(e) \leq 3$.
  ✓ Toutes les erreurs ayant un poids impair.
  ✓ Toutes les combinaisons d'erreurs de poids impair si $g(x)$ correspond à un mot de code de poids pair.
  ✓ Tous les paquets d'erreur de longueur $l \leq r + 1$.
  ✓ Parmi les paquets d'erreurs de longueur $l = r + 2$, seul un rapport de $2^{-r}$ ne peut pas être détecté.
  ✓ Parmi les paquets d'erreurs de longueur $l \geq r + 3$ , seul un rapport de $2^{-(r+1)}$ ne peut pas être détecté.

Les polynômes générateurs suivants (tableau 4.12) sont recommandés par l'UIT et d'autres organismes pour diverses applications.

| Code | Polynômes générateurs |
|---|---|
| CRC-8 | $g(x) = x^8 + x^2 + x + 1$ |
| CRC-10 | $g(x) = x^{10} + x^9 + x^5 + x^4 + x + 1$ |
| CRC-12 | $g(x) = x^{12} + x^{11} + x^3 + x^2 + 1$ |
| CRC-16 UMTS | $g(x) = x^{16} + x^{15} + x^2 + 1$ |
| CRC-CCITT | $g(x) = x^{16} + x^{12} + x^5 + 1$ |

**Tableau 4.12**

Il faut souligner que cette technique ne permet pas de corriger les erreurs. En raison des bonnes propriétés de détection des erreurs, les codes CRC sont utilisés pour les procédures ARQ, c'est-à-dire les protocoles avec détection d'erreurs et demande de répétition.

**Exemple 4.19 :** Codes CRC

- Soit $u(x)$ le message original et $g(x)$ le polynôme générateur. $c(x) = u(x) \cdot g(x)$ est est le mot de code transmis. Le mot de code reçu est $c'(x) = c(x) + e(x)$ ; (erreur $\Leftrightarrow e(x) \neq 0$)
  Comparer les deux Codex CRC basés sur les deux polynômes générateuts :
  $g(x) = x + 1$ ;
  $g(x) = x^3 + x + 1$

| $g(x) = x+1$ | $g(x) = x^3 + x + 1$ |
|---|---|
| ▪ **Détection**<br>✓ Toutes les erreurs binaires impaires. | ▪ **Détection**<br>✓ Toutes les erreurs simples et doubles.<br>✓ De nombreuses autres erreurs multiples. |
| ▪ **Causes**<br>✓ Un nombre impair d'erreurs signifie que ***e*** a un nombre impair de coefficients 1.<br>✓ Les polynômes ayant un nombre impair des « 1 » ne peuvent pas être divisés par $(x + 1)$. | ▪ **Causes**<br>✓ Une seule erreur à la $i$-ème position conditionne $e(x) = x^i$<br>⇨ $g(x)$ ne divise pas $x^i$ sans reste.<br>✓ Une erreur à la $i$-ème et à la $q$-ième position provoque $e(x) = x^i + x^q$.<br>⇨ $g(x)$ ne divise pas $x^i + x^q$ sans reste. |

■

## 4.8. Résumé

- Les codes cycliques sont une sous-classe de codes linéaires ayant la propriété que les décalages cycliques des mots de code produisent à nouveau des mots de code.
- Cela permet une description compacte du code en utilisant un polynôme générateur (au lieu d'une matrice génératrice).
- Le codage systématique peut être réalisé de manière efficace.
- Il en va de même pour la détection des erreurs ; la correction des erreurs, en revanche, est d'une complexité comparable à celle des codes linéaires généraux.
- Les codes cycliques détectent même les erreurs de paquets dont la longueur est supérieure à la distance minimale.
- Les codes CRC sont donc limités à la détection des erreurs et sont utilisés à cette fin dans divers protocoles de communication.

Les codes cycliques sont les codes classiques les plus étudiés de la théorie des codes correcteurs d'erreurs. Si l'on se donne une longueur $n$ et un corps de base, on dispose d'un choix assez large de codes cycliques, déterminés alors selon leur capacité de correction et/ou leur dimension. Les codes cycliques contiennent les codes les plus performants au niveau des applications, les codes de Reed-Solomon (RS) et les codes de Bose-Chaudhury-Hocquenghem (codes BCH), pour lesquels on dispose de bons algorithmes de décodage.

Jusqu'à présent, seuls les canaux sans mémoire ont été traités, dans lesquels les erreurs se produisent statistiquement indépendamment les unes des autres, de sorte qu'un mot d'erreur (modèle d'erreur) consiste en une série d'erreurs isolées. Le nombre de ces erreurs isolées correspond au poids de Hamming du mot d'erreur et ce poids est distribué selon la relation (1.11). Cependant, de nombreux canaux réels sont basés sur la mémoire et génèrent des paquets d'erreurs au lieu d'erreurs isolées. Les codes cycliques sont très bien adaptés à la fois à la détection et à la correction des paquets d'erreurs.

Les codes RS et BCH conduisent à une conception spéciale qui fournit des codes très puissants pour des $n$ et $k$ données, pour lesquelles il existe des méthodes spéciales de correction des erreurs. Les prochains chapitres 5 et 6 traiteront de façon approfondie de ces deux codes.

## 4.9. Exercices

**4.1.** Soit un code cyclique avec le polynôme générateur $g(x) = 1 + x + x^3$.

- **4.1.1.** Déterminer la longueur du mot de code $n$, la longueur du mot d'information $k$ et le nombre $r = n - k$ de bits redondants ajoutés pour le codage du canal.
- **4.1.2.** En déduire la matrice génératrice $G$ pour ce code cyclique.
- **4.1.3.** Coder les vecteurs de message $u_a = (0, 1, 1, 0)$ et $u_b = (1, 0, 1, 0)$ en notation matricielle.
- **4.1.4.** Convertir les vecteurs de message $u_a$ et $u_b$ en polynômes de message $u_a(x)$ et $u_b(x)$, et les encoder en notation polynomiale.
- **4.1.5.** Effectuer un codage systématique pour le polynôme de message $u_a(x)$.

**4.2**. Soit le polynôme $g(x) = 1 + x + x^4$ générateur d'un code de Hamming $C(15,11)_2$.

- **4.2.1.** Donner la matrice génératrice de ce code en forme canonique.
- **4.2.2.** En déduire le polynôme générateur du code dual.

**4.3**. Soit le polynôme générateur $g(x) = 1 + x^2 + x^4 + x^6 + x^8$ d'un code cyclique $C(n,k)_2$.

- **4.3.1.** Trouver le taux de codage minimum $R_C = k/n$.
- **4.3.2.** Donner la distance minimale.
- **4.3.3.** En déduire le gain de ce code.

**4.4**. Soit un code linéaire et systématique dans $GF(2)$, généré par le polynôme $g(x) = 1 + x^3 + x^6$.

- **4.4.1.** Déterminer $n$, $k$ et le taux de codage $R_C$.
- **4.4.2.** Montrer que $g(x)$ est un générateur d'un code cyclique et donner le polynôme de contrôle $h(x)$.
- **4.4.3.** En utilisant la borne de Singleton, donner la capacité maximale de correction $t_{max}$ du code.
- **4.4.4.** En utilisant la borne de Hamming, donner la capacité maximale de correction $t_{max}$ du code.
- **4.4.5.** En déduire les matrices systématiques $G_S$ et $H_S$ correspondantes
- **4.4.6.** Déterminer, à partir de la matrice $H_S$, la distance minimale $d_{min}$ et le nombre $t$ des erreurs à corriger.

**4.4.7.** Soit les mots de code reçus :

$$c_1'(x) = x^2 + x^5 + +x^6 + x^8 \;\; ; \;\; c_2'(x) = 1 + x^4 + x^8$$

En déduire les syndromes correspondants.

**4.5.** Soit le polynôme $g(x) = 1 + x$ dans un champ $GF(2)$.

**4.5.1.** Montrer que ce polynôme peut générer un code cyclique quel que soit $n$.

**4.5.2.** Trouver le nombre $k$ correspondant de bits d'information.

**4.5.3.** Trouver les matrices $G_S$ et $H_S$ systématiques correspondantes.

**4.5.4.** Combien des erreurs peut-ont corriger avec ce code ?

**4.6.** Soit un code cyclique, généré par le polynôme $g(x) = x^3 + x + 1$.

**4.6.1.** Déterminer le mot de code systématique correspondant au message : $u = (1,0,0,1,1,0,1,0) \Leftrightarrow u(x) = x^7 + x^4 + x^3 + x$

**4.6.2.** En déduire le degré du polynôme du mot de code. Quel est le nombre des bits émis ?

**4.6.3.** Le polynôme $c'(x) = x^8 + x^7 + x^6 + x^3 + x^2 + x + 1$ présente un mot de code reçu. Examiner ce mot sur les erreurs en justifiant la réponse.

**4.7.** La figure ci-dessous montre le circuit de codage d'un code cyclique systématique :

**4.7.1.** Déterminer à partir du circuit le polynôme générateur $g(x)$ de ce code cyclique.

**4.7.2.** Citer les opérations effectuées par ce circuit.

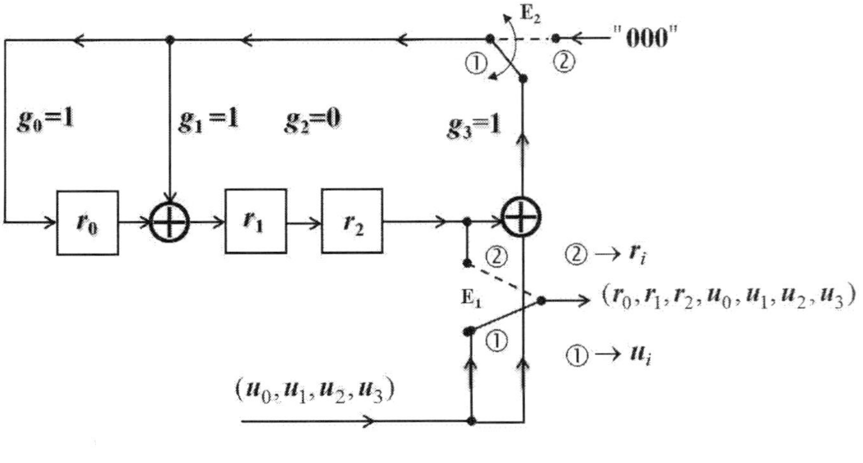

**4.7.3.** Coder systématiquement le polynôme de message $u_a(x) = x + x^2$. Les décalages dans le circuit (7 coups d'horloge) doivent être effectués de manière pratique et les états des différents registres doivent être indiqués.

**4.7.4.** Etablir le circuit décodeur correspondant pour ce code cyclique.

**4.8.** Un code de Hamming $C(7,4)_2$ est défini par le polynome générateur : $g(x) = 1 + x^2 + x^3$.

En utilisant un code systématique

**4.8.1.** Développer le circuit du codeur.

**4.8.2.** Donner la matrice génératrice du code en forme systématique.

**4.8.3.** Etablir le circuit calculateur de syndrome pour ce code.

**4.8.4.** Coder la séquence d'information $u = (1,0,0,1)$.

**4.8.5.** La séquence $c' = (1,1,0,0,0,0,1)$ présente un mot de code reçu. Décoder ce mot de code.

# Chapitre 5

# Codes Reed-Solomon

## 5.1. Introduction

Les codes Reed-Solomon (Codes RS) sont une catégorie importante des codes qui sont fréquemment utilisés dans la pratique. Les codes RS et les codes BCH (chapitre 6) ont été développés en 1960 [40][41]. Selon le point de vue, une catégorie de codes peut être déclarée comme cas particulier de l'autre. La compréhension des codes RS est la base de la compréhension des codes BCH.

Les codes RS sont largement utilisés en raison de deux caractéristiques principales : Premièrement, parce qu'ils sont des codes MDS, c'est-à-dire qu'ils atteignent la capacité maximale de détection et de correction des erreurs (§ 3.4.2). Deuxièmement, ils disposent d'algorithmes de décodage efficaces. Ils ont également la propriété d'être simples à construire et d'avoir une très bonne capacité de correction d'erreurs, en particulier pour les erreurs de paquets, avec une longueur de mot de code presque entièrement sélectionnable.

Dans ce chapitre, nous examinerons plus en détail les codes RS en mettant l'accent sur la description par la technique de la transformation de Fourier discrète TFD [37][39], en conséquence, le polynôme générateur $g(x)$ et la distance minimale $d_{min}$ peuvent être déterminés de manière simple. La représentation de décodage devient également très claire à travers la transformation de Fourier discrète inverse TFDI.

Les codes cycliques, dont les symboles sont du corps d'extension, et pas seulement du corps de base, sont des codes permettant de corriger plusieurs erreurs indépendantes. Ainsi la longueur des mots $n = 2^m - 1 = q - 1$ devient le nombres des symboles non nuls de $GF(2^m)$, c'est-à-dire le nombre des éléments de groupe multiplicatif (en général on a $GF(q)$, où $q = p^m$ avec $p = 2$).

En outre, les codes RS présentent un avantage particulier en tant que codes non binaires (symboles dans un corps d'extension $GF(q)$ $q = 2^m$, section 2.5). Par conséquent, la correction d'un symbole en $GF(q)$ correspond à la correction d'un mot de code à partir de $m$ bits simultanés dans la traduction binaire. C'est pourquoi ces codes sont très utiles pour la correction des paquets d'erreurs.

Le code corrige $t = (d_{min} - 1)/2$ symboles de $m$ bits. C'est donc un code correcteur de $t$ erreurs aléatoires mais également de $t$ paquets d'erreurs binaires de longueur inférieure ou égale à $m$ contenus dans un symbole.

Le code RS est très puissant pour des longueurs de bloc qui ne sont pas trop grandes.

On peut d'abord résumer certaines caractéristiques :

- Espace de définition

$$\boldsymbol{GF(q) = GF(p^m) \equiv GF(2^m)} \tag{5.1}$$

- Nombre des éléments de groupe multiplicatif cyclique : longueur du mot de code = $n$, on a pour $p = 2$ :

$$\left.\begin{array}{ll} \boldsymbol{N} = (2^m - 1) & \text{: Symboles} \\ \boldsymbol{n_b} = \boldsymbol{m}(2^m - 1) \text{ bits} & \text{: Mot de code} \\ \boldsymbol{K} = (2^m - \boldsymbol{d_{min}}) & \text{: Symboles} \\ \boldsymbol{k} = \boldsymbol{m}(2^m - \boldsymbol{d_{min}}) \text{ bits} & \text{: Mot d'Information} \end{array}\right\} \tag{5.2}$$

- Correction d'un mot de $m$-bits
- Borne supérieure : Code MDS

$$\boldsymbol{d_{min} = n - k + 1} \tag{5.3}$$

- Le code corrige $t$ erreurs tel que : $t = (d_{min} - 1)/2$

**Exemple 5.1a :** Code RS

- Un code $RS(6,2) \in GF(2)$. Dans un corps d'extension $GF(2^m)$ avec $m = 2$, on a : $N = 2^m - 1 = 2^2 - 1 = 3$.

  Pour la correction d'une erreur $t = 1$, on a : $d_{min} = 2t + 1 = 3$.

En utilisant la propriété MDS de code RS :

$$d_{min} = n - k + 1 \Rightarrow d_{min} = N - K + 1 = 2^m - 1 + k - 1$$

$$K = 2^m - d_{min} = 2^2 - 3 = 1 \Rightarrow RS(N, K) = RS(3,1)$$

- Traduction binaire:
  $n_b = 3 \times 2 = 6 \;\; et \;\; k_b = 1 \times 2 = 2 \Rightarrow C(6,2)$

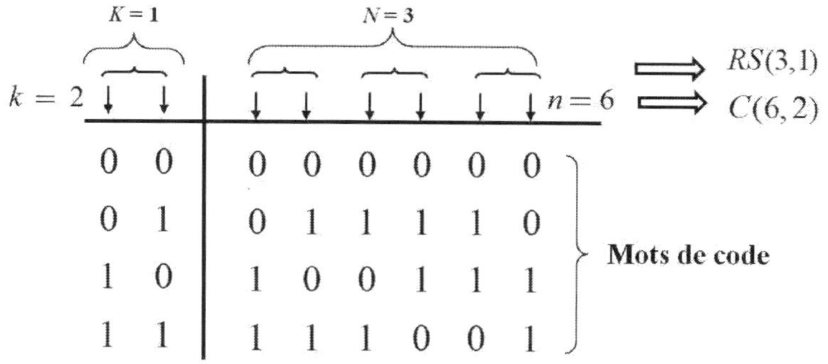


**Fig. 5.1**

- **Remarque**
  - Dans la suite, on va utiliser les petits termes *n, k* et *t* pour le code RS tel que : $RS(n,k)$.

■

**Exemple 5.1b :** Code RS

- $RS(n,k) = RS(15,9)$ : *n* indiquant la longueur totale d'un bloc du code Reed-Solomon, 15 symboles dans ce cas et *k* indique la longueur du bloc d'information, 9 symboles dans cet exemple.

  La capacité de correction des erreurs du système est :

  $2t = n - k = 15 - 9 = 6$

  Donc : $t = \dfrac{n-k}{2} = 3$

  Ce code corrige 3 symboles, le nombre de bits *m* par symbole étant :

  $n = 2^m - 1 \Rightarrow m = \text{lb}(n+1) = 4$ (lb : logarithme binaire)

  Le nombre des bits utilisés pour coder les symboles est donc de 4. Ce qui nous amène à utiliser un champ de Galois de $GF(2^4)$.

■

# 5.2. Définitions

## 5.2.1. Transformation de Fourier Discrète TFD

Comme c'est si souvent le cas dans les sciences naturelles, il s'avère opportun d'examiner les problèmes qui ne peuvent plus être traités clairement dans une présentation, de les traités dans un autre domaine de transformation convenablement choisie (par exemple, un domaine fréquentiel au lieu d'un domaine temporel).

Aujourd'hui, les principaux codes algébriques en blocs pour la correction des erreurs peuvent être présentés de manière plus élégante avec une transformation, qu'il s'avère identique à la célèbre transformation de Fourier discrète (TFD) pour les signaux périodiques à bande limitée. Il ne faut cependant pas se laisser confondre par le terme « transformation de Fourier », que la plupart des gens connaissent certainement sous une autre forme, mais plutôt considérer la TFD, telle qu'elle est utilisée ici, d'abord comme une règle de calcul indépendante, définie plus ou moins arbitrairement.

Pour rappel, les définitions de TFD et TFDI d'après [37][39] sont les suivantes :

$$\left.\begin{array}{lll} \textbf{TFD} & : S_d(k) = \sum_{n=0}^{M-1} s_d(n) \cdot e^{-j2\pi n \frac{k}{M}} & k = 0,1,\ldots\ldots,M-1 \\ \textbf{TFDI} & : s_d(n) = \frac{1}{M} \sum_{k=0}^{M-1} S_d(k) \cdot e^{j2\pi n \frac{k}{M}} & n = 0,1,\ldots\ldots,M-1 \end{array}\right\} \quad 5.4$$

## 5.2.2. Transformation spectrale sur les champs de Galois

### A. Introduction

Un code est initialement défini uniquement comme un ensemble de vecteurs. Pour les mathématiciens, le problème peut donc être considéré comme résolu. Pour les ingénieurs, cependant, la question se pose de savoir comment affecter les messages à transmettre (les informations proprement dites) aux mots de code de manière appropriée. Autrement dit, ce qui est considéré comme une information (qui doit être récupérée lors du décodage) et ce qui est considéré comme une redondance (qui n'est utilisée que pour la détection et la correction d'erreurs). Dans ce qui suit, nous présentons différentes affectations des informations et des mots de code, qui ont toutes leurs avantages et leurs inconvénients en fonction de la manière dont elles sont utilisées dans la pratique.

## B. Construction par la transformation TFD

La transformation spectrale sur les champs de Galois est équivalente à la transformation de Fourier des signaux complexes. Cette transformation ne doit pas être effectuée explicitement ni pour le codage ni pour le décodage, mais doit être exploitée uniquement pour description des codes utilisés.

La construction des codes RS au moyen de la TFD est basée sur le théorème fondamental bien connu de l'algèbre linéaire, qui déclare :

Un polynôme $A(x) = A_0 + A_1x + A_2x^2 + \cdots + A_{k-1}x^{k-1}$ de degré$(k-1)$ avec des coefficients $A_i \in GF(q)$ où $A_{k-1} \neq 0$, $A(x)$ a au plus $(k-1)$ racines différentes $x_i \in GF(q)$. Pour la TFD, on suppose un champ de Galois $GF(q = p^m)$ ($p$ est un nombre premier) avec un élément primitif $\alpha$ d'ordre $n = q - 1 = p^m - 1$.

Soit les deux polynômes à coefficients dans $GF\ (q = p^m)$ :

$$\left.\begin{aligned} \boldsymbol{a}(\boldsymbol{x}) &= \sum_{i=0}^{n-1} \boldsymbol{a}_i \cdot \boldsymbol{x}^i \leftrightarrow (\boldsymbol{a}_0, \boldsymbol{a}_1, \ldots, \boldsymbol{a}_{n-1}) \\ \boldsymbol{A}(\boldsymbol{x}) &= \sum_{i=0}^{n-1} \boldsymbol{A}_i \cdot \boldsymbol{x}^i \leftrightarrow (\boldsymbol{A}_0, \boldsymbol{A}_1, \ldots, \boldsymbol{A}_{n-1}) \end{aligned}\right\} \qquad 5.5$$

Les éléments $a_i \in GF(q)$ ont comme correspondance les éléments $A_i \in GF(q)$. La relation $a_i \leftrightarrow A_i$ est donnée par les transformations spectrales TFD et TFDI entre $a(x)$ et $A(x)$ :

$$\left.\begin{aligned} \boldsymbol{a}(\boldsymbol{x}) &\xrightarrow{\text{TFD}} \boldsymbol{A}(\boldsymbol{x}) \Rightarrow \boldsymbol{A}(\boldsymbol{x}) = \textbf{TFD}\ [\boldsymbol{a}(\boldsymbol{x})] \\ \boldsymbol{A}(\boldsymbol{x}) &\xrightarrow{\text{TFDI}} \boldsymbol{a}(\boldsymbol{x}) \Rightarrow \boldsymbol{a}(\boldsymbol{x}) = \textbf{TFDI}\ [\boldsymbol{A}(\boldsymbol{x})] \end{aligned}\right\} \qquad 5.6$$

Soit $\alpha \in GF(q)$ un élément d'ordre $n$, $a(x)$ et $A(x)$ sont des polynômes de degré $\leq n - 1$ à coefficients de $GF(q)$, la TFD sera donc définie d'après les relations (5.5) et (5.6) par la relation suivante :

$$\boldsymbol{a}_i = \boldsymbol{A}(\boldsymbol{\alpha}^i) \quad \boldsymbol{i} = 0, \ldots, \boldsymbol{n} - 1 \qquad 5.7$$

où $a_i$ est considéré comme le vecteur de coefficient d'un polynôme $a(x) = a_0 + a_1x + a_2x^2 + \cdots + a_{n-1}x^{n-1}$. Le vecteur $A = (A_0, A_1, \ldots, A_{n-1})$ est obtenu à partir de $a(x)$ par la transformation inverse TFDI.

$$\boldsymbol{A}_i = \boldsymbol{n}^{-1} \times \boldsymbol{a}(\boldsymbol{\alpha}^{-i}), \ \ \boldsymbol{i} = 0, \ldots, \boldsymbol{n} - 1 \qquad 5.8$$

Nous pouvons indiquer la TFD et la TFDI par rapport aux relations (5.4)

$$\left.\begin{array}{ll} \boldsymbol{A}_i = \boldsymbol{n}^{-1}\cdot \boldsymbol{a}(\boldsymbol{x}=\boldsymbol{\alpha}^{-i}) = \boldsymbol{n}^{-1}\cdot \sum_{\mu=0}^{n-1} \boldsymbol{a}_\mu \boldsymbol{\alpha}^{-i\mu} & \textbf{(TFD)} \\ \boldsymbol{a}_i = \boldsymbol{A}(\boldsymbol{x}=\boldsymbol{\alpha}^{i}) = \sum_{\mu=0}^{n-1} \boldsymbol{A}_\mu \boldsymbol{\alpha}^{i\mu} & \textbf{(TFDI)} \end{array}\right\} \boldsymbol{i}=0,\ldots,\boldsymbol{n}-1 \quad 5.9a$$

- **Remarques**
  - L'élément primitif $\alpha$ ($\alpha^n = 1$. § 2.3.7 relation 2.14b) correspond à l'élément complexe dans les TFD des signaux discrets.

$$\left(e^{-j\frac{2\pi}{n}}\right)^n = 1 \Leftrightarrow \left(\alpha^{2^m-1}\right) = 1 \Rightarrow e^{-j\frac{2\pi}{n}i\mu} \equiv \alpha^{-i\mu}$$

$$\left.\begin{array}{l} \textbf{(TFD)} : \boldsymbol{S}_d(\boldsymbol{i}) = \sum_{\mu=0}^{n-1} \boldsymbol{s}(\mu)\cdot \boldsymbol{e}^{-j\frac{2\pi}{n}i\mu} \\ \textbf{(TFDI)} : \boldsymbol{s}_d(\boldsymbol{i}) = \frac{1}{\boldsymbol{n}}\cdot \sum_{\mu=0}^{n-1} \boldsymbol{S}(\mu)\cdot \boldsymbol{e}^{+j\frac{2\pi}{n}i\mu} \end{array}\right\} \Leftrightarrow \left\{\begin{array}{l} \boldsymbol{A}_i = \boldsymbol{n}^{-1}\cdot \sum_{\mu=0}^{n-1} \boldsymbol{a}_\mu \boldsymbol{\alpha}^{-i\mu} \\ \boldsymbol{a}_i = \sum_{\mu=0}^{n-1} \boldsymbol{A}_\mu \boldsymbol{\alpha}^{i\mu} \end{array}\right. \quad 5.9b$$

  - Dans $GF(q)$, on a $n^{-1} = 1/n = -1 \bmod q$. Pour $q = 2 \Rightarrow n^{-1} = 1$
  - Si $\alpha^{-i}$ est une racine de $a(x) \to$ le $i$-ème composant de $A(x)$ est zéro ($A_i = 0$) (voir relations 5.7, 5.8 et 5.9).
    $a(x_0 = \alpha^{-i}) = 0 \Leftrightarrow A = (A_0, A_1, \ldots, A_{i-1}, \boxed{A_i}, A_{i+1}, \ldots, A_{n-1})$
  - Si $\alpha^{+i}$ est une racine de $A(x) \to$ le $i$-ème composant de $a(x)$ est zéro ($a_i = 0$ (voir relations 5.7, 5.8 et 5.9).
    $A(x_0 = \alpha^{i}) = 0 \Leftrightarrow a = (a_0, a_1, \ldots, a_{i-1}, \boxed{a_i}, a_{i+1}, \ldots, a_{n-1})$
  - Pour un élément quelconque $\alpha \in GF(q=2^m)$, on a :
    $\alpha^{-i}\cdot\alpha^{i} = 1 = \alpha^{n} \Rightarrow \alpha^{-i} = \alpha^{n-i}$
  - Facteurs linéaires de $x^n - 1$ (relation 2.27) : Soit $\alpha$ un élément d'ordre $n$, $\alpha \in GF(p)$ et $p$ nombre premier donc :
    $$x^n - 1 = \prod_{i=0}^{n-1}(x - \alpha^i)$$
    Si $\alpha$ est un élément primitif de $GF(q = p^m)$ ($p$ nombre premier), il s'ensuit également que : $n = p^m - 1$ et donc :
    $\alpha^{p^m-1} = 1 = \alpha^0 \Rightarrow \alpha^n = 1 \to x^n - 1 = 0$.
    Dans ce cas, les exposants de $\alpha$ sont calculés en modulo $p^m - 1$.

## 5.2.3. Code Reed-Solomon : Définition 1

### A. Définition par transformation : Présentation polynomiale

Soit $\alpha \in GF(q = p^m)$ ($p$ nombre premier) un élément d'ordre $n$, on appelle un code $C$ de longueur $n$ et de dimension $k$ code Reed-Solomon, s'il est défini par un polynôme $A(x)=A_0+A_1x\ +\ldots+A_{k-1}x^{k-1}$ de degré $< k$ ; ($A_i \in GF(q)$ et $A_{k-1} \neq 0$). Le mot de code $a = (a_0, a_1, a_2, \ldots, a_{n-1})$ est déterminé par la relation de la transformation TFDI :

$$C := \{a\ (x) \mid a_i = A(\alpha^{\ i}),\ i = 0,1,\ldots,n-1\ \deg(A(x)) < k\} \qquad 5.10$$

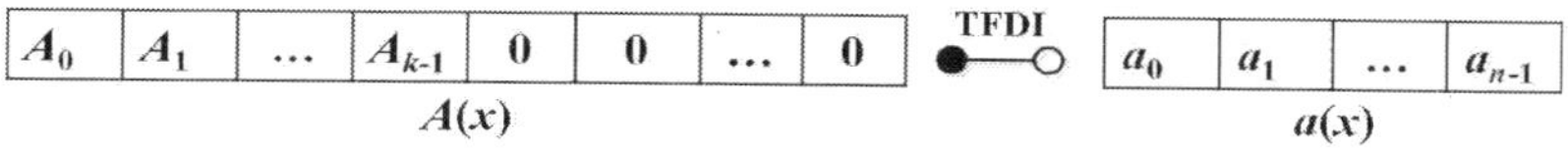


**Fig. 5.2a :** Définition du code RS par transformation TFDI

La figure ci-dessous montre les symboles utilisés pour les transformations TFD et TFDI.

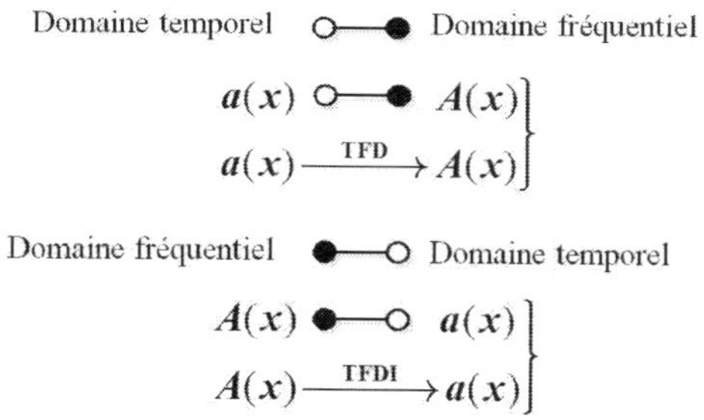


**Fig. 5.2b :** Symboles utilisés pour les transformations TFD et TFDI

Dans ce qui suit, nous utiliserons la forme avec la flèche.

**Exemple 5.2 :** Définition de code RS par transformation

- Construisons un code Reed-Solomon dans $GF(7)$ avec $d_{min} = 5$.
  $q = p^1 = 7$, alors l'élément primitif $\alpha$ doit avoir un ordre $n$ tel que :
  $\alpha^n = \alpha^{p-1} = 1, \quad n = p-1 = 6 \Rightarrow d_{\min} = n-k+1 = 5 \Rightarrow k = 2.$

  Prenons un élément $\alpha$ quelconque par exemple $\alpha = 5$ (voir l'exemple 2.11, chapitre 2) et examinons si $\alpha = 5$ est un élément primitif de $GF(7)$ : $\alpha^1 \ldots \alpha^{p-1} = 1 \bmod 7$ :

$$5^1 = 5\ ;\ 5^2 = 25 = 4\ ;\ 5^3 = 25 \cdot 5 = 20 = 6$$
$$5^4 = 30 = 2\ ;\ 5^5 = 10 = 3\ ;\ 5^6 = 5^{p-1} = 1$$

- **Remarque**
  - Les exposants sont calculés en mod 6 et non pas en mod 7
    $5^9 = 5^4 \cdot 5^5 = 2 \cdot 3 = 6 = 5^{9 \bmod 6} = 5^3 = 6 \neq 5^{9 \bmod 7}$

Les mots de code du code RS sont donnés par les relations suivantes :
$a_i = A(\alpha^i)$ et pour $k = 2$ on a :

$$A(x) = A_0 + A_1 x + \cdots + A_{k-1} x^{k-1} = A_0 + A_1 x \text{ avec } A_0,\ A_1 \in GF(7)$$

La dimension du code est $k = 2$, c'est-à-dire il y a $p^k$ polynômes de $A(x)$, ce qui signifie: il y a donc $7^2 = 49$ différents mots de code. Choisissons un exemple parmi eux, par exemple $A_0 = 5$ et $A_1 = 3$, on aura donc :

$$A(x) = A_0 + A_1 x \quad \Rightarrow \underline{\underline{A(x) = 5 + 3x}}.$$

Les coefficients définissant le code-RS sont donnés par la TFDI comme suit :

$$a_i = A(\alpha^i) = \sum_{\mu=0}^{n-1} A_\mu \alpha^{i\mu} \qquad i = 0, \ldots, n-1$$

$$\begin{array}{lllllllllllll}
a_0 & = & A(x=\alpha^0) = A_0 + A_1\alpha^0 & = & A(1) & = & 5+3\cdot 1 & = & 8 & = & 1 & \text{mo} & 7 \\
a_1 & = & A(x=\alpha^1) = A_0 + A_1\alpha^1 & = & A(5) & = & 5+3\cdot 5 & = & 20 & = & 6 & \text{mod} & 7 \\
a_2 & = & A(x=\alpha^2) = A_0 + A_1\alpha^2 & = & A(4) & = & 5+3\cdot 4 & = & 17 & = & 3 & \text{mod} & 7 \\
a_3 & = & A(x=\alpha^3) = A_0 + A_1\alpha^3 & = & A(6) & = & 5+3\cdot 6 & = & 23 & = & 2 & \text{mod} & 7 \\
a_4 & = & A(x=\alpha^4) = A_0 + A_1\alpha^4 & = & A(2) & = & 5+3\cdot 2 & = & 11 & = & 4 & \text{mod} & 7 \\
a_5 & = & A(x=\alpha^5) = A_0 + A_1\alpha^5 & = & A(3) & = & 5+3\cdot 3 & = & 14 & = & 0 & \text{mod} & 7
\end{array}$$

$$A(5,3,0,0,0,0) \xrightarrow{\textbf{TFDI}} a(1,6,3,2,4,0)$$

Le mot de code RS sera donc : $\underline{\underline{a(x) = 1 + 6x + 3x^2 + 2x^3 + 4x^4}}$

Avec les 49 mots de code, on peut afficher 49 messages. La manière d'attribuer les différents messages aux mots de code est en principe arbitraire. Par exemple, les 7×7 vecteurs de coefficient $A := (A_0, A_1)$ de $A(x)$ peuvent être considérés comme un message ou une « information » et les mots de code $a = (a_0, \ldots, a_5)$ comme une « transformation » du vecteur $\boldsymbol{A}$. Pour le décodage, $\boldsymbol{A}$ doit être calculé inversement à partir de $\boldsymbol{a}$ à nouveau, c'est-à-dire qu'il faut effectuer la « transformation inverse » correspondante (même si aucune erreur de transmission ne se produit).

■

## B. Présentation matricielle

La transformation polynomiale selon les relations (5.9)

$$\left.\begin{array}{ll} A_i = n^{-1}\cdot a(x=\alpha^{-i}) \ = n^{-1}\cdot \sum_{\mu=0}^{n-1} a_\mu \alpha^{-i\mu} & \text{(TFD)} \\ a_i = A(x=\alpha^{i}) \ = \sum_{\mu=0}^{n-1} A_\mu \alpha^{i\mu} \quad i=0,\dots,n-1 & \text{(TFDI)} \end{array}\right\},$$

peut être également décrite pour les coefficients à l'aide des matrices :

- **TFDI** : $a_i = A(\alpha^i) = \sum_{\mu=0}^{n-1} A_\mu \alpha^{i\mu} \quad i = 0,\dots,n-1$

$$\begin{bmatrix} a_0 \\ a_1 \\ a_2 \\ \vdots \\ a_{n-1} \end{bmatrix} = \begin{bmatrix} 1 & 1 & 1 & \cdots & 1 \\ 1 & \alpha^1 & \alpha^2 & \cdots & \alpha^{n-1} \\ 1 & \alpha^2 & \alpha^4 & \cdots & \alpha^{2(n-1)} \\ \vdots & \vdots & \vdots & \vdots & \vdots \\ 1 & \alpha^{n-1} & \alpha^{2(n-1)} & \cdots & \alpha^{(n-1)^2} \end{bmatrix} \cdot \begin{bmatrix} A_0 \\ A_1 \\ A_2 \\ \vdots \\ A_{n-1} \end{bmatrix} \qquad 5.11a$$

$$a^T = M_{TFDI}\cdot A^T \qquad 5.11b$$

- **TFD** : $A_i = n^{-1}\cdot a(\alpha^{-i}) = -\sum_{\mu=0}^{n-1} a_\mu (\alpha^{-i})^\mu \quad i = 0,\dots,n-1$

$$\begin{bmatrix} A_0 \\ A_1 \\ A_2 \\ \vdots \\ A_{n-1} \end{bmatrix} = -\begin{bmatrix} 1 & 1 & 1 & \cdots & 1 \\ 1 & \alpha^{-1} & \alpha^{-2} & \cdots & \alpha^{-(n-1)} \\ 1 & \alpha^{-2} & \alpha^{-4} & \cdots & \alpha^{-2(n-1)} \\ \vdots & \vdots & \vdots & \vdots & \vdots \\ 1 & \alpha^{-(n-1)} & \alpha^{-2(n-1)} & \cdots & \alpha^{-(n-1)^2} \end{bmatrix} \cdot \begin{bmatrix} a_0 \\ a_1 \\ a_2 \\ \vdots \\ a_{n-1} \end{bmatrix} \qquad 5.12a$$

$$A^T = M_{TFD}\cdot a^T \qquad 5.12b$$

- **Remarque :** $n^{-1} = 1$ pour $p = 2$, autrement $n^{-1} = -1 \bmod p$

**Exemple 5.3 :** Présentation matricielle du Code RS par la TFDI et la TFD

- Un code-RS $\in GF(7) \Leftrightarrow q = p^1 = 7$, $n = p - 1 = 6$, $\alpha = 5$, $k = 2$. Soit le mot d'information : $\underline{\underline{A(x) = 4 + 5x}}$

En exécutant la TFDI, puis en vérifiant la TFD.

$$\text{TFDI}: a_i = A(\alpha^i) = \sum_{\mu=0}^{n-1} A_\mu \cdot (\alpha^i)^\mu \quad i = 0,\ldots,n-1$$

$$\underline{\underline{a(x) = 2 + x + 3x^2 + 6x^3 + 5x^5}}$$

La transformation inverse TFDI peut être aussi réalisée par la relation (5.10), telle que :

$$\begin{bmatrix} \boldsymbol{a}_0 \\ \boldsymbol{a}_1 \\ \boldsymbol{a}_2 \\ \boldsymbol{a}_3 \\ \boldsymbol{a}_4 \\ \boldsymbol{a}_5 \end{bmatrix} = \begin{bmatrix} 1 & 1 & 1 & 1 & 1 & 1 \\ 1 & 5 & 4 & 6 & 2 & 3 \\ 1 & 4 & 2 & 1 & 4 & 2 \\ 1 & 6 & 1 & 6 & 1 & 6 \\ 1 & 2 & 4 & 1 & 2 & 4 \\ 1 & 3 & 2 & 6 & 4 & 5 \end{bmatrix} \cdot \begin{bmatrix} 4 \\ 5 \\ 0 \\ 0 \\ 0 \\ 0 \end{bmatrix} = 4 \cdot \begin{bmatrix} 1 \\ 1 \\ 1 \\ 1 \\ 1 \\ 1 \end{bmatrix} + 5 \cdot \begin{bmatrix} 1 \\ 5 \\ 4 \\ 6 \\ 2 \\ 3 \end{bmatrix} = \begin{bmatrix} 2 \\ 1 \\ 3 \\ 6 \\ 0 \\ 5 \end{bmatrix}$$

$$\underline{\underline{a(x) = 2 + x + 3x^2 + 6x^3 + 5x^5}}$$

$$A = (4,5,0,0,0,0) \xrightarrow{\text{TFDI}} a = (2,1,3,6,0,5)$$

$$\text{TFD}: A_i = n^{-1} \cdot a(\alpha^{-i}) = -\sum_{\mu=0}^{n-1} a_\mu \cdot (\alpha^{-i})^\mu \quad i = 0,\ldots,n-1$$

avec : $a(x) = 2 + x + 3x^2 + 6x^3 + 5x^5$

- La transformation TFD peut être aussi réalisée par la relation (5.12a)

$$\begin{bmatrix} A_0 \\ A_1 \\ A_2 \\ A_3 \\ A_4 \\ A_5 \end{bmatrix} = -\begin{bmatrix} 1 & 1 & 1 & 1 & 1 & 1 \\ 1 & \textcircled{3} & 2 & 6 & 4 & 5 \\ 1 & 2 & 4 & 1 & 2 & 4 \\ 1 & 6 & 1 & 6 & 1 & 6 \\ 1 & 4 & 2 & 1 & 4 & 2 \\ 1 & 5 & 4 & 6 & 2 & 3 \end{bmatrix} \cdot \begin{bmatrix} 2 \\ 1 \\ 3 \\ 6 \\ 0 \\ 5 \end{bmatrix} = \begin{bmatrix} 4 \\ 5 \\ 0 \\ 0 \\ 0 \\ 0 \end{bmatrix}$$

- **Remarque**

$$\alpha^{-i} = \alpha^{n-i \bmod n} \Rightarrow \alpha^{-i \bmod p-1} \Rightarrow \alpha^{-1 \bmod 6} = \alpha^5 = 5^5 \bmod 7 = \textcircled{3};\ \alpha^{-i} \cdot \alpha^i = 1 = \alpha^n$$

■

## C. Réalisation des transformations TFDI et TFD par registres à décalage

Nous considérons le vecteur de fréquence librement sélectionnable $(A_0, A_1,\dots A_{k-1}) \in GF(p)$ $(q = p^1)$ comme information et formons le mot de code correspondant $a = (a_0, a_1, \dots, a_{n-1}) \in GF(p)$ selon la relation (5.9). La réalisation pratique est donnée dans chaque cas sous la forme d'une procédure (ici sous la forme d'un circuit de registres à décalage), qui peut être facilement convertie en un programme informatique. L'objectif est de décomposer la procédure en une répétition d'un nombre réduit d'opérations constantes.

Avec cette méthode de codage, le mot de code $a = (a_0, a_1, \dots, a_{n-1})$ est obtenu à partir du vecteur d'information $(A_0, A_1, \dots, A_{k-1}) \in GF(p)$ par la TFDI selon la relation (5.9) avec la règle : $a_i = A(x = \alpha^i)$. Si on génère les $a_i$ dans l'ordre $i = 0, 1, 2, \dots, n-1$, on obtient :

$$a_0 = A(x = \alpha^0) = A_0 + A_1 + \cdots + A_{k-1}$$
$$a_1 = A(x = \alpha^1) = A_0 + A_1 \cdot \alpha^1 + \cdots + A_{k-1} \cdot \alpha^{k-1}$$
$$a_2 = A(x = \alpha^2) = A_0 + A_1 \cdot \alpha^2 + A_2(\alpha^1) \cdot \alpha^1 + \cdots + A_{k-1}(\alpha^{k-1}) \cdot \alpha^{k-1}$$
$$\vdots$$

La figure (Fig. 5.3) présente la construction de l'élément $a_i$ de la transformation TFDI de $A(x)$. Au départ $(i = 0)$, le registre est initialisé avec les composantes fréquentielles $A_\mu$ $(A_0, A_1, \dots, A_{n-1})$, de sorte que :

$$a_0 = A_0 + A_1 + \cdots + A_{k-1} + \cdots + A_{n-1} \bmod p \ (A_\mu = 0 \text{ pour } k \le \mu \le n-1)$$

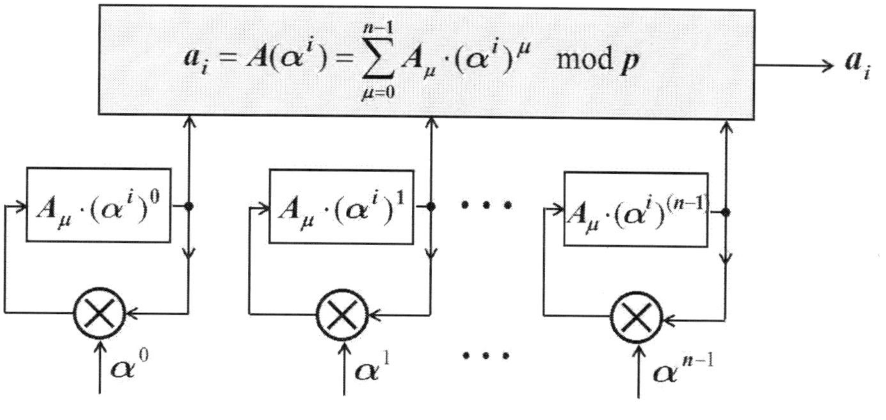


**Fig. 5.3 :** Réalisation de la TFDI au moyen des registres à décalage

**Exemple 5.4 :** Réalisation de la TFDI

- A titre d'illustration, nous utiliserons à nouveau l'exemple déjà utilisé avec les éléments $a_i$, $A_j$ de $GF(q = p^1 = 7)$, $n = 6$, $k = 2$ et $t = 2$ c'est-à-dire $d_{min} = 2t + 1 = 5$. Comme exemple nous avons pris les coefficients $A_0 = 4$ et $A_1 = 5$. Pour la transformation du polynôme : $A(x) = 4 + 5x$ nous avons besoin d'un élément primitif, par exemple $\alpha = 5$.

$$a_i = A(\alpha^i) = \sum_{\mu=0}^{n-1} A_\mu (\alpha^\mu)^i \bmod p \; ; \; i = 0, 1, 2 \ldots, n-1 \Rightarrow A = (4, 5, 0, 0, 0, 0)$$

$$\alpha^\mu, \text{ où } \mu = 0, 1, \ldots, n-1, \;\; \alpha = 5 \text{ et } n = 6 \Rightarrow 5^\mu = (1, 5, 4, 6, 2, 3)$$

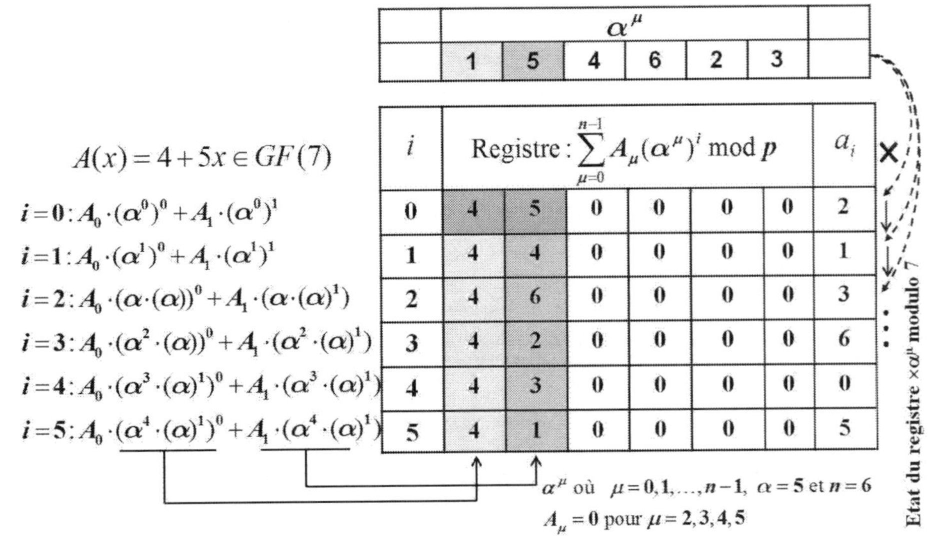


**Fig. 5.4 :** Opérations de la TFDI : $a(x) = 2 + x + 3x^2 + 6x^3 + 5x^5$

- La figure ci-dessous (Fig. 5.5) présente la construction de l'élément $a_i$ par la transformation TFDI de $A(x) = 4 + 5x$.

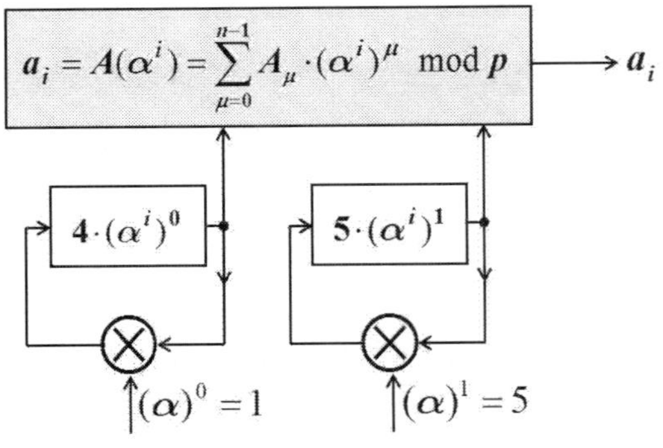


**Fig. 5.5 :** Réalisation de la TFDI au moyen des registres à décalage

■

**Exemple 5.5 :** Réalisation de la TFD

- Comme exemple, nous allons prendre les coefficients $a = (2, 1, 3, 6, 0, 5)$ de l'exemple précédent pour effectuer l'opération TFD :

$$a(x) \xrightarrow{\text{TFD}} A(x)$$

| | $\alpha^{-\mu}$ | | | | | | |
|---|---|---|---|---|---|---|---|
| | 1 | 3 | 2 | 6 | 4 | 5 | |
| $i$ | Registre : $-\sum_{\mu=0}^{n-1} a_\mu (\alpha^{-\mu})^i \bmod p$ | | | | | | $B_i$ |
| 0 | 2 | 1 | 3 | 6 | 0 | 5 | -3 =4 |
| 1 | 2 | 3 | 6 | 1 | 0 | 4 | -2 =5 |
| 2 | 2 | 2 | 5 | 6 | 0 | 6 | 0 |
| 3 | 2 | 6 | 3 | 1 | 0 | 2 | 0 |
| 4 | 2 | 4 | 6 | 6 | 0 | 3 | 0 |
| 5 | 2 | 5 | 5 | 1 | 0 | 1 | 0 |

× Etat du registre $\times\alpha^{\mu}$ **modulo 7**

**Fig. 5.6 :** Opérations de la TFD

$$A(x) = 4 + 5x$$

- La figure (Fig. 5.7) présente la construction de l'élément $A_i$ par la transformation TFD de $a(x) = 2 + x + 3x^2 + 6x^3 + 5x^5$.

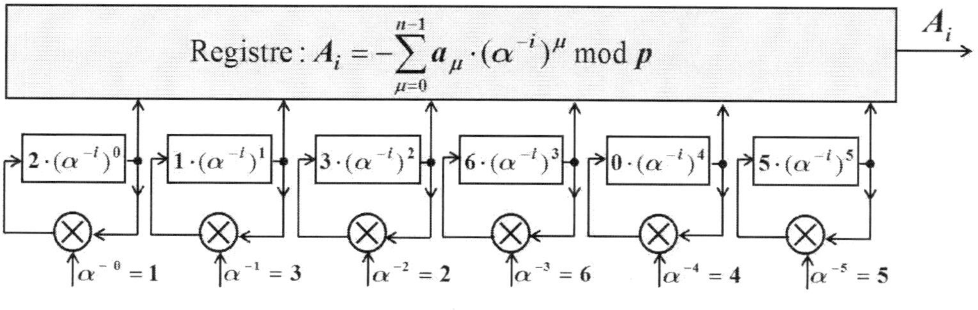


**Fig. 5.7 :** Réalisation de la TFD au moyen des registres à décalage

■

## 5.2.4. Code Reed-Solomon : Définition 2

### A. Polynôme générateur

Un code RS de longueur *n*, de dimension *k* et de distance minimale $d_{min} = n - k + 1$ est défini par tout polynôme d'information *u*(*x*) de degré < *k*. Les mots de code sont donnés par la multiplication par le polynôme générateur *g*(*x*) :

$$\boldsymbol{a}(\boldsymbol{x}) = \boldsymbol{u}(\boldsymbol{x}) \cdot \boldsymbol{g}(\boldsymbol{x}), \ \deg\big(\boldsymbol{g}(\boldsymbol{x})\big) = \boldsymbol{n} - \boldsymbol{k} \qquad 5.13$$

Donc *a*(*x*) devrait être divisible par *g*(*x*).

Le code RS a été défini aussi par l'ensemble des polynômes *A*(*x*) de degré $\leq k - 1$, c'est-à-dire $A_i = 0$ pour $k \leq i \leq n - 1$. Selon la règle de transformation TFD de la relation (5.9), on a :

$$\boldsymbol{A}_i = \boldsymbol{n}^{-1} \cdot \boldsymbol{a}(\boldsymbol{x} = \boldsymbol{\alpha}^{-i}) = 0 \text{ pour } \boldsymbol{k} \leq \boldsymbol{i} \leq \boldsymbol{n} - 1 \qquad 5.14$$

le mot de code *a*(*x*) doit donc comporter des racines aux positions $\alpha^{-i}$, Autrement dit, le polynôme *a*(*x*) possède à la position *i* une racine $\alpha^{-i}$, où $a(\alpha^{-i}) = 0$, pour tout facteur linéaire $(x - \alpha^{-i})$, où $k \leq i \leq n - 1$. Le produit de ces facteurs linéaires est similaire au polynôme générateur *g*(*x*) de degré (*n* – *k*) :

$$\boldsymbol{g}(\boldsymbol{x}) = \prod_{i=k}^{n-1} (\boldsymbol{x} - \boldsymbol{\alpha}^{-i}) = \prod_{i=k}^{n-1} (\boldsymbol{x} - \boldsymbol{\alpha}^{-i} \times \boldsymbol{\alpha}^{n}) = \prod_{i=1}^{n-k} (\boldsymbol{x} - \boldsymbol{\alpha}^{i}) \qquad 5.15$$

Il devient clair que chaque polynôme de mot de code *a*(*x*) doit être un multiple de ce polynôme. Ce qui signifie aussi que le code RS est un code cyclique.

- **Remarques**

**1)** $x^n - 1 = 0 \Leftrightarrow \alpha^n - 1 = 0 \rightarrow \alpha^{-i} \cdot \alpha^{i} = 1 = \alpha^n \Rightarrow \alpha^{-i} = \alpha^{n-i}$

**2)** $g(x) = \uparrow \prod_{i=k}^{n\text{-}1} (x - \alpha^{-i} \cdot \alpha^{n}) = \prod_{n-k}^{n-n+1} (x - \alpha^{n-i}) = \downarrow \prod_{n-k}^{1} (x - \alpha^{-i}) = \prod_{i=1}^{n-k} (x - \alpha^{+i})$

**3)** $n - k = d - 1 \Rightarrow g(x) = \prod_{i=1}^{n-k} (x - \alpha^{+i}) = (x - \alpha)(x - \alpha^2) \cdots (x - \alpha^{d-1})$

**Exemple 5.6 :** Polynôme générateur

- Soit le code $RS(6,2) \in GF(7)$, $k = 2$, $n = 6$, $A_i = 0$ pour $i = 2,3,4,5$. Le polynôme générateur peut être calculé à partir des racines correspondantes :

$$g(x) = \prod_{k=2}^{5}(x - \alpha^{-i}) = (x-\alpha^{-2})(x-\alpha^{-3})(x-\alpha^{-4})(x-\alpha^{-5})$$
$$= (x-\alpha^4)(x-\alpha^3)(x-\alpha^2)(x-\alpha)$$
$$= \left\{x^2 - (\alpha^4+\alpha^3)x + \alpha^7\right\}\left\{x^2 - (\alpha^2+\alpha)x + \alpha^3\right\}$$
$$= (x^2 - x + 5)(x^2 - 2x + 6)$$
$$= x^4 - x^3 + 5x^2 - 2x^3 + 2x^2 - 10x + 6x^2 - 6x + 3$$

$$\underline{\underline{g(x) = 2 + 5x + 6x^2 + 4x^3 + x^4}}$$

Les exposants sont calculés mod 6.

Le mot de code de l'exemple (5.2) doit être divisible par $g(x)$ donc :

$$R_{g(x)}\left[a(x)\right] = 0$$

$$4x^4 + 2x^3 + 3x^2 + 6x + 1 \div x^4 + 4x^3 + 6x^2 + 5x + 2 = 4$$

$$\underline{4x^4 + 2x^3 + 3x^2 + 6x + 1}$$

$$0$$

Alors $a(x) = 4 \cdot g(x)$ et $u(x) = 4 + 0 \cdot x = 4 \Rightarrow \underline{\underline{a(x) = 4}}$

■

## B. Polynôme de contrôle

Le polynôme de contrôle $h(x)$ de degré $= k$ est complémentaire du polynôme générateur et contient comme racines tous les éléments non nuls de $g(x)$.

$$\boldsymbol{h(x)} = \prod_{i=0}^{k-1}(\boldsymbol{x} - \boldsymbol{\alpha}^{-i}) = \prod_{i=0}^{k-1}(\boldsymbol{x} - \boldsymbol{\alpha}^{-i} \cdot \boldsymbol{\alpha}^{n}) = \prod_{i=n-k+1}^{n}(\boldsymbol{x} - \boldsymbol{\alpha}^{i}) \qquad 5.16$$

Etant donné que les racines de $g(x)$ et $h(x)$ sont disjointes et contiennent tous les $\boldsymbol{\alpha}^i$ possibles, la règle suivante s'applique conformément à les relations (2.29 et 2.31).

Facteur linéaire de $\boldsymbol{x}^n - 1$ :

$$\boldsymbol{g(x)} \cdot \boldsymbol{h(x)} = \prod_{i=0}^{n-1}(\boldsymbol{x} - \boldsymbol{\alpha}^{-i}) = \boldsymbol{x}^n - 1 \qquad 5.17$$

- **Remarques**

**1)** $h(x)=\prod_{i=0}^{k-1}(x-\alpha^{-i})=\prod_{i=0}^{k-1}(x-\alpha^{-i}\cdot\alpha^{n})$

$$=\prod_{n-0}^{i=n-k+1}(x-\alpha^{n-i})=\prod_{n-0}^{i=n-k+1}(x-\alpha^{-i})=\prod_{i=n-k+1}^{n}(x-\alpha^{+i})$$

| $k-1$ | $n-k+1$ |
|---|---|
| $\vdots$ | $\vdots$ |
| $0$ | $n-0$ |
| $i$ | $n-i$ |

**2)** $h(x)=(x-1)\prod_{i=d}^{p-2}(x-\alpha^{i}),\ n=p-1$ et $d=n-k+1$

**3)** Le polynôme de contrôle est dérivé de la relation :

$$\boldsymbol{a}(\boldsymbol{x})\cdot\boldsymbol{h}(\boldsymbol{x})=0 \mod (\boldsymbol{x}^{n}-1)\quad \forall \boldsymbol{a}(\boldsymbol{x})\in \boldsymbol{C} \qquad 5.18$$

**Exemple 5.7 :** Polynôme de contrôle, relation d'orthogonalité

- En déduire le polynôme de contrôle $h(x)$ du code RS de l'exemple (5.2), où $k=2$, $\alpha=5$, $n=7-1=6$ et $d_{min}=5$.

$$h(x)=\prod_{i=0}^{k-1}(x-\alpha^{-i})=\prod_{i=0}^{1}(x-\alpha^{-i})=(x-\alpha^{0})(x-\alpha^{-1})=(x-1)(x-3)$$

$$\underline{\underline{h(x)=3+3x+x^{2}}}$$

- Le mot de code $a(x)=1+6x+3x^{2}+2x^{3}+4x^{4}$ doit remplir la relation (5.18)

$$a(x)\cdot h(x)=0 \mod (x^{n}-1)\quad \forall a(x)\in C$$

$$(4x^{4}+2x^{3}+3x^{2}+6x+1)(x^{2}+3x+3)=0$$

$$\begin{array}{ccccccc}
4x^{6} & +2x^{5} & +3x^{4} & +6x^{3} & +x^{2} & & \\
 & 12x^{5} & +6x^{4} & +9x^{3} & +18x^{2} & +3x & \\
 & & 12x^{4} & +6x^{3} & +9x^{2} & +18x & +3 \\
\hline
* & 14 & 21 & 21 & 28 & 21 & * \\
4x^{6} & 0 & 0 & 0 & 0 & 0 & 3
\end{array}$$

$$4x^{6 \bmod 6}+3=4+3=0 \mod 7$$

■

## C. Matrice génératrice et matrice de contrôle

La matrice génératrice et la matrice de contrôle des codes cycliques ont déjà été abordées au chapitre 4. Cette section ne traitera donc que certaines particularités des matrices pour les codes RS. La matrice génératrice $G$ est la matrice qui génère le code $a$, tel que :

$$\boldsymbol{a} = \boldsymbol{u} \cdot \boldsymbol{G}, \qquad 5.19$$

où $u$ contient les informations à coder.

La matrice $G$ contient des vecteurs de code linéaires indépendants de $C$ dans les $k$ lignes. Dans la section (4.2), il a été montré qu'il est possible de former le code à l'aide du polynôme générateur $g(x)$ et des polynômes décalés cycliquement $x \cdot g(x)$, $x^2 \cdot g(x)$, ..., $x^{k-1} \cdot g(x)$. Si nous écrivons les vecteurs de coefficient de ces polynômes dans une matrice $(n,k)$, nous obtenons la matrice génératrice d'un code cyclique RS :

$$\boldsymbol{G} = \begin{bmatrix} \boldsymbol{g}_0 & \cdots & \boldsymbol{g}_{n-k} & 0 & 0 \\ 0 & \boldsymbol{g}_0 & \cdots & \boldsymbol{g}_{n-k} & 0 \\ \vdots & \vdots & \cdots & \vdots & 0 \\ 0 & 0 & \boldsymbol{g}_0 & \cdots & \boldsymbol{g}_{n-k} \end{bmatrix} = \begin{bmatrix} \boldsymbol{g}^{(0)} \\ \boldsymbol{g}^{(1)} \\ \vdots \\ \boldsymbol{g}^{(k-1)} \end{bmatrix}, \qquad 5.20$$

où $g(x) = g_0 + g_1 x + \cdots + g_{r-1} x^{r-1} + g_r x^r$ et $r = n - k$

À l'aide du polynôme de contrôle $h(x)$, la matrice de contrôle peut être fournie par la relation suivante :

$$\boldsymbol{H} = \begin{bmatrix} \boldsymbol{h}_k & \cdots & \boldsymbol{h}_0 & 0 & \cdots & 0 \\ 0 & \boldsymbol{h}_k & \cdots & \boldsymbol{h}_0 & \cdots & 0 \\ \vdots & \vdots & \cdots & \vdots & \vdots & 0 \\ 0 & \cdots & 0 & \boldsymbol{h}_k & \cdots & \boldsymbol{h}_0 \end{bmatrix} \qquad 5.21$$

où $H$ a la dimension de $(n - k, n) = (d - 1, n)$ et $h(x)$ est donné par :

$$h(x) = h_0 + h_1 x + h_2 x + \cdots + h_{k-1} x^{r-1} + h_k x^k$$

Sur la base de la relation (5.14) $A_i = n^{-1} \cdot a(x = \alpha^{-i}) = 0,\ k \leq i \leq n-1$, nous pouvons donner une forme générale à la matrice de contrôle.

La matrice $H$ peut être présentée par la matrice $M_{TFD}$ comme suit :

$$\boldsymbol{H} = \boldsymbol{M}_{TFD} = -\begin{bmatrix} 1 & \alpha^{-k} & \alpha^{-2k} & \cdots & \alpha^{-(n-1)k} \\ 1 & \alpha^{-(k+1)} & \alpha^{-2(k+1)} & \cdots & \alpha^{-(n-1)(k+1)} \\ 1 & \alpha^{-(k+2)} & \alpha^{-2(k+2)} & \cdots & \alpha^{-(n-1)(k+2)} \\ \vdots & \vdots & \vdots & \vdots & \vdots \\ 1 & \alpha^{-(n-1)} & \alpha^{-2(n-1)} & \cdots & \alpha^{-(n-1)^2} \end{bmatrix} \qquad 5.22$$

Une comparaison avec les relations (5.12a et 5.12b) montre que la matrice de contrôle $H$ (relation 5.22) contient exactement $(n-k) = d-1 = 2t$ lignes. Elle contient donc $k$ lignes de moins que la matrice DFT (relation 5.12a). Selon la définition 2 (relation 5.14), exactement un nombre de fréquences de $(d-1)$ doit être nul. Les matrices de contrôle selon les relations (5.21 et 5.22) peuvent être transformées les unes aux autres au moyen d'opérations des lignes élémentaires.

**Exemple 5.8 :** Matrice génératrice et matrice de contrôle d'un Code RS

- Prenons le polynôme générateur $g(x) = 2+5x+6x^2+4x^3+x^4$ du code de l'exemple (5.6) avec $\alpha = 5$. La présentation matricielle est donnée selon la relation (5.19) :

  $$G = \begin{bmatrix} 2 & 5 & 6 & 4 & 1 & 0 \\ 0 & 2 & 5 & 6 & 4 & 1 \end{bmatrix} = \begin{bmatrix} g^{(0)} \\ g^{(1)} \end{bmatrix}$$

  Cette matrice génératrice peut être systématisée en multipliant la première et la deuxième lignes par 4.

  $$G = \begin{bmatrix} 2 & 0 & 4 & 3 & 5 & 1 \\ 0 & 2 & 5 & 6 & 4 & 1 \end{bmatrix} \Rightarrow G_S = \left[\begin{array}{cc|cccc} 1 & 0 & 2 & 5 & 6 & 4 \\ 0 & 1 & 6 & 3 & 2 & 4 \end{array}\right]$$

  Tous les calculs doivent être effectués modulo $p$ ($p = 7$). La matrice génératrice systématique génère le même code que la matrice génératrice non systématique, seule l'affectation des informations au mot de code change.

  Avec le polynôme de contrôle correspondant de l'exemple (5.7) $h(x) = x^2+3x+3$, on obtient la matrice de contrôle ci-après :

$$H = \begin{bmatrix} 1 & 3 & 3 & 0 & 0 & 0 \\ 0 & 1 & 3 & 3 & 0 & 0 \\ 0 & 0 & 1 & 3 & 3 & 0 \\ 0 & 0 & 0 & 1 & 3 & 3 \end{bmatrix}$$

Cette matrice de contrôle peut être systématisée par des opérations de lignes élémentaires. Il est plus facile d'extraire la matrice de contrôle systématique de la matrice génératrice systématique. La matrice de contrôle correspondante $H$ peut être spécifiée directement selon la relation (3.10).

$$G = \left[ U_{k,k}, P_{k,n-k} \right] \Rightarrow H = \left[ -P^T_{n-k,k}, U_{n-k,n-k} \right]$$

$$G_S = \left[ \begin{array}{cc|cccc} 1 & 0 & 2 & 5 & 6 & 4 \\ 0 & 1 & 6 & 3 & 2 & 4 \end{array} \right] \Rightarrow H_S = \left[ \begin{array}{cc|cccc} -2 & -6 & 1 & 0 & 0 & 0 \\ -5 & -3 & 0 & 1 & 0 & 0 \\ -6 & -2 & 0 & 0 & 1 & 0 \\ -4 & -4 & 0 & 0 & 0 & 1 \end{array} \right] = \left[ \begin{array}{cc|cccc} 5 & 1 & 1 & 0 & 0 & 0 \\ 2 & 4 & 0 & 1 & 0 & 0 \\ 1 & 5 & 0 & 0 & 1 & 0 \\ 3 & 3 & 0 & 0 & 0 & 1 \end{array} \right],$$

où $-i = (p - i) \bmod p$

■

## 5.2.5. Code Reed-Solomon : Définition 3

La définition 3 du code RS est plus générale que celle donnée dans la définition 1, car elle permet également le décalage cyclique des mots de code. Cette définition est également valable pour les codes BCH, qui seront examinés plus en détail dans le prochain chapitre.

Un code RS dit généralisé (GRS), si

$$\boldsymbol{C} = \left\{ \begin{array}{l} \boldsymbol{a}^{(\lambda)}(\boldsymbol{x}) \mid \boldsymbol{A}^{(\lambda)}(\boldsymbol{x}) = \boldsymbol{x}^{(\lambda)} \boldsymbol{A}(\boldsymbol{x}) \bmod (\boldsymbol{x}^n + 1), \\ \deg\left(\boldsymbol{A}(\boldsymbol{x})\right) \leq \boldsymbol{k} - 1 = \boldsymbol{n} - \boldsymbol{d}, \forall \boldsymbol{\lambda} \in \mathbb{N} \end{array} \right\} \quad 5.23$$

Les coefficients de $a^{(\lambda)}(x)$ sont donnés par la relation : $a_i^{(\lambda)} = A^{(\lambda)}(\alpha^i)$. Ce code a la même distance minimale $d_{min}$ que celle définie aux paragraphes (§ 5.2.3, §5.2.4), car $A_i^{(\lambda)} = x^\lambda A(x = \alpha^i) = \alpha^{i\lambda} \cdot A_i$.

$A_i^{(\lambda)}$ devient zéro exactement au moment où $A_i$ devient également zéro.

### 5.2.6. Remarques générales sur les codes Reed-Solomon

- Le code RS est un code cyclique d'un polynôme générateur $g(x)$ :

$$g(x)=\prod_{i=k}^{n-1}(x-\alpha^{-i})=\prod_{i=1}^{n-k}(x-\alpha^{i}), \qquad 5.24$$

qui peut être réalisé par un codeur systématique. Il est totalement défini par $n$, $k$ et un polynôme primitif $p(x)$ dans un corps primaire $GF(p)$.

- Un code GRS $(A^{(\lambda)}(x)=x^{\lambda}A(x))$, a le même vecteur de coefficient que $A(x)$, mais décalé cycliquement vers la droite de $\lambda$ chiffres. C'est-à-dire que pour garantir une distance minimale $d = 2t + 1$, seules les fréquences cycliquement successives $2t$ doivent être nulles.
- Avec le corps primaire $GF(p)$, seul un nombre très limité de corps de Galois peut être construit. Dans la pratique, on utilise presque toujours des extensions de $GF(2)$ de la forme $GF(2^m)$, où $m \geq 2$.
- Pour les codes RS, tous les algorithmes restent valables pour les corps d'extension $GF(q) = GF(p^m)$. En général, on suppose un champ de Galois $GF(2^m)$ avec un élément primitif $\alpha$. L'utilisation d'éléments du $GF(2^m)$ comme symboles de code, au lieu de caractères binaires, apporte souvent des avantages dans le traitement des codeurs et des décodeurs.
- Le code RS est un code MDS, car il remplit la borne de Singleton avec égalité (relation 3.22), c'est-à-dire que la distance de conception correspond à la distance minimale et qu'il faut utiliser :

  $d = d_{min} = n - k + 1 = p^m - k.$
- Pour $p$ et $m$ arbitraires et toute distance dite de conception $d = d_{min}$, un code de Reed-Solomon avec une longueur de bloc primitive est défini comme $C(n, k, d_{min})_q = (p^m - 1, p^m - d, d)_q$.
- Habituellement, $d = 2t + 1$ est donnée comme impaire et on a ensuite :

$$n-k=d-1=2t \qquad 5.25$$

- Le taux de codage $R_C$ est le rapport entre le nombre de symboles d'information d'un mot de code et la longueur du mot de code :

$$R_C=\frac{k}{n}=\frac{n-(d-1)}{n}=1-\frac{d}{n}+\frac{1}{n} \qquad 5.26$$

- Un code RS corrigeant $t$ erreurs, est donné par la transformation inverse TFDI d'un polynôme dont le nombre des coefficients au domaine spectral est égal à $k + 2t$, dont lesquels $2t$ coefficients sont zéro.

$$\boldsymbol{A}(\boldsymbol{x}) = (\underbrace{\boldsymbol{A}_0, \boldsymbol{A}_1, \ldots \boldsymbol{A}_{k-1}}_{\boldsymbol{k}}, \underbrace{\boldsymbol{A}_k, \ldots \boldsymbol{A}_{n-1}}_{\boldsymbol{n-k=2t}}) \xrightarrow{\text{TFDI}} \boldsymbol{a}(\boldsymbol{x}) \qquad 5.27$$

$A_k$ à $A_{n-1}$ sont $(d-1)$ coefficients, or $d = 2t + 1 \Rightarrow d - 1 = 2t = n - k$ et on sait déjà que $A_i = 0$ pour $k \leq i \leq n-1$.

**Exemple 5.9 :** Code RS dans un champ d'extension $GF(2^3)$

- Le codage de polynôme $A(x)$ dans $GF(2^3)$ est défini par un élément primitif $\alpha$ et un polynôme primitif $p(x) = 1 + x + x^3 \in GF(2^3)$ tel que $p(\alpha) = 0$, où $\alpha^{p-1} = \alpha^7 = 1$.

  Pour ce faire, nous utilisons un tableau de conversion pour :
  $p(\alpha) = 1 + \alpha + \alpha^3 = 0 \rightarrow \alpha^3 = 1 + \alpha \mod 2$ :

| $i$ | $\alpha^i$ | $\alpha^i$ mod $p(\alpha)$ | | | | | |
|---|---|---|---|---|---|---|---|
| 0 | $\alpha^0 =$ | 1 | | | | | **100** |
| 1 | $\alpha^1 =$ | | | $\alpha$ | | | 010 |
| 2 | $\alpha^2 =$ | | | | | $\alpha^2$ | 001 |
| 3 | $\alpha^3 =$ | 1 | + | $\alpha$ | | | 110 |
| 4 | $\alpha^4 =$ | | | $\alpha$ | + | $\alpha^2$ | 011 |
| 5 | $\alpha^5 =$ | 1 | + | $\alpha$ | + | $\alpha^2$ | 111 |
| 6 | $\alpha^6 =$ | 1 | + | | + | $\alpha^2$ | 101 |
| 7 | $\alpha^7 =$ | 1 | | | | | **100** |

**Tableau 5.1**

L'information est donnée, par exemple, par le polynôme :

$$A(x) = A_0 + + A_2x^2 + A_4x^4 + A_5x^5 + A_6x^6, \text{ où } k = 7$$

Prenons un exemple :

$$A_0 = \alpha^4,\ A_1 = 0,\ A_2 = \alpha^5,\ A_3 = 0,\ A_4 = \alpha^6,\ A_5 = \alpha^3,\ A_6 = \alpha^2$$

Le mot de code peut être déterminé par la relation de la TFDI (5.9) :

$$a_i = A(x = \alpha^i) = \sum_{\mu=0}^{n-1} A_\mu \alpha^{i\mu} \quad i = 0, \ldots, n-1$$

$$
\begin{aligned}
a_0 &= \alpha^4 + 0 + \alpha^5 + 0 + \alpha^6 + \alpha^3 + \alpha^2 \\
&= \alpha^4 + \alpha^5 + \alpha^6 + \alpha^3 + \alpha^2 = \underline{\underline{\boldsymbol{\alpha}^{\mathbf{3}}}} \\
a_1 &= \alpha^4 + 0 \cdot \alpha + \alpha^5\alpha^2 + 0 \cdot \alpha + \alpha^6\alpha^4 + \alpha^3\alpha^5 + \alpha^2\alpha^6 \\
&= \alpha^4 + \alpha^0 + \alpha^3 + \alpha^1 + \alpha^1 = \underline{\underline{\boldsymbol{\alpha}^{\mathbf{6}}}} \\
a_2 &= \alpha^4 + 0 \cdot \alpha^2 + \alpha^5\alpha^4 + 0 \cdot \alpha^6 + \alpha^6\alpha^8 + \alpha^3\alpha^{10} + \alpha^2\alpha^{12} \\
&= \alpha^4 + \alpha^2 + \alpha^0 + \alpha^6 + \alpha^0 = \underline{\underline{\boldsymbol{\alpha}^{\mathbf{5}}}} \\
a_3 &= \alpha^4 + 0 \cdot \alpha^3 + \alpha^5\alpha^6 + 0 \cdot \alpha^9 + \alpha^6\alpha^{12} + \alpha^3\alpha^{15} + \alpha^2\alpha^{18} \\
&= \alpha^4 + \alpha^4 + \alpha^4 + \alpha^4 + \alpha^6 = \underline{\underline{\boldsymbol{\alpha}^{\mathbf{6}}}} \\
a_4 &= \alpha^4 + 0 \cdot \alpha^4 + \alpha^5\alpha^8 + 0 \cdot \alpha^{12} + \alpha^6\alpha^{16} + \alpha^3\alpha^{20} + \alpha^2\alpha^{24} \\
&= \alpha^4 + \alpha^6 + \alpha^1 + \alpha^2 + \alpha^5 = \underline{\underline{\boldsymbol{\alpha}^{\mathbf{1}}}} \\
a_5 &= \alpha^4 + 0 \cdot \alpha^5 + \alpha^5\alpha^{10} + 0 \cdot \alpha^{15} + \alpha^6\alpha^{20} + \alpha^3\alpha^{25} + \alpha^2\alpha^{30} \\
&= \alpha^4 + \alpha^1 + \alpha^5 + \alpha^0 + \alpha^4 = \underline{\underline{\boldsymbol{\alpha}^{\mathbf{2}}}} \\
a_6 &= \alpha^4 + 0 \cdot \alpha^6 + \alpha^5\alpha^{12} + 0 \cdot \alpha^{18} + \alpha^6\alpha^{24} + \alpha^3\alpha^{30} + \alpha^2\alpha^{36} \\
&= \alpha^4 + \alpha^3 + \alpha^2 + \alpha^5 + \alpha^3 = \underline{\underline{\boldsymbol{\alpha}^{\mathbf{6}}}}
\end{aligned}
$$

Le polynôme transformé est donc :

$$\underline{\underline{a(x) = \alpha^3 + \alpha^6 x + \alpha^5 x^2 + \alpha^6 x^3 + \alpha x^4 + \alpha^2 x^5 + \alpha^6 x^6}}$$

Pour vérification:

$A_3 = A_1 = 0$ ce qui signifie, selon la relation (5.9), que les coefficients du polynôme transformé aux positions 1 et 3 sont zéro :

$$
\begin{aligned}
A_1 = a(\alpha^{-1}) &= \alpha^6\alpha^{-6} + \alpha^2\alpha^{-5} + \alpha\alpha^{-4} + \alpha^6\alpha^{-3} + \alpha^5\alpha^{-2} + \alpha^2\alpha^{-1} + \alpha^3 \\
&= \alpha^0 + \alpha^{-3} + \alpha^{-3} + \alpha^3 + \alpha^3 + \alpha^1 + \alpha^3 \\
&= \alpha^0 + \alpha^1 + \alpha^3 = \underline{\underline{\mathbf{0}}} \\
A_3 = a(\alpha^{-3}) &= \alpha^6\alpha^{-1} \;{+}^{8}\alpha^2\alpha^{-1} \;{+}^{5}\alpha\alpha^{-1} \;{+}^{2}\alpha^6\alpha^{-9} + \alpha^5\alpha^{-6} + \alpha^2\alpha^{-3} + \alpha^3 \\
&= \alpha^{-5} + \alpha^{-6} + \alpha^{-4} + \alpha^{-3} + \alpha^3 + \alpha^{-1} + \alpha^3 \\
&= \alpha^2 + \alpha^1 + \alpha^3 + \alpha^4 + \alpha^3 = \underline{\underline{\mathbf{0}}}
\end{aligned}
$$

Le calcul est fait modulo 2 dans $GF(2^3)$ en utilisant un polynôme primitif $p(x) = 1+x+x^3$, dont l'élément primitif est $\alpha$. Selon le tableau (5.1), les coefficients $a_i$ sont donnés sous la forme binaire :

$$
\begin{aligned}
&a(x) = \alpha^3 + \alpha^6 x + \alpha^5 x^2 + \alpha^6 x^3 + \alpha x^4 + \alpha^2 x^5 + \alpha^6 x^6 \\
&\{a_i\} \;\; = \{110,\ 101,\ 111,\ 101,\ 010,\ 001,\ 101\} \\
&\underline{\underline{a = (a_0, a_1, a_2, a_3, a_4, a_5, a_6) = (110,\ 101,\ 111,\ 101,\ 010,\ 001,\ 101)}}
\end{aligned}
$$

■

# 5.3. Méthodes de codage

## 5.3.1. Introduction

La question qui se pose lors de la création d'un code RS est de savoir comment coordonner efficacement les informations à un mot de code. Avec les possibilités décrites jusqu'à présent, 4 méthodes de codage différentes peuvent être spécifiées. Deux d'entre elles conduisent à un codage systématique, c'est-à-dire que les informations et les symboles de contrôle sont séparés. Toutes les méthodes délivrent un même code, mais les mêmes $k$ caractères d'information se retrouvent avec des mots de code différents.

## 5.3.2. Codage dans le domaine fréquentiel

Considérer le vecteur de fréquences $(A_0, A_1, \ldots, A_{n-d})$ à sélectionner en tant qu'information et former le mot de code correspondant $a = (a_0, a_1, \ldots, a_{n-1})$ selon la relation (5.9). La réalisation pratique est donnée dans chaque cas sous la forme d'une procédure, qui peut être facilement convertie en un programme informatique. L'objectif est de décomposer la procédure en une répétition d'un petit nombre d'opérations constantes .

La figure (Fig. 5.8) donne une représentation schématique de la procédure de codage. L'opération de codage étant réalisée avec le circuit de la figure (Fig. 5.3).

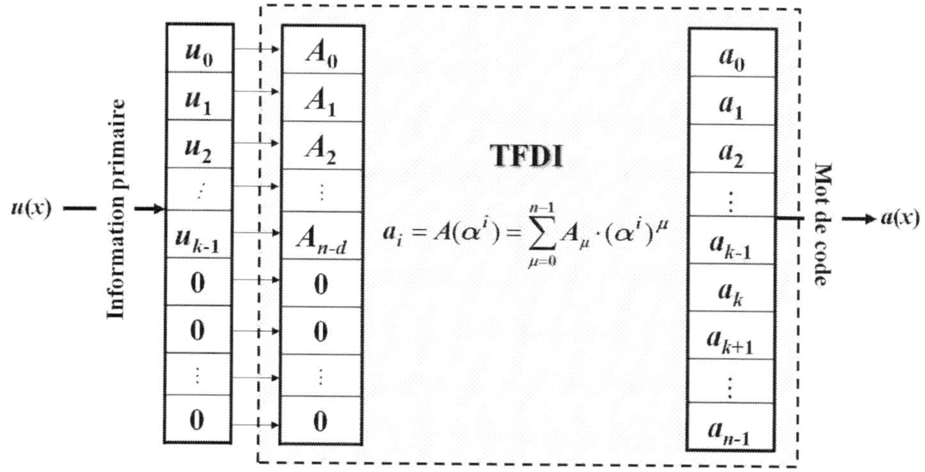


**Fig. 5.8 :** Procédure de codage dans le domaine fréquentiel

$$A(x) = (\underbrace{A_0, A_1, \ldots A_{k-1}}_{k-Positions \neq 0}, \underbrace{A_k, \ldots A_{n-1}}_{2t-Positions = 0}) \xrightarrow{\text{TFDI}} a(x)$$

Avec cette méthode de codage, le mot de code $a = (a_0, a_1, \ldots, a_{n-1})$ est obtenu à partir du vecteur d'information $(A_0, A_1, \ldots, A_{k-1})$ par la TFDI selon la relation (5.9).

**Exemple 5.10 :** Codage dans le domaine fréquentiel

- Pour illustration, l'exemple déjà utilisé avec les éléments $a_i$ ; $A_i \in GF(7)$; $n = 6$ ; $t = 2$ ; c'est-à-dire $d = 2t + 1 = 5$, $d = n - k + 1$ et $\alpha = 5$ doit être utilisé à nouveau.
  - Construction du code RS dans le champ $GF(7)$, $n = p - 1 \Rightarrow 7 - 1 = 6$
  - Ce code doit être capable de corriger deux erreurs. Le degré du polynôme d'information est :

    $\deg\big(A(x)\big) \leq k - 1 = n - d$, avec $d = n - k + 1$ (MDS) et $d = 2t + 1$

    Ce qui implique :

    $$\deg\big(A(x)\big) \leq n - (2t + 1) = n - d = k - 1 = 1, \ (k = 2)$$
    $$\deg\big(A(x)\big) \leq 6 - (2 \cdot 2 + 1)$$
    $$\deg\big(A(x)\big) \leq 1$$

  - En utilisant le polynôme $A(x)$ pour la construction du code $a(x)$

    $$A(x) \xrightarrow{\text{TFDI}} a(x)$$
    $$a_i = A(x = \alpha^i) = \sum_{\mu=0}^{n-1} A_\mu \alpha^{i\mu} \quad i = 0, \ldots, n-1 \text{ (TFDI)}$$

  - Tous les polynômes $A(x)$ dont le degré est inférieur ou égal à 1, peuvent être utilisés pour former le mot de code $a_i$. Les mots de code diffèrent d'au moins $d = 5$ positions. Le polynôme se présente sous la forme générale $A(x) = A_0 + A_1 x$, où $A_0$ et $A_1$ sont des coefficients de $GF(7)$.
  - Nous prenons les deux exemples (5.2) et (5.3), où nous avons déjà utilisé deux polynômes de $A(x)$, où $A_i \in GF(7)$. Les deux mots de code diffèrent d'au moins $d = 2t + 1 = 5$ positions.

    $$A = (5, 3, 0, 0, 0, 0) \xrightarrow{\text{TFDI}} a = (1, 6, \underline{\underline{3}}, 2, 4, 0)$$
    $$A = (4, 5, 0, 0, 0, 0) \xrightarrow{\text{TFDI}} a = (2, 1, \underline{\underline{3}}, 6, 0, 5)$$

    En fait, ils ne correspondent que dans la position $\underline{\underline{a_2 = 3}}$.

■

### 5.3.3. Codage dans le domaine temporel

#### A. Codage non systématique au domaine temporel

Les $k$ symboles d'informations sont présentés par les coefficients du polynôme $u(x) = u_0+u_1x + \ldots +u_{k-1}x^{k-1}$. Le mot de code est obtenu par multiplication avec le polynôme générateur : $a(x) = g(x)\cdot u(x)$, où $g(x)$ doit remplir la relation (5.24).

Selon la relation (5.14), chaque mot de code doit avoir des racines aux positions $\alpha^{-i}$, $i = k, k+1,\ldots, n-1$. Si un polynôme $g(x)$ est formé à partir de ces racines, il devient clair que chaque polynôme de mot de code $a(x)$ doit être un multiple de ce polynôme.

$$g(x) = \prod_{i=1}^{n-k}(x-\alpha^{i}) \Rightarrow g(x) = \prod_{i=k}^{n-1}(x-\alpha^{-i}) \qquad 5.28a$$

On appelle $g(x)$ le polynôme générateur du code.

Chaque polynôme de mot codé peut alors être représenté comme **:**

$$a(x) = u(x)\cdot g(x) \qquad 5.28b$$

Comme le code RS peut être représenté par un polynôme générateur, il s'agit donc d'un code cyclique, où $g(x)$ est déterminé par la condition du code : $\deg(A(x)) \leq n - d = k - 1$, mais $u(x)$ est librement sélectionnable. Comme le $\deg(a(x)) \leq n - 1$ et $\deg(g(x)) = 2t$. $k = n - 2t$ coefficients de $u(x)$ peuvent être choisis librement. Le degré $\deg(g(x)) = 2t = n - k$ indique le nombre des symboles de contrôle. Au lieu de $(A_0, \ldots, A_{n-d})$, les coefficients $(u_0, \ldots, u_{k-1})$ de $u(x)$ peuvent être considérés comme des informations librement sélectionnables et le mot de code $a_i$ à transmettre peut être formé par la règle de codage $a(x) := u(x)\cdot g(x)$. On obtient ainsi le même ensemble de mots de code, c'est-à-dire le même code qu'avec le codage dans le domaine des fréquences, mais avec une affectation différente entre les mots de code et l'information.

Le polynôme de contrôle $h(x)$ ($\deg(h(x) = k$) est un polynôme complémentaire au polynôme générateur et reçoit comme racine tous les éléments non nuls qui ne sont pas des racines de $g(x)$.

$$\begin{gathered} h(x) = \prod_{i=0}^{k-1}(x-\alpha^{-i}) \Leftrightarrow g(x) = \prod_{i=k}^{n-1}(x-\alpha^{-i}) \\ h(x)\cdot g(x) = \prod_{i=0}^{n-1}(x-\alpha^{-i}) = x^{n}-1 \end{gathered} \qquad 5.28c$$

**Exemple 5.11 :** Codage non systématique dans le domaine temporel

Pour le code $RS(6,2) \in GF(7)$ avec l'élément primitif $\alpha = 5$, le polynôme générateur est $g(x)$ :

$$g(x) = \prod_{i=k=2}^{n-1=5} (x - 5^{-i}) = \prod_{i=1}^{n-k=4} (x - 5^{i}) = (x-5)(x-4)\cdot(x-6)(x-2) \bmod 7$$
$$= (6+5x+x^2)\cdot(5+6x+x^2) \rightarrow \underline{\underline{g(x) = 2+5x+6x^2+4x^3+x^4}}$$

On obtient, par exemple, pour l'information $u = (u_0, \ldots u_{k-1}) = (3,1)$

$$a(x) = u(x)\cdot g(x) = (3+x)\cdot(2+5x+6x^2+4x^3+x^4)$$
$$a(x) = 6+3x+2x^2+4x^3+5x^4 \Rightarrow a = (6,3,2,4,5)$$
$$u = (3,1) \rightarrow \underline{\underline{a = (6,3,2,4,5) : \text{Code non systématique}}}$$

- **Remarque**
  - Le codage par transformation donne un autre mot de code

$$A = (3,1,0,0,0,0) \xrightarrow{\text{TFDI}} a = (4,1,0,2,5,6)$$

## B. Codage systématique dans le domaine temporel

Les $k$ symboles d'informations $(u_0, u_1, \ldots, u_{k-1})$ sont les coefficients $a_{n-k}, a_{n-k+1}, \ldots, a_{n-1}$, ils sont positionnés dans les positions supérieures du mot de code $a(x)$. Les $(n-k)$ symboles de parité (de contrôle) sont calculés par la division de $x^{n-k}\cdot u(x)$ par $g(x)$ (voir chapitre 4, § 4.4.2, relation 4.28a/b).

$$\begin{aligned} \boldsymbol{a}_{n-k}\boldsymbol{x}^{n-k} + \cdots + \boldsymbol{a}_{n-1}\boldsymbol{x}^{n-1} &= \boldsymbol{u}(\boldsymbol{x})\cdot \boldsymbol{g}(\boldsymbol{x}) + \boldsymbol{r}(\boldsymbol{x}) \\ \boldsymbol{a}(\boldsymbol{x}) = \boldsymbol{a}_{n-k}\boldsymbol{x}^{n-k} + \cdots + \boldsymbol{a}_{n-1}\boldsymbol{x}^{n-1} - \text{rest}(\boldsymbol{x}) &= \boldsymbol{u}(\boldsymbol{x})\cdot \boldsymbol{g}(\boldsymbol{x}) \end{aligned} \qquad 5.29$$

$g(x)$ devise $a(x)$, où $g(x)$ doit remplir la relation (5.24) et $r(x)$ est le rest de division.

## C. Codage systématique par le polynôme de contrôle $h(x)$

Les $k$ symboles d'informations sont les coefficients $a_{n-k}, a_{n-k-1}, \ldots, a_{n-1}$. Les $(n-k)$ symboles de contrôle (de parité) sont calculés par la relation suivnate :

$$\boldsymbol{a}_j = -\frac{1}{\boldsymbol{h}_0}\sum_{\boldsymbol{i}=1}^{\boldsymbol{k}} \boldsymbol{a}_{n-i+j}\cdot \boldsymbol{h}_i, \quad \boldsymbol{j} = 0,1,\ldots,\boldsymbol{n}-\boldsymbol{k}-1 \qquad 5.30$$

L'indice $(n - i + j)$ est calculé mod $n$ et $h_i$ sont les coefficients du polynôme de contrôle $h(x)$.

Il est clair que l'information ne peut être reconstituée à partir d'un mot de code reçu que si la méthode de codage est connue. Dans les deux sections suivantes, nous ne traiterons que la méthode de codage dans le domaine fréquentiel et de codage systématique dans le domaine temporel. Le décodage sera limité au décodage algébrique.

**Exemple 5.12 :** Codage systématique dans le domaine temporel

- Pour le codage systématique de l'information $u = (1, 4)$, nous utilisons le code $RS(6,2) \in GF(7)$ de l'exemple (5.6) avec le plynôme générateur $g(x) = 2 + 5x + 6x^2 + 4x^3 + x^4$ et $\alpha = 5$ comme élément primitif.

  **Procédure de codage**

  1. Multiplication du polynôme de l'information $u(x) = 1+4x$ par $x^{n-k}$ :

     $$x^{n-k} \cdot u(x) = x^4 \cdot (1 + 4x) = x^4 + 4x^5$$

  2. Division de $u(x) \cdot x^{n-k}$ par $g(x)$

     $$x^{n-k} \cdot u(x) = u(x) \cdot g(x) + r(x) \Rightarrow \frac{x^{n-k} \cdot u(x)}{g(x)} = q(x) + \frac{r(x)}{g(x)}$$

     $$r(x) = R_{g(x)}\left[x^{n-k} \cdot u(x)\right] = r_0 + r_1 x + \cdots + r_{n-k-1} x^{n-k-1}$$

     $$\begin{array}{l} 4x^5 + x^4 \qquad\qquad \div x^4 + 4x^3 + 6x^2 + 5x + 2 = 4x + 6 \\ \underline{-4x^5 - 2x^4 - 3x^3 - 6x^2 - x} \\ \qquad 6x^4 + 4x^3 + 1x^2 + 6x \\ \qquad \underline{-6x^4 - 3x^3 - 1x^2 - 2x - 5} \\ \qquad\qquad x^3 + 0 + 4x + 2 = \underline{\underline{r(x)}} \end{array}$$

     Le calcul est fait modulo $p$ ($p = 7$, et $-i = p - i \bmod p$)

     $$r(x) = r_0 + r_1 x + r_2 x^2 + r_3 x^3 = 2 + 4x + x^3$$
     $$\underline{\underline{r = (2, 4, 0, 1)}}$$

  3. Nous résolvons après le mot de code, nous obtenons:

     $$-r(x) + x^{n-k} \cdot u(x) = u(x) \cdot g(x) = a(x)$$

     $$a = (a_0, a_1, \ldots, a_{n-k-1}, a_{n-k},\ a_{n-k+1},\ \ldots, a_{n-1})$$

$$\underline{\underline{a = (-r_0, -r_1, \ldots, -r_{n-k-1}, u_0,\ u_1,\ \ldots, u_{k-1})}}$$

$$-r(x) + x^{n-k} \cdot u(x) = a(x) = -2 - 4x - x^3 + x^4 + 4x^5$$

$$-i = p - i \bmod p$$

$$a(x) = 5 + 3x + 6x^3 + x^4 + 4x^5 \Rightarrow a = (5,3,0,6,1,4)$$

$$\boldsymbol{a} = (\underbrace{5, 3, 0, 6}_{\textit{Symboles de parité}}\ ,\ \underbrace{\mathbf{1, 4}}_{\textit{Information}})$$

Un codage systématique dans le domaine temporel peut être effectué au moyen de la matrice génératrice systématique du paragraphe (§ 5.2.4 C, exemple 5.8) par $a_S = u \cdot G_S$.

$$a_S = u \cdot G_S = [1, 4] \cdot \begin{bmatrix} 1 & 0 & 2 & 5 & 6 & 4 \\ 0 & 1 & 6 & 3 & 2 & 4 \end{bmatrix} = [\mathbf{1}, \mathbf{4}, 5, 3, 0, 6] \bmod 7$$

Avec un décalage cyclique de $a_S$ de quatre chiffres vers la droite, les deux mots de code $a$ et $a_S$ peuvent être transformés l'un dans l'autre.

■

**Exemple 5.13:** Codage systématique dans le domaine temporel

Soit le code $RS(7,3)$ dans un corps d'extension $GF(2^3)$ corrigeant deux erreurs ($t = 2$), avec les paramètres suivants :

- ✓ Longueur du mot de code : $n = p^m - 1 = 2^3 - 1 = 7$
- ✓ Nombre de symboles corrigeables : $t = 2 \rightarrow n - k = 4$ et $d = d_{min} = 5$
- ✓ Dimension du code $n - k + 1 = d = p^m - 1 - k + 1 \rightarrow k = p^m - d = 3$
- ✓ Polynôme primitif : $p(x) = 1 + x + x^3$, $p_i \in GF(2)$
- ✓ Elément primitif $\alpha \in GF(2^3) \rightarrow p(\alpha) = 0 \rightarrow +\alpha^3 = 1 + \alpha \bmod 2$
- ✓ Taux de codage $R_C = 3/7 \approx 0{,}429$.

Le polynôme générateur est obtenu selon la relation (5.14) et le polynôme de contrôle selon la relation (5.15). En utilisant le tableau de conversion (tableau 5.1) de l'exemple (5.9), on a :

$$g(x) = \prod_{i=k}^{n-1} (x - \alpha^{-i}) = \prod_{i=k}^{n-1} (x - \alpha^{-i} \times \alpha^n) = \prod_{i=1}^{n-k} (x - \alpha^i)$$

$$g(x) = \prod_{i=1}^{n-k=4} (x - \alpha^i) = (x-\alpha)(x-\alpha^2)(x-\alpha^3)(x-\alpha^4)$$
$$= (x^2 + \alpha^4 x + \alpha^3)(x^2 + \alpha^6 x + 1)$$
$$= x^4 + \alpha^3 x^3 + x^2 + \alpha x + \alpha^3$$

$$h(x) = \prod_{i=0}^{k-1} (x - \alpha^{-i}) = \prod_{i=0}^{k-1} (x - \alpha^{-i} \cdot \alpha^n) = \prod_{i=n-k+1}^{n} (x - \alpha^i)$$

$$h(x) = \prod_{i=n-k+1}^{n} (x - \alpha^i) = \prod_{i=5}^{n=7} (x - \alpha^i) = (x-\alpha^5)(x-\alpha^6)(x-\alpha^7)$$

$$\underline{\underline{h(x) \;\; = \alpha^4 + \alpha^2 x + \alpha^3 x^2 + x^3}}$$

A titre d'exemple de codage systématique, on code le mot d'information suivant : $u = (100, 010, 001) = (1, \alpha, \alpha^2) \Rightarrow u(x) = 1 + \alpha x + \alpha^2 x^2$.

En utilisant la même procédure que dans l'exemple (5.12), nous divisons $x^{n-k} u(x)$ par $g(x)$ pour obtenir les symboles de contrôle.

$$\alpha^2 x^6 + \alpha x^5 + x^4 \div x^4 + \alpha^3 x^3 + x^2 + \alpha x + \alpha^3 = \alpha^2 x^2 + \alpha^6 x + 1$$
$$\underline{\alpha^2 x^6 + \alpha^5 x^5 + \alpha^2 x^4 + \alpha^3 x^3 + \alpha^5 x^2}$$
$$\alpha^6 x^5 + \alpha^6 x^4 + \alpha^3 x^3 + \alpha^5 x^2$$
$$\underline{\alpha^6 x^5 + \alpha^2 x^4 + \alpha^6 x^3 + x^2 + \alpha^2 x}$$
$$x^4 + \alpha^4 x^3 + \alpha^4 x^2 + \alpha^2 x$$
$$\underline{x^4 + \alpha^3 x^3 + x^2 + \alpha x + \alpha^3}$$
$$\underline{\underline{\alpha^6 x^3 + \alpha^5 x^2 + \alpha^4 x + \alpha^3 = r(x)}}$$

Il convient de noter ici que toutes les opérations des coefficients ont été effectuées en mod 2 ($GF(2^3) \rightarrow$ champ de base $GF(2)$).

$$r(x) = \alpha^3 + \alpha^4 x + \alpha^5 x^2 + \alpha^6 x^3$$
$$r = (-\alpha^3, -\alpha^4, -\alpha^5, -\alpha^6) = (\alpha^3, \alpha^4, \alpha^5, \alpha^6)$$

Le mot de code est donc : $a = (\underbrace{\alpha^3, \alpha^4, \alpha^5, \alpha^6}_{\text{Symboles de contrôle}}, \underbrace{\mathbf{1}, \boldsymbol{\alpha}, \boldsymbol{\alpha}^2}_{\text{Information}})$

Un autre codage systématique dans le domaine temporel peut être effectué au moyen de la matrice génératrice systématique de paragraphe (§ 5.2.4 C, exemple 5.8) par la relation $a_S = u \cdot G_S$.

$$G = \begin{bmatrix} 1 & \alpha^3 & 1 & \alpha & \alpha^3 & 0 & 0 \\ 0 & 1 & \alpha^3 & 1 & \alpha & \alpha^3 & 0 \\ 0 & 0 & 1 & \alpha^3 & 1 & \alpha & \alpha^3 \end{bmatrix} \Rightarrow G_S = \begin{bmatrix} 1 & 0 & 0 & \alpha^3 & \alpha & 1 & \alpha^3 \\ 0 & 1 & 0 & \alpha^6 & \alpha^6 & 1 & \alpha^2 \\ 0 & 0 & 1 & \alpha^5 & \alpha^4 & 1 & \alpha^4 \end{bmatrix}$$

$$a_S = u \cdot G_S = \left[1, \alpha, \alpha^2\right] \begin{bmatrix} 1 & 0 & 0 & \alpha^3 & \alpha & 1 & \alpha^3 \\ 0 & 1 & 0 & \alpha^6 & \alpha^6 & 1 & \alpha^2 \\ 0 & 0 & 1 & \alpha^5 & \alpha^4 & 1 & \alpha^4 \end{bmatrix}$$

$$\underline{\underline{a_S = \left[\mathbf{1}, \boldsymbol{\alpha}, \boldsymbol{\alpha}^{\mathbf{2}}, \alpha^3, \alpha^4, \alpha^5, \alpha^6\right]}}$$

Les deux mots de code $a$ et $a_S$ peuvent être transférés l'un dans l'autre par un déplacement cyclique de quatre chiffres vers la droite.

La présentation d'information binaire du code $a_s$ est donnée, d'après le tableau de conversion (5.1) de l'exemple (5.9), comme suit :

$$\underline{\underline{a_S = (\alpha^3, \alpha^4, \alpha^5, \alpha^6, \mathbf{1}, \boldsymbol{\alpha}, \boldsymbol{\alpha}^{\mathbf{2}}) = (110, 011, 111, 101, \mathbf{100}, \mathbf{010}, \mathbf{001})}}$$

■

# 5.4. Décodage algébrique des codes RS

## 5.4.1. Introduction

D'après la définition de la TFD, un code RS est défini par l'ensemble des polynômes de degré $< k \in GF(q)$ où $q - 1 = p^m - 1 = n$. Par conséquent $A(x)$ a $(n - k)$ coefficients successifs de valeur zéro :

$$\boldsymbol{C} = \left\{\boldsymbol{a} \middle| \deg\left(\boldsymbol{A}(\boldsymbol{x})\right) \leq \boldsymbol{n} - \boldsymbol{d} = \boldsymbol{k} - 1\right\} \qquad 5.31$$

Il est possible de corriger jusqu'à $t$ erreurs avec une distance minimale $d = 2t + 1$. Le nombre des symboles de contrôle est $2t$, celui des symboles d'information $k = n - 2t$. Le mot de code $a(x)$ est est donné par la TFDI :

$$\boldsymbol{A}(\boldsymbol{x}) = (\underbrace{\underbrace{\boldsymbol{A}_0, \boldsymbol{A}_1, \ldots \boldsymbol{A}_{k-1}}_{\boldsymbol{k}}, \underbrace{0, \ldots 0}_{\boldsymbol{n}-\boldsymbol{k}=2\boldsymbol{t}}}_{\boldsymbol{n}}) \xrightarrow{\text{TFDI}} \boldsymbol{a}(\boldsymbol{x}) \qquad 5.32a$$

On suppose un vecteur de réception $\boldsymbol{b}$ qui est issu de la superposition du mot de code initialement transmis $a$ avec un vecteur d'erreur $\boldsymbol{e}$ tel que :

$$\boldsymbol{b} = \boldsymbol{a} + \boldsymbol{e} = (\boldsymbol{a}_0 + \boldsymbol{e}_0, \boldsymbol{a}_1 + \boldsymbol{e}_1, \ldots, \boldsymbol{a}_{n-1} + \boldsymbol{e}_{n-1}) \qquad 5.32b$$

Le vecteur d'erreur $\boldsymbol{e} = (e_0, e_1, \ldots, e_{n-1})$ est exactement aux positions $e_i = b_i - a_i \neq 0$, où le vecteur $\boldsymbol{b}$ reçu diffère du vecteur $\boldsymbol{a}$ transmis. Afin de pouvoir déterminer mathématiquement le vecteur d'erreur $\boldsymbol{e}$, nous devons supposer que les valeurs de réception $b_i$ (et donc aussi $e_i = b_i - a_i$) sont définies dans le même corps numérique que $a_i$, en d'autres termes :

$$\boldsymbol{e}_i = \boldsymbol{b}_i - \boldsymbol{a}_i \Rightarrow \begin{cases} \boldsymbol{e}_i = 0 & \rightarrow & \boldsymbol{b}_i = \boldsymbol{a}_i \\ \boldsymbol{e}_i \neq 0 & \rightarrow & \boldsymbol{b}_i \neq \boldsymbol{a}_i \end{cases} \in \boldsymbol{GF}(\boldsymbol{q}) \qquad 5.33$$

Le problème de décodage consiste à déterminer le mot de code $a$, transmis à l'origine, à partir du mot de code $b = a + e$ reçu. En supposant que tous les mots de code $a$ possibles sont transmis avec la même probabilité et que les erreurs $e$ qui se produisent ne dépendent pas des mots de code transmis.

Nous supposons également que le nombre d'erreurs $\boldsymbol{\tau}$ par mot de code n'est pas supérieur au maximum $t_{\max} = t$ que le code peut corriger ($\boldsymbol{\tau} \leq t$). Le poids d'erreurs est donc soumis à la condition suivante :

$$\boldsymbol{w}(\boldsymbol{\tau}) = \boldsymbol{\tau} \leq \boldsymbol{t} = \left\lfloor \frac{\boldsymbol{d} - 1}{2} \right\rfloor \qquad 5.34$$

En principe, le décodage peut être effectué en trois étapes :

- Calcul d'un syndrome $S(x)$ à partir du vecteur reçu $\boldsymbol{b} = \boldsymbol{a} + \boldsymbol{e}$
- Calcul des emplacements des erreurs, c'est-à-dire des indices $i$ pour lesquels on recherche $e_i \neq 0$. Les emplacements des erreurs sont calculés à partir du syndrome $S(x)$.
- Calcul des valeurs d'erreur $e_i \neq 0$, c'est-à-dire le vecteur d'erreur $\boldsymbol{e}$, et le mot de code associé $a = b - e$ comme décision de décodage.

## 5.4.2. Syndrome : Définition

Puisque le code est défini par $2t$ fréquences nulles :

$$A(x) = (\underbrace{\underbrace{A_0, A_1, \ldots A_{k-1}}_{k}, \underbrace{0, \ldots 0}_{n-k=2t}}_{n}) \xrightarrow{\text{TFDI}} a(x)$$

Il est évident d'utiliser comme syndrome les fréquences $2t$ correspondantes du vecteur de réception. En raison de la linéarité de la TFD, le vecteur dans le domaine fréquentiel est donc :

$$b(x) \xrightarrow{\text{TFD}} B(x)$$

$$\begin{aligned} &\boldsymbol{b}(x)=\boldsymbol{a}(x)+\boldsymbol{e}(x)\xrightarrow{\text{TFD}}\boldsymbol{B}(x)=A(x)+\boldsymbol{E}(x)\\ &\boldsymbol{B}=(\boldsymbol{B}_0,\boldsymbol{B}_1,\ldots\boldsymbol{B}_{k-1},\boldsymbol{B}_k,\boldsymbol{B}_{k+1},\ldots,\boldsymbol{B}_{n-1})\\ &\boldsymbol{B}=(A_0+\boldsymbol{E}_0,A_1+\boldsymbol{E}_1,\ldots,A_{k-1}+\boldsymbol{E}_{k-1},\underbrace{\boldsymbol{E}_k,\ldots,+\boldsymbol{E}_{n-1}}_{\textit{Syndrome}}) \end{aligned} \quad 5.35$$

Si le vecteur ***b*** est reçu, la transformation permet de vérifier si ***b*** est un mot de code, en examinant la partie de $2t$ symboles successifs si elles sont nulles ou non. Ces $2t$ symboles du vecteur ***B*** sont appelés syndrome.

$$\boldsymbol{S}=(\underbrace{\boldsymbol{E}_{n-2t},\ldots,\boldsymbol{E}_{n-1}}_{\textit{Syndrome}}) \quad 5.36$$

Dans le domaine fréquentiel, le vecteur d'erreur ***E*** a donc une partie connue ***S*** (Sommet de l'iceberg[11] ) et une partie inconnue, que nous appelons ***E****. La forme polynomiale du vecteur ***E*** est la suivante :

$$\boldsymbol{E}(x)=\underbrace{\boldsymbol{E}_0+\boldsymbol{E}_1x+\ldots+\boldsymbol{E}_{k-1}x^{k-1}}_{E^*}+\underbrace{\boldsymbol{E}_{n-2t}x^{n-2t}+\ldots,\boldsymbol{E}_{n-1}x^{n-1}}_{S} \quad 5.37$$

*S* remplit toutes les exigences que nous posons à un « syndrome » : Il est calculé à partir du vecteur de réception ***b***, mais ne dépend que du vecteur d'erreur ***e*** et devient nul exactement lorsque ***b*** est un mot de code.

$$\left.\begin{aligned} &\boldsymbol{e}=0\xrightarrow{\text{TFD}}\boldsymbol{E}=0 \text{ donc } \boldsymbol{e}_i=0\Rightarrow \boldsymbol{E}(x=\alpha^i)=0\\ &\boldsymbol{b}=\boldsymbol{a}\xrightarrow{\text{TFD}}\boldsymbol{B}=A=(A_0,\ldots A_{k-1},\underbrace{0,\ldots 0}_{S=0}) \end{aligned}\right\} \quad 5.38$$

Si une erreur se produit pendant la transmission, c'est-à-dire $e \neq 0$, alors le syndrome de $B$ n'est plus nul.

$$\left.\begin{aligned} &\boldsymbol{e}\neq 0\xrightarrow{\text{TFD}}\boldsymbol{E}\neq 0 \text{ donc } \boldsymbol{e}_i\neq 0\Rightarrow \boldsymbol{E}(x=\alpha^i)\neq 0\\ &\boldsymbol{b}=\boldsymbol{a}+\boldsymbol{e}\xrightarrow{\text{TFD}}\boldsymbol{B}=A+\boldsymbol{E}=(\underbrace{A_0+\boldsymbol{E}_0,\ldots A_{k-1}+\boldsymbol{E}_{k-1}}_{E^*:\ \textit{inconnus}},\underbrace{\boldsymbol{S}_0,\boldsymbol{S}_1\ldots,\boldsymbol{S}_{2t-1}}_{S\ :\ \textit{connus}}) \end{aligned}\right\} \quad 5.39$$

Le terme « erreur » dans le domaine temporel fait toujours référence aux valeurs du niveau $q = p^m$.

[11] L'auteur suggère ce terme, parce qu'il est opportun pour décrire le problème de l'apparition des erreurs.

Selon les relations (5.25), (5.35) et (5.36) :

$$\left.\begin{array}{l} B_k = E_{n-2t} \\ \vdots \\ B_{n-1} = E_{n-1} \end{array}\right\} \Rightarrow \left\{\begin{array}{l} B_{k-k} = S_0 \\ \vdots \\ B_{n-1-k} = S_{2t-1} \end{array}\right.$$

La représentation vectorielle du syndrome $S$ est donnée comme suit :

$$(\boldsymbol{S}_0, \boldsymbol{S}_1, \ldots, \boldsymbol{S}_{2t-1}) = (\boldsymbol{E}_{n-2t}, \boldsymbol{E}_{n-2t+1}, \ldots, \boldsymbol{E}_{n-1}) \qquad 5.40$$

La forme polynomiale correspondante est la suivante :

$$\boldsymbol{S}(\boldsymbol{x}) = \boldsymbol{S}_0 + \boldsymbol{S}_1\boldsymbol{x} + \cdots + \boldsymbol{S}_{2t-1}\boldsymbol{x}^{2t-1} \qquad 5.41$$

Le syndrome $S$ est dérivé du vecteur de réception $\boldsymbol{b}$ et a la propriété de ne dépendre que du vecteur d'erreurs $\boldsymbol{e}$ ; $S$ devient exactement zéro (indépendamment du mot de code transmis) lorsque le vecteur d'erreur $\boldsymbol{e}$ devient zéro, c'est-à-dire que le vecteur $\boldsymbol{b}$ a été reçu sans erreur.

**Exemple 5.14 :** Détermination du syndrome

- A titre d'exemple, nous considérons le code $RS(6,2)$ de longueur $n = 6$ avec les éléments $a_i$, $A_i$, $b_i$, $e_i \in GF(7)$, $t = 2$ et le mot de code :

  $$(A_0, A_1, 0, 0, 0, 0) \xrightarrow{\text{TFDI}} (a_0, a_1, a_2, a_3, a_4, a_5)$$

  Le destinataire connaît la condition de code $(A_2, A_3, A_4, A_5) = (0, 0, 0, 0)$, mais pas le mot de code transmis. Par exemple pour $A(x) = 3 + x$, on a :

  $$A = (3, 1, 0, 0, 0, 0) \xrightarrow{\text{TFDI}} a = (4, 1, 0, 2, 5, 6)$$

  Les position $i = 3$ et $i = 5$ sont erronées.

  Nous supposons que nous avons reçu le mot de code suivant :

  $$b = (4,1,0,4,5,5) \xrightarrow{\text{TFD}} B = (A_0 + E_0, A_1 + E_1, E_2, E_3, E_4, E_5),$$

  on obtient par la transformation TFD de $b$ :

  $$b = (4, 1, 0, 4, 5, 5) \xrightarrow{\text{TFD}} B = (2, 1, 2, 1, 0, 5)$$

  Le syndrome est donc : $\underline{\underline{S = (2,1,0,5)}}$.

■

La figure suivante montre une représentation de la structure de codage et de décodage.

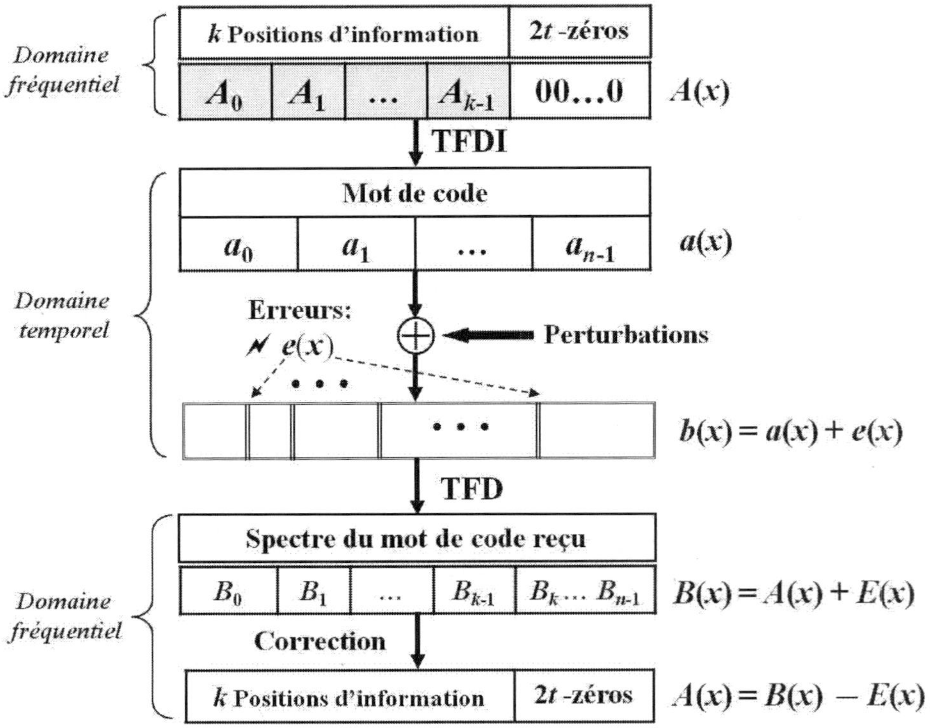


**Fig. 5.9 :** Structure du code RS en émission et réception

Le calcul de $S(x)$ est donné directement par la transformation spectrale définie dans la relation (5.9). Il faut prendre en considération la relation :

$$B_i = n^{-1} \times b(\alpha^{-i}) = S(x) \quad k \le i \le n-1 \tag{5.42a}$$

Ce que nous pouvons écrire, selon (5.12a), sous forme matricielle comme suit :

$$-\begin{bmatrix} 1 & \alpha^{-k} & \alpha^{-2k} & \cdots & \alpha^{-(n-1)k} \\ 1 & \alpha^{-(k+1)} & \alpha^{-2(k+1)} & \cdots & \alpha^{-(n-1)(k+1)} \\ 1 & \alpha^{-(k+2)} & \alpha^{-2(k+2)} & \cdots & \alpha^{-2(n-1)(k+2)} \\ \vdots & \vdots & \vdots & \vdots & \vdots \\ 1 & \alpha^{-(n-1)} & \alpha^{-2(n-1)} & \cdots & \alpha^{-(n-1)^2} \end{bmatrix} . \begin{bmatrix} b_0 \\ b_1 \\ b_2 \\ \vdots \\ b_{n-1} \end{bmatrix} = \begin{bmatrix} S_0 \\ S_1 \\ S_2 \\ \vdots \\ S_{2t-1} \end{bmatrix} \tag{5.42b}$$

**Exemple 5.15 :** Calcul matriciel du syndrome

- Soit le code $RS(6,2)$ dans un champ $GF(7)$ avec $\alpha = 5$ et $t = 2$. On suppose recevoir le mot de code $b = (2, 1, 3, 6, 0, 5)$. Trouver le syndrome $S(x)$.

$$b = (b_0, b_1, b_2, b_3, b_4, b_5) = (2, 1, 3, 6, 0, 5)$$

$$b(x) = 2 + x + 3x^2 + 6x^3 + 5x^5$$

$$B_i = n^{-1} \cdot b(\alpha^{-i}) = -\sum_{\mu=0}^{n-1} b_\mu \cdot (\alpha^{-i})^\mu ,$$

où $n^{-1} = -1 \bmod p \quad (p = n + 1)$

$$-\begin{bmatrix} 1 & \alpha^{-k} & \alpha^{-2k} & \cdots & \alpha^{-n(-1)k} \\ 1 & \alpha^{-(k+1)} & \alpha^{-2(k+1)} & \cdots & \alpha^{-(n-1)(k+1)} \\ 1 & \alpha^{-(k+2)} & \alpha^{-2(k+2)} & \cdots & \alpha^{-(n-1)(k+2)} \\ \vdots & \vdots & \vdots & \vdots & \vdots \\ 1 & \alpha^{-(n-1)} & \alpha^{-2(n-1)} & \cdots & \alpha^{-(n-1)^2} \end{bmatrix} \cdot \begin{bmatrix} b_0 \\ b_1 \\ b_2 \\ \vdots \\ b_{n-1} \end{bmatrix} = \begin{bmatrix} S_0 \\ S_1 \\ S_2 \\ \vdots \\ S_{2t-1} \end{bmatrix}$$

$$-\begin{bmatrix} 1 & \alpha^4 & \alpha^2 & \alpha^0 & \alpha^4 & \alpha^2 \\ 1 & \alpha^3 & \alpha^0 & \alpha^3 & \alpha^0 & \alpha^3 \\ 1 & \alpha^2 & \alpha^4 & \alpha^0 & \alpha^2 & \alpha^4 \\ 1 & \alpha^1 & \alpha^2 & \alpha^3 & \alpha^4 & \alpha^5 \end{bmatrix} \cdot \begin{bmatrix} b_0 \\ b_1 \\ b_2 \\ b_3 \\ b_4 \\ b_5 \end{bmatrix} = \begin{bmatrix} S_0 \\ S_1 \\ S_2 \\ S_3 \end{bmatrix}$$

$$\begin{bmatrix} 6 & 5 & 3 & 6 & 5 & 3 \\ 6 & 1 & 6 & 1 & 6 & 1 \\ 6 & 3 & 5 & 6 & 3 & 5 \\ 6 & 2 & 3 & 1 & 5 & 4 \end{bmatrix} \cdot \begin{bmatrix} 2 \\ 1 \\ 3 \\ 6 \\ 0 \\ 5 \end{bmatrix} = \begin{bmatrix} 77 \\ 42 \\ 91 \\ 49 \end{bmatrix} = \begin{bmatrix} 0 \\ 0 \\ 0 \\ 0 \end{bmatrix} \bmod 7$$

$$(S_0, S_1, \ldots, S_{2t-1}) = (B_k, B_{k+1}, \ldots, B_{n-1})$$

$$\underline{\underline{S = (B_2, B_3, B_4, B_5) = (0, 0, 0, 0)}}$$

$b$ est donc un mot de code, ce qui n'est pas surprenant, puisque nous avons supposé dans l'exemple (5.5) que $a = b$.

Tous les calculs sont effectués pour les exposants avec mod $p-1=6$, et pour les coefficients avec mod $p = 7$, où $-i = p-i$ mod $p$ ou $-i=(p-1)-i$ mod $(p-1)$.

- Supposons que nous ayons reçu un autre vecteur : $\boldsymbol{b}=(1,2,4,3,5,0,6)$.

  La transformation :

$$B_i = -\sum_{\mu=0}^{n-1} b_\mu \cdot (\alpha^{-i})^\mu, \text{ entraîne :}$$

$$\begin{bmatrix} 6 & 5 & 3 & 6 & 5 & 3 \\ 6 & 1 & 6 & 1 & 6 & 1 \\ 6 & 3 & 5 & 6 & 3 & 5 \\ 6 & 2 & 3 & 1 & 5 & 4 \end{bmatrix} \cdot \begin{bmatrix} 1 \\ 2 \\ 4 \\ 3 \\ 0 \\ 6 \end{bmatrix} = \begin{bmatrix} 6 & 4 \\ 4 & 1 \\ 8 & 0 \\ 4 & 9 \end{bmatrix} = \begin{bmatrix} 1 \\ 6 \\ 3 \\ 0 \end{bmatrix} \text{ mod } 7$$

$$(S_0, S_1, \ldots, S_{2t-1}) = (B_k, B_{k+1}, \ldots, B_{n-1})$$

$$\underline{\underline{S = (B_2, B_3, B_4, B_5) = (1, 6, 3, 0)}}$$

$S \neq 0$, $b$ ce n'est pas un mot de code.

■

## 5.4.3. Polynôme localisateur d'erreurs

La localisation des emplacements (positions) d'erreurs $i$, c'est-à-dire les emplacements dans le vecteur de réception $\boldsymbol{b} = \boldsymbol{a} + \boldsymbol{e}$, où $e_i \neq 0$, est le problème central de la correction des erreurs. La tâche consiste à sélectionner la partie inconnue $E^*$ de $E$ de telle sorte que le vecteur d'erreur associé $\boldsymbol{e}$ dans le domaine temporel ait le moins de positions possible, où $e_i \neq 0$, c'est-à-dire autant de positions $e_i = 0$ que possible.

Puisque chaque symbole $e_i = 0$ correspond à un facteur linéaire $(x-\alpha^i)$ de $E(x)$, le problème de décodage peut être également formulé comme suit : sélectionner la partie inconnue $E^*$ de $E$ de manière à ce que l'ensemble du polynôme $E(x)$ contienne autant de facteurs linéaires $(x-\alpha^i)$ que possible.

A cet effet, on déduit mathématiquement l'équation dite « équation clé », qui établit une relation entre le syndrome et un polynôme, dit « polynôme localisateur d'erreurs », dont les racines marquent des emplacements d'erreurs.

Un tel polynôme localisateur d'erreurs $c(x)$ a la propriété suivnate :

$$c_i = 0 \Leftrightarrow e_i \neq 0 \qquad 5.43a$$

Les coefficients du polynôme localisateur d'erreurs sont nuls à la position, où les erreurs sont différentes de zéro et arbitraires aux autres positions.

Par conséquent, il y a une classe des polynômes dans lesquels on peut définir le polynôme $c(x)$, dont le degré est égal au nombre d'erreurs estimées, c'est-à-dire le nombre des racines. Ce qui signifie la condition supplémentaire :

$$c_i \neq 0 \Leftrightarrow e_i = 0 \qquad 5.43b$$

Il s'applique donc à $c_i$ et à $e_i$ :

$$c_i \cdot e_i = 0 \text{ pour } i = 0, 1, \ldots, n-1 \qquad 5.44$$

Cela donne un ensemble de polynômes parmi lesquels sont sélectionnés ceux dont le degré correspond au nombre de positions d'erreurs qui se produisent (nombre des racines).

Le polynôme localisateur d'erreurs $C(x)$ peut être représenté à l'aide de la transformation TFD conformément à la relation (5.9) comme suit :

$$c(x) \xrightarrow{\text{TFD}} C(x) := \prod_{i, e_i \neq 0} (x - \alpha^i) \qquad 5.45$$

Le degré de $C(x)$ est le nombre de coefficients de $c(x)$[12] qui sont égaux à zéro, c'est-à-dire le nombre de positions d'erreurs. On a donc :

$$c_i \cdot e_i = 0 \xrightarrow{\textbf{TFD}} C(x) \cdot E(x) = 0 \bmod (x^n - 1) \qquad 5.46$$

Cela s'applique si le nombre d'erreurs qui se produisent est inférieur au nombre maximum d'erreurs qui peuvent être corrigées : $\tau \leq t = \lfloor (d-1)/2 \rfloor$

Pour le polynôme $C(x)$, ce qui suit s'applique selon la relation (5.45) :

$$C(x) = C_0 + C_1 x + C_2 x^2 + \cdots + x^\tau \ ; \ C_\tau = 1 \qquad 5.47$$

donc $\deg(C(x)) = \tau$. Il faut donc déterminer les coefficients $\tau + 1$. Mais comme on ne s'intéresse qu'aux $\tau$ racines du polynôme, un coefficient peut

[12] $c(x)$ est désigné dans le présent chapitre par le polynôme localisateur d'erreurs et non par un mot de code, contrairement aux chapitres 3 et 4.

être choisi librement. Dans la relation (5.47), $C_\tau$ est remplacé par 1, une autre définition souvent utilisée est que $C_0$ est remplacé par 1.

Pour un choix de $C_0 = 1$ ($C_0$ est normalisé sur 1) on peut écrire le polynôme localisateur d'erreurs de la manière suivante :

$$\left.\begin{aligned} \boldsymbol{C}(\boldsymbol{x}) &:= \prod_{i,e_i\neq 0} (1-\alpha^{-i}\cdot \boldsymbol{x}) \\ \boldsymbol{C}(\boldsymbol{x}) &= 1+\boldsymbol{C}_1\boldsymbol{x}+\boldsymbol{C}_2\boldsymbol{x}^2+\cdots+\boldsymbol{C}_\tau \boldsymbol{x}^\tau \end{aligned}\right\} \quad 5.48$$

Il convient de rappeler que le type de la normalisation ne change pas la position des erreurs.

$$\left.\begin{aligned} C(x) &= C_0 + C_1x + C_2x^2 + \cdots + C_\tau x^\tau \\ \tilde{C}(x) &= \frac{C(x)}{C_0} = \left(1+\frac{C_1}{C_0}x+\frac{C_2}{C_0}x^2+\cdots+\frac{C_\tau}{C_0}x^\tau\right)\Bigg|_{\mathrm{mod}\,p} \end{aligned}\right\} C(x) \leftrightarrow \tilde{C}(x)$$

La procédure de la localisation d'erreurs est illustrée de façon schématique dans la figure (Fig. 5.10).

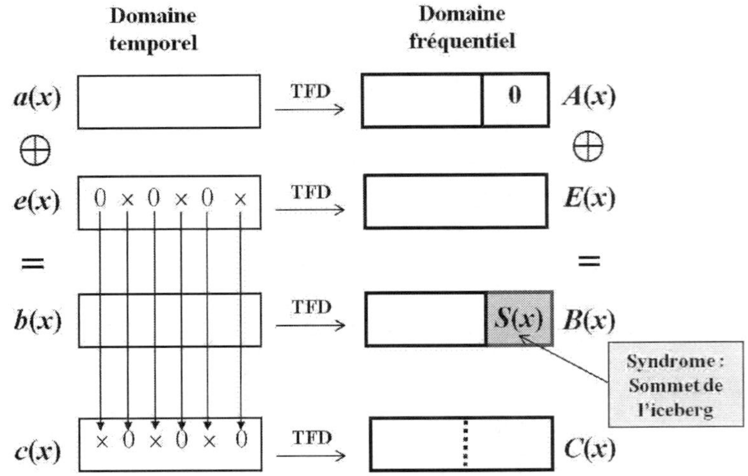


**Fig. 5.10 :** Procédure de localisation d'erreurs

## 5.4.4. Stratégie de correction

Un codage RS corrigeant $t$ erreurs correspond à une transformation de Fourier discrète inverse (TFDI), dans laquelle $k$ coefficients (lignes spectrales) dans le domaine fréquentiel sont occupés par des symboles d'information. Le reste de $2t$-positions sont des zéros pour les coefficients les plus élevés. Des perturbations dans le canal de transmission peuvent modifier ou éliminer des mots de code. Dans ce qui suit, on ne considère que le cas où les valeurs d'erreurs résultantes appartiennent au même corps numérique que les mots de code émis, où les perturbations n'apparaissent qu'à titre additif. La figure (Fig. 5.11) illustre cette stratégie.

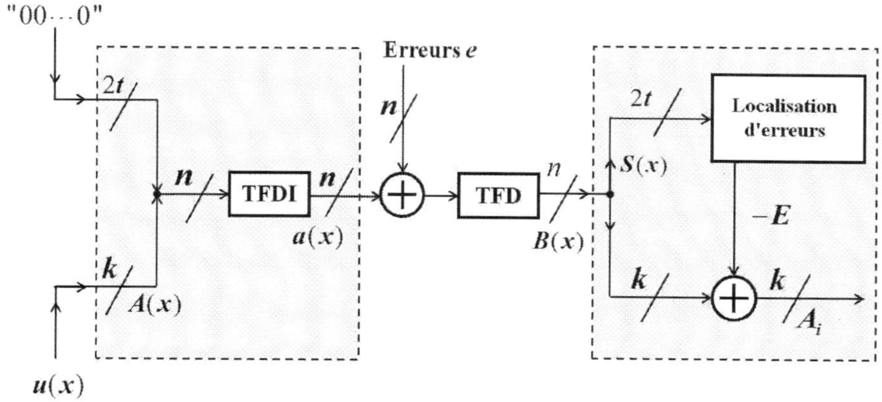


**Fig. 5.11 :** Stratégie de codage et de décodage

## 5.4.5. L'équation clé : Définition

La détermination du polynôme $C(x)$ est donnée par la solution de la dite équation clé. Pour cela on suppose tout d'abord que

$$\tau = t = \left\lfloor \frac{d-1}{2} \right\rfloor \qquad 5.49$$

La relation (5.46) dans la forme :

$$C(x)\cdot E(x) = 0 \text{ mod } (x^n - 1), \qquad 5.50$$

peut être écrit comme un système d'équations. où les coefficients sont ordonnés par des sommes d'indices croissantes modolo-$n$, c'est-à-dire par des puissances $x^0$ à $x^{n-1}$.

En outre, les conditions suivantes doivent être ajoutées :

- Tous les coefficients de $R_{x^n-1}\left[C(x)\cdot E(x)\right]$ doivent être égaux à zéro.
- En raison de modulo $(x^n - 1)$, seules les puissances comprises entre 0 et $n - 1$ apparaissent.

- Les puissances supérieures de $C(x) \cdot E(x)$ sont mises en correspondance avec cette zone en effectuant $(i + j) \bmod n$.
- Le coefficient de la $j$-ème puissance est donné par la dite équation clé :

$$\sum_{i=0}^{\tau} C_i \cdot E_{(j-i)_{\text{mod } n}} = 0 \quad \tau \leq j \leq 2\tau - 1 \qquad 5.51$$

- Évaluation uniquement aux positions $\tau \leq j \leq 2\tau - 1$

  $\rightarrow$ Seules les valeurs du vecteur d'erreurs de $(E_{n-2t}, E_{n-2t+1}, \ldots, E_{n-1})$ sont prises en compte.

  $\rightarrow$ Ceux-ci sont connus (fréquences de parité) et représentent le syndrome S : $(S_0, S_1, \ldots, S_{2t-1}) = (E_{n-2t}, E_{n-2t+1}, \ldots, E_{n-1})$

Pour prouver la relation (5.51), on part de la relation générale :

$$\sum_{i=0}^{t} C_i \cdot E_{(j-i)_{\text{mod} n}} = 0 \quad 0 \leq j \leq n-1 \qquad 5.52$$

- Dans la représentation matricielle, en tenant compte du fait que le syndrome $S(x)$ est connu et défini comme suit :

  $S_i = E_i$ pour $\tau \leq j \leq 2\tau - 1$ ($\tau \leq t$, où $t$ est le nombre maximal d'erreurs), ou bien d'après (5.40) :

  $$S_0 = E_{n-2t},\ S_1 = E_{n-2t+1}, \ldots, S_{2t-1} = E_{n-1} \Rightarrow S_t = E_{n-t}$$

$$\begin{array}{ccccccccccc}
C_0E_0 & + & C_1E_{n-1} & + & C_2E_{n-2} & + & \cdots & + & C_tE_{n-t} & = & 0 \\
C_0E_1 & + & C_1E_0 & + & C_2E_{n-1} & + & \cdots & + & C_tE_{n-t+1} & = & 0 \\
\vdots & \vdots & \vdots & \vdots & \vdots & \vdots & \vdots & \vdots & \vdots & \vdots & \vdots \\
C_0E_{n-t-1} & + & C_1E_{n-t-2} & + & C_2E_{n-t-3} & + & \cdots & + & C_tE_{n-2t-1} & = & 0 \\
\hline
C_0E_{n-t} & + & C_1E_{n-t-1} & + & C_2E_{n-t-2} & + & \cdots & + & C_tE_{n-2t} & = & 0 \\
C_0E_{n-t+1} & + & C_1E_{n-t} & + & C_2E_{n-t-1} & + & \cdots & + & C_tE_{n-2t+1} & = & 0 \\
\vdots & \vdots & \vdots & \vdots & \vdots & \vdots & \vdots & \vdots & \vdots & \vdots & \vdots \\
C_0E_{n-2} & + & C_1E_{n-3} & + & C_2E_{n-4} & + & \cdots & + & C_tE_{n-t-2} & = & 0 \\
C_0E_{n-1} & + & C_1E_{n-2} & + & C_2E_{n-3} & + & \cdots & + & C_tE_{n-t-1} & = & 0 \\
\hline
\end{array} \qquad 5.53$$

La partie encadrée du système des équations (5.53) comprend $t$ équations dans lesquelles seuls les coefficients de syndrome sont connus et $t$ coefficients de polynôme d'erreurs sont inconnus.

- **Remarques sur les indices**
  - Le code RS est un code MDS, c.-à-d. :
    $n-k+1=d=2t+1 \Rightarrow n-k=2t \Leftrightarrow k=n-2t,\ (d \equiv d_{min})$
    $(S_0, S_1, \ldots, S_{2t-1}) = (B_k, B_{k+1}, \ldots, B_{n-1}) = (E_{n-2t}, E_{n-2t+1}, \ldots, E_{n-1})$
    $E_{n-2t} \to S_0 \Rightarrow E_{n-t} \to S_t$
  - Dans un champ $GF(q)$, les indices et les puissances sont calculés modulo $q-1$, où $q-1 = p^m - 1 = n$. Par exemple : la première équation dans le système des équations (5.53) :

$$\begin{array}{l}
C_0E_{0-0} + C_1E_{0-1} + C_2E_{0-2} + \cdots + C_tE_{0-t} = 0 \\
C_0E_{0-0} : (n = 0 \mod n) \qquad \Rightarrow C_0E_n \\
C_1E_{0-1} : (n-1 = 0-1 \mod n) \Rightarrow C_1E_{n-1} \\
C_2E_{0-2} : (n-2 = 0-2 \mod n) \Rightarrow C_2E_{n-2} \\
\vdots \qquad\qquad\qquad \vdots \\
C_tE_{0-t} : (n-t = 0-t \mod n) \Rightarrow C_tE_{n-t} \\
C_0E_n + C_1E_{n-1} + C_2E_{n-2} + \cdots + C_tE_{n-t} = 0
\end{array}$$

En raison des $t$ équations pour $t$ inconnues, le système linéaire d'équations peut être résolu en principe. A partir du produit $C(x) \cdot E(x) = 0 \mod (x^n - 1)$, nous voulons maintenant établir l'équation clé.

La partie encadrée du système des équations de la relation (5.53), est présentée maintenant par le système des équations linéaires (relation 5.54), où les coefficients $E_i$ sont remplacés par les coefficients $S_i$, en respectant les règles des indices.

$$\begin{array}{ccccccccccc}
\boldsymbol{C_0S_t} & + & \boldsymbol{C_1S_{t-1}} & + & \boldsymbol{C_2S_{t-2}} & + & \cdots & + & \boldsymbol{C_tS_0} & = & 0 \\
\boldsymbol{C_0S_{t+1}} & + & \boldsymbol{C_1S_t} & + & \boldsymbol{C_2S_{t-1}} & + & \cdots & + & \boldsymbol{C_tS_1} & = & 0 \\
\vdots & \vdots & \vdots & \vdots & \vdots & \vdots & \vdots & \vdots & \vdots & \vdots & \vdots \\
\boldsymbol{C_0S_{2t-2}} & + & \boldsymbol{C_1S_{2t-3}} & + & \boldsymbol{C_2S_{2t-4}} & + & \cdots & + & \boldsymbol{C_tS_{t-2}} & = & 0 \\
\boldsymbol{C_0S_{2t-1}} & + & \boldsymbol{C_1S_{2t-2}} & + & \boldsymbol{C_2S_{2t-3}} & + & \cdots & + & \boldsymbol{C_tS_{t-1}} & = & 0
\end{array} \qquad 5.54$$

Le système linéaire d'équations (5.54) peut être résolu explicitement parce qu'il y a $t$-équations pour $t$-inconnues. La relation ainsi obtenue entre les coefficients $C_i$ recherchés et les coefficients connus $S_i$ est indiquée dans la relation suivante :

$$\sum_{i=0}^{t} \boldsymbol{C_i \cdot S_{j-i}} = 0 \quad \boldsymbol{j = t, t+1, \ldots, 2t-1} \qquad 5.55$$

Cette relation peut être écrite de façon compacte sous forme matricielle :

$$\begin{bmatrix} S_t & S_{t-1} & \cdots & S_0 \\ S_{t+1} & S_t & \cdots & S_1 \\ \vdots & \vdots & \cdots & \vdots \\ S_{2t-1} & S_{2t-2} & \cdots & S_{t-1} \end{bmatrix} \cdot \begin{bmatrix} C_0 \\ C_1 \\ \vdots \\ C_t \end{bmatrix} = 0 \qquad 5.56$$

La relation entre les coefficients des polynômes $C(x)$ et $S(x)$, selon la relation (5.55), peut être également représentée par une multiplication polynomiale :

$$C(x)\cdot S(x) = (C_0 + C_1x + \cdots + C_tx^t)\cdot(S_0 + S_1x + \cdots + S_{2t-1}x^{2t-1})$$

$$\begin{array}{c|ccccccccccccc}
x^0 & C_0S_0 & & & & & & & & & & & & \\
x^1 & C_0S_1 & + & C_1S_0 & & & & & & & & & & \\
\vdots & \vdots & \vdots & \vdots & & & & & & & & & & \\
x^{t-1} & C_0S_{t-1} & + & C_1S_{t-2} & + & \cdots & + & C_{t-1}S_0 & & & & & & \\
x^t & C_0S_t & + & C_1S_{t-1} & + & C_2S_{t-2} & + & \cdots & + & C_tS_0 & = & 0 \\
x^{t+1} & C_0S_{t+1} & + & C_1S_t & + & C_2S_{t-1} & + & \cdots & + & C_tS_1 & = & 0 \\
\vdots & \vdots & \vdots & \vdots & \vdots & \vdots & \vdots & \vdots & \vdots & \vdots & \vdots & \vdots \\
x^{2t-1} & C_0S_{2t-1} & + & C_1S_{2t-2} & + & C_2S_{2t-3} & + & \cdots & + & C_tS_{t-1} & = & 0 \\
x^{2t} & & & C_1S_{2t-1} & + & C_2S_{2t-2} & + & \cdots & + & C_tS_t & = & T_0 \\
\vdots & & & & & & & \ddots & & & \vdots & \vdots \\
x^{3t-1} & & & & & & & & & C_tS_{2t-1} & = & T_{t-1}
\end{array} \qquad 5.57$$

Il devient clair qu'ici la partie intéressante du système d'équations avec les coefficients ($t$, $t+1$, ..., $2t-1$), pour la détermination de $C(x)$, est identique au système d'équations (5.54).

Selon les relations (5.54 et 5.57), Les coefficients pour (0, 1, ..., $t-1$) du produit $C(x)\cdot S(x)$ ne sont pas significatifs pour la détermination de $C(x)$. Surtout, ils ne doivent pas nécessairement être 0, mais peuvent être 0. On fixe ces coefficients du produit $C(x)\cdot S(x)$ pour $0,1,...t-1$ égal à $T_0$, $T_1$, ..., $T_{t-1}$, ou autrement représenté :

$$\boldsymbol{T}(\boldsymbol{x}) = \boldsymbol{T}_0 + \boldsymbol{T}_1\boldsymbol{x} + \cdots + \boldsymbol{T}_{t-1}\boldsymbol{x}^{t-1} \qquad 5.58$$

Selon la relation (5.57), les coefficients pour ($2t$, $2t+1$, ..., $3t-1$) du produit $C(x)\cdot S(x)$ sont également sans intérêt pour la détermination de $C(x)$. Ces coefficients sont faciles à éliminer, notamment en calculant le produit $C(x)\cdot S(x)$ mod $x^{2t}$. Autrement dit, on les met égaux à zéro mod $x^{2t}$ c'est-à-dire ($x^{2t}\cdot T(x)$) : Cette partie est utilisée pour calculer le polynôme $x^{2t}\cdot T(x)$[13] :

$$\begin{array}{lccccccccc} \boldsymbol{x}^{2t} & \boldsymbol{C}_1\boldsymbol{S}_{2t-1} & + & \boldsymbol{C}_2\boldsymbol{S}_{2t-2} & + & \cdots & + & \boldsymbol{C}_t\boldsymbol{S}_t & = & \boldsymbol{T}_0 \\ \vdots & & & & & \ddots & & & \vdots & \vdots \\ \boldsymbol{x}^{3t-1} & & & & & & & \boldsymbol{C}_t\boldsymbol{S}_{2t-1} & = & \boldsymbol{T}_{t-1} \end{array} \qquad 5.59$$

Le polynôme $T(x)$ (Polynôme d'évaluation d'erreurs) va nous servir pour l'évaluation des erreurs (voir plus loin : Algorithme de Forney). Il résulte d'une comparaison des coefficients lorsque la relation (5.50) est reformulée comme suit :

$$\boldsymbol{C}(\boldsymbol{x})\cdot\boldsymbol{E}(\boldsymbol{x}) = 0 \text{ mod } (\boldsymbol{x}^n - 1) \qquad 5.60$$

$$= \boldsymbol{T}(\boldsymbol{x})\cdot(\boldsymbol{x}^n - 1) = \boldsymbol{T}(\boldsymbol{x})\cdot\boldsymbol{x}^n - \boldsymbol{T}(\boldsymbol{x})$$

Jusqu'à présent, nous avons supposé que le nombre d'erreurs survenues est égal à $t = (d_{min} - 1)/2$, en réalité le nombre $t$ représente la valeur maximale des erreurs estimées. En fait, un destinataire ne peut pas, bien sûr, connaître le nombre exact d'erreurs. Le vrais nombre d'erreurs est $\boldsymbol{\tau} \leq t$. La question, qui se pose maintenant, est de savoir comment le système d'équations (5.57) change si seules des erreurs $\boldsymbol{\tau} \leq t$ se produisent.

$\underline{\tau < t}$ **:** Supposons maintenant que $t-1$ erreurs se soient produites, c'est-à-dire $C_t = 0$. Si nous plaçons cela dans le système linéaire d'équations, (5.57), Il reste alors $t-1$ coefficients à déterminer, dont l'un est librement choisi. Mais il y a toujours les mêmes $t$ équations dans la partie encadrée du système des équations (5.57), qui ne contiennent que des coefficients du syndrome connus. En outre, une autre équation est ajoutée (pour $\tau = t-1$), qui ne contient que les coefficients de syndrome connus, à savoir : $C_0S_{t-1} + C_1S_{t-2} + C_2S_{t-3} + \cdots + C_{t-1}S_0 = 0$. Cette équation doit être bien évidemment satisfaite. Cela signifie que le système d'équations est surdimensionné, car on a $t-1$ inconnues et $t+1$ équations.

---

[13] En cas de calcul avec modulo $\boldsymbol{x}^n$-1, $\boldsymbol{x}^{n+1} = \boldsymbol{x}$, etc. en revanche mod $\boldsymbol{x}^{2t}$ signifie que $\boldsymbol{x}^{2t+i} = 0$, $\boldsymbol{i} = 1, 2, \ldots$

Le degré du polynôme localisateur est devenu $\deg(C(x)) = \tau$, par conséquent le système des équations (5.57) est réduit à $\tau$ équations. Néanmoins, les autres $(t - \tau)$ équations doivent être remplies.

La réalisation de ces équations entraîne une réduction de degré de $T(x)$, car maintenant les équations supplémentaires (5.57) ne contiennent que des coefficients connus du syndrome, de sorte que moins d'équations et donc moins de coefficients sont disponibles pour la détermination de $T(x)$.

La partie pertinente du système des équations (5.57) est alors la suivante :

$$\begin{bmatrix} \boldsymbol{S}_{\tau} & \boldsymbol{S}_{\tau-1} & \cdots & \boldsymbol{S}_1 & \boldsymbol{S}_0 \\ \boldsymbol{S}_{\tau+1} & \boldsymbol{S}_{\tau} & \cdots & \boldsymbol{S}_2 & \boldsymbol{S}_1 \\ \vdots & \vdots & \cdots & \vdots & \vdots \\ \boldsymbol{S}_{2t-1} & \boldsymbol{S}_{2t-2} & \cdots & \boldsymbol{S}_{2t-\tau} & \boldsymbol{S}_{2t-\tau-1} \end{bmatrix} \cdot \begin{bmatrix} \boldsymbol{C}_0 \\ \boldsymbol{C}_1 \\ \vdots \\ \boldsymbol{C}_{\tau-1} \\ 1 \end{bmatrix} = 0 \qquad 5.61$$

Le polynôme localisateur d'erreus peut être calculé de l'équation clé, où :

$C(x) \cdot E(x) = 0 \bmod (x^n - 1) = T(x) \cdot (x^n - 1) = T(x) \cdot x^n - T(x)$, et

$\deg(T(x)) < \deg(C(x))$, on a donc :

$$\sum_{i=0}^{\tau} \boldsymbol{C}_i \cdot \boldsymbol{S}_{j-i} = 0 \quad \boldsymbol{j} = \boldsymbol{\tau}, \boldsymbol{\tau}+1, \ldots, 2\boldsymbol{\tau}-1, \text{ pour } \boldsymbol{\tau} = 1, 2, \cdots, \boldsymbol{t} \qquad 5.62a$$

$$\sum_{i=1}^{\tau-j} \boldsymbol{C}_{i+j} \cdot \boldsymbol{S}_{2t-i} = \boldsymbol{T}_j \text{ pour } \boldsymbol{j} = 0, 1, 2, \cdots, \boldsymbol{\tau}-1 \qquad 5.62b$$

L'exemple suivant devrait clarifier les relations (5.54 et 5.57) pour un code RS $\in GF(7)$ corrigeant deux erreurs ($t$ =2).

**Exemple 5.16 :** Calcul du polynôme $C(x)$ par $T(x)$

- À titre d'exemple, nous calculons d'abord $C(x)$ en utilisant les méthodes habituelles pour résoudre les systèmes linéaires d'équations du syndrome $S = (E_2, E_3, E_4, E_5) = (2, 1, 0, 5)$ déterminé dans l'exemple (5.14). Puisque $S \neq (0, \ldots, 0)$, au moins une erreur s'est produite.

  Si $\tau = 1$, c'est-à-dire $C(x) = C_0 + C_1 \cdot x$, les trois équations suivantes devraient être remplies conformément à la relation (5.52). On a donc :

  $C(x) \cdot E(x) = (C_0 + C_1 \cdot x) \cdot (E_2 + E_3 \cdot x + E_4 \cdot x^2 + E_5 \cdot x^3)$

Un coefficient peut être choisi librement p. ex. $C_1 = 1$

$$C(x)\cdot E(x) = (C_0 + x)\cdot(E_2 + E_3\cdot x + E_4\cdot x^2 + E_5\cdot x^3)$$

$$\left.\begin{array}{llllll} x^0 & C_0E_2 & & & & \\ x^1 & C_0E_3 & + & E_2 & = & 0 \\ x^2 & C_0E_4 & + & E_3 & = & 0 \\ x^3 & C_0E_5 & + & E_4 & = & 0 \\ x^4 & & & E_5 & = & T_0 \end{array}\right\} \Rightarrow \begin{cases} E_2 = -C_0E_3 \\ E_3 = -C_0E_4 \\ E_4 = -C_0E_5 \end{cases}$$

La troisième équation donne $C_0 = -E_4/E_5 = 0$ est en contradiction avec les deux autres équations. Le nombre d'erreurs doit donc être au moins $\tau = 2$. Pour $\tau = 2$ erreurs, on a : $C(x) = C_0 + C_1{\cdot}x + C_2{\cdot}x^2$.

$$C(x)\cdot E(x) = (C_0 + C_1\cdot x + C_2\cdot x^2)\cdot(E_2 + E_3\cdot x + E_4\cdot x^2 + E_5\cdot x^3)$$

$$\begin{array}{llllllll} x^0 & C_0E_2 & & & & & & \\ x^1 & C_0E_3 & + & C_1E_2 & & & = & 0 \\ x^2 & C_0E_4 & + & C_1E_3 & + & E_2 & = & 0 \\ x^3 & C_0E_5 & + & C_1E_4 & + & E_3 & = & 0 \\ x^4 & C_1E_5 & + & & + & E_4 & = & T_0 \\ x^5 & & & & & E_5 & = & T_1 \end{array}$$

On obtient selon la relation (5.62b) les 2 équations encadrées, où $C_2 = 1$

$$-C_0E_4 - C_1E_3 = E_2 \Rightarrow -0\cdot C_0 - 1\cdot C_1 = 1$$
$$-C_0E_5 - C_1E_4 = E_3 \Rightarrow -5\cdot C_0 - 0\cdot C_1 = 1$$

$$-0\cdot C_0 - 1\cdot C_1 = 2 = 6\cdot C_1 \bmod 7 \Rightarrow C_1 = 2\cdot 6^{-1 \bmod 6} = 5 \bmod 7$$
$$-5\cdot C_0 - 0\cdot C_1 = 1 = 2\cdot C_0 \bmod 7 \Rightarrow C_0 = 2^{-1 \bmod 6} \quad = 4 \bmod 7,$$

Ce qui donne : $\underline{\underline{C(x) = 4 + 5\cdot x + x^2}}$

Contrôle : Comme les erreurs se produisent dans les positions $i = 3$ et 5, $C(x) = (x-\alpha^3)(x-\alpha^5)$ doit s'appliquer conformément à la relation (5.45).

Avec $\alpha^3 = 5^3 = 6$ et $\alpha^5 = 3$,

$C(x) = (x-\alpha^3)\cdot(x-\alpha^5) = 4 + 5\cdot x + x^2$, est en fait obtenu comme ci-dessus.

■

En principe, les emplacements d'erreurs $e_i$ peuvent être déterminés par les racines de $C(x)$, c'est-à-dire en calculant la TFDI $c_i = C(\alpha^i)$ pour tout $i = 0, 1, \ldots, n-1$. La question de savoir si cela est approprié, dépend de la procédure de décodage ultérieure décrite dans les paragraphe suivants.

## 5.4.6. Résolution de l'équation clé

**Position de problème** : Le récepteur ne peut pas être informé sur le nombre des erreurs. La recherche des coefficients du polynôme localisateur d'erreurs est lancée avec l'événement d'erreurs le plus probable $\tau = 1$. Si aucune solution n'a été trouvée pour ce nombre d'erreurs, $\tau$ est successivement augmenté jusqu'à ce que $\tau$ atteigne la limite de $t$. Un échec de décodage est présent si aucun polynôme de localisation d'erreurs n'est trouvé.

Pour les grands $\tau$ ou $t$, l'effort de calcul est très élevé. La structure régulière du système d'équations permet de supposer qu'il existe encore des procédures nécessitant beaucoup moins d'efforts de calcul [32] pour être déterminées avec la moindre difficulté possible.

## 5.4.7. Solution directe du système des équations linéaires

### A. Calcul de polynôme $C(x)$

Lors du calcul des $\tau$ coefficients inconnus $C_0, \ldots, C_{\tau-1}$ avec les méthodes habituelles de résolution des systèmes d'équations, un effort de calcul éventuellement important est nécessaire, puisque le nombre d'erreurs $\tau$ est inconnu et donc le rang du système d'équations est également inconnu. On doit calculer pour chaque $\tau = 1, 2, \ldots$ successivement, à partir des $\tau$ premières équations, les coefficients $C_0, \ldots, C_{\tau-1}$ correspondants et tester si les autres équations sont également remplies. L'effort de calcul pour chaque $\tau$ est approximativement proportionnel à $\tau^2$. Si le nombre réel d'erreurs $t$ a été déterminé par la procédure décrite ci-dessus, l'équation clé doit être résolue. En raison de la complexité du calcul, des algorithmes efficaces sont nécessaires dans la pratique. Deux algorithmes bien connus calculent la solution de l'équation clé avec un faible effort de calcul, à savoir : l'algorithme de Berlekamp-Massey (BMA) et l'algorithme de division euclidienne.

Dans ce qui suit, nous allons examiner l'algorithme de Berlekamp-Massey. (Voir § 5.4.8). Pour l'algorithme d'Euclide, je vous renvoie aux références correspondantes [29][31].

Un exemple doit maintenant être poursuivi avec le calcul du polynôme localisateur d'erreurs $C(x)$, qui par définition repère les emplacements d'erreurs du vecteur de réception $\boldsymbol{b}$.

**Exemple 5.17 :** Calcul du polynôme $C(x)$ par le syndrome $S(x)$

- Soit le code $RS(6,2)$ dans $GF(7)$, avec un élément primitif $\alpha = 5$, corrigeant deux ereurs ($t = 2$) et de distance minimale de $d_{min} = 5$. On suppose que le mot de code $a(x) = 1 + 6x + 3x^2 + 2x^3 + 4x^4$ est attaqué par une erreur $e(x)$ de la forme suivante : $e(x) = 3x + 5x^4$.

  Le mot de code de reçu $b(x)$ est donc :

  $$b(x) = a(x) + e(x) = 1 + \underset{*}{2}x + 3x^2 + 2x^3 + \underset{*}{2}x^4$$

  Quelque soit la position des erreurs au domaine temporel, il aura un syndrome au niveau fréquentiel (contamination du spectre).

- **Détermination du syndrome**

  Les coefficients sont calculés en modulo $p = 7$, les exposants et les indices en modulo $p - 1 = 6$.

  $$n - 2t = k,\ d_{min} = d = 5 = 2t + 1 \rightarrow t = 2 \text{ et } k = 2,\ n = 6$$

  On détermine d'abord les coefficients $B_i$ par la relation (5.9 : TFD ).

  Pour un code $RS(6,2) \in GF(7)$, $k = 2$, $A_i = 0$ pour $i = 2, 3, 4, 5$. D'après (5.39), on a : $(S_0, S_1, S_2, S_4) = (B_k, B_{k+1}, \ldots, B_{n-1}) = (B_2, B_3, B_4, B_5)$

  $$S_0 = B_2 = n^{-1} \cdot b(\alpha^{-2}) = n^{-1 \bmod 6} \cdot b(\alpha^{-2 \bmod 6})$$

  $$n^{-1} \cdot b(x) = 6 \cdot (1 + 2x + 3x^2 + 2x^3 + 2x^4)$$

  $$\text{où } n^{-1} = n \bmod 7 \Leftrightarrow 6^{-1} = 6 \bmod 7$$

  $$\alpha^{-2} = 5^{-2 \bmod 6} = 5^4 = 2 \bmod 7$$

  $$\begin{aligned} S_0 &= 6 \cdot r(x = \alpha^{-2}) = 6 \cdot b(x = \alpha^4) = 6 \cdot (1 + 2\alpha^4 + 3\alpha^8 + 2\alpha^{12} + 2\alpha^{16}) \\ &= 6 \cdot (1 + 2\alpha^4 + 3\alpha^2 + 2\alpha^0 + 2\alpha^4)\Big|_{\alpha=5} = 6 \cdot \big(1 + 2 \cdot 2 + 3 \cdot 4 + 2 \cdot 1 + 2 \cdot 2\big) \\ &= (1 + 4 + 12 + 2 + 4) = 6 \cdot 23 = 5 \bmod 7 \end{aligned}$$

De même, on peut calculer les autres coefficients de $S(x)$.

$$S_0 = B_2 = n^{-1} \cdot b(\alpha^{-2}) = n^{-1 \bmod 6} \cdot b(\alpha^{-3 \bmod 6}) \Rightarrow \underline{S_0 = 5} \bmod 7$$
$$S_1 = B_3 = n^{-1} \cdot b(\alpha^{-3}) = n^{-1 \bmod 6} \cdot b(\alpha^{-3 \bmod 6}) \Rightarrow \underline{S_1 = 5} \bmod 7$$
$$S_2 = B_4 = n^{-1} \cdot b(\alpha^{-4}) = n^{-1 \bmod 6} \cdot b(\alpha^{-4 \bmod 6}) \Rightarrow \underline{S_2 = 3} \bmod 7$$
$$S_3 = B_5 = n^{-1} \cdot b(\alpha^{-5}) = n^{-1 \bmod 6} \cdot b(\alpha^{-5 \bmod 6}) \Rightarrow \underline{S_3 = 3} \bmod 7$$

Le syndrome est donné par le polynôme :

$$\underline{\underline{S(x) = S_0 + S_1 x + S_2 x^2 + S_3 x^3 = 5 + 5x + 3x^2 + 3x^3}}$$

- **Résolution de l'équation clé**

Partant de la relation : $\sum_{i=0}^{\tau} C_i \cdot S_{j-i} = 0$ pour $j = \tau \cdots 2\tau - 1$ et $\tau \leq t$

- ✓ On suppose d'abord qu'il y aura une seule erreur $\tau = 1$.
- ✓ $\tau < t$, nous avons donc un choix libre pour un coefficient de $C(x)$, prenons par exemple : $C_1 = 1$.

$$\deg(C(x)) = 1 \Rightarrow C_1 = 1 \Rightarrow C(x) = C_0 + x$$
$$S(x) = 5 + 5x + 3x^2 + 3x^3 \Rightarrow \underline{\underline{S = (S_0, S_1, S_2, S_3) = (5, 5, 3, 3)}}$$

$$\begin{bmatrix} S_0 & S_1 & \cdots & S_\tau \\ S_1 & S_2 & \cdots & S_{\tau+1} \\ \vdots & \vdots & \cdots & \vdots \\ S_{\tau-1} & S_\tau & \cdots & S_{2\tau-1} \end{bmatrix} \cdot \begin{bmatrix} C_\tau \\ C_{\tau-1} \\ \vdots \\ C_0 \end{bmatrix} = 0 \Rightarrow \begin{bmatrix} S_0 & S_1 \\ S_1 & S_2 \\ S_2 & S_3 \end{bmatrix} \cdot \begin{bmatrix} C_1 \\ C_0 \end{bmatrix} = 0$$

$$\begin{bmatrix} S_0 & S_1 \\ S_1 & S_2 \\ S_2 & S_3 \end{bmatrix} \cdot \begin{bmatrix} 1 \\ C_0 \end{bmatrix} = \begin{bmatrix} 5 & 5 \\ 5 & 3 \\ 3 & 3 \end{bmatrix} \cdot \begin{bmatrix} 1 \\ C_0 \end{bmatrix} = 0$$

$$5 + 5 \cdot C_0 = 0 \Rightarrow C_0 = -1 = 6 \bmod 7$$
$$5 + 3 \cdot C_0 = 0 \Rightarrow C_0 = -5/3 \neq 6$$
$$3 + 3 \cdot C_0 = 0 \Rightarrow C_0 = -1 = 6$$

Nous constatons ici une contradiction. Il faut donc supposer 2 erreurs.

- On suppose d'abord qu'il y aura deux erreur $\tau = t = 2$.
- Nous avons un choix libre pour un coefficient de $C(x)$, prenons par exemple $C_2 = 1$.

$$\begin{bmatrix} S_0 & S_1 & S_2 \\ S_1 & S_2 & S_3 \end{bmatrix} \cdot \begin{bmatrix} C_2 \\ C_1 \\ C_0 \end{bmatrix} = 0 \Rightarrow \begin{bmatrix} 5 & 5 & 3 \\ 5 & 3 & 3 \end{bmatrix} \cdot \begin{bmatrix} 1 \\ C_1 \\ C_0 \end{bmatrix} = 0$$

$$S_0 + S_1 \cdot C_1 + S_2 \cdot C_0 = 5 + 5 \cdot C_1 + 3 \cdot C_0 = 0$$

$$S_1 + S_2 \cdot C_1 + S_3 \cdot C_0 = 5 + 3 \cdot C_1 + 3 \cdot C_0 = 0$$

Le calcul est effectué en modulo 7, on a donc :

$C_1 = 0$ et $C_0 = 3$, $C_2$ a été supposé égale à 1

Le polynôme localisateur d'erreurs est donc : $\underline{\underline{C(x) = 3 + x^2}}$

- **Remarque**

$$C(x) = 3 + x^2 = 3(1 + \frac{1}{3}x^2) \Rightarrow \tilde{C}(x) = \frac{C(x)}{3} = 1 + 5x^2 \bmod 7$$

$$C(x) = 3 + x^2 \Leftrightarrow \underline{\underline{\tilde{C}(x) = 1 + 5x^2}}$$

■

## B. Localisation d'erreurs : Algorithme (Chien-Search)

Une fois le polynôme localisateur d'erreurs $C(x)$ est calculé, on évalue ses racines en essayant simplement toutes les racines possibles grâce à l'algorithme « Chien-Search ». Cet algorithme est une technique efficace pour déterminer les racines du polynôme de $C(x)$ du degré $\tau$. Le polynôme $C(x)$ est un polynôme dont les racines sont construites pour être la réciproque des endroits où les erreurs se sont produites. Si $C(x = \alpha^i) = 0$ pour tout $i$ compris dans le domaine $0 \leq i \leq n-1$, alors $i$ est un emplacement d'erreurs.

Comme la racine doit être évidemment l'un des éléments du champ, une recherche exhaustive par substitution de tous les éléments du champ $\mathbb{F}_q^n$ dans le polynôme localisateurs d'erreurs est la seule issue. L'algorithme « Chien-Search » est une méthode efficace pour effectuer cette recherche exhaustive de manière efficace.

**Exemple 5.18 :** Localisation d'erreurs : Chien-Search

- Partons de l'exemple précédent, où le polynôme localisateur d'erreurs est donné par : $C(x) = 3 + x^2$.

✓ La localisation des erreurs est donneé par l'algorithme Chien-Search : Les positions, où $c_i = C(\alpha^i) = 0$ indiquent les positions d'erreurs. Elles sont déterminées par la TFD :

$$C(x) = 3 + x^2 \xrightarrow{\textbf{TFDI}} c(x)$$

✓ On va essayer toutes les positions $n$ du champ $(n = p - 1 = 6)$ $GF(q = p) = GF(7)$.

$$c_i = C(\alpha^i) = 3 + \left(\alpha^i\right)^2,\ i = 0, 1, 2, 3, 4, 5 \text{ et } \alpha = 5$$

| | ***i*** | | | | | | | |
|---|---|---|---|---|---|---|---|---|
| | 0 | $3+\left(\alpha^0\right)^2$ | $=$ | $3+1$ | $=$ | 4 | mod 7 | |
| $\rightarrow$ | 1 | $3+\left(\alpha^1\right)^2$ | $=$ | $3+5^2$ | $=$ | **0** | mod 7 | $c_1 = \mathbf{0} \Leftrightarrow e_1 \neq 0$ |
| | 2 | $3+\left(\alpha^2\right)^2$ | $=$ | $3+5^4$ | $=$ | 5 | mod 7 | |
| | 3 | $3+\left(\alpha^3\right)^2$ | $=$ | $3+5^6$ | $=$ | 4 | mod 7 | |
| $\rightarrow$ | 4 | $3+\left(\alpha^4\right)^2$ | $=$ | $3+5^8$ | $=$ | **0** | mod 7 | $c_4 = \mathbf{0} \Leftrightarrow e_4 \neq 0$ |
| | 5 | $3+\left(\alpha^5\right)^2$ | $=$ | $3+5^{10}$ | $=$ | 4 | mod 7 | |

✓ A partir des racines $\alpha^1$ et $\alpha^4$, on peut construire le polynôme $C(x)$

$$C(x) = (x - \alpha^1)(x - \alpha^4) = (x-5)(x-2)$$
$$= x^2 - 7x + 10 \text{ mod } 7 \Rightarrow \underline{\underline{C(x) = 3 + x^2}}$$

▪ **Remarque**

- Si on ne trouve pas autant de racines que le degré du polynôme localisateur d'erreurs $C(x)$, il y a un échec de décodage et il y a plus d'erreurs que le nombre d'erreurs corrigeables.

■

## 5.4.8. L'algorithme de Berlekamp-Massey (BMA)

Pour les codes utilisés en pratique avec une grande longueur $n$ de mot de code et une grande capacité de correction $t$, l'effort de décodage exploserait si des algorithmes de décodage plus rapides n'avaient pas été trouvés. Par exemple, dans le cas du code $RS(255, 223, 33)_{q=256}$, qui a été mentionné au début de la norme ESA/NASA pour la transmission par satellite, il faut trouver jusqu'à $t$ =16 zéros dans le corps $GF(255)$ pour décoder un seul mot de code et cela en temps réel.

L'algorithme de Berlekamp-Massey (BMA) [19][28] est une méthode très efficace pour le calcul de $C(x)$ de petit degré, qui résout l'équation clé (5.55). L'algorithme BMA a été trouvé par Berlekamp et formulé par Massey comme un registre à décalage (Fig. 5.12) avec les facteurs de rétroaction $C_i$, qui génère tous les coefficients du syndrome. L'algorithme procède de manière itérative, en commençant par un $C(x)$ de degré 1, puis en augmentant le degré de $C(x)$ si nécessaire. Le nouveau $C(x)$ est alors recalculé à partir de l'ancien.

Le circuit ci-dessous présente l'équation clé (5.62a)

$$\sum_{i=0}^{\tau} C_i \cdot S_{j-i} = 0 \quad j = \tau, \tau+1, \ldots, 2\tau-1, \text{ pour } \tau = 1, 2, \cdots, t$$

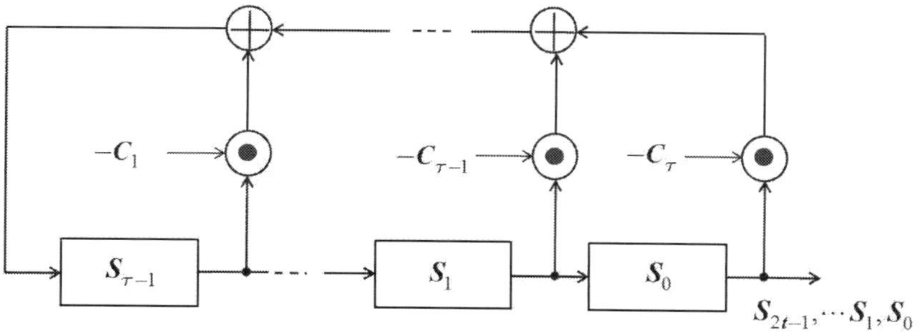


**Fig. 5.12 :** Registre à décalage pour BMA avec

$$E_{n-2\tau}, \ldots E_{n-1} = S_0, \ldots, S_{2\tau-1}$$

$$C(x) = 1 + C_1 x + C_2 x^2 + \cdots + C_\tau x^\tau$$

Il existe des procédures à la fois dans le domaine temporel et dans le domaine fréquentiel (ici, la représentation dans le domaine fréquentiel en raison d'une représentation plus simple).

Partons de la relation (5. 62a) avec le circuit simplifié de la figure (Fig. 5.13). L'algorithme BMA se présente comme suit :

## Algorithme BMA

- Interprétation de l'équation clé comme un registre à décalage à contre reaction de longueur $t$ comme indique la figure (Fig. 5.13). Pour $C_0 = 1$ on obtient :

$$S_j = -\sum_{i=1}^{\tau} C_i \cdot S_{j-i} \quad j = \tau \cdots 2t-1 \text{ et } \tau = 1,2,\cdots t \tag{5.63}$$

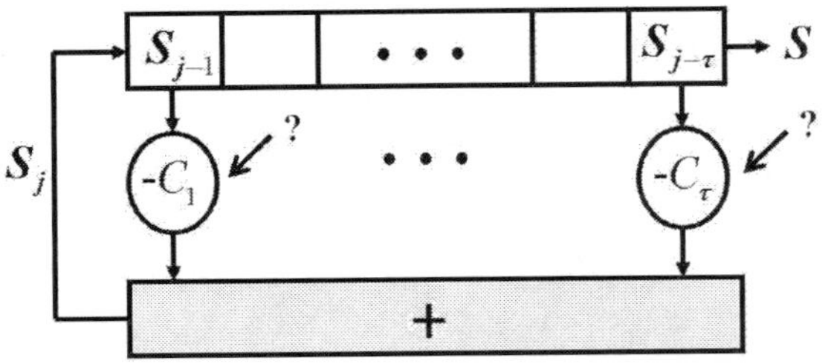


**Fig. 5.13 :** Registre à décalage pour l'algorithme BMA

- **Tâche** : Déterminer les coefficients $C_i$ de la longueur minimale $\tau$ donnant le syndrome $S$.
- **Solution :**
  - $d-1 = 2t$ symboles du syndrome sont connus (fréqueces de parités).
  - Initialiser le registre à décalage de longueur $\tau$ avec les premiers symboles $\tau$ du syndrome : $S_0,\ldots,S_{\tau-1}$.
  - Dans les $\tau$ décalages cycliques, les coefficients $C_i$ sont déterminés, de sorte que les symboles restants $S_\tau,\ldots,S_{2\tau-1}$ sont obtenus à la sortie.
  - L'emplacement de l'erreur définie peut être trouvé à l'aide de l'algorithme Chien-Search.

Le but de l'algorithme de Berlekamp-Massey est de trouver le polynôme $C(x)$ de degré le plus petit possible et satisfaisant l'identité de Newton. Le calcul de $C(x)$ est effectué itérativement avec $2t$ étapes selon l'organigramme de la figure (Fig. 5.14).

Le polynôme calculé sera de la forme suivante :

$C(x) = 1 + C_1 x + C_2 x^2 + \cdots + C_\tau x^\tau$; ($C_0 = 1$)

Dans ce qui suit, la méthode pour trouver le polynôme localisateur d'erreurs $C(x)$, avec le plus petit degré $\tau$, est expliquée en détail en utilisant l'algorithme de Berlekamp-Massey. L'organigramme suivant montre les étapes de l'algorithme [19][28].

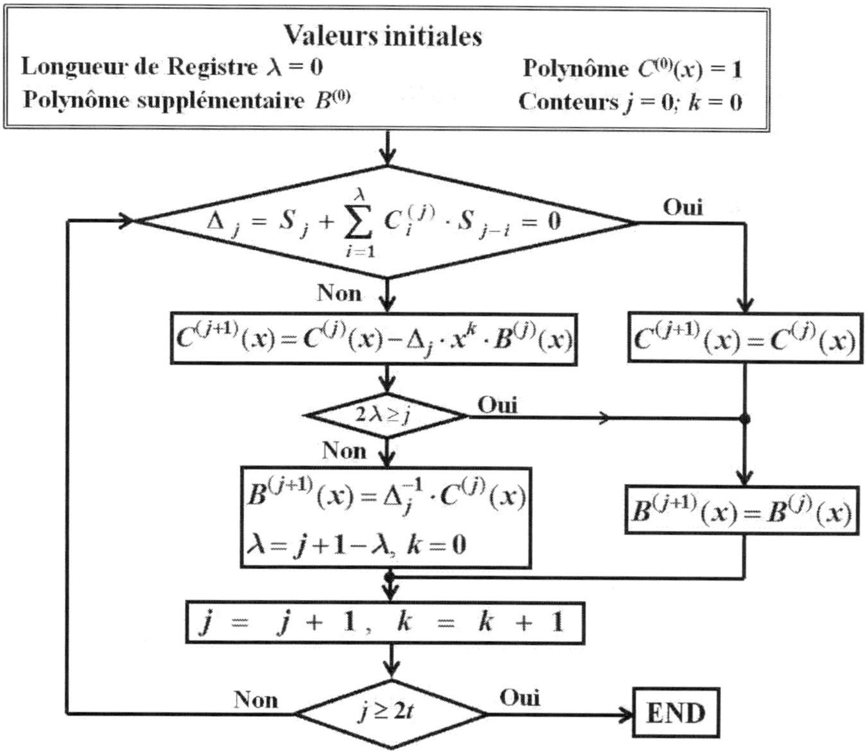


**Fig. 5.14 :** Organigramme de l'algorithme BMA

**Exemple 5.19 :** Détermination de $C(x)$ avec l'algorithme BMA

- Prenons l'expression du syndrome $S(x)$ ci-dessous. En utilisant maintenant l'algorithme (BMA) pour déterminer le polynôme localisateur d'erreurs pour un code $RS(6,2)$ dans $GF(7)$ avec $\alpha = 5$, $t = 2$. On suppose avoir reçu le mot de code :

  $b(x) = 1 + 2x + 3x^2 + x^3 + x^4 + x^5$

  $b = (b_0, b_1, b_2, b_3, b_4, b_5) = (1, 2, 3, 1, 1, 1)$

  Par la transformation TFD de $b(x)$, on obtient le syndrome $S(x)$ :

  $$b = (1, 2, 3, 1, 1, 1) \xrightarrow{\text{TFD}} (5, 0, \underbrace{4, 6, 6, 1}_{S \neq 0})$$

  $$S(x) = S_0 + S_1 x + S_2 x^2 = 4 + 6x + 6x^2 + x^3$$

  Les valeurs de départ (Start) sont :

  $j = 0$, $k = 0$, $\lambda = 0$, $\Delta_0 = 0$, $B^{(0)}(x) = 0$, $C^{(0)}(x) = 1$

Le tableau ci-dessous présente les démarches de l'algorithme BMA :

| $j$ | $k$ | $\lambda$ | $\Delta_j$ | $C^{(j+1)}(x)$ | $2\lambda > j$ | $B^{(j+1)}(x)$ |
|---|---|---|---|---|---|---|
| 0 | 0 | 0 | $\Delta_0 = S_0 = \underline{4}$ | $C^{(1)} = 1 - \underline{4}x^0 \cdot 0 = 1 \ (C_0 = 1, C_1 = 0)$ | Non | $B^{(1)} = 4^{-1} = \underline{2}$ |
| 1 | 1 | 1 | $\Delta_1 = S_1 + C_1^{(1)} \cdot S_0$ <br> $= \underline{6}$ | $C^{(2)} = 1 - \underline{6}x \cdot \underline{2}$ <br> $= C_0 + C_1 x = \underline{1 + 2x}$ | Oui | $B^{(2)} = B^{(1)} = \underline{2}$ |
| 2 | 2 | 1 | $\Delta_2 = S_2 + C_1^{(2)} \cdot S_1$ <br> $= 6 + 2 \cdot 6$ <br> $= \underline{4}$ | $C^{(3)} = C^{(2)} - \Delta_2 x^2 \cdot B^{(2)}$ <br> $= \underline{1 + 2x} - \underline{4}x^2 \cdot \underline{2}$ <br> $C_0 + C_1 x + C_2 x^2 = \underline{1 + 2x + 6x^2}$ | Non | $B^{(3)} = 2(1 + 2x)$ <br> $= 2 + 4x$ |
| 3 | 1 | 2 | $\Delta_3 = S_3 + C_1^{(3)} \cdot S_2$ <br> $+ C_2^{(3)} \cdot S_1$ <br> $= 1 + 2 \cdot 6 + 6 \cdot 6$ <br> $= 0$ | $C^{(4)} = C^{(3)} - 2x \cdot B^{(3)}$ <br> $= \underline{1 + 2x + 6x^2} - 0$ <br> $= C(x) = 1 + 2x + 6x^2$ | Oui | $B^{(4)} = B^{(3)}$ |

$j \geq d - 1 = 2t$

**Tableau 5.2**

Le polynôme localisateur d'erreurs est donc : $\underline{\underline{C(x) = 1 + 2x + 6x^2}}$

■

## 5.4.9. Evaluation d'erreurs

Les codes RS étant des codes non binaires, il ne suffit pas d'inverser les symboles erronés. La valeur de l'erreur doit également être connue.

Si le degré et les coefficients de $C(x)$ sont connus, il existe deux façons fondamentales de calculer le vecteur d'erreurs $\boldsymbol{e} = (e_0, e_1, e_2, \ldots, e_{n-1})$ et donc le mot de code correspondant $a = b - e$.

### A. Méthode récursive

La première méthode décrit la rétroaction $C(x)$ à partir des coefficients du syndrome connus $S = (S_0, S_1, \ldots, S_{2t-1}) = (E_{n-2t}, E_{n-2t+1}, \ldots, E_{n-1})$, afin de calculer la valeur d'erreurs résiduelles $E = (E_0, \ldots, E_{n-1})$ et de déterminer le vecteur d'erreurs $\boldsymbol{e}$ et finalement le vecteur d'information $\boldsymbol{a}$ par transformation inverse TFDI.

- **Tâche**
    - Les coefficients résiduels sont déterminés récursivement à partir de la relation (5.52).

$$\sum_{i=0}^{t} C_i \cdot E_{(j-i)_{\text{mod } n}} = 0 \quad j = 0,\ldots,n-1$$

$$C_0 \cdot E_j + \sum_{i=1}^{t} C_i \cdot E_{(j-i)} = 0 \quad j = 0,\cdots,n-1$$

- **Solution**
  - En raison de $C_0 = 1$*, la relation (5.52) peut être écrite comme suit :

$$\left.\begin{aligned} \boldsymbol{E_j} + \sum_{i=1}^{\tau} \boldsymbol{C_i} \cdot \boldsymbol{E}_{(j-i)_{\text{mod } n}} = 0 \\ \boldsymbol{E_j} = -\sum_{i=1}^{\tau} \boldsymbol{C_i} \cdot \boldsymbol{E}_{(j-i)_{\text{mod } n}} \end{aligned}\right\} \boldsymbol{j} = 0,1,\ldots,\boldsymbol{n}-1 \qquad 5.64$$

$$* \left.\begin{aligned} C(x) &:= \prod_{i,e_i \neq 0} (1 - \alpha^{-i} \cdot x) \\ C(x) &= 1 + C_1 x + C_2 x^2 + \cdots + C_\tau x^\tau \end{aligned}\right]$$

  - En utilisant les relations (5.37) et (5.47), on a donc :

$$E(x) = \underbrace{E_0 + E_1 x + \ldots + E_{k-1} x^{k-1}}_{\textit{inconnus}} + \underbrace{E_{n-2t} x^{n-2t} + \ldots, E_{n-1} x^{n-1}}_{\textit{connus}}$$

$$C(x) = C_0 + C_1 x + C_2 x^2 + \cdots + C_\tau x^\tau$$

  - Partant de la relation (5.40) ($S_0 = E_{k=n-2t}, \ldots, S_{2t-1} = E_{n-1}$), le reste de $(n-2t)$ des erreurs $E_j$ peut être trouvé récursivement.
  - La figure suivante montre le circuit de registres à décalage corrspondant :

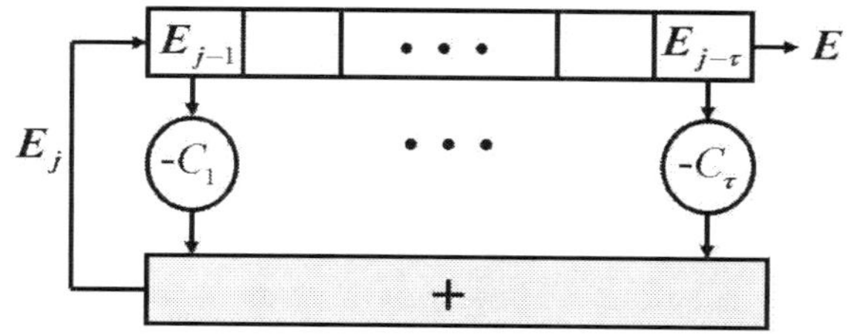


**Fig. 5.15 :** Registre à décalage (Méthode récursive)

  - Transformation de $E(x)$ en domaine temporel $e(x)$ et correction des erreurs.

- Pour réduire la complexité de la transformation, nous calculons uniquement les erreurs $e_i \neq 0$.
- Le mot de code récupéré est donc : $\hat{a}(x) = r(x) - e(x)$.

**Exemple 5.20 :** Evaluation d'erreurs par la méthode récursive

- Prenons le polynôme localisateur de l'exemple (5.19) ($GF(7)$, $t = 2$)

  $C(x) = 1 + 2x + 6x^2$

  On suppose avoir reçu le mot de code :

  $b(x) = 1 + 2x + 3x^2 + x^3 + x^4 + x^5$

  $$b = (1, 2, 3, 1, 1, 1) \xrightarrow{\textbf{TFD}} (5, 0, \underbrace{4, 6, 6, 1}_{S \neq 0}) = (E_0, E_1, 4, 6, 6, 1)$$

  En utilisant la relation (5.63) :

  $$E_j = -\sum_{i=0}^{\tau} C_i \cdot E_{(j-i)_{\text{mod } n}}, \quad j = 0, 1, \ldots, n-1,$$

  on obtient :

  $\boldsymbol{j = 0}$

  $$E_0 = -(C_1 \cdot E_{0-1} + C_2 \cdot E_{0-2}) = -(C_1 \cdot E_5 + C_2 \cdot E_4) = -(2 \cdot 1 + 6 \cdot 6) = -3 = 4 \text{ mod } 7$$

  $\underline{E_0 = 4}$

  $\boldsymbol{j = 1}$

  $$E_1 = -(C_1 \cdot E_{1-1} + C_2 \cdot E_{1-2}) = -(C_1 \cdot E_0 + C_2 \cdot E_5) = -(2 \cdot 4 + 6 \cdot 1) = -0 = 0$$

  $\underline{E_1 = 0}$

  $$\boldsymbol{E} = (E_0, E_1, E_2, E_3, E_4, E_5) = (4, 0, \underbrace{4, 6, 6, 1}_{S \neq 0})$$

  La figure suivante montre l'implémentation avec des registres en décalage.

  Start : $\boldsymbol{j = 0}$

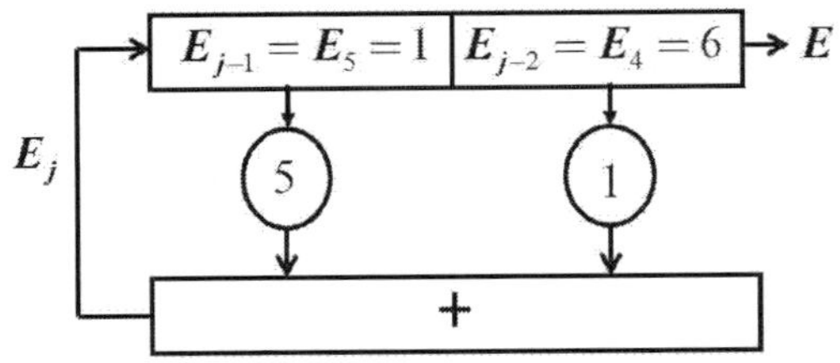


| $j$ | $E_{j-1}$ | $E_{j-2}$ | $E_j = 5E_{j-1} + E_{j-2}$ |
|---|---|---|---|
| 0 | 1 | 6 | **4** |
| 1 | 4 | 1 | **0** |
| 2 | 0 | 4 | 4 |
| 3 | 4 | 0 | 6 |
| 4 | 6 | 4 | 6 |
| 5 | 6 | 6 | 1 |

**Fig. 5.16 :** Méthode récursive

$$E(x) = 4 + 0x + 4x^2 + 6x^3 + 6x^4 + 1x^5 \xrightarrow{\textbf{TFDI}} e(x)$$

| $\alpha^i$ | $e_i = E(\alpha^i) = \sum_{\mu=0}^{n-1} E_\mu \cdot (\alpha^i)^\mu,\ \alpha = 5$ | | | | |
|---|---|---|---|---|---|
| $\alpha^0$ | $4+0\cdot(5^0)+4\cdot(5^0)^2+6\cdot(5^0)^3+6\cdot(5^0)^4+1\cdot(5^0)^5$ | $=$ | 0 | mod 7 | |
| $\alpha^1$ | $4+0\cdot(5^1)+4\cdot(5^1)^2+6\cdot(5^1)^3+6\cdot(5^1)^4+1\cdot(5^1)^5$ | $=$ | **1** | mod 7 | $\leftarrow$ |
| $\alpha^2$ | $4+0\cdot(5^2)+4\cdot(5^2)^2+6\cdot(5^2)^3+6\cdot(5^2)^4+1\cdot(5^2)^5$ | $=$ | **2** | mod 7 | $\leftarrow$ |
| $\alpha^3$ | $4+0\cdot(5^3)+4\cdot(5^3)^2+6\cdot(5^3)^3+6\cdot(5^3)^4+1\cdot(5^3)^5$ | $=$ | 0 | mod 7 | |
| $\alpha^4$ | $4+0\cdot(5^4)+4\cdot(5^4)^2+6\cdot(5^4)^3+6\cdot(5^4)^4+1\cdot(5^5)^5$ | $=$ | 0 | mod 7 | |
| $\alpha^5$ | $4+0\cdot(5^5)+4\cdot(5^5)^2+6\cdot(5^5)^3+6\cdot(5^5)^4+1\cdot(5^5)^5$ | $=$ | 0 | mod 7 | |

$$e(x) = (0,1,2,0,0,0)$$

$$\hat{a}(x) = b(x) - e(x) = (1,2,3,1,1,1) - (0,1,2,0,0,0) = (1,1,1,1,1,1)$$

$$\underline{\underline{\hat{a}(x) = 1 + x + x^2 + x^3 + x^4 + x^5}}$$

■

## B. Algorithme de Forney

En examinant de plus près la méthode récursive, on constate que le degré de $E(x)$ est beaucoup plus élevé que celui de $C(x)$. Partant de la relation (5.60)

$$C(x)\cdot E(x) = 0 \bmod (x^n - 1) = T(x)\cdot(x^n - 1) = T(x)\cdot x^n - T(x),$$

il s'avère que le degré de $E(x) > C(x)$. Ce qui nous amène à évaluer les $\tau$ erreurs à partir de $C(x)$ et de $T(x)$. Les polynômes $C(x)$ et $T(x)$ sont considérés connus, l'équation clé (5.60) peut être résolue pour $E(x)$ comme suit :

$$\left.\begin{aligned} \boldsymbol{E(x)} &= \frac{\boldsymbol{T(x)(x^n - 1)}}{\boldsymbol{C(x)}} \\ \boldsymbol{e_i} &= \boldsymbol{E(\alpha^i)} \end{aligned}\right\} \Rightarrow \boldsymbol{e_i = E(x = \alpha^i) = \left.\frac{T(x)(x^n - 1)}{C(x)}\right|_{x=\alpha^i}} \qquad 5.65$$

Cependant, si on examine la relation (5.65) de plus près, on peut constater que le côté droit est indéterminé aux emplacements exacts des erreurs, où $C(\alpha^i) = 0$, $e_i \neq 0$ et $x^n - 1 = 0$, puisque le numérateur et le dénominateur deviennent des zéros tels que :

$$(x^n - 1)\left.\frac{T(x)}{C(x)}\right|_{x=\alpha^i, e_i \neq 0} = \frac{0}{0}$$

Selon le théorème de L'Hospital, dans un tel cas, la valeur recherchée peut être déterminée par la dérivation formelle du numérateur et du dénominateur.

$$\lim_{x\to a}\frac{f(x)}{g(x)}=\lim_{x\to a}\frac{f'(x)}{g'(x)} \qquad 5.66$$

Ce qui donne :

$$e_i=E(x=\alpha^i)=\left.\frac{T'(x)\cdot(x^n-1)+n\cdot x^{n-1}\cdot T(x)}{C'(x)}\right|_{x=\alpha^i}=n\left.\frac{T(x)}{x\cdot C'(x)}\right|_{x=\alpha^i}$$

car $(\alpha^i)^n=1$

La valeur de l'erreur à la position ***i*** est donc donnée par la formule dite de Forney :

$$\boldsymbol{e_i=n\cdot\left.\frac{T(x)}{x\cdot C'(x)}\right|_{x=\alpha^i}} \qquad 5.67$$

Le polynôme $T(x)$ requis peut être facilement calculé à partir des fréquences connues du syndrome $S=(E_{n-2t},E_{n-2t+1},\dots,E_{n-1})$ et la relation (5.60). Alors les coefficients des puissances $x^n$, $x^{n+1}$ ... dans les polynômes $x^n\cdot T(x)$ et $C(x)\cdot(E_{n-\tau}x^{n-\tau}+\cdots+E_{n-1}x^{n-1})$ doivent correspondre entre eux. C'est-à-dire avec $T(x)=T_0+T_1x+\cdots+T_{\tau-1}x^{\tau-1}$, on obtient :

$$\left.\begin{array}{ll} \boldsymbol{x^n} : & \boldsymbol{T_0=\sum_{i=1}^{\tau}E_{n-i}C_i} \\ \boldsymbol{x^{n+1}} : & \boldsymbol{T_1=\sum_{\mu=1}^{\tau-1}E_{n-i}C_{i+1}} \\ \vdots & \qquad\vdots \\ \boldsymbol{x^{n+j}} : & \boldsymbol{T_j=\sum_{i=1}^{\tau-j}E_{n-i}C_{i+j}} \end{array}\right\} \qquad 5.68a$$

$$\boldsymbol{T_j=\sum_{i=1}^{\tau-j}E_{n-i}C_{i+j},\quad j\le\tau} \qquad 5.68b$$

**Exemple 5.21 :** Evaluation d'erreurs par l'algorithme de Forney

- En utilisant l'exemple (5.20) pour évaluer les erreurs par l'algorithme de Forney. En calculant tout d'abord $T(x)$ par les relations (5.68a et 5.68b). Partant du polynôme localisateur d'erreurs et le syndrome $S$ de l'exemple précédent :

$$C(x) = 1 + 2x + 6x^2 \text{ et } S = (S_0, S_1, S_2, S_3) = (E_2, E_3, E_4, E_5) = (4,6,6,1)$$

- Pour $j < \tau = 2 \Rightarrow j = 1$

$$T_0 = \sum_{i=1}^{\tau} E_{n-i} C_i \Rightarrow \begin{cases} T_0 = E_{6-1} \cdot C_1 + E_{6-2} \cdot C_2 \\ \quad = E_5 \cdot C_1 + E_4 \cdot C_2 \\ \quad = 1 \cdot 2 + 6 \cdot 6 = 2 + 1 = 3 \quad \text{mod } 7 \end{cases}$$

$$T_1 = \sum_{\mu=1}^{\tau-1} E_{n-i} C_{i+1} \Rightarrow \begin{cases} T_1 = E_{6-1} \cdot C_2 \\ \quad = E_5 \cdot C_2 \\ \quad = 1 \cdot 6 = 6 \ \text{mod } 7 \end{cases}$$

$$\underline{\underline{T(x) = 3 + 6x}}$$

- L'équation suivante s'applique à l'évaluation des erreurs :

$$e_i = n \cdot \left. \frac{T(x)}{x \cdot C'(x)} \right|_{x=\alpha^i}$$

où $C'(x) = \dfrac{dC(x)}{dx} = 2 + 5x$ et $T(x) = 3 + 6x$

$$e_1 = 6 \cdot \left. \frac{3+6x}{x \cdot (2+5x)} \right|_{x=\alpha^i=5^i} \text{mod } 7 \qquad e_2 = 6 \cdot \left. \frac{3+6x}{x \cdot (2+5x)} \right|_{x=\alpha^i=5^i} \text{mod } 7$$

$$= 6 \cdot \left. \frac{3+6 \cdot 5^1}{5^1 \cdot (2+5 \cdot 5^1)} \right|_{x=5^1} \qquad = 6 \cdot \left. \frac{3+6 \cdot 5^2}{5^2 \cdot (2+5 \cdot 5^2)} \right|_{x=5^2}$$

$$= 6 \cdot \left. \frac{3+2}{5^1 \cdot (2+4)} \right| = 1 \qquad = 6 \cdot \left. \frac{3+3}{4 \cdot (2+6)} \right| = 2$$

$$\underline{\underline{e_1 = 1, \ e_2 = 2}}$$

Ce résultat est le même obtenu par la méthode récursive.

■

- **Remarque**
  - Étant donné que la transformation inverse TFDI nécessite également une quantité considérable de calcul, en pratique, seuls les éléments du vecteur d'erreurs ***e*** qui sont différents de zéro sont déterminés.

Le processus de décodage est résumées dans la figure suivante :

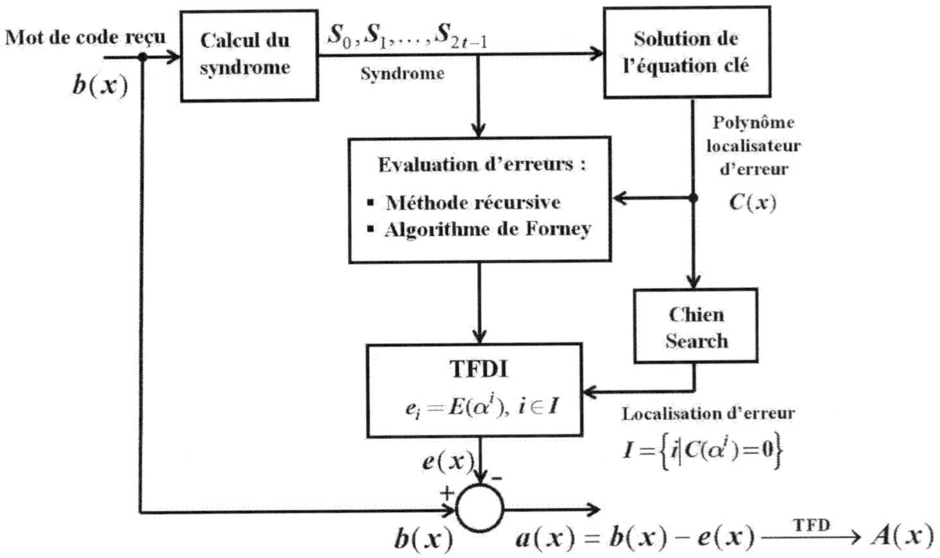


**Fig. 5.17 :** Décodage du Code RS (***I*** est l'ensemble des positions d'erreurs)

## 5.5. Résumé

Le code de Reed-Solomon est un code correcteur basé sur les corps finis $GF(q = p^m)$, dont le principe est de construire un polynôme formel à partir des symboles à transmettre.

Le grand avantage des codes Reed-Solomon (et toute série d'autres codes qui en sont dérivés) est, d'une part, leur grande flexibilité en ce qui concerne les paramètres des codes et, d'autre part, le fait qu'ils peuvent être construits de manière analytique fermée. Dans la plupart des cas, cela se fait de la manière suivante :

- La capacité de correction est spécifiée sous la forme du paramètre $t$. Cela donne la distance minimale $d_{min} = 2t + 1$ et la différence $n - k = 2t$, selon la borne du singleton (code MDS), il n'y a pas de meilleure valeur. De ce fait, les codes RS atteignent de très bons niveaux de correction d'erreurs. Ils permettent également de corriger des paquets d'erreurs relativement longs.

- Un autre paramètre de conception est le taux de codage $R = k/n$, où la longueur du mot de code $n = 2^m - 1$ n'est pas complètement libre. En élargissant, raccourcissant et perforant le nombre de codes possibles, on peut encore augmenter le taux de codage.

Pour les codes Reed-Solomon, la répartition du poids est bien connue et une adaptation à la structure d'erreurs du canal est possible. Ces codes sont des codes orientés vers les symboles, c'est-à-dire qu'ils sont particulièrement adaptés à la correction des paquets d'erreurs. D'autre part, ils peuvent être inefficaces pour la correction d'erreurs isolées, car les symboles entiers doivent être toujours corrigés avec une redondance correspondante.

En cas d'erreurs statistiquement indépendantes, les codes BCH (Bose-Chaudhuri-Hocquenghem) sont plus appropriés (voir chapitre 6). Ces codes sont étroitement liés aux codes RS, mais ne répondent pas toujours au critère du singleton. Une description détaillée se trouve dans [28] [31].

Le décodage selon le principe BDD (Bounded Distance Decoding) peut être effectué très facilement, par exemple avec l'algorithme de Berlekamp-Massey. En outre, le décodeur peut également traiter des informations de décision souple sans grand effort supplémentaire.

Le codage a été effectué à la fois dans le domaine fréquentiel par le TFD et dans le domaine temporel par le polynôme générateur. Le décodage des codes RS a été effectué algébriquement à l'aide des algorithmes spéciaux, puisque l'utilisation d'un tableau des syndromes n'est pas possible en raison de l'énorme quantité de mémoire requise.

On a supposé un vecteur de réception $\boldsymbol{b}$, résultant de la superposition du mot de code $\boldsymbol{a}$ transmis à l'origine avec un vecteur d'erreurs $\boldsymbol{e}$ : $\boldsymbol{b} = \boldsymbol{a} + \boldsymbol{e}$, où Le code RS est capable de corriger les erreurs $t$. La procédure de décodage algébrique a été réalisée à travers les étapes suivantes :

- Calcul du syndrome $S(x)$ à partir de $\boldsymbol{b}$.
- Calcul des emplacements d'erreurs à partir de $S(x)$ à l'aide de l'équation clé.
- Calcul des valeurs d'erreurs de $e$, puisque les codes RS ne sont pas des codes binaires
- Correction des erreurs avec la relation $\boldsymbol{a} = \boldsymbol{b} - \boldsymbol{e}$.

Deux méthodes pour résoudre l'équation clé sont présentées. La première est la solution directe de systèmes linéaires d'équations. La deuxième est la solution à l'aide de l'algorithme de Berlekamp-Massey. Cette méthode peut être comprise comme la solution d'une équation de récurrence linéaire, où la séquence associée est donnée par les coefficients du polynôme du syndrome.

Si les emplacements des erreurs, c'est-à-dire les racines de $C(x)$, sont connus, les valeurs des erreurs peuvent être déterminées par calcul récursif de $E(x)$ et par transformation inverse. Toutefois, il est plus efficace d'utiliser l'algorithme de Forney, qui permet un calcul direct des valeurs d'erreurs. Il est important de savoir à quels endroits le syndrome est défini dans la zone transformée.

Les opérationss de décodage ont été résumées dans la figure ci-dessus (Fig. 5.17). Il a été tenu compte ici du fait que seuls les endroits du vecteur d'erreur $\boldsymbol{e}$ qui ne sont pas égaux à zéro sont déterminés.

Les codes Reed-Solomon ont de nombreuses applications dans le domaine des communications et du stockage numérique. Ils sont utilisés pour corriger les erreurs dans de nombreux systèmes, notamment :

- Les dispositifs de stockage (y compris les bandes, les disques compacts, les DVD, les codes à barres, etc.).
- Les communications mobiles et les réseaux sans fils (wireless, etc…)
- Les communications par satellite.
- La télévision numérique, les modems à haut débit tels que l'ADSL, xDSL etc.

## 5.6. Exercices

**5.1.** Soit le champ $GF(7)$, dont l'élément primitif est égal à 5 ($\alpha = 5$)

**5.1.1.** Déterminer le polynôme générateur d'un code Reed-Solomon de longueur $n = 6$ corrigeant une erreur. Les coefficients d'indice supérieur, au domaine spectral, sont supposés égaux à zéro.

**5.1.2.** Déterminer le polynôme de contrôle $h(x)$.

**5.1.3.** Est-ce que le polynôme $c(x) = 6 + 4x + 6x^2 + 9x^3$ présente un mot de code ?

**5.2.** Soit un code Reed-Solomon défini dans le champ $GF(5)$ par l'élément primitif $\alpha = 2$ et corrigeant une erreur $t = 1$. Les matrices des transformations correspondantes sont données ci-après :

$$M_{TFD} = \begin{pmatrix} 4 & 4 & 4 & 4 \\ 4 & 2 & 1 & 3 \\ 4 & 1 & 4 & 1 \\ 4 & 3 & 1 & 2 \end{pmatrix} ; M_{TFDI} = \begin{pmatrix} 1 & 1 & 1 & 1 \\ 1 & 2 & 4 & 3 \\ 1 & 4 & 1 & 4 \\ 1 & 3 & 4 & 2 \end{pmatrix}$$

**5.2.1.** En déduire la longueur $n$ de mot du code, la longueur $k$ de mot de l'information et la distance minimale $d_{min}$.

**5.2.2.** Le vecteur d'information $u$ = (2,3) doit être codé et transmis. Coder le mot d'information $u(x)$ et donner le mot de code $a(x)$ au domaine temporel.

**5.2.3.** On suppose que le mot de code $a(x)$ est attaqué par une erreur $e(x)$ de la forme suivante $e$ = (0, 0, 3, 0).

**A.** En déduire le mot de code reçu $b(x)$.

**B.** Lancer la procédure de détection et de correction d'erreurs par les étapes suivantes :

**a)** Calcul de Syndrome.

**b)** Détermination de polynôme localisateur d'erreurs (Solution des équations linéaires).

**c)** Localisation d'erreurs par l'algorithme (Chien-Search).

**d)** Evaluation d'erreurs par la méthode récursive.

**5.3.** Un code Reed-Solomon de longueur $n$ = 6 est défini dans le champ $GF(7)$ par un élément primitif $\alpha = 5$. Ce code peut corriger deux erreurs.

**5.3.1.** Déterminer le mot de code $a$ d'un code défini par la transformation : $a \xrightarrow{\text{TFD}} A = (2, 5, 0, 0, 0, 0)$

**5.3.2.** Soit $b$ un mot de code reçu tel que $b = (1, 6, 2, 4, 5, 3)$. Lancer la procédure de détection et de correction d'erreurs par les étapes suivantes :

**A.** Calcul du syndrome.

**B.** Equation clé : Polynôme localisateur d'erreurs.

**C.** Localisation d'erreurs par l'algorithme Chien-Search.

**D.** Evaluation d'erreurs par l'algorithme de Forney.

**5.4.** Un code Reed-Solomon corrigeant une erreur ($t$ = 1) est défini dans un champ $GF(2^2)$ par un polynôme primitif $p(x) = 1 + x + x^2$ de racine $\alpha$ (élément primitif). En utilisant les deux tableaux ci-après :

| Addition | | | | | Multiplication | | | | |
|---|---|---|---|---|---|---|---|---|---|
| $\oplus$ | 0 | 1 | $\alpha$ | $1+\alpha$ | $\otimes$ | 0 | 1 | $\alpha$ | $1+\alpha$ |
| 0 | 0 | 0 | $\alpha$ | $1+\alpha$ | 0 | 0 | 0 | 0 | 0 |
| 1 | 1 | 0 | $1+\alpha$ | $\alpha$ | 1 | 0 | 1 | $\alpha$ | $1+\alpha$ |
| $\alpha$ | $\alpha$ | $1+\alpha$ | 0 | 1 | $\alpha$ | 0 | $\alpha$ | $1+\alpha$ | 1 |
| $1+\alpha$ | $1+\alpha$ | $\alpha$ | 1 | 0 | $1+\alpha$ | 0 | $1+\alpha$ | 1 | $\alpha$ |

**5.4.1.** Compléter le tableau suivant :

| $x$ | 0 | 1 | $\alpha$ | $1+\alpha$ |
|---|---|---|---|---|
| $-x$ | | | | |
| $x^{-1}$ | | | | |

**5.4.2.** En déduire la distance minimale $d_{min}$, la longueur du mot de l'information $k$ et la longueur $n$ du mot de code.

**5.4.3.** Donner la matrice $M_{\text{TFD}}$ et la matrice $M_{\text{TFDI}}$ décrivant les transformations TFD et TFDI dans le champ $GF(2^2)$ selon les relations des transformations TFD et TFDI :

$$A_i = n^{-1} \cdot a(\alpha^{-i}) = -\sum_{\mu=0}^{n-1} a_\mu \cdot (\alpha^{-i})^\mu \quad ; \quad a_i = A(\alpha^i) = \sum_{\mu=0}^{n-1} A_\mu \cdot (\alpha^i)^\mu ,$$

et calculer la matrice $M_{\text{TFDI}}$ en fonction de $(0, 1, \alpha, 1+\alpha)$.

**5.4.4.** Donner le mot de code $a$ de l'information $A_0 = \alpha$ en utilisant la TFDI.

**5.4.5.** Le mot de code : $a_{new} = (1+\alpha, 1+\alpha, 1+\alpha)$ est envoyé vers le destinataire. Une erreur de la forme $e = (0, 1, 0)$ a contaminé ce mot de code. Lancer la procédure de détection et de correction d'erreurs par les étapes suivantes :

**A.** Calcul de Syndrome.
**B.** Solution de l'équation clé par la solution de système des équations linéaires.
**C.** Localisation d'erreurs par l'algorithme (Chien-Search).
**D.** Evaluation d'erreurs par la méthode récursive.

**5.5.** Un code Reed-Solomon corrigeant 3 erreurs ($t$ = 3) est défini dans un champ $GF(2^4)$ par un polynôme primitif $p(x) = 1+ x^3 + x^4$ de racine $\alpha$.

**5.5.1.** Soit le mot de code reçu : $b(x) = \alpha^0 x$, le syndrome correspondant est $S(x) = \alpha^6 + \alpha^5 x + \alpha^4 \cdot x^2 + \alpha^3 x^3 + \alpha^2 x^4 + \alpha \cdot x^5$. Déterminer le polynôme localisateur $C(x)$ par l'algorithme BMA.

**5.5.2.** Prouver que la position $b_1 = b(\alpha^1)$ est erronée.

**5.6.** Un code Reed-Solomon corrigeant 2 erreurs ($t = 2$) est défini dans un champ $GF(2^3)$ par un polynôme primitif $p(x) = 1 + x + x^3$.de racine $\alpha$.

**5.6.1.** En utilisant la TFDI, coder le mot d'information : $A = (\alpha^3, \alpha^5, \alpha)$

**5.6.2.** Donner la forme binaire du mot de code trouvé.

**5.6.3.** Le mot de code émis est contaminé par une erreur de la forme suivante : $e = (000, 000, 110, 001, 000, 000, 000)$

1) Est-ce que cette erreur est corrigeable par le code ? Justifier !
2) Donner la suite reçue $b$ dans la représentation binaire, ainsi comme une fonction des puissances de l'élément primitif $\alpha$
3) Calculer le syndrome $S(x)$, en utilisant le tableau de conversion (Tableau 5.1 de l'exemple 5.9).
4) Déterminer le polynôme $C(x)$ en fonction de $\alpha$.
5) Localiser les erreurs $e_i$ par l'algorithme Chien-Search.
6) Evaluer les erreurs $e_i$ par la méthode récursive.
7) Evaluer les erreurs $e_i$ par l'algorithme de Forney.

**5.7.** Soit un code Reed-Solomon $RS(63,53)$ défini dans le champ d'extension $GF(2^6)$.

**5.7.1.** Donner le taux de codage $R_C$.

**5.7.2.** Calculer le nombre de mots de code N dans ce code.

**5.7.3.** Déterminer la longueur minimale et maximale des erreurs de paquet en bits que le code peut corriger.

**5.7.4.** La longueur maximale corrigeable d'erreurs peut varier en fonction de la position d'un paquet d'erreurs dans un mot de code. Déterminer la longueur minimale possible d'un paquet d'erreurs $t_{l,min}$ que le code peut corriger avec certitude.

**5.7.5.** Estimer le nombre de vecteurs d'erreurs corrigeables $N_f$.

# Chapitre 6

# Codes BCH

## 6.1. Introduction

Les codes Bose-Chaudhuri-Hocquenghem (codes BCH), comme les codes RS, appartiennent à la classe des codes cycliques et représentent une extension importante des codes de Hamming. Ils sont particulièrement adaptés à la correction de plusieurs erreurs isolées et statistiquement indépendantes. Une distinction est faite entre les codes BCH binaires et non binaires, les codes BCH binaires pouvant être considérés comme un cas particulier des codes RS, tandis que les codes RS peuvent à nouveau être expliqués comme un cas particulier des codes BCH non binaires. Toutefois, seuls les codes BCH binaires seront pris en compte ici.

La distinction entre le code BCH et le code RS consiste dans la différence de définition du champ de Galois, dont ils sont appliqués. Le code RS est en général non binaire, c'est-à-dire $x_i \in GF(p^m)$, tandis que le code BCH, en règle, est défini dans le champ $x_i \in GF(p)$. Néanmoins, il faut souligner que le Code BCH peut être non binaire et le code RS peut être de nouveau défini dans $GF(p)$.

Dans la suite, nous présenterons différentes définitions pour la construction de codes BCH primitifs. Pour cela, nous avons besoin de la définition des classes de division circulaire (cyclotomiques) et des polynômes minimaux que nous avons déjà traités dans le chapitre 2, ici je me réfère à la section (2.5 § 2.5.4 et 2.6).

Dans ce chapitre, comme mentionné ci-dessus, les codes BCH binaires sont considérés comme un cas particulier du code RS dans $GF(2^m)$. Une différence essentielle par rapport aux codes RS est que les domaines de temps et de fréquence, qui sont reliés entre eux par la transformation TFD, ne sont pas définis sur le même corps fini. Chaque mot de code $a = (a_0, a_1 \ldots, a_{n-1})$ dans le domaine temporel se compose des éléments $a_i \in GF(2)$. Dans le domaine fréquentiel, on a la condition suivante :

$$\boldsymbol{a} \in \boldsymbol{GF}(2) \xrightarrow{\textbf{TFD}} \boldsymbol{A} = (\boldsymbol{A}_0, \boldsymbol{A}_1, \ldots, \boldsymbol{A}_{n-1}) \in \boldsymbol{GF}(2^m) \qquad 6.1$$

## 6.2. Codes BCH binaires

Dans un code BCH binaire, les coefficients du polynôme de code $a(x)$ sont des éléments dans $GF(2)$. Le code est défini par un corps d'extension $GF(2^m)$ généré par un polynôme modulaire irréductible (primitif) $p(x)$ sur $GF(2)$. Il est défini à l'aide d'un élément primitif $\alpha$. Si $\alpha$ est un élément primitif de $GF(2^m)$, alors la longueur de bloc est $n = 2^m - 1$. Il s'agit de la longueur de bloc maximale possible pour l'alphabet du décodeur $GF(2^m)$.

Pour tout entier positif $m \geq 3$ et $t < 2^m - 1$, il existe un code BCH binaire avec les paramètres suivants :

Longueur de bloc : $\boldsymbol{n} = 2^{\boldsymbol{m}} - 1$

Symbole de contrôle : $\boldsymbol{n} - \boldsymbol{k} \leq \boldsymbol{m} \cdot \boldsymbol{t}$

Distance minimale : $\boldsymbol{d}_{min} \geq 2\boldsymbol{t} + 1$

Pour un tel code BCH, on part d'une distance planifiée $d$ (designed distance), puisque la distance véritable $\delta = d_{\min}$ des mots de code pourra être, bien entendu, supérieure à $d$ lors de la construction du polynôme générateur. La distance planifiée reflète la performance requise du code à construire, qui est représentée par une séquence de zéros nécessaire.

$$\boldsymbol{d}_{min} = \boldsymbol{\delta} \geq \boldsymbol{d} \Leftrightarrow \boldsymbol{k} \leq \boldsymbol{n} - \boldsymbol{d}_{min} + 1 \leq \boldsymbol{n} - \boldsymbol{d} + 1 \qquad 6.2$$

- **En résumé**

  Le code BCH est

  - efficace pour la correction des erreurs isolées et indépendantes ;
  - un code cyclique du longueur du mot de code de $n = 2^m - 1$ ;
  - une extension du code de Hamming ;
  - un code binaire dont les coefficients $a_i \in GF(2)$, ces coefficients au domaine fréquentiel $A_i \in GF(2^m)$ ;
  - Les codes BCH ne sont pas nécessairement des codes MDS, c'est-à-dire que la distance minimale réelle $\delta = d_{\min}$ peut être beaucoup plus grande que la distance planifiée $d$ ;
  - décodable, comme le code RS, par l'algorithme BMA ;
  - défini comme le code RS :

    ⇨ Au domaine fréquentiel par la disparition des parités voisines.

    ⇨ Au domaine temporel par le polynôme générateur.

### 6.2.1. Définition par le polynôme générateur

Pour la formation du polynôme générateur, nous rappelons d'abord certaines notions abordées dans le chapitre 2 (§ 2.5.4 et section 2.6).

- On peut démontrer, que si un polynôme générateur $g(x)$ à coefficients dans $GF(2)$, d'un code cyclique de longueur $n = 2^m - 1$, possède, parmi ses racines, $2t$ puissances successives de $\alpha$, alors $\alpha^l, \alpha^{l+1}, \alpha^{l+2}, \ldots, \alpha^{l+2t-1}$ éléments de $GF(2^m)$ sont également des racines de $g(x)$. Ces racines sont appelées complexes conjuguées.
- On appelle classe de division circulaire $K_j$ (Classe cyclotomique : (Splitting Field) par rapport au nombre $n = p^m - 1$, l'ensemble défini par :

$$\boldsymbol{K}_j := \left\{ \boldsymbol{j} \cdot \boldsymbol{p}^i \ \bmod \ \boldsymbol{n}, \ \boldsymbol{i} = 0,1,\ldots,\boldsymbol{m}-1 \right\} \qquad 6.3$$

où $j$ est le nombre le plus petit de l'ensemble $K_j$ , $p$ un nombre premier et $n = p^m - 1$.

$$\begin{aligned} &\left|\boldsymbol{K}_j\right| \leq \boldsymbol{m} \\ &\boldsymbol{K}_j \cap \boldsymbol{K}_i = 0 \ \text{ pour } \boldsymbol{i} \neq \boldsymbol{j} \\ &\boldsymbol{K}_0 = 0 \\ &\boldsymbol{M} = \cup \boldsymbol{K}_j = \left\{0,1,2,\ldots,\boldsymbol{n}-1\right\} \end{aligned} \qquad 6.4$$

**Exemple 6.1 :** Classe cyclotomique

- Une classe cyclotomique en $GF(2^4)$, où $p = 2$ et $m = 4 \Rightarrow n = 2^4 - 1 = 15$

$$K_j := \left\{ j \cdot p^i \ \bmod \ n, \ i = 0,1,\ldots,m-1 \right\}$$

$$K_0 = \{0\} \qquad K_5 = \{5,10\}$$

$$K_1 = \{1,2,4,8\} \qquad K_7 = \{7,11,13,14\}$$

$$K_3 = \{3,6,9,12\}$$

■

Si à la fois une composante $A_i$ d'un vecteur $\boldsymbol{A}$ et ses composantes conjuguées sont nulles, le produit des racines associées (zéros) dans le domaine temporel forme un polynôme minimal avec des coefficients de $GF(2)$ selon les relations (2.33 et 2.37). Si $\boldsymbol{A}$ possède des composantes successives $A_i, A_{i-1}\dots$ identiques à zéro, le produit des polynômes minimaux génère le polynôme générateur du code binaire BCH. La définition est alors :

- Soit $K_j$ une classe cyclotomique pour $n = p^m - 1$ et $\alpha$ est un élément primitif de $GF(p^m)$, on définit un polynôme minimal par la relation suivante :

$$m_j(x) = \prod_{i \in K_j} (x - \alpha^i) \qquad 6.5$$

  où $m_j(x)$ est irréductible dans $GF(2)$, ses coefficients appartiennent aussi à $GF(2)$.

- Pour qu'un code BCH contienne les éléments successifs $\alpha^i$, où $i = l, l+1, \dots, l+2t-1$, comme racines, $g(x)$ doit généralement être un produit des polynômes minimaux.
- Un code BCH est un code cyclique de longueur $n = p^m - 1$ (nous ne considérerons ici que les codes binaires $p = 2$), capable de corriger $t$ erreurs, et dont le polynôme générateur $g(x)$ est donné par la relation suivante basée sur les classes cyclotomiques :

$$\left.\begin{array}{l} g(x) = \prod_{i \in M = \cup K_j} (x - \alpha^i) = m_{j1}(x) \cdot m_{j2}(x) \cdots \\ g_i, m_i \in GF(2)\ ;\ \alpha \in GF(2^m) \end{array}\right\} \qquad 6.6$$

S'il y a $d - 1 = 2t$ puissances successives de $\alpha$ dans $M = \cup K_j$, où $d$ est la distance planifiée. La distance minimale effectivement atteinte peut être supérieure.

- **Remarque**

  $\alpha^l, \alpha^{l+1}, \alpha^{l+2}, \dots, \alpha^{l+2t-1}$ : BCH au sens large
  $\delta = 2t + 3$
  $\alpha^1, \alpha^2, \alpha^3, \dots, \alpha^{2t}$, $(l = 1)$ : BCH au sens strict
  $d_{min} = 2t + 1$

Pour la distance véritable on a $\delta \geq d$. La dimension du code est donnée par la relation :

$$k = n - |M| = n - \deg(g(x)) \qquad 6.7$$

Si $\alpha$ est un élément primitif de $g(x)$, donc il s'agit d'un code BCH primitif. Prenons, pour simplifier, un code BCH au sens strict :

$$\boldsymbol{g}(\boldsymbol{x}) = \prod_{i \in \boldsymbol{M} = \cup \boldsymbol{K}_j} (\boldsymbol{x} - \boldsymbol{\alpha}^i) = m_{j1}(\boldsymbol{x}) \cdot m_{j2}(\boldsymbol{x}) \cdots \qquad 6.8$$

où $m_1(x)$, $m_2(x)$, $m_3(x)$, …, $m_i(x)$, sont respectivement les polynômes minimaux de $\alpha^1, \alpha^2, \alpha^3, \ldots, \alpha^i \in GF(2^m)$.

Dans le cas binaire ($m_{2i}(x) = m_i(x)$ : § 2.5.4, relation 2.38) ; Donc il suffit de ne garder que les polynômes minimaux des puissances impaires de $\alpha$ : $g(x) = m_1(x) \cdot m_3(x) \cdot \ldots \cdot m_{2t-1}(x)$.

**Exemple 6.2 : $g(x)$ pour BCH binaire primitif**

- Construisons un polynôme générateur d'un code BCH de longueur $n = 2^m - 1 = 15$ dans $GF(2^4)$ corrigeant deux erreurs ($t = 2$). On peut corriger $(\delta - 1)/2$ erreurs, ce qui implique selon la relation (6.2) que la distance véritable $d_{min} = 2t + 1 = \delta = 5$.

  Les classes cyclotomiques sont déterminées dans l'exemple (6.1). Il faut avoir $2t = d - 1 = 4$ puissances successives de $\alpha$. Ce qui est possible par la relation :

  $M = K_1 \cup K_3 = \{\mathbf{1,2,3,4},6,8,9,12\}$ ; $k = n - |M| = 15 - 8 = 7$,

  où $M$ est le nombre des éléments inclus dans $\cup K_i$ et $|M| = \deg(g(x))$

  Le polynôme générateur est donc :

$$\begin{aligned} g(x) &= \prod_{i \in M = K_1 \cup K_3} (x - \alpha^i) = m_1(x) \cdot m_3(x) \\ &= (x-\alpha)\cdot(x-\alpha^2)\cdot(x-\alpha^3)\cdot(x-\alpha^4)\cdot \\ &\quad (x-\alpha^6)\cdot(x-\alpha^8)\cdot(x-\alpha^9)\cdot(x-\alpha^{12}) \\ &= x^8 + g_7 x^7 + \cdots + g_1 x + g_0 \end{aligned}$$

  Pour calculer les coefficients $g_i$ de $g(x)$, on utilise la relation (6.8) :

$$g(x) = \prod_{i \in M = K_1 \cup K_3} (x - \alpha^i) = m_1(x) \cdot m_3(x).$$

$$m_1(x) = \prod_{i \in K_1} (x - \alpha^i), \text{où } K_1 = \{1,2,4,8\} \text{ et } i \in K_1 \Rightarrow i = 1,2,4,8$$

$$\begin{aligned}m_1(x) &= (x-\alpha^1)(x-\alpha^2)(x-\alpha^4)(x-\alpha^8)\\ &= \left[x^2-(\alpha+\alpha^2)\cdot x+\alpha\cdot\alpha^2\right]\cdot\left[x^2-(\alpha^4+\alpha^8)\cdot x+\alpha^4\cdot\alpha^8\right]\\ &= x^4-(\alpha+\alpha^2)\cdot x^3+\alpha\cdot\alpha^2\cdot x^2-(\alpha^4+\alpha^8)\cdot x^3\\ &\quad+(\alpha+\alpha^2)(\alpha^4+\alpha^8)\cdot x^2-\alpha\cdot\alpha^2\cdot(\alpha^4+\alpha^8)\cdot x\\ &\quad+\alpha^4\cdot\alpha^8\cdot x^2-(\alpha+\alpha^2)\cdot\alpha^4\cdot\alpha^8\cdot x+\alpha\cdot\alpha^2\cdot\alpha^4\cdot\alpha^8\end{aligned}$$

En utilisant pour notre exemple un élément primitif $\alpha$ défini dans $GF(2^4)$ d'un polynôme primitif $p(x) = 1 + x + x^4$, $p_i \in GF(2)$. D'après le tableau de conversion pour $p(\alpha) = 1+\alpha + \alpha^4 = 0$ :

| $\alpha^i$ | | $\alpha^i$ | |
|---|---|---|---|
| $-\infty$ | $0$ | $\alpha^7$ | $= 1+\alpha+\alpha^3$ |
| $\alpha^0$ | $= 1$ | $\alpha^8$ | $= 1+\alpha^2$ |
| $\alpha^1$ | $= \alpha$ | $\alpha^9$ | $= \alpha+\alpha^3$ |
| $\alpha^2$ | $= \alpha^2$ | $\alpha^{10}$ | $= 1+\alpha+\alpha^2$ |
| $\alpha^3$ | $= \alpha^3$ | $\alpha^{11}$ | $= \alpha+\alpha^2+\alpha^3$ |
| $\alpha^4$ | $= 1+\alpha$ | $\alpha^{12}$ | $= 1+\alpha+\alpha^2+\alpha^3$ |
| $\alpha^5$ | $= \alpha+\alpha^2$ | $\alpha^{13}$ | $= 1+\alpha^2+\alpha^3$ |
| $\alpha^6$ | $= \alpha^2+\alpha^3$ | $\alpha^{14}$ | $= 1+\alpha^3$ |

**Tableau 6.1 :** Tableau de conversion pour $p(\alpha) = 1+\alpha+ \alpha^4 = 0$

on a donc :

$x^3:\quad (\alpha+\alpha^2)+(\alpha^4+\alpha^8)=\alpha^5+\alpha^5=\mathbf{0}$

$x^2:\quad \alpha\cdot\alpha^2+(\alpha+\alpha^2)(\alpha^4+\alpha^8)+\alpha^4\cdot\alpha^8=\alpha^3+\alpha^5\cdot\alpha^5+\alpha^{12}=\mathbf{0}$

$x^1:\quad \alpha^3\cdot(\alpha^4+\alpha^8)+\alpha^{12}\cdot(\alpha+\alpha^2)=\alpha^3\cdot\alpha^5+\alpha^{12}\cdot\alpha^5\cdot\alpha^8+\alpha^2=\mathbf{1}$

$x^0:\quad \alpha\cdot\alpha^2\cdot\alpha^4\cdot\alpha^8=\mathbf{1}$

Le polynôme $m_1(x)$, est donc :

$$m_1(x)=1+x+x^4$$

Analogue à ce calcul, on a pour $m_3(x)$ **:**

$$m_3(\boldsymbol{x})=(\boldsymbol{x}-\boldsymbol{\alpha}^6)(\boldsymbol{x}-\boldsymbol{\alpha}^8)(\boldsymbol{x}-\boldsymbol{\alpha}^9)(\boldsymbol{x}-\boldsymbol{\alpha}^1\ )$$

$$m_3(x)=1+x+x^2+x^3+x^4$$

Le polynôme générateur est donné par :

$$g(x)=m_1(x)\cdot m_3(x)=1+x^4+x^6+x^7+x^8$$

■

**Exemple 6.3 : $g(x)$ pour BCH binaire primitif**

- Trouver le polynôme générateur du code BCH de longueur $n = 15$ dans un champ d'extension $GF(2^4)$ pour $t = 1$, $t = 2$ et $t = 3 \rightarrow$ ($2t$ puissances successives de $\alpha$) . En utilisant le tableau des polynômes minimaux pour $GF(2^4)$ par le polynôme primitif $p(x) = 1 + x + x^4$. En déduire la dimension du code.

Partant de la relation (6.3) et la définition du polynôme minimal du chapitre 2 (§ 2.5.4). Pour construire le tableau ci-dessous :

| $K_j$ | Racines conjuguées | Polynomes minimaux |
|---|---|---|
| ... | 0 | $x$ |
| $K_0 = \{0\}$ | $\alpha^0 = 1$ | $m_0(x) = x + 1$ |
| $K_1 = \{1, 2, 4, 8\}$ | $\alpha^1, \alpha^2, \alpha^4, \alpha^8$ | $m_1(x) = x^4 + x + 1$ |
| $K_3 = \{3, 6, 9, 12\}$ | $\alpha^3, \alpha^6, \alpha^9, \alpha^{12}$ | $m_3(x) = x^4 + x^3 + x^2 + x + 1$ |
| $K_5 = \{5, 10\}$ | $\alpha^5, \alpha^{10}$ | $m_5(x) = x^2 + x + 1$ |
| $K_7 = \{7, 11, 13, 14\}$ | $\alpha^7, \alpha^{11}, \alpha^{13}, \alpha^{14}$ | $m_7(x) = x^4 + x^3 + 1$ |

**Tableau 6.2**

- Pour <u>$t = 1$</u>

✓ Polynôme générateur ($2t$ = deux chiffres successifs)

$$M = K_1 = \{\mathbf{1}, \mathbf{2}, 4, 8\}$$

$$g(x) = \prod_{i \in K_1} (x - \alpha^i) = m_1(x) = \underline{\underline{1 + x + x^4}}$$

✓ Dimension :

$$k = n - \deg(g(x)) \Rightarrow k = 15 - 4 = 11 \Rightarrow 2^{11} = 2048 \text{ mots de code}$$

- Pour <u>$t = 2$</u>

✓ Polynôme générateur ($2t$ = quatre chiffres successifs)

$$M = \{K_1 \cup K_3\} = K_1 = \{\mathbf{1}, \mathbf{2}, \mathbf{3}, \mathbf{4}, 6, 8, 9, 12\}$$

$$g(x) = \prod_{i \in \{K_1 \cup K_3\}} (x - \alpha^i) = m_1(x) \cdot m_3(x) = \underline{\underline{1 + x^4 + x^6 + x^7 + x^8}}$$

✓ Dimension :

$$k = n - \deg(g(x)) \Rightarrow k = 15 - 8 = 7 \Rightarrow 2^7 = 128 \text{ mots de code}$$

- Pour $\underline{t = 3}$ :

✓ Polynôme générateur ($2t$ = six chiffres successifs)

$$M = \{K_1 \cup K_3 \cup K_5\} = \{\mathbf{1,2,3,4,5,6},8,9,10,12\}$$

$$\begin{aligned} g(x) &= \prod_{i \in \{K_1 \cup K_3 \cup K_5\}} (x - \alpha^i) = m_1(x) \cdot m_3(x) \cdot m_5(x) \\ &= (x^4 + x + 1) \cdot (x^4 + x^3 + x^2 + x + 1) \cdot (x^2 + x + 1) \\ &= \underline{\underline{1 + x + x^2 + x^4 + x^5 + x^8 + x^{10}}} \end{aligned}$$

✓ Dimension :

$$k = n - \deg(g(x)) \Rightarrow k = 15 - 10 = 5 \Rightarrow 2^5 = 32 \text{ mots de code}$$

- **Remarque :** Les calculs sont basés sur le tableau de conversion (6.1)

■

## 6.2.2. Définition par la TFD

Les codes BCH peuvent également être définis par la TFD, mais il faut noter que les mots de code dans le domaine temporel ont des éléments de $GF(2)$ et dans le domaine fréquentiel de $GF(2^m)$. La longueur du mot de code $n = 2^m - 1$ est toujours impaire, donc $n \bmod 2 = 1$. Par conséquent, $n^{-1} = 1$ peut être fixé dans la relation de transformation :

$$\left. \begin{aligned} \boldsymbol{A}_i &= \boldsymbol{a}(\boldsymbol{x} = \boldsymbol{\alpha}^{-i}) \\ \boldsymbol{a}_j &= \boldsymbol{A}(\boldsymbol{x} = \boldsymbol{\alpha}^{j}) \end{aligned} \right\} \qquad 6.9$$

où $\alpha \in GF(2^m)$ est un élément primitif.

Si $A_i = 0$, le polynôme $a(x)$ a une racine $\alpha^{-i}$ dans le domaine temporel, c'est-à-dire que $a(x)$ contient le facteur $(x - \alpha^{-i})$ :

$$\boldsymbol{A}_i = 0 = \boldsymbol{a}(\boldsymbol{x} = \boldsymbol{\alpha}^{-i}) \qquad 6.10$$

Un code BCH primitif $C$ de longueur $n = 2^m - 1$ et d'une distance construite $d$ (designed distance) est défini par la relation suivante :

$$\boldsymbol{C} := \left\{ \boldsymbol{a}(\boldsymbol{x}) \middle| \, \boldsymbol{a}(\boldsymbol{x}) \xrightarrow{\text{TFD}} \boldsymbol{A}(\boldsymbol{x}),\ \boldsymbol{A}_{n-1} = \cdots = \boldsymbol{A}_{n-d+1} = 0,\ \forall \boldsymbol{i} : \boldsymbol{A}_i^2 = \boldsymbol{A}_{2i} \right\} \qquad 6.11$$

La condition $A_i^2 = A_{2i}$ assure que les coefficients $a_i$ sont des coefficients binaires. C'est-à-dire que les coefficients $A_i$ appartiennent à $GF(2^m)$ et $a_i \in GF(2)$. Il en résulte une transition de symboles $GF(2^m)$ en symboles $GF(2)$. Cependant, les calculs sont effectués en $GF(2^m)$.

- **Remarques**
  - Au domaine fréquentiel, on a :

$$\begin{aligned} A_i &= n^{-1}a(x=\alpha^{-i}) && \text{Symbole} \\ A_{n-i} &= n^{-1}a(x=\alpha^{-(n-i)}) \\ &= n^{-1}a(x=\alpha^{+i)}) = A_i^* && \text{Symbole conjugé} \end{aligned}$$

Où : $-(n-i) = n-(n-i) = i \bmod n$

  - En raison de la relation (2.19) du chapitre 2 (§ 2.4.3)

$$f(x^2) = [f(x)]^2 \bmod 2,$$

s'applique aux polynômes sur $GF(2)$, où $a_i \in GF(2)$, $\alpha \in GF(2^m)$

$$\begin{array}{ccccccc} A_i & = & a(x=\alpha^{-i}) & = & a(x=\alpha^{-i}) & = & A_i \\ A_{2i} & = & a(x=\alpha^{-2i}) & = & \left[a(x=\alpha^{-i})\right]^2 & = & A_i^2 \\ A_{4i} & = & a(x=\alpha^{-4i}) & = & \left[a(x=\alpha^{-i})\right]^4 & = & A_i^4 \\ \vdots & \vdots & \vdots & = & \vdots & = & \vdots \\ A_{2^\mu \cdot i} & = & a(x=\alpha^{-2^\mu i}) & = & \left[a(x=\alpha^{-i})\right]^{2\mu} & = & A_i^{2^\mu} \end{array}$$

La relation (6.11) peut être exprimé en général comme suit :

$$A_{2^\mu i} = A_i^{2^\mu}, \quad \mu = 0,1,2,\ldots \qquad 6.12a$$

Les coefficients $A_{2^\mu i}$ s'appellent les fréquences conjuguées de $A_i$. On a pour ($\mu$ =1)

$$A_{2i} = A_i^2 \qquad 6.12b$$

- **Remarque**

$n$ impair mod $2 = 1 \Rightarrow n^{-1} = 1$ et $\alpha^{2^m-1} = 1$

Si la relation de transformation doit produire des éléments de mot de code $a_i \in GF(2)$, la relation (6.12b) doit être satisfaite. Ainsi, un mot de code reçoit en plus les éléments conjugués à $\alpha^{-i}$ comme racines. Un tel mot de code ne contient dans le domaine temporel que des éléments de $GF(2)$.

**Exemple 6.4 :** Code BCH. Coefficients conjugués

- Le coefficient $A_{14}$ dans le domaine fréquentiel doit être déterminé pour un mot de code $a(x) = 1 + x$ d'un code BCH dans $GF(2^4)$.

  Partant des deux relations suivantes :

  $$A_i = n^{-1} a(x = \alpha^{-i})$$

  $$A_{2^\mu i} = A_i^{2^\mu}, \quad \mu = 0,1,2,\dots \; ; \quad \text{pour } \mu = 1 \Rightarrow A_{2i} = A_i^2, \dots$$

  Pour $a(x) = 1 + x$, on obtient :

  $$A_i = a(x = \alpha^{-i})$$

  $$A_i^2 = \left[a(x = \alpha^{-i})\right]^2 = 1 + \alpha^{-2i}$$

  $$A_{2i} = a(x = \alpha^{-2i}) = 1 + \alpha^{-2i}$$

  $$\left[a(x)\right]^2 = (1 + x)^2 = 1 + x^2$$

  $$\text{BCH dans } GF(2^4) \Rightarrow p = 16, \; n = 15$$

  $$\begin{array}{ccccccc} \underline{\underline{A_{14}}} & \rightarrow & A_{14}^2 & = & A_{2 \cdot 14 \bmod 15} & = & A_{13} \\ & & A_{14}^4 & = & A_{4 \cdot 14 \bmod 15} & = & A_{11} \\ & & A_{14}^8 & = & A_{8 \cdot 14 \bmod 15} & = & A_7 \\ & & A_{14}^{16} & = & A_{16 \cdot 14 \bmod 15} & = & A_{14} \\ & & A_{14}^{32} & = & A_{32 \cdot 14 \bmod 15} & = & A_{13} \end{array}$$

■

**Exemple 6.5 :** Code BCH. Coefficients conjugués

- Un mot de code dans le domaine fréquentiel d'un code BCH en $GF(2^4)$ avec $n = 2^4 - 1 = 15$, $d = 2t + 1 = 5$, qui peut corriger $t = 2$ erreurs, a la forme suivante :

  $$A_{k=n-d+1} = \cdots A_{n-1} = 0 \Rightarrow A_{11} = A_{12} = A_{13} = A_{14} = 0$$

Avec La relation (6.12b ), nous pouvons déterminer les fréquences conjuguées :

| | |
|---|---|
| $i = 0 \rightarrow A_{2i} = A_i^2 \Rightarrow A_{2\cdot 0} = A_0^2 = A_0$<br>$A_0$ | une<br>position |
| $i = 1 \rightarrow A_1,\ A_2 = A_1^2,\ A_4 = A_2^2 = A_1^4, A_8 = A_1^8,\ (A_1 = A_{61})$<br>$A_1, A_2, A_4, A_8 \Leftrightarrow i = 1, 2, 4, 8$ | quatre<br>positions |
| $i = 3 \rightarrow A_3,\ A_6 = A_3^2,\ A_{12} = A_3^4,\ A_{24\ =9\ \mathrm{mod}\ 15} = A_3^8,\ (A_{18} = A_3)$<br>$A_3, A_6, A_{12}, A_9 \Leftrightarrow i = 3, 6, 12, 9$ | quatre<br>positions |
| $i = 5 \rightarrow A_5,\ A_{10} = A_5^2,\ \ (A_{20\ \mathrm{mod}\ 15} = A_5)$<br>$A_5, A_{10} \Leftrightarrow i = 5, 10$ | deux<br>positions |
| $i = 7 \rightarrow A_7,\ A_{14} = A_7^2,\ A_{28\ =13} = A_7^4,\ A_{26\ =11} = A_7^8\ (A_{22} = A_7)$<br>$A_7, A_{14}, A_{11}, A_{13} \Leftrightarrow i = 7, 14, 11, 13$ | quatre<br>positions |

**Tableau 6.3 :** Fréquences conjuguées (15 positions)

On a donc les fréquences conjuguées en résumé :

$$
\begin{array}{lll|llll}
A_0 \rightarrow & A_0 & & A_{2\times 0} & & = & A_0 \\
A_1 \rightarrow & A_1, A_2, A_4, A_8 & & A_{2\times 8} = A_{16\,\mathrm{mod}\,15} & & = & A_1 \\
A_3 \rightarrow & A_3, A_6, A_{12}, A_9 & & A_{2\times 9} = A_{18\,\mathrm{mod}\,15} & & = & A_3 \\
A_7 \rightarrow & A_7, A_{14}, A_{13}, A_{11} & & A_{2\times 11} = A_{22\,\mathrm{mod}\,15} & & = & A_7 \\
A_5 \rightarrow & A_5, A_{10} & & A_{2\times 10} = A_{20\,\mathrm{mod}\,15} & & = & A_5
\end{array}
$$

Les dernières 4 fréquences ($2t = 4$) doivent être nulles :

$A_{11} = A_{12} = A_{13} = A_{14} = 0$

et donc aussi les fréquences conjuguées $A_3 = A_6 = A_7 = A_9 = 0$. Un mot de code dans le domaine fréquentiel a la structure suivante :

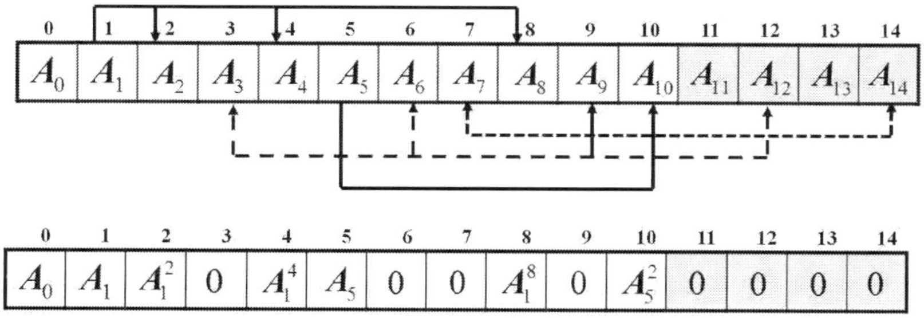


**Fig. 6.1 :** Structure d'un mot de code dans le domaine frequentiel

En général il y a plus que 4 positions nulles. C'est-à-dire :

$A_i = 0$ pour $i = 3, 6, 7, 9, 11, 12, 13, 14 \rightarrow 8$ positions

$A_i \neq 0$ pour $i = 0, 1, 2, 4, 5, 8, 10$

Il reste donc 7 positions déférentes de zéro. La dimension du code est donc : $k = n - |M| = 15 - 8 = 7$, où $|M| = \deg(g(x))$

Pour $A_0$, on a un élément $\Rightarrow A_0 \in GF(2)$

Pour $A_1$, on a 4 éléments conjugués $\Rightarrow A_1, A_2, A_4, A_8 \in GF(2^4)$

Pour $A_5$ et $A_{10}$, on a 2 éléments conjugués $\Rightarrow A_5, A_{10} \in GF(2^2)$

- Les positions choisies par sélection libre sont :

$k = \text{lb}\left|2 \cdot 2^2 \cdot 2^4\right| = 7$

| | |
|---|---|
| $A_0 \in \boldsymbol{GF}(2^1) \Rightarrow$ | une position binaire |
| $A_1 \in \boldsymbol{GF}(2^4) \Rightarrow$ | quatre positions binaires |
| $A_5 \in \boldsymbol{GF}(2^2) \Rightarrow$ | deux positions binaires |
| | ***k*** = sept positions binaires |

**Tableau 6.4**

- Les éléments qui satisfont à la condition $A_5^4 = A_{4\times 5 \bmod 15} = A_5$ pour les fréquences conjuguées $A_5$ et $A_{10}$ sont $0, \alpha^0, \alpha^1, \alpha^5, \alpha^{10}$, puisque :

$$\begin{array}{lclcl} 0^4 & = & 0 & & \\ (\alpha^0)^4 & = & \alpha^{0\cdot 4} & = & \alpha^0 \\ (\alpha^5)^4 & = & \alpha^{20 \bmod 15} & = & \alpha^5 \\ (\alpha^{10})^4 & = & \alpha^{40 \bmod 15} & = & \alpha^{25 \bmod 15} = \alpha^{10} \end{array}$$

Ces éléments construisent un sous corps $GF(2^2)$ de $GF(2^4)$. Ils sont d'ordre $n = 2^2 - 1 = 3$ ($\alpha^5 = \beta$, voir chapitre 2, § 2.5.4 exemple 2.34)

$(\alpha^5)^0 = \alpha^0$, $(\alpha^5)^1 = \alpha^5$, $(\alpha^5)^2 = \alpha^{10}$, $(\alpha^5)^3 = \alpha^{15 \bmod n} = \alpha^0$.

- Comme information prenons par exemple :

$A_0 = 0$,

$A_1 = \alpha^2$, $A_2 = \alpha^4$, $A_4 = \alpha^8$, $A_8 = \alpha^{16} = \alpha^1$,

$A_5 = \alpha^5, A_{10} = \alpha^{10}$

On a donc le mot de code dans le domaine fréquentiel :

| **0** | **1** | **2** | **3** | **4** | **5** | **6** | **7** | **8** | **9** | **10** | **11** | **12** | **13** | **14** |
|---|---|---|---|---|---|---|---|---|---|---|---|---|---|---|
| $A_0$ | $A_1$ | $A_1^2$ | 0 | $A_1^4$ | $A_5$ | 0 | 0 | $A_1^8$ | 0 | $A_5^2$ | 0 | 0 | 0 | 0 |
| 0 | $\alpha^2$ | $\alpha^4$ | 0 | $\alpha^8$ | $\alpha^5$ | 0 | 0 | $\alpha^1$ | 0 | $\alpha^{10}$ | 0 | 0 | 0 | 0 |

**Tableau 6.5**

Les coefficients $a_i \in GF(2) = \{0,1\}$ du mot de code $a(x)$ sont pris par la transformation :

$$a_i = A(x = \alpha^i) = \sum_{\mu=0}^{n-1} A_\mu \alpha^{i\mu} \quad i = 0,\ldots,n-1 \text{ (TFDI)},$$

où : $\underline{\underline{A(x) = \alpha^2 x + \alpha^4 x^2 + \alpha^8 x^4 + \alpha^5 x^5 + \alpha x^8 + \alpha^{10} x^{10}}}$

En utilisant l'élément primitif $\alpha$ défini dans $GF(2^4)$ d'un polynôme primitif $p(x) = 1 + x + x^4$, $p_i \in GF(2)$. Le calcul est fait en modulo 2 et d'après le tableau (6.1), on a :

$$a_0 = \alpha^2 + \alpha^4 + \alpha^8 + \alpha^5 + \alpha + \alpha^{10} = \underline{\underline{1}} \mod 2$$

$$a_1 = \alpha^2 \cdot \alpha + \alpha^4 \cdot \alpha^2 + \alpha^8 \cdot \alpha^4 + \alpha^5 \cdot \alpha^5 + \alpha \cdot \alpha^8 + \alpha^{10} \cdot \alpha^{10} = \underline{\underline{0}} \mod 2$$

⋮

Ce qui donne enfin :

$$a = (a_0, a_1, a_2, a_3, a_5, a_6, a_7, a_8, a_9, a_{10}, a_{11}, a_{12}, a_{13}, a_{14})$$

$$\underline{\underline{a = (1, 0, 0, 1, 0, 1, 1, 0, 0, 0, 0, 1, 0, 1, 0)}}$$

Le polynôme générateur peut être déterminé à partir de la connaissance des fréquences qui disparaissent.

$$A_i = 0 \Rightarrow g(x) = \prod_i (x - \alpha^{-i}), \quad i = 3, 6, 7, 9, 11, 12, 13, 14$$

$$\begin{aligned} g(x) &= (x - \alpha^{-14}) \cdot (x - \alpha^{-13}) \cdot (x - \alpha^{-11}) \cdot (x - \alpha^{-12}) \cdot \\ &\quad (x - \alpha^{-9}) \cdot (x - \alpha^{-7}) \cdot (x - \alpha^{-6}) \cdot (x - \alpha^{-3}) \\ &= \underline{\underline{1 + x^4 + x^6 + x^7 + x^8}} \end{aligned}$$

$g(x)$ en fonction des polynômes minimaux :

$$\underline{\underline{g(x) = 1 + x^4 + x^6 + x^7 + x^8 = m_1(x) \cdot m_3(x)}}$$

Le résultat correspond à celui de l'exemple (6.3) pour $t = 2$

■

**Exemple 6.6 :** Répartition de l'information dans le domaine fréquentiel

- Dans un code BCH avec $p = 2$, $n = 2^3 - 1 = 7$ et $t = 1$, l'information $u = (1, 0, 1, 0)$ doit être présentée comme des fréquences. Le Code BCH est défini dans $GF(2^3)$ par un polynôme primitif $p(\alpha) = 1+\alpha+\alpha^3$, où $\alpha$ est un élément primitif et $\alpha^3 = 1+\alpha \mod 2$.

  L'information est présentée dans le domaine fréquentiel pour $n = 7$ comme suit : $(A_0, A_1, A_2, A_3, A_4, A_5, A_6)$ et pour $t = 1$, on a donc :
  $A_{n-d+1} = \cdots A_{n-1} = 0 \Rightarrow A_5 = A_6 = 0 \rightarrow (A_0, A_1, A_2, A_3, A_4, 0, 0)$, dont les fréquences conjuguées sont données par la relation $A_{2i} = A_i^2$, ce qui donne :

$$A_6 = 0 = A_3^2 = 0 \Rightarrow A_3 = 0$$
$$A_5^2 = A_{10 \bmod 7} = A_3 = 0$$
$$A_6^2 = A_{12 \bmod 7} = A_5 = 0$$

$$\left.\begin{array}{l} A_0 = A_0 \}\text{ une position binaire} \\ \left.\begin{array}{l} A_1 = A_1 \\ A_2 = A_1^2 \\ A_4 = A_1^4 \end{array}\right\}\text{trois positions binaires} \end{array}\right\} \Rightarrow \left\{\begin{array}{l} A_0 = 1 \\ A_1 = (\mathbf{0,1,0}) = \mathbf{0}\cdot 1 + \mathbf{1}\cdot\alpha + \mathbf{0}\cdot\alpha^2 = \alpha \\ A_2 = A_1^2 = \alpha^2 \\ A_4 = A_1^4 = \alpha^4 \end{array}\right.$$

$$(\boldsymbol{A_0}, \boldsymbol{A_1}, \boldsymbol{A_2}, 0, \boldsymbol{A_4}, \underbrace{0, 0}_{2\boldsymbol{t}})$$

En utilisant le tableau de conversion suivant :

| | | | | | | | |
|---|---|---|---|---|---|---|---|
| $\boldsymbol{\alpha}^0$ | $=$ | $1$ | $\boldsymbol{\alpha}^4$ | $=$ | $\boldsymbol{\alpha}+\boldsymbol{\alpha}^2$ | | |
| $\boldsymbol{\alpha}^1$ | $=$ | $\boldsymbol{\alpha}$ | $\boldsymbol{\alpha}^5$ | $=$ | $\boldsymbol{\alpha}^2+\boldsymbol{\alpha}^3$ | $=$ | $1+\boldsymbol{\alpha}+\boldsymbol{\alpha}^2$ |
| $\boldsymbol{\alpha}^2$ | $=$ | $\boldsymbol{\alpha}^2$ | $\boldsymbol{\alpha}^6$ | $=$ | $\boldsymbol{\alpha}+\boldsymbol{\alpha}^2+\boldsymbol{\alpha}^3$ | $=$ | $1+\boldsymbol{\alpha}^2$ |
| $\boldsymbol{\alpha}^3$ | $=$ | $1+\boldsymbol{\alpha}$ | $\boldsymbol{\alpha}^7$ | $=$ | $\boldsymbol{\alpha}^0$ | $=$ | $1$ |

**Tableau 6.6 :** Tableau de conversion pour $p(\alpha) = 1+\alpha+\alpha^3 = 0$

on obtient :

$$a_0 = A(x = \alpha^i) = 1 + \alpha\cdot 1 + \alpha^2\cdot 1^2 + \alpha^4\cdot 1^4 = 1 + \alpha + \alpha^2 + \alpha^4 = \underline{\underline{1}}$$
$$a_1 = A(x = \alpha^i) = 1 + \alpha\cdot\alpha + \alpha^2\cdot\alpha^2 + \alpha^4\cdot\alpha^4 = 1 + \alpha^2 + \alpha^4 + \alpha^8 = \underline{\underline{1}}$$
$$\vdots$$
$$A = (1, \alpha, \alpha^2, 0, \alpha^4, 0, 0) \xrightarrow{\textbf{TFDI}} \underline{\underline{a = (1, 1, 0, 1, 0, 0, 0)}}$$

■

# 6.3. Propriétés des Codes BCH

Les codes BCH présentent une très large classe de codes cycliques pour laquelle existent des bons algorithmes de décodage. Il est difficile d'en donner ici une description sans faire intervenir des concepts de mathématique discrète débordant le cadre de cet ouvrage.

## 6.3.1. Propriétés fondamentales

- Le polynôme générateur du code BCH $(n, k)$ de distance $d_{min} \geq 2t + 1$ est de la forme générale :

$$\boldsymbol{g}(\boldsymbol{x}) = \prod_{i \in M} (\boldsymbol{x} - \alpha^i) = m_{j1}(\boldsymbol{x}) \cdot m_{j2}(\boldsymbol{x}) \cdots, \qquad 6.13$$

  où $\boldsymbol{M} = \cup \boldsymbol{K}_j$

- Les $m_i(\boldsymbol{x})$ sont les polynômes irréductibles dits polynômes minimaux qui sont diviseurs de $(x^n - 1)$ définis par les classes cyclotomiques $K_j$.
- Les tableaux de polynômes irréductibles données pour $n = 2^m - 1$ permettent de construire ces polynômes générateurs.
- Le code BCH est un sous-ensemble du code RS, car les coefficients $a_i$ du code BCH appartiennent à $GF(p)$ tandis que les coefficients $a_i$ du code RS appartiennent à $GF(p^m)$, ce qui peut être exprimé par la relation suivante :

$$\left.\begin{array}{l} \boldsymbol{BCH}(\boldsymbol{n} \leq \boldsymbol{p}^m - 1,\ \boldsymbol{k} = \boldsymbol{n} - |\boldsymbol{M}|,\ \boldsymbol{d} \leq \boldsymbol{\delta}) \text{ dans } \boldsymbol{GF}(\boldsymbol{p}) \\ \subset \boldsymbol{RS}(\boldsymbol{n} \leq \boldsymbol{p}^m - 1,\ \boldsymbol{k},\ \boldsymbol{d} = \boldsymbol{n} - \boldsymbol{k} + 1) \text{ dans } \boldsymbol{GF}(\boldsymbol{p}^m) \end{array}\right\} \qquad 6.14$$

  Autrement dit, si on limite un code BCH sur les paramètres: $n \leq p^m - 1$, $k$ et $d$ dans $GF(p)$, donc on peut obtenir un code RS avec les paramètres suivants: $n \leq p - 1$, $k$, $d = n - k + 1$.

- Selon la définition (relation 6.11) :

$$C := \left\{ a(x) \middle| \; a(x) \xrightarrow{\text{TFD}} A(x),\ A_{n-1} = \cdots = A_{n-d+1} = 0,\ \forall i : A_i^2 = A_{2i} \right\},$$

  il y a au maximum $2t$ fréquences de parité $A_j = 0$, c'est-à-dire :

$$\boldsymbol{A}_{n-i} = 0 \text{ pour } \boldsymbol{i} = \underbrace{1, 2, 3, \ldots, 2\boldsymbol{t}}_{2\boldsymbol{t}} \qquad 6.15a$$

- L'estimation du nombre des symboles de contrôle pour une longueur de mot de code donnée $n = 2^m - 1$ et une distance minimale requise $d$ est $2t = d - 1$. En raison de cette distance minimale, les $2t$ fréquences les plus élevées (généralement : $2t$ successifs) doivent disparaître, c'est-à-dire $A_{n-i} = 0$ pour $i = 1, 2, 3, \ldots, 2t$.
- Comme au moins $A_{n-2i} = A_{n-i}^2$ $(A_{n-i}^2 = A_{n-2i} \Leftrightarrow A_i^2 = A_{2i})$ sont conjugués à $A_{n-i}$, l'exigence est la suivante :

$$\boldsymbol{A_{n-i}} = 0 \text{ pour } \boldsymbol{i} = \underbrace{1, 3, 5, \ldots, 2\boldsymbol{t}+1}_{\boldsymbol{t}} \qquad 6.15b$$

- D'après la définition des classes cyclotomiques (Chapitre 2), chaque coefficient $A_j$ a au maximum $m$ fréqunces conjuguées, par conséquent le nombre maximal des fréquences qui peut être égal à zéro est $m{\cdot}t$, c'est-à-dire le degré de $g(x)$ est donc limité par la condition suivante :

$$\boldsymbol{M} \leq \boldsymbol{m} \cdot \boldsymbol{t} \qquad 6.16$$

La règle suivante d'après Kasami [36] s'applique :

$$\boldsymbol{M} = \boldsymbol{m} \cdot \boldsymbol{t} \text{ pour } \boldsymbol{t} \leq 2^{\left\lceil \frac{\boldsymbol{m}-1}{2} \right\rceil}; \quad \{[\boldsymbol{x}] := \boldsymbol{x} \text{ arrondi}\} \qquad 6.17$$

où $M$ est le nombre des éléments inclus dans $\cup K_i$

Le tableau (6.7) donne un aperçu de cette relation :

| $m$ | $n = 2^m - 1$ | $t$ | | $2^{\left\lceil \frac{m-1}{2} \right\rceil}$ | $M$ | |
|---|---|---|---|---|---|---|
| 3 | 7 | 1 | ≤ | 2 | 3 | |
| 4 | 15 | 1 | ≤ | 2 | 4 | |
| 4 | 15 | 2 | ≤ | 2 | 8 | |
| 4 | 15 | 3 | > | 2 | 10 | $M = 10 < m \cdot t = 12$ |
| 5 | 31 | 1 | ≤ | 4 | 5 | |
| 5 | 31 | 2 | ≤ | 4 | 10 | |
| 5 | 31 | 3 | ≤ | 4 | 15 | |
| 5 | 31 | 5 | > | 4 | 20 | $M = 20 < m \cdot t = 25$ |

**Tableau 6.7**

- La principale sous-classe des codes BCH est celle des codes primitifs de longueur $n = 2^m - 1$ et de distance supérieure à $(2t + 1)$, ayant au plus $m \cdot t$ bits de contrôle (soit $k = 2^m - 1 - m \cdot t$).

**Exemple 6.7 :** Vérification de la relation 6.16

- Vérifier la relation (6.17) pour le code BCH dans $GF(2^4)$ avec $n = 2^4 - 1 = 15$, $d = 2t + 1 = 5$.

$$|\boldsymbol{M}| = \boldsymbol{m} \cdot \boldsymbol{t} \text{ pour } \boldsymbol{t} \leq 2^{\left\lceil \frac{m-1}{2} \right\rceil} \; ; \quad \{[\boldsymbol{x}] := \boldsymbol{x} \text{ arrondi}\}$$

Les classes cyclotomiques sont données par la relation suivnate :

$$\boldsymbol{K}_j := \{ j \cdot p^i \mod n \, | i = 0, 1, \ldots m-1 \}$$

$$\begin{aligned} \boldsymbol{K}_0 &= \{0\} \\ \boldsymbol{K}_1 &= \{1,2,4,8\} \\ \boldsymbol{K}_3 &= \{3,6,9,12\} \\ \boldsymbol{K}_5 &= \{5,10\} \\ \boldsymbol{K}_7 &= \{7,11,13,17\} \end{aligned}$$

➢ **Pour $t = 1$ :**

$$\boldsymbol{t} = 1 \leq 2^{\left\lceil \frac{m-1}{2} \right\rceil} = 3$$

$$t = 1 \rightarrow 2 \text{ symboles successifs } = 0$$

$$K_1 = \underbrace{\{\mathbf{1}, \mathbf{2}, 4, 8\}}_{M=4} \Rightarrow M = m \cdot t = 4$$

➢ **Pour $t = 3$** :

$$\boldsymbol{t} = 1 \leq 2^{\left\lceil \frac{m-1}{2} \right\rceil} = 3$$

$$t = 3 \rightarrow 6 \text{ symboles successifs } = 0$$

$$K_1 \cup K_3 \cup K_5 = \underbrace{\{\mathbf{1}, \mathbf{2}, \mathbf{3}, \mathbf{4}, \mathbf{5}, \mathbf{6}, 8, 9, 10, 12\}}_{M=10} \Rightarrow M < m \cdot t = 12$$

■

### 6.3.2. Comparaison entre les codes BCH et les codes RS

On trouve souvent, comme déjà mentionné ci-dessous, à la fois la déclaration selon laquelle les codes RS sont un sous-ensemble des codes BCH et la déclaration selon laquelle les codes BCH sont un sous-ensemble des codes RS.

Les codes BCH et RS peuvent être convertis l'un dans l'autre et représentent donc des cas particuliers de l'autre famille de codes respective. Par exemple, les codes RS sont transformés en codes BCH par la restriction $x_i \in GF(2)$, c'est-à-dire qu'ils constituent un sous-ensemble binaire de tous les codes RS. Autrement dit, un code RS limité par $x_i \in GF(2)$ est un code BCH, ainsi les codes BCH forme une classe binaire des codes RS.

Dans l'ensemble, les comparaisons suivantes peuvent être mises en évidence :

- Les deux codes sont des codes correcteurs performants.
- Les codes BCH sont ceux qui ont la plus grande capacité de correction d'erreurs indépendantes pour une redondance et une longueur donnée. Leur rendement n'est pas très élevé. Ce sont une extension des codes cycliques.
- Les codes RS sont des codes correcteurs très puissants. Il peuvent être présentés comme des codes BCH dans lequel chaque bit des mots du code est remplacé par un entier défini modulo $2^m$ ($n = 2^m - 1$). La distance minimale d'un code $RS(n,k)$ est égale à $d_{min} = d = n - k + 1$, donc RS est un code MDS.
- Les codes BCH ne sont pas forcement des codes MDS, c'est-à-dire que la distance minimale véritable $\delta$ est plus grande que la distance minimale désignée $d$.
- On peut dire que le code RS c'est la seule classe BCH non binaire de tel sorte que la distance minimale de Hamming atteint la borne supérieure (MDS: Maximal Distance Separable): $d_{\min} = n - k + 1$. C'est-à-dire :

$$\boldsymbol{d}_{\min}^{BCH} \geq \boldsymbol{d}_{\min}^{RS} = \boldsymbol{d} \qquad 6.18$$

- En général

$$\left.\begin{array}{l} \boldsymbol{RS}(\boldsymbol{n} \leq \boldsymbol{p}^{m} - 1,\ \boldsymbol{k},\ \boldsymbol{d} = \boldsymbol{n} - \boldsymbol{k} + 1) \text{ dans } \boldsymbol{GF}(\boldsymbol{p}^{m}) \\ \Downarrow \\ \boldsymbol{BCH}(\boldsymbol{n} \leq \boldsymbol{p}^{m} - 1,\ \boldsymbol{k} = \boldsymbol{n} - |\boldsymbol{M}|,\ \boldsymbol{\delta} \geq \boldsymbol{d}) \text{ dans } \boldsymbol{GF}(\boldsymbol{p}) \\ \Downarrow \\ \boldsymbol{RS}(\boldsymbol{n} \leq \boldsymbol{p} - 1,\ \boldsymbol{k},\ \boldsymbol{\delta} = \boldsymbol{n} - \boldsymbol{k} + 1) \text{ dans } \boldsymbol{GF}(\boldsymbol{p}) \end{array}\right\} \qquad 6.19$$

- Tous les codes BCH corrigeant une erreur sont des codes cycliques de Hamming.

Nous allons maintenant expliquer la capacité de correction des codes RS et des codes BCH binaires à l'aide d'un exemple.

## ➤ Code $RS(15,11,5)_{16}$

- $d_{min} = d = 5,\ n = 2^4 - 1 = 15,\ R_C = 0{,}71 \rightarrow$ deux symboles sont corrigeables.
- Considération binaire : chaque symbole du code est composé de 4 bits.
- Correspondance binaire : Correction de deux symboles $\rightarrow$ 8 bits.

$$e = \cdots 0000\ \boxed{1111\ 1111}\ 0000\cdots \quad \rightarrow \quad \text{corrigeable}$$
$$e = \cdots 000\boxed{1\ 1111\ 1}000\ 0000\cdots \quad \rightarrow \quad \text{non corrigeable}$$
$$e = \cdots 0001\ 0010\ 1000\ 0000\cdots \quad \rightarrow \quad \text{non corrigeable}$$

- Interprétation **:**
  - ✓ La première ligne montre un bloc d'erreurs de longueur 8. Au total, seuls deux codes de 4 bits sont concernés $\rightarrow$ Erreurs corrigeables.
  - ✓ La deuxième ligne présente un bloc d'erreurs de 6 erreurs dispatchées sur trois symboles $\rightarrow$ à cause de $d_{min} = 5$, les erreurs ne sont pas corrigeables, malgré le nombre réduit des erreurs : la correction n'est pas possible.
  - ✓ La troisième ligne présente 3 symboles d'un bit erroné pour chaque symbole : la correction n'est pas possible.
- Cet exemple montre que le code RS est mieux placé pour la correction des erreurs par blocs. Par conséquent, ce code n'est pas qualifié pour la correction des erreurs séparées et statistiquement indépendantes.

## ➤ Code $BCH(63,45,7)_2$

- $d_{min} = d = 7,\ n = 2^6 - 1 = 63,\ R_C = 0{,}73,$ la longueur du code et le taux de codage sont comparables avec ceux du code RS.
- Possibilité de corriger des erreurs isolées, car en raison de $d_{min} = 7$, il est toujours possible de corriger 3 erreurs séparées et statiquement indépendantes (le code RS ci-dessus ne permet pas de le faire).

**Conclusion :**

- Les codes RS sont mieux placés pour la correction des paquets d'erreurs.
- Les codes BCH sont mieux adaptés pour la correction des erreurs isolées et statiquement indépendantes.
- Le choix de code dépend strictement de la qualité et de la propriété du canal de transmission.
- Code $BCH(n,k)_2$ : Toujours avec $n = 2^m - 1$, où $k$ est choisi tel que $k \geq (n - m \cdot t)$, où $t$ est le nombre d'erreurs corrigeables. La distance minimale obtenue correspond toujours à $d_{min} \geq 2t + 1$. Ces codes permettent des longueurs de code très variées et offrent de nombreuses possibilités d'efficacité de code $k/n$. Ils ont fait l'objet de nombreuses études et utilisations. Pour les polynômes de très grande longueur, les coefficients des polynômes générateurs sont tabulés dans de nombreux ouvrages. Ces tableaux contiennent les ensembles de coefficients en format octal par ordre décroissant.
- Code RS : C'est une généralisation des codes BCH à des codes non binaires. Les données binaires sont traitées par groupes de $m$ bits formant l'ensemble des symboles.

Le tableau (6.8) liste les codes BCH binaires au sens strict pour la correction des erreurs $t$, pour les longueurs de blocs primitifs $n = 7, 15, 31, \ldots$ et les polynômes générateurs correspondants en codage octal pour certains des codes BCH. Bien entendu, on a $2t + 1 \leq d \leq d_{min} \leq n - k + 1$. Des listes complètes peuvent être trouvées, par exemple dans [32][70]. Il convient de noter que les codes BCH peuvent corriger plus d'erreurs que le prévoit la distance planifiée.

| $n$ | $k$ | $t$ | $g(x)$ : Octal |
|---|---|---|---|
| 7 | 4 | 1 | 13 |
| 15 | 11 | 1 | 23 |
| | 7 | 2 | 721 |
| | 5 | 3 | 2467 |
| 31 | 26 | 1 | 45 |
| | 21 | 2 | 3551 |
| | 16 | 3 | 107657 |
| | 11 | 5 | 5423325 |
| | 6 | 7 | 313365047 |
| ⋮ | ⋮ | ⋮ | ⋮ |

**Tableau 6.8 :** Polynômes générateurs pour certains codes $BCH\ (n, k)_2$

Exemple : $721\ \text{Octal} = 111\ 010\ 001 = x^8 + x^7 + x^6 + x^4 + 1$

# 6.4. Codage des codes BCH binaires

## 6.4.1. Codage dans le domaine temporel

Le codage au domaine temporel du code BCH est fait comme dans le cas des codes cycliques par :

- Codage non systématique par multiplication avec $g(x)$.
- Codage systématique par division sur $g(x)$.

### A. Codage non systématique

Le codage non systématique dans le domaine temporel selon $a(x) = u(x) \cdot g(x)$ se fait de la même manière que celle décrite au chapitre 4 (§ 4.4.1).

### B. Codage systématique

Le codage systématique est effectué en divisant l'information décalée $u(x) \cdot x^{n-k}$ par $g(x)$ comme dans le chapitre 4 (§ 4.4.2) :

$$\left.\begin{array}{l} \boldsymbol{a}(\boldsymbol{x}) = \boldsymbol{x}^{\boldsymbol{r}} \cdot \boldsymbol{u}(\boldsymbol{x}) + \boldsymbol{rest}(\boldsymbol{x}) = \boldsymbol{q}(\boldsymbol{x}) \cdot \boldsymbol{g}(\boldsymbol{x}) \\ \text{où } \deg\{\boldsymbol{a}(\boldsymbol{x})\} \leq \deg\{\boldsymbol{u}(\boldsymbol{x})\} + \deg\{\boldsymbol{g}(\boldsymbol{x})\} \Leftrightarrow \boldsymbol{n} - 1 \leq \boldsymbol{k} - 1 + \boldsymbol{r} \end{array}\right\} \quad 6.20$$

Le degré $r = n - k$ du polynôme générateur $g(x)$ est égal au nombre des symboles de contrôle. En raison de la construction des polynômes générateurs comme produit des racines des polynômes minimaux (relation 6.8), on peut voir que le nombre symboles de contrôle est égal au nombre de racines du polynôme générateur. Le nombre requis des symboles de contrôle $r$ est déterminé par la capacité désignée de correction des $t$ erreurs.

A partir de la relation : $A_i = n^{-1} a(x = \alpha^{-i}) = 0$, il s'ensuit que $a(x)$ est un multiple de $(x - \alpha^{-i})$ (relation 5.15) pour tous $i$ où $A_i = 0$ , on a donc :

$$A_i = 0 \;\Rightarrow g(x) = \prod_{A_i = 0} (x - \alpha^{-i}) \Leftrightarrow a(x) = u(x) \cdot g(x)$$

Tous les $A_i = 0$ y compris les fréquences conjuguées de $A_i (A_{2i}, A_{4i}, \ldots)$ donnent la relation entre les symboles conjugués dans le domaine fréquentiel et la définition par les polynômes minimaux (relation 6.13) :

$$g(x) = \prod_{i \in M} (x - \alpha^i) = m_{j1}(x) \cdot m_{j2}(x) \cdots \text{ o ù } M = \cup K_j$$

**Exemple 6.8 :** Codage systématique d'un code BCH

- Partant de l'exemple (6.5) pour $t = 2$, on a eu $A_i = 0$ pour $i = 3, 6, 7, 9, 11, 12, 13, 14$ : $A_3$, $A_6$, $A_7$, $A_9$ et $A_{11}$, $A_{12}$, $A_{13}$, $A_{14}$.

  Le polynôme générateur peut être déterminé à partir de la connaissance des fréquences qui disparaissent.

  $$A_i = 0 \Rightarrow g(x) = \prod_i (x - \alpha^{-i}), \quad i = 3,6,7,9,11,12,13,14,$$

  En calculant les exposants modulo 15
  (par exemple : $\alpha^{-14 \bmod 15} = \alpha^{15-14 \bmod 15} = \alpha^1$)

  $$g(x) = \underbrace{(x+\alpha^1)\cdot(x+\alpha^2)\cdot(x+\alpha^4)\cdot(x+\alpha^8)}_{m_1} \times \underbrace{(x+\alpha^3)\cdot(x+\alpha^6)\cdot(x+\alpha^9)\cdot(x+\alpha^{12})}_{m_3},$$

  on obtient :

  $$g(x) = 1 + x^4 + x^6 + x^7 + x^8 = m_1(x)\cdot m_3(x)$$

  Le mot de code systématique (voir chapitre 4 § 4.4.2) :

  $$a(x) = (r_0, r_1, r_2, r_3, r_4, r_5, r_6, r_7, u_0, u_1, u_2, u_3, u_4, u_5, u_6) = (a_0, a_1, a_2, a_3, a_4, a_5, a_6, a_7, a_8, a_9, a_{10}, a_{11}, a_{12}, a_{13}, a_{14})$$

  Le circuit suivant réalise un codage systématique (voir §4.5.2) par exemple pour : $\boldsymbol{r} = 8$ c'est-à-dire 8 positions du reste ($r_0$, $r_1$,..., $r_7$). On a pour le codage de l'information : $(0,0,0,1,1,0,1)$ :

  $$(u_0, u_1, u_2, u_3, u_4, u_5, u_6) = (a_8, a_9, a_{10}, a_{11}, a_{12}, a_{13}, a_{14}) = (0,0,0,1,1,0,1)$$

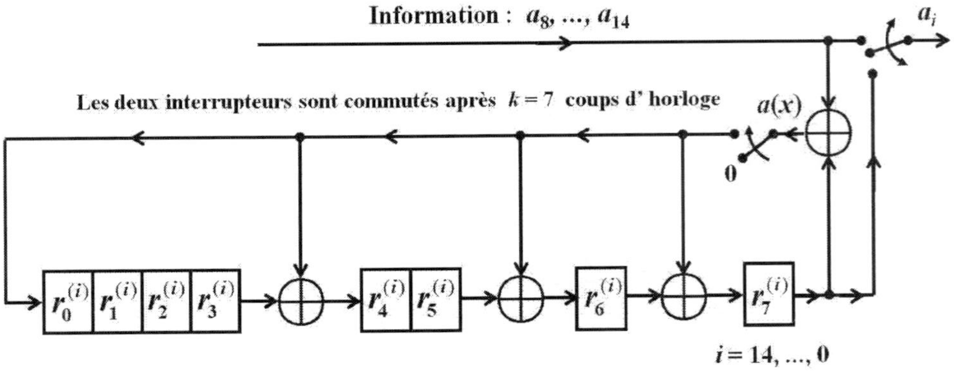


**Fig. 6.2 :** Exemple de codage systématique avec le polynôme générateur $\boldsymbol{g}(x)$

Le mot de code complet $a=(-r_0,\ldots,-r_7,a_8,\ldots,a_{14})$ est obtenu par le polynôme générateur $g(x)=1+x^4+x^6+x^7+x^8$, donc par le circuit de la figure (Fig. 6.2). D'abord les sept symboles d'information $a_8$, ..., $a_{14}$ sont appliqués à la sortie et le reste $r(x)$ est calculé en même temps. En basculant les deux interrupteurs, la rétroaction est interrompue et les huit symboles de contrôle sont envoyés à la sortie du circuit (Tableau 6.9).

| $i$ | $r_0^{(i)}$ | $r_1^{(i)}$ | $r_2^{(i)}$ | $r_3^{(i)}$ | $r_4^{(i)}$ | $r_5^{(i)}$ | $r_6^{(i)}$ | $r_7^{(i)}$ | $a_{14-i}$ (Symboles d'information) |
|---|---|---|---|---|---|---|---|---|---|
| 0 | 0 | 0 | 0 | 0 | 0 | 0 | 0 | 0 | 1 |
| 1 | 1 | 0 | 0 | 0 | 1 | 0 | 1 | 1 | 0 |
| 2 | 1 | 1 | 0 | 0 | 1 | 1 | 1 | 0 | 1 |
| 3 | 1 | 1 | 1 | 0 | 1 | 1 | 0 | 0 | 1 |
| 4 | 1 | 1 | 1 | 1 | 1 | 1 | 0 | 1 | 0 |
| 5 | 1 | 1 | 1 | 1 | 0 | 1 | 0 | 1 | 0 |
| 6 | 1 | 1 | 1 | 1 | 0 | 0 | 0 | 1 | 0 |
| 7 | 1 | 1 | 1 | 1 | 0 | 0 | 1 | 1 | |

**Reste de la division** $\Longrightarrow$ **Symboles de parité**

**Tableau 6.9 :** Etape du codage de $u=(0,0,0,1,1,0,1)$

■

## 6.4.2. Codage dans le domaine fréquentiel

Le codage dans le domaine fréquentiel est effectué par l'opération de la TFDI. Les coefficients $a_i$ sont donnés par la transformation : $A_i \xrightarrow{\text{TFDI}} a_i$.

Pour la mise en œuvre d'un codeur possible pour une telle opération, nous reprenons l'exemple (6.5).

Prenant l'exemple (6.5) avec $n$ = 15 = $2^4$ – 1 et $t$ = 2 sur $GF(2^4)$, on aura par la transformation inverse TFDI :

$$A=(A_1,A_2,\ldots A_{10},0,0,0,0)\in GF(2^4)\xrightarrow{\text{TFDI}} a=(a_0,a_1,a_2,\ldots a_{14})\in GF(2)$$

| 0 | 1 | 2 | 3 | 4 | 5 | 6 | 7 | 8 | 9 | 10 | 11 | 12 | 13 | 14 |
|---|---|---|---|---|---|---|---|---|---|---|---|---|---|---|
| $A_0$ | $A_1$ | $A_1^2$ | 0 | $A_1^4$ | $A_5$ | 0 | 0 | $A_1^8$ | 0 | $A_5^2$ | 0 | 0 | 0 | 0 |

$A_0\in GF(2^1)$, $A_1\in GF(2^4)$, $A_5\in GF(2^2)\Rightarrow$ 7 positions

**Fig. 6.3 :** Répartition de l'information

Le mot de code est donné par : $a_i = A(x = \alpha^i)$

$$\boldsymbol{a}_i = \boldsymbol{A}(\boldsymbol{x} = \boldsymbol{\alpha}^i) = \sum_{\mu=0}^{n-1} \boldsymbol{A}_\mu \boldsymbol{\alpha}^{i\mu} \quad \boldsymbol{i} = 0, \ldots, \boldsymbol{n} - 1$$

o $\begin{cases} A_0 \in GF(2) \\ A_1, A_2 = A_1^2, A_4 = A_1^4, A_8 = A_1^8 \in GF(2^4) \\ A_5, A_{10} = A_5^2 \in GF(2^2) \end{cases}$

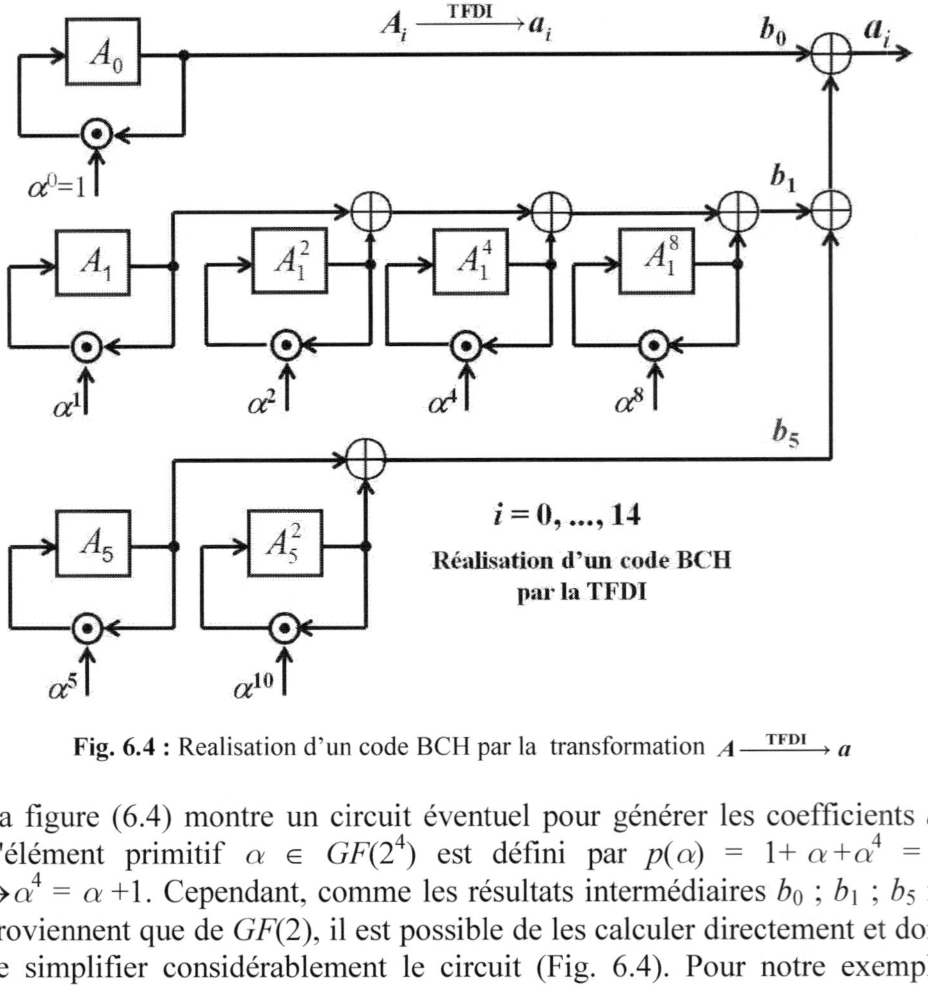


**Fig. 6.4 :** Realisation d'un code BCH par la transformation $A \xrightarrow{\text{TFDI}} a$

La figure (6.4) montre un circuit éventuel pour générer les coefficients $a_i$. L'élément primitif $\alpha \in GF(2^4)$ est défini par $p(\alpha) = 1 + \alpha + \alpha^4 = 0$ $\rightarrow \alpha^4 = \alpha + 1$. Cependant, comme les résultats intermédiaires $b_0$ ; $b_1$ ; $b_5$ ne proviennent que de $GF(2)$, il est possible de les calculer directement et donc de simplifier considérablement le circuit (Fig. 6.4). Pour notre exemple, nous allons procéder comme suit :

- Les valeurs intermédiaires $b_0$, $b_1$, $b_5 \in GF(2)$ sont purement binaires ce qui simplifie la réalisation du circuit.

Le circuit ci-dessous présente une telle simplification :

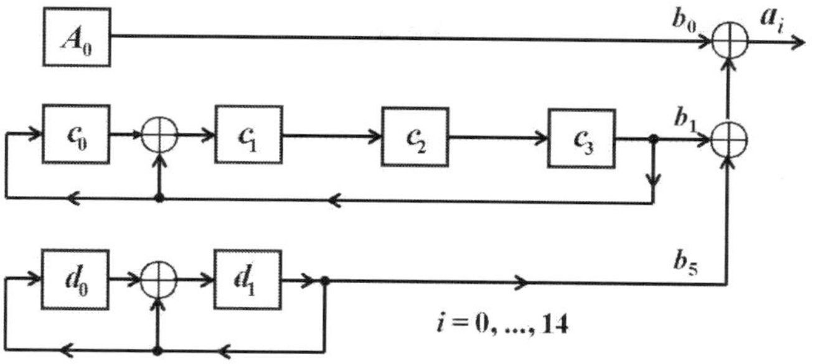


**Fig. 6.5 :** Circuit simplifié pour la transformation $A \xrightarrow{\text{TFDI}} a$

- Calcul direct de $b_0 \in GF(2)$

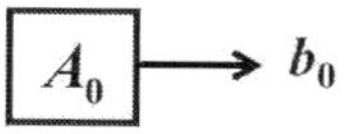


**Fig. 6.6a :** Détermination de $b_0$

- Calcul direct de $b_1 \in GF(2)$

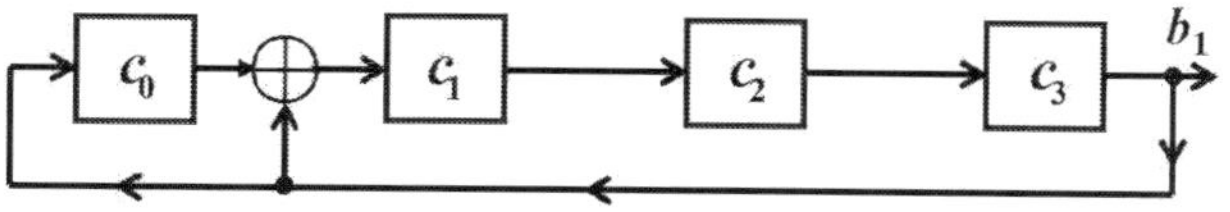


$i = 0, ..., 14$

**Fig. 6.6b :** Détermination de $b_1$

- Nous partons du fait que

✓ $A_1 \in GF(2^4) \Rightarrow A_1 = c_0 + c_1\alpha + c_2\alpha^2 + c_3\alpha^3$; où $c_i \in GF(2)$

✓ $[f(x)]^2 = f(x^2)$

✓ $p(\alpha) = 1 + \alpha + \alpha^4$ : polynôme primitif avec $\alpha \in GF(2^4)$ et le tableau de conversion (6.1), on a :

$$
\begin{aligned}
A_1 &= c_0 + c_1\alpha + c_2\alpha^2 + c_3\alpha^3 \in GF(2^4) \\
A_1^2 &= c_0 + c_1\alpha^2 + c_2\alpha^4 + c_3\alpha^6 \\
&= c_0 + c_1\alpha^2 + c_2(1+\alpha) + c_3(\alpha^2 + \alpha^3) \\
&= (c_0 + c_2) + c_2\alpha + (c_1 + c_3)\alpha^2 + c_3\alpha^3 \\
A_1^4 &= (A_1^2)^2 = (c_0 + c_1 + c_2 + c_3) + (c_1 + c_3)\alpha + (c_2 + c_3)\alpha^2 + c_3\alpha^3 \\
A_1^8 &= (A_1^2)^4 = (c_0 + c_1) + (c_2 + c_3)\alpha + c_1\alpha^2 + c_3\alpha^3
\end{aligned}
$$

D'après les circuits des figures (Fig. 6.4 et Fig. 6.6b), la somme de $A_1$ et ses conjugués donne :

$$\Rightarrow \underline{\underline{A_1 + A_1^2 + A_1^4 + A_1^8 = c_3}} \quad \Rightarrow b_1 \in GF(2)$$

- Calcul direct de $b_5 \in GF(2)$

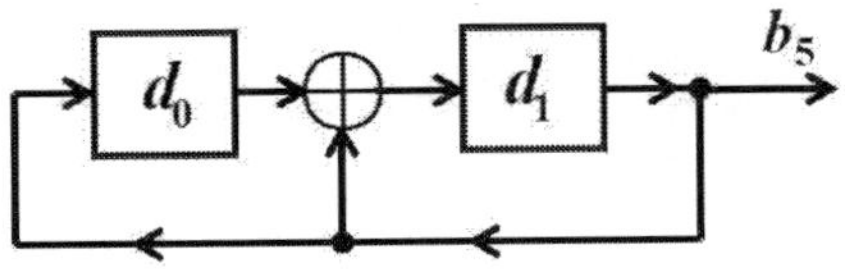


$i = 0, ..., 14$

**Fig. 6.6c :** Détermination de $b_5$

✓ Les considérations suivantes sont nécessaires pour calculer $b_5 \in GF(2)$. $A_5$ est un élément de $GF(2^2)$, c'est-à-dire $A_5$ peut être représenté avec deux composantes $d_0$, $d_1 \in GF(2)$.

✓ On a besoin d'un élément primitif β (β ≡ $\alpha^5$) d'ordre 3 (Longueur du mot) et un polynôme primitif $p(\beta) = 1 + \beta + \beta^2$ (car $m = 2$) :

$$p(\beta = \alpha^5) = 0 \Rightarrow \beta^2 = 1 + \beta = \alpha^{10} = 1 + \alpha^5$$
$$A_5 = d_0 + d_1\beta = d_0 + d_1\alpha^5$$
$$A_5^2 = d_0 + d_1\alpha^{10} \quad = (d_0 + d_1) + d_1\alpha^5 \text{ avec } \alpha^{10} = 1 + \alpha^5$$

D'après les circuits des figures (Fig. 6.4 et (Fig. 6.6c), la somme de $A_5$ et son conjugués donne :

$$\underline{\underline{A_5 + A_5^2 = d_1}} \quad \Rightarrow b_5 \in GF(2)$$

- Application au circuit (Fig. 6.5, Fig. 6.6.a,b,c) :

En utilisant les polynômes primitifs pour la contre réaction (polynôme cyclique) : $p(\alpha) = 1 + \alpha + \alpha^4$, $p(\beta) = 1 + \beta + \beta^2$ et les relations :

$$A_0 \in GF(2)$$
$$A_1 = c_0 + c_1\alpha + c_2\alpha^2 + c_3\alpha^3$$
$$A_5 = d_0 + d_1\alpha^5$$

On a pour $\boldsymbol{i} = 0, \ldots, 14$

$\underline{i = 0}$: $A_0 \in GF(2)$

$\underline{i = 1}$: $\underline{\underline{A_0}}\ \forall i$

$\underline{i=0}: \; A_1 \in GF(2^4) \Rightarrow A_1 = c_0 + c_1\alpha + c_2\alpha^2 + c_3\alpha^3$

$\underline{i=1}: \; A_1 \cdot \alpha = c_0\alpha + c_1\alpha^2 + c_2\alpha^3 + c_3(1+\alpha)$

$\vdots \qquad\qquad = \underline{\underline{c_3 + (c_0+c_3)\alpha + c_1\alpha^2 + c_2\alpha^3}}$

$\underline{i=0}: \; A_5 = d_0 + d_1\beta = d_0 + d_1\alpha^5$

$\underline{i=1}: \; A_5 \in GF(2^2) \Rightarrow A_5\beta = d_0\beta + d_1\beta^2 = d_0\alpha^5 + d_1\alpha^{10}$

$\vdots \qquad\qquad = d_0\alpha^5 + d_1(1+\alpha^5) = \underline{\underline{d_1 + (d_0+d_1)\alpha^5}}$

- Application numérique :

On code l'information suivante : $u = (1, 0, 0, 1, 1, 0, 1)$. La structure de l'information au domaine fréquentiel est la suivante :

$A_0 \in GF(2)$ ; $A_1 \in GF(2^4)$ ; $A_5 \in GF(2^2)$

$$\begin{matrix} 1 & 0 & 0 & 1 & 1 & 0 & 1 \\ \underbrace{b_0}_{A_0} & \underbrace{c_0 \quad c_1 \quad c_2 \quad c_3}_{A_1} & & & & \underbrace{d_0 \quad d_1}_{A_5} & \end{matrix}$$

Le tableau suivant montre le processus de codage selon la figure (Fig. 6.5)

| $i$ | $A_0$ | $c_0$ | $c_1$ | $c_2$ | $c_3$ | $d_0$ | $d_1$ | $a_i = A_0 + c_3 + d_1$ |
|---|---|---|---|---|---|---|---|---|
| 0 | 1 | 0 | 0 | 1 | 1 | 0 | 1 | 1 |
| 1 | 1 | 1 | 1 | 0 | 1 | 1 | 1 | 1 |
| 2 | 1 | 1 | 0 | 1 | 0 | 1 | 0 | 1 |
| 3 | 1 | 0 | 1 | 0 | 1 | 0 | 1 | 1 |
| 4 | 1 | 1 | 1 | 1 | 0 | 1 | 1 | 0 |
| 5 | 1 | 0 | 1 | 1 | 1 | 1 | 0 | 0 |
| 6 | 1 | 1 | 1 | 1 | 1 | 0 | 1 | 1 |
| 7 | 1 | 1 | 0 | 1 | 1 | 1 | 1 | 1 |
| 8 | 1 | 1 | 0 | 0 | 1 | 1 | 0 | 0 |
| 9 | 1 | 1 | 0 | 0 | 0 | 0 | 1 | 0 |
| 10 | 1 | 0 | 1 | 0 | 0 | 1 | 1 | 0 |
| 11 | 1 | 0 | 0 | 1 | 0 | 1 | 0 | 1 |
| 12 | 1 | 0 | 0 | 0 | 1 | 0 | 1 | 1 |
| 13 | 1 | 1 | 1 | 0 | 0 | 1 | 1 | 0 |
| 14 | 1 | 0 | 1 | 1 | 0 | 1 | 0 | 1 |

**Tableau 6.10 :** Etapes du codage de $u = (1,0,0,1,1,0,1)$

- Le mot de code **:** $a = (1, 1, 1, 1, 0, 0, 1, 1, 0, 0, 0, 1, 1, 0, 1)$

**Exemple 6.9 :** Codage au domaine fréquentiel d'un code BCH binaire

- Prenant de l'exemple (6.6) du code binaire BCH pour ($p = 2$, $n = 2^3 - 1 = 7$, $t = 1$ et $d = 3$). Selon la définition du code BCH :

  $$C = \left\{ a \middle| a_i = A(\alpha^i),\ \deg A(x) \le n - d, A_{(2\cdot i)} = A_i^2, A_i \in GF(2^3) \right\},$$

  on a pu déterminer les coefficients $A_i$ dans le domaine fréquentiel comme suit : $A = (A_0, A_1, A_2, A_3, A_4, A_5, A_6) = (A_0, A_1, A_2, A_3, A_4, 0, 0)$.

  Le codage de l'information (1,0,1,0) était fait p. ex. à l'aide du polynôme primitif $p(x) = 1 + x + x^3$ et un élément primitif $\alpha \in GF(2^3)$ tel que :

  $$A = (1, \alpha, \alpha^2, 0, \alpha^4, 0, 0) \xrightarrow{\text{TFDI}} a = (1, 1, 0, 1, 0, 0, 0)$$

  Dans cet exemple, la réalisation de la transformation TFDI est illustrée par le circuit suivant :

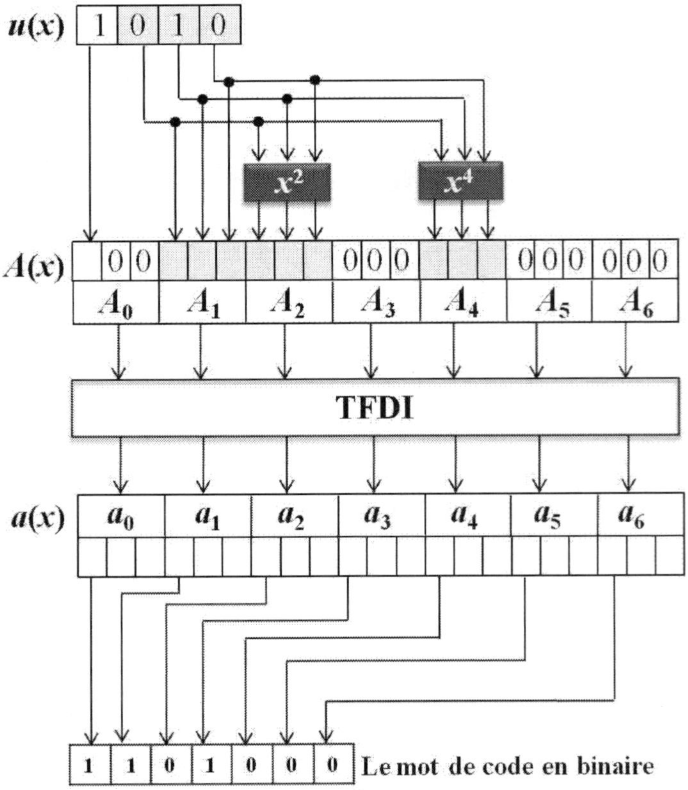


**Fig. 6.7 :** Réalisation de la transformationTFDI de l'information (1,0,1,0,1)

■

# 6.5. Décodage des codes BCH binaires

Le décodage des codes BCH binaires peut être effectué avec les mêmes procédures algébriques et BMA que celles que nous connaissons déjà pour le décodage des codes RS. En plus des $2t$ zéros successifs dans la zone transformée, les codes BCH comportent des zéros aux positions complexes conjuguées (voir exemple 6.5). Cependant, ces zéros ne peuvent pas être utilisés dans le processus de décodage car ils sont dépendants selon la relation (6.12b).

Contrairement aux codes RS, le décalage des fréquences de contrôle dû aux éléments complexes conjugués a une influence sur la performance du code BCH. Le décodage est similaire à celui des codes RS. L'avantage ici est qu'avec les codes binaires, aucune évaluation des valeurs d'erreurs n'est nécessaire.

Si plus d'erreurs de $\lfloor (d-1)/2 \rfloor$ se sont produites, les procédures peuvent calculer un polynôme localisateur d'erreurs $C(x)$ dont le degré est supérieur au nombre des racines de $C(x)$. Dans ce cas, une défaillance de décodage est détectée.

## 6.5.1. Matrice de contrôle

D'après la relation (6.8), le polynôme générateur se calcule à partir de quelques polynômes minimaux : $g(x) = m_{j1}(x) \cdot m_{j2}(x) \cdots$

Si $\alpha^i$ est une racine du polynôme générateur $g(\alpha^i) = 0$, elle est aussi une racine du mot de code $a(x)$ qui est un multiple de $g(x)$ ($a(x) = u(x) \cdot g(x)$).

$$\begin{aligned} \boldsymbol{a}(\boldsymbol{x} = \boldsymbol{\alpha}^{\boldsymbol{i}}) &= \sum_{\mu=0}^{n-1} \boldsymbol{a}_\mu (\boldsymbol{\alpha}^{-\boldsymbol{i}})^\mu = 0 \quad \forall \boldsymbol{i} \quad 1 \leq \boldsymbol{i} \leq 2\boldsymbol{t} \\ \boldsymbol{a}(\boldsymbol{x} = \boldsymbol{\alpha}^{\boldsymbol{i}}) &= \boldsymbol{a}_0 + \boldsymbol{a}_1 \boldsymbol{\alpha}^{\boldsymbol{i}} + \boldsymbol{a}_2 \boldsymbol{\alpha}^{2\boldsymbol{i}} + \cdots + \boldsymbol{a}_{n-1} \boldsymbol{\alpha}^{(n-1)\boldsymbol{i}} = 0 \end{aligned} \qquad 6.21$$

La relation (6.21) peut également être mis en forme matricielle :

$$\begin{pmatrix} 1, & \boldsymbol{\alpha}^{\boldsymbol{i}}, & \boldsymbol{\alpha}^{2\boldsymbol{i}}, & \cdots & \boldsymbol{\alpha}^{(n-1)\boldsymbol{i}} \end{pmatrix} \begin{pmatrix} \boldsymbol{a}_0 \\ \boldsymbol{a}_1 \\ \boldsymbol{a}_2 \\ \vdots \\ \boldsymbol{a}_{n-1} \end{pmatrix} = 0 \text{ pour } 1 \leq \boldsymbol{i} \leq 2\boldsymbol{t} \qquad 6.22$$

Dans les formes explicites pour tous les *i*, la relation (6.22) peut être représentée comme suit :

$$\underbrace{\begin{bmatrix} 1 & \alpha & \alpha^2 & \cdots & \alpha^{(n-1)} \\ 1 & \alpha^2 & \left(\alpha^2\right)^2 & \cdots & \left(\alpha^2\right)^{(n-1)} \\ 1 & \alpha^3 & \left(\alpha^3\right)^2 & \cdots & \left(\alpha^3\right)^{(n-1)} \\ \vdots & \vdots & \vdots & \vdots & \vdots \\ 1 & \alpha^{2t} & \left(\alpha^{2t}\right)^2 & \cdots & \left(\alpha^{2t}\right)^{(n-1)} \end{bmatrix}}_{\boldsymbol{H}} \cdot \begin{bmatrix} \boldsymbol{a}_0 \\ \boldsymbol{a}_1 \\ \boldsymbol{a}_2 \\ \vdots \\ \boldsymbol{a}_{n-1} \end{bmatrix} = \begin{bmatrix} 0 \\ 0 \\ 0 \\ \vdots \\ 0 \end{bmatrix} \qquad 6.23$$

$$\boldsymbol{H} \cdot \boldsymbol{a}^T = 0 \qquad 6.24$$

La relation (6.23) montre la forme habituelle avec la matrice de contrôle. Contrairement aux codes RS, le signe moins (–) de la relation (5.22) ne doit pas être pris en compte ici, car seuls les codes BCH binaires sont pris en considération dans $GF(2^m)$, où l'addition est en modulo 2.

La relation (6.24) peur être simplifiée en éliminant les lignes qui contiennent les éléments conjugués non contribuant à l'information :

$$\begin{bmatrix} 1 & \alpha & \alpha^2 & \cdots & \alpha^{(n-1)} \\ 1 & \alpha^3 & \left(\alpha^3\right)^2 & \cdots & \left(\alpha^3\right)^{(n-1)} \\ 1 & \alpha^5 & \left(\alpha^5\right)^2 & \cdots & \left(\alpha^5\right)^{(n-1)} \\ \vdots & \vdots & \vdots & \vdots & \vdots \\ 1 & \alpha^{2t-1} & \left(\alpha^{2t-1}\right)^2 & \cdots & \left(\alpha^{2t-1}\right)^{(n-1)} \end{bmatrix} \cdot \begin{bmatrix} \boldsymbol{a}_0 \\ \boldsymbol{a}_1 \\ \boldsymbol{a}_2 \\ \vdots \\ \boldsymbol{a}_{n-1} \end{bmatrix} = \begin{bmatrix} 0 \\ 0 \\ 0 \\ \vdots \\ 0 \end{bmatrix} \qquad 6.25$$

**Exemple 6.10 :** Matrice de contrôle

- Déterminer la matrice de contrôle pour un code $BCH(15,7)_{16} \in GF(2^4)$ corrigeantdeux erreurs ($t = 2$) par un polynôme primitif $p(\alpha) = 1 + \alpha + \alpha^4$, où $\alpha$ est un élément primitif.

  En utilisant le tableau de conversion (6.1), donner la marice de contrôle en forme binaire.

D'après la relation (6.23), on a :

$$H = \begin{bmatrix} 1 & \alpha & \alpha^2 & \alpha^3 & \alpha^4 & \alpha^5 & \alpha^6 & \alpha^7 & \alpha^8 & \alpha^9 & \alpha^{10} & \alpha^{11} & \alpha^{12} & \alpha^{13} & \alpha^{14} \\ 1 & \alpha^2 & \alpha^4 & \alpha^6 & \alpha^8 & \alpha^{10} & \alpha^{12} & \alpha^{14} & \alpha^1 & \alpha^3 & \alpha^5 & \alpha^7 & \alpha^9 & \alpha^{11} & \alpha^{13} \\ 1 & \alpha^3 & \alpha^6 & \alpha^9 & \alpha^{12} & 1 & \alpha^3 & \alpha^6 & \alpha^9 & \alpha^{12} & 1 & \alpha^3 & \alpha^6 & \alpha^9 & \alpha^{12} \\ 1 & \alpha^4 & \alpha^8 & \alpha^{12} & \alpha^1 & \alpha^5 & \alpha^9 & \alpha^{13} & \alpha^2 & \alpha^6 & \alpha^{10} & \alpha^{14} & \alpha^3 & \alpha^7 & \alpha^{11} \end{bmatrix}$$

- **Remarques**
  - Le calcul des exposants est fait en modulo $n = 15$,
  - Les lignes 2 et 4 sont des lignes conjuguées ( $A_{2i} = A_i^2$ )

En simplifiant $H$ d'après la relation (6.25) et en utilisant $\alpha^{15} = 1$, on a:

$$H = \begin{bmatrix} 1 & \alpha & \alpha^2 & \alpha^3 & \alpha^4 & \alpha^5 & \alpha^6 & \alpha^7 & \alpha^8 & \alpha^9 & \alpha^{10} & \alpha^{11} & \alpha^{12} & \alpha^{13} & \alpha^{14} \\ 1 & \alpha^3 & \alpha^6 & \alpha^9 & \alpha^{12} & 1 & \alpha^3 & \alpha^6 & \alpha^9 & \alpha^{12} & 1 & \alpha^3 & \alpha^6 & \alpha^9 & \alpha^{12} \end{bmatrix}$$

$H$ en forme binaire :

$$H = \left(\begin{array}{ccccccccccccccc} 0 & 0 & 0 & 1 & 0 & 0 & 1 & 1 & 0 & 1 & 0 & 1 & 1 & 1 & 1 \\ 0 & 0 & 1 & 0 & 0 & 1 & 1 & 0 & 1 & 0 & 1 & 1 & 1 & 1 & 0 \\ 0 & 1 & 0 & 0 & 1 & 1 & 0 & 1 & 0 & 1 & 1 & 1 & 1 & 0 & 0 \\ 1 & 0 & 0 & 0 & 1 & 0 & 0 & 1 & 1 & 0 & 1 & 0 & 1 & 1 & 1 \\ \hdashline 0 & 1 & 1 & 1 & 1 & 0 & 1 & 1 & 1 & 1 & 0 & 1 & 1 & 1 & 1 \\ 0 & 0 & 1 & 0 & 1 & 0 & 0 & 1 & 0 & 1 & 0 & 0 & 1 & 0 & 1 \\ 0 & 0 & 0 & 0 & 1 & 0 & 0 & 0 & 1 & 1 & 0 & 0 & 0 & 1 & 1 \\ 1 & 0 & 0 & 0 & 1 & 1 & 0 & 0 & 0 & 1 & 1 & 0 & 0 & 0 & 1 \end{array}\right) \begin{array}{c} \alpha^1 \\ \\ \uparrow \\ \\ \alpha^3 \\ \\ \uparrow \\ \\ \end{array}$$

■

## 6.5.2. Calcul de syndrome

Considérons un mot de code $a(x)$ transmis dans un canal bruité. A la réception le mot devient $b(x)$. On peut préciser que $b(x) = a(x) + e(x)$ où $e(x)$ est le polynôme représentant les erreurs. Pour la technique de décodage que nous allons examiner, le syndrome est calculé pratiquement par ses $2t$ composantes.

Si $b(x) = b_0 + b_1 \cdot x + b_2 \cdot x^2 + \cdots + b_{n-1} \cdot x^{n-1}$ est un mot de code reçu et $e(x)$ est le modèle d'erreur, le syndrome est donné par la relation suivante :

$H \cdot b^T = H \cdot \left(a^T + e^T\right) = H \cdot a^T + H \cdot e^T = 0 + H \cdot e^T = S^T$

$$\boldsymbol{H \cdot b^T = S^T} \qquad 6.26$$

En prenant en considération $\boldsymbol{\alpha^n} = 1$, de cette manière on aura donc :

$$\begin{array}{ccccccc} \boldsymbol{S_1} & = & \boldsymbol{B_{(n-1)}} & = & \boldsymbol{b(\alpha^{-(n-1)})} & = & \boldsymbol{b(\alpha^1)} \\ \boldsymbol{S_2} & = & \boldsymbol{B_{n-2}} & = & \boldsymbol{b(\alpha^{-(n-2)})} & = & \boldsymbol{b(\alpha^2)} \\ \vdots & & \vdots & & & & \vdots \\ \boldsymbol{S_{2t}} & = & \boldsymbol{B_{n-2t}} & = & \boldsymbol{b(\alpha^{-(n-2t)})} & = & \boldsymbol{b(\alpha^{2t})} \end{array} \qquad 6.27a$$

Une numérotation du syndrome différente[14] (indices différents) de celle des codes RS est utilisée ici.

$$\boldsymbol{S^{(BCH)}} = \left(\boldsymbol{S_1}, \boldsymbol{S_2}, \boldsymbol{S_3}, \cdots \boldsymbol{S_{2t}}\right) \qquad 6.27b$$

Les problèmes rencontrés dans le décodage des codes BCH et les méthodes utilisées pour les résoudre seront d'abord démontrés à l'aide d'un exemple simple.

**Exemple 6.11 :** Décodage du code BCH binaire

- Prenons le code $BCH(15,7)$ corrigeant deux erreurs ($t = 2$) de l'exemple (6.10) défini sur $GF(2^4)$ par un polynôme primitif $p(x) = 1 + x + x^4$. A cause de $H \cdot a^T = 0$, le vecteur :

  $$a = 0 = \ (0,0,0,0,0,0,0,0,0,0,0,0,0,0,0)$$

  est un mot de code. On suppose que ce mot de code est erroné dans les positions de l'indice 3 et 7 :

  $b = (0,0,0,1,0,0,0,1,0,0,0,0,0,0,0)$.

  Calculer le syndrome correspondant.

  En remplaçant $a$ par $b$**,** le syndrome est calculé par la relation (6.25) et le tableau de conversion (6.1) , on obtient :

---

[14] Cette notation se retrouve très souvent dans la littérature spécialisée. Selon la définition de la TFD, il existe des avantages pour l'une ou l'autre notation.

$$\begin{bmatrix} 1 & \alpha & \alpha^2 & \alpha^3 & \cdots & \alpha^7 & \alpha^{(14)} \\ 1 & \alpha^3 & \left(\alpha^3\right)^2 & \left(\alpha^3\right)^3 & \cdots & \left(\alpha^3\right)^3 & \left(\alpha^3\right)^{(14)} \end{bmatrix} \cdot \begin{bmatrix} 0 \\ 0 \\ 0 \\ e_3 = 1 \\ \vdots \\ e_7 = 1 \\ \vdots \\ 0 \end{bmatrix} = [S_1, S_3]$$

$$S^{(BCH)} = (S_1, S_3) = (\alpha^3 + \alpha^7, \alpha^9 + \alpha^6) = (\alpha^4, \alpha^5)$$

$\underline{t = 2}$ : ce qui donne un syndrome de la forme :

$$S^{(BCH)} = (S_1, \cdots, S_{2t}) = (S_1, S_2, S_3, S_4)$$

Les composantes manquantes du syndrome résultent de composantes conjuguées. En utilisant la relation $A_{2i} = A_i^2$, on a donc :

$$\left.\begin{matrix} S_2 = S_1^2 = \alpha^8 \\ S_4 = S_2^2 = \alpha^1 \end{matrix}\right\} \Rightarrow S^{(BCH)} = (S_1, S_2, S_3, S_4) = (\alpha^4, \alpha^8, \alpha^5, \alpha)$$

Le syndrome est donné, d'après les relations (6.27a et b), comme suit :

$$\underline{\underline{S^{(BCH)} = (S_1, S_2, S_3, S_4)}} = \underline{\underline{(B_{14}, B_{13}, B_{12}, B_{11})}} = \underline{\underline{(\alpha^4, \alpha^8, \alpha^5, \alpha)}}$$

Dans ce cas simple, nous pouvons utiliser la même désignation du syndrome, comme pour le code RS (voir relation 5.39), ce qui nous permet d'utiliser la même équation clé.

$$\underline{\underline{S^{(RS)} = (S_0, S_1, S_2, S_3)}} = \underline{\underline{(B_{11}, B_{12}, B_{13}, B_{14})}} = \underline{\underline{(\alpha, \alpha^5, \alpha^8, \alpha^4)}}$$

En utilisant la relation (5.55)

$$\sum_{i=0}^{t} C_i \cdot S_{j-i} = 0 \quad j = t, t+1, \ldots, 2t-1$$

Avec la représentation matricielle de l'équation (5.55) et pour $t = 2$, donc le polynôme $C(x)$ est donné par la solution du sytèmes des équations ci-après, où $C_2 = 1$(choix libre).

$$\begin{bmatrix} S_0 & S_1 & S_2 \\ S_1 & S_2 & S_3 \end{bmatrix} \cdot \begin{bmatrix} C_2 \\ C_1 \\ C_0 \end{bmatrix} = 0 \Rightarrow \begin{matrix} S_0 & + & C_1 S_1 & + & C_0 S_2 & = & 0 \\ S_1 & + & C_1 S_2 & + & C_0 S_3 & = & 0 \end{matrix}$$

$$\begin{matrix} \alpha & + & C_1\alpha^5 & + & C_0\alpha^8 & = & 0 \\ \alpha^5 & + & C_1\alpha^8 & + & C_0\alpha^4 & = & 0 \end{matrix} \Rightarrow \begin{bmatrix} \alpha^8 & \alpha^5 \\ \alpha^4 & \alpha^8 \end{bmatrix} \cdot \begin{bmatrix} C_0 \\ C_1 \end{bmatrix} = \begin{bmatrix} \alpha \\ \alpha^5 \end{bmatrix}$$

La solution de système des équations donne enfin :

$$\underline{\underline{C(x) = \alpha^{10} + \alpha^4 x + x^2}}$$

La localisation des erreurs est donnée par la procédure Chien-Search. Les positions de $c_i = C(\alpha^i) = 0$ indiquent les positions d'erreurs. Elles sont déterminées par la TFDI.

$$\left.\begin{matrix} C(x = \alpha^3) = \alpha^{10} + \alpha^7 + \alpha^6 = 0 \\ C(x = \alpha^7) = \alpha^{10} + \alpha^{11} + \alpha^{14} = 0 \end{matrix}\right\} \Rightarrow c_i = 0 \Leftrightarrow e_i \neq 0 \Rightarrow \left\{\begin{matrix} e_3 \neq 0 \\ e_7 \neq 0 \end{matrix}\right.$$

Comme nous l'avions supposé, les positions 3 et 7 ont été modifiées.

L'évaluation de la valeur d'erreur ne s'applique pas au décodage binaire. Il suffit d'ajouter « 1 » à la position modifiée, ce qui donne :

$$\begin{aligned} \hat{\boldsymbol{a}} = \boldsymbol{b} + \boldsymbol{e} = & \quad (0,0,0,\mathbf{1},0,0,0,\mathbf{1},0,0,0,0,0,0,0) \\ & + (0,0,0,\mathbf{1},0,0,0,\mathbf{1},0,0,0,0,0,0,0) \\ = & \quad (0,0,0,0,0,0,0,0,0,0,0,0,0,0,0) \end{aligned}$$

■

# 6.6. Résumé

Les codes BCH forment une classe très puissante de codes cycliques avec lesquels un nombre donné d'erreurs $t \geq 1$, réparties de manière aléatoire dans le mot de code, peut être corrigé de manière unique. La distance véritable $\delta = d_{min}$ et donc la capacité de correction d'erreurs d'un code BCH est une fonction de la longueur du mot de code et du mot de l'information.

Contrairement aux codes linéaires en blocs généraux, où toute relation entre $k$ et $n > k$ est possible, les relations suivantes s'appliquent au code BCH corrigeant $t$ erreurs : $m \geq 3$, où $n = 2^m - 1$ et $k \geq n - m \cdot t$, où $d = 2t + 1$ est la distance planifiée (designed distance) dans laquelle $\delta > d$.

Les codes BCH binaires résultent des codes RS en considérant toujours la transformée TFD sur $GF(p^m)$ et la longueur de bloc $n = p^m - 1$, mais les symboles du code doivent se trouver dans le corps premier $GF(p)$ au lieu dans le corps d'extension $GF(p^m)$. Dans le cas normal $p = 2$, les symboles de code sont donc des bits et non pas des groupes de bits, c'est-à-dire que les codes BCH binaires sont des codes binaires normaux.

Bien que les codes BCH puissent être définis dans chaque champ, nous nous sommes limités au champ binaire et nous avons examiné les codes BCH comme un cas particulier des codes RS dans $GF(2^m)$.

Le code BCH est un code cyclique linéaire, qui peut être codé avec le polynôme générateur de deux manières analogues au chapitre 4 :

- Codage non systématique par multiplication avec le polynôme générateur.
- Codage systématique par division sur le polynôme générateur.

Comme pour les codes RS, un code BCH binaire peut être défini dans le domaine fréquentiel par la disparition des positions adjacentes de contrôle ou dans le domaine temporel par un polynôme générateur. Contrairement aux codes RS, le décalage des fréquences de contrôle dû aux éléments complexes conjugués a une influence sur la performance du code BCH. Le décodage est similaire à celui des codes RS. L'avantage ici est qu'avec les codes binaires, aucune évaluation d'erreurs n'est nécessaire.

Dans ce chapitre, nous avons défini les codes BCH binaires de deux manières. D'abord, en utilisant les classes cyclotomiques, puis en utilisant la TFD, où ici, comme déjà mentionné précédemment, un mot de code $a(x)$ d'un code BCH binaire a des coefficients dans $GF(2)$, et le mot de code transformé $A(x)$ a des coefficients dans $GF(2^m)$.

Certaines restrictions ont dû être apportées afin de satisfaire à la condition $A_i^2 = A_{2i}$, de sorte que certains coefficients du mot de code transformé $A(x)$ pouvaient provenir du sous-corps $GF(2^m)$. Pour le décodage algébrique, les mêmes méthodes que pour les codes RS pourraient être utilisées pour résoudre l'équation clé. Les codes BCH ne peuvent donc être décodés que jusqu'à la moitié de la distance minimale véritable, même si la distance minimale réelle est supérieure.

Les codes BCH, binaires, peuvent être considérés comme des sous-codes de codes RS dans $GF(2^m)$. D'autre part, les codes RS peuvent également être considérés comme des sous-codes des codes BCH non binaires dans $GF(p^m)$ [40][41].

# 6.7. Exercices

**6.1.** Pour un code BCH, le polynôme générateur $g(x)$ doit être développé sur le champ de Galois $GF(2^5)$, dont l'élément primitif est $\alpha$. Les classes cyclotomiques du $GF(2^5)$ sont les suivantes :

| $M$ |
|---|
| $K_0 = \{0\}$ |
| $K_1 = \{1, 2, 4, 8, 16\}$ |
| $K_3 = \{3, 6, 12, 17, 24\}$ |
| $K_5 = \{5, 9, 10, 18, 20\}$ |
| $K_7 = \{7, 14, 19, 25, 28\}$ |
| $K_{11} = \{11, 13, 21, 22, 26\}$ |
| $K_{15} = \{15, 23, 27, 29, 30\}$ |

Le codage doit permettre la correction de trois erreurs ($t = 3$).

**6.1.1.** Indiquer la distance minimale de Hamming nécessaire $d_{min}$.

**6.1.2.** Déterminer le polynôme générateur $g(x)$ comme un produit de facteurs linéaires.

**6.1.3.** En déduire la longueur du mot de code $n$, la longueur du mot d'information $k$ et le nombre $m$ des symboles de contrôle.

**6.2.** Soit le champ de Galois $GF(2^3)$ avec le polynôme primitif $p(x) = 1+x+x^3$. Les classes cyclotomiques $K_j$ et les polynômes minimaux associés $m_j(x)$ sont :

$$K_0 = \{0\}, \qquad m_0(x) = 1 + x,$$
$$K_1 = \{1, 2, 4\}, \qquad m_1(x) = 1 + x + x^3$$
$$K_3 = \{3, 5, 6\}, \qquad m_3(x) = 1 + x^2 + x^3.$$

**6.2.1.** Donner la représentation polynomiale et la représentation vectorielle des éléments $\alpha^4$ et $\alpha^{12}$.

**6.2.2.** Développer un code BCH corrigeant deux erreurs ($t = 2$), dont les classes cyclotomiques et leurs polynômes minimaux sont donnés ci-dessus.

1) En déduire le polynôme générateur $g(x)$.
2) Calculer la longueur du mot d'information $k$. De quel type de code spécial s'agit-il ?
3) Interpréter le résultat obtenu en b.

**6.3.** Soit le code BCH dans $GF(2^3)$ corrigeant une erreur ($t$ =1) et défini par le polynôme primitif : $p(x) = 1 + x + x^3$, où $\alpha$ un élément primitif. $A = (A_0, A_1, A_2, A_3, A_4, A_5, A_6)$ est un mot de code dans le domaine fréquentiel. Si $A = (\alpha^0, \alpha^j, \alpha^{2j}, 0, \alpha^{4j}, 0, 0)$, effectuer un codage complet pour $j$ = 0, 1, .., $n$ – 1 ; $A_0$ = 0 et $A_0$ = 1 et donner une représentation des fréquences conjuguées.

**6.4.** Soit le champ de Galois $GF(2^5)$ avec le polynôme primitif $p(x) = 1 + x^2 + x^5$ et l'élément primitif $\alpha$. Pour ce corps, les classes cyclotomiques et leurs polynômes minimaux sont donnés dans l'annexe 1 ci-dessous. La représentation polynomiale et la représentation binaire sont données dans l'annexe 2 ci-après.

**6.4.1.** Donner la forme polynomiale et la forme vectorielle (binaire) des éléments $\alpha^6$ et $\alpha^{20}$.

**6.4.2.** Calculer la fonction cyclotomique $K_{15}$ et le polynôme minimal correspondant.

**6.4.3.** En utilisant l'annexe 2, compléter le tableau ci-dessous.

| ***M*** | ***n*** | ***k*** | ***r*** | ***t*** | ***t'*** |
|---|---|---|---|---|---|
| $K_1$ | | | | | |
| $K_1 \cup K_3$ | | | | | |
| $K_1 \cup K_3 \cup K_5$ | | | | | |
| $K_1 \cup K_3 \cup K_5 \cup K_7$ | | | | | |
| $K_1 \cup K_3 \cup K_5 \cup K_7 \cup K_{11}$ | | | | | |

***n*** : Longueur du mot de code après codage
***k*** : Longueur du mot d'information avant codage
***r*** : Nombre de symboles de contrôle ($n$-$k$)
***t*** : Erreurs corrigées
***t'*** : Erreurs détectées

**Annexe 1**

| *M* | Polynôme minimal |
|---|---|
| $K_0 = \{0\}$ | $m_0(x) = x + 1$ |
| $K_1 = \{1, 2, 4, 8, 16\}$ | $m_1(x) = x^5 + x^2 + 1$ |
| $K_3 = \{3, 6, 12, 17, 24\}$ | $m_3(x) = x^5 + x^4 + x^3 + x^2 + 1$ |
| $K_5 = \{5, 9, 10, 18, 20\}$ | $m_5(x) = x^5 + x^4 + x^2 + x + 1$ |
| $K_7 = \{7, 14, 19, 25, 28\}$ | $m_7(x) = x^5 + x^3 + x^2 + x + 1$ |
| $K_{11} = \{11, 13, 21, 22, 26\}$ | $m_7(x) = x^5 + x^4 + x^3 + x + 1$ |

**Annexe2**

| Elément | Présentation polynomiale | Présentation binaire |
|---|---|---|
| $\alpha^5$ | $1+\alpha^2$ | 10100 |
| $\alpha^8$ | $1+\alpha^2+\alpha^3$ | 10110 |
| $\alpha^{10}$ | $1+\alpha^4$ | 10001 |
| $\alpha^{11}$ | $1+\alpha+\alpha^2$ | 11100 |
| $\alpha^{14}$ | $1+\alpha^2+\alpha^3+\alpha^4$ | 10111 |
| $\alpha^{15}$ | $1+\alpha+\alpha^2+\alpha^3+\alpha^4$ | 11111 |
| $\alpha^{16}$ | $1+\alpha+\alpha^3+\alpha^4$ | 11011 |
| $\alpha^{17}$ | $1+\alpha+\alpha^4$ | 11001 |
| $\alpha^{18}$ | $1+\alpha$ | 11000 |
| $\alpha^{22}$ | $1+\alpha^2+\alpha^4$ | 10101 |
| $\alpha^{23}$ | $1+\alpha+\alpha^2+\alpha^3$ | 11110 |
| $\alpha^{25}$ | $1+\alpha^3+\alpha^4$ | 10011 |
| $\alpha^{26}$ | $1+\alpha+\alpha^2+\alpha^4$ | 11101 |
| $\alpha^{27}$ | $1+\alpha+\alpha^3$ | 11010 |
| $\alpha^{29}$ | $1+\alpha^3$ | 10010 |

**6.4.4.** Ce code BCH doit être utilisé pour la détection des erreurs et permettre de détecter au moins 3 erreurs ($t'=3$).

**1)** Trouver l'ensemble d'union requise dans le tableau et calculer le polynôme générateur $g(x)$.

**2)** Vérifier si le mot de code reçu :
$b(x)=1+x^2+x^4+x^6+x^8+x^{10}+x^{12}$ contient des erreurs.

**6.5.** On considère le champ de Galois $GF(2^3)$ avec le polynôme primitif $p(x)=1+x+x^3$ et l'élément primitif $\alpha$. Les différents éléments en leur mode de représentation et le tableau d'addition en représentation exponentielle sont présentés ci-après (Tableau 6. A et 6. B).

Le tableau (6.A) est un tableau de conversion indiquant les éléments de $GF(2^3)$ avec le polynôme primitif $p(x)=1+x+x^3$ et l'élément primitif $\alpha$. Le tableau (6.B) présente d'addition des éléments du $GF(2^3)$, basé sur le tableau de conversion (6.A), en représentation exponentielle.

| $\alpha^i$ | Composant | binaire |
|---|---|---|
| $-\infty$ | 0 | 000 |
| $\alpha^0$ | $= 1$ | 100 |
| $\alpha^1$ | $= \alpha$ | 010 |
| $\alpha^2$ | $= \alpha^2$ | 001 |
| $\alpha^3$ | $= 1+\alpha$ | 110 |
| $\alpha^4$ | $= \alpha+\alpha^2$ | 011 |
| $\alpha^5$ | $= 1+\alpha+\alpha^2$ | 111 |
| $\alpha^6$ | $= 1+\alpha^2$ | 101 |

**Tableau 6. A**

| $\oplus$ | 0 | 1 | $\alpha$ | $\alpha^2$ | $\alpha^3$ | $\alpha^4$ | $\alpha^5$ | $\alpha^6$ |
|---|---|---|---|---|---|---|---|---|
| 0 | 0 | 1 | $\alpha$ | $\alpha^2$ | $\alpha^3$ | $\alpha^4$ | $\alpha^5$ | $\alpha^6$ |
| 1 | 1 | 0 | $\alpha^3$ | $\alpha^6$ | $\alpha$ | $\alpha^5$ | $\alpha^4$ | $\alpha^2$ |
| $\alpha$ | $\alpha$ | $\alpha^3$ | 0 | $\alpha^4$ | 1 | $\alpha^2$ | $\alpha^6$ | $\alpha^5$ |
| $\alpha^2$ | $\alpha^2$ | $\alpha^6$ | $\alpha^4$ | 0 | $\alpha^5$ | $\alpha$ | $\alpha^3$ | 1 |
| $\alpha^3$ | $\alpha^3$ | $\alpha$ | 1 | $\alpha^5$ | 0 | $\alpha^6$ | $\alpha^2$ | $\alpha^4$ |
| $\alpha^4$ | $\alpha^4$ | $\alpha^5$ | $\alpha^2$ | $\alpha$ | $\alpha^6$ | 0 | 1 | $\alpha^3$ |
| $\alpha^5$ | $\alpha^5$ | $\alpha^4$ | $\alpha^6$ | $\alpha^3$ | $\alpha^2$ | 1 | 0 | $\alpha$ |
| $\alpha^6$ | $\alpha^6$ | $\alpha^2$ | $\alpha^5$ | 1 | $\alpha^4$ | $\alpha^3$ | $\alpha$ | 0 |

**Tableau 6. B**

**6.5.1.** Déterminer les classes cyclotomiques $K_j$ du $GF(2^3)$.

**6.5.2.** Décomposer $GF(2^3)$ en classes d'équivalence disjointes $[\alpha^i]$.

**6.5.3.** Calculer les polynômes minimaux $m(x)$ appartenant aux classes d'équivalence $[\alpha^i]$. Dans le tableau suivant, les ensembles d'union $M_l$ des classes cyclotomiques sont indiquées :

| $\nu$ | $M_\nu$ | $n_\nu$ | $k_\nu$ | $m_\nu$ | $d_\nu$ | $e_\nu$ | $t_\nu$ | $R_\nu$ |
|---|---|---|---|---|---|---|---|---|
| 1 | $K_1$ | | | | | | | |
| 2 | $K_3$ | | | | | | | |
| 3 | $K_1 \cup K_3$ | | | | | | | |
| 4 | $K_0 \cup K_1$ | | | | | | | |
| 5 | $K_0 \cup K_3$ | | | | | | | |

**6.5.4.** Entrer dans le tableau les valeurs résultantes pour la longueur du mot de code $n_\nu$, la longueur du mot d'information $k_\nu$, le nombre des symboles de contrôle $m_\nu$, la distance minimale $d_\nu$, le nombre des d'erreurs détectables $t'_\nu$, le nombre d'erreurs corrigeables $t_\nu$ et le taux de code $R_\nu$.

**6.5.5.** Déterminer les polynômes générateurs $g_\nu(x)$ pour tous les ensembles d'union indiqués dans le tableau. Quel est le code spécial avec le polynôme générateur $g_3(x)$ ?

**6.5.6.** Coder le mot d'information binaire $u = (1,1,1,1)$ avec un code BCH qui résulte de l'union $M_2$.

1) Déterminer le mot de code $A$ dans le domaine fréquentiel.
2) Calculer par l'intermédiaire de la TFDI le mot de code $a$ dans le domaine temporel.

**6.5.7.** Le mot de code $b = (0,1,0,1,0,0,0)$ est reçu. Déterminer le vecteur d'erreurs à l'aide du polynôme localisateur d'erreurs $C(x)$.

# Chapitre 7

# Codes convolutifs

## 7.1. Introduction

Les codes convolutifs forment, après les codes en blocs, le deuxième groupe important des codes correcteurs d'erreurs. Les $(n,k)$ codes que nous avons étudiés jusqu'à présent sont appelés codes en blocs parce que nous codons un message de $k$ symboles d'information en un bloc de longueur $n$. Dans le cas des codes convolutifs, au lieu de générer des mots de code en blocs, ils sont générés par convolution d'une séquence d'informations avec un ensemble de coefficients des polynômes générateurs.

Les codes convolutifs utilisent un schéma de codage qui dépend non seulement du message en cours de transmission, mais aussi d'un certain nombre de messages précédents, où chaque bloc de $n$ é.b. (élément binaire) en sortie du codeur dépend non seulement du bloc courant, mais des $k$ blocs précédents. Dans ce cas, les symboles de contrôle à l'intérieur d'un bloc contrôlent également les symboles d'information des autres blocs. La mémoire est donc une caractéristique importante d'un codeur de code convolutif.

Bien que ces codes convolutifs aient une structure mathématique plus simple que les codes en blocs, il n'existe pas de méthodes analytiques pour leur construction. Cependant, les codes convolutifs peuvent traiter les informations de fiabilité à partir de symboles de code plus facilement que les codes en blocs, mais ils sont très sensibles aux paquets d'erreurs de cluster.

En général, les codes convolutifs sont binaires et linéaires fondés sur la convolution discrète. Lorsque le filtrage est effectué avec une réponse impulsionnelle de longueur infinie, on parle de code convolutif récursif (RCC). De même, ces codes sont dits systématiques lorsqu'apparaît clairement l'information ou le symbole dans le mot de code.

Les codes convolutifs ont été introduits par Elias en 1955 [17] et par Wozencraft [18] en 1961. Massey [42] a spécifié des méthodes de décodage séquentiel simple pour les codes convolutifs en 1963. En 1967, Viterbi [20], a publié un algorithme de décodage portant son nom qui est aujourd'hui largement utilisé. Contrairement au décodage algébrique des codes en bloc, les méthodes de décodage des codes convolutifs ne sont pas basées sur la solution d'équations de contrôle, mais sur l'estimation optimale d'une séquence de réception. Ces méthodes de décodage permettent de traiter facilement les informations relatives à la fiabilité des symboles en « décision souple : soft decision ». Cela apporte généralement un gain de codage supplémentaire d'environ 2 dB par rapport à la « décision dure : hard decision ». Après les premières applications dans les communications par satellite au début des années 70, les codes convolutifs sont maintenant largement utilisés dans les technologies de communications en raison de leur simplicité de mise en œuvre.

# 7.2. Définition et principe des codes convolutifs

## 7.2.1. Définition de la structure du code

Pour présenter la structure d'un code convolutuf, nous considérons une séquence binaire d'information $\underline{u}$ divisée en $\underline{u}_\nu$ blocs de $k$ bits d'information. Chaque bloc $\underline{u}_\nu$ est codé par le codeur en un code en bloc $\boldsymbol{v}^{(i)}$ de $n$ bits. Pour ces codes, chaque bloc de $n$ éléments binaires en sortie dépend non seulement des $k$ éléments binaires présents en entrée mais aussi des $m$ blocs de $k$ éléments binaires précédents.

$$\left.\begin{array}{l}\underline{u}=(\underline{u}_1,\underline{u}_2,\ldots,\underline{u}_\nu,\ldots)\text{ avec }\underline{u}_\nu=\left(u_\nu^{(1)},u_\nu^{(2)},\ldots,u_\nu^{(k)}\right)\\ u_\nu^{(i)}\in GF(2)\quad 1\leq i\leq k\Rightarrow \underline{u}_\nu\in GF(2^k)\end{array}\right\}\qquad 7.1$$

En anglais, une telle séquence sans indices négatifs est appelée semi-infinie.

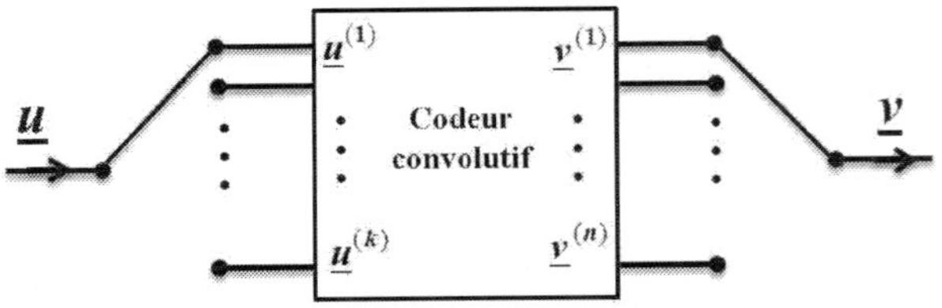


$$u_\nu^{(i)}=(u_\nu^1,u_\nu^2,u_\nu^3\ldots),\ i=1,2,3,\ldots,k\ ;\ v_\nu^{(j)}=(v_\nu^1,v_\nu^2,v_\nu^3\ldots),\ j=1,2,3,\ldots,n$$

$$\Downarrow$$

$$\underline{v}=(v_1^{(1)},v_2^{(1)},v_3^{(1)}\ldots\ ;\ v_1^{(2)},v_2^{(2)},v_3^{(2)}\ldots\ ;\ \ldots;\ v_1^{(n)},v_2^{(n)},v_3^{(n)};\ \ldots)$$

$$\underline{v}=(v_1^{(1)},v_1^{(2)},\ldots v_1^{(n)}\ ;\ v_2^{(1)},v_2^{(2)},\ldots v_2^{(n)}\ ;\ v_3^{(1)},v_3^{(2)},\ldots,v_3^{(n)}\ ;\ \ldots)$$

**Fig. 7.1 :** Relation entrée-sortie d'un code convolutif

## 7.2.2. Paramètres et structure générale

Dans ce qui suit, un code convolutif est décrit par trois caractéristiques $n$, $k$, $m$ et désigné par $C(n, k, [m])$. Les codes convolutifs sont caractérisés par :

- Le rendement : $k/n$
- La longueur de contrainte

$$L_C = (m+1) \cdot k \qquad 7.2$$

$L_C$ c'est le nombre de décalages d'un bloc de $k$ éléments binaires pour que la sortie soit influencée par ce bloc, où $m$ est la mémoire du codeur.

Autrement dit, un code convolutif de taux $R_C = k/n$ est donné par un codeur à mémoire, en ce sens que le bloc de code actuel est déterminé par le bloc d'informations actuel et par les $m$ blocs d'informations précédents.

La longueur de contrainte $L_c$ est un paramètre très important du codeur, elle décrit le nombre de coup d'horloge nécessaire pour qu'un bit d'information à l'entrée puisse être impliqué à la sortie. Pour une grande $L_C$, les possibilités de combinaison dans le code sont augmentées et le code devenu plus efficace.

La structure générale du code peut être donnée par la forme suivante :

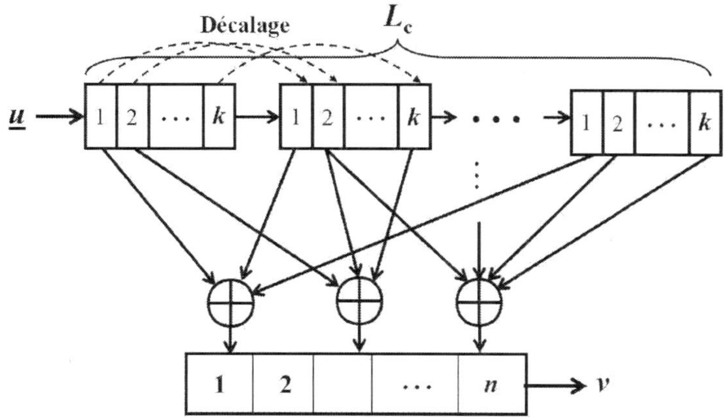


**Fig. 7.2 :** Structure générale du registre à décalage des codeurs convolutifs

Le codeur peut être mis en œuvre sous la forme d'un circuit séquentiel avec $k$ entrées, $n$ sorties et un certain nombre $m$ d'éléments de mémoire. Dans l'exemple suivant, nous donnons deux suggestions de cette forme de circuit.

**Exemple 7.1 :** Structure de codeur

- Les figures (Fig. 7.3a, b) montrent un codeur $C(n, k, [m])$, composé d'un registre à décalage de longueur $m = 2$, avec une entrée $k = 1$ et deux sorties $n = 2$ (deux liaisons linéaires).

C(2,1,[2])

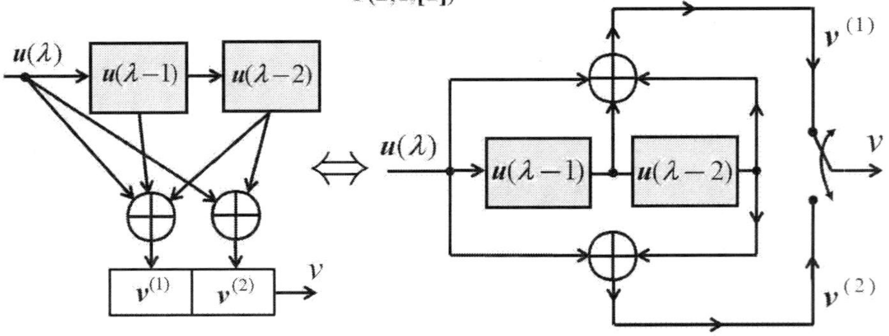


**Fig. 7.3a :** Codeur convolutif **Fig. 7.3b :** Forme équivalente

Les figures (Fig. 7.3a, b) montrent une combinaison linéaire à partir de deux liens du contenu de la mémoire du registre à décalage avec le symbole d'entrée. La séquence d'informations $u = (u_0, u_1, u_2, \ldots)$ est décalée bit par bit ($k = 1$) dans le codeur, c'est-à-dire le bit $u(\lambda)$ dans le rythme du temps $\lambda$. Il en résulte $n = 2$ séquences de sortie.

$$\left.\begin{array}{l} v^{(1)} = (v_0{}^{(1)}, v_1{}^{(1)}, v_2{}^{(1)} \ldots) \\ v^{(2)} = (v_0{}^{(2)}, v_1{}^{(2)}, v_2{}^{(2)} \ldots) \end{array}\right\}$$

$$k = 1,\ n = 2$$

$$v = \left((v_0{}^{(1)}, v_0{}^{(2)}), (v_1{}^{(1)}, v_1{}^{(2)}), (v_2{}^{(1)}, v_2{}^{(2)}), \ldots\right) \Rightarrow c = (v_0, v_1, v_2, \ldots)$$

- Dans chaque $k$ coups d'horloge, on décale $k$ bits d'information.
- Chaque bit influence $L_C$-fois la sortie du codeur.
- Le calcul des symboles codés est fait par combinaison du contenu de registre en modulo 2.
- La sortie $v$ se compose de $n$ bits.
- Pour $k = 1$, $L_C = m + 1$

Les deux circuits de la figure (Fig. 7.3) sont équivalents. Dans ce qui suit, nous utiliserons le modèle du circuit de la forme équivaltente présentée dans la figure (Fig. 7.3b).

■

## 7.2.3. Procédure de codage

Le code convolutif est défini par toutes les séquences possibles $C(n,k,[m])$ dont le taux de codage est $R_C = k/n$. Pour ces codes, chaque bloc de $n$ éléments binaires en sortie dépend non seulement des $k$ éléments binaires présents en entrée mais aussi des $m$ blocs de $k$ éléments binaires précédents (souvent $k = 1$).

On commence par remettre à zéro les bascules des registres. Puis, on fait entrer $k$ bits d'information, un dans le premier étage de chaque registre, en suivant toujours le même ordre. Les combinaisons linéaires s'élaborent immédiatement, on fera sortir les $v$ bits correspondants, aussi toujours dans le même ordre.

**Exemple 7.2 :** Codeur $C(2,1,[2])$

- le Code convolutif $C(n,k,[m]) = C(2,1,[2])$ est un code constitué d'un registre de longueur $m = 2$, d'une entrée $k = 1$ et de deux sorties $n = 2$. Le code convolutif est donné par la figure (Fig. 7.4) :

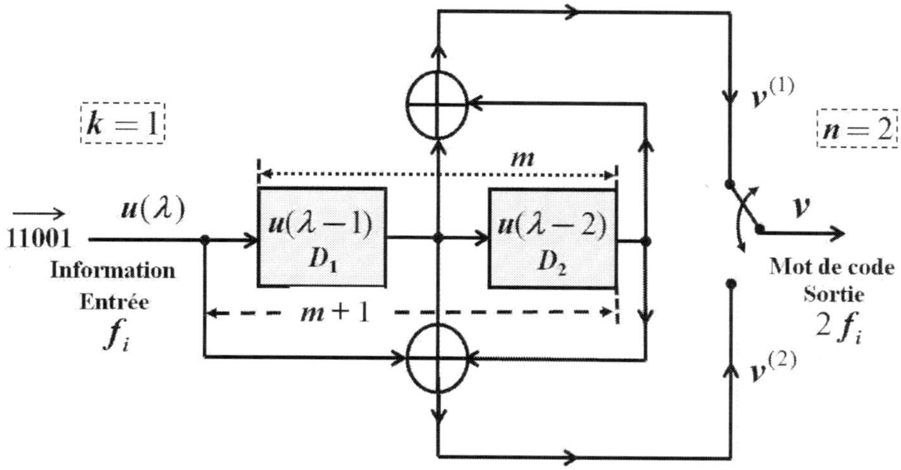


**Fig. 7.4 :** Codeur convolutif $C(2,1,[2])$ ($D_1$, $D_2$ registres en décalage)
Codage de la suite 10011 (Ordre de transmission $\overrightarrow{11001}$)

L'information est introduite au dispositif bit par bit $u = (u_0, u_1, u_2, \ldots)$ $\to u(\lambda)$ ce qui donne à la sortie deux suites $v^{(1)}$ et $v^{(2)}$ présentant les séquences des sorties suivantes :

$v^{(1)} = (v_0^{(1)}, v_1^{(1)}, v_2^{(1)}, \ldots)$ et $v^{(2)} = (v_0^{(2)}, v_1^{(2)}, v_2^{(2)}, \ldots)$

La séquence du code sera donc :

$$v=\left((v_0^{(1)},v_0^{(2)}),(v_1^{(1)},v_1^{(2)}),(v_2^{(1)},v_2^{(2)}),\cdots\right)\Rightarrow c=(v_0,v_1,v_2,\ldots)$$

- On code la suite des bits :10011. D'après la relation (7.1) on a pour $k=1$

$$\left.\begin{array}{l} \mathrm{u}^{(k=1)}=\left(u_0^{(1)},u_1^{(1)},\ldots\right) \\ u_\nu^{(1)}\in GF(2)\quad k=1 \end{array}\right\}\Rightarrow u^{(1)}\Rightarrow u=(1,0,0,1,1)$$

La séquence d'informations $u^{(1)}\rightarrow u=(1,0,0,1,1)$ est décalée bit par bit ($k=1$) dans le codeur, c'est-à-dire le bit $u(\lambda)$ dans le rythme de temps $\lambda$. Il en résulte $n=2$ séquences de sortie d'après la figure (Fig. 7.4) :

$$v^{(1)}=u(\lambda-1)\oplus u(\lambda-2)$$

$$v^{(2)}=u(\lambda)\oplus u(\lambda-1)\oplus u(\lambda-2$$

| | $u$ | **Etats des registres** | | **Etats suivants des registres** | | **Sortie** | |
|---|---|---|---|---|---|---|---|
| | | $D_1$ | $D_2$ | $D_1$ | $D_2$ | $v^{(1)}$ | $v^{(2)}$ |
| 0 | **1** | 0 | 0 | 1 | 0 | 0 | 1 |
| 1 | **0** | 1 | 0 | 0 | 1 | 1 | 1 |
| 2 | **0** | 0 | 1 | 0 | 0 | 1 | 1 |
| 3 | **1** | 0 | 0 | 1 | 0 | 0 | 1 |
| 4 | **1** | 1 | 0 | 1 | 1 | 1 | 0 |
| 5 | 0 | 1 | 1 | 0 | 1 | 0 | 0 |
| 6 | 0 | 0 | 1 | 0 | 0 | 1 | 1 |

**Tableau 7.1 :** Etape du codage de $u_1=(1,0,0,1,1)$

($D_1$ et $D_2\rightarrow m$, $u_1$, $D_1$ et $D_2\rightarrow L_C=m+1$)

Information : $u=(1,0,0,1,1,0,0...)$
Mot de code : $v=(01,11,11,01,10,00,11,...)$

- **Remarque**
  - Comme nous utiliserons principalement $k=1$ et $n=2$ ou 3, nous nous limiterons aux termes suivants : $u$ : Entrée, $v$ : Sortie.

■

**Exemple 7.3 :** Codeur ***C*(2,1,[3])**

La figure (Fig. 7.5) présente un schéma fonctionnel d'un codeur convolutif simple, dont les paramètres sont : $k=1$, $n=2$, $m=3$.

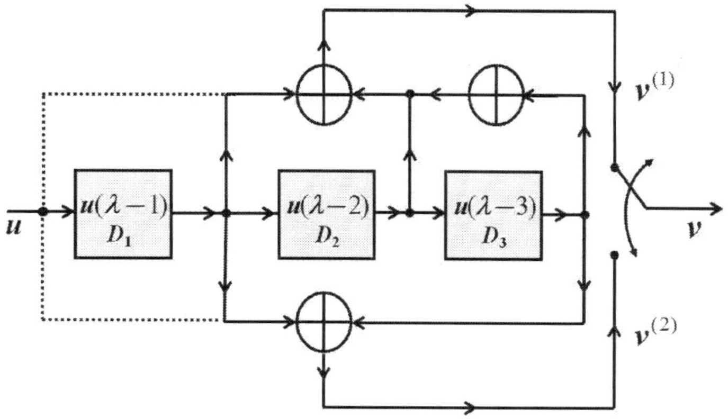


**Fig. 7.5 :** Codeur convolutif $C(2,1,[3])$

Dans ce qui suit, nous prendrons comme exemple la suite d'entrée 101000. Le tableau ci-dessous présente les étapes du codage.

$v^{(1)} = u(\lambda-1) \oplus u(\lambda-2) \oplus u(\lambda-3)$ ; $v^{(2)} = u(\lambda-1) \oplus u(\lambda-2)$

| | $u_1$ | Etats des registres | | | Etats suivants des registres | | | Sortie | |
|---|---|---|---|---|---|---|---|---|---|
| | | $D_1$ | $D_2$ | $D_3$ | $D_1$ | $D_2$ | $D_3$ | $v^{(1)}$ | $v^{(2)}$ |
| 0 | **1** | 0 | 0 | 0 | 1 | 0 | 0 | **1** | **1** |
| 1 | **0** | 1 | 0 | 0 | 0 | 1 | 0 | 1 | 0 |
| 2 | **1** | 0 | 1 | 0 | 1 | 0 | 1 | 0 | 0 |
| 3 | 0 | 1 | 0 | 1 | 0 | 1 | 0 | 1 | 0 |
| 4 | 0 | 0 | 1 | 0 | 0 | 0 | 1 | 1 | 1 |
| 5 | 0 | 0 | 0 | 1 | 0 | 0 | 0 | 0 | 0 |

**Tableau 7.2 :** Etapes du codage de $u_1 = (1,0,1,0,0,0)$

Information : $u = (1,0,1,0,0,0,...)$ ;

Mot de code : $v = (\underline{11},10,00,10,11,00...)$

- **Remarque**
  - Les deux bits **<u>11</u>** soulignés sont les premiers bits transmis à la sortie du codeur (00,11,01,00,01,**<u>11</u>**).

■

# 7.3. Réponse impulsionnelle et convolution

## 7.3.1. Introduction

Le nom de code convolutif met l'accent sur l'opération arithmétique « convolution », connue de la théorie des signaux et systèmes pour les systèmes linéaires invariants dans le temps (SLIT) [37][39]. Cette opération de convolution se distingue comme un aspect caractéristique du code convolutif.

Le terme convolutif s'applique à cette classe de codes parce que la suite des symboles codés $v$, peut s'exprimer comme le résultat de la convolution de la suite d'entrée (d'information) $u$ par les séquences génératrices. Puisque le code est linéaire, nous avons en effet :

$$\boldsymbol{v} = \boldsymbol{u} \cdot \boldsymbol{G} \qquad 7.3$$

La description par la théorie des systèmes (SLIT) peut être présentée par le schéma suivant :

**Fig. 7.6 :** Codage convolutif

$$\left.\begin{array}{l} \boldsymbol{v}^{(1)} = \boldsymbol{u} * \boldsymbol{g}^{(1)} \\ \boldsymbol{v}^{(2)} = \boldsymbol{u} * \boldsymbol{g}^{(2)} \\ \quad \vdots \end{array}\right\} \Rightarrow \boldsymbol{v}^{(j)} = \boldsymbol{u} * \boldsymbol{g}^{(j)} \qquad 7.4$$

La représentation du codage par la convolution discrète [37][39] donne :

$$\boldsymbol{v}^{(j)}(\boldsymbol{\lambda}) = \sum_{\mu=0}^{m} \boldsymbol{g}_{\mu}^{(j)} \cdot \boldsymbol{u}(\boldsymbol{\lambda} - \boldsymbol{\mu}) \bmod 2 \quad \text{pour } \boldsymbol{j} = 1, 2, \ldots, \boldsymbol{n} \qquad 7.5$$

Ici $g^{(j)}$ (réponde impulsionnelle ou séquence génératrice) correspond à la *j-ème* sortie et $\mu$ est l'indice du coefficient correspondant.

$g^{(j)} = (g_0^{(j)}, g_1^{(j)}, g_2^{(j)}, \ldots, g_m^{(j)})$

$g_\mu^{(j)}$ : séquence génératrice, $j$ : ligne correspondante à la $j$ - ème sortie

$j = 1, \ldots, n$ ; $\mu = 0, \ldots, m$

Si une séquence d'informations binaires $u = (u_0, u_1, u_2, \ldots.)$ est appliquée à l'entrée d'un registre à décalage, la somme modulo 2 de certains contenus du registre à décalage se traduit par une séquence de parité $v^{(j)} = \{v_0, v_1, v_2, \ldots\}$. Le circuit de parité est similaire à un simple filtre numérique FIR [39], sauf que ses coefficients $\{g_\mu\} = \{g_0, g_1, g_2, \ldots, g_m\}$ sont 0 ou 1 et que la somme est en modulo 2. Cependant, ce filtre FIR présenté par les figures (Fig. 7.4 et Fig. 7.5), génère un produit de convolution, de sorte que la séquence $\{g\}$ doit être considérée comme une réponse impulsionnelle.

**Exemple 7.4 :** Séquences génératrices du codeur C(2,1,[3])

- La figure (Fig. 7.7) présente un schéma fonctionnel d'un codeur convolutif simple comme un système (SLIT), dont les paramètres sont : $k=1, n=2, m=3$.

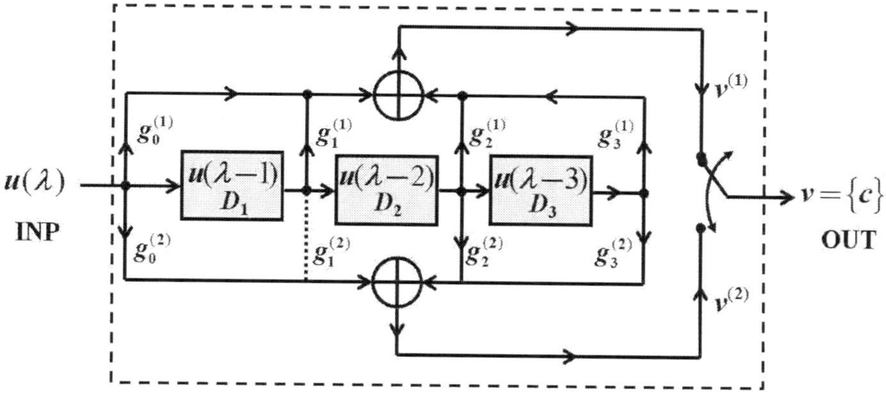


**Fig. 7.7 :** Codeur convolutif comme un système (SLIT)

Les réponses impulsionnelles (séquences génératrices) du système (SLIT) sont données par les deux vecteurs **:**

$$g^{(1)} = \left(g_0^{(1)}, g_1^{(1)}, g_2^{(1)}, g_3^{(1)}\right) = (1,1,1,1)$$

$$g^{(2)} = \left(g_0^{(2)}, g_1^{(2)}, g_2^{(2)}, g_3^{(2)}\right) = (1,\mathbf{0},1,1)^{,}$$

Si par exemple la séquence d'information $u = (1,0,1,1,1,0,0,0,\ldots)$ est appliquée à l'entrée du codeur (Fig. 7.7). Une séquence binaire $v$ de mot de code apparaît comme convolution discrète à la sortie du codeur en tant que séquence de réponse du système :

$$v^{(j)} = u * g_\mu^{(j)} \; ; j = 1,\ldots,n \; ; \mu = 0,\ldots,m$$

$$v^{(1)} = (1,0,1,1,1,0,0,...) * (1,1,1,1) = (1,1,0,1,1,1,0,1,0,0,...)$$
$$v^{(2)} = (1,0,1,1,1,0,0,...) * (1,0,1,1) = (1,0,0,0,0,0,0,1,0,0,...)$$

```
1 0 1 1 1 0 0*1 1 1 1=1 0 1 1 1 0 0
                        1 0 1 1 1 0 0
                          1 0 1 1 1 0 0
                            1 0 1 1 1 0 0
```

$$v^{(1)} = (1,1,0,1,1,1,0,1,0,0)$$

```
1 0 1 1 1 0 0 *1 0 1 1 = 1 0 1 1 1 0 0
                           0 0 0 0 0 0 0
                             1 0 1 1 1 0 0
                               1 0 1 1 1 0 0
```

$$v^{(2)} = (1, 0, 0, 0, 0, 0, 0, 1, 0, 0)$$

$$v = (11,10,00,10,10,10,00,11,00,00,. .$$

■

## 7.3.2. Présentation générale

Pour plusieurs entrées, on a en général la structure suivnate :

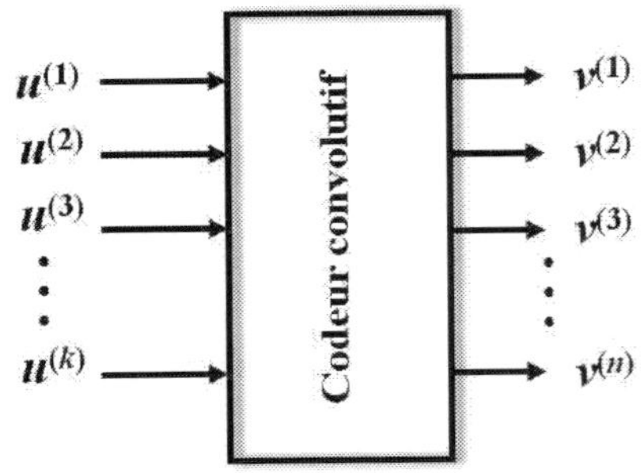


**Fig. 7.8 :** Codage convolutif à ***k*** entrées et ***n*** sorties

La *j*-ème des *n* séquences de sortie $v^{(j)}$ est obtenue par convolution des séquences d'entrée avec la réponse impulsionnelle respective du système :

$$v^{(j)} = u^{(1)} * g_1^{(j)} + u^{(2)} * g_2^{(j)} + \cdots + u^{(k)} * g_k^{(j)} = \sum_{i=1}^{k} u^{(i)} * g_i^{(j)} \qquad 7.6$$

On appelle les réponses impulsionnelles $g_i^{(j)}$ les séquences génératrices du codeur.

**Exemple 7.5 :** Séquences génératrices du codeur **$C$(3,2,[1])**

- Comme dans l'exemple précédent, on peut également définir des séquences génératrices pour le codeur de la figure (Fig. 7.9).

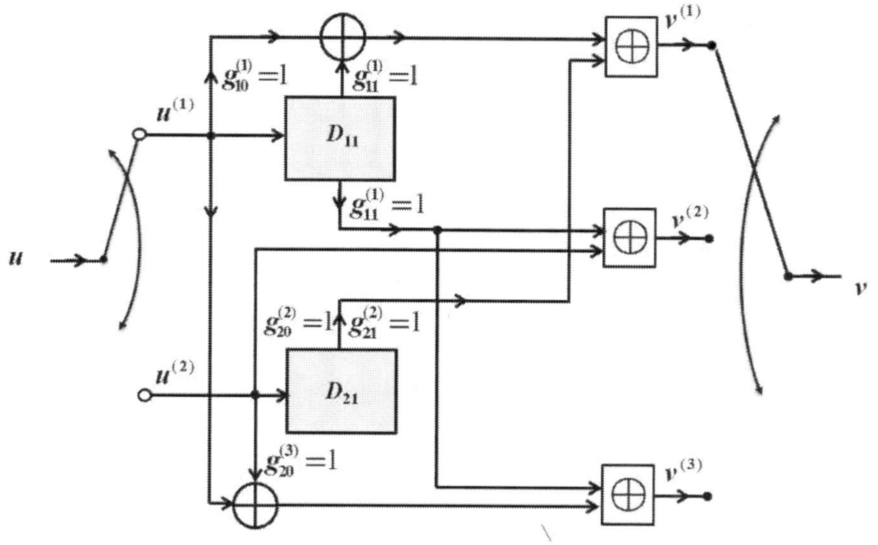


**Fig. 7.9 :** Génération d'un code convolutif $C$(3,2,[1])

- Pour chacune des deux séquences d'entrée ($k=2$), il existe trois séquences génératrices ($n=3$), c'est-à-dire une séquence pour chaque sortie.

$$g_i^{(j)}=\left\{g_{i\mu}^{(j)}\right\}=\left(g_{i,0}^{(j)},g_{i,1}^{(j)},\ldots,g_{i,m}^{(j)}\right)$$

$$\text{Entrée} : i\in[1,2],\ \text{Sortie} : j\in[1,3],\ \text{Mémoire} : m=1 \text{ et } \mu\in[0,m]$$

Pour ce codeur, on obtient les séquences génératrices suivantes :

$$g_1^{(1)}=\left(g_{10}^{(1)},g_{11}^{(1)}\right)=(1,1)$$

$$g_2^{(1)}=\left(g_{20}^{(2)},g_{21}^{(2)}\right)=(0,1)$$

---

$$g_1^{(2)}=\left(g_{10}^{(1)},g_{11}^{(1)}\right)=(0,1)$$

$$g_2^{(2)}=\left(g_{20}^{(2)},g_{21}^{(2)}\right)=(1,0)$$

---

$$g_1^{(3)}=\left(g_{10}^{(1)},g_{11}^{(1)}\right)=(1,1)$$

$$g_2^{(3)}=\left(g_{20}^{(2)},g_{21}^{(2)}\right)=(1,0)$$

Ce que nous pouvons préciser étage par étage (sortie par sortie) :

<u>Sortie</u> : $\boldsymbol{v}^{(1)}$ :

$$\boldsymbol{g}_1^{(1)} = \left(\boldsymbol{g}_{10}^{(1)}, \boldsymbol{g}_{11}^{(1)}\right) = (1, 1)$$

$$\boldsymbol{g}_2^{(1)} = \left(\boldsymbol{g}_{20}^{(2)}, \boldsymbol{g}_{21}^{(2)}\right) = (0, 1)$$

<u>Sortie</u> : $\boldsymbol{v}^{(2)}$ :

$$\boldsymbol{g}_1^{(2)} = \left(\boldsymbol{g}_{10}^{(1)}, \boldsymbol{g}_{11}^{(1)}\right) = (0, 1)$$

$$\boldsymbol{g}_2^{(2)} = \left(\boldsymbol{g}_{20}^{(2)}, \boldsymbol{g}_{21}^{(2)}\right) = (1, 0)$$

<u>Sortie</u> : $\boldsymbol{v}^{(3)}$ :

$$\boldsymbol{g}_1^{(3)} = \left(\boldsymbol{g}_{10}^{(1)}, \boldsymbol{g}_{11}^{(1)}\right) = (1, 1)$$

$$\boldsymbol{g}_2^{(3)} = \left(\boldsymbol{g}_{20}^{(2)}, \boldsymbol{g}_{21}^{(2)}\right) = (1, 0)$$

Il faut souligner ici que :

$$\begin{cases} \boldsymbol{g}_{i\mu}^{(j)} \ \textit{\textbf{actif}} \ \rightarrow 1 \\ \boldsymbol{g}_{i\mu}^{(j)} \ \textit{\textbf{passif}} \rightarrow 0 \end{cases}$$

■

# 7.4. Analyse des codes convolutifs

## 7.4.1. Description par le polynôme générateur

Nous pouvons également décrire les liens entre les contenus de registres individuels à l'aide de polynômes générateurs. Dans notre exemple (7.4), les polynômes $g^{(1)}(x) = 1 + x + x^2 + x^3$ et $g^{(2)}(x) = 1 + x^2 + x^3$ représentent les deux liens du codeur convolutif.

La séquence d'informations peut être également représentée par le polynôme $u(x) = u_0 + u_1 \cdot x + u_2 \cdot x^2 \ldots$, où $u_i$ indique le symbole d'information pour la $i$-ème position du mot d'information. La sortie du codeur convolutif peut être ainsi comprise comme une multiplication polynomiale de la séquence d'entrée $u(x)$ avec les polynômes générateurs $g^{(j)}(x)$. Nous pouvons également constater ici que notre exemple ne présente pas un code systématique, c'est-à-dire la séquence d'informations $u(x)$ n'apparaît pas directement dans la séquence de sortie. Comme le nom de code convolutif l'indique, le signal de sortie du codeur peut être compris comme la convolution de la réponse impulsionnelle du codeur avec la séquence d'entrée $u(x)$.

En utilisant la transformée en $Z$ (TZ) [37][39], on peut représenter le codeur comme un simple filtre FIR. A l'aide de la transformation en $z$, les séquences de signaux ainsi que les générateurs peuvent être représentés dans le domaine spectral. En général la transformée en $Z$ est définie comme suit :

$$y_\mu \xrightarrow{\text{TZ}} Y(z) = \sum_{\mu=0}^{\infty} y_\mu . z^{-\mu} \quad 7.7$$

Dans la théorie du codage, l'accord visant à remplacer l'opérateur de retard $z^{-1}$ par $D$ est devenu généralement convenu. On obtient ainsi $G(D)$ et les polynômes générateurs peuvent être décrits comme suit :

$$\boldsymbol{g}_\mu \xrightarrow{\text{TD}} \boldsymbol{G}(\boldsymbol{D}) = \sum_{\mu=0}^{m} \boldsymbol{g}_\mu \boldsymbol{D}^\mu \quad 7.8$$

En principe, ce qui suit s'applique au $j$-ème polynôme et à la séquence de sortie associée :

$$\boldsymbol{G}^{(j)}(\boldsymbol{D}) = \sum_{\mu=0}^{m} \boldsymbol{g}_\mu^{(j)} \cdot \boldsymbol{D}^\mu \Rightarrow \boldsymbol{V}^{(j)}(\boldsymbol{D}) = \boldsymbol{U}^{(i)}(\boldsymbol{D}) \cdot \boldsymbol{G}^{(j)}(\boldsymbol{D}) \quad 7.9$$

Cette transformation est également appelée transformation en $D$ (TD), elle représente généralement un décalage. L'ensemble de la séquence codée peut être représenté en forme polynomiale par $V(D)$ avec la matrice génératrice $G(D)$ :

$$\left.\begin{array}{l} \boldsymbol{V}^{(j)}(\boldsymbol{D}) = \boldsymbol{U}^{(i)}(\boldsymbol{D}) \cdot \boldsymbol{G}^{(j)}(\boldsymbol{D}) \\ \boldsymbol{U}^{(i)} = (\boldsymbol{U}^{(1)}, \boldsymbol{U}^{(2)}, \ldots, \boldsymbol{U}^{(k)}) \\ \boldsymbol{V} = (\boldsymbol{V}^{(1)}, \boldsymbol{V}^{(2)}, \ldots, \boldsymbol{V}^{(n)}) \end{array}\right\} \boldsymbol{i} = 1, 2, \ldots, \boldsymbol{k} \; ; \boldsymbol{j} = 1, 2, \ldots, \boldsymbol{n} \quad 7.10$$

## 7.4.2. Description par la matrice génératrice

Au lieu de la convolution, les équations de codage peuvent être également décrites par une multiplication matricielle. Pour cette description, une matrice génératrice est utilisée sur la base des polynômes générateurs. A cet effet, les séquences génératrices sont disposées dans une matrice semi-infinie $G$. La réponse peut être obtenue comme le produit matriciel du signal par une matrice qui ne comporte que les décalés successifs de la réponse impulsionnelle. Puisqu'il s'agit d'un codeur linéaire, cette matrice n'est autre que la matrice génératrice.

Une séquence de code est donnée par une ligne de la matrice génératrice $G(D)$.

$$\boldsymbol{G}(\boldsymbol{D}) = \left[\boldsymbol{G}_0(\boldsymbol{D})\ \boldsymbol{G}_1(\boldsymbol{D})\ \boldsymbol{G}_2(\boldsymbol{D})\ \cdots \boldsymbol{G}_m(\boldsymbol{D})\right] \qquad 7.11$$

**Exemple 7.6 :** Structure matricielle d'un codeur pour $\boldsymbol{C(2,1,[m])}$

- La présentation d'une séquence de code par :

$$\boldsymbol{G}(\boldsymbol{D}) = \left[\boldsymbol{G}_0(\boldsymbol{D})\ \boldsymbol{G}_1(\boldsymbol{D})\ \boldsymbol{G}_2(\boldsymbol{D})\ \cdots \boldsymbol{G}_m(\boldsymbol{D})\right]$$

**Coefficients de premier et de deuxième étage pour les $g_0$** • • • **Coefficients de premier et de deuxième étage pour les $g_m$**

$$G_0(D) = \left(g_0^{(1)} \quad g_0^{(2)}\right), G_1(D) = \left(g_1^{(1)} \quad g_1^{(2)}\right), \cdots, G_m(D) = \left(g_m^{(1)} \quad g_m^{(2)}\right),$$

En présentation explicite avec les coefficients correspondants :

$$G = \begin{pmatrix} g_0^{(1)} & g_1^{(1)} & \cdots & g_m^{(1)} \\ g_0^{(2)} & g_1^{(2)} & \cdots & g_m^{(2)} \end{pmatrix}$$

■

L'information n'ayant pas une longueur déterminée d'avance, la dimension de la matrice génératrice n'est pas définie non plus ; on dit qu'elle est semi infinie.

L'opération de codage d'une séquence infinie de bits d'information $U^{(i)} = (U^{(1)}, U^{(2)}, \ldots, U^{(k)}; \ldots)$ génère $n$ séquences de sortie parallèles $V^{(j)}(D)$, ($j$ =1, …, $n$). La correspondance des informations et la séquence de code peuvent être définies par multiplication selon la relation $C = U \cdot G$, où $G$ a la forme suivnate :

$$\boldsymbol{G} = \begin{pmatrix} \boldsymbol{G}_0 & \boldsymbol{G}_1 & \boldsymbol{G}_2 & \cdots & \boldsymbol{G}_m & & & \\ & \boldsymbol{G}_0 & \boldsymbol{G}_1 & \cdots & \boldsymbol{G}_{m-1} & \boldsymbol{G}_m & & \\ & & \boldsymbol{G}_0 & \cdots & \boldsymbol{G}_{m-2} & \boldsymbol{G}_{m-1} & \boldsymbol{G}_m & \\ & & & \ddots & & & & \ddots \end{pmatrix} \qquad 7.12$$

Ici $G_\mu$ sont des ($k$×n) sous-matrices, où $\mu = 0 \ldots m$.

$$G_\mu = \begin{pmatrix} g_{1\mu}^{(1)} & g_{1\mu}^{(2)} & \cdots & g_{1\mu}^{(n)} \\ g_{2\mu}^{(1)} & g_{2\mu}^{(2)} & \cdots & g_{2\mu}^{(n)} \\ \vdots & \vdots & \cdots & \vdots \\ g_{k\mu}^{(1)} & g_{k\mu}^{(2)} & \cdots & g_{k\mu}^{(n)} \end{pmatrix} \text{ pour } \mu = 0,\ldots,m \qquad 7.13$$

Les éléments $g_{i,\mu}^{(j)}$, pour $i \in [1,k]$ et $j \in [1,n]$, résultent des réponses impulsionnelles (relation 7.6) de la $i$-ème entrée vers la $j$-ème sortie.

$$g_i^{(j)} = \left(g_{i,0}^{(j)}, g_{i,1}^{(j)}, g_{i,2}^{(j)}, \ldots, g_{i,m}^{(j)}\right) \qquad 7.14$$

L'indice $i$ dans les coefficients de la relation (7.14) est exclu quand $k = 1$.

**Exemple 7.7 :** Diverses méthodes de codages

- Soit le codeur convolutif $C(2,1,[2])$ présenté dans la figure (Fig. 7.10). La séquence d'informations $u = (1,1,0,1,0,0,0)$ doit être codée selon les méthodes suivantes :

  1. Méthode par transformation en $D$.
  2. Méthode de produit de convolution directe.
  3. Méthode par utilisation de la matrice génératrice

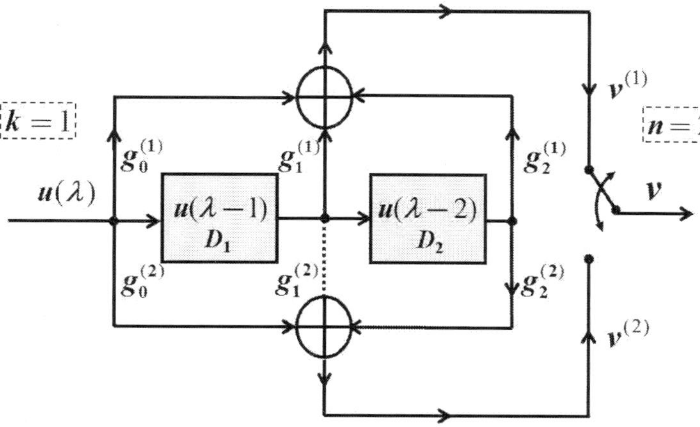


**Fig. 7.10 :** Codeur $C(2,1,[2])$

$g^{(1)} = (1,1,1)$ ; $g^{(2)} = (1,0,1)$ ; $u = (1,1,0,1,0,0,0)$

## 1. Méthode par la transformation en *D*

Présentation des polynômes générateurs et la suite de l'information par la transformation en $D$ (TD) ( $\text{TD} \equiv \text{TZ}$ ).

$$
\begin{aligned}
g^{(1)}(x) &= 1+x+x^2 &\xrightarrow{\text{TD}}\quad & G_1(D)=1+D+D^2 \\
g^{(2)}(x) &= 1+x^2 &\xrightarrow{\text{TD}}\quad & G_2(D)=1+D^2 \\
u(x) &= 1+x+x^3 &\xrightarrow{\text{TD}}\quad & U(D)=1+D+D^3
\end{aligned}
$$

$$
\begin{aligned}
& G(D)=\left[1+D+D^2 \ ; \ 1+D^2\right] \\
& V(D)=U(D)\cdot G(D)=\left[1+D+D^3\right]\cdot\left[1+D+D^2 \ ; \ 1+D^2\right] \\
& V(D)=U(D)\cdot G(D)=\left\{\left[1+D+D^3\right]\cdot\left[1+D+D^2\right] \ ; \ \left[1+D+D^3\right]\left[1+D^2\right]\right\} \\
& \qquad =\left\{1+D+D^3+D+D^2+D^4+D^2+D^3+D^5 \ ; 1+D+D^3+D^2+D^3+D^5\right\} \\
& \qquad =\left\{\underline{1}+D^4+\underline{\underline{D^5}} \ ; \ \underline{1}+D+D^2+\underline{\underline{D^5}}\right\}=\left\{\underline{11},01,01,00,10,\underline{\underline{11}},00\ldots\right\}
\end{aligned}
$$

Le mot de code est donc :

$$
\boldsymbol{v}=\{\boldsymbol{c}\}=\underline{\underline{(11,01,01,00,10,11,00,\ldots)}}
$$

## 2. Méthode par produit de convolution directe

$$
v^{(j)}=\sum_{\mu=0}^{j} g_\mu \cdot u(j-\mu) \text{ pour } j=1,2 \ ; \mu=0,1,2
$$

$$
\left.
\begin{aligned}
v^{(1)} &= u * g^{(1)}=(1,1,0,1,0,0,0)*(1,1,1)=(1,0,0,0,1,1,0,\ldots) \\
v^{(2)} &= u * g^{(2)}=(1,1,0,1,0,0,0)*(1,0,1)=(1,1,1,0,0,1,0,\ldots)
\end{aligned}
\right\}
$$

$$
v=\{c\}=\underline{\underline{(11,01,01,00,10,11,00\ldots)}}
$$

Le tableaux suivants présentent les étapes de convolution :

| | $g^{(1)}$ | |
|---|---|---|
| $u$ | 1 1 1 | $v^{(1)}$ |
| 0 0 0 1 0 1 | 1 | 1 |
| 0 0 0 1 0 | 1 1 | 0 |
| 0 0 0 1 | 0 1 1 | 0 |
| 0 0 0 | 1 0 1 | 0 |
| 0 0 | 0 1 0 | 1 |
| 0 | 0 0 1 | 1 |
| | 0 0 0 | 0 |
| | ⋮ | ⋮ |

| | $g^{(2)}$ | |
|---|---|---|
| $u$ | 1 0 1 | $v^{(2)}$ |
| 0 0 0 1 0 1 | 1 | 1 |
| 0 0 0 1 0 | 1 1 | 1 |
| 0 0 0 1 | 0 1 1 | 1 |
| 0 0 0 | 1 0 1 | 0 |
| 0 0 | 0 1 0 | 0 |
| 0 | 0 0 1 | 1 |
| | 0 0 0 | 0 |
| | ⋮ | ⋮ |

**Tableau 7.3 :** Etapes du codage par produit de convolution

**3. Méthode par utilisation de la matrice génératrice**

$$g_{i\mu}^{(j)} : \begin{cases} \text{une seule entrée} : i = k = 1 \\ \text{deux sorties} : j = 1, 2 \text{ et } m = 2 \ \rightarrow \mu = 0, 1, 2 \end{cases}$$

Les coefficients des polynômes générateurs sont :

$$\begin{aligned} g_1^{(1)} &= (g_0^{(1)}, g_1^{(1)}, g_2^{(1)}) = (1,1,1) \\ g_1^{(2)} &= (g_0^{(2)}, g_1^{(2)}, g_2^{(2)}) = (1,0,1) \end{aligned}$$

Les sous-matrices $G_\mu$ correspondantes sont :

$$\begin{aligned} g_1^{(1)} &= (g_0^{(1)}, g_1^{(1)}, g_2^{(1)}) = \\ g_1^{(2)} &= (g_0^{(2)}, g_1^{(2)}, g_2^{(2)}) = \end{aligned} \underset{G_0}{\begin{pmatrix}1\\1\end{pmatrix}} \underset{G_1}{\begin{pmatrix}1\\0\end{pmatrix}} \underset{G_2}{\begin{pmatrix}1\\1\end{pmatrix}}$$

$$\left.\begin{aligned} G_0 &= g_0^{(1)} g_0^{(2)} = 11 \\ G_1 &= g_1^{(1)} g_1^{(2)} = 01 \\ G_2 &= g_2^{(1)} g_2^{(2)} = 11 \end{aligned}\right\} \Rightarrow G = (G_0 \ G_1 \ G_2) = (11\ 01\ 11)$$

La matrice génératrice comporte sept lignes, car sept bits d'information doivent être codés.

$$G = \begin{pmatrix} G_0 & G_1 & G_2 & & & \\ & G_0 & G_1 & G_2 & & \\ & & G_0 & G_1 & G_2 & \\ & & & \ddots & \ddots & \ddots \end{pmatrix}$$

Pour la suite binaire $u = (1,1,0,0,1,0,0,0)$, on a donc :

$$v = \{c\} = u \cdot G \Rightarrow \{c\} = (1,1,0,1,0,0,0) \cdot \begin{pmatrix} 11 & 10 & 11 & & & & \\ & 11 & 10 & 11 & & & \\ & & 11 & 10 & 11 & & \\ & & & 11 & 10 & 11 & \\ & & & & 11 & 10 & 11 \\ & & & & & 11 & 10 \\ & & & & & & 11 \end{pmatrix}$$

$$\Rightarrow \underline{\underline{v = (11, 01, 01, 00, 10, 11, 00...)}}$$

On obtient le même résultat pour toutes les méthodes utilisées.

■

**Exemple 7.8 :** Matrice génératrice du codeur $C(3,2,[1])$

- La figure (Fig. 7.11) présente un codeur convolutif pour $n = 3$, $k = 2$ et $m = 1$.

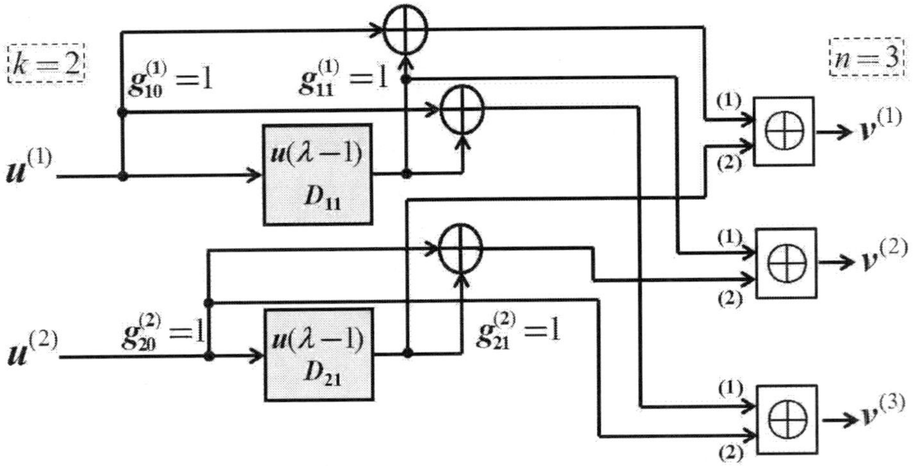


**Fig. 7.11 :** Codeur $C(3,2,[1])$

Pour la séquence d'information $\{u\} = \{(11), (01), (00), (00)\}$, le mot de code $v = \{c\}$ correspondant est à déterminer.

➢ **Données :**

$$\{u\} = \{(11), (01), (0\,0), (0\,0)\}$$

$$n = 3,\ k = 2 \rightarrow u = \left\{\left(u^{(1)}u^{(2)}\right), \left(u^{(1)}u^{(2)}\right), \ldots\right\} = \{(11), (01), (00), (00)\}$$

$$L_C = (m+1) \cdot k = 4$$

➢ **Détermination des sorties pour les entrées** $(u^{(1)}, u^{(2)}) = (1,1)$

$\boldsymbol{g_{i\mu}^{(j)}}$ ***actif*** $\rightarrow 1$ ; $\boldsymbol{g_{i\mu}^{(j)}}$ ***passif*** $\rightarrow 0$

<u>Première ligne</u> (1) :

$$\left.\begin{array}{lllllllll} v^{(1)} = & (g_{10}^{(1)} \times 1 & + & g_{11}^{(1)} \times 0) & + & (g_{20}^{(2)} \times 1 & + & g_{21}^{(2)} \times 0) \\ v^{(1)} = & (\mathbf{1} \times 1 & + & \mathbf{1} \times 0) & + & (\mathbf{0} \times 1 & + & \mathbf{1} \times 0) \end{array}\right\} v^{(1)} = 1 + 0 = 1$$

<u>Deuxième ligne</u> (2) :

$$\left.\begin{array}{lllllllll} v^{(2)} = & (g_{10}^{(1)} \times 1 & + & g_{11}^{(1)} \times 0) & + & (g_{20}^{(2)} \times 1 & + & g_{21}^{(2)} \times 0) \\ v^{(2)} = & (\mathbf{0} \times 1 & + & \mathbf{1} \times 0) & + & (\mathbf{1} \times 1 & + & \mathbf{1} \times 0) \end{array}\right\} v^{(2)} = 0 + 1 = 1$$

Troisième ligne (3) :

$$\left.\begin{array}{l} v^{(3)} = (g_{10}^{(1)}\times 1 + g_{11}^{(1)}\times 0) + (g_{20}^{(2)}\times 1 + g_{21}^{(2)}\times 0) \\ v^{(3)} = (\mathbf{1}\times 1 + \mathbf{1}\times 0) + (\mathbf{1}\times 1 + \mathbf{0}\times 0) \end{array}\right\} v^{(3)} = 1+1=0$$

Le tableau ci-dessous présente les étapes du codage.

| | **Entrées** | | **Etat des registres** | | **Sorties** | | | **Reste d'information** |
|---|---|---|---|---|---|---|---|---|
| 1 | $u^{(1)}$ | $u^{(2)}$ | $D_{11}$ | $D_{21}$ | $v^{(1)}$ | $v^{(2)}$ | $v^{(3)}$ | |
| 2 | **1** | **1** | 0 | 0 | 1 | 1 | 0 | 010000 |
| 3 | **0** | **1** | 1 | 1 | 0 | 1 | 0 | 0000 |
| 4 | **0** | **0** | 0 | 1 | 1 | 1 | 0 | 00 |
| 5 | **0** | **0** | 0 | 0 | 0 | 0 | 0 | -- |

**Tableau 7.4 :** Etape du codage de $\{u\}$ = **{11 01 00 00}**

La séquence de code générée selon le tableau (7.3) est
$v = \{c\} = (110, 010, 110, 000)$

Ce résultat peut être obtenu directement en appliquant la convolution selon la relation (7.6).

- Il serait maintenant opportun d'étudier ce résultat en utilisant la matrice génératrcice selon la relation (7.12).

La matrice génératrice :

$$G = \begin{pmatrix} G_0 & G_1 & G_2 & \cdots & G_m & 0 & 0 & \cdots & 0 \\ 0 & G_0 & G_1 & G_2 & \cdots & G_m & 0 & \cdots & 0 \\ 0 & & G_0 & G_1 & G_2 & \cdots & G_m & \cdots & 0 \\ \vdots & & & G_0 & G_1 & G_2 & \cdots & G_m & \cdots \\ 0 & & & & G_0 & G_1 & G_2 & \cdots & G_m \\ \vdots & & & & & \ddots & \ddots & \ddots & \vdots \end{pmatrix}$$

Les sous-matrices sont données par la relation (7.13) :

$$G_\mu = \begin{pmatrix} g_{1,\mu}^{(1)} & g_{1,\mu}^{(2)} & \cdots & g_{1,\mu}^{(n)} \\ g_{2,\mu}^{(1)} & g_{2,\mu}^{(2)} & \cdots & g_{2,\mu}^{(n)} \end{pmatrix} \quad \text{pour } \mu = 0,1$$

Si nous comparons maintenant avec les sorties des lignes, on aura donc :

$$\left.\begin{array}{lllllllll} \boldsymbol{v}^{(1)} = & (\boldsymbol{g}_{10}^{(1)}\times 1 & + & \boldsymbol{g}_{11}^{(1)}\times 0) & + & (\boldsymbol{g}_{20}^{(2)}\times 1 & + & \boldsymbol{g}_{21}^{(2)}\times 0) \\ \boldsymbol{v}^{(1)} = & (\mathbf{1}\times 1 & + & \mathbf{1}\times 0) & + & (\mathbf{0}\times 1 & + & \mathbf{1}\times 0) \end{array}\right\}$$

$$\left.\begin{array}{lllllllll} \boldsymbol{v}^{(2)} = & (\boldsymbol{g}_{10}^{(1)}\times 1 & + & \boldsymbol{g}_{11}^{(1)}\times 0) & + & (\boldsymbol{g}_{20}^{(2)}\times 1 & + & \boldsymbol{g}_{21}^{(2)}\times 0) \\ \boldsymbol{v}^{(2)} = & (\mathbf{0}\times 1 & + & \mathbf{1}\times 0) & + & (\mathbf{1}\times 1 & + & \mathbf{1}\times 0) \end{array}\right\},$$

$$\left.\begin{array}{lllllllll} \boldsymbol{v}^{(3)} = & (\boldsymbol{g}_{10}^{(1)}\times 1 & + & \boldsymbol{g}_{11}^{(1)}\times 0) & + & (\boldsymbol{g}_{20}^{(2)}\times 1 & + & \boldsymbol{g}_{21}^{(2)}\times 0) \\ \boldsymbol{v}^{(3)} = & (\mathbf{1}\times 1 & + & \mathbf{1}\times 0) & + & (\mathbf{1}\times 1 & + & \mathbf{0}\times 0) \end{array}\right\}$$

nous pouvons déterminer l'activité des coefficients polynomiaux $\boldsymbol{g}_{i\mu}^{(j)}$, ce qui donne les sous-matrices suivantes :

$$\boldsymbol{G}_0 = \begin{pmatrix} \boldsymbol{g}_{10}^{(1)} & \boldsymbol{g}_{10}^{(2)} & \boldsymbol{g}_{10}^{(3)} \\ \boldsymbol{g}_{20}^{(1)} & \boldsymbol{g}_{20}^{(2)} & \boldsymbol{g}_{20}^{(3)} \end{pmatrix} = \begin{pmatrix} \mathbf{1} & \mathbf{0} & \mathbf{1} \\ \mathbf{0} & \mathbf{1} & \mathbf{1} \end{pmatrix}$$

$$\boldsymbol{G}_1 = \begin{pmatrix} \boldsymbol{g}_{11}^{(1)} & \boldsymbol{g}_{11}^{(2)} & \boldsymbol{g}_{11}^{(3)} \\ \boldsymbol{g}_{21}^{(1)} & \boldsymbol{g}_{21}^{(2)} & \boldsymbol{g}_{21}^{(3)} \end{pmatrix} = \begin{pmatrix} \mathbf{1} & \mathbf{1} & \mathbf{1} \\ \mathbf{1} & \mathbf{1} & \mathbf{0} \end{pmatrix}$$

Pour $m = 2$ et le nombre de 8 bits de la séquence d'information, on a donc le mot de code d'après la relation de codage :

$$V(D) = U(D)\cdot G(D) \leftrightarrow v(x) = u(x)\cdot g(x)$$

$$\boldsymbol{V} = \boldsymbol{U}\cdot\boldsymbol{G} = [11\ 01\ 00\ 00]\cdot\begin{bmatrix} \mathbf{101} & \mathbf{111} & 000 & 000 \\ \mathbf{011} & \mathbf{110} & 000 & 000 \\ 000 & \mathbf{101} & \mathbf{111} & 000 \\ 000 & \mathbf{011} & \mathbf{110} & 000 \\ 000 & 000 & \mathbf{101} & \mathbf{111} \\ 000 & 000 & \mathbf{011} & \mathbf{110} \\ 000 & 000 & 000 & \mathbf{101} \\ 000 & 000 & 000 & \mathbf{011} \end{bmatrix} = [110\,010\,110\,000]$$

$$\boldsymbol{v} = \{\boldsymbol{c}\} = \underline{\underline{(110, 010, 110, 000)}}$$

Le même mot de code $v = \{c\}$ a été obtenu auparavant.

- **Remarque**

  - Si une séquence d'informations doit être encodée avec ce codeur, le nombre de bits doit être pair, puisque $k = 2$.

■

# 7.5. Représentation des codes convolutifs

## 7.5.1. Introduction

Jusqu'à présent, nous avons représenté les codes convolutifs par des circuits séquentiels non récursifs à logique linéaire. Comme alternative à cette présentation, d'autres possibilités de description sont présentées par la suite au moyen des graphes, dont trois sont présentés ci-dessous. On adopte alors la représentation sous forme :

- de diagramme de transition d'états,
- d'arbre,
- de diagramme de treillis.

Chacune de ces représentations peut être adaptée à un algorithme de décodage.

Un codeur convolutif peut être considéré comme un automate à états finis [43], dont la structure peut être mise en évidence par l'un de plusieurs diagrammes. Nous allons illustrer l'utilisation des ces diagrammes et la compréhension intuitive qu'ils apportent à l'aide des exemples simples.

## 7.5.2. Description graphique par le diagramme de transition d'états

Le codeur convolutif peut être considéré comme un automate séquentiel (Automate de Mealy) [44], car il possède un nombre fini $m$ d'éléments de mémoire et donc un nombre fini de $2^m$ d'états de mémoire $X$. Le signal de sortie dépend de l'état actuel et du signal d'entrée. L'état suivant résulte ensuite de l'état précédent et du signal d'entrée.

Pour obtenir une description sans répétition d'un code convolutif, tous les contenus possibles de la mémoire du code (des états) et des changements d'états sont pris en compte.

La sortie d'un bloc de code $v_\tau$ à l'instant $\tau$ dépend de l'état de la mémoire $X_\tau$ et du bloc d'informations $u_\tau$ à l'instant suivant $\tau+1$, le codeur est dans l'état $X_{\tau+1}$. L'entrée d'un bloc d'informations et la sortie d'un bloc de code sont associées à chaque changement d'états $X_\tau \rightarrow X_{\tau+1}$.

Si l'on dessine un graphique dont les nœuds correspondent aux états possibles du codeur convolutif et que toutes les transitions d'états possibles sont marquées par des entrées et des sorties correspondantes $(u/v)$, on obtient le diagramme de transition d'états (state diagram) du codeur convolutif, comme le montre l'exemple suivant.

**Exemple 7.9 :** Matrice génératrice d'un codeur $C(2,1,[2])$

Prenant le codeur de l'exemple (7.7) indiqué sur la figure ci-dessous :

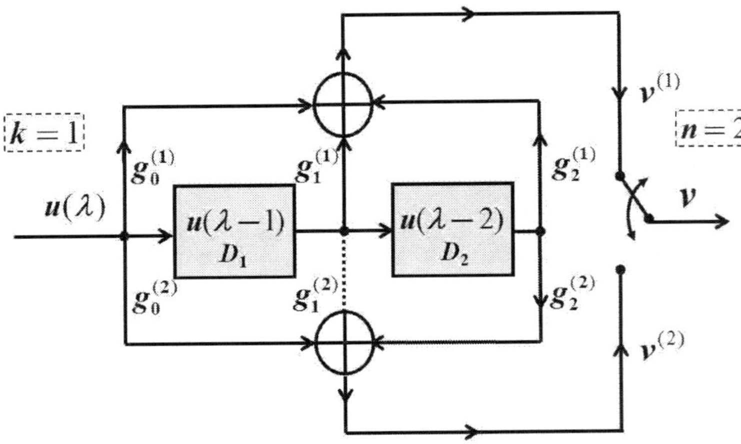


**Fig. 7.12 :** Codeur $C(2,1,[2])$

Le codeur $C(2,1,[2])$ à $m = 2$ éléments de mémoire, donc $2^m = 4$ états de mémoire :
$X = (a,b,c,d) = \big((D_1D_2),(D_1D_2),(D_1D_2),(D_1D_2)\big) = \big((00),(10),(01),(11)\big)$.
En introduisant l'information $u = (1,1,0,0,0,0,1,0,1,\ldots)$.

Le tableau suivant donne tous les états possibles des registres $D_1$ et $D_2$.

| $u$ | Etats des registres $X_\tau$ | Etats suivants des registres $X_{\tau+1}$ | Sortie $v^{(1)}$ | $v^{(2)}$ |
|---|---|---|---|---|
| 1 | $a = 00$ | $b = 10$ | 1 | 1 |
| 1 | $b = 10$ | $d = 11$ | 0 | 1 |
| 0 | $d = 11$ | $c = 01$ | 0 | 1 |
| 0 | $c = 01$ | $a = 00$ | 1 | 1 |
| 0 | $a = 00$ | $a = 00$ | 0 | 0 |
| 0 | $a = 00$ | $a = 00$ | 0 | 0 |
| 1 | $a = 00$ | $b = 10$ | 1 | 1 |
| 0 | $b = 10$ | $c = 01$ | 1 | 0 |
| 1 | $c = 01$ | $b = 10$ | 0 | 0 |

**Tableau 7.5 :** Etapes du codage pour $u = (1,1,0,0,0,0,1,0,1,\ldots)$

Le graphe ci-dessous présente le digramme de transition d'états du codeur $C(2,1,[2])$

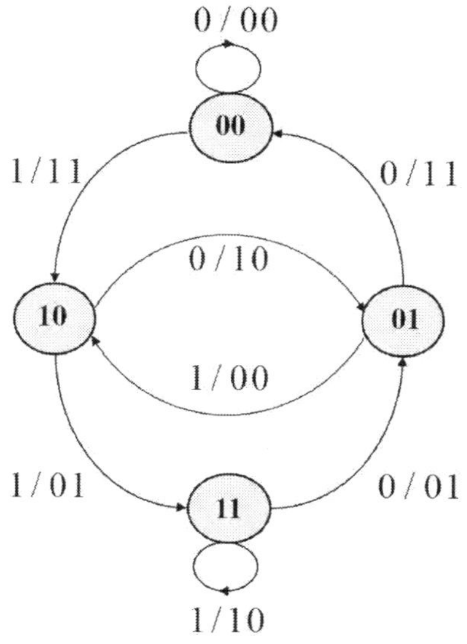


**Fig. 7.13a :** Digramme de transition d'états du codeur $C(2,1,[2])$

Le diagramme de transition d'états est particulièrement bien adapté à la déduction des propriétés des codes convolutifs. A partir de la figure (Fig. 7.13a) , on peut par exemple lire : en entrant un 1, on passe de l'état 00 à l'état 10, ce qui donne une sortie 11. Si l'on quitte l'état 00, il faut au moins trois caractères pour revenir à l'état 00.

Ainsi, pour la suite de ce document, le mot « état » indiquera les symboles formant la mémoire temporaire du codeur. Ici le bit $\boldsymbol{x}$ est le bit d'entrée et les bits ($yz$) sont les bits de sortie générés par la transition (Fig. 7.13b).

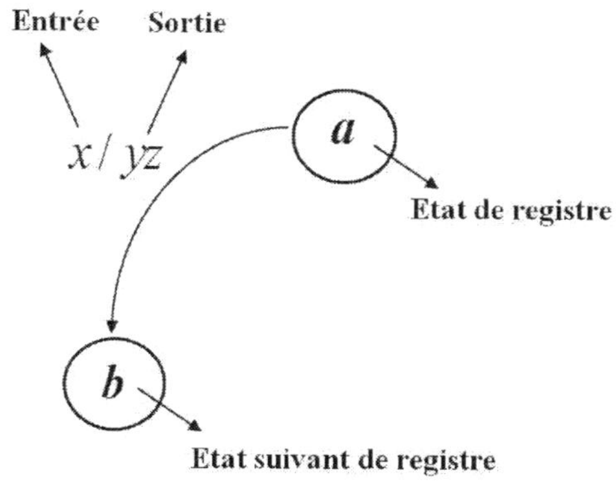


**Fig. 7.13b :** Désignation dans le diagramme d'états

Considérons, par exemple, la transition des états (10) → (01) marquée 0 /10, c'est-à-dire que le bit d'information (infobit) correspondant est $u = 0$ et le bloc de sortie est $v = (v^{(1)}v^{(2)}) = (10)$. Comme le contenu de la mémoire ne peut pas sauter de l'état (00) à l'état (11) par un bit d'entrée, il existe des états entre lesquels aucune transition d'états n'existe.

■

### 7.5.3. Le diagramme en arbre

Il s'agit d'un arbre binaire semi infini, dans lequel chaque bit d'entrée représente une nouvelle branche de l'arbre. La séquence de sortie est lue à partir des branches correspondantes. Un symbole entrant « **0** » est représenté à une bifurcation par la branche montante, tandis qu'un symbole « **1** » est représenté par la branche descendante. Un nœud présente l'état de registre actuel, tandis que les branches sont marquées par les sorties correspondantes des bits d'entrée.

L'arbre de code du codeur $C(2,1,[2])$ (Fig. 7.12) est illustré par la figure (Fig. 7.14). La profondeur de pénétration $Q$ correspond au nombre de caractères d'entrée nécessaires pour atteindre le nœud correspondant.

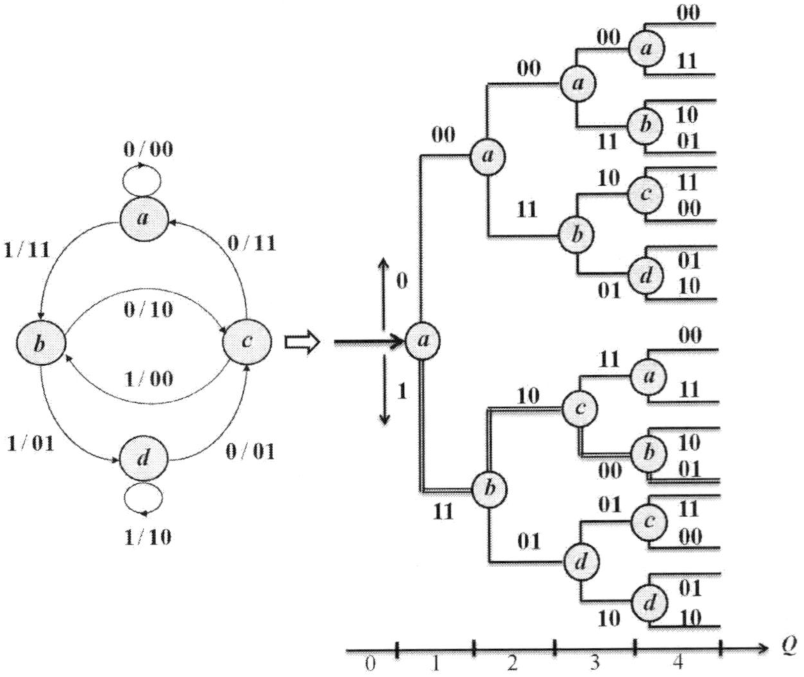

**Fig. 7.14 :** Arbre de code (Codeur de la figure 7.12)
***a*** = 00, ***b*** =10, ***c*** = 01 et ***d*** = 11

Par exemple, nous considérons la séquence d'informations $u = (1, 0, 1, 1)$ qui donne la séquence de codes (11, 10, 00, 01). Cela correspond au chemin mis en traits renforcés dans l'arbre du code de la figure (Fig. 7.14).

Ainsi, chaque séquence d'informations correspond exactement à un chemin à travers l'arbre, ce qui conduit à une croissance exponentielle de l'arbre avec une redondance proportionnellement élevée.

### 7.5.4. Le treillis

Le diagramme en treillis est dérivé du diagramme d'états par une composante temporelle supplémentaire. Il est constitué de nœuds et de branches, chaque nœud représente un des états de $2^{k \cdot m}$ ($2^m$ pour $k = 1$) que la mémoire du codeur peut assumer, et chaque branche représente une transition autorisée d'un contenu ou d'un état de la mémoire à l'autre. Habituellement, le diagramme en treillis commence à l'état zéro. Étant donné que le $i$-ème état du codeur diffère du $(i + 1)$-ème état exactement par le caractère d'entrée. Le caractère de code résultant est uniquement défini par deux états successifs. A partir de chaque nœud (état), $2^k$ branches (2 pour $k = 1$) sortent selon les $2^k$ caractères d'entrée.

Nous le montrons pour le codeur considéré à partir du diagramme en arbre de la figure (Fig. 7.14). Les figures (Fig. 7.15a, b et Fig. 7.15c, d) montrent les étapes à suivre pour créer un diagramme en treillis à partir de diagramme en arbre.

Dans l'exemple (7.9), la structure du diagramme de code se répète après 3 étapes ; en général, elle se répète après $L_C$ étapes. Il devient également évident que nous pouvons fusionner deux nœuds qui se trouvent à la même distance du nœud d'origine et qui ont les mêmes états, car à partir de là, leurs règles de codage sont identiques ou le parcours ultérieur du diagramme de code est identique pour les symboles suivants. La modification conduit à une représentation plus compacte, le diagramme résultant est appelé diagramme en treillis.

Le treillis est obtenu en repliant l'arbre sur sa hauteur. Il est représenté à la Figure (Fig.7.16a). Les deux bits sur chaque transition représentent la sortie. Le diagramme en treillis est ensuite entièrement développé après $L_C = m + 1$ étapes, c'est-à-dire que tous les états ou nœuds ont été atteints au moins une fois. A partir de ce moment, le treillage est poursuivi périodiquement.

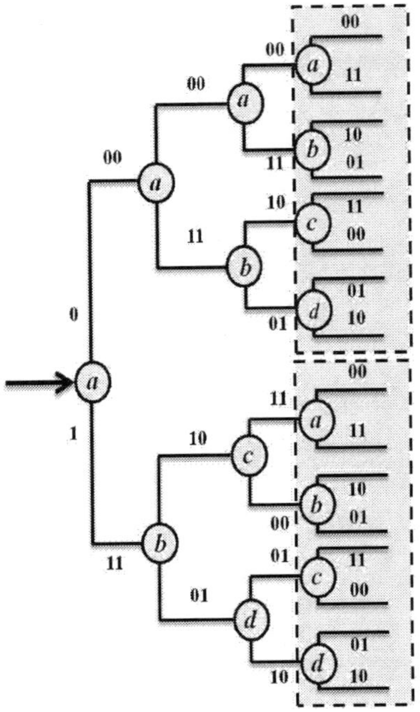


Fig. 7.15a

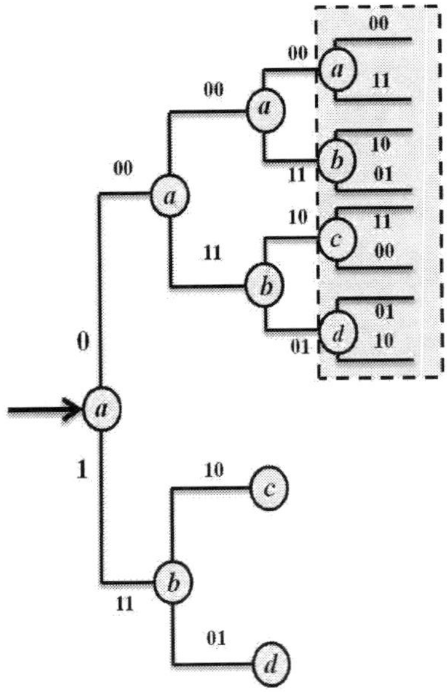


Fig. 7.15b

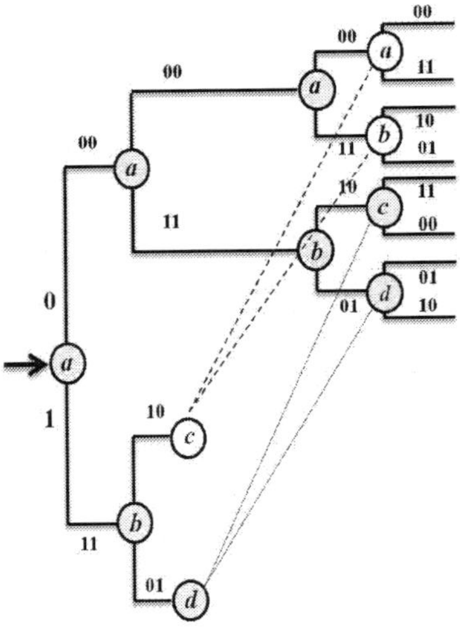


Fig. 7.15c

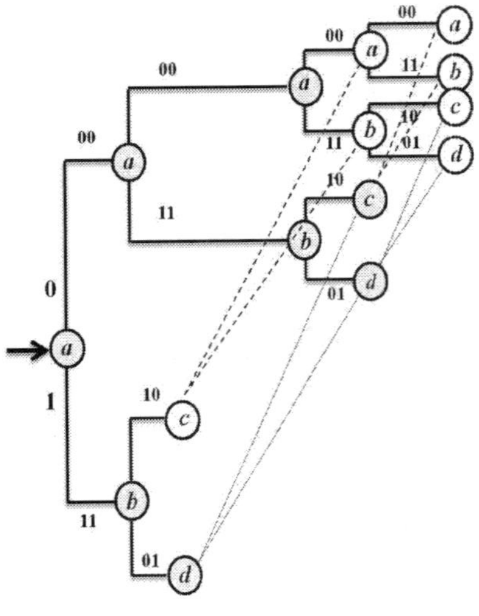


Fig. 7.15d

On est ainsi conduit à redessiner le diagramme de l'arbre selon la figure (Fig. 7.16a). Le diagramme de cette figure a été dénommé treillis. Ce type de représentation est principalement utilisé pour le décodage ML des codes convolutifs par l'algorithme de Viterbi (voir plus loin).

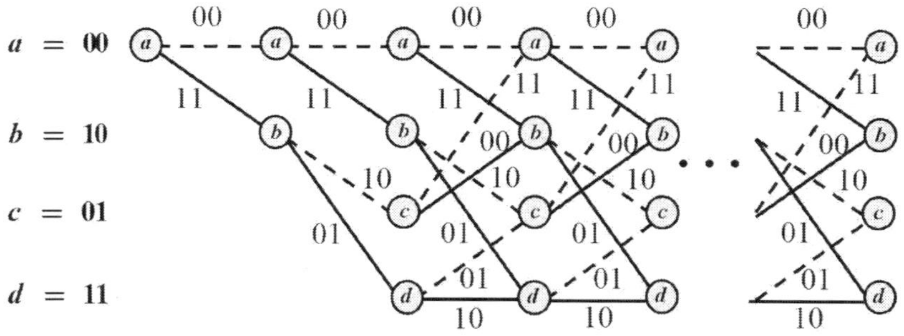


**Fig. 7.16a :** Le diagramme de treillis pour l'exemple (7.9)

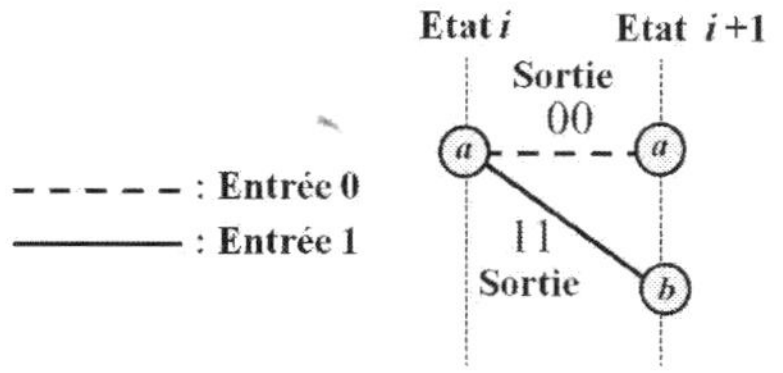


**Fig. 7.16b :** Parties élémentaires du segment général du treillis

**Exemple 7.10 :** Diagramme en treillis

- Pour le codeur de l'exemple (7.9), les 4 états sont obtenus : 00, 10, 01, 11. Si le codeur passe de l'état 10 à 01, par l'entrée 0, le mot de code correspondant est 10, il est calculé à partir du contenu 10 du registre (voir tableau 7.5). Une transition d'états non autorisée serait, par exemple 00 à 11, car cela n'est possible qu'avec deux caractères saisis.

  La Figure (Fig. 7.17) montre la séquence codée de la suite d'information $u = (1, 0, 1, 1)$ du codeur de la figure (Fig.7.12).

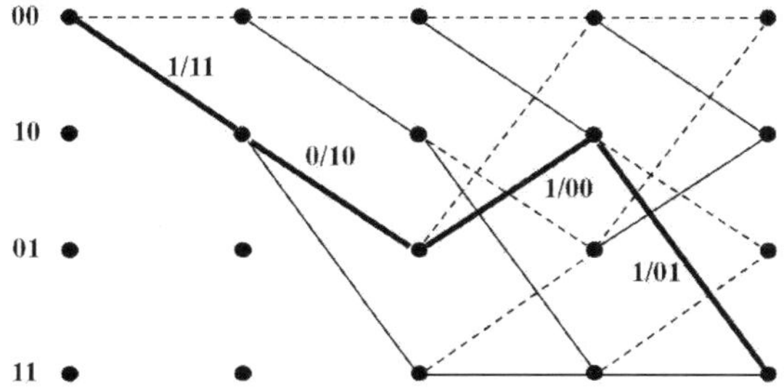


**Fig. 7.17 :** Le diagramme de treillis pour l'exemple (7.9). Encodage du mot $u = (1,0,1,1)$

Le mot de code $c = (11, 10, 00, 01)$ correspond au chemin mis en traits renforcés.

■

# 7.6. Les propriétés de distance des codes convolutifs

## 7.6.1. La distance libre

Pour les propriétés de détection et de correction des erreurs des codes, il est important de déterminer dans quelle mesure les séquences de sortie générées par le code diffèrent les unes des autres. Pour indiquer la différence entre deux vecteurs binaires, on utilise la distance de Hamming. Selon l'évaluation des codes en bloc, la distance minimale ne convient pas aux codes convolutifs, car les mots de codes convolutifs n'ont pas de longueur définie. Une solution est l'introduction de ce que l'on appelle la « distance libre ». Il devrait représenter la distance de Hamming minimale entre des séquences de code arbitraires pour différentes séquences d'informations.

La distance libre $d_f$ d'un code convolutif est définie par le poids minimum de toutes les séquences de code possibles. Cette distance représente la distance entre deux chemins les plus proches sans erreur. Plus elle est grande, plus le code sera performant.

$$\boldsymbol{d}_f = \min\left\{ \boldsymbol{w}_H[\boldsymbol{u}(\boldsymbol{x})\cdot \boldsymbol{G}(\boldsymbol{x})] \middle| \boldsymbol{u}(\boldsymbol{x}) = \sum_i^{\infty} \boldsymbol{u}_i \cdot \boldsymbol{x}^i, \boldsymbol{u}(\boldsymbol{x}) \neq 0 \right\} \qquad 7.15$$

Autrement dit, la distance libre d'un code convolutif est la distance de Hamming minimale entre deux séquences quelconques de code.

$$\boldsymbol{d}_f = \min\left\{ \boldsymbol{d}_H(\boldsymbol{v}_1, \boldsymbol{v}_2) \middle| \boldsymbol{u}_1 \neq \boldsymbol{u}_2 \right\} \qquad 7.16$$

La distance minilae peut être exprimée, en général comme la distance entre deux chemins divergents partant du même point et y retournant aussi vite que possible. Comme le code est linéaire, on peut ne considérer que des chemins partant par exemple de l'état 00. La distance libre sera donc le poids de la séquence partant de 00 et y revenant le plus vite possible à l'état 00. L'une des conclusions de cette définition est que deux séquences de code distinctes diffèrent d'au moins $d_f$ positions. Dans la littérature, $d_f$ est également appelé $d_{free}$ ou $d_{\infty}$.

Un code convolutif est dit optimal si $d_f$ est maximale par rapport à tous les autres codes convolutifs ayant le même taux de codage et la même longueur de mémoire $m$.

En outre, un chemin qui quitte l'état zéro et revient à l'état zéro sans le toucher entre-temps est appelé « chemin fondamental ». Il existe au moins un chemin qui forme une séquence de code de poids minimal.

**Exemple 7.11 :** Distance libre d'un code convolutif

- La distance libre $d_f$ du diagramme suivant (Fig. 7.18) d'un code convolutif est à déterminer.

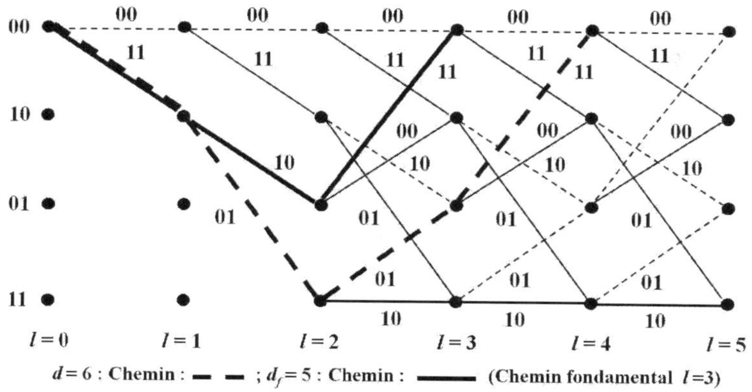


**Fig. 7.18 :** Distance libre $d_f$

$$\left.\begin{array}{c} 00000000 \\ \oplus \\ \underline{11010111} \\ 11010111 \end{array}\right\} \Rightarrow d = 6 \; ; \; \left.\begin{array}{c} 000000 \\ \oplus \\ \underline{111011} \\ 111011 \end{array}\right\} \Rightarrow d_f = 5$$

■

## 7.6.2. La fonction de distance

### A. Introduction

Il existe d'autres propriétés de distance d'un code convolutif, à savoir la fonction dite distance ou la fonction de distance étendue. Nous voulons d'abord expliquer le calcul de cette fonction sur la base du diagramme d'états du code C(2,1,[2]) de la figure (Fig. 7.13a) et ensuite discuter de ses possibilités d'interprétation.

On déduit de l'exemple (7.9) le diagramme d'états dans lequel le temps n'intervient pas et qui représente les différentes transitions possibles entre états. On peut à partir de ce diagramme calculer une fonction de transfert qui dépend des poids des séquences codées et des poids des séquences d'information (entrée). A cette fin, on introduit à chaque transition le paramètre $D$ affecté de l'exposant égal au poids du mot de code par rapport à la suite (00) et le paramètre $N$ affecté de l'exposant égal au poids du mot d'information (Fig. 7.19a,b). Nous insérons également le paramètre $L$ de numérisation des pas de codage avec un exposant égal à la longueur de la branche (chemin) du codage.

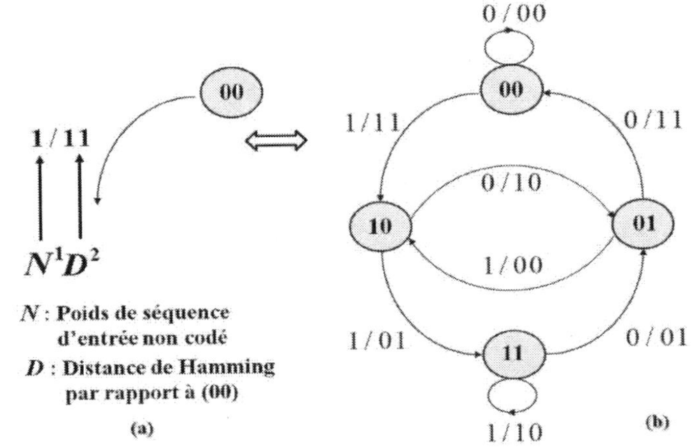


**Fig. 7.19 :** Variables *D* et *N*

## B. Les paramètres *N*, *L*, *D*

Avant d'effectuer le calcul de la fonction de distance, nous allons introduire des nouvelles notations des paramètres dans le diagramme de transition d'états :

***N*** : Paramètre présentant les éléments «1» de la suite binaire du mot d'information.

- On utilise la notation $N^w$, où $w$ est le poids du mot d'information.

***L*** : Paramètre de numérisation des pas de codage.

- On utilise la notation $L^l$, où $l$ est la longueur de la branche (chemin) du codage.

***D*** : Paramètre pour la description de la distance de Hamming, dont la puissance indique le nombre de chiffres autres que zéro..

- On utilise la notation $D^d$, où $d$ est la distance de Hamming entre une suite binaire du mot de code et la suite binaire 00… .

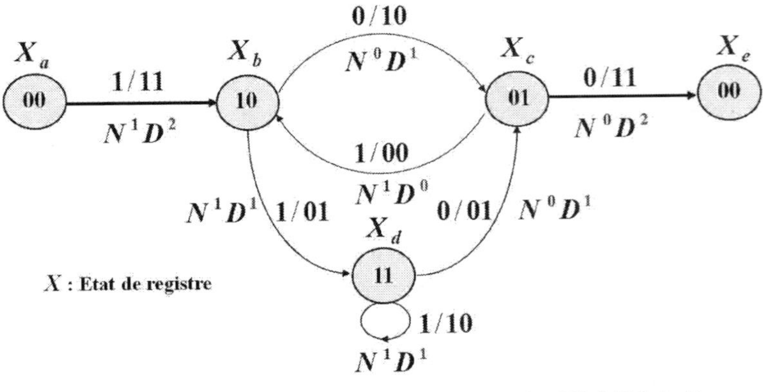


**Fig. 7.20 :** Diagramme de transition d'états ouvert du code *C*(2,1,[2] de l'exemple (7.9)

Une méthode connue de la théorie des flux de signaux [45] est utilisée pour calculer la fonction de distance. A cette fin, le diagramme d'états (Fig. 7.13a) présenté dans l'exemple (7.9) est ouvert à l'état zéro. Le diagramme de flux de signaux qui en résulte est illustré à la figure (Fig. 7.20). Le nœud gauche $X_a$ est considéré comme source et le nœud droit $X_e$ comme distinataire.

**Exemple 7.12 :** La fonction de distance

- Partant du diagramme ouvert de la figure (Fig. 7.20)

  Si la séquence de mot de code est (11), alors la distance de Hamming par rapport à la séquence de code (00) (séquence zéro) est donc deux, car les deux séquences de code diffèrent de deux bits. Par conséquent, le chemin reliant l'état ($X_a$ = 00 avec $X_b$ = 10) est marqué par l'augmentation de la distance (poids de Hamming *d*) $D^d = D^2$ (Fig. 7.21a, b).

  Maintenant, la distance d'une séquence de codes donnée est déterminée par la multiplication des distances des chemins individuels (addition des exposants). Dans le diagramme de la figure (Fig. 7.20), le chemin le plus court entre l'état $X_a(00)$ et l'état $X_e(00)$ a une distance de $d$ = 5 (Fig. 7.21a).

$$X_a(00)\xrightarrow{(11)} X_b(10)\xrightarrow{(10)} X_c(01)\xrightarrow{(11)} X_e(00)$$

  Le chemin de la figure (Fig. 7.21b) a une distance de distance $d = 6$.

$$X_a(00)\xrightarrow{(11)} X_b(10)\xrightarrow{(01)} X_d(11)\xrightarrow{(01)} X_c(01)\xrightarrow{(11)} X_e(00)$$

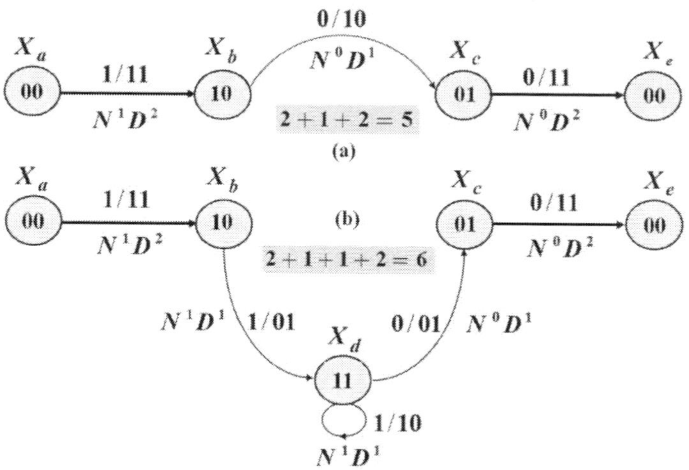


**Fig. 7.21a,b :** Calcul de la distance minimale

L'affectation des variables auxiliaires $X$ aux nœuds situés entre la source et le distinataire de la figure (Fig. 7.20) permet d'établir les équations suivantes :

$$
\begin{aligned}
X_e &= X_c D^2 \Rightarrow X_c = X_e / D^2 \\
X_b &= X_a D^2 + X_c D^0 \\
\left.\begin{aligned} X_c &= X_b D^1 + X_d D^1 \\ X_d &= X_b D^1 + X_d D^1 \end{aligned}\right\} &\Rightarrow X_c = X_d
\end{aligned}
$$

Après résolution du système des équations précédentes, on a :

$$X_c = X_b D + X_c D \Rightarrow X_b = \frac{X_c(1-D)}{D}$$

$$\frac{X_c(1-D)}{D} = X_a D^2 + X_c D^0 = X_a D^2 + X_c \Rightarrow X_a = \frac{X_c(1-2D)}{D^3}$$

Nous définissons une fonction de transfert $X_e/X_a$ comme $T(D)$, puis nous avons :

$$\boldsymbol{T(D)} = \frac{\boldsymbol{X_e}}{\boldsymbol{X_a}} = \frac{\boldsymbol{D^5}}{(1-2\boldsymbol{D})} \qquad 7.17a$$

La fonction $T(D)$ dite fonction de distance (pour $N^0 = 1$) d'un code convolutif ou fonction de distribution de poids (weight distribution fonction) est donnée pour $N^1$ par la définition :

$$\boldsymbol{T(N, D)} = \frac{\text{Situation finale de diagramme d'état}}{\text{Situation initiale de diagramme d'état}} \qquad 7.17b$$

Il en sera ainsi dans notre exemple :

$$T(D) = \frac{X_e}{X_a} = \frac{D^5}{(1-2D)} \text{ en général : } T(N, D) = \frac{X_e}{X_a} = \frac{ND^5}{(1-2ND)}$$

Celui-ci peut être développé selon les puissances positives de $D$ en une série* dont les coefficients nous permettent de lire directement le nombre de séquences de code d'un poids donné.

$$\boldsymbol{T(D)} = \boldsymbol{D^5} \cdot \frac{1}{(1-2\boldsymbol{D})} = \boldsymbol{D^5} + 2\boldsymbol{D^6} + 4\boldsymbol{D^7} + 8\boldsymbol{D^8} + 16\boldsymbol{D^9} + \cdots \qquad 7.18a$$

* $\frac{1}{1-\boldsymbol{x}} = 1 + \boldsymbol{x} + \boldsymbol{x}^2 + \boldsymbol{x}^3 + \boldsymbol{x}^4 + \cdots$

Cette équation signifie qu'il y a un chemin de distance 5, deux chemins de distance 6 et quatre chemins de distance 7 etc.

Le degré du premier nombre de cette série correspond à la distance libre du code. Comme déjà calculé ci-dessus, $d_f = 5$.

■

La fonction de distance *T(D)* indique le nombre de chemins et ses distances par rapport à la séquence zéro. En développant le numérateur de la fonction de transfert en série et en tenant compte également de *N*, la relation (7.18a) peut être généralement formulée comme suit :

$$\boldsymbol{T}(\boldsymbol{N},\boldsymbol{D}) = \sum_{\nu=0}^{\infty} 2^{\nu} \boldsymbol{N}^{\nu+1} \boldsymbol{D}^{\nu+5}, \qquad 7.18b$$

où , ***N*** représente le poids de la séquence d'entrée non codée, et *D* représente le poids de la séquence de sortie codée.

On en déduit que :

- Il y a $2^{\nu}$ chemins partant d'un nœud et se terminant au même nœud de poids $\nu + 5$, dont la séquence d'entrée a le poids $\nu + 1$.
- en particulier si $\nu = 0$, il existe un chemin de poids le plus faible égal à 5 : c'est la distance libre.

## C. Le profil de distance

La distance minimale $d_{min}$ dépend du nombre d'étapes de codage *i*. Si l'on considère $d_{min}$ comme une fonction de *i*, on obtient le profil de distance d'un code convolutif. On a toujours :

$$\boldsymbol{d}_{min}(\boldsymbol{i}+1) \geq \boldsymbol{d}_{min}(\boldsymbol{i}), \quad \boldsymbol{i} \geq 0 \text{ et } \boldsymbol{d}_{min}(0) = 0 \qquad 7.19$$

Il est intéressant, de noter combien d'étapes de codage sont nécessaires pour qu'un mot de code atteigne la distance libre dans tous les cas.

L'énoncé le plus important du profil de distance est la valeur résultante pour $d_{min}$ $(i \to \infty)$. Cette valeur correspond à la distance libre $d_f$. Le profil de distance pour le codeur convolutif *C*(2,1,[2]) (Fig. 7.12) montre la distance libre de $d_f = 5$ après $i = 6$ étapes de codage. Ainsi, toutes les sources d'information codées avec ce codeur convolutif prennent une distance minimale de 5 pour $i \geq 6$ étapes de codage (Fig. 22).

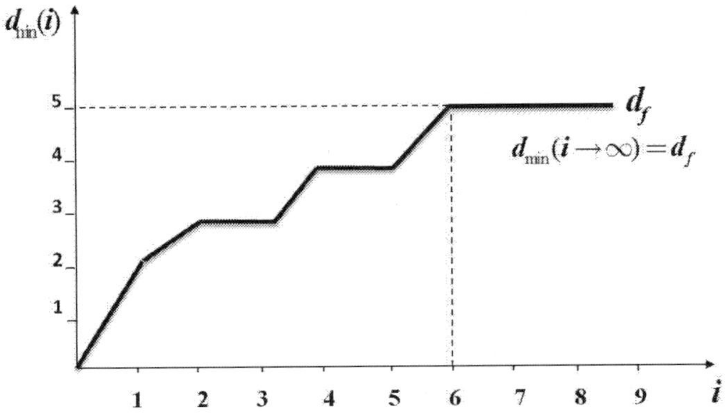


**Fig. 7.22 :** Profil de distance du codeur $C(2,1,[2])$

Le calcul présenté ci-dessus montre que la fonction de distance $T(D)$ ne donne des informations que sur le nombre de trajets avec la distance par rapport à la séquence zéro. Pour obtenir des informations sur la longueur d'un chemin et le nombre d'unités d'entrée pour ce chemin, nous allons introduire la fonction génératrice.

## D. La fonction génératrice

Pour présenter la fonction génératrice du code, on ajoute sur chaque branche du diagramme ouvert de transition d'états un $L^1$ afin d'indiquer le pas de codage. On aura un diagramme $NLD$ présenté dans la figure suivante :

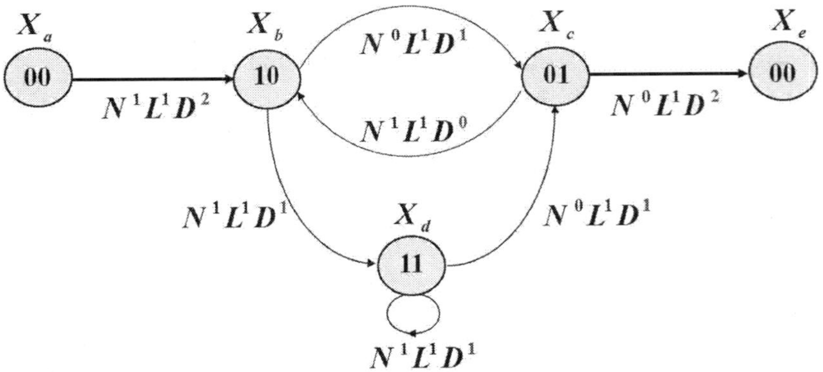


**Fig. 7.23 :** Diagramme $NLD$ de transition d'états pour la fonction génératrice

La fonction génératrice ou (la fonction de transfert) $T(N,L,D)$ est déterminée de manière analogue à la fonction de distance $T(N,D)$ en introduisant les paramètres $N$, $L$ et $D$ pour le codeur convolutif de la figure (Fig. 7.12). A cet effet, tous les changements d'états possibles sont décrits formellement, on aura donc le système des équations suivant :

$$\begin{array}{lllll} X_b & = & N^1L^1D^2\cdot X_a & + & N^1L^1D^0\cdot X_c \\ X_c & = & N^0L^1D^1\cdot X_b & + & N^0L^1D^1\cdot X_d \\ X_d & = & N^1L^1D^1\cdot X_b & + & N^1L^1D^1\cdot X_d \\ X_e & = & N^0L^1D^2\cdot X_c & + & \end{array} ; \quad X_d = \frac{N^1L^1D^1\cdot X_b}{1-N^1L^1D^1},$$

La fonction génératrice peut être définie comme la fonction de distance par une relation identique.

$$\boldsymbol{T}(\boldsymbol{N},\boldsymbol{L},\boldsymbol{D}) = \frac{\text{Situation finale du diagramme } NLD}{\text{Situation initiale du diagramme } NLD} \qquad 7.20a$$

En modifiant le système des équations ci-dessus et après quelques conversions, nous avons la fonction génératrice du codeur convolutif C(2,1, [2]).

$$\boldsymbol{T}(\boldsymbol{N},\boldsymbol{L},\boldsymbol{D}) = \frac{\boldsymbol{X}_e}{\boldsymbol{X}_a} = \frac{\boldsymbol{N}\boldsymbol{L}^3\boldsymbol{D}^5}{1-\boldsymbol{N}\boldsymbol{L}\boldsymbol{D}\cdot(1+\boldsymbol{L})} \qquad 7.20b$$

Pour $L$=1 et $N$=1

$$T(N=1,L=1,D) = \frac{D^5}{1-2D} = T(D)$$

En développant le dénominateur de la fonction de transfert (relation 7.20b) en série par la suite exponentielle $(1-x)^{-1}$, où $x = NLD\cdot(1+L)$, la fonction $T(N,L,D)$ peut s'écrire :

$$T(N,L,D) = NL^3D^5 + N^2L^4D^6 + N^2L^5D^6 + N^3L^5D^7 + 2\cdot N^3L^6D^7 + N^3L^7D^7 + \cdots$$

Nous pouvons également effectuer le développement en série pour $x = D$, nous obtenons alors :

$$T(N,L,D) = NL^3D^5 + L^4(1+L)N^2D^6 + \cdots^6 + L^{3+j}(+L)^jN^{j+1}D^{5+j} + \cdots$$

Ce que nous pouvons écrire comme suit :

$$\boldsymbol{T}(\boldsymbol{N},\boldsymbol{L},\boldsymbol{D}) = \sum_w\sum_l\sum_d \mathcal{H}_{wld}\cdot \boldsymbol{N}^w\boldsymbol{L}^l\boldsymbol{D}^d \qquad 7.20c$$

Les coefficients $\mathcal{H}_{wld}$ de cette série indiquent alors le nombre de séquences de code avec le poids de Hamming $w_H$, le poids d'information $w_I$ et la longueur $l$, où $l$ est le nombre de transitions d'états (les pas de codage) avant que la séquence de code ne revienne à l'état zéro.

**Exemple 7.13 :** La fonction génératrice (interprétation)

- Prenons par exemple : $N^w L^l D^d$ : $N^1 L^3 D^5$ et $N^2 L^4 D^6$
  Cela présente un chemin du codage avec :
  - $D^5, D^6$ : Distance $= 5$ ou (6)
  - $L^3, L^4$ : Trois ou (Quatre) pas de codage sont nécessaires.
  - $N^1, N^2$ : L'information contient un élément binaire 1ou deux (2) éléments binaires, le reste est 0.

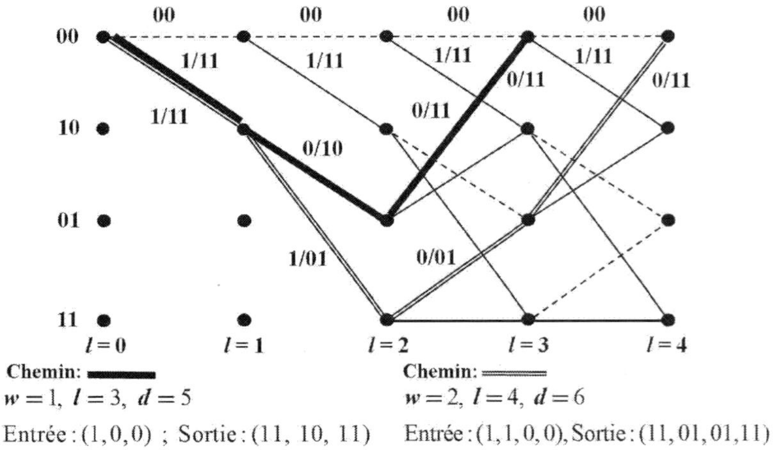


**Fig. 7.24 :** Diagramme de treillis (Codeur de la figure 7.12)

■

## E. Matrices des transitions

La procédure décrite ci-dessus peut être représentée mathématiquement de manière assez claire à l'aide des matrices. La relation suivante s'applique :

$$\boldsymbol{T(N,L,D)} = \sum_{p=0}^{\infty} \boldsymbol{a}\mathbf{X}^p \boldsymbol{b} \qquad 7.21$$

- $\boldsymbol{a}$ : Matrice de transition de l'état (00) à tous les autres états.
- $\boldsymbol{b}$ : Matrice de toutes les transitions vers (00).
- $\mathbf{X}$ : États des transitions entre (01) et (11) sans (00) (toujours notre exemple (7.13). Pour chaque transition dans le diagramme en treillis, on doit multiplier par **X**, de sorte que pour une séquence de longueur $l$ l'exposant de **X** soit exactement $p = l - 2$.

Le vecteur $\boldsymbol{a}$ décrit le lancement dans le diagramme en treillis de l'état zéro vers tous les autres états avec les paramètres $N$, $L$ et $D$. Selon la figure (Fig. 7.23) du diagramme ouvert de transition d'états, il n'y a qu'une seule transition de (00) vers l'état $X_{10}$ avec les paramètres $NLD^2$ et le vecteur $\boldsymbol{a}$ a la forme suivante :

$$\boldsymbol{a} = \begin{bmatrix} 0 & NLD^2 & 0 \end{bmatrix}$$

La matrice $\mathbf{X}$ représente les transitions entre les états $\boldsymbol{X}_{01}$ à $X_{11}$ (sans l'état zéro) et $\boldsymbol{b}$ indique les transitions de tous les états vers l'état zéro. Ce qui suit s'applique au code considéré ci-dessus.

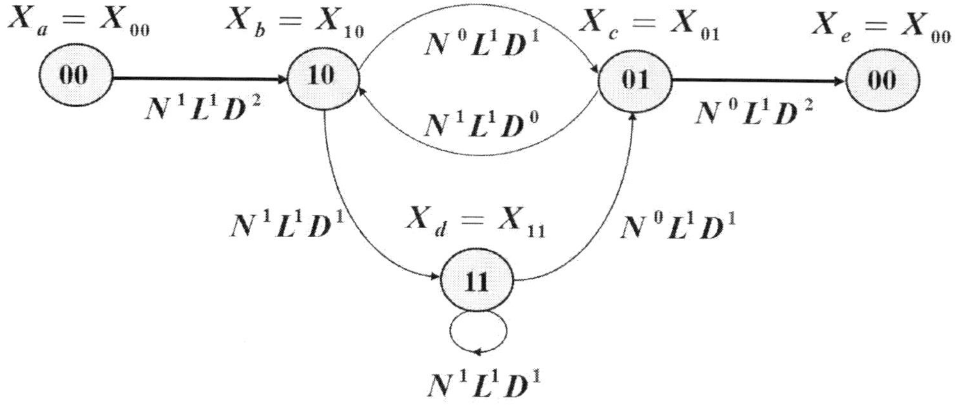


**Fig. 7.25 :** Diagramme de transition d'états pour la fonction génératrice. (Codeur de la figure 7.12)

$\boldsymbol{a} \rightarrow$

| $X_{01}$ | $X_{10}$ | $X_{11}$ | |
|---|---|---|---|
| 0 | $NLD^2$ | 0 | $X_{00}$ |

$$\Rightarrow \boldsymbol{a} = \begin{bmatrix} 0 & NLD^2 & 0 \end{bmatrix}$$

$\boldsymbol{b} \rightarrow$

| $X_{00}$ | |
|---|---|
| $LD^2$ | $X_{01}$ |
| 0 | $X_{10}$ |
| 0 | $X_{11}$ |

$$\Rightarrow \boldsymbol{b} = \begin{bmatrix} LD^2 \\ 0 \\ 0 \end{bmatrix}$$

$\mathbf{X} \rightarrow$

| $X_{01}$ | $X_{10}$ | $X_{11}$ | |
|---|---|---|---|
| 0 | $NL$ | 0 | $X_{01}$ |
| $LD$ | 0 | $NLD$ | $X_{10}$ |
| $LD$ | 0 | $NLD$ | $X_{11}$ |

$$\Rightarrow \mathbf{X} = \begin{bmatrix} 0 & NL & 0 \\ LD & 0 & NLD \\ LD & 0 & NLD \end{bmatrix}$$

**Exemple 7.14 :** La fonction génératrice (Forme générale)

- Déterminer la fonction génératrice de diagramme précédent (Fig. 7.25) pour les différentes longueurs de la branche (chemin) du codage ($l = 3$, $l = 4$ et $l = 5$).

Partant de la relation (7.21). Pour l'exemple ci-dessus, nous voulons maintenant déterminer toutes les séquences jusqu'à la longueur $l = 5$, qui commencent et se terminent à l'état zéro. Nous obtenons :

**$l = 3$**

$$T_{l=3}(N,L,D) = \boldsymbol{a}\mathbf{X}\boldsymbol{b} = \begin{bmatrix} 0 & NLD^2 & 0 \end{bmatrix} \cdot \begin{bmatrix} 0 & NL & 0 \\ LD & 0 & NLD \\ LD & 0 & NLD \end{bmatrix} \cdot \begin{bmatrix} LD^2 \\ 0 \\ 0 \end{bmatrix}$$

$$T_{l=3}(N,L,D) = \boldsymbol{a}\mathbf{X}\boldsymbol{b} = \begin{bmatrix} NL^2D^3 & 0 & N^2L^2D^3 \end{bmatrix} \cdot \begin{bmatrix} LD^2 \\ 0 \\ 0 \end{bmatrix} = NL^3D^5$$

**$l = 4$**

$$T_{l=4}(N,L,D) = \boldsymbol{a}\mathbf{X}^2\boldsymbol{b} = \begin{bmatrix} NL^2D^3 & 0 & N^2L^2D^3 \end{bmatrix} \cdot \begin{bmatrix} 0 & NL & 0 \\ LD & 0 & NLD \\ LD & 0 & NLD \end{bmatrix} \cdot \begin{bmatrix} LD^2 \\ 0 \\ 0 \end{bmatrix}$$

$$T_{l=4}(N,L,D) = \boldsymbol{a}\mathbf{X}^2\boldsymbol{b} = \begin{bmatrix} N^2L^3D^4 & N^2L^3D^3 & N^3L^3D^4 \end{bmatrix} \cdot \begin{bmatrix} LD^2 \\ 0 \\ 0 \end{bmatrix} = N^2L^4D^6$$

**$l = 5$**

$$T_{l=5}(N,L,D) = \boldsymbol{a}\mathbf{X}^3\boldsymbol{b}$$

$$= \begin{bmatrix} N^2L^3D^4 & N^2L^3D^3 & N^3L^3D^4 \end{bmatrix} \cdot \begin{bmatrix} 0 & NL & 0 \\ LD & 0 & NLD \\ LD & 0 & NLD \end{bmatrix} \cdot \begin{bmatrix} LD^2 \\ 0 \\ 0 \end{bmatrix}$$

$$= \begin{bmatrix} N^2L^4D^4 & N^3L^4D^5 & N^3L^4D^4 & N^3L^4D^4 & N^4L^4D^5 \end{bmatrix} \cdot \begin{bmatrix} LD^2 \\ 0 \\ 0 \end{bmatrix}$$

$$= N^2L^5D^6 + N^3L^5D^7$$

$$\underline{\underline{T_{l \leq 5}(N,L,D) = NL^3D^5 + N^2L^4D^6 + N^2L^5D^6 + N^3L^5D^7}}$$

■

# 7.7. Caractéristiques des code convolutifs

## 7.7.1. Codes convolutifs systématiques et non systématiques

Dans le cas des codes non systématiques, les bits d'information ne peuvent pas être séparés des bits de contrôle. Un code non systématiques est constitué d'une logique combinatoire calculant les séquences de $n$ éléments binaires de sortie $v$ (Fig. 7.26). Jusqu'à présent, tous les exemples des codeurs ont été des codes non systématiques.

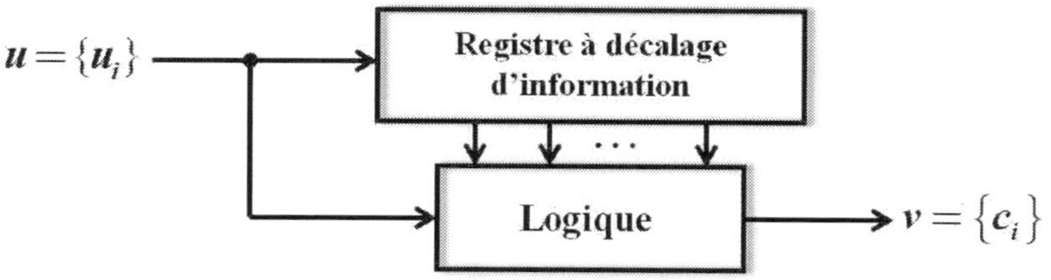


**Fig. 7.26 :** Structure d'un codeur non systématique (Présentation générale)

Un code est dit systématique si la séquence de données peut être identifiée de manière unique ou si elle apparaît intacte à la sortie du codeur, comme le montre la figure (Fig. 7.27).

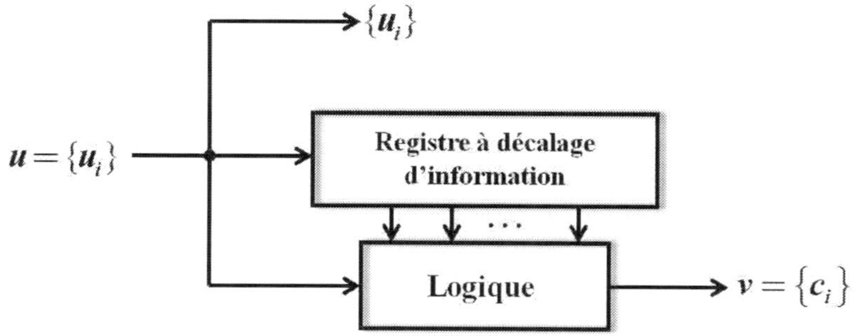


**Fig. 7.27 :** Structure d'un codeur systématique (Présentation générale)

En raison de leurs faibles performances, ces codes n'ont pratiquement aucune signification pratique, à l'exception des codes convolutifs récursifs dans les turbocodes [10]. Les codes convolutifs non systématiques ont généralement de meilleures propriétés, c'est-à-dire qu'ils peuvent généralement corriger plus d'erreurs pour le même taux de codage.

**Exemple 7.15 :** Codeur convolutif systématique $C(3,1,[2])$

La figure (Fig. 7.28) présente un code convolutif systématique pour $n = 3$, $k = 1$ et $m = 2$.

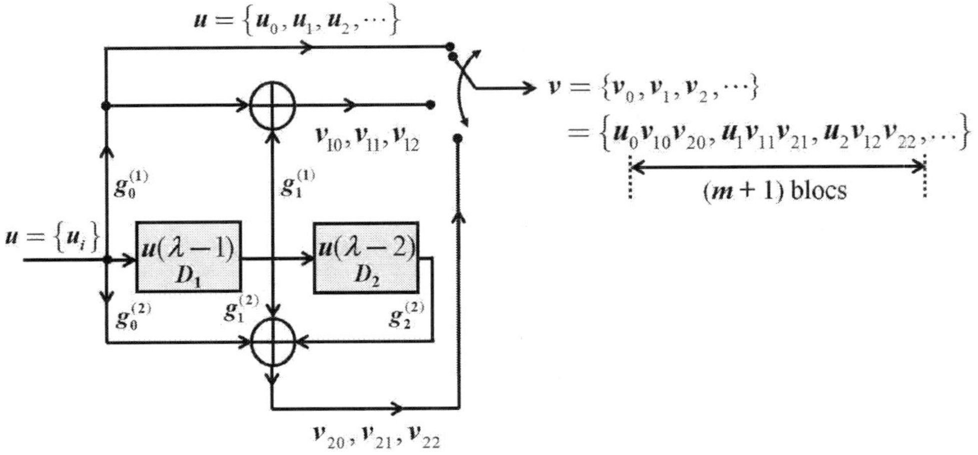


**Fig. 7.28 :** Structure d'un codeur systématique $C(3,1,[2])$

■

## 7.7.2. Codes convolutifs récursifs et systématiques (RSC)

Dans les codes convolutifs récursifs, l'état ultérieur dépend de l'état actuel, de la valeur d'entrée et de la structure de rétroaction du codeur. Les codes récursifs couramment utilisés dans la pratique sont généralement systématiques et peuvent être dérivés de codes non systématiques et non récursifs (NSC). Un code convolutif est dit *récursif* lorsque ses polynômes générateurs sont remplacés par les quotients de deux polynômes. Une partie de la sortie est alors réintroduite dans le registre à décalage selon les connexions définies par les polynômes situés aux dénominateurs.

$$\begin{aligned} \boldsymbol{G}_1(\boldsymbol{D}) &\rightarrow \tilde{\boldsymbol{G}}_1(\boldsymbol{D}) = \boldsymbol{G}_1(\boldsymbol{D})/\boldsymbol{G}_1(\boldsymbol{D}) = 1 \\ \boldsymbol{G}_2(\boldsymbol{D}) &\rightarrow \tilde{\boldsymbol{G}}_2(\boldsymbol{D}) = \frac{\boldsymbol{G}_2(\boldsymbol{D})}{\boldsymbol{G}_1(\boldsymbol{D})} \end{aligned} \qquad 7.22$$

Le point de départ est un code NSC (Nonrecursive non Systematic Convolutional Codes), dont les polynômes générateurs sont transformés en *D* pour décrire un code systématique mais récursif (RSC-Codes : Recursive Systematic Convolutional Code*s*).

Commençant avec un code NSC, dont les polynômes générateurs sont convertis aux polynômes d'un code RSC. Les mots de code du nouveau code RSC systématique sont calculés comme suit :

- Sortie du code RSC :

$$\tilde{V}^{(1)}(D) = U(D) \cdot \tilde{G}_1(D) = U(D) \ \rightarrow \text{Code systématique}$$

$$\tilde{V}^{(2)}(D) = U(D) \cdot \tilde{G}_2(D) = \frac{U(D)}{G_1(D)} \cdot G_2(D) = A(D) \cdot G_2(D)$$

- On utilise : $A(D) = \dfrac{U(D)}{G_1(D)}$, on a :

$$\boldsymbol{A(D) \cdot G_1(D) = U(D) \Leftrightarrow A(D) \cdot \sum_{\mu=0}^{m} g_{j,\mu} \cdot D^{\mu} = U(D)} \qquad 7.23$$

En utilisant l'opérateur de décalage $D \equiv z^{-1}$ et $g_{1,0} = 1$, l'équation (7.23) peut être généralisée et on obtient la transfrmation en $Z$ inverse (TZI ou TDI) :

$$A(D) \cdot \sum_{\mu=0}^{m} g_{j,\mu} \cdot D^{\mu} = U(D) \xrightarrow{\text{TZI}} \sum_{\mu=0}^{m} g_{j,\mu} \cdot a(\lambda - \mu) = u(\lambda)$$

Cela peut être développé :

$$\sum_{\mu=0}^{m} g_{j,\mu} \cdot a(\lambda - \mu) = \ a(\lambda) + \sum_{\mu=1}^{m} g_{j,\mu} \cdot a(\lambda - \mu) = u(\lambda) \ ; \ g_{j,\mu} \in GF(2$$

Ce qui donne :

$$\boldsymbol{a(\lambda) = u(\lambda) + \sum_{\mu=1}^{m} g_{j,\mu} \cdot a(\lambda - \mu)} \qquad 7.24$$

La valeur $a(\lambda)$ peut être interprétée comme le contenu actuel de la cellule de registre actuel et dépend de l'entrée actuelle $u(\lambda)$ et du contenu de l'ancien registre $u(\lambda\text{-}i)$. Cela montre la structure récursive du codeur.

- **Remarques**
  - Le code NSC et le code dérivé RSC ont les mêmes propriétés de distances.
  - Les comportements entrée/sortie de ces deux NSC/ RSC codes sont différents.
  - La réponse impulsionnelle d'un code RSC est décroissante à l'infini (filtre IIR [37][39]).

Les exemples ci-après (7.16 et 7.17) montrent comment un codeur RSC peut être dérivé d'un codeur NSC.

**Exemple 7.16 :** Codeur RSC

- Prenant le codeur $C(2,1,[2])$ de l'exemple (7.9), dont les coefficients générateurs sont $g_1 = (1,1,1)$ et $g_2 = (1,0,1)$

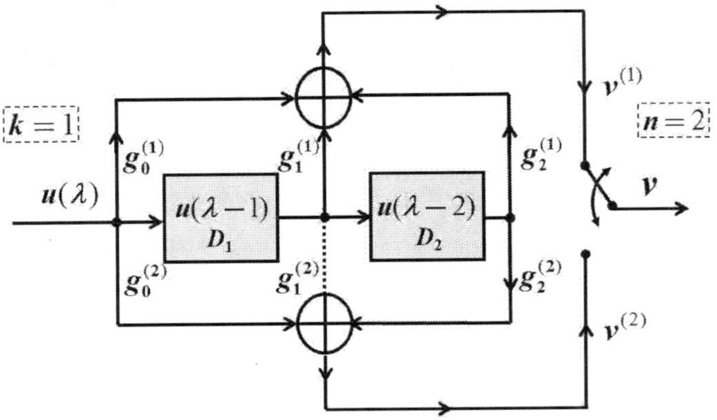


**Fig. 7.29 :** Codeur s $C(2,1,[2])$ de l'exemple (7.9)

D'après le paragraphe (§ 4.7.1) et les relations (7.22), on a :

$$G_1(D) = 1 + D + D^2 \rightarrow \tilde{G}_1(D) = 1$$

$$G_2(D) = 1 + D^2 \rightarrow \tilde{G}_2(D) = \frac{G_2(D)}{G_1(D)} = \frac{1 + D^2}{1 + D + D^2}$$

$$A(D) = \frac{U(D)}{G_1(D)} = \frac{U(D)}{1 + D + D^2} \quad \Rightarrow \quad A(D) \cdot \left(1 + D + D^2\right) = U(D)$$

En utilisant la transformation TDI :

$$A(D) \cdot \sum_{\mu=0}^{m} g_{j,\mu} \cdot D^{\mu} = U(D) \xrightarrow{\text{TDI}} \sum_{\mu=0}^{m} g_{j,\mu} \cdot a(\lambda - \mu) = u(\lambda)$$

$$A(D) \cdot \left(1 + D + D^2\right) = U(D) \xrightarrow{\text{TDI}} u(\lambda) = a(\lambda) + a(\lambda - 1) + a(\lambda - 2),$$

on obtient :

$$\underline{\underline{a(\lambda) = u(\lambda) + a(\lambda - 1) + a(\lambda - 2)}} \text{ mod 2}$$

Les sorties peuvent se calculer des relations suivantes :

$$\left.\begin{aligned} \tilde{V}^{(1)}(D) &= U(D) \\ \tilde{V}^{(2)}(D) &= A(D) \cdot G_2(D) \end{aligned}\right\} \xrightarrow{\text{TDI}} \left\{\begin{aligned} \tilde{v}_1(\lambda) &= u(\lambda) \\ \tilde{v}_2(\lambda) &= a(\lambda) + a(\lambda - 2 \text{ ;} \end{aligned}\right.$$

Cela nous amène au circuit suivant :

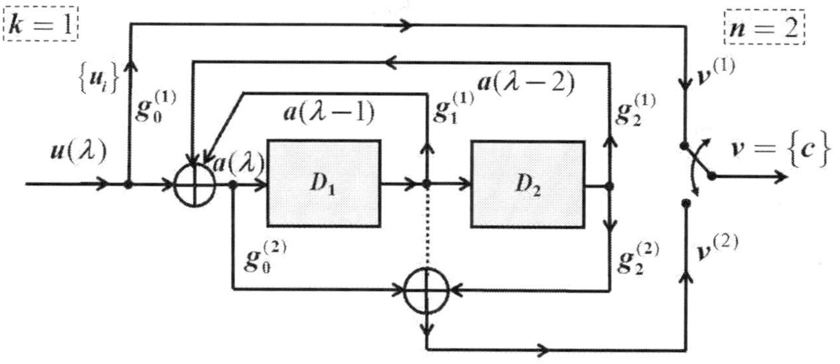


**Fig. 7.30 :** Structure de registre à décalage pour un code convolutif récursif et systématique (RSC)

- On utlise le circuit du codage RSC (Fig. 30) pour coder le mot d'information $u = (1,1,1,0)$. Le tableau suivant décrit la procédure du codage :

| Horloge | $u$ | $a(\lambda)$ | $a(\lambda$-1) | $a(\lambda$-2) | $v^{(1)}$ | $v^{(2)}$ |
|---|---|---|---|---|---|---|
| 1 | **1** | 1 | 0 | 0 | **1** | **1** |
| 2 | **1** | 0 | 1 | 0 | **1** | **0** |
| 3 | **1** | 0 | 0 | 1 | **1** | **1** |
| 4 | **0** | 0 | 0 | 0 | **0** | **0** |
| 5 | | | 0 | 0 | | |

**Tableau 7.6 :** Etapes de codage (RSC) pour $u$ = (1,1,1,,0)

Pour chaque coup d'horlog, la procédure est répétée, ce qui donne : $(v^{(1)}v^{(2)}) \Rightarrow \underline{v = (11,10,11,00)}$

■

## Exemple 7.17 : Codeur convolutif RSC

- Un codeur RSC doit être dérivé d'un codeur NSC (2,1,[2]), dont les coefficients générateurs sont $g_1 = (1, 0, 1)$ et $g_2 = (1, 1, 1)$

$$V_1(D) = U(D) \ ; \ V_2(D) = A(D) \cdot (1 + D + D^2), \text{ avec } A(D) = \frac{U(D)}{1 + D^2}$$

$$\left. \begin{array}{l} A(D) \cdot (1 + D^2) = U(D) \\ a(\lambda) = u(\lambda) + a(\lambda - 2) \end{array} \right\} \Rightarrow \left\{ \begin{array}{l} \tilde{v}^{(1)} = u(\lambda) \\ \tilde{v}^{(2)} = a(\lambda) + a(\lambda - 1) + a(\lambda - 2) \end{array} \right.$$

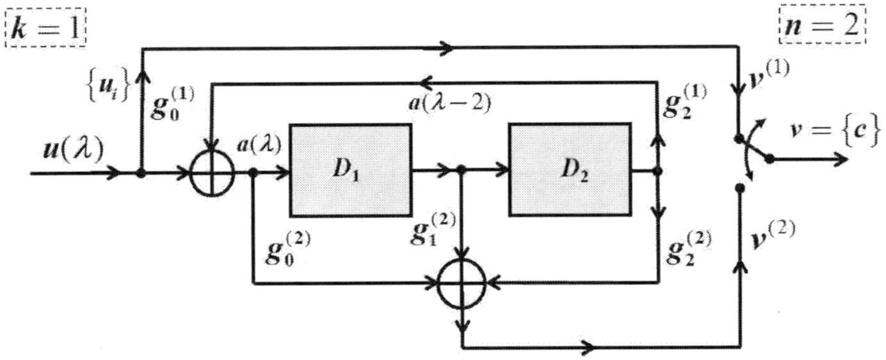


**Fig. 7.31 :** Codeur convolutif récursif et systématique (RSC)

■

- **Remarque**
  - Il est souligné que pour un rapport SNR donné, le codeur récursif est moins performant que son équivalent classique. Pourtant, c'est généralement ce type de codeur qui est utilisé lors de la concaténation de codes [10].

**Exemple 7.18 :** Comparaison entre RSC et NSC

- La figure (Fig. 7.32a) montre un simple codeur convolutif non récursif (NSC) avec les séquences génératrices $\boldsymbol{g}_1 = (1,1)$ et $\boldsymbol{g}_2 = (1,0)$

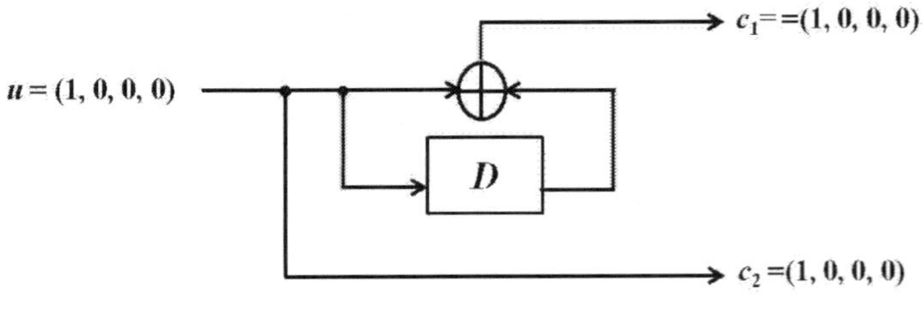


**Fig. 7.32a :** NSC

- La figure (7.32b) montre le codeur convolutif récursif (RSC) équivalent de la figure (Fig. 7.32a) avec $G = (1, g_2/ g_1)$.

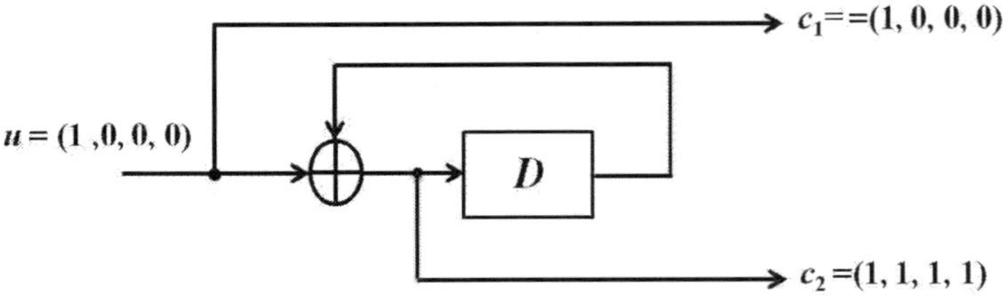


**Fig. 7.32b :** RSC

- Comparaison des deux codeurs :
  - $w_{NSC} = 3$, $w_{RSC} = 5$.
    Les codeurs récursifs produisent une sortie avec un poids supérieur à celui produit par les codeurs non récursifs, ce qui se traduit par de meilleures performances en matière d'erreurs.
  - Pour les turbocodes, l'objectif principal de la mise en œuvre des codeurs RSC, comme codeurs de composants, est d'utiliser la nature récursive des codeurs et non le fait que les codeurs soient systématiques.
  - Ces deux codes ont des taux d'erreur sur les bits différents. Cela est dû au fait que le TEB dépend de la correspondance entrée-sortie des codeurs [10].

■

### 7.7.3. Codeur catastrophique

Si un nombre fini d'erreurs de transmission entraîne un nombre infini d'erreurs de décodage, on parle de propagation catastrophique des erreurs. Cela se produit lorsque deux séquences de sortie d'un codeur ne diffèrent que de quelques bits, même si les séquences d'entrée sont complètement différentes. Ainsi, peu d'erreurs de transmission dans ces endroits peuvent conduire à la modification d'un mot de code en un autre.

Cela est toujours possible s'il existe au moins deux états de mémoire, par exemple (00) et (11), qui génèrent une séquence de code identique, par exemple (00), à chaque changement d'information 0 ou 1 (Fig. 7.33b). Ainsi, deux séquences infinies différentes de données initiales sont possibles pour la même séquence de code infinie (voir exemple 7.19). Ce comportement est également un critère pour reconnaître un codeur catastrophique.

Pour le cas $k = 1$, un codeur catastrophique peut être évité si les polynômes générateurs n'ont pas de diviseur commun. En d'autres termes, il y a un codeur catastrophique si la décomposition des polynômes générateurs en facteurs irréversibles donne un diviseur commun.

**Exemple 7.19 :** Codeur convolutif catastrophique

La figure (Fig. 7.33a) montre un codeur convolutif de rendement $k/n = 1/2$. La réponse impulsionnelle du codeur est donnée par :

$$g^{(1)} = (g_0^{(1)}, g_1^{(1)}, g_2^{(1)}) = (1, 0, 1) \rightarrow g_1(x) = 1 + x^2 = (1+x)\cdot(1+x)$$

$$g^{(2)} = (g_0^{(2)}, g_1^{(2)}, g_2^{(2)}) = (1, 1, 0) \rightarrow g_2(x) = 1 + x$$

Le code convolutif présenté dans la figure (Fig. 7.33a) est catastrophique. Si nous examinons la transition d'état (11) → (1/00) et d'état (00) → (0/00), le bloc du code correspondant est (00). Ce codeur a donc une boucle de zéro dans le diagramme de transition d'états, de sorte qu'il est catastrophique (Fig.7.33b).

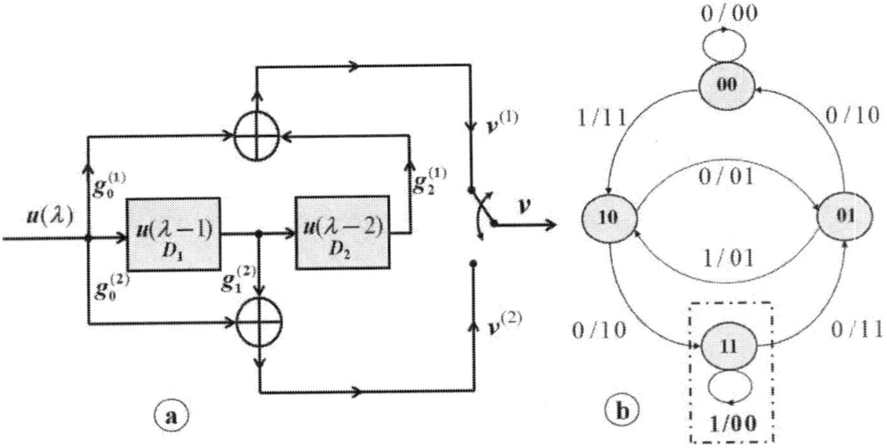


**Fig. 7.33a,b :** Codeur catastrophique

■

## 7.7.4. Codes convolutifs tronqués (Truncated Codes)

Le décodage des codes convolutifs nécessite l'observation de la séquence entière ou d'une section suffisamment longue (voir l'algorithme de Viterbi). En pratique, seules les séquences de longueur finie (N mots de code) sont importantes, ce qui est compréhensible. Si la séquence d'informations $u$ se termine arbitrairement, le diagramme en treillis peut se terminer dans n'importe quel état, c'est-à-dire que l'état final du décodeur est inconnu. Cela affecte la performance du décodage, car les derniers bits en $u$ ne peuvent être estimés qu'avec une grande incertitude. Lorsque l'on considère des séquences finies, les codes convolutifs peuvent être également interprétés comme des codes en blocs et peuvent être décrits en conséquence par une matrice génératrice de la forme suivante :

$$\boldsymbol{G} = \begin{pmatrix} \boldsymbol{G}_0 & \boldsymbol{G}_1 & \cdots & \boldsymbol{G}_m & & \\ & \boldsymbol{G}_0 & \boldsymbol{G}_1 & \cdots & \boldsymbol{G}_m & \\ & & \ddots & \ddots & \ddots & \\ & & & \boldsymbol{G}_0 & \boldsymbol{G}_1 & \\ & & & & \boldsymbol{G}_0 & \end{pmatrix}, \text{ où } \boldsymbol{G}_i = \left(\boldsymbol{g}_{1,i}, \boldsymbol{g}_{2,i}, \ldots, \boldsymbol{g}_{n,i}\right) \qquad 7.25$$

## 7.7.5. Codes convolutifs terminés (Terminated Codes)

La bonne méthode transforme le code convolutif en un code en blocs en forçant le retour à l'état 0 par une terminaison du treillis. L'ajout de ce que l'on appelle bits supplémentaires en général des bits zéro à la fin de la séquence d'informations, permet de ramener le codeur à un état final connu. Il est ainsi possible d'estimer les derniers bits de manière fiable. Un code convolutif présentant ces propriétés est appelé code convolutif terminé.

Le nombre des bits supplémentaires correspond exactement à la mémoire du codeur, tandis que la valeur des bits supplémentaires dépend de la structure du codeur.

- NSC : Ajouter $m$ zéro ($m$ nombre de registre).
- RSC : Ajouter $m$ zéro qui dépendent à l'état final de codeur avant l'accrochage des bits supplémentaires.

Une séquence d'informations de longueur $N$ à coder est convertie par un code convolutif non terminé en une séquence de codes de longueur $(N/k)\cdot n$. Il en résulte la relation connue de taux de codage (Fig. 7.34) :

$$\text{Taux de code non terminé} : \boldsymbol{R}_{nonterminé} = \frac{\boldsymbol{N}}{\frac{\boldsymbol{N}}{\boldsymbol{k}}\cdot \boldsymbol{n}} = \frac{\boldsymbol{N}\cdot\boldsymbol{k}}{\boldsymbol{N}\cdot\boldsymbol{n}} = \frac{\boldsymbol{k}}{\boldsymbol{n}} \qquad 7.26$$

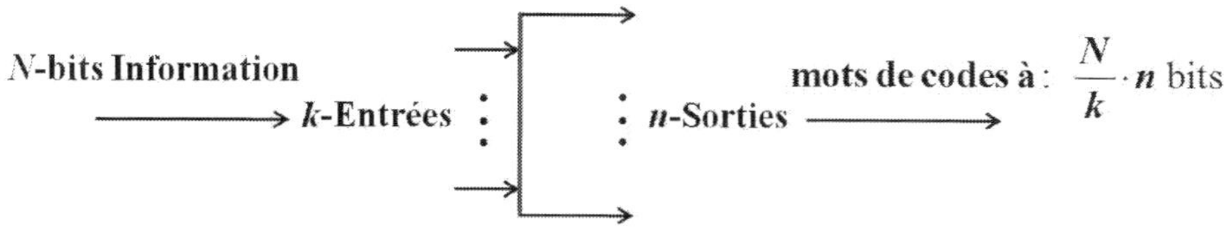


**Fig. 7. 34**

La terminaison étend la sortie de la séquence de code lors du codage d'une séquence d'informations de longueur $N$ à $((N/k) + m))$, ce qui donne le taux de codage suivant pour les codes terminés :

$$\text{Taux du code terminé} : \boldsymbol{R}_{terminé} = \frac{\boldsymbol{N}}{\left(\frac{\boldsymbol{N}}{\boldsymbol{k}} + \boldsymbol{m}\right)\cdot \boldsymbol{n}} \qquad 7.27$$

Pour $\boldsymbol{k} = 1$ on aura donc :

$$\text{Taux du code terminé} : \boldsymbol{R}_{terminé(\boldsymbol{k}=1)} = \frac{\boldsymbol{N}}{(\boldsymbol{N} + \boldsymbol{m})\cdot \boldsymbol{n}} \qquad 7.28$$

**Exemple 7.20 :** Code convolutif terminé

$$\left.\begin{array}{l} N=3 \\ k=1 \\ n=6 \end{array}\right\} \Rightarrow \text{Mot de code} = (3/1)\times 6 = 18$$

$$\left.\begin{array}{l} N=2 \\ k=2 \\ n=3 \end{array}\right\} \Rightarrow \text{Mot de code} = (2/2)\times 3 = 3$$

■

Pour une longueur constante du mot de code $(N/k + m)\cdot n$, le code convolutif peut être considéré comme un code en blocs *quasi* cyclique, dont la matrice génératrice est :

$$\boldsymbol{G} = \begin{pmatrix} \boldsymbol{G}_0 & \boldsymbol{G}_1 & \cdots & \boldsymbol{G}_m & & & \\ & \boldsymbol{G}_0 & \boldsymbol{G}_1 & \cdots & \boldsymbol{G}_m & & \\ & & \ddots & \ddots & & \ddots & \\ & & & \boldsymbol{G}_0 & \boldsymbol{G}_1 & & \boldsymbol{G}_m \end{pmatrix} \qquad 7.29$$

## 7.7.6 Codage circulaire (Tail biting convolutional codes)

Cette technique a été introduite dans les années 1980 pour résoudre le problème de la terminaison du treillis sans introduire d'effets secondaires [46]. Elle permet d'encoder n'importe quel état du codeur comme état initial et la séquence d'informations est encodée de sorte que l'état final et l'état initial sont identiques. Parmi les différentes techniques visant à transformer un code convolutif en un code en blocs, le « tailbiting », également appelé codage circulaire, est la meilleure méthode de terminaison pour les turbocodes [10]. Tout d'abord, aucun bit supplémentaire ne doit être ajouté et transmis ; ainsi, il n'y a pas de perte de débit et l'efficacité spectrale de la transmission n'est pas réduite. Ensuite, le « tailbiting » n'induit aucun effet secondaire dans le message. Par conséquent, tous les bits d'information sont protégés de la même manière et la propriété circulaire empêche l'apparition de mots de code tronqués de faible poids, puisque le treillis peut être considéré comme de longueur infinie. De plus, comme il n'est pas nécessaire de tenir compte de positions particulières dans le treillis, la conception de la permutation est simplifiée. On obtient un code convolutif *quasi* cyclique.

### 7.7.7 Codes convolutifs perforés (poinçonnés)

#### A. Définition

En ce qui concerne la modification des codes en bloc, les opérations « élargir », « perforer », « raccourcir » et « étendre » sont déjà connues (§ 3.7.1). Cependant, pour les codes convolutifs, seule la perforation joue un rôle pratique. Le taux de codage est fixé en masquant certains symboles du code, sans distinction entre le bit d'information et le bit de contrôle. Le destinataire doit bien sûr connaître le schéma de perforation.

#### B. Avantages de perforation

- Une réduction de la longueur du mot de code $n' < n$ entraîne automatiquement une réduction de la largeur de bande de transmission.
- Aucun effort matériel multiple n'est requis avec un taux de codage flexible (adaptation simple du taux de codage aux conditions de transmission actuelles).
- Éventuellement moins d'efforts pour le décodage (voir plus loin).
- Bien que la perforation réduise la performance du code original, le code perforé est généralement aussi performant que les codes non perforés de même taux.

Pour créer des codes convolutifs de rendement supérieur, on utilise des codes perforés (poinçonnés) : ils sont obtenus à partir des codes standards (codes mères) auxquels on supprime des bits de sortie périodiquement. Lors du décodage, l'opération inverse (déperforation) est effectuée pour revenir à une efficacité de base de 1/2 ; les bits manquants sont remplacés par « 0 », mais la capacité de correction est réduite.

- **Remarques**
  - Il peut être démontré [8][47] que plus l'efficacité d'un code convolutif est élevée, plus la bande passante est étroite. Dans le cas où l'on est limité en bande passante, l'idéal serait d'utiliser des codes de rendement élevé p.ex.( $n-1)/n$. Seulement le décodage de tels codes est plus complexe que ceux de rendement $1/n$.
  - En effet, dans l'arbre ou dans le treillis d'un code de rendement $(n-1)/n$, chaque nœud a $2^{n-1}$ successeurs (au lieu de 2 pour un code de rendement $1/n$). En général, les codes convolutifs perforés sont utilisés pour des blocs d'information de longueur $k = 1$. Ils ne sont

que légèrement moins efficaces que les codes convolutifs non perforés pour un même taux de codage et $k > 1$. L'effort de décodage change à peine par rapport aux codes convolutifs non perforés. La commutation est possible sans grand effort supplémentaire.

**Exemple 7.21 :** Code convolutif perforé

- Un code de rendement 1/2, dont on supprime un bit de sortie sur 4 devient un code de rendement 2/3.

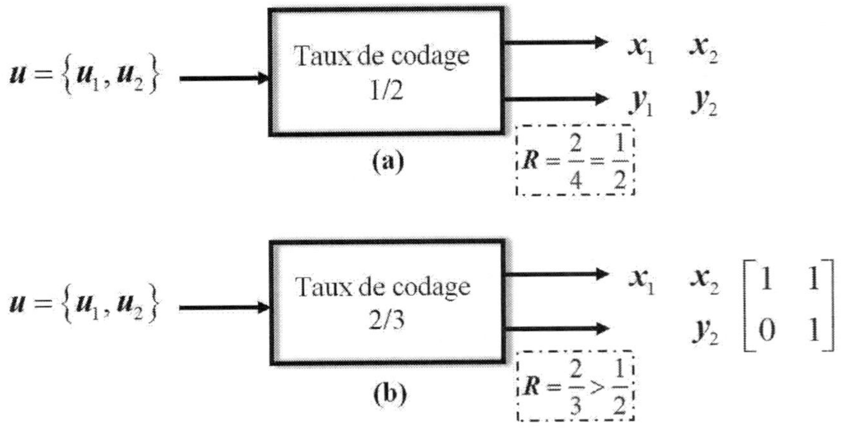


**Fig. 7. 35 :** Code convolutif perforé (b)

De même pour construire un code de rendement 3/4, on ne transmet que $\boldsymbol{x_1}$, $x_2 y_2$, … etc.

■

## C. Présentation matricielle de perforation

Si les codes convolutifs perforés du taux $R_p$ sont dérivés d'un code mère (code convolutif non perforé) du taux $R_C = 1/n$, le motif de masquage peut être représenté comme une matrice de perforation $M_P$ :

$$M_P = \begin{pmatrix} p_{1,0} & p_{1,1} & \cdots & p_{1,L_p-1} \\ p_{2,0} & p_{2,1} & \cdots & p_{2,L_p-1} \\ \vdots & \vdots & & \vdots \\ p_{n,0} & p_{n,1} & \cdots & p_{n,L_p-1} \end{pmatrix} = (p_0, p_1, \dots, p_{L_p-1}), \qquad 7.30$$

où $p_{i,j} \in [0\ 1]$.

La structure de la matrice $M_P$ n'est triviale que dans les cas les plus simples. Ainsi, une perforation peut entraîner un code catastrophique. Dans tous les cas, la perforation doit être adaptée aux générateurs respectifs.

La perforation se fait normalement de manière périodique avec la période $L_P$, où :

- la dimension de $M_P$ est : $(n \times L_P)$-éléments binaires.
- la matrice de perforation est traitée périodiquement avec la période $L_P$ en colonnes dans l'horloge d'information ; la $j$-ème colonne décide si le $i$-ème bit du mot de code doit être envoyé ou non.

  $p_{i,j} = 0 \rightarrow$ le $i$-*ème* bit n'est pas transmis.

  $p_{i,j} = 1 \rightarrow$ le $i$-*ème* bit est transmis.

Pour la perforation d'un code, des séquences de sortie $L_p$ sont regroupées en un bloc. Chacun de ces blocs contient ainsi $n \cdot L_p$ bits de sortie. Un nombre de $\boldsymbol{e_p}$ bits sont perforés à partir de ces $n \cdot L_p$ bits de sortie. Après la perforation, seuls $(n \cdot L_p - e_p)$ bits par bloc doivent être transmis, ce qui signifie que le taux de codage des $k \cdot L_p$ bits d'information est de :

$$\boldsymbol{R_p} = \frac{\boldsymbol{k \cdot L_p}}{\boldsymbol{n \cdot L_p - e_p}}, \quad \boldsymbol{e_p < L_p \cdot (n-k)} \tag{7.31}$$

Le taux de codage d'un code convolutif est généralement modifié par perforation des symboles. Par exemple, un code convolutif avec un taux de code « mère » peut être perforé à un taux plus élevé, par exemple, simplement en ne transmettant pas une partie des symboles de code.

Pour $k = 1$, on a :

$$\left.\begin{aligned} &\boldsymbol{e_p \neq 0 \Rightarrow R_p = \frac{L_p}{n \cdot L_p - e_p}, e_p < L_p \cdot (n-k)} \\ &\boldsymbol{e_p = 0 \Rightarrow R = R_p = \frac{L_p}{n \cdot L_p} = \frac{1}{n}} \end{aligned}\right\} \tag{7.32}$$

- **Remarques**
  - Il convient de noter que la perforation donne lieu à un code convolutif variable dans le temps, qui nécessite une description plus détaillée, mais qui ne sera pas examiné plus avant ici.
  - Les codes RCPC (Rate Compatible Punctured Convolutional Codes) introduits par J. Hagenauer [47] sont d'une grande importance pratique. Leurs familles de codes sont dérivées d'un code mère

de telle sorte que les codes à taux élevé sont incorporés dans les codes à taux faible.

**Exemple 7.22 :** Perforation du code $C(2,1,[2])$

- Prenant le codeur $C(2,1,[2])$ de l'exemple (7.7), d'un taux de codage $R_C$ = 1/2 perforé par la matrice $M_P$ au taux $R_p$ =3/4. La période de perforation est $L_p = 3$.

$$M_p = \begin{pmatrix} 1 & 1 & 0 \\ 1 & 0 & 1 \end{pmatrix}$$

Le circuit de la figure suivant présente le code $C(2,1,[2])$ avec la matrice de perforation $M_P$ comme suit :

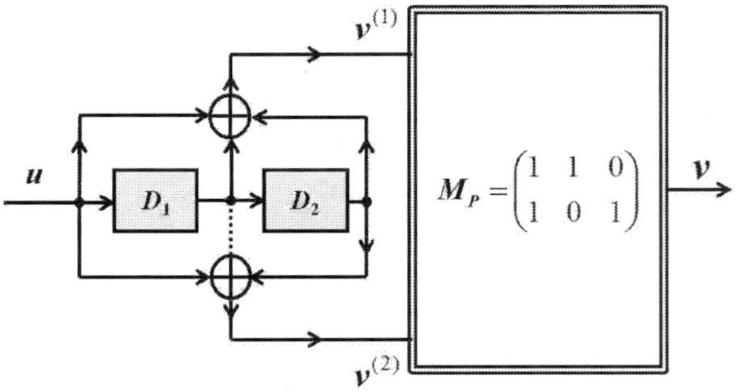


**Fig. 7. 36 :** Perforation du code $C(2,1,[2])$

$$M_p = \begin{bmatrix} 1 & 1 & 0 \\ 1 & 0 & 1 \end{bmatrix} \Leftrightarrow \begin{bmatrix} v^{(1)}(0) & v^{(1)}(1) & 0 \\ v^{(2)}(0) & 0 & v^{(2)}(2) \end{bmatrix}$$

Séquence codée non perforée : $v^{(1)}(0)v^{(2)}(0),\ v^{(1)}(1)v^{(2)}(1),\ v^{(1)}(2)v^{(2)}(2),\ \cdots$

Séquence codée perforée : $v^{(1)}(0)v^{(2)}(0),\ v^{(1)}(1)\xcancel{v^{(2)}(1)},\ \xcancel{v^{(1)}(2)}v^{(2)}(2),\ \cdots$

■

**Exemple 7.23 :** Perforation d'un code $C(2,1,[2])$ pour différents $R_p$

- Pour le codeur convolutif $C(2,1,[2])$ (Fig. 7.10) avec un taux de codage de $R_C$ =1/2, toutes les matrices de perforation sont représentées ci-après avec les $R_p$ correspondants. Dans cet exemple, une période de perforation $L_P = 4$ a été utilisée, c'est pourquoi les matrices ne sont émises que jusqu'à $e_p = 3$ (voir relation 7.31).

| $R_p$ | Matrice de perforation $M_P$ | $e_p$ |
|---|---|---|
| $\frac{4}{8}$ | $M_{P0}=\begin{pmatrix}1&1&1&1\\1&1&1&1\end{pmatrix}$ | 0 |
| $\frac{4}{7}$ | $M_{P1}=\begin{pmatrix}1&1&1&1\\1&1&\mathbf{0}&1\end{pmatrix}$ | 1 |
| $\frac{4}{6}$ | $M_{P2}=\begin{pmatrix}1&1&1&\mathbf{0}\\1&1&\mathbf{0}&1\end{pmatrix}$ | 2 |
| $\frac{4}{5}$ | $M_{P3}=\begin{pmatrix}1&1&1&\mathbf{0}\\1&\mathbf{0}&\mathbf{0}&1\end{pmatrix}$ | 3 |

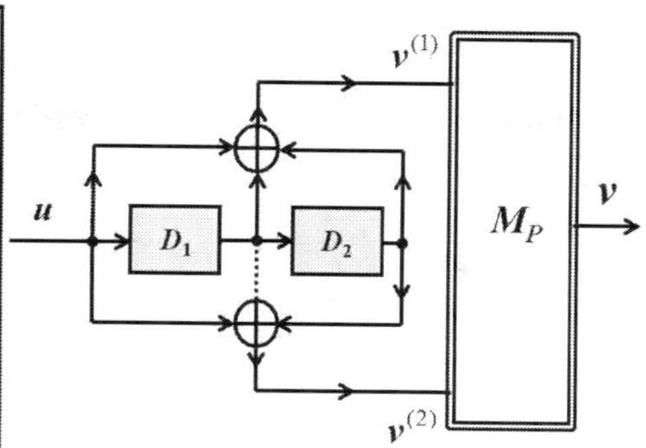


$$R_p = \frac{k \cdot L_p}{n \cdot L_p - e_p} \qquad e_p < L_p \cdot (n-k)$$

**Fig. 7. 37 :** Perforation du codeur C(2,1,[2]) pour différentes matrices

Pour le codage de la séquence d'informations $u = (1,1,0,0,0,0,1,0,1)$ avec la matrice de perforation $M_{P3}$, la séquence $c_2$ perforée remplace la sortie $\boldsymbol{c}_1$.

$$u=(1,1,0,0,0,0,1,0,1) \Rightarrow \begin{bmatrix} v^{(1)} \\ v^{(2)} \end{bmatrix} = \begin{bmatrix} 1&0&0&1&0&0&1&1&0 \\ 1&1&1&1&0&0&1&0&0 \end{bmatrix}$$

Séquence codée non perforée (voir exemple 7.9) :

$c_1 = (11,\ 01,\ 01,\ 11,\ 00,\ 00,\ 11,\ 10,\ 00)$

$$M_{P3} = \begin{pmatrix} 1&1&1&\mathbf{0} \\ 1&\mathbf{0}&\mathbf{0}&1 \end{pmatrix}$$

$$u=(1,1,0,0,0,0,1,0,1) \Rightarrow \begin{bmatrix} v^{(1)} \\ v^{(2)} \end{bmatrix} = \begin{bmatrix} 1&0&0&\not{1}&0&0&1&\not{1}&0 \\ 1&\not{1}&\not{1}&1&0&\not{0}&\not{1}&0&0 \end{bmatrix}$$

Séquence codée perforée : $c_2 = (11,\ 0x,\ 0x,\ x1,\ 00,\ 0x,\ 1x,\ x0,\ 00)$

■

# 7.8. Décodage des codes convolutifs

Le processus de décodage des codes convolutifs est basé sur l'estimation optimale d'une séquence de réception, à savoir qu'il sélectionne le plus probable parmi toutes les séquences de code possibles. La séquence de code la plus probable est celle qui diffère de la séquence reçue par un nombre de symboles aussi faible que possible, c'est-à-dire qui a la plus petite distance de Hamming par rapport à la séquence de code reçue. La distance (la métrique , voir plus loin) entre le chemin reçu et tous les autres chemins doit maintenant être déterminée. La manière dont cette métrique est déterminée conduit à des algorithmes de décodage différents, dont le décodage séquentiel et le décodage par l'algorithme Viterbi.

Dans cette section, nous présentons l'algorithme de Viterbi pour le décodage des codes convolutifs. Il s'agit d'une méthode peu coûteuse avec laquelle des profondeurs de mémoire allant jusqu'à $m \approx 10$ sont techniquement réalisables. Cet algorithme a été introduit en 1967 par A. J. Viterbi [20]. Il s'agit d'un décodage à maximum de vraisemblance (MLD). L'algorithme de Viterbi a été également appliqué dans des contextes plus généraux (Egaliseurs de Viterbi [3][5][71]).

## 7.8.1. Décodage optimal

Tout d'abord, nous voulons conclure quelques accords concernant la nomenclature. La séquence d'information $u$ est constituée de $k$ bits d'information et convertie par le codeur convolutif pour donner la séquence codée $c$ constituée de $n$ symboles. En outre, $r$ au lieu de $b$ indique la séquence de symboles reçue et $\hat{c}$ la séquence codée estimée par le décodeur (Fig. 7.38)

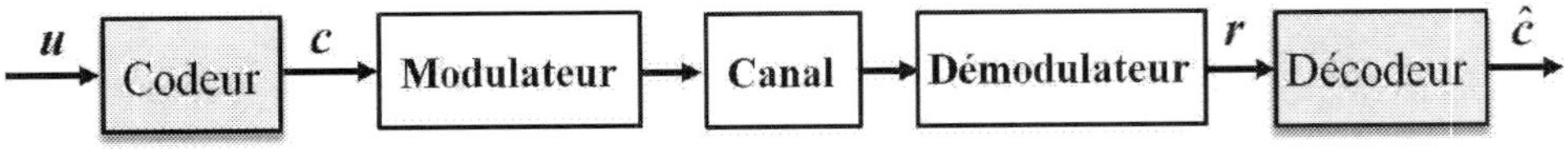


**Fig. 7. 38**

Lors du décodage, une distinction fondamentale est faite entre les procédures qui estiment des mots de code complets (codes en bloc) ou des séquences de code (codes convolutifs) et celles qui fonctionnent symbole par symbole. Ces derniers déterminent des valeurs estimées pour chaque bit de code, avec un codeur inverse réalisant alors la mise en correspondance avec le mot d'information correspondant. Comme la décision est prise symbole par symbole, il peut arriver que la séquence de code (le mot de code) ne soit pas un élément de l'espace de code et que le processus de décodage échoue. Dans cette section, nous considérons le décodage séquentiel, où à nouveau deux critères doivent être distingués. En outre, nous supposons qu'une séquence d'informations $u$ est convertie en une séquence de code terminée $c$ de longueur $N$ :

$$\underbrace{(c_1(0),\ldots,c_n(0)}_{c(0)};\ldots;\underbrace{c_1(N-1),\ldots,c_n(N-1)}_{c(N\text{-}1)}).$$

## A. Critère MAP (Maximum A-posteriori Probability)

Le critère MAP (Maximum A Posteriori Probability) est déjà connu au chapitre 1 (§ 1.8.1), il représente le décodage optimal en déterminant la séquence $\hat{c}$ qui maximise la probabilité *a posteriori* $P(\hat{c}|r)$.

Soit la séquence $c = (c_0, c_1, c_2, \ldots, c_{n-1})$ de longueur $n$ envoyée dans un canal discret stationnaire sans mémoire de probabilité conditionnelle $P(r|c)$, et $r = (r_0, r_1, r_2, \ldots, r_{n-1})$ la séquence reçue. D'une manière générale, un décodeur maximum *a posteriori* (MAP) cherche parmi toutes les séquences possibles $c$, la séquence estimée pour laquelle la probabilité conditionnelle $P(c|r)$ est la plus grande $P(\hat{c}|r) \geq P(c|r)$.

En appliquant la règle bayésienne, on obtient les résultats suivants :

$$P(\hat{c}|r) \geq P(c|r) \quad \left.\begin{aligned} P(\hat{c}|r) &= \frac{P(r,\hat{c})}{P(r)} = P(r|\hat{c})\frac{P(\hat{c})}{P(r)} \\ P(c|r) &= \frac{P(r,c)}{P(r)} = P(r|c)\frac{P(c)}{P(r)} \end{aligned}\right\} \Rightarrow \left\{\begin{aligned} & P(r|\hat{c})\frac{P(\hat{c})}{P(r)} \geq P(r|c)\frac{P(c)}{P(r)} \\ & P(r|\hat{c})\,P(\hat{c}) \geq P(r|c)\,P(c) \end{aligned}\right.$$

Le détecteur MAP maximise la probabilité conditionnelle $P(r|c)$ en fournissant la condition de seuil :

$$\left.\begin{aligned} & P(r|\hat{c})\frac{P(\hat{c})}{P(r)} \geq P(r|c)\frac{P(c)}{P(r)} \\ & P(r|\hat{c})\,P(\hat{c}) \geq P(r|c)\,P(c) \end{aligned}\right\} \Rightarrow \left\{\begin{aligned} \frac{\partial P(r|\hat{c})}{\partial r} &= p(r|\hat{c}) \\ \frac{\partial P(r|c)}{\partial r} &= p(r|c) \end{aligned}\right. \Rightarrow$$

$$\boldsymbol{p(y|\hat{c})\,P(\hat{c}) \geq p(r|c)\,P(c)} \qquad 7.33$$

Où $\boldsymbol{p}$ représente ici une densité de probabilité. Le décodage se fait par la condition :

$$\hat{c} = \arg\max_{c}\left(\boldsymbol{p(r|c)\,P(c)}\right), \qquad 7.34$$

et prend en compte les informations *a priori* des statistiques sources par $P(\hat{c})$.

## B. Critère de maximum de vraisemblance (Maximum Likelihood : ML)

Si toutes les séquences codées présentent la même probabilité $P(\hat{c}) = P(c) = 2^{-k}$, ou si les statistiques de source ne sont pas connues du destinataire, aucune information *a priori* ne peut être obtenue lors du décodage. Dans ce cas, on a :

$$p(\boldsymbol{r}|\hat{c}) \geq p(\boldsymbol{r}|c) \qquad 7.35$$

Le décodage est effectué par la relaion suivante :

$$\hat{c} = \arg\max_{c}\left(p(\boldsymbol{r}|c)\right) \qquad 7.36$$

Pour une distribution uniforme des séquences d'entrée, le critère (MAP) et le critère de maximum de vraisemblance (ML) donnent des résultats identiques (optimaux). Si les séquences d'entrée ne sont pas uniformément réparties et si $P(c)$ n'est pas connu du récepteur, le critère de maximum de vraisemblance (ML) est sous-optimale.

Dans ce qui suit, nous continuerons à poursuivre le décodage à maximum de vraisemblance (ML), une extension au décodage avec le critère (MAP) est alors tout simplement possible. Pour un canal discrèt sans mémoire (CDSM), et pour des signaux émis et perturbés indépendamment les uns des autres, les probabilités conditionnelles $P(c_i\ |r_i)$, peuvent être factorisées et les règles suivantes s'appliquent :

$$\boldsymbol{P}(\boldsymbol{r}|c) = \prod_{i=0}^{N-1} \boldsymbol{P}(r_i|c_i) \qquad 7.37$$

Pour des raisons de simplification du calcul, il est mieux d'utiliser la fonction de vraisemblance logarithmique (Fonction ML logarithmique) $\log\left(\boldsymbol{P}(\boldsymbol{r}|c)\right)$. Par conséquent, on a pour chaque séquence de code :

$$\boldsymbol{P}(\boldsymbol{r}|\hat{c}) \geq \boldsymbol{P}(\boldsymbol{r}|c) \Rightarrow \log \boldsymbol{P}(\boldsymbol{r}|\hat{c}) \geq \log \boldsymbol{P}(\boldsymbol{r}|c) \qquad 7.38$$

La recherche de la séquence la plus probable implique donc que le décodeur (ML) calcule les distances entre la séquence reçue et toutes les séquences possibles. Il faut distinguer ici deux cas :

- **Décodage à entrée dure**

  Si l'entrée du décodeur est binaire, on parlera de décodage à entrée dure (hard decoding). Ce cas correspond à l'utilisation d'un canal à sorties binaires (comme le canal binaire symétrique par exemple) ou d'un canal à sorties continues mais ayant subi un seuillage avant le décodeur. Le décodeur à entrées dures calcule des distances de Hamming.

- **Décodage à entrée souple**

  Si l'entrée du décodeur peut prendre une valeur continue, on dira que le décodage est à entrée souple ou pondérée (soft decoding). Ce cas correspond par exemple à l'utilisation d'un canal à sorties continues comme le canal à bruit blanc additif gaussien. En pratique, l'entrée est quantifiée sur plusieurs bits (3 ou 4 bits suffisent généralement pour ne pas dégrader les performances du décodeur). Contrairement au décodeur à entrée dure, le décodeur à entrée souple calcule des distances euclidiennes.

## 7.8.2. La métrique de Viterbi

Pour la dérivation du décodage (ML), on peut supposer un code convolutif terminé, qui est alors un code en blocs spécial de longueur $N$. Selon le critère (ML), l'estimation de $\hat{c}$ pour la séquence de réception $r$ est la séquence de code dans laquelle la probabilité de transition devient maximale. Un décodeur (ML) sélectionne la séquence $\hat{c}$ qui maximise la fonction $\log\left(P(r|c=\hat{c})\right)$. Pour chaque séquence $c$, on a :

$$\log\left(\boldsymbol{P}(\boldsymbol{r}|\hat{c})\right) \geq \log\left(\boldsymbol{P}(\boldsymbol{r}|\boldsymbol{c})\right) \qquad 7.39$$

En utilisant la fonction de vraisemblance logarithmique, il s'ensuit donc pour la relation (7.37) :

$$\log\left(\boldsymbol{P}(\boldsymbol{r}|\boldsymbol{c})\right) = \sum_{i=0}^{N-1} \log\left(\boldsymbol{P}(\boldsymbol{r}_i|\boldsymbol{c}_i)\right) \qquad 7.40$$

La fonction (ML) logarithmique $\log\left(P(r|c)\right)$ est définie comme métrique $\mathrm{M}(\boldsymbol{r}|\boldsymbol{c})$ de la suite $r$. $\mathrm{M}(r|c)$ est également appelé la métrique de chemin (Path Metric) par opposition à la métrique de bits $\mathrm{M}(r_i|c_i)$ (Bit Metric).

$$\mathbf{M}(\boldsymbol{r}|\boldsymbol{c}) = \sum_{i=0}^{N-1} \mathbf{M}(\boldsymbol{r}_i|\boldsymbol{c}_i) \qquad 7.41$$

$\mathrm{M}(r_i|c_i)$ est également connu sous le nom d'incrément métrique ou d'accroissement métrique. La relation (7.41) peut être transformée pour l'implémentation de l'algorithme de Viterbi par mise à l'échelle avec $\alpha$ et $\beta$, de sorte que des entiers positifs puissent être utilisés pour le calcul.

$$\mathrm{M}(r|c) \rightarrow \mathcal{M}(r|c) \Rightarrow \begin{cases} \mathcal{M}(r|c) = a \cdot \sum_{i=0}^{N-1} \log P(r_i|c_i) + \beta \\ \quad = \sum_{i=0}^{N-1} (a \cdot \log P(r_i|c_i) + \beta) = \sum_{i=0}^{N-1} \mathcal{M}(r_i|c_i) \end{cases}$$

$$\mathcal{M}(\boldsymbol{r}|\boldsymbol{c}) = \sum_{i=0}^{N-1} \mathcal{M}(\boldsymbol{r}_i|\boldsymbol{c}_i) \qquad 7.42$$

La somme $\mathcal{M}(r|c)$ est appelée métrique de Viterbi d'un canal (CDSM), qui est bien sûr indépendante du code utilisé. Les $\mathcal{M}(r_i|c_i)$ sont appelés aussi incréments métriques (Surcoût de la métrique).

Pour un canal (CBS) à bruit blanc (AWGN), nous allons montrer par un exemple (exemple 7.23) qu'en choisissant les constantes de manière appropriée, l'incrément métrique peut être mis sous la forme suivante

$$\mathcal{M}(\boldsymbol{r}_i|\boldsymbol{c}_i) = \boldsymbol{r}_i \cdot \boldsymbol{c}_i \qquad 7.43$$

**Exemple 7.24 :** Métrique de Viterbi pour un canal CBS

- Pour le canal modèle (CBS), $\boldsymbol{r_i}$, $\boldsymbol{c_i}$ (+1,-1) est fixé. Pour la probabilité de transition, selon (§1.5.2), on a :

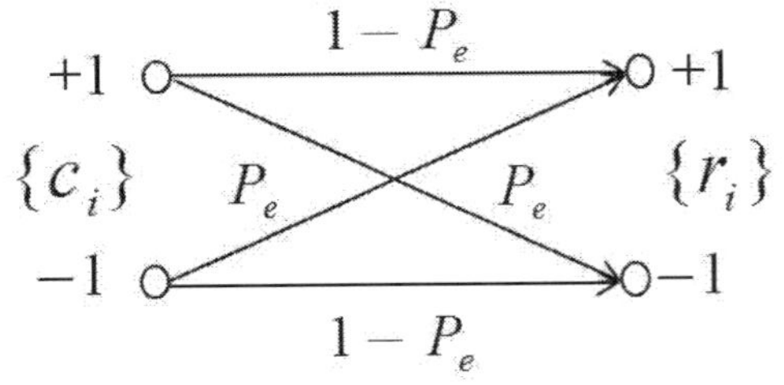


**Fig. 7. 39:** Canal CBS

Où $P_e$ est la probabilité d'erreur. La matrice de transition présentant le canal CBS [4] est donnée par :

$$\boldsymbol{P}(\boldsymbol{r}_i|\boldsymbol{c}_i) = \begin{bmatrix} 1-\boldsymbol{P}_e & \boldsymbol{P}_e \\ \boldsymbol{P}_e & 1-\boldsymbol{P}_e \end{bmatrix} \qquad 7.44$$

$$P(r_i|c_i) = \begin{cases} 1-P_e & \text{pour } c_i = r_i \Rightarrow c_i \cdot r_i = 1 \\ P_e & \text{pour } c_i \neq r_i \Rightarrow c_i \cdot r_i = -1 \end{cases}$$

Pour :

$$\begin{aligned} a &= \frac{2}{\log\left[(1-\boldsymbol{P}_e)/\boldsymbol{P}_e\right]} > 0 \;\text{ et }\; \boldsymbol{P}_e < 1/2 \\ \beta &= -1 - a\cdot\log\left[\boldsymbol{P}_e\right] \end{aligned} \quad , \qquad 7.45$$

l'incrément métrique prend la forme suivante :

$$\mathcal{M}(\boldsymbol{r}_i|\boldsymbol{c}_i) = \boldsymbol{a}\cdot\log \boldsymbol{P}(\boldsymbol{r}_i|\boldsymbol{c}_i) + \beta \qquad 7.46$$

$$\mathcal{M}(\boldsymbol{r}_i|\boldsymbol{c}_i) = a\cdot \log\left(P(r_i|c_i)\right) + \beta$$

$$= \begin{cases} a\cdot\log(1-P_e)+\beta & \text{pour } c_i = r_i \Rightarrow c_i\cdot r_i = 1 \\ a\cdot\log(P_e)+\beta & \text{pour } c_i \neq r_i \Rightarrow c_i\cdot r_i = -1 \end{cases}$$

$$= \begin{cases} a\cdot\log\left[(1-P_e)/P_e\right]-1 \;\text{ pour } c_i = r_i \Rightarrow c_i\cdot r_i = 1 \\ a\cdot\log P_e + (-1 - a\cdot\log P_e) = -1 \;\text{ pour } c_i \neq r_i \Rightarrow c_i\cdot r_i = -1 \end{cases}$$

Ce qui donne selon la définition de $a$ :

$$\mathcal{M}(\boldsymbol{r}_i|\boldsymbol{c}_i) = \begin{cases} +1 & \text{pour } \boldsymbol{c}_i\cdot\boldsymbol{r}_i = 1 \\ -1 & \text{pour } \boldsymbol{c}_i\cdot\boldsymbol{r}_i = -1 \end{cases} \qquad 7.47$$

■

La maximisation de la métrique de Viterbi est équivalente à la minimisation de la distance de Hamming, ce qui implique :

$$\boldsymbol{d}(\boldsymbol{r}_i,\boldsymbol{c}_i) = \left\{\begin{matrix} 0 \text{ pour } \boldsymbol{r}_i = \boldsymbol{c}_i \rightarrow \boldsymbol{r}_i\cdot\boldsymbol{c}_i = 1 \\ 1 \text{ pour } \boldsymbol{r}_i \neq \boldsymbol{c}_i \rightarrow \boldsymbol{r}_i\cdot\boldsymbol{c}_i = -1 \end{matrix}\right\} = \frac{1-\boldsymbol{r}_i\cdot\boldsymbol{c}_i}{2} \qquad 7.48$$

**Exemple 7.25 :** Métrique de Viterbi pour un canal CBS/AWGN

- Pour un canal AWGN la fonction (ML) $P(r_i|c_i)$ est définie par la relation suivante [3] :

$$\boldsymbol{P}(\boldsymbol{r}_i|\boldsymbol{c}_i) = \frac{1}{\sqrt{\pi \boldsymbol{N}_0}}\cdot \boldsymbol{e}^{-\frac{(\boldsymbol{r}_i-\sqrt{\boldsymbol{E}_s}\boldsymbol{c}_i)^2}{N_0}} \qquad 7.49$$

où $E_S$ : L'énegie d'un symbole ; $N_0$ : La densité de puissance de bruit ; $c_i \in (+1,-1)$, $r_i \in \mathbb{R}$.

Pour l'incrément métrique : $\mathcal{M}(r_i|c_i) = a \cdot \log P(r_i|c_i) + \beta$, on a donc :

$$\mathcal{M}(r_i|c_i) = a \cdot \left( \ln \frac{1}{\sqrt{\pi N_0}} - \frac{r_i^2}{N_0} + \frac{2r_i \cdot c_i \sqrt{E_s}}{N_0} - \frac{E_s \cdot c_i^2}{N_0} + \beta \right)$$

Il est toujours $c_i^2 = 1$ pour les symboles du code. Si $E_S = 1$ est sélectionné, on a pour $a = N_0/2$ :

$$\mathcal{M}(\boldsymbol{r}_i|\boldsymbol{c}_i) = \frac{\boldsymbol{N}_0}{2} \cdot \left( \ln \frac{1}{\sqrt{\pi \boldsymbol{N}_0}} - \frac{\boldsymbol{r}_i^2}{\boldsymbol{N}_0} - \frac{1}{\boldsymbol{N}_0} \right) + \beta + \boldsymbol{c}_i \cdot \boldsymbol{r}_i \qquad 7.50a$$

A condition que $\beta$ soit choisi d'une manière appropriée, l'incrément métrique est donnée par la relation :

$$\mathcal{M}(\boldsymbol{r}_i|\boldsymbol{c}_i) = \boldsymbol{r}_i \cdot \boldsymbol{c}_i \qquad 7.50b$$

Ce qui correspond donc à un produit scalaire.

■

**Résumé :** Tant pour un canal CBS que pour un canal AWGN avec $c_i = (+1,-1)$, la séquence de codes $\hat{c}$ doit être choisie pour une séquence de réception $\boldsymbol{r}$ de manière à ce que le produit scalaire soit maximal :

$$\mathcal{M}(\boldsymbol{r}|\hat{c}) = \sum_{i=0}^{N-1} (\boldsymbol{r}_i \cdot \hat{c}_i) = \sum_{i=0}^{N-1} \mathcal{M}(\boldsymbol{r}_i|\hat{c}_i) \qquad 7.51$$

Cela correspond à la minimisation de la distance de Hamming pour le canal CBS et à la minimisation de la distance euclidienne pour le canal AWGN [71] [72].

- **Remarques**
  - On peut même améliorer la qualité de la détection de bit détecté en introduisant une fonction de fiabilité [31] telle que :

$$\boldsymbol{y}_i = \log \frac{\boldsymbol{P}(\boldsymbol{r}_i|\boldsymbol{c}_i = 1)}{\boldsymbol{P}(\boldsymbol{r}_i|\boldsymbol{c}_i = -1)} \qquad 7.52$$

$$\hat{c}_i = \begin{cases} +1 & \text{pour } y_i > 0 \\ -1 & \text{pour } y_i < 0 \end{cases} \qquad 7.53$$

- Pour une information supplémentaire sur la fiabilité, la métrique (Metric increment) est donnée par la relation suivante :

$$\mathcal{M}(\boldsymbol{r}_i | \boldsymbol{c}_i) = \boldsymbol{r}_i \cdot \boldsymbol{y}_i \qquad 7.54$$

- La détermination de la fonction de fiabilité relation (7.52) peut être aussi dérivée à partir du calcul de probabilité. Pour une valeur reçue $\boldsymbol{r}_i$ dans un intervalle $r_u \leq r_i \leq r_o$.

$$\begin{aligned} \boldsymbol{P}(\boldsymbol{r}_u \leq \boldsymbol{r}_i \leq \boldsymbol{r}_o | \boldsymbol{c}_i = +1) &= \int_{\boldsymbol{r}_u}^{\boldsymbol{r}_o} \boldsymbol{p}(\boldsymbol{r}_i | \boldsymbol{c}_i = +1)\, \boldsymbol{dr}_i \\ \boldsymbol{P}(\boldsymbol{r}_u \leq \boldsymbol{r}_i \leq \boldsymbol{r}_o | \boldsymbol{c}_i = -1) &= \int_{\boldsymbol{r}_u}^{\boldsymbol{r}_o} \boldsymbol{p}(\boldsymbol{r}_i | \boldsymbol{c}_i = -1)\, \boldsymbol{dr}_i \end{aligned} \qquad 7.55$$

Habituellement, la valeur attendue $\pm\sqrt{E_S}$ est normalisée à ±1 et on obtient ainsi une distribution gaussienne avec la variance $\sigma_r^2 = N_0/(2E_S)$ pour la valeur reçue $r_i$. La figure suivante montre cette répartition selon la relation (7.49) :

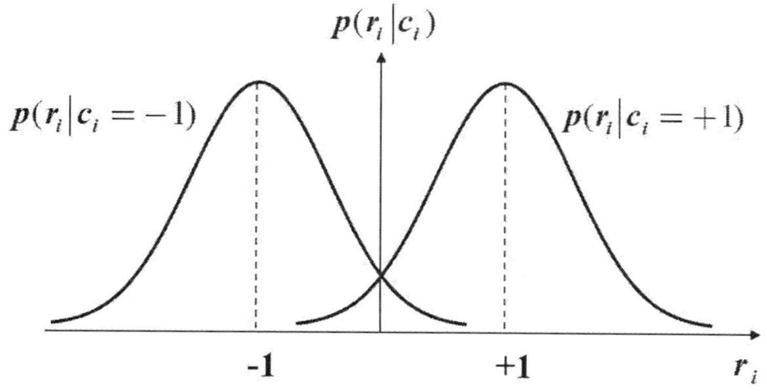


**Fig. 7. 40 :** Densité de probabilité $p(r_i|c_i)$

Dans ce qui suit, nous allons nous concentrer sur le décodage ML avec l'algorithme de Viterbi, y compris les aspects d'implémentation et la génération de sortie de décision souple et dure, ainsi que le calcul de la probabilité d'erreur, y compris les structures d'erreurs résultantes.

### 7.8.3. Décodage ML avec l'algorithme de Viterbi

Le décodage se fait à l'aide du diagramme en treillis. Le but est de comparer toutes les séquences de codes possibles avec la séquence de réception. Cet algorithme consiste à rechercher dans l'arbre le chemin qui correspond à la séquence la plus probable, c'est-à-dire celle qui est à la distance minimale de la séquence (la métrique la plus grande) reçue ou encore la séquence la plus probable (c'est donc un décodage selon le maximum de vraisemblance (ML-Decoding)).

**Procédure** : À l'état initial, la métrique est fixée à 0. Ensuite, à chaque étape, une métrique est attribuée à chacun des états atteints par les pièces du chemin. Cette métrique est calculée en ajoutant la métrique de l'état précédent et un incrément de métrique. De toutes les branches entrantes de $2^k$ à un état, seul le chemin avec la plus grande métrique (Distance de Hamming minimum) est retenu. Ces branches forment le chemin survivant. Toutes les autres voies de $2^k - 1$ sont écartées parce qu'elles ne peuvent jamais atteindre une métrique supérieure. S'il existe plusieurs branches avec la même métrique, il faut procéder à une sélection aléatoire. Le résultat du décodage à la fin est le chemin avec la plus grande métrique.

Le décodage à maximum de vraisemblance correspond à chercher dans le treillis du code le chemin le plus proche (le plus vraisemblable) de la séquence reçue (*i.e.* l'observation). La distance employée dans l'algorithme est la distance euclidienne dans le cas d'entrée souple ou la distance de Hamming dans le cas d'entrée dure.

La règle de l'incrément métrique peut être en principe choisie librement. Pour le décodage dur, on choisit simplement le nombre de correspondances entre la séquence de code d'un élément de chemin et le bloc de réception correspondant, où la maximisation de la métrique signifie la minimisation de la distance de Hamming. Avec le décodage à décision souple (relation 7.52), par exemple, la distance entre une valeur reçue et les symboles de code peut être sélectionnée. Cette méthode étant plus fiable que le décodage à décision dure. L'avantage de cette méthode est que la probabilité d'avoir la même métrique dans un état est plus faible. Lors du décodage, un certain nombre de chemins doivent être stockés. Comme le nombre de chemins à stocker peut devenir très important (avant qu'il n'en reste plus qu'un seul ; voir l'exemple suivant), la longueur des chemins à stocker est limitée à $5 \cdot k \cdot m$. Cette limitation est basée sur l'expérience. L'espace de stockage nécessaire est approximativement le produit du nombre d'états et de la longueur du chemin ($2^{k \cdot m} \cdot 5 \cdot k \cdot m$ bits).

## A. Décodage à décision dure (Hard Decision Decoding)

Le démodulateur (Fig. 7.38) ne fait que transmettre la valeur d'un symbole détecté (0 ou 1) au décodeur sans la probabilité de la correction de cette décision, c-à-dire sans avoir l'état réel de l'échantillonnage.

**Exemple 7.26 :** Décodage de Viterbi à décision dure d'un code terminé

- En utilisant l'exemple (7.9) et le treillis correspondant (Fig. 7.16a). Le vecteur de réception doit être décodé avec l'algorithme de Viterbi, en utilisant un décodage dur et la somme des correspondances comme métrique. Dans cette section, le code convolutif est supposé être terminé.

  Séquence d'information $u = (1,1,0,1,0) +$ deux bits suplémentaires :

  $u + (\mathbf{0},\mathbf{0}) = (1,1,0,1,0,\mathbf{0},\mathbf{0})$

  Il en résulte un vecteur de séquence du code :

  $\boldsymbol{c} = (11, 01, 01, 00, 10, 11, 00)$ (tableau 7.5)

  Le vecteur d'erreurs suivant se produit pendant la transmission :

  $\boldsymbol{r} = (11, \underline{\mathbf{1}}1, 01, 00, 1\underline{\mathbf{1}}, 11, 00...)$

  Dans cet exemple basé sur le codeur (Fig. 7.12) de l'exemple (7.9), on suppose que le démodulateur fournit des 0 et des 1 (décision dure).

  Le tableau suivant indique la procédure de codage :

| $u$ | Etats des registres | Etats suivants des registres | Sortie | |
|---|---|---|---|---|
| | | | $v^{(1)}$ | $v^{(2)}$ |
| 1 | $a = \mathbf{00}$ | $b = \mathbf{10}$ | 1 | 1 |
| 1 | $b = \mathbf{10}$ | $d = \mathbf{11}$ | 0 | 1 |
| 0 | $d = \mathbf{11}$ | $c = \mathbf{01}$ | 0 | 1 |
| 1 | $c = \mathbf{01}$ | $d = \mathbf{11}$ | 0 | 0 |
| 0 | $d = \mathbf{11}$ | $c = \mathbf{01}$ | 1 | 0 |
| 0 | $c = \mathbf{01}$ | $a = \mathbf{00}$ | **1** | **1** |
| 0 | $a = \mathbf{00}$ | $a = \mathbf{00}$ | **0** | **0** |

**Tableau 7.7**

A chaque fois qu'un groupe de 2 éléments binaires (é.b) arrive, on examine toutes les branches possibles du treillis, on calcule la distance entre les (é.b) affectés aux branches et les (é.b) reçus, on ne garde que les branches donnant lieu à une distance minimale (ces branches forment le chemin survivant), et on affecte l'extrémité du chemin survivant d'une métrique égale à la somme de la métrique précédente et de la distance de la branche retenue.

Les étapes de décodage individuelles d'un total de 7 séquences connues sont présentées en détail ci-dessous. Les chemins avec la métrique la plus grande (distance de Hamming la plus petite sont surlignés en gras).

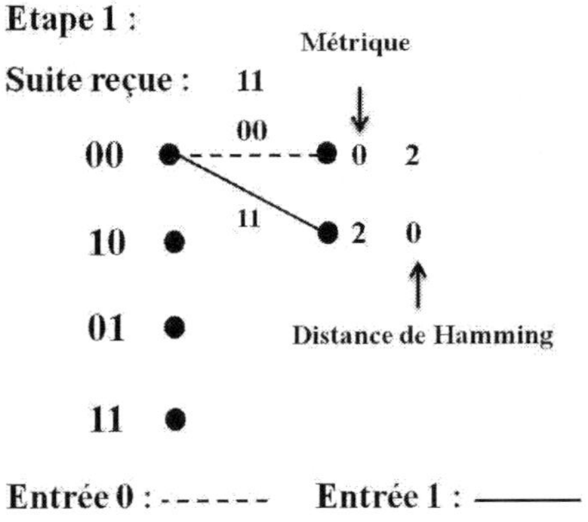


**Fig. 7.41a**

Au début, la métrique est 0 et augmente progressivement suivant le nombre de correspondances de la séquence de réception avec les séquences de code possibles.

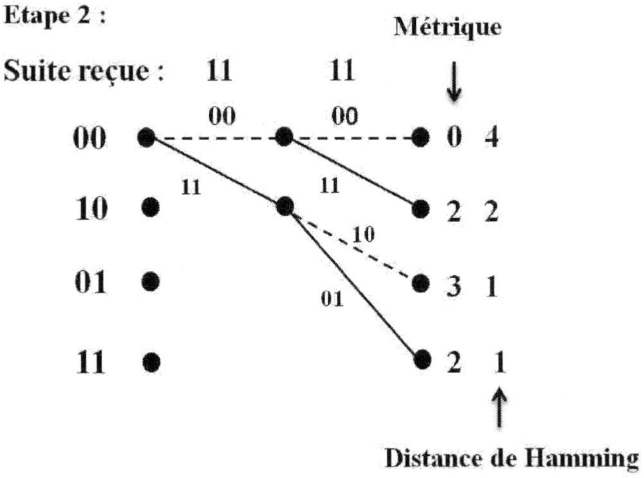


**Fig. 7.41b**

Après trois étapes, tous les états sont atteints. Avec l'étape suivante, chaque état est atteint sur plusieurs chemins. Par souci de simplicité, nous utilisons ici la distance de Hamming.

**Etape 3a :**

**Suite reçue : 11 11 01**

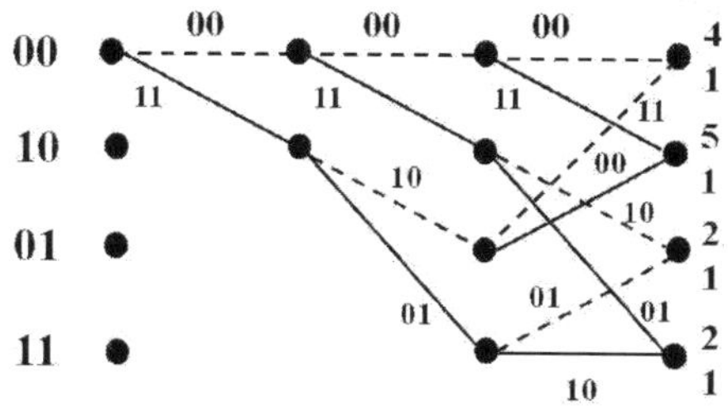


**Fig. 7.41c**

Il y a deux distances de Hamming par voie d'entrée, une distance de Hamming supérieure appartenant au chemin (branche) supérieur et une distance de Hamming inférieure appartenant au chemin inférieur. La branche avec la distance de Hamming la plus grande peut être supprimée.

**Etape 3b :**

**Suite reçue : 11 11 01**

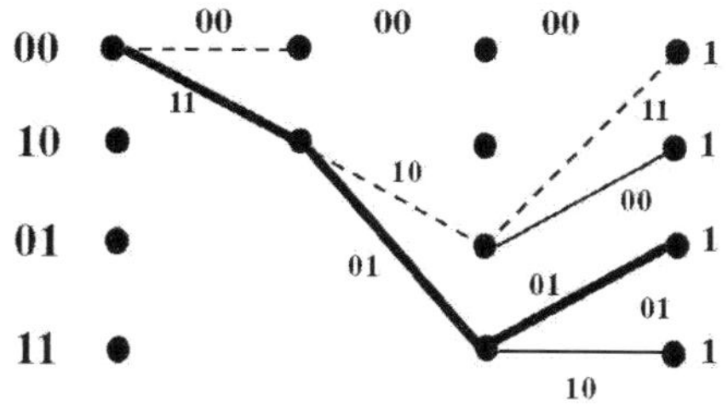


**Fig. 7.41d**

Dans cette étape, les deux états inférieurs présentent respectivement les mêmes distances de Hamming, de sorte qu'une branche est aléatoirement supprimée. On grade un chemin indiquant la distance de Hamming la plus petite (chemins surlignés en gras). En supprimant les chemins de distance de Hamming la plus grande, l'affichage devient plus clair (Fig. 7.41e,f) :

**Etape 4a :**

**Suite reçue : 11 11 01 00**

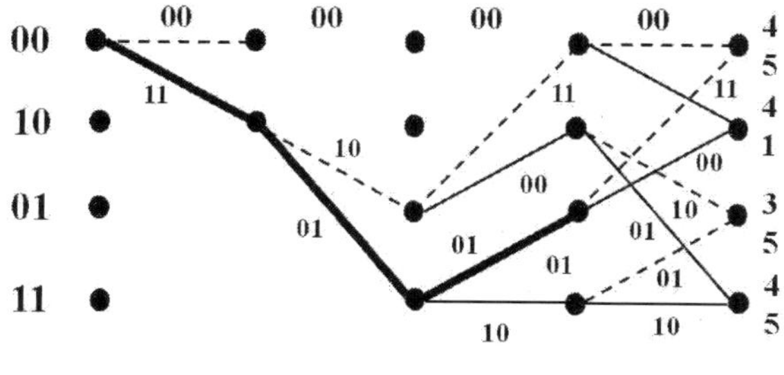


**Fig. 7.41e**

**Etape 4b :**

**Suite reçue : 11 11 01 00**

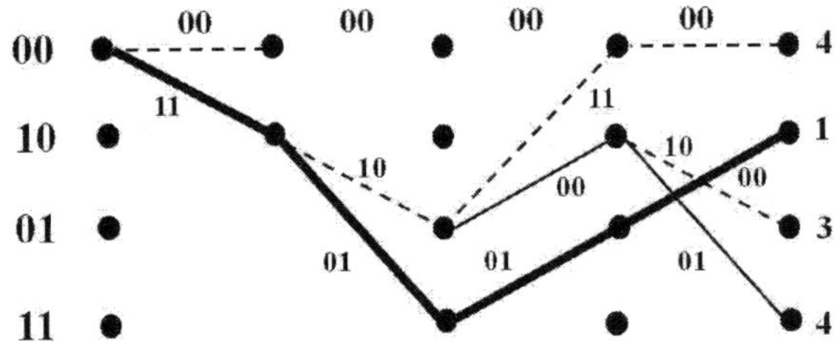


**Fig. 7.41f**

**Etape 5a :**

**Suite reçue : 11 11 01 00 11**

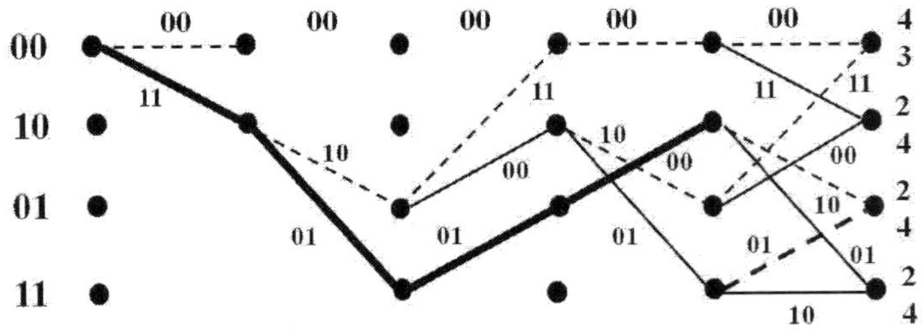


**Fig. 7.41g**

Les suppressions de chemin précédentes n'entraînent qu'une seule transition du l'état 0 à l'état actuel.

**Etape 5b :**

**Suite reçue : 11 11 01 00 11**

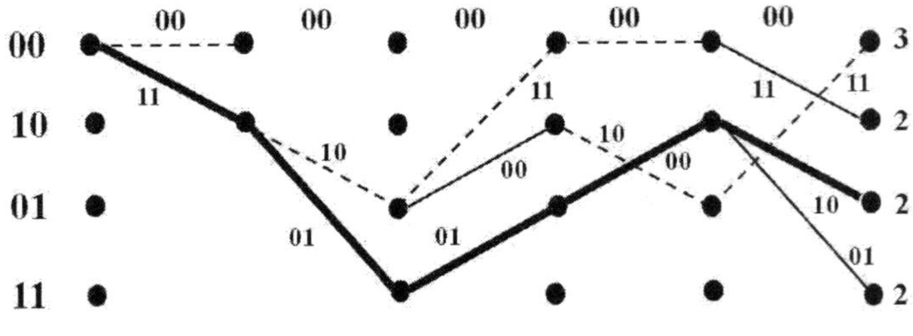


**Fig. 7.41h**

Dans cette étape aussi, les deux états inférieurs ont chacun les mêmes distances de Hamming, de sorte qu'un chemin est aléatoirement supprimé.

**Etape 6a :**

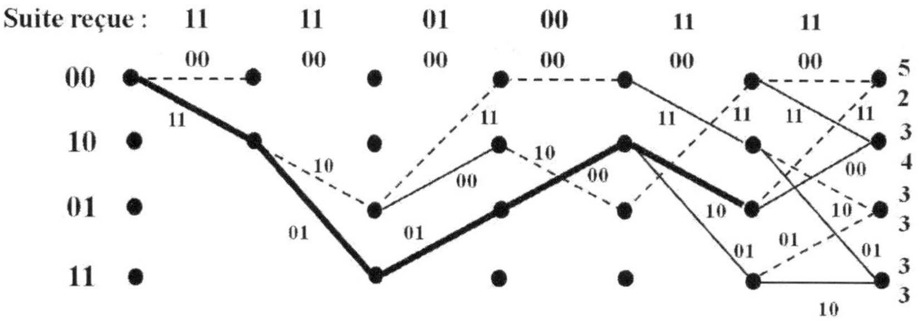


**Fig. 7.41i**

Le chemin est poursuivi par la branche correspondante à la plus petite distance de Hamming ($d = 2$)

**Etape 6b :**

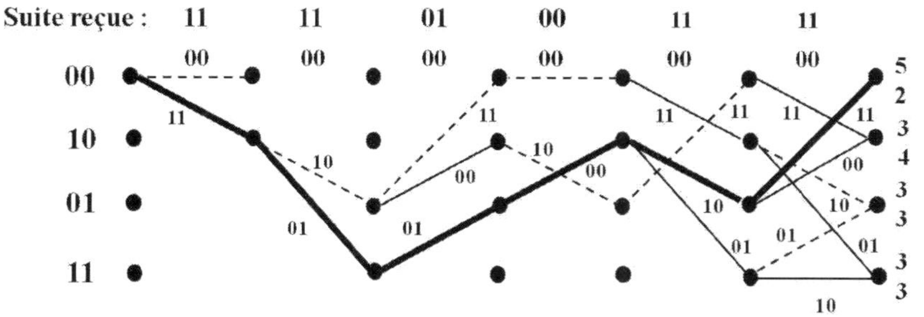


**Fig. 7.41j**

**Etape 7a :**

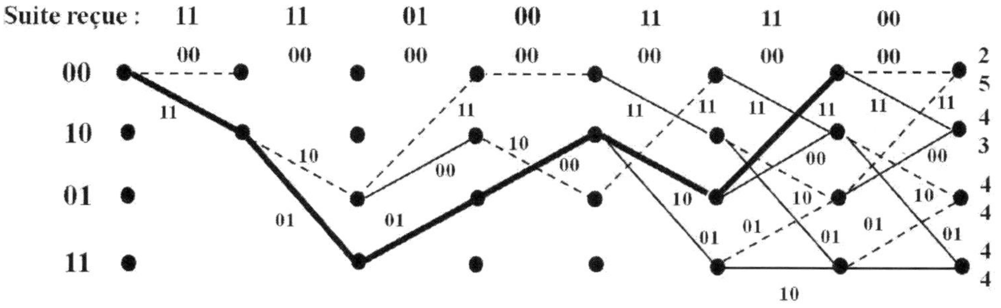


**Fig. 7.41k**

La fin de la séquence connue est atteinte.

Dans l'étape suivante, la séquence reçue est términée. On grade un chemin indiquant la distance de Hamming la plus petite (chemins surlignés en gras). En supprimant les chemins de distance de Hamming la plus grande, l'affichage devient plus clair (Fig. 7.41l) :

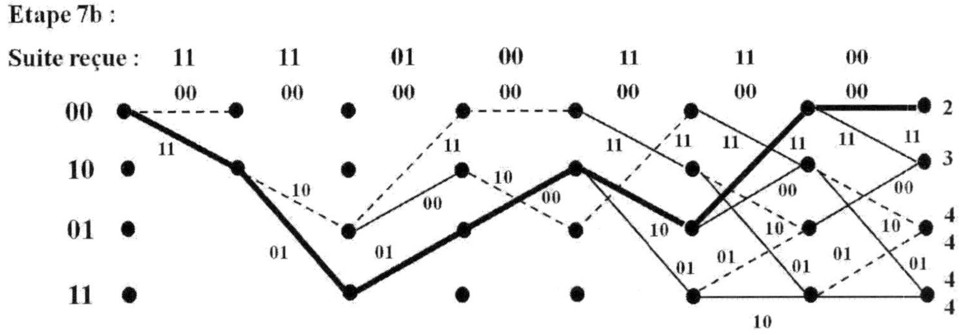


Fig. 7.41l

**Décodage**

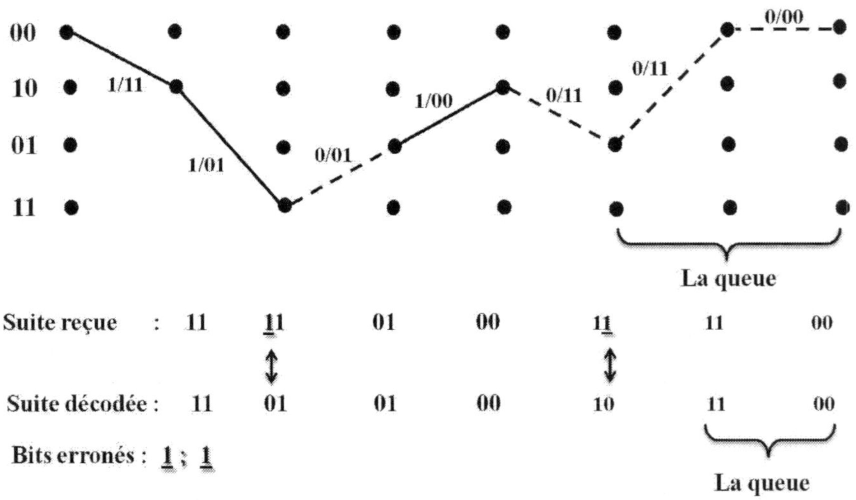


Fig. 7.42

Nous constatons que malgré les deux erreurs qui ont entaché le mot émis, le décodeur a pu restaurer le mot initial d'information $(1,1,0,1,0,\ (0,0))$.

■

## B. Décodage à décision souple (Soft Decision Decoding)

Un des intérêts de l'algorithme de Viterbi est de pouvoir faire le décodage sans être obligé de prendre une décision en sortie du démodulateur (décision souple). On peut effectuer le décodage de Viterbi en supposant que le démodulateur (Fig. 7.38) n'a pas pris de décision ou que la valeur du signal est codée sur plusieurs bits. L'algorithme garde le même principe mais les distances utilisées sont les distances euclidiennes basées sur la métrique (Metric increment) et pour un canal Gaussien, on utilise la relation (7.50b).

**Exemple 7.27 :** Décodage de Viterbi à décision souple d'un code terminé

- Nous examinons à nouveau l'exemple basé sur le codeur déjà décrit dans l'exemple (7.9) et dont le treillis et donné dans la figure (Fig. 7.16a).

  En utilisant l'incrément métrique pour un canal Gaussien, le décodage ML à decision souple à l'aide de l'algorithme de Viterbi est décrit par les relations (7.50a, et 7.50b) :

$$\mathcal{M}(r_i|c_i) = \frac{N_0}{2} \cdot \left( \ln \frac{1}{\sqrt{\pi N_0}} - \frac{r_i^2}{N_0} - \frac{1}{N_0} \right) + \beta + c_i \cdot r_i \Rightarrow \underline{\underline{\mathcal{M}(r_i|c_i) = r_i \cdot c_i}}$$

  Comme dans l'exemple précédent, on suppose un code terminé et la même séquence d'information $u = (1, 0, 1, 1, 0, \mathbf{0}, \mathbf{0})$ est codée et transmise dans la séquence du code terminé. En changeant le mappage tel que : $0 \rightarrow -1$ ; $1 \rightarrow 1$, on a donc le code terminé suivant :

$$\boldsymbol{c} = (+1+1\ ;\ +1-1\ ;\ -1-1\ ;\ -1+1\ ;\ -1+1\ ;\ +1+1\ ;\ -1-1)$$

  La séquence de réception perturbée par un bruit blanc additif blanc est la suivante : $\boldsymbol{r}^{(1)}\boldsymbol{r}^{(2)}$

| Emission $c$ | | Réception $r$ | |
|---|---|---|---|
| $v^{(1)}$ | $v^{(2)}$ | $r^{(1)}$ | $r^{(2)}$ |
| **+1** | **+1** | **+0,8** | **-0,1** |
| **+1** | **-1** | **+0,1** | **+0,2** |
| **-1** | **-1** | **-0,4** | **+0,3** |
| **-1** | **+1** | **-0,5** | **+0,2** |
| **-1** | **+1** | **-0,8** | **+0,6** |
| **+1** | **+1** | **+0,4** | **+0,9** |
| **-1** | **-1** | **-0,7** | **-0,9** |

**Tableau 7.8**

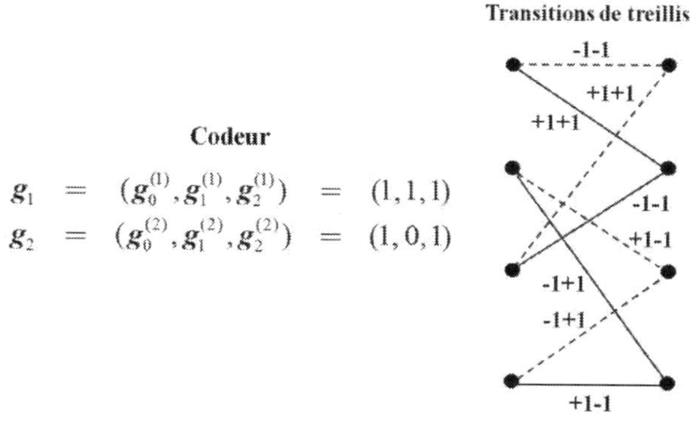


**Fig. 7.43**

Comme métrique, nous utilisons la métrique donnée par la relation (7.50b), nous obtenons donc pour les trois premières étapes les résultats suivants :

**Etapes (1), (2) et (3a) (Exemple de calcul)**

$$\left.\begin{array}{l}(0,8)\times(-1)+(-0,1)\times(-1)=\mathbf{-0,7}\\(0,8)\times(+1)+(-0,1)\times(+1)=\mathbf{-0,7}\end{array}\right\}\Rightarrow ①$$

$$\left.\begin{array}{l}(+0,1)\times(-1)+(+0,2)\times(-1)=-0,3\rightarrow(-0,3)+(-0,7)=\mathbf{-1,0}\\(+0,1)\times(+1)+(+0,2)\times(+1)=+0,3\rightarrow(+0,3)+(-0,7)=\mathbf{-0,4}\\(+0,1)\times(+1)+(+0,2)\times(-1)=-0,1\rightarrow(-0,1)+(+0,7)=\mathbf{+0,6}\\(+0,1)\times(-1)+(+0,2)\times(+1)=+0,1\rightarrow(+0,1)+(+0,7)=\mathbf{+0,8}\end{array}\right\}\Rightarrow ②$$

$$\left.\begin{array}{l}(-0,4)\times(-1)+(+0,3)\times(-1)=+0,1\rightarrow+0,1+(-1)=-\mathbf{0,9}\\(-0,4)\times(+1)+(+0,3)\times(+1)=-0,1\rightarrow-0,1+(+6)=+\mathbf{0,5}\\(-0,4)\times(+1)+(+0,3)\times(+1)=-0,1\rightarrow-0,1+(-1)=-\mathbf{1,1}\\(-0,4)\times(-1)+(+0,3)\times(-1)=+0,1\rightarrow+0,1+(+0,6)=+\mathbf{0,7}\\(-0,4)\times(+1)+(+0,3)\times(-1)=-0,7\rightarrow-0,7+(-0,4)=-\mathbf{1,1}\\(-0,4)\times(-1)+(+0,3)\times(+1)=+0,7\rightarrow+0,7+(+0,8)=+\mathbf{1,5}\\(-0,4)\times(-1)+(+0,3)\times(+1)=-0,7\rightarrow+0,7+(-0,4)=+\mathbf{0,3}\\(-0,4)\times(+1)+(+0,3)\times(-1)=-0,7\rightarrow-0,7+(+0,8)=+\mathbf{0,1}\end{array}\right\}\Rightarrow ③a$$

La figure suivante montre les trois premières étapes de l'algorithme de Viterbi.

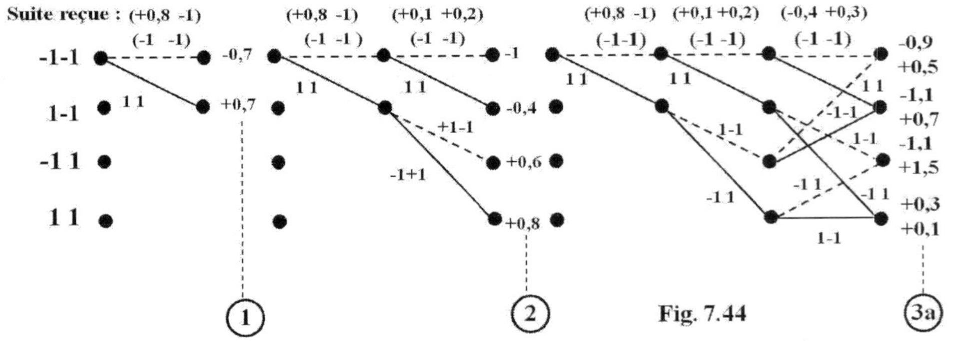


**Fig. 7.44**

**Etape 3b :**

Il y a deux métriques par voie d'entrée (Fig. 7.44 (3a)), une métrique supérieure appartenant à la voie supérieure et une métrique inférieure appartenant à la voie inférieure. Les branches avec les plus petites métriques peuvent être supprimées, et seules les branches avec les métriques les plus élevées sont retenues.

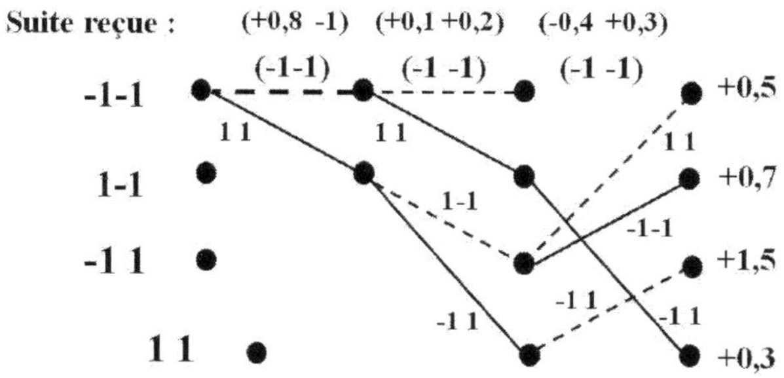


**Fig. 7.45a**

**Etape 4a :**

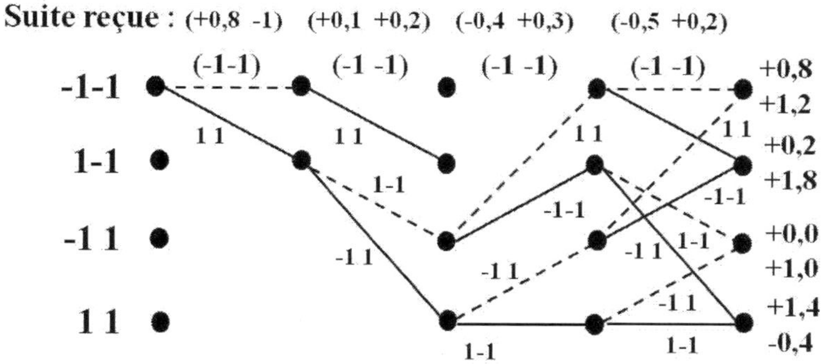


**Fig. 7 45b**

**Etape 4b :**

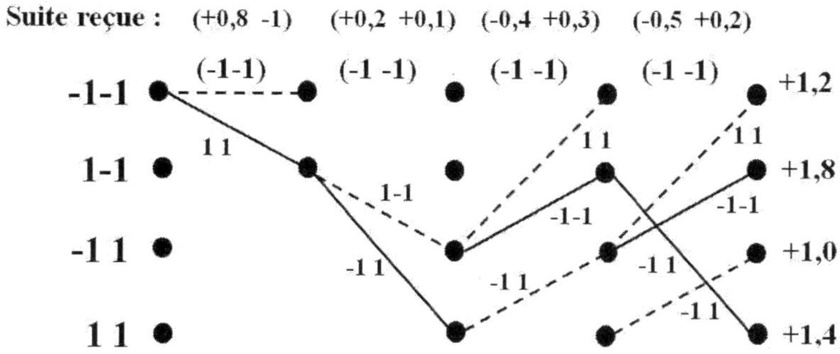


**Fig. 7.45c**

La procédure avec l'incrément métrique se poursuit (Fig. 7.45b), si les métriques sont égales, le choix peut être fait arbitrairement, mais l'historique du chemin précédent doit être également pris en considération.

**Etapes 5a et 5b :**

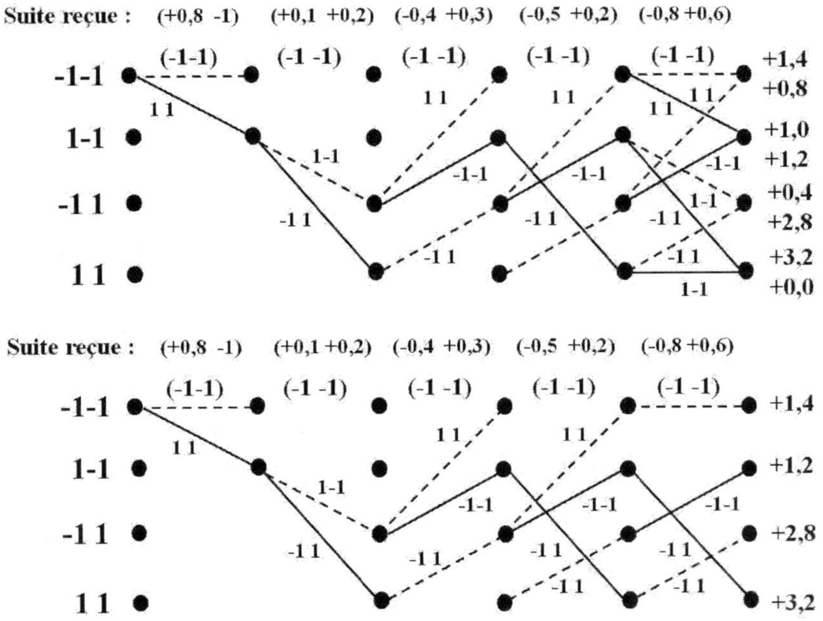


**Fig. 7.45d,e**

**Etapes 6a et 6b :**

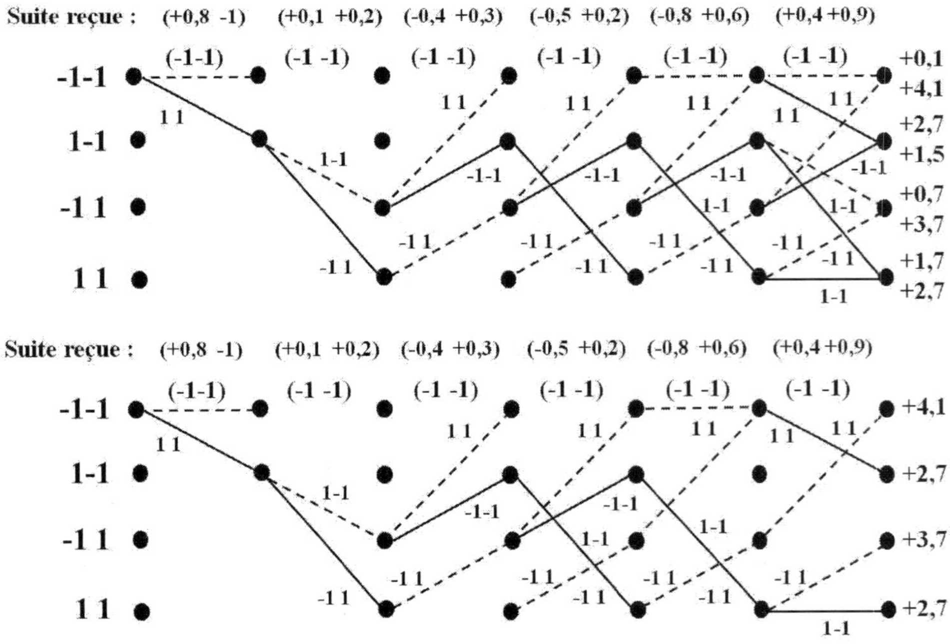


**Fig. 7.45f,g**

**Etapes 7a et 7b :**

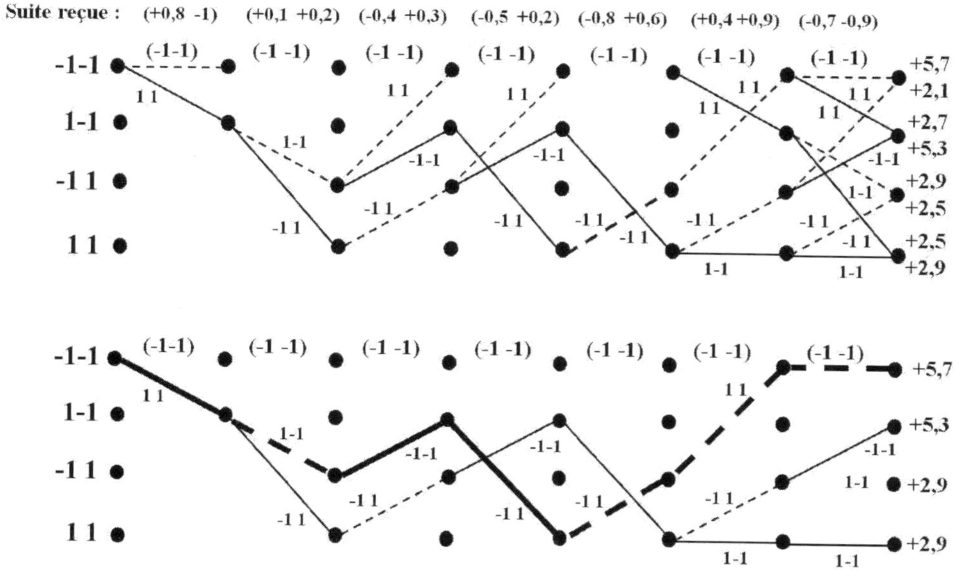


Fig. 7.45h,i

Fin du schéma de treillis : Le de treillis se termine à l'état zéro. On détermine le chemin avec la plus grande métrique (ici : +5,7). Maintenant on retrace le chemin vers le point de départ en déterminant la séquence reçue et les bits d'information associés.

## Décodage

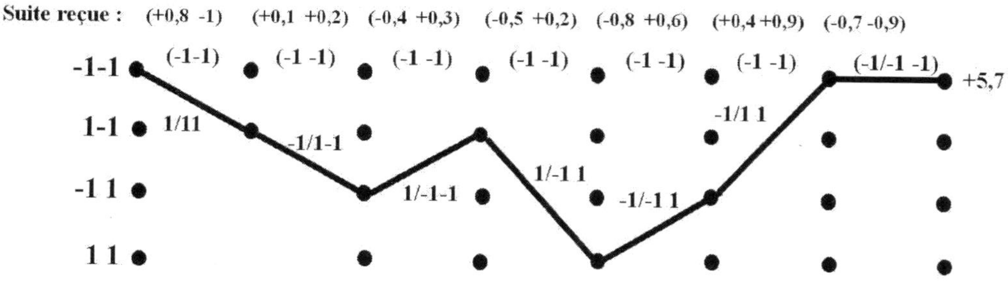


**Suite reçue :** (+0,8 -1) (+0,1 +0,2) (-0,4 +0,3) (-0,5 +0,2) (-0,8 +0,6) (+0,4 +0,9) (-0,7 -0,9)

**Suite décodée :** 11 1-1 -1-1 -11 -11 11 -1-1 (La queue : 11 -1-1)

**L'information récupérée : 1-1 1 1 -1 -1 -1 → 1011000**

Fig. 7.46

■

- **Remarques**
  - Lors de l'utilisation de bits de queue (treillis terminé), la connaissance de l'état final garantit que la dernière erreur n'interfère plus et que la séquence correcte est décodée. Cela montre que dans un diagramme en treillis ouvert, les derniers éléments ne peuvent être décidés que de manière très incertaine.
  - Chaque fois que le treillis est prolongé par un segment, un bloc de code ou un infobit, le nombre de chemins à examiner est doublé. L'effort de décodage augmente donc exponentiellement avec la longueur de la séquence des bits d'information. L'algorithme de Viterbi (VA) réduit désormais l'effort à une croissance linéaire sans la moindre perte de gain de codage. De plus, même avec des codes non terminés, une décision peut être prise successivement après un certain délai, de sorte que l'effort de calcul pour le décodage reste alors constant dans le temps.
  - En cas de transmission continue de données (ou de blocs très longs), le treillis est traité avec une profondeur de décision d'environ $5 \cdot L_C$ jusqu'à ce qu'une décision soit prise sur un bit.
  - Avant le décodage, les espaces réservés pour les bits perforés doivent d'abord être insérés (par exemple des zéros dans le cas d'une transmission binaire). Etant donné que les propriétés de distance du code s'aggravent en raison de la perforation, la profondeur de décision doit être étendue en conséquence afin de continuer à permettre des décisions fiables.
  - Une autre possibilité de décodage que le décodage Viterbi est le décodage séquentiel. Par rapport au décodage de Viterbi, le décodage séquentiel présente l'avantage que la mémoire requise est beaucoup plus faible, car seule une partie de toutes les voies possibles est prise en compte. Le chemin qui semble le plus probable est toujours suivi progressivement. Cependant, le temps de décodage dépend du nombre d'erreurs qui se sont produites. Autrement dit, l'effort de calcul pour le décodage n'est pas constant comme avec l'algorithme de Viterbi, mais varie en fonction du nombre d'erreurs. Les décodeurs séquentiels sont actuellement au nombre de longueurs de mémoire $m = 100$ possible. Le décodage séquentiel remonte à Wozencraft (1957), il est généralement réalisé avec l'algorithme de Fano (1963) ou l'algorithme de Stack (Zigangirov 1966, Jelinek1969). Pour l'explication de cette méthode, je me réfère aux bibliographies correspondantes [16] [18][31].

# 7.9. Comparaison et résumé

## 7.9.1. Comparaison entre les codes en blocs et les codes convolutifs

- Une des différences entre les codes en blocs et les codes convolutifs est le traitement : les codes en blocs sont codés et décodés bloc par bloc, les codes convolutifs sont traités en continu, mais pour un traitement par blocs, une terminaison doit être introduite.
- Les codes en blocs sont souvent basés sur des critères de conception mathématiquement exigeants, tandis que pour les codes convolutifs, la recherche de codes se fait généralement par essai.
- Dans le cas des codes en blocs, le décodage se fait d'une manière classique par table ou par méthodes algébriques. Dans le cas des codes convolutifs, le décodage se fait par des méthodes basées sur des arbres en treillis ou par des graphes.
- Les codes en blocs font la distinction entre la détection et la correction des erreurs, tandis que les codes convolutifs corrigent généralement les erreurs.
- Pour les codes en blocs, la structure d'erreurs dans le mot de réception est arbitraire, tandis que pour les codes convolutifs, il faut éviter autant que possible les paquets d'erreurs. Les codes en blocs, par exemple les codes de Reed-Solomon, corrigent des erreurs arrivant par paquets, ou par rafales (burst). Le code de Reed-Solomon (204,188,8) utilisé dans les normes DVB peut corriger un paquet 8 octets soit 64 bit par trame.
- Les codes en blocs à taux élevé sont souvent utilisés, tandis que les codes convolutifs ne sont considérés comme efficaces qu'en dessous d'un taux de codage modéré (environ $R_C = 2/3$).
- Avec les méthodes de décodage algébrique, le « décodage à décision souple » est actuellement difficile, ce qui est simple avec la méthode en treillis.
- Les codes en blocs sont donc généralement utilisés pour des applications à faible taux d'erreur de canal, où le codage réduit le taux d'erreur de canal à une faible probabilité d'erreur résiduelle. Par contre, les codes convolutifs sont souvent utilisés là où un décodage à décision souple (soft decision) est particulièrement efficace. Ils sont plus performants que les codes en blocs, surtout lorsqu'un canal de mauvaise ou moyenne qualité doit être amélioré de deux ou trois décimales de taux d'erreur.

Pour des applications spatiales limitées en puissance, le code convolutif est un choix obligatoire. Par contre, si l'on vise des taux d'erreur extrêmement faibles, il est préférable d'utiliser des codes RS et BCH. Toutefois, les deux classes de codes sont dépassées par la concaténation de codes convolutifs et de codes en bloc, qui est traitée au chapitre suivant.

- Dans le cas de décodage à décision dure, le code convolutif est légèrement meilleur que les codes en blocs pour un mauvais canal, alors que pour un bon canal, les codes en blocs sont meilleurs que les codes convolutifs en raison de la distance minimale plus élevée, à savoir de 1,9 dB à $P_e = 10^{-10}$ et asymptotiquement même de 5,9 dB.
- Si la capacité de correction des codes est dépassée par trop d'erreurs, il apparaît une différence importante entre les codes convolutifs et les codes en blocs. Le décodeur de Viterbi produit des erreurs de paquet, tandis que les décodeurs RS et BCH signalent un motif d'erreurs non corrigeable.
- Si l'on compare les implémentations matérielles disponibles, on constate que les débits de données réalisables pour les décodeurs RS et BCH de longueur de bloc 255 sont environ 2 à 5 fois plus élevés que pour les décodeurs de Viterbi à 64 états.

## 7.9.2. Résumé

Ce chapitre devrait fournir une introduction de base au codage convolutif. Nous avons donc choisi les thèmes qui nous paraissent particulièrement pertinents pour les systèmes de communications actuels et pour les codes convolutifs concaténés qui seront présentés au chapitre 8.

Les codes convolutifs, introduits en 1955 par Elias constituent la deuxième grande classe de codes correcteurs d'erreurs. Leurs avantages sont leurs bonnes performances grâce au décodage à décision souple et leur capacité de corriger des erreurs isolées dans des canaux très bruités.

Dans ce chapitre, nous avons traité des codes convolutifs et leurs codeurs, ainsi que l'algorithme de Viterbi (décision dure et souple) actuellement utilisé pour décoder ces codes. Tout d'abord, certaines représentations mathématiques et structures matérielles ont été expliquées. Pour une matrice génératrice donnée, différentes structures de codeurs ont été envisagées. à savoir les deux classes de codeurs convolutifs : les codeurs non récursifs et les codeurs récursifs.

Nous avons également examiné les représentations graphiques de ces codes. La détermination de la distance libre d'un code convolutif a été tirée du diagramme de treillis. Le diagramme d'états d'un code convolutif permet aussi d'obtenir la fonction de transfert. La technique de perforation permet de modifier le taux du code convolutif sans changer la structure et la complexité du décodeur.

Nous pouvons indiquer ici quelques propriétés du code convolutif :

- Les codes de convolution effectuent le codage par une convolution continue avec plusieurs polynômes générateurs.
- Cela permet de choisir la longueur du mot de code aussi grande que nécessaire. Le taux du codage dépend essentiellement du nombre d'entrée $k$ et de sortie $n$ ($R_C = k/n$).
- La perforation permet de sélectionner le taux de codage de manière encore plus flexible.
- La description de l'algorithme de Viterbi (VA) est faite dans le cadre du décodage à maximum de vraisemblance ML (à décision dure ou souple) des codes convolutifs. La description reste similaire pour les autres applications du VA, à condition que la définition des paramètres soit modifiée en conséquence.
- Le décodage à maximum de vraisemblance permet de chercher dans le treillis du code convolutif le chemin le plus proche (le plus vraisemblable) de la séquence reçue (*i.e.* observée). La distance utilisée dans l'algorithme est la distance euclidienne dans le cas d'un décodage à décision souple ou la distance de Hamming dans le cas d'un décodage à décision dure.
- Un code avec une distance libre maximale à un taux de codage et une longueur de mémoire donnés est un code optimal.
- Si un nombre fini d'erreurs de transmission entraîne un nombre infini d'erreurs de décodage, on parle de propagation catastrophique des erreurs. Cela est toujours possible s'il existe au moins deux états de mémoire qui ne laissent pas les mêmes informations dans chaque cas et qui génèrent des séquences de code identiques. C'est en même temps un critère pour détecter un codeur catastrophique et peut être facilement lu à partir d'un diagramme d'états.
- Le décodage de Viterbi des codes convolutifs basé sur le diagramme en treillis a un temps de calcul qui dépend exponentiellement du degré $m$ des polynômes générateurs, mais seulement linéairement de la longueur $n$ des mots de code. Avec un $k$ fixe, l'effort de calcul par bit reste donc constant.

## 7.10. Exercices

**7.1.** La figure ci-dessous présente un codeur convolutif.

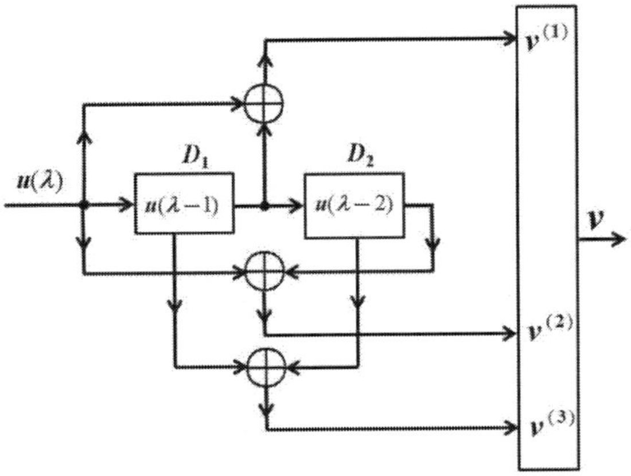


**7.1.1.** Donner les paramètres décrivant le codeur.

**7.1.2.** Tracer le diagramme de transition d'états.

**7.1.3.** Tracer le diagramme treillis correspondant pour une profondeur de pénétration $Q = 4$ selon la structure suivante :

En déduire la distance libre $d_f$.

**7.1.4.** Décoder la suite $(11, 01, 11, 00, 10, 11)$ par l'algorithme de Viterbi et localiser les erreurs détectées.

**7.1.5.** Coder le mot d'information $(1, 0, 0, 0, 0, \ldots)$. Pour quel type dans la séquence de code reçue, le cas échéant, pourrait-il en résulter une infinité d'erreurs de décodage ?

**7.2.** Un code convolutif est décrit par les polnômes générateurs :

$$\mathbf{g}^{(1)} = (1,1,0) \ ; \ \mathbf{g}^{(2)} = (1,0,1) \ ; \ \mathbf{g}^{(3)} = (1,1,1)$$

**7.2.1.** Dessiner le codeur correspondant à ce code.

**7.2.2.** Construire le diagramme de transition d'états.

**7.2.3**. En déduire la fonction génératrice correspondante.

**7.2.4.** Construire le treillis du code. En déduire la distance libre $d_f$.

**7.2.5.** Coder la séquence d'information $u = (1, 0, 1, 1)$ en utilisant :

**A.** La méthode par transformation en $D$.

**B.** La méthode par utilisation de la matrice génératrice.

**C.** La méthode directe de treillis.

**7.3.** La figure suivante présente un codeur convolutif.

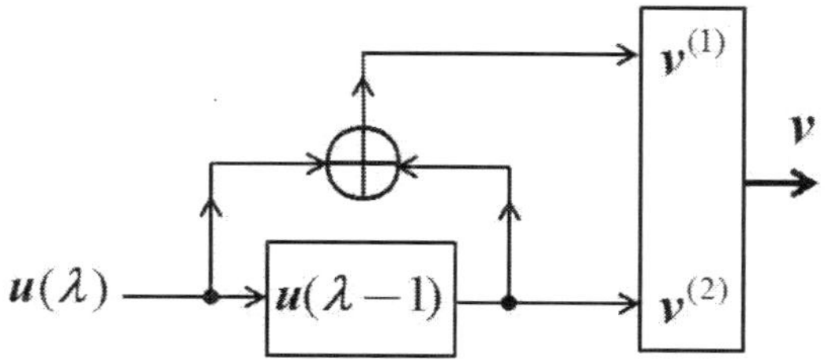


**7.3.1.** En déduire les paramètres $n$, $k$ et $m$.

**7.3.2.** Donner les séquences génératrices $g^{(1)}$ et $g^{(2)}$.

**7.3.3.** Tracer le diagramme de transition d'états.

**7.3.4.** Tracer le diagramme de treillis pour une pénétration de $Q = 5$.

**7.3.5.** En déduire le chemin fondamental et la distance libre.

**7.3.6.** Le flux d'information entrant dans le codeur est divisé en séquence de $N = 4$ après chaque séquence, on ajoute un bit 0 (code terminé).

**A.** Coder la séquence des bits $u = (1, 0, 1, 1)$.

**B.** En déduire le taux du code terminé.

**7.3.7.** Décoder la séquence $(10, 10, 10, 00, 11)$ par l'algorithme de Viterbi et localiser les erreurs détectées.

**7.4.** Soit un code convolutif avec $g^{(1)}(x) = 1 + x + x^2$ et $g^{(2)}(x) = 1 + x^2$, à partir duquel un code perforé doit être généré par la matrice de perforation suivante :

$$M_P = \begin{pmatrix} 1 & 1 & 1 & 0 \\ 1 & 0 & 0 & 1 \end{pmatrix}$$

**7.4.1.** Dessiner le schéma équivalent.

**7.4.2.** En déduire le taux de codage correspondant.

**7.4.3.** Donner le treillis du codeur.

**7.4.4.** Effectuer le décodage de Viterbi dans le cas d'une séquence de réception non perturbée $r = (11, 00, 01, 01)$ en respectant la perforation.

**7.5.** Un code RSC doit être dérivé d'un codeur NSC (2,1,[3]), dont les coefficients générateurs sont $g^{(1)} = (1,1,0,1)$ ; $g^{(2)} = (1,1,1,1)$

**7.5.1.** Déterminer la matrice génératrice $G_{\mathrm{RSC}}(\mathrm{D})$ du codeur RSC générant le code équivalent.
**7.5.2.** Etablir les relations du système RSC.
**7.5.3.** Dessiner le système équivalent RSC.

**7.6.** La figure ci-dessous (codeur A) montre un codeur convolutif de rendement $R_C = 1/2$ et d'une longueur de contrainte $L_C = 4$.

**7.6.1.** Déterminer la sortie du codeur par le mot d'information $u = (1,0,1,1,1, \dots)$ en utilisant la méthode de produit de convolution directe.

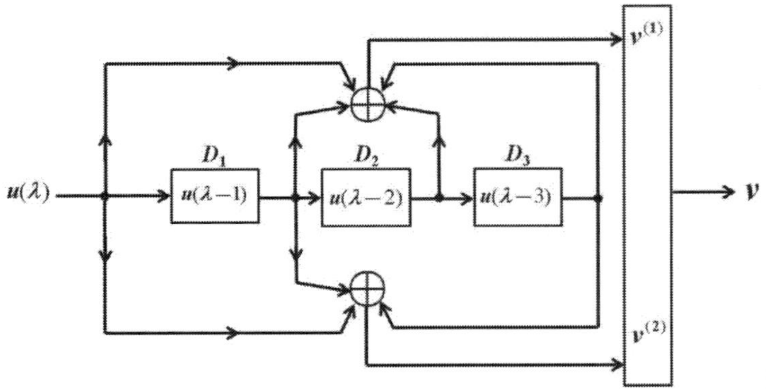


**Codeur A**

**7.6.2**. Nous remplaçons le codeur A par le codeur suivant (codeur B) :

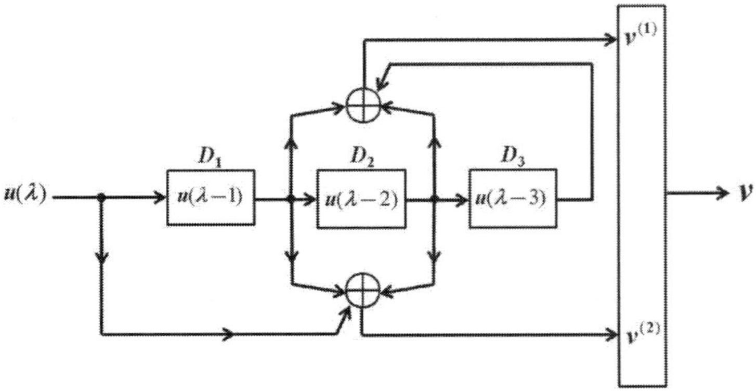


**Codeur B**

**A.** Donner la réponse impulsionnelle de ce codeur.
**B.** Construire le diagramme de transition d'états correspondant.
**C.** Qu'est-ce qui va changer ?

**7.7.** Soit le codeur convolutif présenté dans la figure ci-dessous. Des séquences d'informations terminées de longueur L = 1024 bits sont transmises, les deux derniers bits d'une séquence étant utilisés pour la terminaison. La séquence d'information terminée est prise en compte : $u = (1, 0, 1, 1, 0, \ldots, 1, 1, 1, 0, 1, 0, 0)$.

**7.7.1.** Établir le tableau des combinaisons d'états d'entrée $(u(\lambda), u(\lambda-1), u(\lambda-2))$ pour les blocs de code résultants $(v^{(1)}, v^{(2)}, v^{(3)})$.

**7.7.2.** Déterminer les séquences des blocs de code correspondantes $v_{0;4}$ et $v_{L-5;L-1}$ pour le premier et les 5 derniers bits de $u$.

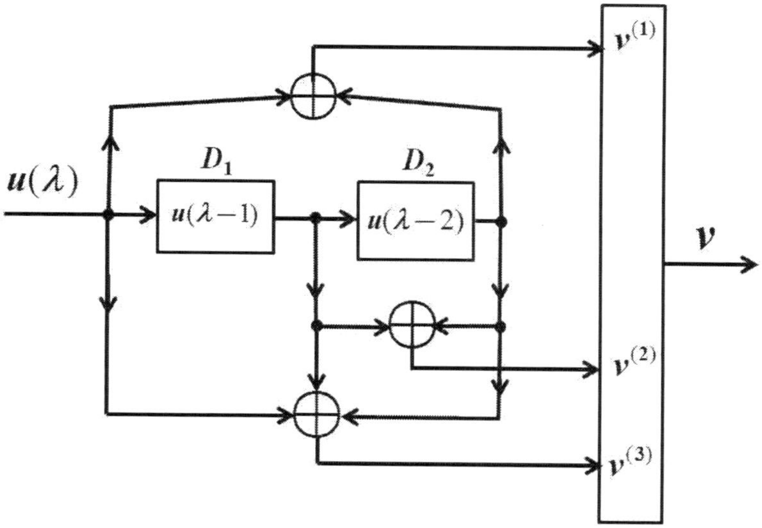


**7.7.3.** Pour les quatre derniers chiffres d'une séquence terminée, dessiner le diagramme en treillis comprenant les blocs d'entrée et de sortie du codeur, selon le treillis préparé ci-après.

Lorsqu'un mot de code $r$ est reçu, il est représenté comme une séquence de blocs terminée, codée et transmise. Les quatre derniers blocs sont : $r_{L-4\,;\,L-1} = (110, 110, 000, 110)$. Le mot de code $r$ est décodé par l'algorithme de Viterbi. Le nombre de correspondances est utilisé comme métrique.

Le décodage des blocs L-4 précédents a fourni les valeurs de métrique suivantes pour les différents états :

(00): 2959
(01): 3051
(10): 2856
(11): 3012

...

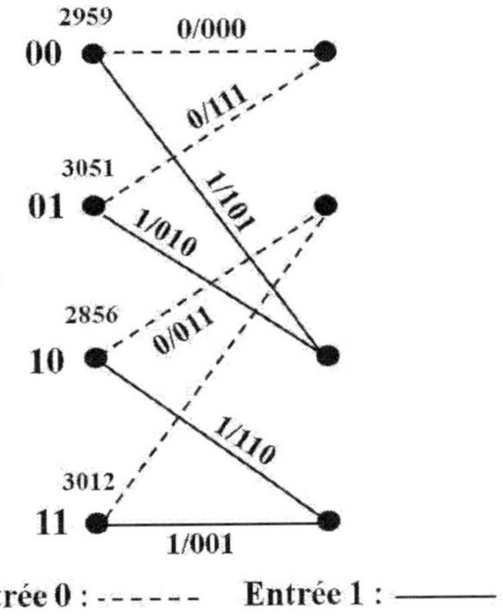


**7.7.4.** Décoder $\boldsymbol{r}_{L-4\,;L-1}$ et déterminer la séquence de code estimée $\boldsymbol{v}_{L-4\,;L-1}$ et la séquence d'information estimée $\boldsymbol{u}_{L-4\,;L-1}$ de la séquence de réception terminée $\boldsymbol{r}$.

**7.8.** Soit le circuit de registres à décalage d'un code convolutif (3,1,[3]) avec un taux de codage $R_C = 1/3$.

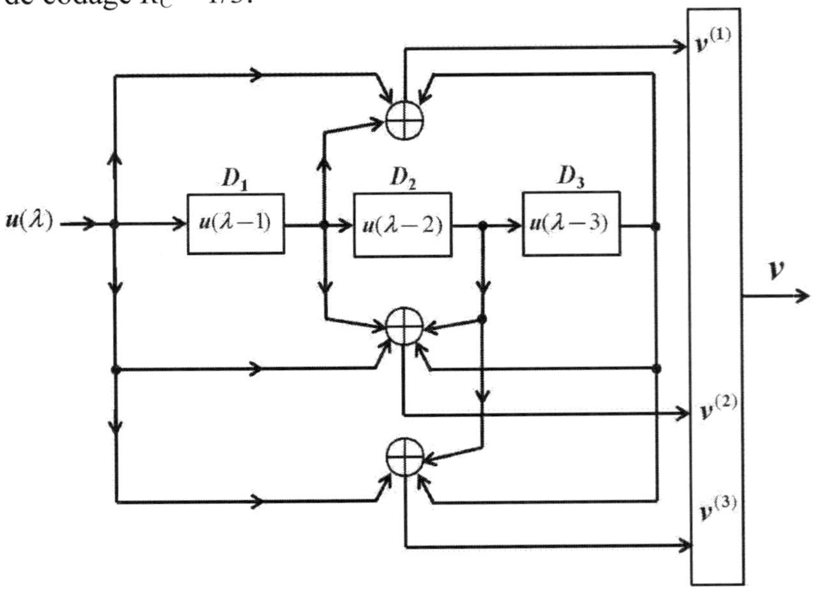


Pour l'opération de codage, 5 bits d'information doivent être regroupés et terminés par trois zéros. Ensuite, les mots de code terminés sont perforés avec la matrice de perforation $M_p$ ci-après :

$$M_p = \begin{pmatrix} 1 & 1 & 1 & 1 & 1 & 1 & 0 & 1 \\ 1 & 1 & 0 & 1 & 1 & 1 & 1 & 0 \\ 1 & 1 & 1 & 1 & 0 & 1 & 1 & 1 \end{pmatrix}$$

**7.8.1.** En déduire les paramètres $n$, $k$, $m$ et $L_C$.

**7.8.2.** Pour le simple codeur convolutif, configurer dans un tableau l'information de sortie ($v^{(1)}$, $v^{(2)}$, $v^{(3)}$) pour toutes les combinaisons d'états d'entrée possibles ($u(\lambda)$, $u(\lambda-1)$, $u(\lambda-2)$, $u(\lambda-3)$ et donner le treillis correspondant.

**7.8.3.** Coder le mot d'information $u = (1, 0, 0, 1, 1)$ et tracer le chemin du mot de code dans le treillis. Déterminer d'abord le mot de code terminé $v_t$ et enfin le mot de sortie perforé $v_{t,p}$ en remplaçant les bits supprimés par le symbole **x**.

**7.8.4.** déterminer le taux de code $R_{C,t}$ avant la perforation et le taux de code $R_{C,t,p}$ après la perforation.

- **Remarques**
  - La terminaison dans la zone finale entraîne une diminution constante du nombre d'états autorisés
  - Dessiner le diagramme en treillis pour le code convolutif terminé jusqu'à une profondeur de treillis de $Q = 8$.

**7.9.** Soit le codeur convolutif suivant :

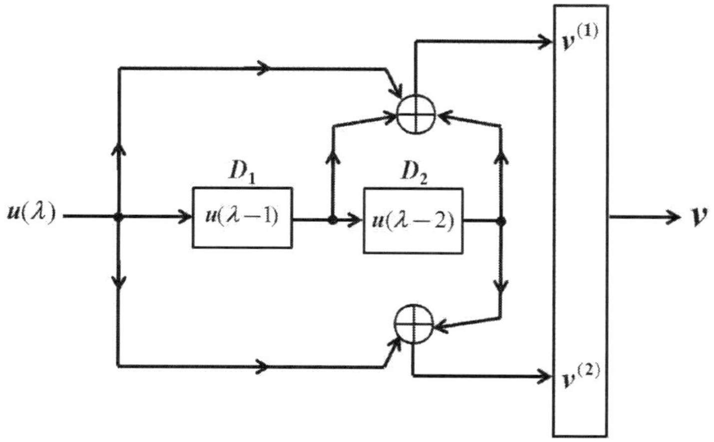


**7.9.1.** Donner la longueur du bloc de code $n$, la longueur du bloc d'information $k$, la longueur de mémoire $m$ et la longueur de contrainte $L_C$.

**7.9.2.** Créer un tableau montrant l'affectation des combinaisons d'états d'entrée ($u(\lambda)$, $u(\lambda-1)$, ($u(\lambda-2)$)) aux bits de sortie $v^{(1)}, v^{(2)}$ et dessiner le diagramme d'états du code avec indication de tous les bits d'entrée et de sortie.

**7.9.3.** Vérifier si ce codeur est un codeur catastrophique.

**7.9.4.** Dessiner le diagramme en treillis du code avec la zone de début et 4 étapes de transition y compris tous les bits d'entrée et de sortie.

**7.9.5.** Déterminer la distance libre du code et tracer le chemin fondamental avec le moindre poids dans le diagramme en treillis.

**7.9.6.** La séquence $u = (1, 1, 0, 1)$ doit être codée à partir de l'état zéro, en maintenant la matrice de perforation :

$$M_P = \begin{pmatrix} 1 & 0 & 1 \\ 1 & 1 & 0 \end{pmatrix}$$

Déterminer la séquence des bits de sortie codée

- $\boldsymbol{v}$ : pour la séquence $u$,
- $\boldsymbol{v_t}$ : pour la séquence $u$ terminée,
- $\boldsymbol{v_{t,p}}$ : pour la séquence $u$ avec terminaison et perforation ultérieures.

Calculer les taux de codage correspondants $R_C$, $R_{C,t}$ et $R_{C,t,p}$ pour ces trois cas. Dessiner la séquence de code $v$ dans le diagramme en treillis.

**7.9.7.** Décoder le mot de code reçue $r = (01, 01, 01, 00)$ en utilisant l'algorithme de Viterbi. Utiliser le nombre de correspondances comme mesure. Saisir le mot de code estimé $\hat{v}$ et le mot d'information estimé $\hat{u}$.

**Note :** Dans la séquence reçue $r$, insérer le symbole **x** dans les positions qui ont été perforées lors du codage. Ces symboles **x** ne contribuent pas à la métrique.

# Chapitre 8

# Techniques spéciales de codage

Jusqu'à présent, les codes de base fondamentaux du codage de canal ont été traités en détail. En pratique, ceux-ci sont également répandus, mais souvent sous la forme de constructions compliquées. Il s'agit notamment des codes enchaînés (concaténés) avec entrelacement, dont les principes seront présentés ici.

Ces « codes de base » ne sont évidemment pas les seuls codes qui ont été développés au cours des 40 dernières années. Depuis le début des années 1990, la recherche s'est concentrée sur deux codes capables de se rapprocher de la limite de Shannon (moins de 1dB) grâce à leur capacité de correction. Il s'agit, d'une part, des turbocodes, qui ont été pratiquement dérivés d'expériences, et d'autre part, des codes LDPC (Low-Density Parity Check), qui sont apparus dès les années 1960. Toutefois, en raison de la complexité des codes LDPC pour l'état de l'art à cette époque, ils n'ont pas été examinés plus avant jusqu'au début des années 1990. Le principe de ces deux codes sera brièvement exposé dans ce chapitre.

## 8.1. Codes enchaînés

L'objectif de la théorie de codage est d'atteindre la capacité de canal de Shannon. Les codes pratiques tels que les codes en blocs et les codes convolutifs, dont nous avons discuté jusqu'à présent sont loin de cette limite théorique. L'un de leurs inconvénients majeurs est qu'avec l'augmentation des performances, l'effort de décodage augmente généralement de manière exponentielle. Par conséquent, la faisabilité pratique de la performance de ces codes pose donc rapidement des limites. Bien que ce ne soit souvent qu'une question de temps avant que la technologie ne permette un effort de décodage plus important, les performances de décodage de ces codes sont souvent limitées. Néanmoins, la question se pose de savoir si la capacité selon Shannon ne peut en principe être atteinte qu'en augmentant la longueur d'influence dans les codes convolutifs ou la longueur de bloc dans les codes en blocs.

Forney a déjà montré une autre façon de construire des codes FEC puissants, lorsqu'il a présenté pour la première fois en 1966 la concaténation des codes partiels simples [49]. L'idée de base est donc de combiner judicieusement des codes simples pour créer un code global plus efficace que des codes à composants séparés. Depuis lors, des progrès considérables ont été accomplis, en particulier ces dernières années

## 8.1.1. Codes Produits

Les codes produits (Product codes) ont été introduits dans [73] comme un moyen simple et efficace de construire de très longs codes sur la base de deux ou plusieurs codes de composants de blocs courts. Les codes produits font partie des codes multidimensionnels, et d'après Blahut [29], ils sont parmi les plus simples de ces types. Les codes produits sont particulièrement adaptés aux systèmes de transmission dans lesquels les erreurs ne sont pas statistiquement indépendantes.

On peut construire des codes longs (longueur des mots importante) en combinant plusieurs codes plus courts. On peut obtenir des codes produits de nombreuse manières.

Soit deux codes linéaires $C_r(n_r,k_r)$ ($r$ pour : row-code = code-ligne ou horizontal) avec une distance minimale $d_r$, et $C_c(n_c,k_c)$ ($c$ : pour column-code = code-colonne ou vertical) dont la distance minimale est $d_c$. On obtient un mot du code produit direct de la façon suivante :

$$\boldsymbol{C} = \boldsymbol{C_r} \otimes \boldsymbol{C_c} \qquad 8.1$$

On dispose de ($k_r \times k_c$) symboles d'information dans un tableau rectangulaire, (Fig. 8.1), ensuite on dispose de ($n_r - k_r$) symboles de contrôle par ligne calculés selon $C_r$, puis ($n_c - k_c$) symboles de contrôle par colonne, calculés selon $C_c$.

Une matrice $\boldsymbol{u}$ composée de ($k_c \times k_r$) bits d'information est disposée en $k_c$ lignes et $k_r$ colonnes. Les bits d'information de cette matrice sont ensuite soumis ligne par ligne à un codage horizontal par un code en blocs systématique $C_r(n_r, k_r, d_r)$. Chaque ligne représente un mot de code distinct, de sorte que les mots de code $k_c$ ont été générés au total. Les bits de contrôle générés sont résumés dans la matrice de contrôle $p_r$. Le taux de codage du code horizontal est $R_r = k_r / n_r$.

Tous les mots de code générés jusqu'à présent sont ensuite codés verticalement avec un code en blocs $C_c(n_c, k_c, d_c)$ également systématique, où chaque colonne représente son propre mot de code. Les bits de contrôle de la matrice d'information $u$ ont été regroupés en $p_c$, les bits de contrôle de la matrice de contrôle $p_r$ en $p+$. Le taux de codage ici est $R_c = k_c/n_c$.

La figure (Fig. 8.1) montre que le code produit $C$ est systématique, exactement quand $C_r$ et $C_c$ sont également systématiques.

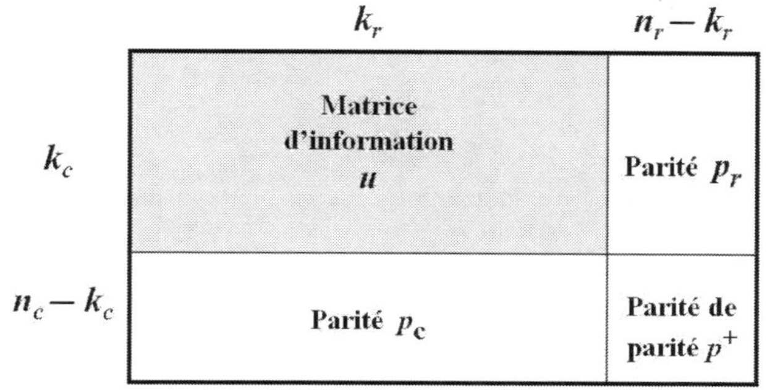


**Fig. 8.1 :** Structure générale d'un code produit

Les paramètres du code produit $C$ obtenu sont évidemment $n_r \cdot n_c$ et $k_r \cdot k_c$, la règle suivante s'appliquent à la distance minimale de $C$ :

$$\boldsymbol{C(n_r \cdot n_c, k_r \cdot k_c, d_{\min}) = C_r \otimes C_c \Rightarrow d_{min} = d_r \cdot d_c} \qquad 8.2$$

Le taux de codage est donc :

$$\boldsymbol{R_C = \frac{k_r \cdot k_c}{n_r \cdot n_c} = R_C^r \cdot R_C^c} \qquad 8.3$$

## 8.1.2. Concaténation

Lors de la concaténation des codes [49], deux codes ou plus sont connectés en série ou en parallèle. Cette conception est motivée par l'utilisation de différentes propriétés de code complémentaires, par exemple pour la correction et la détection d'erreurs, ou pour la correction d'erreurs simples et en paquet. En principe, nous distinguons deux types de codes concaténés.

### A. Concaténation sérielle

Dans la concaténation en série des codes, nous parlons, dans le cas de deux codes, d'un code interne et d'un code externe (Fig. 8.2), où chaque codeur ultérieur encode l'ensemble du flux de données, y compris les bits de redondance déjà générés.

Le message codé avec le code externe (codes externes) sert d'entrée pour générer le code interne (codes internes). A l'inverse, le système avec le code interne et le canal de transmission agit comme un canal de données pour le code externe.

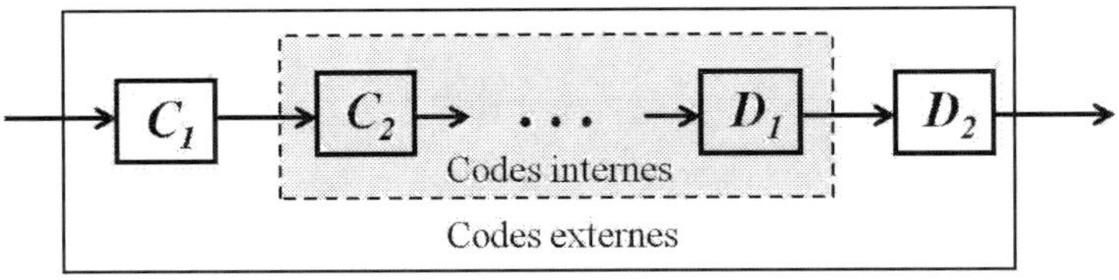


**Fig. 8.2 :** Concaténation de deux codes en série

Un exemple classique est que le code interne corrige les erreurs simples, tandis que le code externe corrige les erreurs de paquets. Une méthode de ce type était auparavant utilisée, par exemple, dans les systèmes européens de radiocommunication mobile tels que le GSM. Des codes très puissants peuvent être construits par concaténation. Dans de nombreux exemples d'application, le code interne est mis en œuvre par un code convolutif pour la correction d'une seule erreur et le code externe par un code Reed-Solomon pour la correction des paquets d'erreurs (Fig. 8.3).

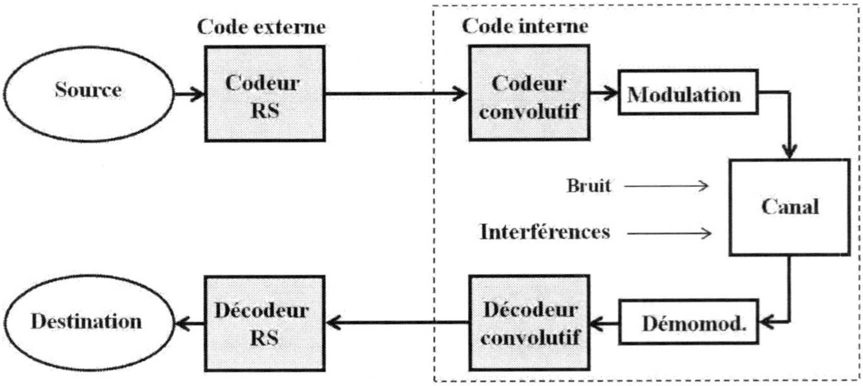


**Fig. 8.3 :** Concaténation en série d'un code RS et d'un code convolutif

Le tableau suivant donne quelques combinaisons usuelles.

| Code intérieur | Code extérieur |
|---|---|
| Code en blocs RS | Code en blocs RS |
| Code convolutif | Code en blocs RS |
| Code convolutif | Code convolutif |

**Tableau 8.1**

De nombreux systèmes pratiques contiennent également des systèmes de codage interconnectés. Dans l'ancien réseau GSM, par exemple, on utilise des codes convolutifs liés en série et des codes CRC. Alors que les premiers servent à la correction des erreurs, les seconds sont utilisés pour la détection des erreurs. Des canaux de contrôle très importants utilisent également les codes dits (Fire-codes) [50][51] au lieu de codes CRC.

Lors de missions spatiales telles que la mission Galileo, la transmission s'effectue avec un rapport signal/bruit très faible, car la puissance de transmission est strictement limitée et de très longues distances doivent être parcourues. C'est pourquoi les codes qui obtiennent de bons résultats dans ces conditions extrêmes sont privilégiés. Le système de la NASA utilise un code convolutif comme code interne, pour lequel l'algorithme de Viterbi est une méthode efficace de décodage à décision souple. Comme code extérieur, on utilise un code de Reed-Solomon, qui est très bien adapté à la correction des erreurs de paquets et qui peut donc corriger les paquets d'erreurs à la sortie de l'algorithme de Viterbi.

## B. Concaténation en parallèle

En plus de concaténation en série des codes, la disposition parallèle de plusieurs codeurs est également possible (Fig. 8.4). Dans ce cas, chaque encodeur partiel reçoit uniquement les bits d'information, et non les bits de redondance des autres encodeurs. Les sorties des codeurs seront également implémentées en série dans un convertisseur parallèle-série. En principe, toute combinaison de codeurs par blocs et convolutifs est également disponible pour cette combinaison. Un exemple de l'application – très efficace – de concaténation des codes parallèles est le turbocode présenté ultérieurement dans la section (8.2).

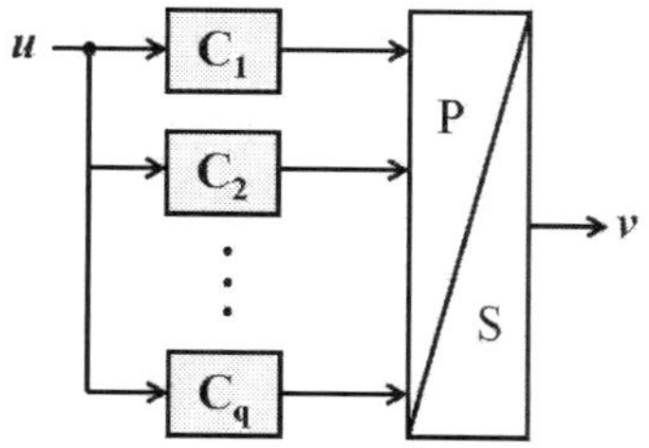


**Fig. 8.4 :** Concaténation parallèle

La différence avec la liaison en série est qu'ici seuls les bits d'information de plusieurs sous-codes sont codés, mais pas les bits de contrôle respectifs. Cela peut facilement être transféré aux codes de produits déjà présentés au paragraphe (§ 8.1.1). Nous pouvons transférer le code produit indiqué dans la figure (Fig. 8.1) dans une concaténation parallèle de deux codes en supprimant les bits de contrôle des bits de contrôle $\boldsymbol{p}$+. Il en résulte la structure suivante :

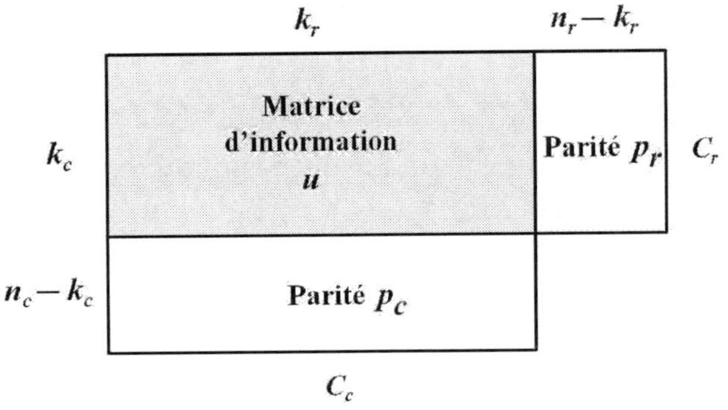


**Fig. 8.5 :** Présentation matricielle d'une concaténation parallèle

Dans ce contexte, on parle également d'un code produit incomplet [10]. Il a le taux de codage suivant :

$$R_C = \frac{k_r \cdot k_c}{k_r \cdot k_c + (n_r - k_r)k_c + (n_c - k_c)k_r}$$

On a donc pour : $R_C^r = k_r / n_r$ et $R_C^c = k_c / n_c$

$$R_C = \frac{R_C^r \cdot R_C^c}{R_C^r + R_C^c - R_C^r \cdot R_C^c} \qquad 8.4$$

Par rapport à la concaténation en série, le taux de codage est ici plus élevé.

En ce qui concerne la distance minimale, on a la relation suivante :

$$d_{min} = d_r + d_c - 1 \qquad 8.5$$

La relation (8.5) peut être interprétée comme suit : Nous supposons à nouveau que la partie d'information $u$ ne contient qu'une seule ligne, qui comporte exactement un élément différent à zéro, toutes les autres lignes ne doivent contenir que des zéros. En outre, le mot de code correspondant de cette ligne a le poids minimal $d_r$. Ainsi, le décodage vertical avec $C_c$ ne produit qu'un seul mot de code différent à zéro, puisque la partie test n'est plus codée. Toutefois, ce mot de code a un poids minimal de $d_c$, de sorte que les deux poids s'additionnent. Il suffit maintenant de tenir compte du fait que le bit d'information qui n'était pas égal à zéro apparaît dans les deux mots de code et n'est transmis qu'une seule fois, ce qui donne la relation (8.5).

### 8.1.3. Entrelacement (Interleaving)

Le canal AWGN (un canal avec des erreurs distribuées de manière gaussienne et statistiquement indépendantes), adopté dans de nombreuses considérations fondamentales, est un cas particulier. Ce modèle ne peut être considéré comme approprié que dans le cas, par exemple, d'une connexion satellite-satellite. Pour tous les autres canaux radio, cependant, d'autres effets jouent un rôle, tels que la propagation par trajets multiples avec des interférences, les évanouissements, les perturbations dues aux impulsions, etc. Ces effets de perturbations génèrent des erreurs qui ne sont statistiquement plus indépendantes, mais qui se produisent sous forme de paquets d'erreurs. Par conséquent ces erreurs peuvent dépassent la capacité de correction du code de canal utilisé. L'entrelacement modifie donc la structure d'erreurs du canal du point de vue du décodeur en décomposant les erreurs de paquet en erreurs simples (isolées).

Avec le processus d'entrelacement de la figure (Fig. 8.6), les paquets d'erreurs à la sortie du décodeur interne peuvent être convertis en erreurs pseudo-individuelles. A cet effet, la séquence des symboles ou la séquence des bits est réorganisée dans l'entrelaceur. Cette opération est à nouveau inversée dans le désentrelaceur, de sorte que l'ensemble du système entrelaceur-désentrelaceur ne provoque qu'un retard et il est par ailleurs transparent.

Cette technique, également connue sous le nom de diffusion (répartition) ou d'imbrication de codes, a une grande influence sur la performance des codes concaténés et constitue donc un élément important à optimiser. Les codes entrelacés ne sont pas seulement utilisés en relation avec les codes concaténés, mais servent également à répartir les erreurs de paquets, par exemple celles causées par l'évanouissement [52].

L'inconvénient de l'entrelaceur est que le stockage intermédiaire des mots de code provoque un délai supplémentaire qui augmente avec la taille de l'entrelaceur. Cela est particulièrement problématique dans les systèmes où le temps est un facteur critique, comme la transmission de la voix. La figure (Fig. 8.6) montre la disposition principale d'un générateur de permutation (Entrelaceur : Interleaver) et d'un générateur inverse (Désentrelaceur : Deinterleaver) dans un système de codage concaténé.

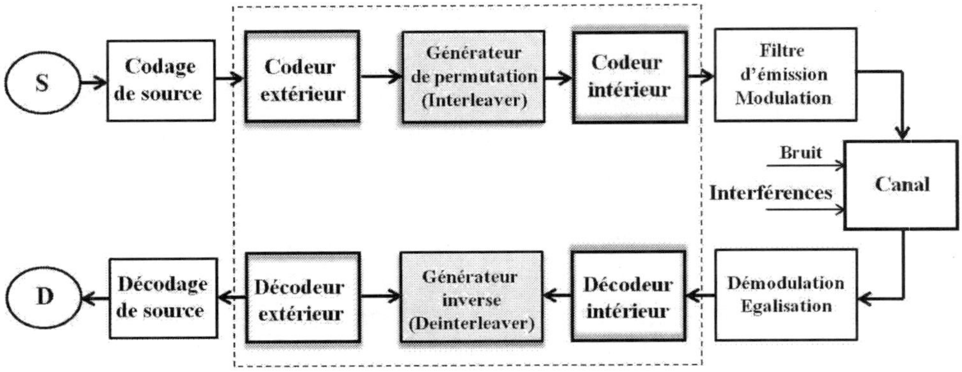


**Fig. 8.6 :** Codage avec concaténation et entrelacement

Il existe essentiellement deux classes de méthodes d'entrelacement :

**A.** Entrelacement par blocs.
**B.** Entrelacement convolutif.

## A. Entrelacement par blocs

Le générateur de permutation (Interleaver) et le générateur inverse (Deinterleaver) consistent chacun en une mémoire sous la forme d'une matrice $(M,N)$. Dans le générateur de permutation, les bits ou les symboles sont écrits dans la matrice, colonne par colonne. Une fois que la matrice est remplie de bits ou de symboles $M{\cdot}N$, les données sont lues ligne par ligne. Dans le générateur inverse (Deinterleaver), les bits ou les symboles sont écrits ligne par ligne et lus colonne par colonne. Le générateur de permutation et le générateur inverse doivent être synchronisés.

La figure (Fig. 8.7) illustre la procédure sous forme d'une matrice, dans laquelle les mots de code sont disposés colonne par colonne, mais transférés ligne par ligne.

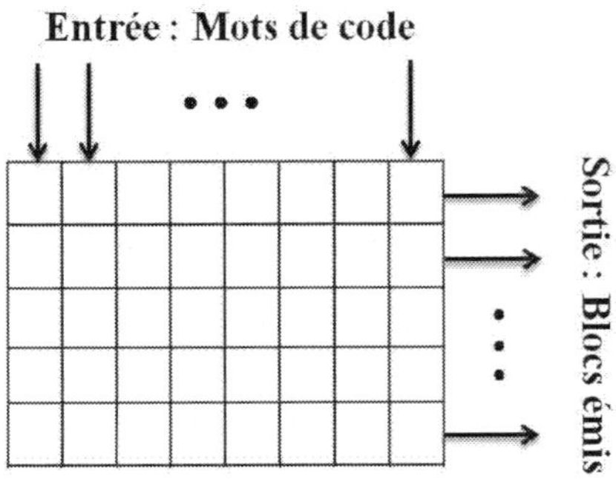


**Fig. 8.7 :** Entrelaceur à blocs

## **Exemple 8.1 :** Entrelacement par blocs

Soit $M = 3$ et $N = 5$, la matrice de l'entrelaceur est écrite colonne par colonne avec le vecteur d'entrée :

$u = (u_0, u_1, u_2, u_3, u_4, u_5, u_6, u_7, u_8, u_9, u_{10}, u_{11}, u_{12}, u_{13}, u_{14})$,

mais lue ligne par ligne. Ainsi, nous obtenons :

$\tilde{u} = (u_0, u_3, u_6, u_9, u_{12} \quad u_1, u_4, u_7, u_{10}, u_{13} \quad u_2, u_5, u_8, u_{11}, u_{14})$,

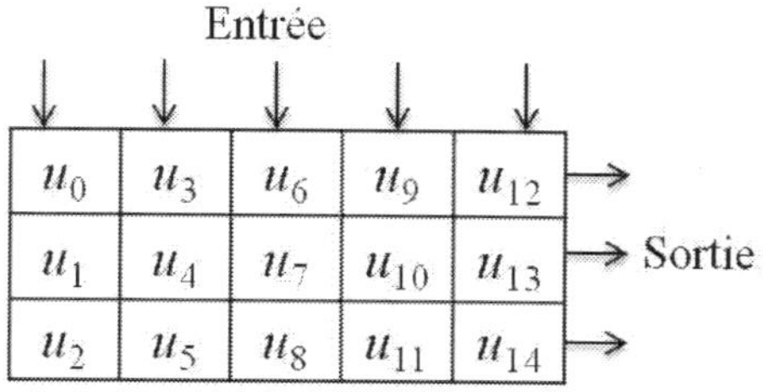


**Fig. 8.8 :** Entrelaceur par blocs

On peut voir qu'il y a maintenant une distance de $\Lambda = 5$ entre les symboles initialement adjacents. Cette distance est appelée la profondeur d'entrelacement. Le dimensionnement optimal de l'entrelaceur dépend de plusieurs facteurs, il est également influencé par l'objectif respectif.

Exemple pour $u = (1, 1, 0, 1, 0, 0, 1, 0, 1, 0, 1, 0, 0, 0, 1)$

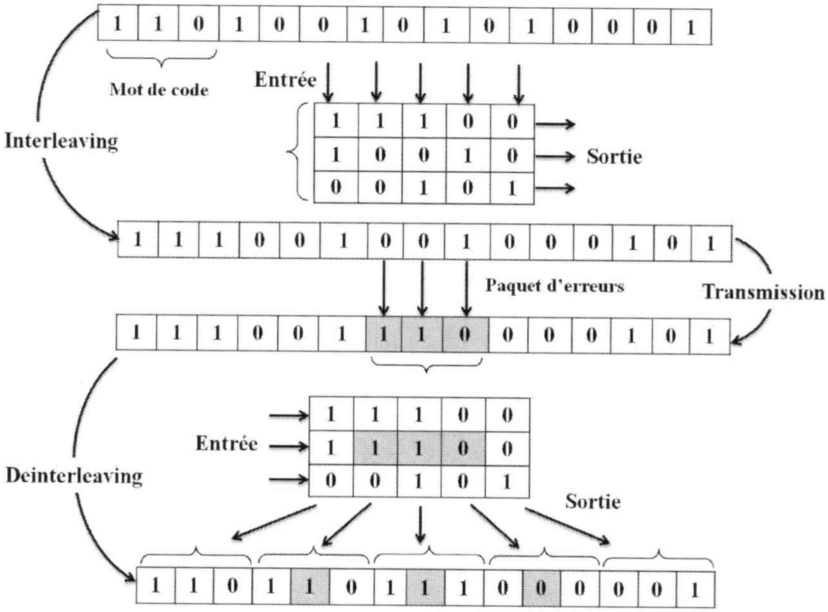


**Fig. 8.9 :** Entrelaceur par blocs avec paquet d'erreurs

L'erreur de regroupement qui s'est produite dans la deuxième ligne (carrés foncés) est donc répartie comme une seule erreur sur plusieurs mots de code récupérés.

■

- **Remarque**
  - Il faut noter que le contenu ne peut généralement être lu que lorsque la zone mémoire a été complètement écrite. Cela crée un temps de retard lié au système tel que :

$$\boldsymbol{\Delta t} = \boldsymbol{M} \cdot \boldsymbol{N} \cdot \boldsymbol{T_b}, \qquad 8.6$$

où $T_b$ est la durée d'un bit et $\Delta t$ le temps de retard, qui est aussi appelé temps mort. $\Delta t$ ne doit pas dépasser les valeurs critiques.

Après l'opération de l'entrelacement, le temps de retard est indiqué par $M{\cdot}N$ symboles. Si ces symboles sont transmis très rapidement sous forme de paquet dans un système de multiplexage temporel, le délai total n'est que légèrement supérieur à $M{\cdot}N$ symboles (mis à part le délai sur le canal physique et le délai de décodage). Cependant, si les symboles sont transmis à la même vitesse qu'ils sont écrits dans l'entrelaceur, le délai total est doublé.

Par exemple, bien qu'il n'y ait pas de valeur limite fixée pour un délai maximal de transmission de la voix en duplex, plus de quelques 10 ms sont considérés comme intolérables. Cela signifie qu'à un débit de 9,6 kbit, par exemple, un générateur de permutation (Interleaver) d'environ 400 bit seulement est déjà à la limite supérieure, car les règles suivantes s'appliquent à l'émetteur (Interleaver) et au récepteur (Deinterleaver) :

$$2 \cdot \Delta t = 2 \cdot \frac{400}{9600/s} = 83,3\ ms$$

Dans le réseau GSM, environ 22,8 kbit sont transmis pour le canal vocal à plein débit. Pour ce débit de données brut avec un entrelaceur de 400 bit, le temps de retard[15] est de :

$$2 \cdot \Delta t = 2 \cdot \frac{400}{22800/s} = 35\ ms$$

---

[15] Dans la littérature, on trouve également des informations sur les délais maximums autorisés, qui sont beaucoup plus restrictifs (par exemple 20 ms) [53].

## B. Entrelacement convolutif

Les entrelaceurs convolutifs ont été proposés pour la première fois par Ramsey au début des années 1970 [54], avec une structure comme dans la figure (Fig. 8.10). Le principe de l'entrelacement par convolution est illustré à la figure (Fig. 8.11). L'entrelaceur (Interleaver) et le désentrelaceur (Deinterleaver) sont constitués chacun de $N$ mémoires sous forme de vecteurs de longueurs $0, J, 2J, 3J, \ldots (N-1)J$, le nombre $J{\cdot}N$ est fixé. En outre, chaque registre successif offre aux symboles $J$ une plus grande capacité de stockage que le précédent.

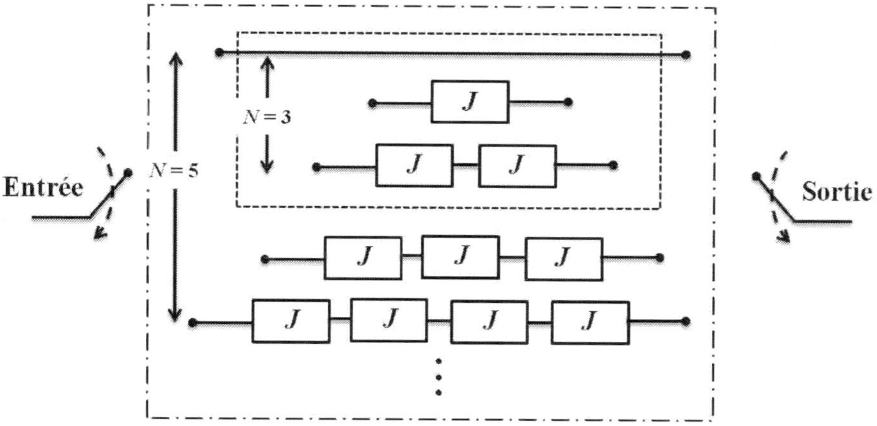


**Fig. 8.10 :** Entrelaceur convolutif ($N$=3, $J$=1 et $N$ = 5, $J$ = 1)

À chaque nouveau symbole, un symbole est inséré à gauche et un symbole est retiré à droite. Ensuite, les quatre multiplexeurs ou démultiplexeurs sont mis en marche, ce qui nécessite à nouveau une synchronisation entre l'entrelaceur et le désentrelaceur.

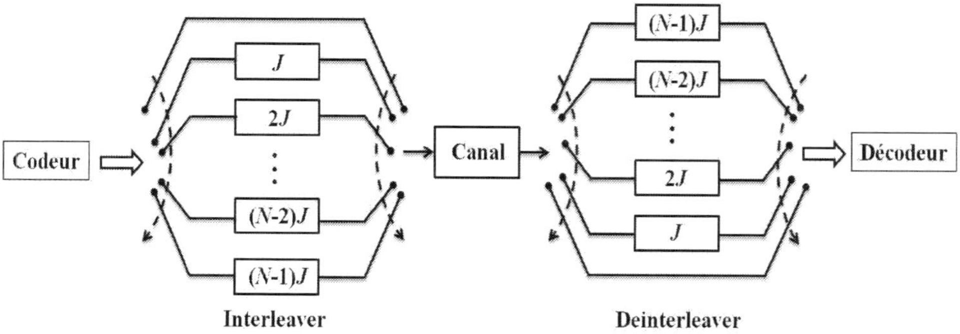


**Fig. 8.11 :** Entrelacement convolutif

**Exemple 8.2 :** Procédure de l'entrelacement convolutif

- Soit $N = 4$, $J = 1$. Donner pour la séquence de symboles 1, 2, 3, 4, …, la procédure de l'entrelacement (interleaving) et la suite entrelacée.

  **Procédure :**

  - Le registre zéro ne prévoit aucun stockage, le symbole est transmis immédiatement.
  - Chaque registre successif fournit plus de stockage à $J$ symboles que le précédent.
  - À chaque nouveau symbole de code, le collecteur passe à un nouveau registre, et le nouveau symbole de code est introduit tandis que le symbole de code le plus ancien de ce registre est transféré vers le modulateur-émetteur.
  - Le commutateur capte les symboles provenant des registres et les transmet à la sortie.
  - Après le ($N$ – 1)-ième registre, le commutateur revient au registre zéro et recommence les étapes à nouveau.
  - Le désentrelaceur (deintrtleaver) effectue l'opération inverse, et les commutateurs d'entrée et de sortie pour l'entrelacement et le désentrelacement doivent être synchronisés

  Un avantage est que le délai de bout en bout n'est constitué que de $M(N-1)$ symboles, où $M = J{\cdot}N$ (Fig. 8.12).

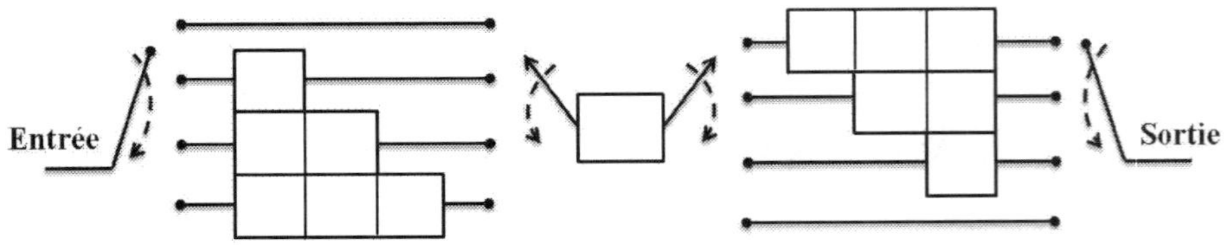


**Fig. 8.12 :** Entrelaceur (Interleaver) /Désentrelaceur (Deinterleaver) convolutif

La figure (Fig. 8.13) montre l'entrelacement convolutif simple pour $M = J{\cdot}N = 4$ chargé par une séquence de symboles de code (1234 5678 ….). Le désentrelaceur synchronisé est indiqué en même temps qu'il envoie les symboles entrelacés au décodeur.

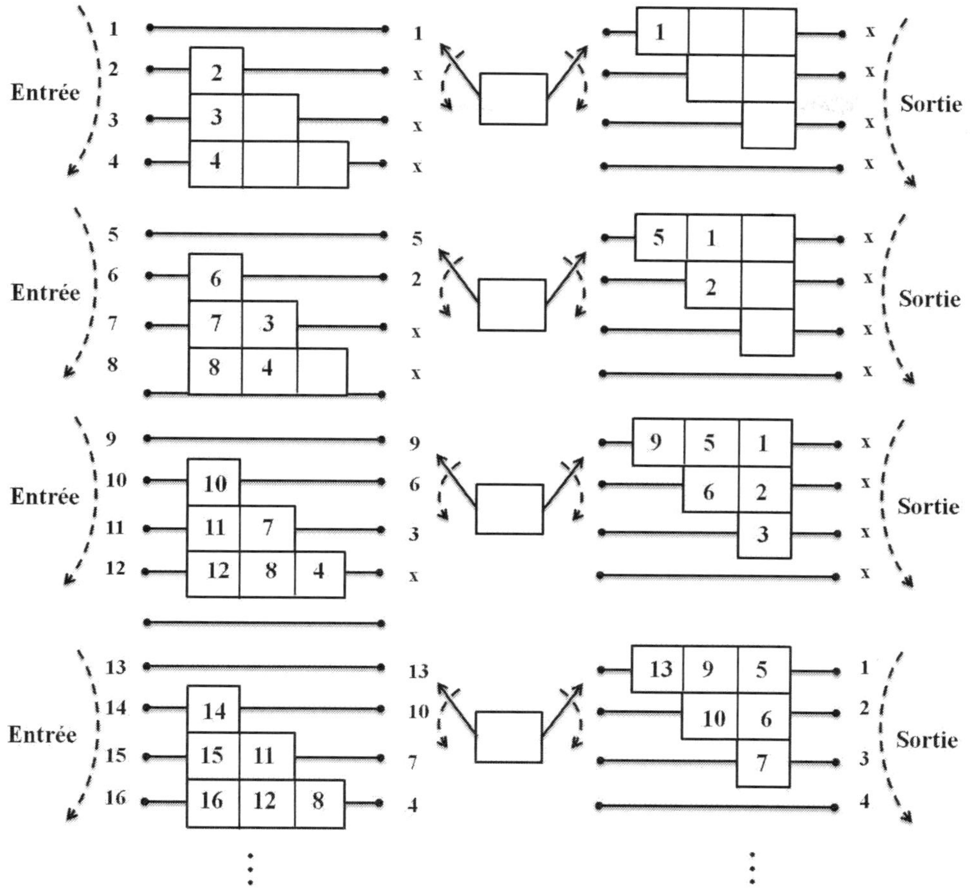


**Fig. 8.13 :** Opération : Entrelacement /Désentrelacement convolutif pour la suite12345678 .....

La suite entrelacée peut être lue de la sortie de l'entrelaceur comme suit :
$1\ \text{xxx}\ 5,2,\text{xx}\ 9,6,3,\text{x}\ 13,10,7,4... \Rightarrow (1,5,2,9,6,3,13,10,7,4\cdots)$

La suite récupérée peut être lue de la sortie du désentrelaceur comme suit :
$\text{xxxx xxxx xxxx}\ 1,2,3,4,... \Rightarrow (1,2,3,4,...)$.

■

## 8.2. Turbocodes

Un turbocodeur est constitué d'au moins deux codeurs connectés en parallèle ou en série pour le codage élémentaire. Les codeurs élémentaires représentent chacun un code de canal spécifique. Le premier codeur reçoit les données d'information initiales sous une forme inchangée de sorte que sa sortie est transmise directement. Les deux codeurs composants sont séparés par un entrelaceur. Le second codeur reçoit ses données d'entrée via l'entrelaceur, qui modifie la séquence de données selon certaines règles.

En principe, tout code de composant peut être utilisé dans un turbocode. Il n'est pas non plus nécessaire de choisir des codeurs uniformes, mais des codes ayant des paramètres différents qui peuvent être combinés en concaténation de codes en parallèle ou en série. Lorsque des codes en blocs sont utilisés comme codes de composants, ils sont appelés turbocodes produits (Turbo Product Codes TPC). D'autre part, lorsque des codes convolutifs sont utilisés comme codes de composants, ils sont appelés turbocodes convolutifs (Turbo Convolutional Codes TCC).

Étant donné que des algorithmes relativement simples basés sur la décision souple, tels que Viterbi Soft-Output Algorithme (SOVA), sont disponibles pour le décodage des codes convolutifs, les turbo codes convolutifs (TCC) ont une signification pratique plus grande.

## 8.2.1. Turbocodes convolutifs (TCC)

### A. Introduction

Les Turbocodes ont été présentés en 1993 par Berrou et Glavieux et Thitimajshima [10][53]. Ils ont apporté la plus grande avancée dans le codage depuis les travaux d'Ungerboeck [55][56], qui avait introduit les Modulations codées (Trellis-Coded Modulation) en 1982. Ils exploitent toutes les potentialités des schémas de codes concaténés proposés par Forney en 1966. On peut en effet voir les turbocodes comme un raffinement d'une structure de codage concaténé avec la mise en place d'un décodage itératif à sortie souple. Cette sortie souple permettra de déterminer les symboles émis à partir d'une règle MAP (Maximum A Posteriori).

Depuis leur première présentation, de nombreux chercheurs dans le monde entier ont travaillé sur les turbocodes. D'une certaine manière, ils ont fourni une première impulsion, car le décodage itératif a désormais été appliqué à de nombreux domaines en dehors du codage [57]. Certaines propriétés très intéressantes et importantes des turbo codes n'ont été analysées et comprises qu'après leur développement, par ex. la vraie raison de leur performance jamais atteinte auparavant.

Les turbocodes se caractérisent par leur propriété de correction des erreurs, qui est proche de la limite de Shannon environ 0,5 – 0,7 dB (Fig. 8.14).

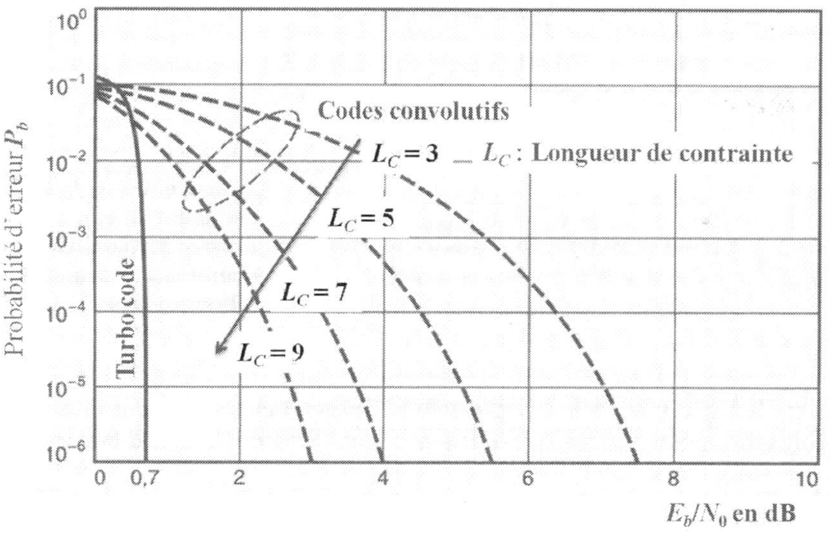


**Fig. 8.14** : Comparaison des taux d'erreur sur les bits pour les codes convolutifs classiques et le turbocode

Les turbocodes ont été développés de manière expérimentale plutôt que par des approches théoriques mathématiques, de sorte que leurs performances ont été examinées de manière critique pendant des années avant qu'on envisage de les utiliser dans des systèmes plus récents. Aujourd'hui, ils sont, par exemple, une composante de l'UMTS pour la transmission de données et le DVB-RSC. Pour la transmission vocale, cependant, les turbocodes ne sont pas applicables en raison du délai de transmission. En revanche, ils ont récemment été utilisés dans les communications spatiales, comme les sondes spatiales SMART-1 et Rosetta de l'ESA.

Dans cette section de ce chapitre, nous n'expliquerons que les bases des turbocodes. De même, toutes les déclarations ne sont pas étayées par des preuves ou des dérivations mathématiques. Nous voulons plutôt comprendre la conception de base de ce type particulier de concaténation de codes.

## B. Structure générale des turbocodes

La structure d'un turbocodeur à taux de codage 1/3 (sans perforation) est présentée à la figure (Fig. 8.15). Cette structure sert à affiner et à améliorer l'estimation des bits d'information originaux dans le décodeur.

Les bits d'information sont transmis trois fois sur le canal : une fois ($u \rightarrow c_0$) sans protection contre les erreurs et deux fois ($c_1$ et $c_2$) avec la protection contre les erreurs d'un code convolutif ($C_1$ et $C_2$), l'un des blocs de codage recevant en entrée une séquence d'informations entrelacée par permutation aléatoire[16]. Le multiplexeur combine alors les trois signaux en un seul.

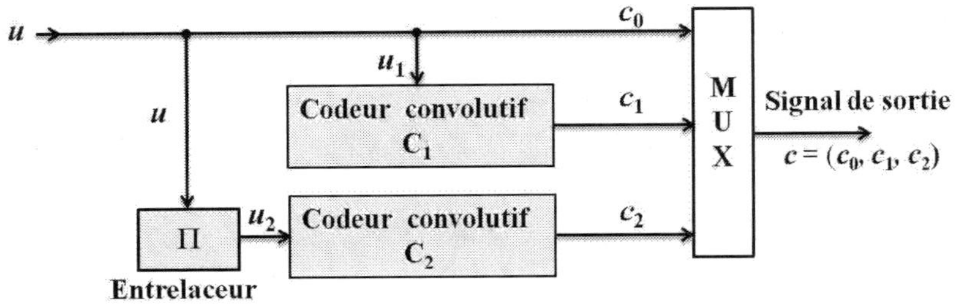


**Fig. 8.15 :** Structure du codage Turbo

Une caractéristique particulière des turbocodes est la distance minimale de Hamming élevée, qui est essentiellement déterminée par l'entrelaceur. Selon [57], cela dépend uniquement de la longueur de l'entrelaceur, de la composante de permutation et du modèle de perforation utilisé. Afin d'atteindre la limite supérieure de la distance minimale de Hamming, la conception de l'entrelaceur doit être réalisée avec certains algorithmes [69].

La structure d'un turbodécodeur est illustrée à la figure (Fig. 8.16). Il se compose de deux décodeurs qui travaillent ensemble pour affiner et améliorer l'estimation des bits d'information originaux. Il est construit sur la base de décodeurs élémentaires à entrées et sorties pondérées (Soft Input Soft Output SISO : Processus itératif à effet turbo). Chaque décodeur profite ici d'une information délivrée par l'autre décodeur pour améliorer ses propres décisions (consensus).

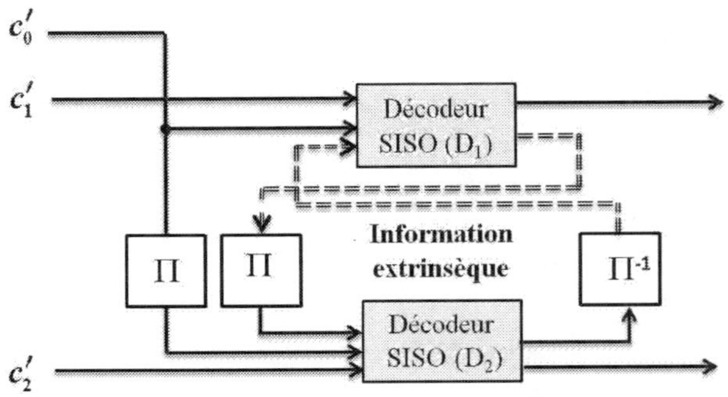


**Fig. 8.16 :** Échange itératif d'information probabiliste
Π : Entrelaceur (Interleaver); $\Pi^{-1}$ : Désentrelaceur (Deinterleaver)

[16] Il semble que les meilleures performances soient obtenues par une permutation aléatoire (mais précalculée) [59].

Le signal reçu, composé des trois composantes transmises, est divisé et transmis aux blocs de décodage, où ils reçoivent leurs signaux à décoder en tant qu'informations de décision souple ainsi qu'une copie du signal non codé. On en déduit des suggestions pour les bits correctement décodés, qui sont transmises à l'autre bloc. Ce n'est que lorsque les deux blocs sont conformes à leurs suggestions (procédure itérative) que le décodage a atteint sa fin. L'expérience montre que le nombre d'étapes d'itération est compris entre 4 et 10.

En résumé :

- Les décodeurs fournissent une première estimation.
- Chacun communique ses résultats à l'autre pour une nouvelle passe.
- Les décodeurs 1 et 2 fournissent une seconde estimation.
- Chacun communique ses résultats à l'autre etc.

## C. Sélection de composants du codeur

Bien entendu, le choix spécifique des sous-codes a également un effet direct sur la performance du code global en concaténation parallèle. C'est pourquoi certaines caractéristiques importantes des sous-codes seront décrites ici. Les déclarations faites ici se réfèrent aux turbocodes évoqués dans la dernière section, le turbo code faisant référence à deux principes

- Le turbo
- L'entrelacement (interleaving)

Le terme turbo vient de la notion de bouclage semblable à celle utilisée dans les moteurs turbo. L'idée est d'utiliser plusieurs séquences redondantes d'un même message. L'une étant calculée à partir du message original et l'autre à partir d'une version permutée (entrelacée) de ce message.

D'une part, le turbo entraîne la réinjection de l'information dans le codeur (rétroaction), ce qui permet « d'allonger » l'effet de mémoire du codage convolutif sans augmenter la complexité du codeur.

D'autre part l'entrelacement permet de construire une information redondante quasiment sans aucune corrélation avec l'information originale. Dans tous les cas, les codeurs sont reliés par des entrelaceurs identiques entre eux (Fig. 8.16).

Il existe deux types de turbocode convolutif, le turbocode parallèle et le turbocode série. Nous ne reviendrons pas sur ce que l'on appelle le turbocode série. Pour des informations plus détaillées, veuillez vous adresser aux références correspondantes [10][ 59].

### 8.2.2. Turbocodage parallèle

En général, un turbocode parallèle est formé par la concaténation parallèle de deux ou plusieurs codes séparés par des entrelaceurs.

La figure (Fig. 8.17a) montre la structure générale d'un turbocodeur qui consiste en une concaténation parallèle en général de $q$ RSC-codes, où les codes utilisés ne doivent pas nécessairement être différents. Dans la plupart des cas, des codes partiels identiques sont utilisés, et chaque codeur partiel $C_i$ reçoit la même séquence d'entrée $u$, mais dans un ordre différent ($u_i$). Les différentes permutations de $u$ en $u_i$ sont réalisés par l'intermédiaire de des entrelaceurs $\Pi_i$. L'entrelaceur $\Pi_1$ devant le premier codeur partiel $C_1$ peut être supprimé.

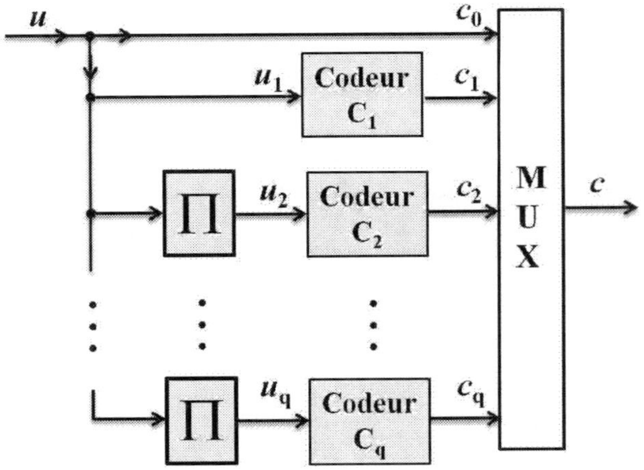


**Fig. 8.17a :** Structure générale d'un turbocode parallèle composé de $q$ sous-codes :

Le taux de codage du code concaténé peut être calculé comme suit : Tous les codeurs $C_i$ reçoivent des séquences d'entrée $u_i$ de longueur égale $k = L_\Pi$. Ils ont les taux de codage $R_{c,i} = k/n_i$. Comme $u$ n'est transmis qu'une seule fois, chaque sous-code ajoute $(n_i - k)$ bits de contrôle. Si seuls les bits de contrôle des sous-codeurs $C_i$ sont perforés et non $u$, le taux de codage total est donc :

$$R_C = \frac{k}{k + (n_1 - k) + (n_2 - k) + \cdots + (n_q - k)} = \frac{k}{\sum_{i=1}^{q} n_i - (q-1) \cdot k}$$

Ce qui donne :

$$\boldsymbol{R_C} = \frac{1}{\sum_{i=1}^{q} \frac{1}{\boldsymbol{R_{c,i}}} - (\boldsymbol{q} - 1)} \qquad 8.7$$

Dans un souci de clarté, nous nous limitons à deux codes partiels seulement dans ce qui suit. Grâce à cette restriction, tous les aspects essentiels peuvent être encore expliqués. Toutefois, une extension à plus de 2 codes de composants est possible à tout moment (voir Fig. 8.17a).

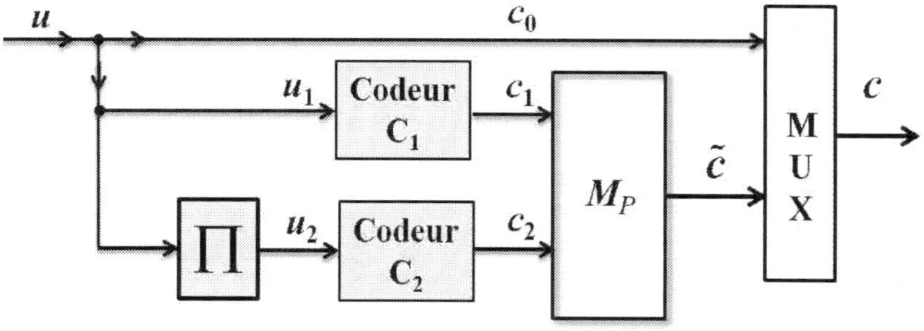


**Fig. 8.17b :** Turbocode parallèle composé de 2 sous-codes avec perforation

Le taux de codage total pour $q = 2$ est donc :

$$R_C = \frac{R_{C1} \cdot R_{C2}}{R_{C1} + R_{C1} - R_{C1} \cdot R_{C2}} \tag{8.8}$$

Les codes convolutifs récursifs et systématiques (code RSC) sont utilisés comme des codes partiels. Par conséquent, les sous-codes $C_i$ ne génèrent que les bits de contrôle comme indiqué dans la figure (Fig. 8.17b), les bits d'information sont ajoutés séparément.

En ce qui concerne la longueur de contrainte $L_C$ et le taux de codage $R_C$ des codes partiels, on peut dire que l'objectif de la concaténation des codes était la synthèse de codes « simples » en un « grand » code global. Pour cette raison, et afin de faciliter le décodage, $L_C$ n'est pas trop grande, en pratique, elle se situe dans la marge de $3 \leq L_C \leq 5$.

Bien entendu, des différences de performances peuvent être déterminées en fonction de la longueur de contrainte des codes partiels. En pratique, le taux de codage de $C_i$ est $R_C = 1/n$, car des taux plus élevés peuvent être toujours atteints par perforation. Mais il existe également des approches pour utiliser des codes partiels avec un taux plus élevé, qui obtiennent alors des résultats légèrement meilleurs.

**Exemple 8.3 :** Influence de l'entrelacement

- Dans la figure (Fig. 8.18), la séquence d'entrée $u_i$ produit les séquences de sortie $c_{1i}$ et $c_{2i}$ respectivement. La séquence d'entrée $u_1$ et $u_2$ sont des séquences permutées différentes de $u_0$.

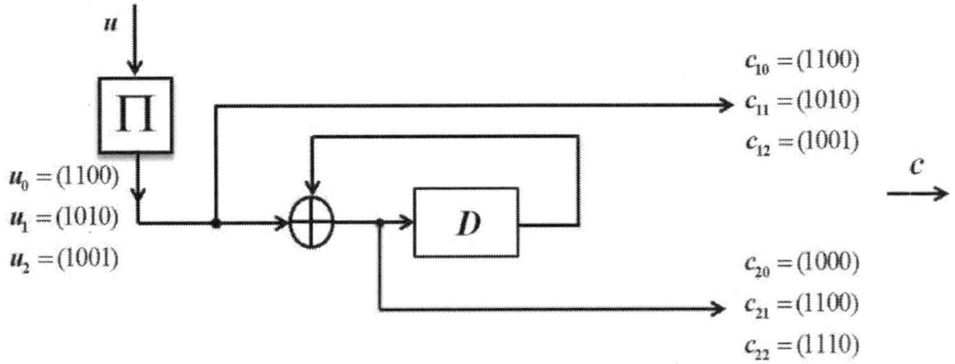


**Fig. 8.18 :** Influence de l'entrelacement

| | Entrée $u_i$ | Sortie $c_{1i}$ | Sortie $c_{2i}$ | Poids $w_c$ |
|---|---|---|---|---|
| $i=0$ | 1100 | 1100 | 1000 | **3** |
| $i=1$ | 1010 | 1010 | 1100 | **4** |
| $i=2$ | 1001 | 1001 | 1110 | **5** |

**Tableau 8.2**

■

L'une des raisons majeures de la performance exceptionnelle des turbocodes est la récursivité des sous-codes. Pour un code RSC, la probabilité d'erreur $P_b$ sur les bits et la taille d'entrelacement $L_\Pi$ peuvent être exprimés par la relation suivante :

$$P_b \sim L_\Pi^{-1} \quad 8.9$$

En outre, il peut être démontré [60] que la distance libre $d_f$ n'est plus un paramètre approprié pour l'optimisation des sous-codes. Au lieu de cela, la distance dite effective $d_{eff}$ donnée par la relation suivante est avantageuse.

$$d_{eff} = 2 + 2 \cdot z_{\min} \quad 8.10$$

où $z_{min}$ est le poids le plus faible de la séquence de sortie d'un sous-code $c_1$ ou $c_2$ généré par un mot de code ayant un poids de $w(u) = 2$ [60].

**Exemple 8.4 :** Encodage avec des codes systématiques convolutifs récursifs

- Un turbocodeur (Fig. 8.19) avec un taux de codage de $R_C = 1/3$ (relation 8.8) et formé de deux sous-codeurs RSC identiques avec $g^{(1)} = (1, 1, 1)$ et $g^{(2)} = (1, 0, 1)$.

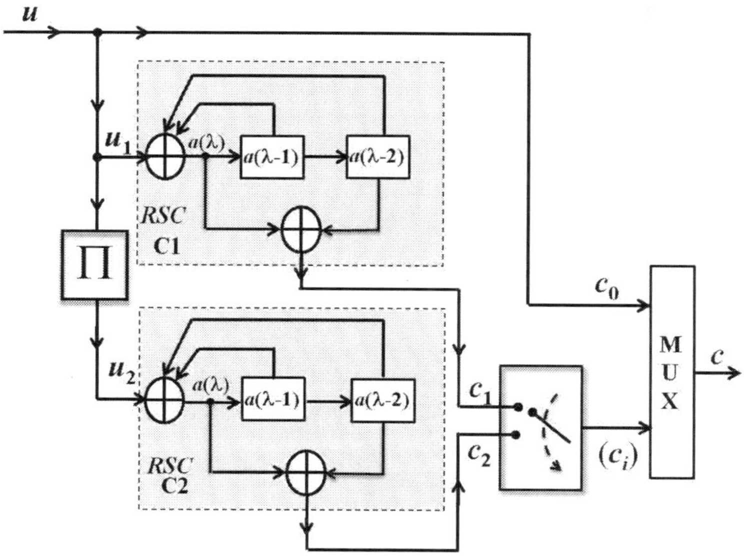


**Fig. 8.19 :** Structure d'un turbocodeur avec composé de 2 sous-codeurs RSC ($Rc = 1/3$)

$g^{(1)}$ est le polynôme irréductible utilisé pour la rétroaction. La matrice génératrices des codeurs RSC peut être représentée comme suit :

$$G = \left(1, \frac{g_2}{g_1}\right) = \left(1, \frac{1+D^2}{1+D+D^2}\right)$$

Le premier codeur code la séquece d'information du longuer $N$ bits. Il a deux sorties, la première sortie délivrant la séquence $c_0$ avec les bits systématiques ($u = c_0$) et la seconde sortie délivrant la séquence codée $c_1$. En revanche, le second codeur, reçoit comme séquence d'entrée une séquence $u_2$ brouillée par un entrelaceur. Il n'a qu'une seule sortie sur laquelle la séquence codée $c_2$ est la sortie des bits brouillés $u_2$. Les bits systématiques du second codeur ne sont pas transmis car ils peuvent être restaurés dans le décodeur à partir de la séquence systématique du premier codeur. Pour cela, la permutation des bits brouillés par l'entrlaceur doit être connue au niveau du décodeur. Ceci est réalisé en ce que la combinaison entrelaceur-désentrelaceur appropriée est installée ou programmée pendant la mise en œuvre. Les trois séquences séparées $c_0$, $c_1$, $c_2$ sont combinées par un multiplexeur à une sortie $\boldsymbol{c}$, ce qui donne :

$$\boldsymbol{c} = (\boldsymbol{c}_{10}\boldsymbol{c}_{11}\boldsymbol{c}_{12} \;;\; \boldsymbol{c}_{20}\boldsymbol{c}_{21}\boldsymbol{c}_{22} \;;\cdots;\boldsymbol{c}_{N0}\boldsymbol{c}_{N1}\boldsymbol{c}_{N2})$$

Pour la détermination de la distance efficace $d_{eff}$, nous prenons une séquence à l'entrée avec le poids $w$ =2, par exemple :

$$u = (10010000) \Rightarrow w(u) = 2$$

Les sorties correspondantes des deux codeur RSC (Fig. 8.19) sont

$$c_0 = (10010000) \Rightarrow w(c_0) = 2$$
$$c_1 = (1101011100000000) \Rightarrow w(c_1) = 6$$
$$u_2 = (10000010) \Rightarrow w(u_2) = 2$$
$$c_2 = (1101010001011100) \Rightarrow w(c_2) = 8$$

L'objectif du codage est d'obtenir un poids élevé de la séquence de sortie, car les séquences ayant un poids élevé peuvent être distinguées plus facilement. Il convient donc d'éviter les poids les plus faibles pour les deux séquences de sortie. C'est la raison pour laquelle un entrelaceur est inséré avant le deuxième codeur RSC.

Le poids d'un turbocode $d_{eff} = w + 2z_{min}$ est composé du poids $w$ de la séquence $u$ et de $z_{min}$= 4. Cela peut être également constaté dans notre exemple, où la sortie $c_1$ a un poids de 6. Si on soustrait le poids des bits systématiques, qui selon la définition est égal à deux, on obtient le poids quatre pour $z_{min}$, ce qui donne pour la distrance efficace :

$$d_{eff} = 2 + 2 \cdot 4 = 10$$

Le turbocodeur de la figure (Fig. 8.19) génère des mots de code à partir de chacun des deux codeurs composants. La distribution de poids des mots de code résultant de cette concaténation parallèle dépend de la façon dont les mots de code de l'un des codeurs composants sont combinés avec les mots de code de l'autre codeur.

Intuitivement, nous devrions éviter de combiner des mots de code de faible poids d'un codeur avec des mots de code de faible poids de l'autre codeur. De nombreux couplages de ce type peuvent être évités grâce à une conception appropriée de l'entrelaceur (Π). Un entrelaceur qui permute les données de manière aléatoire offre de meilleures performances que l'entrelaceur de blocs.

■

### 8.2.3. Principe de décodage

Nous présenterons ici un bref aperçu de décodage des turbocodes. Les détails sur ce sujet de décodage peuvent être trouvés par exemple dans [10] [22] [59][61].

Au niveau du récepteur, le signal est démodulé avec son bruit associé et une sortie souple fournie au décodeur. La sortie souple peut prendre la forme d'une valeur quantifiée de bit décodé avec son bruit associé, ou d'un bit avec la probabilité associée (c'est-à-dire. 1 avec p.ex. $P(1) = 0{,}65$). Le plus souvent, c'est le logarithme du rapport de vraisemblance (Log-Likelihood-Ratio : LLR), qui est défini comme suit :

$$L(\hat{u}_i) = \ln\left(\frac{P(u_i = 1|r)}{P(u_i = 0|r)}\right) \quad 8.11$$

La structure d'un turbodécodeur est illustrée à la figure (Fig. 8.20). Il se compose de deux décodeurs qui travaillent ensemble pour affiner et améliorer l'estimation des bits d'information originaux. Les deux décodeurs sont basés sur l'algorithme MAP et conduisent à un processus itératif avec décision souple. Cet algorithme ne prend pas en compte la séquence de code de canal la plus probable lors de l'estimation des bits d'information et de leur fiabilité. Il fournit directement une estimation optimale de la fiabilité du bit décodé. Cependant, l'algorithme de Viterbi fournit ensuite une décision difficile sur les différents bits.

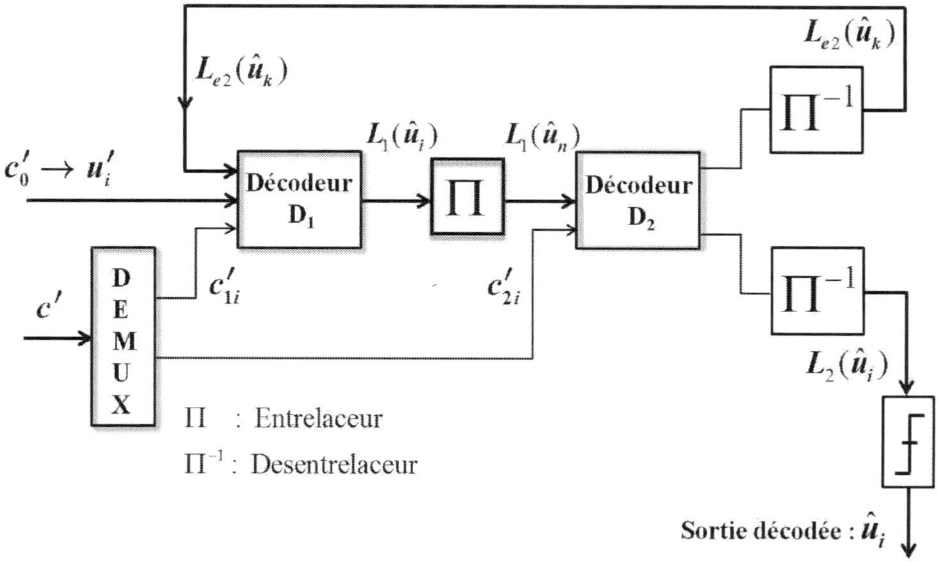


**Fig. 8.20 :** Principe de turbodécodage à contre réaction

Tout d'abord, le décodeur 1 démarre sans information d'initialisation. Dans ce que l'on appelle l'algorithme MAP, chaque décodeur doit fournir à l'autre décodeur une décision souple en tant que variable de sortie qui contient les valeurs de fiabilité pour les bits d'information, qui sont ensuite disponibles pour l'autre décodeur en tant qu'informations extrinsèques. La décision ultérieure basée sur la décision souple est appelée décision dure. Dans les itérations suivantes, les informations de la décision douce sont utilisées pour initialiser l'autre décodeur. Par conséquent, le turbodécodage est un processus itératif. L'itération est effectuée jusqu'à ce que la décision douce converge vers une valeur stable.

La dernière décision douce est ensuite utilisée pour une décision dure afin d'obtenir la séquence originale des bits.

# 8.3. Codes LDPC

## 8.3.1. Introduction

Les codes LDPC (Low-density parity check) ont été publiés pour la première fois par Gallager [11] dans les années 1960. En raison de leur complexité, qui ne pouvait être réalisée sur les architectures matérielles de l'époque, les codes LDPC ont été oubliés jusqu'à leur redécouverte par MacKay et Neal [64] au milieu des années 1990. Cependant, l'une des exceptions est Tanner, qui a plus tard introduit les Graphes de Tanner (TG), qui portent son nom, pour l'étude et la conception des processus FEC.

Les codes (LDPC) sont une classe de codes en blocs linéaires. Leur nom vient de la caractéristique de leur matrice de contrôle de parité qui ne contient que quelques « 1 » par rapport à la quantité de « 0 ». Leur principal avantage est qu'ils offrent une performance très proche de la capacité d'un grand nombre de canaux différents et d'algorithmes de décodage complexes en temps linéaire. Un autre avantage est que les codes LDPC peuvent être décodés de manière itérative. Cette section décrit l'idée de base des codes LDPC à l'aide d'un exemple simple.

**Faible densité (Low-density)** : Les codes LDPC sont définis par une matrice binaire de parité particulièrement creuse, c'est-à-dire qu'une grande majorité des coefficients sont nuls et seulement quelques-uns valent « 1 ». Ces bits « 1 » dans les lignes de la matrice de contrôle déterminent quels bits de la ligne respective sont impliqués dans l'équation de parité. La matrice est donc à faible densité. Une telle matrice faiblement occupée réduit nettement la charge de calcul requise lors du décodage.

**Contrôle de parité (Parity-Check)** : Comme pour tous les codes en blocs, des bits supplémentaires sont ajoutés aux bits porteurs d'informations dans les codes LDPC. Ces bits supplémentaires (bits de parité), ainsi que les bits d'information, forment des équations de parité qui doivent aboutir à zéro pour une transmission sans erreur (contrôle de parité).

Les codes LDPC, contrairement aux codes en blocs classiques tels que les codes de Hamming, qui sont construits selon certaines règles et dont la correction des erreurs est connue, sont pour la plupart de nature pseudo-aléatoire, de sorte que leur capacité à corriger les erreurs ne peut être exprimée que par des probabilités. Cela révèle une autre différence par rapport aux codes en blocs normaux, à savoir celle d'un décodage différent. Alors que les codes en blocs classiques sont décodés en un seul passage, les codes LDPC utilisent des méthodes itératives [66]. Une autre différence est que les codes LDPC sont caractérisés par leur matrice de contrôle et non, comme c'est habituellement le cas avec les codes en blocs, par leur matrice génératrice. Il existe essentiellement deux types de codes LDPC, les codes réguliers et les codes irréguliers.

## 8.3.2. Représentations des codes LDPC

Il existe essentiellement deux possibilités pour représenter les codes LDPC : Tout d'abord, comme tous les codes linéaires en blocs, ils peuvent être décrits au moyen des matrices. La deuxième possibilité est une représentation graphique.

### A. Présentation par la matrice de contrôle

Un code LDPC régulier est défini par la matrice de contrôle $H$ de dimension $(n,m)$, qui présente les propriétés suivantes :

1. Chaque ligne est composée de $\rho$ valeurs de 1 ($m$ nombre des lignes)
2. Chaque colonne est composée de $\gamma$ valeurs de 1($n$ nombre des colonnes)
3. Le nombre de 1 en commun entre deux colonnes quelconques, désigné par $\lambda$, n'est pas plus grand que 1 (donc $\lambda = 0$ ou $\lambda = 1$).
4. $\rho \ll n$ et $\gamma \ll m$.

La matrice $H$ est une matrice creuse : Elle a une faible densité de valeurs de bits « 1 ». Si toutes les colonnes ou toutes les lignes de $H$ n'ont pas le même poids, le code LDPC s'appelle code LDPC irrégulier.

Les codes LDPC réguliers ont été déjà décrits par Gallager [11]. Leur matrice de contrôle est composée d'un nombre $\gamma$ des bits « 1 » dans chaque colonne et exactement $\rho = \gamma \cdot n/m$ dans chaque ligne [67]. Par conséquent, la règle suivante s'applique :

$$\gamma \cdot \boldsymbol{n} = \rho \cdot \boldsymbol{m} \tag{8.14}$$

Les codes réguliers ont donc une densité $\eta$ des bits « 1 » tel que :

$$\eta = \rho/\boldsymbol{n} = \gamma/\boldsymbol{m} \tag{8.15}$$

Le taux de codage qui en résulte est le suivant :

$$\boldsymbol{R}_C = \frac{\boldsymbol{k}}{\boldsymbol{n}} = 1 - \frac{\gamma}{\rho} \tag{8.16a}$$

$$\boldsymbol{k} = \left(1 - \frac{\gamma}{\rho}\right) \cdot \boldsymbol{n} \tag{8.16b}$$

Il faut noter que les lignes de $H$ ne sont pas nécessairement linéairement indépendantes sur le corps de Galois $GF(2)$. Dans ce cas, pour déterminer la dimension du code, on doit calculer le rang de la matrice $H$.

Si le nombre de ces « 1 » dans les lignes ou les colonnes n'est pas constant, on parle de code LDPC irrégulier. Cette approche remonte à [80], où il a été démontré que la correction des erreurs dépend de ce que l'on appelle les distributions de degrés.

La matrice de contrôle $H$ d'un code linéaire en blocs $C(n, k)$ se compose exactement de $r := m = n - k$ lignes et $n$ colonnes. Pour les codes LDPC, en revanche, l'exigence est la suivante : $r := m \geq n - k$ . Le signe égal est vrai si les équations de contrôle $m$ sont statistiquement indépendantes.

**Exemple 8.5 :** Matrice de contrôle d'un code LDPC

- Un code LDPC régulier $(\gamma,\rho)$ de longueur $n$ est défini par une matrice de contrôle de parité $H \in \mathbb{F}_2^{n \cdot m}$ , avec $\gamma$ valeurs de « 1 » dans chaque colonne et $\rho$ valeurs de « 1 » dans chaque ligne. La dimension du code (longueur du mot info) est $k = n -$ rang $(H)$.

$$H = \begin{bmatrix} 1 & 1 & 1 & 1 & 0 & 0 & 0 & 0 & 0 & 0 \\ 1 & 0 & 0 & 0 & 1 & 1 & 1 & 0 & 0 & 0 \\ 0 & 1 & 0 & 0 & 1 & 0 & 0 & 1 & 1 & 0 \\ 0 & 0 & 1 & 0 & 0 & 1 & 0 & 1 & 0 & 1 \\ 0 & 0 & 0 & 1 & 0 & 0 & 1 & 0 & 1 & 1 \end{bmatrix}$$

$$n = 10,\ m = 5,\ \gamma = 2,\ \rho = 4 \Rightarrow R_C = \frac{k}{n} = 1 - \frac{\gamma}{\rho} = 1 - \frac{2}{4} = \frac{1}{2} \Rightarrow k = 5$$

■

## B. Représentation graphique (Graphe de Tanner)

Outre la description des codes par des matrices, il existe également une forme de représentation graphique par des graphes dits bipartis. Comme seuls quelques bits sont impliqués dans les codes LDPC, il en résulte une représentation simple et élégante. Cette forme de description, dans la théorie du codage, remonte à Tanner, d'où son nom de « Tanner Graph TG ».

Tanner a introduit une représentation graphique efficace pour les codes LDPC. Non seulement ces graphiques fournissent une représentation complète du code, mais ils aident également à décrire l'algorithme de décodage. Les graphes TG sont des graphes bipartites. Cela signifie que les nœuds du graphe sont séparés en deux ensembles distincts reliés par des contoures (connections). Les deux types de nœuds dans un graphe de Tanner sont appelés nœuds variables (v-nœuds) et nœuds de contrôle (c-nœuds).

À partir d'un nœud de contrôle, les bords, correspondant à l'équation de contrôle associée, mènent à tous les nœuds de bits. Il y a donc $n$ nœuds de bits et $m$ nœuds de contrôle dans le graphe TG, où $n$ est la longueur du bloc et $m \geq n - k$ le nombre de bits de parité.

Examinons d'abord un exemple de matrice de contrôle de parité à faible densité. La matrice définie par la relation (8.17a) est une matrice de contrôle de parité de dimension $n \times m$ qui est indiqué comme un grpahe TG dans la figure (Fig. 8.21).

$\boldsymbol{H} =$

| | $n_1$ | $n_2$ | $n_3$ | $n_4$ | $n_5$ | $n_6$ |
|---|---|---|---|---|---|---|
| $c_1$ | 1 | 1 | 0 | 1 | 0 | 0 |
| $c_2$ | 0 | 1 | 1 | 0 | 1 | 0 |
| $c_3$ | 1 | 0 | 0 | 0 | 1 | 1 |
| $c_4$ | 0 | 0 | 1 | 1 | 0 | 1 |

8.17a

Les équations de parité suivantes peuvent maintenant être dérivées de cette matrice de contrôle :

$$\begin{aligned} c_1 &= n_1 \oplus n_2 \oplus n_4 \\ c_2 &= n_2 \oplus n_3 \oplus n_5 \\ c_3 &= n_1 \oplus n_5 \oplus n_6 \\ c_4 &= n_3 \oplus n_4 \oplus n_6 \end{aligned} \qquad 8.17b$$

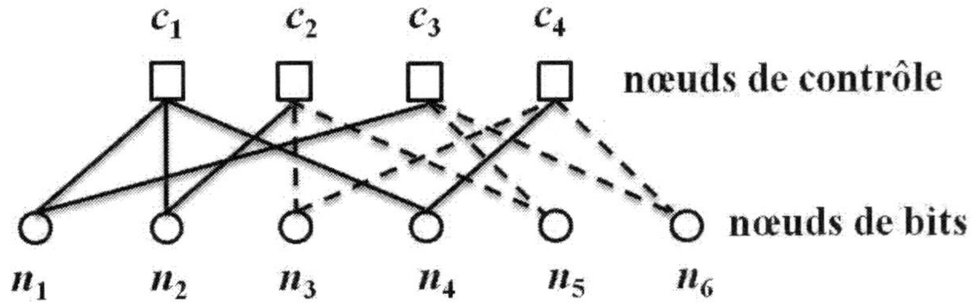


**Fig. 8.21 :** Le graphe TG présentant la matrice de la relation 8.18a
Le chemin $n_3 \rightarrow c_2 \rightarrow n_5 \rightarrow c_3 \rightarrow n_6 \rightarrow c_4 \rightarrow n_3$ est un exemple pour un cycle.

Chaque nœud de bit représente donc une position de bit dans le mot de code, tandis que chaque nœud de contrôle représente une équation de parité.

La connexion d'un nœud dans le graphe TG avec n'importe quel autre nœud est appelée arête (branche). Plusieurs arêtes peuvent former un chemin dans un TG. Un chemin dans un graphe est une série de nœuds et d'arêtes qui commence et se termine par des nœuds et d'arêtes, de sorte que chaque arête est incidente avec les nœuds qui la précèdent et la suivent, et qu'aucun nœud ne se produit plus d'une fois.

La longueur d'un chemin est donnée par le nombre d'arêtes formant le chemin. Un chemin qui commence et finit avec le même nœud s'appelle cycle (Fig. 8.21). Si un graphe bipartite contient des cycles, ces cycles ont des longueurs paires. La longueur du plus court cycle dans le graphe s'appelle le périmètre du graphe.

Cependant, les cycles courts ont un effet négatif sur le processus de décodage itératif. On essaie donc d'éviter les cycles courts, surtout ceux de longueur quatre. Dans la matrice de contrôle, un cycle de longueur quatre peut être reconnu par quatre « 1 », qui se trouvent aux sommets d'une sous-matrice (Fig. 8.22). Il peut donc être identifié par deux entrées qui se chevauchent avec celles d'une ligne ou d'une colonne. La contrainte selon laquelle il n'y a pas de cycles de longueur quatre dans le TG est donc appelée contrainte ligne-colonne [67].

$$\boldsymbol{H} = \begin{pmatrix} \cdots & \cdots & \cdots \\ \cdots & \begin{array}{|cc|} \hline 1 & 1 \\ & \\ 1 & 1 \\ \hline \end{array} & \cdots \\ \cdots & & \cdots \end{pmatrix}$$

**Fig. 8.22**

### 8.3.3. Principes de codage et de décodage

Le chapitre 3 explique comment les codes en blocs sont codés par la matrice génératrice $G$. Cette procédure présente l'inconvénient que les codes LDPC sont généralement définis par leur matrice de contrôle et non par la matrice génératrice. Cependant, à l'aide de l'algorithme de Gauss-Jordan, il est possible de convertir une matrice de contrôle, qui est de la forme $H = \left[P^T, U\right]$, en une matrice génératrice de forme $G = [U, P]$.

Cette transformation de complexité $O(n^3)$[17], qui doit être vue comme une étape de prétraitement pour le codage proprement dit, conduit généralement à une matrice génératrice qui n'est plus légèrement occupée. Autrement dit, la multiplication matricielle $c = u \cdot G$ pendant le codage aurait la complexité $O(n^2)$, ce qui représente un effort de calcul considérable si l'on considère des longueurs de mots de code de quelques dix mille à cent mille bits.

Une matrice de contrôle de parité creuse sert de support aux algorithmes pour le décodage de plusieurs façons. Tout d'abord, elle permet de garder les calculs locaux simples et de réduire la complexité de la combinaison des sous-problèmes en réduisant le nombre de messages nécessaires pour échanger toutes les informations. En outre, il a été observé que les algorithmes de décodage itératif des codes avec des matrices creuses ont des performances très proches du décodeur optimal à maximum de vraisemblance. Ces algorithmes effectuent des calculs locaux et transmettent ces résultats locaux par des messages. Cette étape est généralement répétée plusieurs fois.

Les codes LDPC font partie des méthodes de décodage itératif, au même titre que les turbocodes ou les turbocodes produits. L'objectif ici est la

---

[17] Avec la notation $O$, les informaticiens ont trouvé un moyen de caractériser la complexité asymptotique (en termes de durée d'exécution ou de mémoire requise) d'un algorithme.

réalisation approximative d'un véritable décodage à maximum de vraisemblance (ML) par plusieurs itérations. On distingue différentes méthodes de décodage, qui sont énumérées par ordre croissant de complexité et de capacité de correction des erreurs [16][75] :

Décodage par :

1. Majority-Logic (MLG)
2. Bit-Flipping (BF)
3. Weighted Bit-Flipping (WBF)
4. Sum-Product Alogrithm (SPA)
5. Maximum-A-Posteriori (MAP)

MLG et BF sont des algorithmes qui utilisent des décisions dures, tandis que SPA et MAP sont basés sur des décisions souples. Le WBF représente une forme hybride. Du côté du récepteur, les échantillons correspondants sont disponibles à la sortie du filtre adapté après le processus de démodulation. Le décodage à décision souple (SDD) nécessite naturellement un effort de calcul plus important que le décodage à décision dure (HDD), ce qui est dû d'une part aux opérations de calcul dans l'espace réel et d'autre part à l'inclusion de probabilités *a posteriori*. Cependant, en raison de l'effort de calcul accru, un gain de codage de 2 à 3 dB peut être atteint [76].

Les codes LDPC, qui sont construits en utilisant la géométrie euclidienne (EG) et la géométrie projective (PG), représentent un sous-groupe des codes MLG. Cette méthode de décodage non itérative est basée sur la propriété que des contrôles de parité orthogonaux peuvent être formés pour chaque position défectueuse de bit. Ceci est intéressant pour les applications matérielles spéciales, car l'effort de calcul respectif est très faible.

Pour plus d'informations – il y a beaucoup de choses qui n'ont pas été mentionnées dans ce chapitre – je peux vous recommander les sites web suivants comme point de départ [68][69].

# 8.4. Résumé

## 8.4.1. Comparaison LDPC et Turtbo-codes

Les turbocodes et les codes LDPC ont en commun d'être très proches de la limite de Shannon. Les deux codes sont différents dans leur structure et ont donc des caractéristiques différentes. Les turbocodes sont une évolution récente dans le domaine de codage correcteur d'erreurs (FEC), ils utilisent trois idées simples : la concaténation parallèle des codes pour permettre un décodage plus simple, l'entrelacement pour assurer une meilleure répartition du poids et le décodage souple pour améliorer les décisions au niveau de réception et maximiser le gain de l'interaction du décodeur. Les turbocodes ont trouvé leur place dans de nombreuses applications depuis leur publication en 1993. Toutefois, les deux principaux inconvénients des turbocodes sont la situation des brevets (et les coûts associés) et l'apparition précoce des limites de correction d'erreurs dans les applications avec des exigences de TEB (BER) très faibles. Cependant, ils présentent encore un inconvénient : le retard inhérent à la technique de décodage itératif, qui les rend inadaptés à la transmission de la parole en téléphonie.

Les codes de contrôle de parité à faible densité (LDPC) sont une classe de codes en blocs linéaires. Ils sont décrits par des matrice creuses de contrôle de parité. Ces matrices peuvent être efficacement représentées par un graphe biparti (Graphe de Tanner). Leur principal avantage est qu'elles offrent une performance très proche de la capacité d'un grand nombre de canaux différents et d'algorithmes de décodage complexes en temps linéaire. En outre, elles permettent de mettre en œuvre des décodeurs parallèles. Les principaux inconvénients résident dans le fait que les codeurs sont un peu plus complexes et que la longueur du code doit être suffisamment élevée pour obtenir de bons résultats.

Les codes LDPC ont été beaucoup étudiés ces dernières années et d'énormes progrès ont été réalisés dans la compréhension et la capacité à concevoir des systèmes de codage itératifs. L'approche de décodage itératif est déjà utilisée dans les turbocodes, mais la structure des codes LDPC donne des résultats encore meilleurs.

Il s'avère que les codes LDPC pourraient être décodés de la même manière que les turbocodes, et pourraient même être capables de battre les turbocodes. Les deux codes ont été conçus pour atteindre le même objectif : un décodage de faible complexité. Les turbocodes sont issus de la simple idée de concaténer des codes. Une idée selon laquelle en combinant deux codes simples avec une complexité de décodage raisonnable, on obtient un code puissant. Les codes LDPC sont nés du fait que les matrices de contrôle de parité n'avaient pas de schémas de décodage intrinsèquement simples et que, par conséquent, des matrices de contrôle de parité à faible densité (creuses) ont été conçues pour tenter de réduire la complexité du décodage.

Les avantages des codes LDPC par rapport aux turbocodes sont :

- Aucun problème de brevet.
- Il existe de nombreuses variantes de décodeurs d'une complexité réduite.

- Un décodeur LDPC peut être théoriquement connecté en parallèle, dans la mesure où chaque équation de parité peut être considérée séparément (mais nécessite une plus grande surface de puce).
- Les codes LDPC réguliers sont légèrement moins performants que les turbocodes similaires, les codes LDPC irréguliers sont plus puissants que les turbocodes.
- L'achèvement correct du processus de décodage est facilement détectable.
- Ils n'ont pas besoin d'un long entrelaceur pour obtenir une bonne correction des erreurs.
- Ils ont un meilleur comportement de correction contre les erreurs de paquets.
- Aucun treillis n'est nécessaire pour le décodage. – Leurs limite de correction d'erreurs se produisent à des valeurs de TEB beaucoup plus faibles.

Inconvénients des codes LDPC :

- Le processus de codage peut être très complexe dans certaines circonstances.
- La conception de bons codes LDPC irréguliers est une tâche difficile.
- Pour les blocs de petite et moyenne longueur, les codes LDPC n'ont pas tout à fait les capacités des turbocodes.

Pour plus d'informations, je peux vous recommander les sites web, mentionnés dans [77] [78], comme point de départ.

## 8.4.2 Applications

Pour les applications à haut débit, la mise en œuvre de turbodécodeurs itératifs nécessite l'utilisation d'architectures parallèles qui imposent certaines contraintes sans collision au processus de lecture-écriture en mémoire. Cette considération s'applique aux deux principales classes de turbocodes, c'est-à-dire les turbocodes et le code LDPC.

- **Applications des turbocodes**

Plus de dix ans après leur introduction, les turbocodes sont désormais une technologie mature qui a été rapidement adoptée pour être appliquée dans de nombreux systèmes de transmission commerciaux. En raison de sa performance, le turbocode a été adopté par plusieurs organismes pour être intégré dans leurs standards. Les turbocodes sont largement utilisés dans :

- ⇨ les normes de téléphonie mobile 3G et 4G, par exemple dans les normes HSPA, EV-DO et LTE.
- ⇨ le système de télévision mobile terrestre de Qualcomm.
- ⇨ le canal d'interaction des systèmes de communications par satellite tels que le DVB-RCS et le DVB-RCS2.
- ⇨ les missions de la NASA, par exemple Mars Reconnaissance Orbiter, ils sont utilisés comme alternative aux codes RS-Viterbi.
- ⇨ la norme IEEE 802.16 (WiMAX) de réseau métropolitain sans fil, ils sont utilisés comme turbocodage par blocs et turbocodage convolutif.

Les turbocodes fonctionnent très bien avec l'OFDM car ils bénéficient ainsi des étalements en temps et en fréquence du système [52].

- **Applications des codes LDPC**

Les codes LDPC ont fait l'objet d'une grande attention en raison de leur excellente capacité de correction des erreurs et ont été adoptés comme système de codage correcteur d'erreurs en option par de nombreuses normes :

- ⇨ DVB-S2 (Digital Video Broadcasting)
- ⇨ WiMAX (IEEE 802.16e) (standard for microwave communications)
- ⇨ High-Speed Wireless LAN (IEEE 802.11n)
- ⇨ Wi-Fi (802.11n/ac/ad)
- ⇨ 10 GBase-T Ethernet (802.3an)
- ⇨ G.hn/G.9960 (ITU-T Standard for networking over power lines, phone lines and coaxial cable).
- ⇨ 5G communications enhanced mobile broadband (eMBB)

Les codeurs et les décodeurs LDPC ont été mis en œuvre dans le matériel pour les vaisseaux spatiaux prévus [79].

# Annexe

## A1. Solutions des exercices du chapitre 1

### 1.1. Solution

**1.1.1.** Nombre des symboles de contrôle $r$ :

D'après la relation (1.33)

on a pour $t = 3$, et $n = 15$ :

$$2^r \geq 1 + n + \binom{n}{2} + \binom{n}{3} \Rightarrow r = \text{lb}\left[1 + n + \binom{15}{2} + \binom{15}{3}\right] = 10$$

**1.1.2.** La redondance relative $r_c$ et le taux de codage $R_C$

$$d_{min} = 3 = 2t + 1 \Rightarrow t = 1$$

Pour $n = 63$ et $t = 1$, on a d'après la relation (1.33)

$$2^r \geq 1 + n \Rightarrow r = \text{lb}(1 + 63) = 6$$

$$n = k + r \Rightarrow k = n - r = 63 - 6 = 57$$

$$R_C = \frac{k}{n} = \frac{57}{63} = 0{,}905 \; ; \; r_c = (n-k)/n = 6/63 = 0{,}095 = 9{,}5\%$$

### 1.2. Solution

**1.2.1.** La parité verticale (VRC) et la parité horizontale (LRC) sont : (001000) et (101010).

**1.2.2.** Un bloc se compose de 36 bits d'information et de 12 bits de contrôle, de sorte qu'un total 48 bits doit être transmis.

**1.2.3.** $r_c = (n-k)/n = 12/48 = 25\%$ =25%

**1.2.4.** La parité verticale (VRC) indique une erreur dans la quatrième ligne, la parité horizontale (LRC) correspondante dans la quatrième colonne. En conséquence, le 22$^{e}$ bit de la séquence de données a été modifié.

## 1.3. Solution

**1.3.1.** Probabilité de recevoir un mot avec une erreur dans une position donnée

$$P(\varepsilon=1)=P_e(1-P_e)^{n-1}$$

$$n=7,\ P_e=5\cdot 10^{-3}\Rightarrow$$

$$P(\varepsilon=1)=P_e(1-P_e)^{n-1}\approx 4{,}85\cdot 10^{-3}$$

**1.3.2**. Toute erreur sur un nombre impair de bit. Pas de correction possible ($d_{min}=2$ => $\boldsymbol{t}=0$)

**1.3.3.** Bit de parité pair ou impair

a. 0010100110 => 0010100110**1**
b. 011 => 011**0**
c. 0001111100011100110 => 000111110001110011**0**

**1.3.4**. En général :

$$R_C=\frac{k}{k+1}$$

## 1.4. Solution

Codes linéaires et non linéaires :

| $C_i$ | linéarité | $d_{min}$ | Correction | Détection |
|---|---|---|---|---|
| $C_1$ | Oui | 2 | 0 | 1 |
| $C_2$ | Non | 2 | 0 | 1 |
| $C_3$ | Non | 3 | 1 | 2 |

- **Remarque**

  $C_2$ n'est pas linéaire car il ne contient pas le mot nul.
  $C_3$ n'est pas linéaire car il ne contient pas le mot un.

## 1.5. Solution

**1.5.1.** Les distances de Hamming entre le mot de réception spécifique $y$ = (10001) et les quatre mots de code possibles $x_i$ donnent le résultat suivant :

$$d_H(y,x_0)=2\ ;\ d_H(y,x_1)=4$$

$$d_H(y,x_2)=1\ ;\ d_H(y,x_3)=3$$

Le mot de code avec la distance de Hamming la plus courte est choisi : $d_H(y, x_2) = 1$.

**1.5.2.** Comme il s'agit d'un code systématique, la décision pour $\hat{y} = x_2 = (10101)$ est équivalente à la décision $\hat{u}_1 = 1,\ \hat{u}_2 = 0$

Il n'est pas sûr que $u$ = (1,0) a été effectivement envoyé. Mais cette probabilité est la plus grande compte tenu du vecteur de réception $y = (1, 0, 1, 1, 1)$.

## 1.6. Solution

**1.6.1**. Cercle de décodage

$d_{min} = 5$

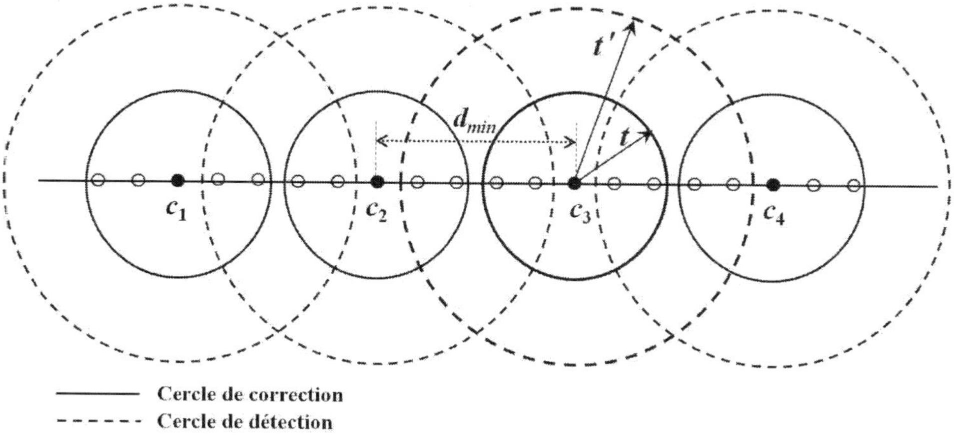


$d_{min} = 4$

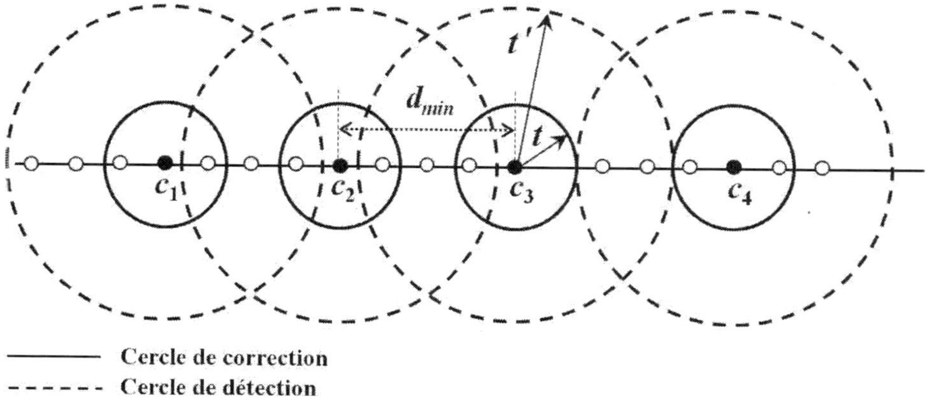

**1.6.2**. Les relations entre $t$, $t'$ et $d_{min}$

$$\left.\begin{array}{lll} d_{min} \geq 2t+1 & \text{pour} & d_{min} \text{ impaire} \\ d_{min} \geq 2t+2 & \text{pour} & d_{min} \text{ paire} \end{array}\right\}$$

$$d_{min} \geq t'+1$$

$$\left.\begin{array}{lll} t_{max} = \dfrac{d_{min}-1}{2} & \text{pour} & d_{min} \text{ impaire} \\ t_{max} = \dfrac{d_{min}-2}{2} & \text{pour} & d_{min} \text{ paire} \end{array}\right\} \begin{cases} d_{min} = 5 \Rightarrow t_{max} = 2 \\ d_{min} = 4 \Rightarrow t_{max} = 1 \end{cases}$$

$$d_{min} = 5 \Rightarrow t'_{max} = d_{min} - 1 = 4$$

$$d_{min} = 4 \Rightarrow t'_{max} = d_{min} - 1 = 3$$

$$d_{min} = t' + t + 1$$

## 1.7. Solution

**1.7.1.** Le nombre maximum d'erreurs corrigeables est déterminé selon la relation (1.29a) :

$$t_{max} = \frac{d_{min}-2}{2} \quad \text{pour} \quad d_{min} = 8 \Rightarrow t_{max} = 3$$

Selon la relation (1.29b) , le nombre d'erreurs détectables est donné pour la détection pure des erreurs : $d_{min} = 8 \Rightarrow t'_{max} = d_{min} - 1 = 7$

**1.7.2.** Avec la correction simultanée des erreurs $t$ et la détection des erreurs $t' > t$, la relation (1.30) doit être remplie. Avec $t = 2$ et $t' = 5$, la distance minimale est : $d_{min} = t' + t + 1 = 5 + 2 + 1 = 8$

En conséquence, l'espace de code indiqué dans la figure ci-dessous est obtenu avec une distance de Hamming $d_{min} = 8$.

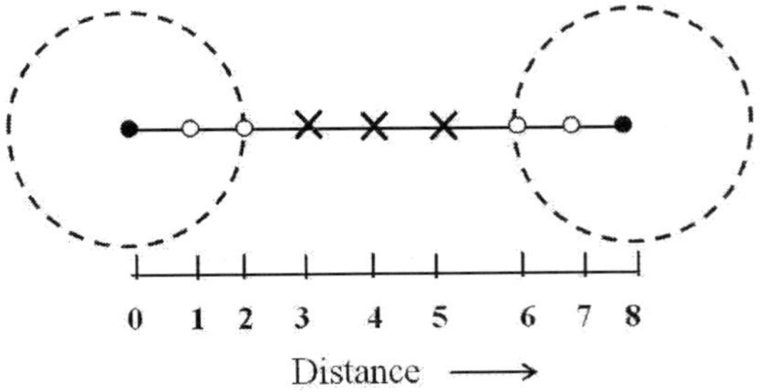

## 1.8. Solution

**1.8.1.** Taux de codage et débit binaire

Taux de codage $R_C$ : décrit le rapport entre les bits d'information $k$ et la longueur du bloc de code $n$ : $R_C = k/n$. Il indique combien des bits d'information par utilisation du canal sont envoyés en moyenne sur le canal.

Débit binaire : Unité de mesure de la vitesse de transmission des données. Elle est généralement mesurée en bit/s.

**1.8.2.** Selon la figure ci-dessous :

on a :

$$\left.\begin{array}{l} R_b = \dfrac{k_1}{s} \\ R_{b1} = \dfrac{n_1}{s} \end{array}\right\} \Rightarrow R_{b1} = R_b \cdot \frac{n_1}{k_1}$$

**1.8.3.** Tableau

Il faut souligner que :

$n_1 = k_2$ ;

si p. ex. $R_{C1} = 1/3 \Rightarrow n_1 = 3 = k_2$ et si $R_{C2} = \dfrac{1}{2} = \dfrac{k_2}{n_2} \Rightarrow n_2 = 6$

| $R_{C2}$ | $k_1$ | $n_1$ | $n_2$ | $k_1/n_2$ |
|---|---|---|---|---|
| 1/2 | 1 | 3 | 6 | 1/6 |
| 1/3 | 3 | 9 | 27 | 1/9 |
| 2/3 | 2 | 6 | 9 | 2/9 |
| 2/3 | 4 | 12 | 18 | 2/9 |

**1.8.4.** $R_C$ et $R_{btot}$

$$R_C = R_{C1} \cdot R_{C2} = \frac{k_1}{n_1} \cdot \frac{k_2}{n_2}$$

$$R_{b1} = R_b \cdot \frac{n_1}{k_1} \Rightarrow R_{b2} = R_{btot} = R_{b1} \cdot \frac{n_2}{k_2} = R_b \cdot \frac{n_1}{k_1} \cdot \frac{n_2}{k_2}$$

$$R_{btot} = R_b / R_C$$

## 1.9. Solution

Le réception maximum *a posteriori* au niveau du bloc – en bref : MAP au niveau du bloc – choisit le mot de code ayant la plus grande probabilité *a posteriori* parmi les $2^k$ mots de code $x_i \in C$ :

$$\hat{y} = \arg\max_{x_i \in C} \left( P(x_i | \mathbf{y}) \right)$$

$P(x_i|y)$ est la probabilité conditionnelle que $x_i$ a été envoyé lorsque $y$ est reçu. Partant des relations (1.34 et 1.36):

$$P(y|x) = \prod_{i=1}^{n} P(y_i|x_i) \quad \text{et} \quad \underbrace{\mathbf{P(x|y)}}_{\substack{\textbf{Probabilité} \text{ conditionnelle} \\ \text{Observation de } y \text{ implique } x}} = \frac{P(y|x) \cdot P_S(x)}{\underbrace{P(y)}_{\substack{\text{Valeur fixe pour } y \\ (\textbf{Probabilité} \text{ a postriori})}}} \quad \forall x \in C$$

Alors nous avons pour tous $x_i \in GF(2)$.

$$\boldsymbol{P(x_k = 0|\mathbf{y})} = \underbrace{\frac{1}{P(\mathbf{y})}}_{\delta} \sum_{\substack{x \in C \\ x_k = 0}} P(\mathbf{y}|\mathbf{x}) \cdot P(\mathbf{x}) = \alpha \cdot \sum_{\substack{x \in C \\ x_k = 0}} \prod_{x_i = 1}^{n} P(y_i|x_i) \cdot P(x_i)$$

De même $$\boldsymbol{P(x_k = 1|\mathbf{y})} = \underbrace{\frac{1}{P(\mathbf{y})}}_{\delta} \sum_{\substack{x \in C \\ x_k = 0}} P(\mathbf{y}|\mathbf{x}) \cdot P(\mathbf{x}) = \delta \cdot \sum_{\substack{x \in C \\ x_k = 1}} \prod_{x_i = 1}^{n} P(y_i|x_i) \cdot P(x_i),$$

où l'indépendance des codes est supposée.

Pour le mot de code reçu $y$ = (1010), la probabilité d'erreur du premier et quatrième chiffres est $P_1$ = 0,3. Les probabilités d'erreur pour le deuxième et le troisième chiffre sont : $P_2$ = 0,1 et $P(x_i) = 0,5 \ \forall i$.

**Les vecteurs émis sont :**

$\mathbf{x} = (\mathbf{x}_1, \mathbf{x}_2, \mathbf{x}_3, \mathbf{x}_4)$ :
$\mathbf{x}_1 = (0000)$, $\mathbf{x}_2 = (0011)$, $\mathbf{x}_3 = (1100)$, $\mathbf{x}_4 = (1111)$

**Le vecteur reçu :**
$\mathbf{y} = (y_1 y_2 y_3 y_4) = (1010)$ ; $\mathbf{x}_i = (x_1 x_2 x_3 x_4)$

$\underline{\boldsymbol{k} = 1}$
$x_1 = 0 \rightarrow \mathbf{x}_1 = (\underline{x_1} x_2 x_3 x_4) = (\underline{\mathbf{0}}000)$ et $\mathbf{x}_2 = (\underline{x_1} x_2 x_3 x_4) = (\underline{\mathbf{0}}011)$
$\underline{\boldsymbol{k} = 2}$
$x_2 = 0 \rightarrow \mathbf{x}_1 = (x_1 \underline{x_2} x_3 x_4) \Rightarrow \mathbf{x}_1 = (0\mathbf{0}00)$ et $\mathbf{x}_2 = (x_1 \underline{x_2} x_3 x_4) = (0\underline{\mathbf{0}}11)$

$\underline{k=3}$
$x_3 = 0 \rightarrow \mathbf{x}_1 = (x_1 x_2 \underline{x_3} x_4) = (00\underline{\mathbf{0}}0)$ et $\mathbf{x}_3 = (x_1 x_2 \underline{x_3} x_4) = (11\underline{\mathbf{0}}0)$
$\underline{k=4}$
$x_4 = 0 \rightarrow \mathbf{x}_1 = (x_1 x_2 x_3 \underline{x_4}) = (000\underline{\mathbf{0}})$ et $\mathbf{x}_4 = (x_1 x_2 x_3 \underline{x_4}) = (110\underline{\mathbf{0}})$
$\underline{k=1}$
$x_1 = 1 \rightarrow \mathbf{x}_3 = (\underline{x_1} x_2 x_3 x_4) = (\underline{\mathbf{1}}100)$ et $\mathbf{x}_4 = (\underline{x_1} x_2 x_3 x_4) = (\underline{\mathbf{1}}111)$
$\underline{k=2}$
$x_2 = 1 \rightarrow \mathbf{x}_3 = (x_1 \underline{x_2} x_3 x_4) = (1\underline{1}00)$ et $\mathbf{x}_4 = (x_1 \underline{x_2} x_3 x_4) = (1\underline{\mathbf{1}}11)$
$\underline{k=3}$
$x_3 = 1 \rightarrow \mathbf{x}_2 = (x_1 x_2 \underline{x_3} x_4) = (00\mathbf{1}1)$ et $\mathbf{x}_4 = (x_1 x_2 \underline{x_3} x_4) = (11\underline{\mathbf{1}}1)$
$\underline{k=4}$
$x_4 = 1 \rightarrow \mathbf{x}_2 = (x_1 x_2 x_3 \underline{x_4}) = (001\underline{\mathbf{1}})$ et $\mathbf{x}_4 = (x_1 x_2 x_3 \underline{x_4}) = (111\underline{\mathbf{1}})$

Exemple de calcul pour $x_k = x_1 = 0$

$\prod_{x_i=1}^{n} P(y_i|x_i)$ :

$$P(1|\mathbf{0}) \cdot P(0|0) \cdot P(1|0) \cdot P(0|0) = 0,3^{*} \cdot 0,9^{**} \cdot 0,1^{*} \cdot 0,7^{**} = 0,0189$$
$$P(1|\mathbf{0}) \cdot P(0|0) \cdot P(1|1) \cdot P(0|1) = 0,3 \cdot 0,9 \cdot 0,9 \cdot 0,3 = 0,0729$$

$$\sum_{\substack{x \in C \\ x_k = 0}} \prod_{x_i=1}^{n} P(y_i|x_i) = 0,0189 + 0,0729 = 0,0918$$

* $P_e$ pour $\underset{y_i \neq x_i}{P(y_i|x_i)}$ ; **$(1-P_e)$ pour $\underset{y_i = x_i}{P(y_i|x_i)}$

$$P(x_1 = 0|\mathrm{y}) = \delta \cdot \sum_{\substack{x \in C \\ x_k = 0}} \prod_{x_i=1}^{n} P(y_i|x_i) \cdot P(x_i) = \frac{\delta}{2} \cdot 0,0918$$

De la même manière, on obtient :

| | | | | | |
|---|---|---|---|---|---|
| $P(x_1 = \mathbf{0}\vert\mathbf{y})$ | = | $\frac{\delta}{2} \cdot 0{,}0918$ | $P(x_1 = 1\vert\mathbf{y})$ | = | $\frac{\delta}{2} \cdot 0{,}0238$ |
| $P(x_2 = \mathbf{0}\vert\mathbf{y})$ | = | $\frac{\delta}{2} \cdot 0{,}0918$ | $P(x_2 = 1\vert\mathbf{y})$ | = | $\frac{\delta}{2} \cdot 0{,}0238$ |
| $P(x_3 = 0\vert\mathbf{y})$ | = | $\frac{\delta}{2} \cdot 0{,}0238$ | $P(x_3 = \mathbf{1}\vert\mathbf{y})$ | = | $\frac{\delta}{2} \cdot 0{,}0918$ |
| $P(x_4 = 0\vert\mathbf{y})$ | = | $\frac{\delta}{2} \cdot 0{,}0238$ | $P(x_4 = \mathbf{1}\vert\mathbf{y})$ | = | $\frac{\delta}{2} \cdot 0{,}0918$ |

Un décodeur MAP (symbole par symbole (s/s-MAP) décode **0011**.

## 1.10. Solution

**1.10.1**. La règle du MLD fournit :

$$\begin{aligned}
P(\mathbf{y}|\mathbf{x}_1) &= P(111|000) = P(1|0)\cdot P(1|0)\cdot P(10) = 0{,}064 \\
P(\mathbf{y}|\mathbf{x}_2) &= P(111|011) = P(1|0)\cdot P(1|1)\cdot P(1|1) = 0{,}144 \\
P(\mathbf{y}|\mathbf{x}_3) &= P(111|101) = P(1|1)\cdot P(1|0)\cdot P(1|1) = 0{,}144 \\
P(\mathbf{y}|\mathbf{x}_4) &= P(111|110) = P(1|1)\cdot P(1|1)\cdot P(1|0) = 0{,}144
\end{aligned}$$

Cette règle prévoit trois probabilités maximales égales, de sorte qu'une décision claire n'est pas possible.

**1.10.2.** En revanche, la règle MAP fournit à l'aide de la relations (1.35).

$$\begin{aligned}
P(\mathbf{y}|\mathbf{x}_1)\cdot P(\mathbf{x}_1) &= 0{,}064\cdot 0{,}4 = 0{,}0259 \\
P(\mathbf{y}|\mathbf{x}_2)\cdot P(\mathbf{x}_2) &= 0{,}144\cdot 0{,}2 = 0{,}0288 \\
P(\mathbf{y}|\mathbf{x}_3)\cdot P(\mathbf{x}_3) &= 0{,}144\cdot 0{,}1 = 0{,}0144 \\
P(\mathbf{y}|\mathbf{x}_4)\cdot P(\mathbf{x}_3) &= 0{,}144\cdot 0{,}3 = 0{,}0432
\end{aligned}$$

La minimisation de l'erreur est clairement déterminée ici par le choix du mot de code $\mathbf{x}_4 = 110$, c'est-à-dire $\mathbf{x}_4 = D_{MAP}\, P(\mathbf{y} = (111))$.

# A2. Solutions des exercices du chapitre 2

## 2.1. Solution

**2.1.1.** En général : $GF(p) = \{0, 1, \ldots, p-1\}$ avec le nombre premier $p$. $GF(5) = \{0, 1, 2, 3, 4\}$.

**2.1.2.** Tableaux d'addition et de multiplication

| ⊕ | 0 | 1 | 2 | 3 | 4 |
|---|---|---|---|---|---|
| **0** | 0 | 1 | 2 | 3 | 4 |
| **1** | 1 | 2 | 3 | 4 | 0 |
| **2** | 2 | 3 | 4 | 0 | 1 |
| **3** | 3 | 4 | 0 | 1 | 2 |
| **4** | 4 | 0 | 1 | 2 | 3 |

| ⊗ | 0 | 1 | 2 | 3 | 4 |
|---|---|---|---|---|---|
| **0** | 0 | 0 | 0 | 0 | 0 |
| **1** | 0 | 1 | 2 | 3 | 4 |
| **2** | 0 | 2 | 4 | 1 | 3 |
| **3** | 0 | 3 | 1 | 4 | 2 |
| **4** | 0 | 4 | 3 | 2 | 1 |

**2.1.3.** Eléments neutres

$a \oplus e_0 = e_0 \oplus a = a$ ; d'après le tableau d'addition : $e_0 = 0$.
$A \otimes e_1 = e_1 \otimes a = a$ ; d'après le tableau de multiplication : $e_1 = 1$.

**2.1.4.** Eléments inverses

L'élément inverse de l'addition : $a \oplus -a = e_0$, $a \in GF(p)$.
L'élément inverse de multiplication : $a \otimes a^{-1} = e_1$, $a \in GF(p) \backslash \{0\}$.

| $\boldsymbol{a}$ | 0 | 1 | 2 | 3 | 4 |
|---|---|---|---|---|---|
| $-\boldsymbol{a}$ | 0 | 4 | 3 | 2 | 1 |
| $\boldsymbol{a}^{-1}$ | – | 1 | 3 | 2 | 4 |

**2.1.5.** Toutes les expressions sont calculées en mod 5 :

$$4+3 \text{ mod } 5 \Rightarrow 4 \oplus 3 \quad = 2$$
$$1-3 \text{ mod } 5 \Rightarrow 1 \oplus -3^{*} \quad = 1 \oplus 2 = 3 \text{ ; } *(-3 = 5-3 = 2 \text{ mod } 5)$$
$$2 \cdot 4 \text{ mod } 5 \Rightarrow 2 \otimes 4 \quad = 3$$
$$1 \div 3 \text{ mod } 5 \Rightarrow 1 \otimes 3^{-1 \text{mod } (p-1)^{*}} \quad = 1 \otimes 3^{3} = 27 \text{ mod } 5 = 2$$

**2.1.6.** Résolution de l'équation : $2x + 2 = 0$ en $GF(5)$

$$2x + 2 = 0 \text{ mod } 5 \Rightarrow 2x = -2 \text{ mod } 5 = 3$$
$$x = -1 \text{ mod } 5 = 4 \Rightarrow x = 4^{*}$$
$$\text{Test} : 2 \otimes 4 \oplus 2 \text{ mod } 5 = 3 \oplus 2 = 0 \text{ mod } 5$$

$* -i = p - i \text{ mod } p$ et $-1 = (p-1) - 1 \text{ mod } p - 1$

**2.1.7.** L'élément primitif $\alpha \in GF(p) \backslash \{0\}$ représente par une exponentielle tous les éléments de l'ensemble $GF(p) \setminus \{0\}$ : $(a = \alpha^{2} \text{ mod } p) \in GF(p) \backslash \{0\}$ $\rightarrow GF(p) = \{0, \alpha^{1}, \alpha^{2}, \cdots, \alpha^{p-2}\}$.

Ici, l'élément primitif $\alpha = 2$ doit être en mesure de former les éléments 1, 2, 3 et 4 :

En général la propriété cyclique s'applique telle que : $\alpha^{i} = \alpha^{i \text{ mod}(p-1)}$

$\underline{\alpha = 2}$

$$2^0 = 1;\ 2^1 = 2 \text{ ; } 2^2 = 2 \cdot 2 \text{ ; } 2^3 = 2 \cdot 2^2 = 2 \cdot 4 = 3 \text{ mod } 5$$
$$2^4 = 2 \cdot 2^3 = 2 \cdot 3 = 1 = 2^0 \text{ mod } 5 \text{ ; } 2^5 = 2 \cdot 2^4 = 2 \cdot 2^0 = 2^1 = 2 \text{ mod } 5$$

**2.1.8.** Contrôle de $p(x)$ pour l'irréductibilité dans $GF(5)$

$$1 \in GF(5) \Rightarrow p(x) = x^3 + 2x^2 + 4x + 3 = 1 + 2 + 4 + 3 = 10 \bmod 5 = 0$$

$p(x)$ n'est pas irréductible sur $GF(5)$, donc $p(x)$ n'est pas un polynôme primitif.

## 2.2. Solution

**2.2.1.** $\alpha$ est une racine de $p(x) \rightarrow p(\alpha) = 0$

**2.2.2.** La représentation en composantes ou en vecteurs des éléments d'un champ d'extension de Galois $GF(p^m) \rightarrow GF(2^3)$ consiste en une simple liste de tous les polynômes possibles de degré inférieur à $m$, ou de vecteurs de longueur $m$ avec toutes les combinaisons possibles des coefficients de $GF(p)$.

| Exposant | Calcul/Remarques | Composant | Vecteur |
|---|---|---|---|
| $\alpha^{-\infty}$ | Présentation exponentielle de 0 | 0 | **000** |
| $\alpha^0$ | | 1 | **001** |
| $\alpha^1$ | | $\alpha$ | **010** |
| $\alpha^2$ | | $\alpha^2$ | **100** |
| $\alpha^3$ | Condition $p(\alpha) = 0 \rightarrow \alpha^3 = \alpha + 1$ | $\alpha + 1$ | **011** |
| $\alpha^4$ | $\alpha^4 = \alpha \cdot \alpha^3 = \alpha^2 + \alpha$ | $\alpha^2 + \alpha$ | **110** |
| $\alpha^5$ | $\alpha^5 = \alpha \cdot \alpha^4 = \alpha^3 + \alpha^2 = \alpha^2 + \alpha + 1$ | $\alpha^2 + \alpha + 1$ | **111** |
| $\alpha^6$ | $\alpha^6 = \alpha \cdot \alpha^5 = \alpha^3 + \alpha^2 + \alpha = \alpha + 1 + \alpha^2 + \alpha$ <br> $= \alpha^2 + 1$ | $\alpha^2 + 1$ | **101** |
| $\alpha^7$ | $\alpha^7 = \alpha \cdot \alpha^6 == \alpha^3 + \alpha = \alpha + 1 + 1 = \alpha^{p-1} = \alpha^0 = 1$ | 1 | **001** |

La représentation exponentielle nécessite la connaissance d'un élément primitif $\alpha$ qui est relié au polynôme primitif $p(x)$ de telle manière que $p(\alpha) = 0$, ce qui donne : $p(\alpha) = \alpha^3 + \alpha + 1 = 0 \Rightarrow \alpha^3 = \alpha + 1 \bmod 2$.

**2.2.3.** Possibilités de simplification pour $GF(2^3)$

Pour l'addition :

$$\alpha^\nu + \alpha^\mu = 0 \bmod 2$$

$$0 + \alpha^\nu = \alpha^\nu$$

$$\alpha^\nu + \alpha^\mu = \alpha^\mu + \alpha^\nu$$

Pour la multiplication : $\alpha^{\nu} \cdot \alpha^{\mu} = \alpha^{(\nu+\mu) \bmod p^m - 1} = \alpha^{(\nu+\mu) \bmod 7}$

Cela signifie qu'au lieu de 64, seules 21 valeurs doivent être calculées.

| $\oplus$ | 0 | 1 | $\alpha^1$ | $\alpha^2$ | $\alpha^3$ | $\alpha^4$ | $\alpha^5$ | $\alpha^6$ |
|---|---|---|---|---|---|---|---|---|
| 0 | 0 | 1 | $\alpha$ | $\alpha^2$ | $\alpha^3$ | $\alpha^4$ | $\alpha^5$ | $\alpha^6$ |
| 1 | 1 | 0 | $\alpha^3$ | $\alpha^6$ | $\alpha$ | $\alpha^5$ | $\alpha^4$ | $\alpha^2$ |
| $\alpha^1$ | $\alpha^1$ | $\alpha^3$ | 0 | $\alpha^4$ | 1 | $\alpha^2$ | $\alpha^6$ | $\alpha^5$ |
| $\alpha^2$ | $\alpha^2$ | $\alpha^6$ | $\alpha^4$ | 0 | $\alpha^5$ | $\alpha$ | $\alpha^3$ | 1 |
| $\alpha^3$ | $\alpha^3$ | $\alpha$ | 1 | $\alpha^5$ | 0 | $\alpha^6$ | $\alpha^2$ | $\alpha^4$ |
| $\alpha^4$ | $\alpha^4$ | $\alpha^5$ | $\alpha^2$ | $\alpha$ | $\alpha^6$ | 0 | 1 | $\alpha^3$ |
| $\alpha^5$ | $\alpha^5$ | $\alpha^4$ | $\alpha^6$ | $\alpha^3$ | $\alpha^2$ | 1 | 0 | $\alpha$ |
| $\alpha^6$ | $\alpha^6$ | $\alpha^2$ | $\alpha^5$ | 1 | $\alpha^4$ | $\alpha^3$ | $\alpha$ | 0 |

| $\otimes$ | 1 | $\alpha^1$ | $\alpha^2$ | $\alpha^3$ | $\alpha^4$ | $\alpha^5$ | $\alpha^6$ |
|---|---|---|---|---|---|---|---|
| 1 | 1 | $\alpha$ | $\alpha^2$ | $\alpha^3$ | $\alpha^4$ | $\alpha^5$ | $\alpha^6$ |
| $\alpha^1$ | $\alpha$ | $\alpha^2$ | $\alpha^3$ | $\alpha^4$ | $\alpha^5$ | $\alpha^6$ | 1 |
| $\alpha^2$ | $\alpha^2$ | $\alpha^3$ | $\alpha^4$ | $\alpha^5$ | $\alpha^6$ | 1 | $\alpha$ |
| $\alpha^3$ | $\alpha^3$ | $\alpha^4$ | $\alpha^5$ | $\alpha^6$ | 1 | $\alpha$ | $\alpha^2$ |
| $\alpha^4$ | $\alpha^4$ | $\alpha^5$ | $\alpha^6$ | 1 | $\alpha$ | $\alpha^2$ | $\alpha^3$ |
| $\alpha^5$ | $\alpha^5$ | $\alpha^6$ | 1 | $\alpha$ | $\alpha^2$ | $\alpha^3$ | $\alpha^4$ |
| $\alpha^6$ | $\alpha^6$ | 1 | $\alpha$ | $\alpha^2$ | $\alpha^3$ | $\alpha^4$ | $\alpha^5$ |

**2.2.4.** Classes cyclotomiques *Kj* du Corps $GF(3^4)$,
$p = 3, m = 4 \Rightarrow n = 3^4 - 1 = 80$

Les classes cyclotomiques *Kj* contiennent tous les exposants $0, \dots, n-1$ $(n = p^m - 1)$ : $K_j := \left\{ j \cdot p^i \bmod n \;\middle|\; i = 0, 1, \dots m-1 \right\}$

| | | |
|---|---|---|
| $K_0 = \{0\}$ | $K_8 = \{5, 24, 72, 56\}$ | $K_{17} = \{17, 51, 73, 59\}$ |
| $K_1 = \{1, 3, 9, 27\}$ | $K_{10} = \{10, 30\}$ | $K20 = \{20, 60\}$ |
| $K_2 = \{2, 6, 18, 54\}$ | $K_{11} = \{11, 33, 19, 57\}$ | $K_{22} = \{22, 66, 38, 34\}$ |
| $K_4 = \{4, 12, 36, 28\}$ | $K_{13} = \{13, 39, 37, 31\}$ | $K_{23} = \{23, 69, 47, 61\}$ |
| $K_5 = \{5, 15, 45, 55\}$ | $K_{14} = \{14, 42, 46, 58\}$ | $K_{25} = \{25, 75, 65, 35\}$ |
| $K_7 = \{7, 21, 63, 29\}$ | $K_{16} = \{16, 48, 64, 32\}$ | $K_{26} = \{26, 78, 74, 62\}$ |

| | |
|---|---|
| $K_{40} = \{40\}$ | $K_{50} = \{50, 70\}$ |
| $K_{41} = \{41, 43, 49, 67\}$ | $K_{53} = \{53, 79, 77, 71\}$ |
| $K_{44} = \{44, 52, 76, 68\}$ | |

## 2.3. Solution

**2.3.1.** $101101 \div 110$ et $1011101100000 \div 10101$

```
1 0 1 1 0 1 | 1 1 0
1 1 0       |------
-----       | 1 1 1
0 1 1 1
  1 1 0
  -----
  0 0 1 0 1
      1 1 0
      -----
      0 1 1 : Reste
```

```
1 0 1 1 1 0 1 1 0 0 0 0 0 | 1 0 1 0 1
1 0 1 0 1                 |----------------
                          | 1 0 0 1 0 1 1 1
  0 0 1 0 0
  0 0 0 0 0
  ---------
    0 1 0 0 1
      0 0 0 0
    ---------
      1 0 0 1 1
          .
            .
              .
              1 0 1 1 0
              1 0 1 0 1
              ---------
              0 0 0 1 1 : Reste
```

- $101101 \bmod 110 = 11$
- $1011101100000 \bmod 10101 = 11$
- $110 \otimes 110 = (x^2 + x)^2 = x^4 + x^2$ (voir la relation 2.19)

  $x^4 + x^2 \bmod x^3 + x^2 + 1 = x + 1 = 011$
- $101 \otimes 011 = (x^2 + 1) \cdot (x + 1) = x^3 + x^2 + x + 1$

  $x^3 + x^2 + x + 1 \bmod x^3 + x^2 + 1 = x = 010$

```
x^4 +     + x^2        | x^3 + x^2 + 1
x^4 + x^3 +       + x  |--------------
---------------------  | x + 1
0 + x^3 + x^2 + x
    x^3 + x^2 +   + 1
    -------------------
              x + 1 : Reste
```

```
x^3 + x^2 + x + 1      | x^3 + x^2 + 1
x^3 + x^2 +   + 1      |--------------
-------------------    | 1
0 + 0 + x + 0 : Reste
```

**2.3.2.** Résolution des équations dans $GF(2^3)$

Les équations qui peuvent être résolues à l'aide des 4 opérations arithmétiques de base peuvent maintenant être traitées de la même manière que les nombres rationnels ou réels.

D'après les tableaux (2.10c et 2.10d du § 2.4.3), on a :

$$\rightarrow 111\cdot \boldsymbol{a} = 100 \Leftrightarrow \boldsymbol{a} = 111^{-1}\cdot 100 = 101\cdot 100 = 011 \Rightarrow \underline{\underline{\boldsymbol{a} = 011}}$$

$$\begin{aligned}
&\rightarrow 101\cdot(\boldsymbol{a}+111) = (\boldsymbol{a}+001)\cdot 111\\
&\Leftrightarrow 101\cdot \boldsymbol{a} + 101\cdot 111 = \boldsymbol{a}\cdot 111 + 001\cdot 111\\
&\Leftrightarrow 101\cdot \boldsymbol{a} + \boldsymbol{a}\cdot 111 = 101\cdot 111 + 001\cdot 111 \mod 2\\
&\Leftrightarrow \boldsymbol{a}\cdot(101+111) = (101+001)\cdot 111 \mod 2\\
&\Leftrightarrow \boldsymbol{a}\cdot 010 = 100\cdot 111 = 110\\
&\Leftrightarrow \boldsymbol{a} = 110\cdot(010)^{-1} = 110\cdot 110 \Rightarrow \underline{\underline{\boldsymbol{a} = 011}}
\end{aligned}$$

**2.3.3.** $a = 010$ : Producteur du groupe multiplicatif du $GF(2^3)$.

Les éléments $\neq 0$ d'un corps de Galois $GF(2^m)$ forment un groupe cyclique par rapport à la multiplication, c'est-à-dire si $a \in GF(2^m)$, donc tous les des puissances de $a$ sont des éléments de $GF(2^m)\backslash\{0\}$. Avec un $a$ approprié chaque corps de Galois a donc la forme suivante :

$$GF(2^m) = \left\{0, 1, a, a^2, \ldots, a^{\nu-1}, a^{\nu}\right\} \text{ avec } \nu = 2^m - 2$$

Un tel $a$ est appelé le producteur du groupe multiplicatif de $GF(2^m)$ et n'est pas précisément défini.

| $\boldsymbol{k}$ | 0 | 1 | 2 | 3 | 4 | 5 | 6 | 7 |
|---|---|---|---|---|---|---|---|---|
| $\boldsymbol{a^k}$ | 001 | 010 | 100 | 101 | 111 | 011 | 110 | 001 |

Cette propriété peut être utilisée dans des calculs pratiques avec $a^7 = 1$).

$$101\cdot 110 = a^3\cdot a^6 = a^{9 \mod 7} = a^2 = 100$$

$$(111)^{-1} = (a^4)^{-1} = a^{-4} = (a)^{(p-1)-4*} = a^3 = 101$$

$$110 \div 100 = 110\cdot(100)^{-1} = a^6\cdot(a^2)^{-1} = a^6\cdot a^{-2} = a^4 = 111$$

* Pour un exposant, on calcule mod $p$–1 = 8-1=7, et $-i = (p-1) - i \mod (p-1)$.

- **Remarques** :
  - La définition de la multiplication dans $GF(2^m)$ dépend du choix du polynôme modulaire irréductible $p(x)$, qui n'est pas unique pour $n \geq 3$.
  - Cependant, des polynômes modulaires différents avec le même $m$ conduisent à des structures algébriques isomorphes.

## 2.4. Solution

**2.4.1.** Polynômes irréductibles : Selon l'énoncé du paragraphe § 2.4.1 B :

*Pour tout corps* $\mathbb{F}_p$, $\boldsymbol{x}^{p^m} - \boldsymbol{x}$ *est le produit de tous les polynômes unitaires irréductibles sur* $\mathbb{F}_p$ *dont le degré divise m.*

Pour $p = 2$ : (calcul mod 2)

$$x^{p^m} - x \Rightarrow \begin{cases} m = 1 \ : \ x^2 + x = x \cdot (x+1) \\ m = 2 \ : \ x^4 + x = x \cdot (x+1) \cdot (x^2 + x + 1) \\ m = 3 \ : \ x^8 + x = x \cdot (x+1) \cdot (x^3 + x^2 + 1) \cdot (x^3 + x + 1) \end{cases}$$

**2.4.2.** Polynômes minimaux

On a $m_0(x) = x + 1$ et $m_1(x) = m_2(x) = x^2 + x + 1$ ayant pour racines $\alpha$ et $\alpha^2$.

Dans $GF(2^3)$ défini par $\alpha^3 + \alpha + 1 = 0$, on a : $m_1(x) = m_2(x) = m_4(x)$ et $m_3(x) = m_6(x) = m_5(x) = x^3 + x^2 + 1$.

## 2.5. Solution

**Représentation exponentielle**

| $\oplus$ | 0 | 1 | $\alpha$ | $\alpha^2$ |
|---|---|---|---|---|
| 0 | 0 | 1 | $\alpha$ | $\alpha^2$ |
| 1 | 1 | 0 | $\alpha^2$ | $\alpha$ |
| $\alpha^1$ | $\alpha$ | $\alpha^2$ | 0 | 1 |
| $\alpha^2$ | $\alpha^2$ | $\alpha$ | 1 | 0 |

| $\otimes$ | 0 | 1 | $\alpha$ | $\alpha^2$ |
|---|---|---|---|---|
| 0 | 0 | 0 | 0 | 0 |
| 1 | 0 | 1 | $\alpha$ | $\alpha^2$ |
| $\alpha^1$ | 0 | $\alpha$ | $\alpha^2$ | 1 |
| $\alpha^2$ | 0 | $\alpha^2$ | 1 | $\alpha$ |

**Représentation des composantes**

| $\oplus$ | 0 | 1 | $\alpha$ | $1+\alpha$ |
|---|---|---|---|---|
| 0 | 0 | 1 | $\alpha$ | $1+\alpha$ |
| 1 | 1 | 0 | $1+\alpha$ | $\alpha$ |
| $\alpha^1$ | $\alpha$ | $1+\alpha$ | 0 | 1 |
| $\alpha^2$ | $1+\alpha$ | $\alpha$ | 1 | 0 |

| $\otimes$ | 0 | 1 | $\alpha$ | $1+\alpha$ |
|---|---|---|---|---|
| 0 | 0 | 0 | 0 | 0 |
| 1 | 0 | 1 | $\alpha$ | $1+\alpha$ |
| $\alpha^1$ | 0 | $\alpha$ | $1+\alpha$ | 1 |
| $\alpha^2$ | 0 | $1+\alpha$ | 1 | $\alpha$ |

**Représentation binaire**

| ⊕ | 00 | 10 | 01 | 11 |
|---|---|---|---|---|
| 0 | 00 | 10 | 01 | 11 |
| 10 | 10 | 00 | 11 | 01 |
| 01 | 01 | 11 | 00 | 10 |
| 11 | 11 | 01 | 10 | 00 |

| ⊗ | 00 | 10 | 01 | 11 |
|---|---|---|---|---|
| 00 | 00 | 00 | 00 | 00 |
| 10 | 00 | 10 | 01 | 11 |
| 01 | 00 | 01 | 11 | 10 |
| 11 | 00 | 11 | 10 | 01 |

## 2.6. Solution

**2.6.1.** La représentation en composantes ou en vecteurs des éléments d'un champ d'extension de Galois $GF(q=p^m) \rightarrow GF(3^2)$ consiste en une simple liste de tous les polynômes possibles de degré inférieur à $m$, ou de vecteurs de longueur $m=2$ avec toutes les combinaisons possibles des coefficients de $GF(p=3)$.

| Exposant | Calcul/Remarques | Composant | Vecteur |
|---|---|---|---|
| $\alpha^{-\infty}$ | Présentation exponentielle de 0 | **00** | **00** |
| $\alpha^0$ | | **01** | **01** |
| $\alpha^1$ | | **10** | **10** |
| $\alpha^2$ | $p(\alpha) = 0 \rightarrow \alpha^2 = -(2\alpha + 2) = \alpha + 1$ * | $\alpha + 1$ | **11** |
| $\alpha^3$ | $(\alpha + 1)\cdot\alpha = \alpha^2 + \alpha$ | $\alpha^2 + \alpha$ | **21** |
| $\alpha^4$ | $(\alpha^2 + \alpha)\cdot\alpha = \alpha^3 + \alpha^2$ ** | $\alpha^3 + \alpha^2$ | **02** |
| $\alpha^5$ | $(\alpha^3 + \alpha^2)\cdot\alpha = \alpha^4 + \alpha^3$ | $\alpha^4 + \alpha^3$ | **20** |
| ⋮ | ⋮ | ⋮ | ⋮ |

Toutes les combinaisons possibles des composantes d'un polynôme de degré 1 sont et des éléments $(0,1,2) \in GF(3)$ sont :

00 01 02 ; 10 11 12 ; 20 21 22

* $p(\alpha) = 2 + 2\alpha + \alpha^2 \Rightarrow \alpha^2 = -2\alpha - 2 = \alpha + 1$

$-2 = p - 2 \mod p = 3 - 2 = 1 \Rightarrow \alpha + 1 = 10 + 01 = 11$

** $\alpha^3 + \alpha^2 = 21 + 11 = 32 = (3 \mod 3) + (2 \mod 3) = 02$

**2.6.2** Tableaux d'addition et de multiplication

Les tableaux ci-après donnent toutes les opérations d'addition et de multiplication pour le champ $GF(3^2)$ avec $p(x) = x^2 + 2x + 2$ comme polynôme primitif.

| ⊕ | 00 | 01 | 02 | 10 | 11 | 12 | 20 | 21 | 22 |
|---|---|---|---|---|---|---|---|---|---|
| 00 | 00 | 01 | 02 | 10 | 11 | 12 | 20 | 21 | 22 |
| 01 | 01 | 01 | 00 | 11 | 12 | 10 | 21 | 22 | 20 |
| 02 | 02 | 00 | 01 | 12 | 10 | 11 | 22 | 20 | 21 |
| 10 | 10 | 11 | 12 | 20 | 21 | 22 | 00 | 01 | 02 |
| 11 | 11 | 12 | 10 | 21 | 22 | 20 | 01 | 02 | 00 |
| 12 | 12 | 10 | 11 | 22 | 20 | 21 | 02 | 00 | 01 |
| 20 | 20 | 21 | 22 | 00 | 01 | 02 | 10 | 11 | 12 |
| 21 | 21 | 22 | 20 | 01 | 02 | 00 | 11 | 12 | 10 |
| 22 | 22 | 20 | 21 | 02 | 00 | 01 | 12 | 10 | 11 |

| ⊗ | 00 | 01 | 02 | 10 | 11 | 12 | 20 | 21 | 22 |
|---|---|---|---|---|---|---|---|---|---|
| 00 | 00 | 00 | 00 | 00 | 00 | 00 | 00 | 00 | 00 |
| 01 | 00 | 01 | 02 | 10 | 11 | 12 | 20 | 21 | 22 |
| 02 | 00 | 02 | 01 | 20 | 22 | 21* | 10 | 12 | 11 |
| 10 | 00 | 10 | 20 | 11 | 21 | 01 | 22 | 02 | 12 |
| 11 | 00 | 11 | 22 | 21 | 02 | 10 | 12 | 20 | 01 |
| 12 | 00 | 12 | 21 | 01 | 10 | 22 | 02 | 11 | 20 |
| 20 | 00 | 20 | 10 | 22 | 12 | 02 | 11 | 01 | 21 |
| 21 | 00 | 21 | 12 | 02 | 20 | 11 | 01 | 22 | 10 |
| 22 | 00 | 22 | 11 | 12 | 01 | 20 | 21 | 10 | 02 |

*Exemple : (21) = (02) ⊗ (12)

$$(02)=\alpha^4,(12)=\alpha^7 \Rightarrow$$
$$\alpha^4 \otimes \alpha^7 = \alpha^{11} = \alpha^{11 \bmod (q-1)} = \alpha^{11 \bmod 8} = \alpha^3 = (21)$$

**2.6.3.** L'ordre multiplicatif $\mu$ de l'élément (11)

$$(11) \triangleq \alpha^2 \neq 1 \quad (\alpha^2)^3 = \alpha^6 \neq 1$$
$$(\alpha^2)^2 = \alpha^4 \neq 1 \quad (\alpha^2)^4 = \alpha^{8 \bmod 8} = \alpha^0 = 1 \Rightarrow \underline{\underline{\mu = 4}}$$

**2.6.4.**

$(22)\cdot x^{-1} = 01$

$x^{-1} = 11$ (voir tableau de multiplication).

# A3. Solutions des exercices du chapitre 3

## 3.1. Solution

**3.1.1.** Matrice génératrice

D'après la relation (3.8a) : $c = u \cdot G = \left[u_1, u_2, \ldots, u_k\right] \times \left[U_{k,k}, P_{k,n-k}\right]$, on a :

$$U_{k,k} = \begin{bmatrix} 1 & 0 & 0 \\ 0 & 1 & 0 \\ 0 & 0 & 1 \end{bmatrix}$$

$$\left.\begin{aligned} c_4 &= u_1 \oplus u_3 \\ c_5 &= u_1 \oplus u_2 \oplus u_3 \\ c_6 &= u_1 \oplus u_2 \end{aligned}\right\} \Rightarrow P = \begin{bmatrix} 1 & 1 & 1 \\ 0 & 1 & 1 \\ 1 & 1 & 0 \end{bmatrix}$$

$$\Rightarrow G = \left[\begin{array}{ccc|ccc} 1 & 0 & 0 & 1 & 1 & 1 \\ 0 & 1 & 0 & 0 & 1 & 1 \\ 0 & 0 & 1 & 1 & 1 & 0 \end{array}\right]$$

**3.1.2.** $c = u{\cdot}G$ et comme $k = 3$, on a $2^k$ mot de code

| ***u*** | ***c*** | ***u*** | ***c*** |
|---|---|---|---|
| 000 | 000000 | 100 | 100111 |
| 001 | 001110 | 101 | 101001 |
| 010 | 010011 | 110 | 110100 |
| 011 | 011101 | 111 | 111010 |

**3.1.3.** Selon la figure (Fig. 3.8), on obtient la matrice de contrôle :

$$G = \left[\begin{array}{ccc|ccc} 1 & 0 & 0 & 1 & 1 & 1 \\ 0 & 1 & 0 & 0 & 1 & 1 \\ 0 & 0 & 1 & 1 & 1 & 0 \end{array}\right] \Rightarrow H = \left[\begin{array}{ccc|ccc} 1 & 0 & 1 & 1 & 0 & 0 \\ 1 & 1 & 1 & 0 & 1 & 0 \\ 1 & 1 & 0 & 0 & 0 & 1 \end{array}\right]$$

En examinant la relation : $H \cdot c'^T$, où $c' = (0,1,0,1,1,1)$, on obtient le syndrome :

$$H \cdot c'^T = \begin{bmatrix} 1 & 0 & 1 & 1 & 0 & 0 \\ 1 & 1 & 1 & 0 & 1 & 0 \\ 1 & 1 & 0 & 0 & 0 & 1 \end{bmatrix} \cdot [010111]^T = \begin{bmatrix} 1 \\ 0 \\ 0 \end{bmatrix} = s^T$$

$s^T \neq 0$ et puisque $s^T$ est affiché à la quatrième colonne de la matrice $H$, le quatrième bit est erroné :

$$c' = (0,1,0,\mathbf{1},1,1) \Rightarrow \hat{c} = (0,1,0,\mathbf{0},1,1)$$

## 3.2. Solution

**3.2.1.** Forme canonique de la matrice $G$ :

$$G = \begin{bmatrix} 0 & 0 & 1 & 1 & 1 & 0 & 1 \\ 0 & 1 & 0 & 0 & 1 & 1 & 1 \\ 1 & 0 & 0 & 1 & 1 & 1 & 0 \end{bmatrix} = \begin{bmatrix} g_1 \\ g_2 \\ g_3 \end{bmatrix}$$

En changeant $g_1$ par $g_3$ et $g_3$ par $g_1$, on obtient la matrice systématique (canonique) :

$$G_S = \left[\begin{array}{ccc|cccc} 1 & 0 & 0 & 1 & 1 & 1 & 0 \\ 0 & 1 & 0 & 0 & 1 & 1 & 1 \\ 0 & 0 & 1 & 1 & 1 & 0 & 1 \end{array}\right]$$

**3.2.2.** Selon la figure (Fig. 3.8), la matrice de contrôle correspondante est donc :

$$H = \left[P^T_{n-k,k}, U_{n-k,n-k}\right] \Rightarrow H = \left[\begin{array}{ccc|cccc} 1 & 0 & 1 & 1 & 0 & 0 & 0 \\ 1 & 1 & 1 & 0 & 1 & 0 & 0 \\ 1 & 1 & 0 & 0 & 0 & 1 & 0 \\ 0 & 1 & 1 & 0 & 0 & 0 & 1 \end{array}\right]$$

**3.2.3.** Le code ci-dessus est un code $C(7,3)_2$. Il y a $2^3 = 8$ mots d'information, 8 mots de code correspondants et $2^4$ mots de code possibles.

Le tableau ci-après donne les modèles d'erreurs et les syndromes correspondants.

| Error pattern | Syndrome | Error pattern | Syndrome |
|---|---|---|---|
| 0000000 | 0000 | 1000001 | 1111 |
| 000000**1** | 0001 | 1000010 | 1100 |
| 00000**1**0 | 0010 | 1000100 | 1010 |
| 0000**1**00 | 0100 | 1001000 | 0110 |
| 000**1**000 | 1000 | 1010000 | 0011 |
| 00**1**0000 | 1101 | 1100000 | 1001 |
| 0**1**00000 | 0111 | 0100010 | 0101 |
| **1**000000 | 1110 | 0001101 | 1011 |

**3.2.4.** Distance minimale de Hamming $d_{min}$ **:**

La distance minimale $d_{min}$ d'un code linéaire en blocs est le nombre minimal des colonnes dépendantes de la matrice de parité $H$ (relation 3.16). En examinant la matrice de contrôle $H$ sur le nombre minimal des colonnes linéairement dépendantes, on obtient :

$$\begin{array}{c} \quad\;\;\downarrow\;\;\downarrow\;\;\downarrow\;\;\quad\;\;\downarrow\;\quad\; \\ H = \left[\begin{array}{ccc|cccc} 1 & 0 & 1 & 1 & 0 & 0 & 0 \\ 1 & 1 & 1 & 0 & 1 & 0 & 0 \\ 1 & 1 & 0 & 0 & 0 & 1 & 0 \\ 0 & 1 & 1 & 0 & 0 & 0 & 1 \end{array}\right] \Rightarrow d_{min} = 4 \end{array}$$

**3.2.5.** Le mot de code $c$ correspond à $u = (1,0,1)$ est :

$c = u \cdot G = (1, 0, 1, 0, 0, 1, 1)$

## 3.3. Solution

**3.3.1**. Selon la figure (Fig. 3.8), la matrice génératrice est donc :

$$H = \left[\begin{array}{ccc|ccc} 1 & 0 & 1 & 1 & 0 & 0 \\ 1 & 1 & 0 & 0 & 1 & 0 \\ 0 & 1 & 1 & 0 & 0 & 1 \end{array}\right] \Rightarrow G = \left[\begin{array}{ccc|ccc} 1 & 0 & 0 & 1 & 1 & 0 \\ 0 & 1 & 0 & 0 & 1 & 1 \\ 0 & 0 & 1 & 1 & 0 & 1 \end{array}\right] \Leftrightarrow n = 6,\ k = 3 \quad \text{t}\,e = 3$$

**3.3.2.** $c = (1, 0, 1, \ldots) = (u_1, u_2, u_3, \ldots)$. Un codage systématique donne :

$$c = u \cdot G = [101] \cdot \begin{bmatrix} 1 & 0 & 0 & 1 & 1 & 0 \\ 0 & 1 & 0 & 0 & 1 & 1 \\ 0 & 0 & 1 & 1 & 0 & 1 \end{bmatrix} = [101001] \Rightarrow c = (1,0,1,0,0,1)$$

**3.3.3.** Décodage de $c' = (1, 1, 0, 1, 1, 0)$

$$\boldsymbol{s}^T = \boldsymbol{H} \cdot \boldsymbol{c}'^T = \begin{bmatrix} 1 & 0 & 1 & 1 & 0 & 0 \\ 1 & 1 & 0 & 0 & 1 & 0 \\ 0 & 1 & 1 & 0 & 0 & 1 \end{bmatrix} \cdot \begin{bmatrix} 1 \\ 1 \\ 0 \\ 1 \\ 1 \\ 0 \end{bmatrix} = \begin{bmatrix} 0 \\ 1 \\ 1 \end{bmatrix}$$

Le deuxième bit de $c' = (1, \mathbf{1}, 0, 1, 1, 0)$ est erroné $\rightarrow \hat{c} = (1, \mathbf{0}, 0, 1, 1, 0)$.

## 3.4. Solution

**3.4.1.** D'après la relation (3.29) :

$$2^{n-k} \geq \sum_{i=0}^{d_{min}-2} \binom{n-1}{i} \Rightarrow 2^r \geq \sum_{i=0}^{1} \binom{10}{i}$$

où $d_{min} = 2t + 1$, $t = 1$ et $n = 11$ :

$$2^r \geq \sum_{i=0}^{1} \binom{n-1}{i} = \binom{n-1}{0} + \binom{n-1}{1} = 1 + n - 1 = n$$

$$n = k + r = 11 + r$$

$$2^r \geq 11 + r \Rightarrow r \geq 4$$

Il faut au moins 4 bits de parité pour corriger un bit sur 11 bits.

**3.4.2.** Matrice de contrôle

$$H = \left[ P_{n-k,k}^T, U_{n-k,n-k} \right]$$

Pour que le code puisse corriger une seule erreur sur 11 bits, il faut que les 11 premières colonnes de $H$ soient uniques. Elles doivent être aussi différentes des quatre dernières colonnes qui ne comportent qu'un seul bit 1 par colonne et ne peuvent pas être identiques à zéro. Par exemple :

$$H = \left[\begin{array}{ccccccccccc|cccc} 1 & 1 & 1 & 0 & 0 & 0 & 1 & 1 & 1 & 0 & 1 & 1 & 0 & 0 & 0 \\ 1 & 0 & 0 & 1 & 1 & 0 & 1 & 1 & 0 & 1 & 1 & 0 & 1 & 0 & 0 \\ 0 & 1 & 0 & 1 & 0 & 1 & 1 & 0 & 1 & 1 & 1 & 0 & 0 & 1 & 0 \\ 0 & 0 & 1 & 0 & 1 & 1 & 0 & 1 & 1 & 1 & 1 & 0 & 0 & 0 & 1 \end{array}\right]$$

## 3.5. Solution

**3.5.1.** Nous vérifions si $\boldsymbol{c_a} = (0,1,0,1,0,1,0)$ remplit la condition $H \cdot c^T = 0$ pour le mot de code $C$. A cette fin, nous multiplions $\boldsymbol{c_a}$ par la matrice de contrôle $H$.

$$H \cdot c_a^T = \begin{bmatrix} 0 & 0 & 0 & 1 & 1 & 1 & 1 \\ 0 & 1 & 1 & 0 & 0 & 1 & 1 \\ 1 & 0 & 1 & 0 & 1 & 0 & 1 \end{bmatrix} \cdot \begin{bmatrix} 0 & 1 & 0 & 1 & 0 & 1 & 0 \end{bmatrix}^T = \begin{bmatrix} 0 & 0 & 0 \end{bmatrix}^T$$

Le vecteur $\boldsymbol{c_a}$ est un mot de code.

**3.5.2**. La longueur du code est égale au nombre de colonnes de la matrice de contrôle $H$, c'est-à-dire la longueur est $n = 7$. Le nombre des bits de parité est égal au rang de la matrice $H$, qui est sûr $\leq 3$. Ainsi, le nombre $k$ de bits d'information est donc $k = n - 3 = 4$, c'est-à-dire qu'il y a $2^k = 2^4 = 16$ mots de code.

La distance minimale est le plus petit nombre de colonnes de $H$ linéairement dépendantes. Par exemple, les colonnes 1, 2 et 3. La distance minimale est donc $d_{min} = 3$. Le taux de codage $R_C$ est calculé comme suit : $R_C = k/n = 4/7$.

**3.5.3.** Nous calculons le syndrome du vecteur $\boldsymbol{c_b}$, en multipliant $\boldsymbol{c_b}$ par la matrice de contrôle $H$.

$$H \cdot c_b^T = \begin{bmatrix} 0 & 0 & 0 & 1 & 1 & 1 & 1 \\ 0 & 1 & 1 & 0 & 0 & 1 & 1 \\ 1 & 0 & 1 & 0 & 1 & 0 & 1 \end{bmatrix} \cdot \begin{bmatrix} 1 & 1 & 0 & 1 & 1 & 0 & 1 \end{bmatrix}^T = \begin{bmatrix} 1 & 0 & 1 \end{bmatrix}^T$$

Le syndrome est différent de 0 et pour une éventuelle erreur $\boldsymbol{e}$, la rlation $H \cdot e^T = [101]^T$ doit s'appliquer. Cela donne les vecteurs d'erreurs possibles suivants :

$\boldsymbol{e}_1 = 0000100$ : 5$^{e}$ colonne

$\boldsymbol{e}_2 = 0100001$ : 2$^{e}$ colonne + 7$^{e}$ colonne

$\boldsymbol{e}_3 = 0010010$ : 3$^{e}$ colonne + 6$^{e}$ colonne

$\boldsymbol{e}_4 = 0111000$ : 2$^{e}$ colonne + 3$^{e}$ colonne + 4$^{e}$ colonne

Tous les vecteurs du code avec $e_1$ comme représentant de classe (Coset leader) produisent le même syndrome. Coset, c'est-à-dire que tous les vecteurs d'erreurs possibles peuvent être générés en ajoutant les 16 mots de code du code à $e_1$ (§ 3.5.2-C).

**3.5.4.** En multipliant $c_c$ par la matrice de contrôle $H$, nous calculons le syndrome du vecteur $\boldsymbol{c}_c = (0,1,1,1,0,1,0)$

$$H \cdot c_c^T = \begin{bmatrix} 0 & 0 & 0 & 1 & 1 & 1 & 1 \\ 0 & 1 & 1 & 0 & 0 & 1 & 1 \\ 1 & 0 & 1 & 0 & 1 & 0 & 1 \end{bmatrix} \cdot \begin{bmatrix} 0 & 1 & 1 & 1 & 0 & 1 & 0 \end{bmatrix}^T = \begin{bmatrix} 0 & 1 & 1 \end{bmatrix}^T$$

Le syndrome correspond à la 3^e^ colonne de la matrice de contrôle $H$. Les colonnes sont disposées de telle sorte que le numéro de la colonne corresponde à la représentation binaire des nombres 1 à 7. Le syndrome est donc la représentation binaire de la localisation de l'erreur. Comme nous devons supposer que moins d'erreurs sont plus probables que de nombreuses, le troisième chiffre est donc incorrect.

$$\hat{\boldsymbol{c}}_c = \boldsymbol{c}_c + \boldsymbol{e}_1 = (0,1,1,1,0,1,0) + (0,0,1,0,0,0,0) = (0,1,0,1,0,1,0)$$

## 3.6. Solution

**3.6.1.** Construction de $H_2$ et $H_3$. Les matrices de contrôles sont :

$$H_2 = \overset{\begin{matrix} 1 & 2 & 3 \end{matrix}}{\begin{bmatrix} 0 & 1 & 1 \\ 1 & 0 & 1 \end{bmatrix}} \text{ et } H_3 = \overset{\begin{matrix} 1 & 2 & 3 & 4 & 5 & 6 & 7 \end{matrix}}{\begin{bmatrix} 0 & 0 & 0 & 1 & 1 & 1 & 1 \\ 0 & 1 & 1 & 0 & 0 & 1 & 1 \\ 1 & 0 & 1 & 0 & 1 & 0 & 1 \end{bmatrix}}$$

**3.6.2.** Matrices génératrices pour $H_2$ et $H_3$

Les matrices de contrôles sont de la forme $H = \left[ P_{n-k,k}^T, U_{n-k,n-k} \right]$, donc les matrices génératrices sont de la forme canonique : $\left[ U_{k,k}, P_{k,n-k} \right]$

$$G_2 = \left[ 1 \mid 1 \quad 1 \right] \; ; \; G_3 = \left[ \begin{array}{cccc|ccc} 1 & 0 & 0 & 0 & 0 & 1 & 1 \\ 0 & 1 & 0 & 0 & 1 & 0 & 1 \\ 0 & 0 & 1 & 0 & 1 & 1 & 0 \\ 0 & 0 & 0 & 1 & 1 & 1 & 1 \end{array} \right] \text{(voir § 3.6.2)}$$

**3.6.3**. Des conditions sont imposées pour qu'un code binaire $C$ ait des distances minimales 1 et 2 :

$d_{min}(C) = 1$ si et seulement s'il y a une colonne de zéros dans $H$.

$d_{min}(C) = 2$ si et seulement s'il y a deux colonnes égales dans $H$.

En général, $d_{min}(C) \leq t$ si et seulement s'il y a $t$ colonnes de $H$ qui sont linéairement dépendantes.

Par construction de la matrice génératrice de $H_r$, il n'y a pas deux colonnes qui sont linéairement dépendantes, mais chaque somme de deux colonnes est une colonne de $H_r$, donc la distance minimale est 3.

**3.6.4**. Comme $k = n - r$ et $d_{min} = 3$, la borne de Singleton (relation 3.22) est : $d_{min} \leq n - k + 1 \Rightarrow d_{min} + k = 3 + n - r \leq n + 1$, avec égalité si et seulement si $r = 2$.

## 3.7. Solution

**3.7.1.** Un code linéaire en blocs $C$ est bien décrit par sa $(k \times n)$-matrice génératrice $G$. Le codage de tout mot d'information à $k$ caractères $u = (u_0, u_1, \ldots, u_{k-1})$ en mot de code à $n$ caractères associés $c = (c_0, c_1, \ldots, c_{n-1})$ est effectué par la relation :

$$c = u \cdot G = u \cdot \begin{bmatrix} 1 & 1 & 0 & 1 & 0 & 0 & 1 \\ 1 & 0 & 1 & 0 & 0 & 1 & 1 \\ 1 & 1 & 1 & 0 & 1 & 0 & 0 \end{bmatrix}$$

Les paramètres $k$ et $n$ peuvent être obtenus en comptant les lignes et les colonnes de la matrice génératrice : $k = 3$ (nombre de lignes) et $n = 7$ (nombre de colonnes).

Le nombre de mots de code valides correspond au nombre de mots d'information possibles. Dans ce cas, le nombre de combinaisons binaires à trois caractères possibles est donc : $\mathrm{N} = 2^k = 2^3 = 8$.

À titre de comparaison : le nombre de mots de réception possibles est de $2^n = 2^7 = 128$, c'est-à-dire qu'il y a 120 mots de réception non valables (mots de réception qui ne sont pas des mots de code). Le taux de codage est le rapport entre le nombre de symboles d'information et le nombre de symboles du mot de code : $R_C = k/n = 3/7 = 0,43$. Autrement dit, 43% d'un mot de code contient les informations à transmettre. On dit également que 57% du taux de transfert de données est utilisé pour la correction d'erreurs.

L'espace de code $C$ est composé de tous les mots de code qui peuvent être formés selon l'équation $c_i = u_i{\cdot}G$. Les mots de code représentent des combinaisons linéaires de lignes de la matrice génératrice $G$. Le tableau A ci-dessous montre le résultat de ces combinaisons pour $c' = (0, 0, 0, 1, 1, 0, 1)$ :

| $i$ | $u_i$ | $c_i \in C$ | $w_H(c_i)$ | $d_H(c', c_i)$ |
|---|---|---|---|---|
| 1 | 000 | 0000000 | 0 | 3 |
| 2 | 001 | 1110100 | 4 | 5 |
| 3 | 010 | 1010011 | 4 | 5 |
| 4 | 011 | 0100111 | 4 | 3 |
| 5 | 100 | 1101001 | 4 | 3 |
| 6 | 101 | 0011101 | 4 | 1 |
| 7 | 110 | 0111010 | 4 | 5 |
| 8 | 111 | 1001110 | 4 | 5 |

$c' = (0, 0, 0, 1, 1, 0, 1)$

**Tableau A**

**3.7.2.** Dans le cas de codes linéaires en blocs, la distance minimale de Hamming $d_{min}$ peut être déterminée à partir des poids de Hamming des mots de code individuels $w_H(c_i)$. Le mot nul, qui est toujours un élément d'un code de bloc linéaire, doit être retiré de l'analyse (voir tableau ci-dessus), où $\underline{\underline{d_{min}}} = \min\left(w_H(c_i) \middle| c_i \in C, c_i \neq 0\right) = \underline{\underline{4}}$.

Le nombre d'erreurs détectables est alors $\underline{\underline{t'}} = d_{min} - 1 = \underline{\underline{3}}$ ; le nombre d'erreurs corrigeables est

$$\underline{\underline{t}} = \left\lfloor \frac{d_{min} - 1}{2} \right\rfloor = \underline{\underline{1}}.$$

**3.7.3.** La règle de décodage de maximum de vraisemblance (MLD) est donnée par la relation :

$$d_H(c', \hat{c}_i) \leq d_H(c', c_i) \ \forall \ c_i \in C$$

Cela signifie que le mot de code qui a la plus petite distance de Hamming par rapport au mot de code reçu $c' = (0, 0, 0, 1, 1, 0, 1)$ est choisi comme estimation. Pour cela, on doit comparer $c'$ avec tous les mots de code (voir tableau ci-dessus). Le mot de code $c_5$ avec une distance de Hamming de

« un » indique la plus petite distance à $c'$ : $\hat{c}_i = c_5 = (0, 0, 1, 1, 1, 0, 1)$. Il convient de noter qu'une estimation réussie ne peut être garantie que si une distance de Hamming la plus petite est inférieure ou égale au nombre d'erreurs corrigeables $t$.

**3.7.4.** Selon les relations (3.6 et 3.8b), on a : $G_S = \left[U_{k,k}, P_{k,n\text{-}k}\right]$

Par combinaison des lignes : (1+2+3), (2+3) et (1+3) mod 2, on obtient :

$$G = \begin{bmatrix} 1 & 1 & 0 & 1 & 0 & 0 & 1 \\ 1 & 0 & 1 & 0 & 0 & 1 & 1 \\ 1 & 1 & 1 & 0 & 1 & 0 & 0 \end{bmatrix} \Rightarrow G_s = \left[\begin{array}{ccc|cccc} 1 & 0 & 0 & 1 & 1 & 1 & 0 \\ 0 & 1 & 0 & 0 & 1 & 1 & 1 \\ 0 & 0 & 1 & 1 & 1 & 0 & 1 \end{array}\right]$$

**3.7.5.** Le mot de code systématique $c_S$ est calculé de manière analogue à l'équation ci-dessus :

$$c_S = [101] \cdot G_S = [\mathbf{101}0011] \Rightarrow c_S = (1, 0, 1, 0, 0, 1, 1)$$

**3.7.6.** La matrice de contrôle $H$ d'un code en blocs $C$ a la propriété que le produit de tout mot de code $c \in C$ avec $H$ est nulle.

$$H_S \cdot c^T = 0 \Rightarrow H_S \cdot G_s^T = 0$$

$$H_S = \left[P_{n\text{-}k,k}^T, U_{n\text{-}k,n\text{-}k}\right] = \left[\begin{array}{ccc|cccc} 1 & 0 & 1 & 1 & 0 & 0 & 0 \\ 1 & 1 & 1 & 0 & 1 & 0 & 0 \\ 1 & 1 & 0 & 0 & 0 & 1 & 0 \\ 0 & 1 & 1 & 0 & 0 & 0 & 1 \end{array}\right]$$

**3.7.7.** Le syndrome $s$ est le produit du mot de code reçu $c'$ avec la matrice de contrôle $H_S$ :

$$H_S \cdot [c']^T = H_S \cdot [c \oplus e]^T = s^T \Rightarrow s^T = \underbrace{H_S \cdot c^T}_{=0} \oplus H_S \cdot e^T = 0 \oplus H_S \cdot e^T = s^T$$

Ainsi, $s$ ne dépend que du vecteur d'erreurs $\boldsymbol{e}$. Le tableau des syndromes est établi pour tous les types de modèles d'erreurs qui peuvent être corrigés, c'est-à-dire pour $1 \leq w_H(e) \leq t$ ; dans ce cas, pour tous les modèles d'erreurs individuels (isolées). Ici, un syndrome correspond à la colonne de $H_S$ correspondant à une position d'erreur (Tableau B).

| $j$ | $e_j$ | $s_j$ |
|---|---|---|
| 1 | **1**000000 | 1110 |
| 2 | 0**1**00000 | 0111 |
| 3 | 00**1**0000 | 1101 |
| 4 | 000**1**000 | 1000 |
| 5 | 0000**1**00 | 0100 |
| 6 | 000000**1**0 | 0010 |
| 7 | 0000000**1** | 0001 |

**Tableau B**

**3.7.8.** Les équations de contrôle sont tirées de la représentation suivante :

$$[s_1\ s_2 \dots\ s_{n-k}]^T = H_s \cdot [c'_1\ c'_2 \dots\ c_n]^T$$

$$s^T = H_S \cdot [c']^T = \begin{bmatrix} s_1 & s_2 & \cdots & s_{n\text{-}k} \end{bmatrix}^T = \begin{bmatrix} h_1 & h_2 & \cdots & h_n \end{bmatrix} \cdot \begin{bmatrix} c'_1 & c'_2 & \cdots & c'_n \end{bmatrix}^T$$

Les bits « 1 » de la matrice de contrôle indiquent quels bits de réception doivent être pris en compte pour chaque localisation individuelle du syndrome :

$$\left.\begin{bmatrix} 1 & 0 & 1 & 1 & 0 & 0 & 0 \\ 1 & 1 & 1 & 0 & 1 & 0 & 0 \\ 1 & 1 & 0 & 0 & 0 & 1 & 0 \\ 0 & 1 & 1 & 0 & 0 & 0 & 1 \end{bmatrix} \cdot \begin{bmatrix} c'_1 \\ c'_2 \\ c'_3 \\ c'_4 \\ c'_5 \\ c'_6 \\ c'_7 \end{bmatrix} = \boldsymbol{s}^{\boldsymbol{T}} \right\} \Rightarrow \begin{cases} \boldsymbol{s}_1 = \boldsymbol{c}'_1 + \boldsymbol{c}'_3 + \boldsymbol{c}'_4 \\ \boldsymbol{s}_2 = \boldsymbol{c}'_1 + \boldsymbol{c}'_2 + \boldsymbol{c}'_3 + \boldsymbol{c}'_5 \\ \boldsymbol{s}_3 = \boldsymbol{c}'_1 + \boldsymbol{c}'_2 + \boldsymbol{c}'_6 \\ \boldsymbol{s}_4 = \boldsymbol{c}'_2 + \boldsymbol{c}'_3 + \boldsymbol{c}'_7 \end{cases}$$

**3.7.9.** Partant de l'équation générale $s^T = H \cdot [c']^T$ avec le syndrome $\boldsymbol{s}$, un mot de code reçu $c'$ et la matrice de contrôle $H$.

La première distinction de cas consiste à savoir si un syndrome est nul ou non. Dans le premier cas ($s = 0$), cela signifie que le mot de réception $\boldsymbol{c}'$ est un mot de code ($c' \in C$). Dans ce cas, il s'agit soit d'une transmission correcte, soit d'une erreur non identifiée.

Si, en revanche, le syndrome est différent de zéro ($s \neq 0$), il y a deux autres possibilités : Premièrement, les syndromes $s$ peuvent être inclus dans le tableau des syndromes. Ensuite, le vecteur d'erreurs $\boldsymbol{e}$ peut être déterminé et une correction de la forme $c = c' + e$ peut être effectuée. Deuxièmement, les syndromes $s$ ne peuvent pas être contenus dans le tableau des syndromes, donc une erreur a été détectée, mais il n'est pas possible de la corriger.

**3.7.10.** Le décodage est analogue à la description de la question précédente :

$$s_a = H_S \cdot [c'_a]^T = H_S \cdot [1110000]^T = [0100] = s_4 \Rightarrow s_a = s_4 = (0,1,0,0)$$

$$\Rightarrow \hat{c}_a = c'_a + e_4 = (1110100) \Rightarrow \underline{\underline{\hat{u}_a = (1,1,1)}}$$

$$s_b = H_S \cdot [c'_b]^T = H_S \cdot [1000100]^T = [1010] \Rightarrow s_b = (1,0,1,0)$$

$s_b$ ne fait pas partie du tableau des syndromes. Une estimation n'est donc pas possible, mais une erreur a été détectée. Plus d'une erreur ($t = 1$) aurait dû se produire. Une comparaison de $c'_b$ avec les mots de code du tableau A montre également qu'il existe une distance de Hamming minimale de 2 avec les mots de code $c_1$, $c_2$ et $c_8$. Il n'est donc pas possible d'établir une correspondance claire de ce point de vue.

## 3.8. Solution

**3.8.1.** Partant de la relation (3.24 : Borne de Hamming) :

$$q^{n-k} \geq \sum_{i=0}^{t} \binom{n}{i} (q-1)^i$$

Pour $q = 2$ et $r = n - k = 3$, on a un nombre d'erreurs corrigeables de $t = 1$ (codes de Hamming construits pour le cas d'erreur 1).

**3.8.2.** $n = k + r$

- $\boldsymbol{n}$ = Longueur de mot de code $c$ (exprimé en bit)
- $\boldsymbol{k}$ = Nombre des bits de l'information $u$
- $\boldsymbol{r}$ = Nombre des bits de contrôle

Le nombre d'erreurs uniques (isolées) possible est égal à la longueur $n$ de mot de code et ce nombre est égal au nombre de syndromes possibles, donc il s'applique : $n = 2^r - 1 = 2^3 - 1 = 7 \Rightarrow k = 4$

**3.8.3.**

Nombre de mots de code : $N = 2^4 = 16$

Nombre de mots de réception possibles : $2^n = 2^7 = 128$

**3.8.4.** $d_{min} = 2t+1 = 3$

**3.8.5.** Code de Hamming $C(7,4)_2$ (§ 3.6.2)

$$H = \begin{bmatrix} 0 & 1 & 1 & 1 & 1 & 0 & 0 \\ 1 & 0 & 1 & 1 & 0 & 1 & 0 \\ 1 & 1 & 0 & 1 & 0 & 0 & 1 \end{bmatrix} \Rightarrow G = \begin{bmatrix} 1 & 0 & 0 & 0 & 0 & 1 & 1 \\ 0 & 1 & 0 & 0 & 1 & 0 & 1 \\ 0 & 0 & 1 & 0 & 1 & 1 & 0 \\ 0 & 0 & 0 & 1 & 1 & 1 & 1 \end{bmatrix}$$

## 3.9. Solution

**3.9.1.** $C(n,k,d_{min})$ est un code liéaire en blocs. Le représentant de classe $b$ (Coset leader) est donné par la relation : $b + C = \{b + a, a \in C\}$.

Soit $v = a + b$ ; $s^T = H \cdot [v]^T = H \cdot [a+b]^T = \underbrace{H \cdot a^T}_{= 0 \forall a \in C} + H \cdot b^T = H \cdot b^T$

**3.9.2.** Les vecteurs d'erreurs binaires associés $\boldsymbol{e_j}$ (Error pattern) corrigeables et les syndromes associés $s_j$ :

| $e_j$ | $s_j$ | $e_j$ | $s_j$ |
|---|---|---|---|
| 000000**1** | 001 | 00**1**0000 | 110 |
| 00000**1**0 | 010 | 0**1**00000 | 101 |
| 0000**1**00 | 100 | **1**000000 | 011 |
| 000**1**000 | 111 | | |

En examinant la matrice de contrôle $H$ sur le nombre minimal des colonnes linéairement dépendantes, on obtient :

$$H = \begin{bmatrix} 0 & \overset{\downarrow}{1} & 1 & \overset{\downarrow}{1} & 1 & \overset{\downarrow}{0} & 0 \\ 1 & 0 & 1 & 1 & 0 & 1 & 0 \\ 1 & 1 & 0 & 1 & 0 & 0 & 1 \end{bmatrix} \Rightarrow \begin{bmatrix} 1 \\ 0 \\ 1 \end{bmatrix} + \begin{bmatrix} 1 \\ 1 \\ 1 \end{bmatrix} + \begin{bmatrix} 0 \\ 1 \\ 0 \end{bmatrix} = 0 \Rightarrow \underline{\underline{d_{min} = 3}}$$

Le code peut corriger une erreur : $t = \left\lfloor \frac{d_{min} - 1}{2} \right\rfloor \Rightarrow \underline{\underline{t = 1}}$

**3.9.3.** Chacun des $2^3 - 1 = 7$ syndromes possibles (différents de 0) se trouve clairement affecté d'une erreur de poids 1 et peut donc être corrigé. Les erreurs de poids supérieurs (combinaisons linéaires d'erreurs simples) ne peuvent pas être corrigées, car les combinaisons linéaires correspondantes des syndromes sont déjà affectées à des modèles d'erreurs simples.

# A4. Solutions des exercices du chapitre 4

## 4.1. Solution

**4.1.1.** Présentation des codes cycliques

$r = \deg(g(x)) = 3$

Un code cyclique doit remplir la condition $n = \rho$ (relation 4.16b, où $x^n + 1 = x^n - 1$), où $\rho$ est la période de $g(x)$ présentant le plus petit nombre entier pour lequel : $1 + x^\rho = 0 \bmod g(x)$. $\rho$ est calculé en inversant l'algorithme de division gaussienne.

$$\begin{array}{cccccccccc}
1 & +x & +0 & +x^3 & & & & & = & g(x)\cdot 1 \\
 & x & +x^2 & +0 & +x^4 & & & & = & g(x)\cdot x \\
 & & x^2 & +x^3 & +0 & +x^5 & & & = & g(x)\cdot x^2 \\
 & & & & x^4 & +x^5 & +0 & +x^7 & = & g(x)\cdot x^4 \\
\hline
1 & +0 & +0 & +0 & +0 & +0 & +0 & +x^7 & = & 1+x^7
\end{array}$$

On a donc $1+x^n = 1+x^7 \rightarrow n = \rho$ et la formule suivante s'applique (relation 4.17) : $g(x)\cdot h(x) = 1 + x^n \Rightarrow (1+x+x^3)\cdot h(x) = 1+x^7$. Ce qui donne :

$$\underline{\underline{h(x) = 1 + x + x^2 + x^4}}$$

Procédure plus rapide avec notation binaire : $g = 1101$ :

$$\begin{array}{ccccccccll}
1 & 1 & 0 & 1 & & & & & = & g \\
 & 1 & 1 & 0 & 1 & & & & = & g\cdot(01) \\
 & & 1 & 1 & 0 & 1 & & & = & g\cdot(001) \\
 & & & & 1 & 1 & 0 & 1 & = & g\cdot(00001) \\
\hline
1 & 0 & 0 & 0 & 0 & 0 & 0 & 1 & = & 1+x^7
\end{array}$$

$k = n - r = 7 - 3 = 4$

**4.1.2.** Matrice génératrice

Chaque code cyclique a au moins une matrice génératrice avec une structure en bandes (relation 4.11)

$$\boldsymbol{G} = \begin{bmatrix} g_0 & \cdots & g_{n-k} & 0 & 0 \\ 0 & g_0 & \cdots & g_{n-k} & 0 \\ \vdots & \vdots & \cdots & \vdots & 0 \\ 0 & 0 & g_0 & \cdots & g_{n-k} \end{bmatrix} = \begin{bmatrix} \boldsymbol{g}^{(0)} \\ \boldsymbol{g}^{(1)} \\ \vdots \\ \boldsymbol{g}^{(k-1)} \end{bmatrix}$$

$$g(x) = (1 + x + x^3) \Rightarrow g_0 = 1\ ;\ g_1 = 1\ ; g_2 = 0\ ; g_3 = 1 \Rightarrow g = (1, 1, 0, 1)$$

$$G = \begin{bmatrix} 1 & 1 & 0 & 1 & 0 & 0 & 0 \\ 0 & 1 & 1 & 0 & 1 & 0 & 0 \\ 0 & 1 & 1 & 0 & 1 & 0 & 0 \\ 0 & 0 & 0 & 1 & 1 & 0 & 1 \end{bmatrix} \Leftrightarrow k = 4,\ n = 7$$

**4.1.3.** Codage des vecteurs $u_a$ et $u_b$

$$c_a = u_a \cdot G = [0110] \cdot G = [\,|\overrightarrow{01}01110]$$

$$c_b = u_b \cdot G = [1010] \cdot G = [1110|\overrightarrow{010}]$$

**4.1.4.** Présentation polynomiale

$$c(x) = u(x) \cdot g(x)$$

$$u = (u_0, u_1, u_2, u_3)$$

$$u_a = (0, 1, 1, 0) \Rightarrow u_a(x) = u_0 + u_1 x + u_2 x^2 + u_3 x^3 \Rightarrow \underline{\underline{u_a(x) = x + x^2}}$$

$$u_b = (1, 0, 1, 0) \Rightarrow u_b(x) = u_0 + u_1 x + u_2 x^2 + u_3 x^3 \Rightarrow \underline{\underline{u_b(x) = 1 + x^2}}$$

$$c_a(x) = u_a(x) \cdot g(x)$$

$$(x + x^2) \cdot (1 + x + x^3)$$

$$\begin{array}{cccccccccccc}
\hline
x & + & x^2 & + & 0 & + & x^4 & & & & \\
 & & x^2 & + & x^3 & + & 0 & + & x^5 \\
\hline
x & + & 0 & & x^3 & + & x^4 & + & x^5 \\
\hline
\end{array}$$

$$c_a(x) = x + x^3 + x^4 + x^5 \Rightarrow \underline{\underline{c_a = (0, 1, 0, 1, 1, 1, 0)}}$$

Donc nous obtenons aussi :

$$c_b(x) = u_b(x) \cdot g(x)$$

$$\underline{(1 + x^2) \cdot (1 + x + x^3)}$$

$$\begin{array}{ccccccccccccc}
\hline
1 & + & x & + & 0 & + & x^3 & & & & \\
 & + & 0 & + & 0 & + & 0 & + & 0 & & \\
 & & & & x^2 & + & x^3 & + & 0 & + & x^5 \\
\hline
1 & + & x & + & x^2 & + & 0 & + & 0 & & x^5
\end{array}$$

$$c_b(x) = 1 + x + x^2 + x^5 \Rightarrow \underline{\underline{c_b = (1110010)}}$$

**4.1.5.** Codage systématique des vecteurs $\boldsymbol{u_a}$ et $\boldsymbol{u_b}$

$c(x) = u(x) \cdot g(x)$ : codage non systématrique

Le codage systématique est donné par la relation (4.32) :

$c(x) = q(x) \cdot g(x) = u(x) \cdot x^{n-k} + r(x) \bmod g(x)$

où $r(x) = R_{g(x)}\left[x^{n-k} \cdot u(x)\right]$ (relation 4.29)

$c(x)$ est séparable et peut être divisé par $g(x)$ sans reste.

Pour $u_a(x) = x + x^2 \Rightarrow x^{n-k} \cdot u_a(x) = x^3 \cdot (x + x^2) = x^4 + x^5$

$$x^5 + x^4 \div x^3 + x + 1 = x^2 + x + 1 + \frac{1}{g(x)}$$

$$\begin{array}{ccccccccccc|l}
x^5 & + & x^4 & + & 0 & + & 0 & + & 0 & + & 0 & x^3+x+1 \\
x^5 & + & 0 & + & x^3 & + & x^2 & & & & & x^2+x+1 \\
\hline
 & & x^4 & + & x^3 & + & x^2 & & & & & \\
 & & x^4 & + & & + & x^2 & + & x & & & \\
\hline
 & & & & x^3 & + & 0 & & x & & & \\
 & & & & x^3 & + & & + & x & + & 1 & \\
\hline
 & & & & 0 & & & & 0 & & 1 &
\end{array}$$

$r(x) = x^3 \cdot (x + x^2) \bmod g(x) = 1 \Rightarrow r = 001 \Leftrightarrow 100$ (Forme 4.33)

Le code systématique $u_a$ est donc :

$c_a(x) = x^{n-k} \cdot u(x) + r(x) \ = 1 + x^4 + x^5 \Rightarrow c_a = \underbrace{100}_{r}\underbrace{0110}_{u_a}$ (Forme 4.33)

Pour $u_b$ on a :

$u_b(x) = 1 + x^2 \Rightarrow x^{n-k} \cdot u_a(x) = x^3 \cdot (1 + x^2) = x^3 + x^5$

$$x^5 + x^3 \div x^3 + x + 1 = x^2 + \frac{x^2}{g(x)}$$

Le code systématique $u_b$ est donc :

$r(x) = x^3 + x^5 \bmod g(x) = x^2 \Rightarrow r = 100 \Leftrightarrow 001$ (Forme 4.33)

$c_b(x) = x^{n-k} \cdot u(x) + r(x) \ = x^2 + x^3 + x^5 \Rightarrow c_b = \underbrace{001}_{r}\underbrace{1010}_{u_b}$ (Forme 4.33)

## 4.2. Solution

**4.2.1.** Partant de la relations (4.27) : $x^{n-i} = q_i(x) \cdot g(x) + r_i(x),\ i = 1, 2, \ldots, k,$ où $k = 11$, $n = 15$ et $p = n + 1 = 16 \rightarrow$ le champ correspondant $GF(2^4)$.

La matrice génératrice en forme canonique est donnée par la forme : $G_S = \left[U_{k,k}, P_{k,n\text{-}k}\right]$

| $i$ | $x^{n-i}$ | | $q(x)\cdot g(x)$ | | $r_i(x)$ |
|---|---|---|---|---|---|
| 11 | $x^4$ | $=$ | $g(x)$ | $+$ | $1+x$ * |
| 10 | $x^5$ | $=$ | $x\cdot g(x)$ | $+$ | $x+x^2$ |
| 9 | $x^6$ | $=$ | $x^2\cdot g(x)$ | $+$ | $x^2+x^3$ |
| 8 | $x^7$ | $=$ | $(x^3+1)\cdot g(x)$ | $+$ | $1+x+x^3$ ** |
| 7 | $x^8$ | $=$ | $(x^4+x+1)\cdot g(x)$ | $+$ | $1+x^2$ |
| 6 | $x^9$ | $=$ | $(x^5+x^2+x)\cdot g(x)$ | $+$ | $x+x^3$ |
| 5 | $x^{10}$ | $=$ | $(x^6+x^3+x^2+1)\cdot g(x)$ | $+$ | $1+x+x^2$ |
| 4 | $x^{11}$ | $=$ | $(x^7+x^4+x^3+x)\cdot g(x)$ | $+$ | $x+x^2+x^3$ |
| 3 | $x^{12}$ | $=$ | $(x^8+x^5+x^4+x^2+1)\cdot g(x)$ | $+$ | $1+x+x^2+x^3$ |
| 2 | $x^{13}$ | $=$ | $(x^9+x^6+x^5+x^3+x+1)\cdot g(x)$ | $+$ | $1+x^2+x^3$ |
| 1 | $x^{14}$ | $=$ | $(x^{1}\ +x^{07}+x^6+x^4+x^2+x+1)\cdot g(x)$ | $+$ | $1+x^3$ |

$$* \ : g(x) = 1+x+x^4 \Rightarrow x^4 = g(x)+x+1 \bmod 2$$

$$** : x^7 = x\cdot x^6 = x\cdot\left(x^2 g(x)\right) + x\cdot\left(x^2+x^3\right)$$

$$= x^3 g(x) + x^3 + x^4 + \underbrace{1+x+1+x}_{=0} = x^3 g(x) + x^3 + \underbrace{x^4+1+x}_{g(x)} + 1 + x$$

$$= (x^3+1)g(x) + 1 + x + x^3$$

On peut dire que la *i*-ème ligne de la matrice a la forme suivante : $x^{n-i} + r_i(x)$ ; $i = 1, 2, \ldots, k$, où $r_i(x)$ est un polynôme de degré inférieur à $(n-k)$ présentant la parité de la matrice génératrice systématique $P_{k,n\text{-}k}$.

$$G_S = \left[\begin{array}{cccccc|cccc}
 & & U_{k,k} & & & & & P_{k,n-k} & & \\
1 & & & & & & 1 & 1 & 0 & 0 \\
 & 1 & & & & & 0 & 1 & 1 & 0 \\
 & & \ddots & & & & 1 & 1 & 0 & 1 \\
 & & & \ddots & & & \vdots & \vdots & \vdots & \vdots \\
 & & & & 1 & & 1 & 0 & 1 & 1 \\
 & & & & & 1 & 1 & 0 & 0 & 1
\end{array}\right]$$

**4.2.2.** Polynôme générateur du code dual

Le polynôme générateur du code dual est donné par la relation (4.23)

$$g^{\perp} = \overline{h}(x) = x^k h(x^{-1})$$

$$x^n + 1 = g(x) \cdot h(x) \Rightarrow h(x) = \frac{x^n + 1}{g(x)}$$

$$h(x) = \frac{x^{15} + 1}{x^4 + x + 1} = x^{11} + x^8 + x^7 + x^5 + x^3 + x^2 + x + 1$$

$$\underline{\underline{g^{\perp}(x)}} = x^k h(x^{-1}) = \underline{\underline{1 + x^3 + x^4 + x^6 + x^8 + x^9 + x^{10} + x^{11}}}$$

## 4.3. Solution

**4.3.1.** Le polynôme générateur : $g(x) = 1 + x^2 + x^4 + x^6 + x^8 \Rightarrow r = n - k = 8$

Le taux de codage : $R_C = \frac{k}{n} = \frac{n-r}{n} = 1 - \frac{r}{n} = 1 - \frac{8}{n}$

$R_C$ est maximal si $8/n$ est minimal de telle sorte que $R_C < 1$

- Premier choix : $n = 9$, mais $g(x)$ ne divise pas $x^9 + 1$
- Deuxième choix : $n = 10$, $g(x)$ divise $x^{10} + 1$

$$x^{10} + 1 = g(x)(x^2 + 1)$$

$$R_C = \frac{k}{n} = \frac{n-r}{n} = \frac{2}{10} = \frac{1}{5}$$

**4.3.2.** Distance minimale

| Entrée binaire | $u(x)$ | $u(x) \cdot g(x)$ | $d_{min}$ |
|---|---|---|---|
| 00 | 0 | 0000000000 | |
| 01 | 1 | **0101010101** | 5 |
| 10 | $x$ | 1010101010 | |
| 11 | $1+x$ | 1111111111 | |

**4.3.3.** Gain du code

$$G_{code} = R_C \cdot d_{min} = \frac{1}{5} \cdot 5 = 1$$

## 4.4. Solution

**4.4.1**. La période $\rho$ d'un polynôme générateur $g(x)$ est le plus petit nombre entier auquel s'applique : $1 + x^{\rho} = 0 \bmod g(x)$ (relation 4.16b, $x^n + 1 = x^n - 1$). Un code cyclique remplit donc la condition : $n = \rho$.

$g(x)$ ne divise pas $1 + x^{\rho}$ pour $\rho = 7$ et $\rho = 8$, mais pour $\rho = 9$, on a :

$$R_{g(x)}\left[1+x^9\right]=0,\ \text{où}\ g(x)=1+x^3+x^6$$

$$n=\rho \Rightarrow n=9\ ;\ n-k=r=6 \Rightarrow k=3$$

$$R_C=\frac{k}{n}=\frac{3}{9}=\frac{1}{3}$$

**4.4.2**. Ce code est cyclique, car : $R_{g(x)}\left[1+\rho^9\right]=0$. On a d'après la relation (4.17) :

$$g(x)\cdot h(x)=x^n+1 \Rightarrow h(x)=\frac{x^9+1}{x^6+x^3+1}=x^3+1$$

**4.4.3**. D'après la relation (3.22), on a :

$$d_{min} \le n-k+1 \Rightarrow d_{min}=7$$
$$d_{min}=2t+1=7 \Rightarrow \underline{\underline{t_{max}=3}}$$

**4.4.4**. Selon la relation (3.23), on a :

$$k \le n-\text{lb}\left[1+\sum_{i=1}^{t}\binom{n}{i}\right] \Rightarrow n-k=6 \ge \text{lb}\left[1+\sum_{i=1}^{t}\binom{n}{i}\right] \Rightarrow i=2 \Rightarrow \underline{\underline{t_{max}=2}},$$

**4.4.5**. Matrices systématiques $G_S$ et $H_S$

$k = 3$ ; $n = 9$ et d'après la relation (4.27), où $i = 1, \ldots, k$, on obtient :

| $i$ | $x^{n-i}$ | | $q(x)\cdot g(x)$ | | $r_i(x)$ |
|---|---|---|---|---|---|
| 3 | $x^6$ | = | $g(x)$ | + | $1+x^3$ |
| 2 | $x^7$ | = | $x\cdot g(x)$ | + | $x+x^4$ |
| 1 | $x^8$ | = | $x^2\cdot g(x)$ | | $x^2+x^5$ |

où $g(x)=1+x^3+x^6$

$$G_S=\left[I_{k,k},\ P_{k,n-k}\right]=\left[\begin{array}{ccc|cccccc}1&0&0&1&0&0&1&0&0\\0&1&0&0&1&0&0&1&0\\0&0&1&0&0&1&0&0&1\end{array}\right]$$

$$H_S = \left[P_{n-k,k}^T, I_{n-k}\right] = \left[\begin{array}{ccc|cccccc} 1 & 0 & 0 & 1 & 0 & 0 & 0 & 0 & 0 \\ 0 & 1 & 0 & 0 & 1 & 0 & 0 & 0 & 0 \\ 0 & 0 & 1 & 0 & 0 & 1 & 0 & 0 & 0 \\ 1 & 0 & 0 & 0 & 0 & 0 & 1 & 0 & 0 \\ 0 & 1 & 0 & 0 & 0 & 0 & 0 & 1 & 0 \\ 0 & 0 & 1 & 0 & 0 & 0 & 0 & 0 & 1 \end{array}\right]$$

**4.4.6.** La distance minimale $d_{min}$ d'un code linéaire en blocs est le nombre minimal des colonnes dépendantes de la matrice de parité $H$.

$$H = \begin{bmatrix} h_1 & h_2 & h_3 & h_4 & h_5 & h_6 & h_7 & h_8 & h_9 \end{bmatrix}$$

Les colonnes $h_2$, $h_5$ et $h_8$ sont linéairement dépendantes :

$$h_2 \oplus h_5 \oplus h_8 = 0 \mod 2$$

$$\begin{bmatrix} 0 \\ 1 \\ 0 \\ 0 \\ 1 \\ 0 \end{bmatrix} \oplus \begin{bmatrix} 0 \\ 1 \\ 0 \\ 0 \\ 0 \\ 0 \end{bmatrix} \oplus \begin{bmatrix} 0 \\ 0 \\ 0 \\ 0 \\ 1 \\ 0 \end{bmatrix} = \begin{bmatrix} 0 \\ 0 \\ 0 \\ 0 \\ 0 \\ 0 \end{bmatrix} \Rightarrow \underline{\underline{d_{min}}} = 3 = 2t+1 \Rightarrow \underline{\underline{t=1}}$$

**4.4.7.** $s(x) = R_{g(x)}\left[c'(x)\right]$

$$s_1(x) = x^3 \Leftrightarrow s_1 = (0,0,0,1,0,0)$$

$$s_2(x) = 1 + x + x^3 + x^5 \Leftrightarrow s_2 = (1,1,0,1,0,1)$$

## 4.5. Solution

**4.5.1.** Dans un champ $GF(2)$, on peut écrire :

$$1 + x^n = (1+x)(1 + x + \cdots + x^{n-2} + x^{n-1}) \ \forall n$$

$$\text{alors} : (1+x) \text{ divise } 1+x^n \Rightarrow \begin{cases} g(x) = 1 + x \\ u(x) = 1 + x + \cdots + x^{n-2} + x^{n-1} \end{cases}$$

$$1 + x^n = c(x) = (1+x) \cdot u(x) \ \forall n$$

**4.5.2.** Le polynôme d'information est $u(x)$ :

$$u(x) = 1 + x + \cdots + x^{n-2} + x^{n-1} \Rightarrow k = n-1$$

**4.5.3.** D'après la relation (4.27), on a :

$$x^{n-i} = q_i(x) \cdot g(x) + r_i(x),\ i = 1, 2, \ldots, k$$

$g_i$ est la $i$-ème ligne de la matrice génératrice :

$$g_i = (00\ldots00100\ldots p_{i,1})$$

$$x^{n-i} + p_{i,1} = x^{n-i} \bmod x+1$$

$$\Updownarrow$$

$$x^{n-i} = q_i(x) \cdot g(x) + r_i(x) \Leftrightarrow G_s = \left[ I_{k,k} \middle| P_{i,n-k} \right] = \left[ I_{k,k} \middle| P_{i,1} \right]$$

$$x^{n-i} = x+1 \bmod x+1 = 1\ \forall i$$

Par exemple $n = 4$, $k = 3$, on a le tableau suivant :

| $i$ | $x^{n-i}$ | | $q(x) \cdot g(x)$ | | $r_i(x)$ |
|---|---|---|---|---|---|
| 3 | $x$ | $=$ | $g(x)$ | $+$ | 1 |
| 2 | $x^2$ | $=$ | $(1+x) \cdot g(x)$ | $+$ | 1* |
| 1 | $x^3$ | $=$ | $(1+x+x^2) \cdot g(x)$ | | 1** |

où $g(x) = 1 + x$

$$* \ xg(x) + x = xg(x) + \underbrace{1+x}_{g(x)} + 1 \bmod 2 \quad (1+1=0)$$
$$= xg(x) + g(x) + 1 = g(x)(1+x) + 1$$

$$** \ x \cdot \left( g(x)(x+1) + 1 \right) = g(x)(x+x^2) + 1 + x + 1 \bmod 2$$
$$= g(x)(x+x^2) + g(x) + 1 = g(x)(1+x+x^2) + 1$$

En général, on a la matrice génératrice systématique $G_S$ de la forme :

$$G_S = \left[ \begin{array}{cccc|c} 1 & 0 & \cdots & 0 & 1 \\ 0 & 1 & & 0 & 1 \\ \vdots & \vdots & \ddots & \vdots & 1 \\ 0 & 0 & \cdots & 1 & 1 \end{array} \right]$$

La matrice de contrôle systématique $H_S$ correspondante est donc :

$$H_S = \left[ \begin{array}{ccc|c} 1 & \cdots & 1 & 1 \end{array} \right]$$

**4.5.4.** $c = (c_0, c_2, \ldots, c_{n-1})$ : mot de code $C(n, n-1)$

$$c \cdot H^T = 0 \Rightarrow c \cdot [11 \cdots 1]^T = c_0 + c_2 + \cdots + c_{n-1}$$

Les codes générés par $g(x) = 1 + x$ sont des codes de parité (Parity Check Codes).

## 4.6. Solution

**4.6.1.** Code cyclique et systématique :

$$g(x) = g_{n-k}x^{n-k} + \cdots + g_1 x + 1 = x^3 + x + 1 \Rightarrow g = (1, 0, 1, 1),\ n - k = 3$$

$$u = (1, 0, 0, 1, 1, 0, 1, 0)$$

$$u(x) = u_{k-1}x^{k-1} + \cdots + u_1 x + u_0 = x^7 + x^4 + x^3 + x\ ;\ k = 8.$$

D'après la relation (4.32) : $c(x) = q(x) \cdot g(x) = u(x) \cdot x^{n-k} + r(x)$, les étapes de construction du $c(x)$ sont :

**Etape1** : Ajouter $r$ bits de 0 à droite de la séquence correspondante au vecteur information $u$, donnant ainsi une suite binaire σ de longueur $n = r + k$ qui correspond au polynôme $x^{n-k} \cdot u(x)$. ce qui donne le vecteur : $\sigma = (1, 0, 0, 1, 1, 0, 1, 0, \mathbf{0}, \mathbf{0}, \mathbf{0})$.

**Etape 2** : Diviser (division modulo 2) la suite binaire σ ainsi obtenue par celle qui correspond au polynôme générateur $g$ = 1011 pour obtenir la séquence de contrôle $r(x)$ comme le reste de cette division :

$$10011010000 \div 1011 = 001 \Rightarrow r = (0, 0, 1) \Leftrightarrow r(x) = 1$$

Le mot de code est donc :

$$\left.\begin{array}{r} 10011010\mathbf{000} \\ + \quad\quad\quad \\ \mathbf{001} \\ \hline 10011010\mathbf{001} \end{array}\right\} \Rightarrow c_{n-1}x^{n-1} + \cdots c_1 x + c_0 = x^{10} + x^7 + x^6 + x^4 + 1$$

Le mot de code émis (Forme 4.33) :

$$c = (c_0, c_1, \ldots, c_{n-i}, \ldots, c_{n-1})$$

$$\underline{\underline{c}} = (r_0, r_1, \ldots, r_{n-k-1}, u_0, u_1, \ldots, u_{k-1}) = \underline{\underline{(\mathbf{100}01011001)}}$$

**4.6.2.** Nombre des bits émis

$$n = k + r = 3 + 8 = 11$$

### 4.6.3.

$c'(x) = x^8 + x^7 + x^6 + x^3 + x^2 + x + 1$ ; $g(x) = x^3 + x + 1 \Rightarrow R_{g(x)}\left[c'(x)\right] = x \neq 0$

$c'(x)$ n'st pas un mot de code.

## 4.7. Solution

**4.7.1.** Polynôme générateur : $g(x) = g_0 + g_1 x + g_2 x \cdots + g_{n-k} x^{n-k}$

D'après le circuit

$$g_0 = 1,\ g_1 = 1,\ g_2 = 0,\ g_{n-k} = g_3 = 1 \Rightarrow g(x) = 1 + x + x^3$$

$n - k = 3$ et $R_{g(x)}\left[1 + x^{\rho}\right] = 0$ pour $\rho = 7$.

Pour un code cyclique $n = \rho \Rightarrow k = 4$

**4.7.2.** Procédure de codage

**Phase 1** : Déplacement de $u_0 \ldots u_{k-1} = u_0 \ldots u_3$ dans le mot de code et calcul du reste de la division $r(x)$ à partir de la division de $u(x)$ sur $g(x)$. Passage du commutateur $E_1$ au commutateur $E_2$.

**Phase 2** : Déplacer $r(x)$ vers le mot de code.

$$c(x) = u(x) \cdot x^{n-i} + r(x),\ \text{où}\ r(x) = u(x) \cdot x^{n-i} \bmod g(x)$$

**4.7.3.** Codage de $u_a(x)$ : $u(x) = u_0 + u_1 x + u_2 x \cdots + u_{k-1} x^{k-1}$ :

$u_a(x) = x + x^2 \Rightarrow u_0 = 0,\ u_1 = 1,\ u_2 = 1,\ u_3 = 0$.

| **Commutateur** | **Information** | **Décalage** | **Registres** | | | **Mot de code Emission** |
|---|---|---|---|---|---|---|
| Initial | | | $r_0$ | $r_1$ | $r_2$ | |
| | | | **0** | **0** | **0** | |
| Phase ① | **0** | 1 | **0** | **0** | **0** | **0** |
| | **1** | 2 | **1** | **1** | **0** | **1** |
| | **1** | 3 | **1** | **0** | **1** | **1** |
| | **0** | 4 | **1** | **0** | **0** | **0** |
| Phase ② | **0** | 5 | **0** | **1** | **0** | 0 |
| | **0** | 6 | **0** | **0** | **1** | 0 |
| | **0** | 7 | **0** | **0** | **0** | 1 |

Le mot de code (Forme 4.33) :

$$c = (c_0, c_1, c_2, c_3, c_4, c_5, c_6) = (r_0, r_1, r_2, u_0, u_1, u_2, u_3) \Rightarrow \underline{\underline{c = (1,0,0,\mathbf{0},\mathbf{1},\mathbf{1},\mathbf{0})}}$$

**4.7.4.** Le circuit décodeur correspondant

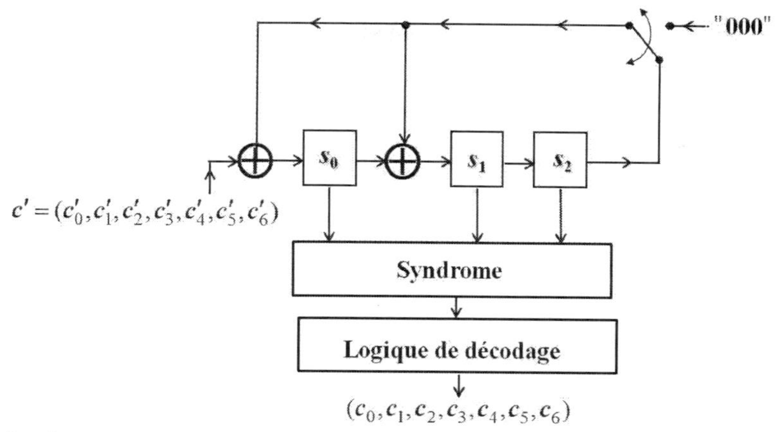


## 4.8. Solution

**4.8.1.** Le codeur correspondant au polynôme génétrateur $g(x) = 1 + x^2 + x^3$ est le suivant :

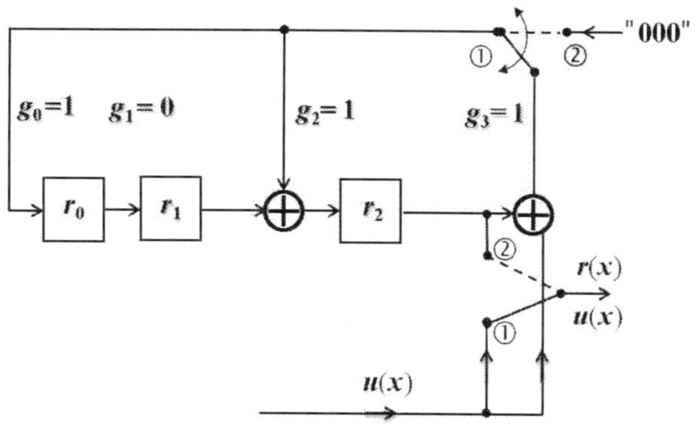


**4.8.2.** Matrice génératrices systématique $G_S$ du code pour $g = (1, 0, 1, 1)$

Pour ramener la matrice $G$ à une forme systématique $G_S$, nous ajoutons la ligne 1 à la ligne 2, et les lignes 1 et 2 à la ligne 3, et nous ajoutons les lignes 2 et 3 à la ligne 4. Ce qui donne :

$$G = \begin{bmatrix} 1 & 0 & 1 & 1 & 0 & 0 & 0 \\ 0 & 1 & 0 & 1 & 1 & 0 & 0 \\ 0 & 0 & 1 & 0 & 1 & 1 & 0 \\ 0 & 0 & 0 & 1 & 0 & 1 & 1 \end{bmatrix} \Rightarrow G_S = \left[\begin{array}{ccc|cccc} 1 & 0 & 1 & 1 & 0 & 0 & 0 \\ 1 & 1 & 1 & 0 & 1 & 0 & 0 \\ 1 & 1 & 0 & 0 & 0 & 1 & 0 \\ 0 & 1 & 1 & 0 & 0 & 0 & 1 \end{array}\right]$$

$$\qquad\qquad\qquad\qquad P_{4,3} \qquad\qquad U_{4,4}$$

**4.8.3.** Circuit calculateur de syndrome

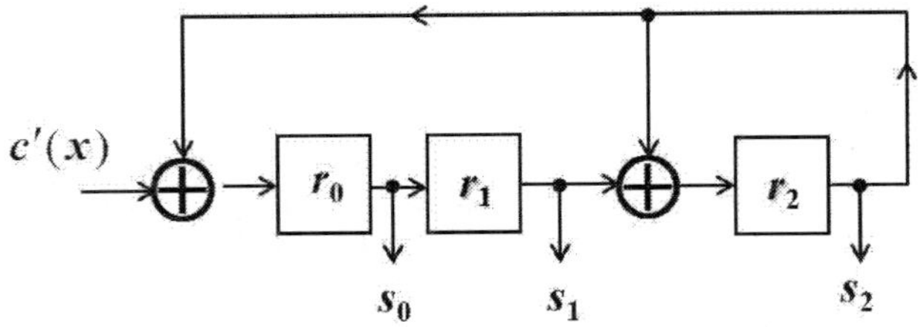


**4.8.4.** Codage de la séquence d'information $u = (1, 0, 0, 1)$.

$$c = [1001]\cdot G_S = [1001]\cdot\begin{bmatrix} 1 & 0 & 1 & 1 & 0 & 0 & 0 \\ 1 & 1 & 1 & 0 & 1 & 0 & 0 \\ 1 & 1 & 0 & 0 & 0 & 1 & 0 \\ 0 & 1 & 1 & 0 & 0 & 0 & 1 \end{bmatrix} = [1101001]$$

$$\underline{\underline{c = (1, 1, 0, 1, 0, 0, 1)}}$$

**4.8.5.** Décodage du mot de code reçu $c' = (1, 1, 0, 0, 0, 0, 1)$.

**Syndrome :** La matrice du contrôle systématique est donnée à partir de la matrice génératrice :

$$G_S = \left[P_{k,n-k} \middle| U_{k,k}\right] \Rightarrow H_S = \left[U_{n-k,n-k} \middle| P^T_{n-k,k}\right]$$

$$G_S = \begin{bmatrix} 1 & 0 & 1 & 1 & 0 & 0 & 0 \\ 1 & 1 & 1 & 0 & 1 & 0 & 0 \\ 1 & 1 & 0 & 0 & 0 & 1 & 0 \\ 0 & 1 & 1 & 0 & 0 & 0 & 1 \end{bmatrix} \Rightarrow H_S = \begin{bmatrix} 1 & 0 & 0 & 1 & 1 & 1 & 0 \\ 0 & 1 & 0 & 0 & 1 & 1 & 1 \\ 0 & 0 & 1 & 1 & 1 & 0 & 1 \end{bmatrix}$$

$$s = H_S \cdot c'^T = \begin{bmatrix} 1 & 0 & 0 & 1 & 1 & 1 & 0 \\ 0 & 1 & 0 & 0 & 1 & 1 & 1 \\ 0 & 0 & 1 & 1 & 1 & 0 & 1 \end{bmatrix} \cdot \begin{bmatrix} 1 \\ 1 \\ 0 \\ 0 \\ 0 \\ 0 \\ 1 \end{bmatrix} = [101] \Rightarrow \underline{\underline{s = (1, 0, 1)}}$$

En utilisant le circuit calculateur du syndrome

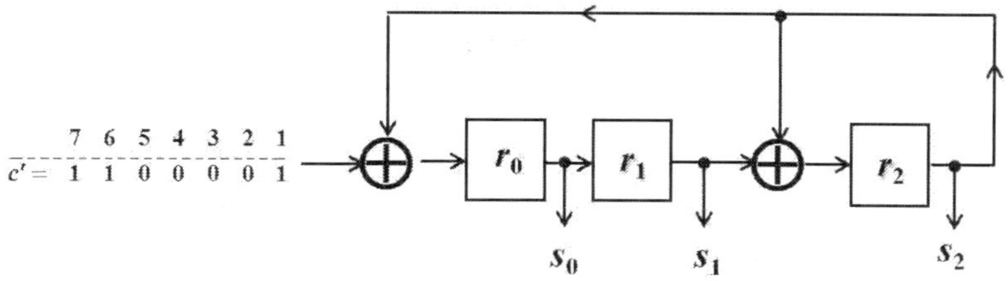


| Horloge | Input | Etat des regidtres |
|---|---|---|
| $i$ | $c'$ | 000 |
| 1 | 1 | 100 |
| 2 | 0 | 010 |
| 3 | 0 | 001 |
| 4 | 0 | 101 |
| 5 | 0 | 111 |
| 6 | 1 | 010 |
| 7 | 1 | 101 |

Le syndrome apparaît en quatrième position.

$s = (1, 0, 1) \Rightarrow e = (0, 0, 0, \mathbf{1}, 0, 0, 0)$

$\underline{\underline{c}} = c' + e = (1, 1, 0, 0, 0, 0, 1) + (0, 0, 0, \mathbf{1}, 0, 0, 0) = \underline{\underline{(1, 1, 0, 1, 0, 0, 1)}}$

# A5. Solutions des exercices du chapitre 5

## 5.1. Solution

**5.1.1.** Polynôme générateur

$GF(q = p) = GF(7) \Rightarrow n = p - 1 = 6$ et $\alpha^{p-1} = 1$

Pour $t = 1$, on a : $d = 2t + 1 \rightarrow$ (MDS) $\Rightarrow d_{min} = n - k + 1 = 3 \Rightarrow \; k = 4$

Le code RS est un code $RS(6,4)$ dans $GF(7)$.

Le polynôme d'information $A(x)$ dans le domaine fréquentiel est donné par :

$A(x) = A_0 + A_1 x + \cdots + A_{k-1} x^{k-1} = A_0 + A_1 x + A_2 x^2 + A_3 x^3 \Leftrightarrow A_4 = 0, A_5 = 0$

Selon la relation (5.14)

$$A_i = n^{-1} \cdot a(x=\alpha^{-i}) = 0 \text{ pour } k \le i \le n-1 \Rightarrow \begin{cases} A_4 = a(\alpha^{-4}) = 0 \\ A_5 = a(\alpha^{-5}) = 0 \end{cases},$$

on a :

$$g(x) = \prod_{i=k}^{n-1}(x-\alpha^{-i}) = \prod_{i=k}^{n-1}(x-\alpha^{-i}\times\alpha^{n}) = \prod_{i=1}^{n-k}(x-\alpha^{i}),$$

Ce qui donne :

$$g(x) = \prod_{i=k}^{n-1}(x-\alpha^{-i}) = \prod_{i=4}^{5}(x-\alpha^{-i}),$$

où les exposants sont calculés en modulo $p-1 = 6$ et les coefficients en modulo $p=7$, on obtient donc :

$$\begin{aligned} g(x) &= (x-\alpha^{-4})(x-\alpha^{-5}) = (x-\alpha^{2})(x-\alpha) \\ &= (x-4)(x-5) = (x+3)(x+2) = x^2+5x+6 \end{aligned}$$

$$\underline{\underline{g(x) = x^2+5x+6}}$$

**5.1.2.** Polynôme de contrôle

D'après la relation (4.17) pour un champ $GF(7)$ : $g(x)\cdot h(x) = x^n - 1 = x^6 - 1$

$$h(x) = \frac{x^n-1}{g(x)} = \frac{x^6-1}{x^2+5x+6} \Rightarrow \underline{\underline{h(x) = x^4+2x^3+5x^2+5x+1}}$$

**5.1.3.** Il y a 3 façons de déterminer si $c(x) = 6+4x+6x^2+x^3$ est un mot de code ou non :

- Division sur le polynôme générateur $g(x)$

$$\frac{c(x)}{g(x)} = \frac{x^3+6x^2+4x+6}{x^2+5x+6} = x+1 \bmod 7, \text{ rest} = 0$$

$c(x)$ est donc un mot de code.

- Multiplication de $c(x)$ avec $h(x)$

$c(x)\cdot h(x) = 0 \bmod x^6 - 1 \rightarrow c(x)$ est donc un mot de code.

- Transformation de $c(x)$ par la TFD. On doit avoir $A_4 = 0$ et $A_5 = 0$

$$A_4 = n^{-1}\cdot c(\alpha^{-4}) \Rightarrow -1\cdot c(\alpha^{-4}) = -1\cdot c(\alpha^{2})$$

$$-c(\alpha^2) = -\left(6+4\alpha^2+6(\alpha^2)^2+(\alpha^2)^3\right) = -\left(6+4\cdot(25)+6\cdot(25)^2+(25)^3\right)$$
$$= -\left(6+16+6\cdot 16+(64)\right) \bmod 7 = -(6+2+5+1) = 0 \bmod 7$$

$\underline{\underline{A_4 = 0}}$

Idem pour $A_5$

$$A_5 = n^{-1}\cdot c(\alpha^{-5}) \Rightarrow -1\cdot c(\alpha^{-5}) = -1\cdot c(\alpha)$$
$$-c(\alpha) = -\left(6+4\alpha+6\cdot(\alpha)^2+(\alpha)^3\right) \bmod 7$$
$$= -\left(6+20+6\cdot(25)+(125)\right) \bmod 7$$
$$= -\left(6+6+3+6\right) \bmod 7 = -(21) = 0 \bmod 7$$

$c(x)$ est donc un mot de code.

$\underline{\underline{A_5 = 0}}$

- **Remarque**
  - Pour chaque nombre premier $p$

$$\rightarrow n^{-1} = (p-1)^{-1} = \frac{1}{p-1} = p-1 = -1 \bmod p$$

## 5.2. Solution

**5.2.1.** La longueur $n$ du mot du code correspond au nombre d'éléments différents d'un $GF(p^m)$ qui peuvent être générés par un élément primitif. À l'exception de zéro, tout élément peut être généré, de sorte que :

$GF(5): p = 5,\ m = 1$ et $n = p^m - 1 = 5^1 - 1 = 4$, avec $\alpha = 2$

Si $n$ est dépassé, l'information de codage sera répétée (répétition cyclique).

La distance minimale est calculée par le nombre d'emplacements d'erreurs corrigeables de la même manière que pour les codes binaires :

$$t = 1 \Rightarrow d_{min} = 2t+1 = 3$$

Le code RS est un code MDS, donc le nombre de positions d'information $k$ résulte de la longueur $n$ du mot de code et du nombre de position de contrôle à réserver ($2t$) : $d_{min} = 2t+1 = n-k+1 \Rightarrow n-k = 2t$ ; $t = 1,\ n = 4 \Rightarrow k = 2$

**5.2.2.** Dans le codage au domaine fréquentiel (Définition 1 du code RS), le mot d'information $u$ est attribué aux $k$ premières positions du mot de code $A = (A_0, A_1, \ldots, A_{k-1}, A_k, \ldots, A_{n-1})$. Les dernières $(n-k)$ positions sont mis à zéro et correspondent aux symboles de contrôle, qui sont également appelés fréquences de contrôle. On obtient pour le mot d'information $u(x) = 2 + 3x$ la présentation suivante :

$$A(x) = A_0 + A_1 x + \cdots + A_{k-1} x + \underbrace{A_k x \cdots + A_{n-1} x}_{=0}$$

$$A = (A_0, A_1, \cdots, A_{k-1}, 0, \cdots, 0) \Rightarrow u = (2, 3) \rightarrow A = (2, 3, 0, 0)$$

Le mot de code dans le domaine temporel $a$ = ($a_0$, $a_1$, $a_2$, $a_3$) est obtenu selon la relation (5.9) pour la TFDI de $A$ :

$$a_i = A(x = \alpha^i) = \sum_{\mu=0}^{n-1} A_\mu \alpha^{i\mu} \quad i = 0, \ldots, n-1 \text{ (TFDI)}$$

| $A_0$ | $A_1$ | ... | $A_{k-1}$ | 0 | 0 | ... | 0 |
|---|---|---|---|---|---|---|---|

**$A(x)$** ●—○ **TFDI**

| $a_0$ | $a_1$ | ... | $a_{n-1}$ |
|---|---|---|---|

**$a(x)$**

Le mot de code au domaine temporel est par la TFDI de $A$ :

$$a^T = M_{TFDI} \cdot A^T = \begin{bmatrix} 1 & 1 & 1 & 1 \\ 1 & 2 & 4 & 3 \\ 1 & 4 & 1 & 4 \\ 1 & 3 & 4 & 2 \end{bmatrix} \cdot \begin{bmatrix} 2 \\ 3 \\ 0 \\ 0 \end{bmatrix} = \begin{bmatrix} 0 \\ 3 \\ 4 \\ 1 \end{bmatrix} \bmod 5 \Rightarrow a = (0, 3, 4, 1)$$

$$\underline{\underline{a(x) = 3x + 4x^2 + x^3}}$$

**5.2.3.** Le vecteur d'erreurs $\boldsymbol{e}$ est superposé dans le domaine temporel, élément par élément, de manière additive au mot de code :

**A.** $\boldsymbol{b} = \boldsymbol{a} + \boldsymbol{e} \Rightarrow b(x) = a(x) + e(x)$

$$\boldsymbol{b} = (0, 3, 4, 1) + (0, 0, 3, 0) = (0, 3, 7, 1) = (0, 3, 2, 1) \bmod 5$$

$$\underline{\underline{b(x) = 3x + 2x^2 + x^3}}$$

**B.** Procédure de décodage

**a)** Calcul du syndrome

Le syndrome de longueur $(n - k)$ est prélevé à partir des positions équivalentes aux fréquences de contrôle du mot de code reçu $B$ dans le domaine fréquentiel :

$$B^T = M_{TFD} \cdot b^T = \begin{pmatrix} 4 & 4 & 4 & 4 \\ 4 & 2 & 1 & 3 \\ 4 & 1 & 4 & 1 \\ 4 & 3 & 1 & 2 \end{pmatrix} \cdot \begin{bmatrix} 0 \\ 3 \\ 2 \\ 1 \end{bmatrix} = \begin{bmatrix} 4 \\ 1 \\ 2 \\ 3 \end{bmatrix} \bmod 5$$

$B = (4, 1, 2, 3) = (B_0, B_1, B_2, B_3) = (B_0, B_1, \boldsymbol{S_0}, \boldsymbol{S_1})$

$S = (S_0, S_1) = (2, 3)$

**b)** Polynôme localisateur d'erreurs

Le polynôme localisateur d'erreurs $C(x) = C_0 + C_1x + \ldots + C_\tau x^\tau$ déterminé par la TFD($c(x)$) a la propriété que s'il y a un emplacement d'erreurs $e_i \neq 0$, le coefficient $c_i = 0$. En raison de la transformation de Fourier discrète, $C(x)$ a une racine associée : $C(x = \alpha^i) = 0$, où $\tau$ ($\tau \leq t$) est le nombre d'emplacements d'erreurs. Pour la détermination de $C(x)$, $\tau$ doit être défini au début. On suppose que peu d'erreurs sont plus probables. Pour cette raison, $\tau = 1$ est démarré et augmenté (maximum $\tau = t$) jusqu'à ce qu'un polynôme $C(x)$ soit déterminé (voir exemple 5.17). Avec $\tau = 1$, qui correspond dans cet exemple également au nombre maximal d'erreurs autorisées, $C(x)$ est donc :

$C(x) = C_0 + C_1 x$

En règle générale, un coefficient peut être fixé au début. Cette normalisation correspond à une multiplication du polynôme (mise à l'échelle) par une constante et n'a aucun effet sur les racines cherchés. D'après la relation (5.56) présentant l'équation clé, on a pour $\tau = 1$ et $C_1 = 1$ :

$C(x) = C_0 + C_1 x$ avec $C_1 = 1$

$$\begin{bmatrix} S_t & S_{t-1} & \cdots & S_0 \\ S_{t+1} & S_t & \cdots & S_1 \\ \vdots & \vdots & \cdots & \vdots \\ S_{2t-1} & S_{2t-2} & \cdots & S_{t-1} \end{bmatrix} \cdot \begin{bmatrix} C_0 \\ C_1 \\ \vdots \\ C_t \end{bmatrix} = 0 \Rightarrow \begin{bmatrix} S_1 & S_0 \end{bmatrix} \begin{bmatrix} C_0 \\ 1 \end{bmatrix} = 0$$

$$\begin{bmatrix} 3 & 2 \end{bmatrix} \cdot \begin{bmatrix} C_0 \\ 1 \end{bmatrix} = 0 \Rightarrow 3C_0 + 2 = 0 \Rightarrow C_0 = -2 \cdot 3^{-1} = 3 \cdot 2 = 1 \bmod 5$$

Ainsi, le polynôme localisateur d'erreurs est : $C(x) = 1 + x$

**c)** Localisation d'erreurs par l'algorithme Chien-Search.

Ce qui suit s'applique maintenant à une position d'erreur $i$ : $C(x = \alpha^i) = 0$ $(0 \leq i \leq n-1)$.

D'après la méthode « Chien-Search », en essayant simplement toutes les valeurs possibles différentes de zéro, les racines peuvent être trouvées. Avec $\alpha = 2$, on obtient :

| | | | | | | | | |
|---|---|---|---|---|---|---|---|---|
| $i=0$ | $C(\alpha^0 = 2^0 = 1)$ | $=$ | $1+1$ | $=$ | $2$ | $\neq 0$ | $\bmod 5$ | |
| $i=1$ | $C(\alpha^1 = 2^1 = 2)$ | $=$ | $1+2$ | $=$ | $3$ | $\neq 0$ | $\bmod 5$ | |
| $\boldsymbol{i=2}$ | $C(\alpha^2 = 2^2 = 4)$ | $=$ | $1+4$ | $=$ | $5$ | $= 0$ | $\bmod 5$ | $\leftarrow$ |
| $i=3$ | $C(\alpha^3 = 2^3 = 8)$ | $=$ | $1+8$ | $=$ | $4$ | $\neq 0$ | $\bmod 5$ | |

Une erreur a été détectée à la position $i = 2$, c'est-à-dire que $b_2$ est erroné et que $e_2$ doit être différent de zéro. Le résultat est consistant, car selon le vecteur d'erreurs $\boldsymbol{e}$, $e_2 = 3 \neq 0$.

**d)** Evaluation d'erreurs par la méthode récursive (§ 5.4.9.A)

Le vecteur d'erreurs $E$ est déjà connu aux positions de contrôle :

$$E = (E_0, E_1, E_2, E_3) = (E_0, E_1, S_0, S_1) = (\underbrace{E_0, E_1}_{inconus}, 2, 3)$$

D'après la relation (5.64), où ($C_0 \neq 1$), on a :

$$E_j = -C_0^{-1} \sum_{i=1}^{\tau} C_i \cdot E_{(j-i)_{\bmod n}} \quad \text{pour } j = 0,1,\ldots,n-1$$

<u>**j = 0**</u>

$$E_0 = -C_0^{-1} \sum_{\mu=1}^{\tau} C_\mu \cdot E_{(0-\mu)_{\bmod n}} = \text{pour } j = 0,1,\ldots,n-1$$

$$= -C_0^{-1} \sum_{\mu=1}^{1} C_\mu \cdot E_{-\mu_{\bmod n}} = -C_0^{-1} \cdot C_1 \cdot E_{-1 \bmod n}$$

$$C(x) = 1 + x \Rightarrow C_0 = 1,\ C_1 = 1$$

$$-C_0^{-1} = -1 = 4 \bmod 5,$$

$$E_{-1 \bmod n} = E_{-1 \bmod 4} = E_3 = 3 \ (-i = n - i \bmod n)$$

$$E_0 = -C_0^{-1} \cdot C_1 \cdot E_{-1 \bmod n} = 4 \times 1 \times 3 = 12 \bmod 5 = 2$$

<u>**j = 1**</u>

$$E_1 = -C_0^{-1} \cdot \sum_{\mu=1}^{\tau=1} C_\mu \cdot E_{-\mu_{\bmod n}} = -C_0^{-1} \cdot C_1 \cdot E_0$$

$E_1 = 4 \times 1 \times 2 = 8 = 3 \bmod 5$

$$\left.\begin{array}{l} E = (E_0, E_1, E_2, E_3) = (2, 3, 2, 3) \\ E = (2, 3, 2, 3) \xrightarrow{\text{TFDI}} \underline{\underline{e = (0, 0, 3, 0)}} \end{array}\right\} \Rightarrow \begin{cases} \hat{A} = B - E = (4, 1, 2, 3) - (2, 3, 2, 3) \\ \hat{A} = (2, -2, 0, 0) = (2, 3, 0, 0) = A \end{cases}$$

Le résultat doit être également conforme à la formule suivante :

$$e^T = M_{TFDI} \cdot E^T = (0, 0, 3, 0)^T$$

$$e^T = M_{TFDI} \cdot E^T = \begin{pmatrix} 1 & 1 & 1 & 1 \\ 1 & 2 & 4 & 3 \\ 1 & 4 & 1 & 4 \\ 1 & 3 & 4 & 2 \end{pmatrix} \cdot \begin{bmatrix} 2 \\ 3 \\ 2 \\ 3 \end{bmatrix} = \begin{bmatrix} 0 \\ 0 \\ 3 \\ 0 \end{bmatrix} \bmod 5$$

## 5.3. Solution

**5.3.1**. Détermination du mot de code pour le mot d'information $\{A\}$ pour un élément primitif $\alpha = 5$.

$A = (2, 5, 0, 0, 0, 0) = (A_0, A_1, 0, 0, 0, 0)$

$GF(7)$; $p = 7$, $n = 6$ et $k = 2$ et d'après la relation (5.9)

$$a_i = A(x = \alpha^i) = \sum_{\mu=0}^{n-1} A_\mu \alpha^{i\mu} \quad i = 0, \ldots, n-1,$$

on obtient :

| $i$ | $a_i$ | | | | | | | |
|---|---|---|---|---|---|---|---|---|
| $i=0$ | $a_0$ | $=$ | $2(\alpha^0)^0 + 5(\alpha^1)^0$ | $=$ | $2+5$ | $=$ | $0$ | mod 7 |
| $i=1$ | $a_1$ | $=$ | $2(\alpha^0)^1 + 5(\alpha^1)^1$ | $=$ | $2+4$ | $=$ | $6$ | mod 7 |
| $i=2$ | $a_2$ | $=$ | $2(\alpha^0)^2 + 5(\alpha^1)^2$ | $=$ | $2+6$ | $=$ | $1$ | mod 7 |
| $i=3$ | $a_3$ | $=$ | $2(\alpha^0)^3 + 5(\alpha^1)^3$ | $=$ | $2+2$ | $=$ | $4$ | mod 7 |
| $i=4$ | $a_4$ | $=$ | $2(\alpha^0)^4 + 5(\alpha^1)^4$ | $=$ | $2+3$ | $=$ | $5$ | mod 7 |
| $i=5$ | $a_5$ | $=$ | $2(\alpha^0)^5 + 5(\alpha^1)^5$ | $=$ | $2+1$ | $=$ | $3$ | mod 7 |

$\underline{\underline{\boldsymbol{a} = (0, 6, 1, 4, 5, 3)}}$

- **Remarque :** Calcul $5^i \bmod 7$, $i = 0, 1, \ldots, 5$

$$5^1 = 5,\ 5^2 = 25 = 4,\ 5^3 = 25 \cdot 5 = 20 = 6$$
$$5^4 = 30 = 2,\ 5^5 = 10 = 3,\ 5^6 = 5^{p-1} = 1$$

**5.3.2.** Procédure de détection pour le mot de code reçu $b = (1, 6, 2, 4, 5, 3)$

**A.** Calcul du syndrome.

$$B_i = n^{-1} \cdot b(x = \alpha^{-i}) \;= n \cdot \sum_{\mu=0}^{n-1} b_\mu (\alpha^{-\mu})^i \quad \text{(TFD)}$$

$$b = (1, 6, 2, 4, 5, 3) \xrightarrow{\text{TFD}} B = (0, 2, 2, 5, 4, 2)$$

$$B = (B_0, B_1, B_2, B_3, B_4, B_5) = (B_0, B_1, S_0, S_1, S_2, S_3) = B = (0, 2, \underbrace{2, 5, 4, 2}_{\text{Syndrome}})$$

$$\underline{\underline{S}} = (S_0, S_1, S_2, S_3) = \underline{\underline{(2, 5, 4, 2)}}$$

Le tableau ci-dessous donne les étapes de transformation TFD correspondantes (§ 5.2.3-C) :

| | | | | | | | |
|---|---|---|---|---|---|---|---|
| | $\alpha^{-\mu} = 5^{-\mu}$ $\mu = 0, 1, \cdots, 5$ | | | | | | |
| | **1** | **3** | **2** | **6** | **4** | **5** | |
| | Registre : $-\sum_{\mu=0}^{n-1} b_\mu (\alpha^{-\mu})^i \bmod p$ | | | | | | $B_i = n^{-1} \cdot b(\alpha^{-i})^*$ |
| $b_\mu$ | **1** | **6** | **2** | **4** | **5** | **3** | **Calcul mod 7** |
| $i = 0$ | 1 | 6 | 2 | 4 | 5 | 3 | 0 |
| $i = 1$ | 1 | 4 | 4 | 3 | 6 | 1 | 2 |
| $i = 2$ | 1 | 5 | 1 | 4 | 3 | 5 | 2 |
| $i = 3$ | 1 | 1 | 2 | 3 | 5 | 4 | 5 |
| $i = 4$ | 1 | 3 | 4 | 4 | 6 | 6 | 4 |
| $i = 5$ | 1 | 2 | 1 | 3 | 3 | 2 | 2 |

× Etat du registre × $\alpha^{-\mu}$ mod 7

* $n^{-1} = -1 \bmod p = n + 1$

**B.** Equation clé : Polynôme localisateur d'erreurs.

Partant de la relation (5.55)

$$\sum_{i=0}^{t} C_i \cdot S_{j-i} = 0 \quad j = t, t+1, \ldots, 2t-1,$$

ou sous forme matricielle (relation 5.56) :

$$\begin{bmatrix} S_t & S_{t-1} & \cdots & S_0 \\ S_{t+1} & S_t & \cdots & S_1 \\ \vdots & \vdots & \cdots & \vdots \\ S_{2t-1} & S_{2t-2} & \cdots & S_{t-1} \end{bmatrix} \cdot \begin{bmatrix} C_0 \\ C_1 \\ \vdots \\ C_t \end{bmatrix} = 0 \Leftrightarrow \begin{bmatrix} S_0 & S_1 & \cdots & S_t \\ S_1 & S_2 & \cdots & S_{t+1} \\ \vdots & \vdots & \cdots & \vdots \\ S_{t-1} & S_t & \cdots & S_{2t-1} \end{bmatrix} \cdot \begin{bmatrix} C_t \\ C_{t-1} \\ \vdots \\ C_0 \end{bmatrix} = 0,$$

où $S = (S_0, S_1, S_2, S_3) = (2, 5, 4, 2)$

Supposons tout d'abord que $t = \underline{\tau = 1}$

$$\begin{bmatrix} S_0 & S_1 \\ S_1 & S_2 \\ S_2 & S_3 \end{bmatrix} \cdot \begin{bmatrix} C_1 \\ C_0 \end{bmatrix} = 0$$

Avec $C_1 = 1$ (Choix libre), on a :

$$\underbrace{\begin{array}{l} S_0 \cdot C_1 \cdot + S_1 \cdot C_0 = 0 \rightarrow 2 + 5 \cdot C_0 = 0 \Rightarrow C_0 = -2/5 = 1 \bmod 7 \\ S_1 \cdot C_1 \cdot + S_2 \cdot C_0 = 0 \rightarrow 5 + 4 \cdot C_0 = 0 \Rightarrow C_0 = -5/4 = 4 \bmod 7 \\ S_2 \cdot C_1 \cdot + S_3 \cdot C_0 = 0 \rightarrow 4 + 2 \cdot C_0 = 0 \Rightarrow C_0 = -1/2 = 3 \bmod 7 \end{array}}_{Contradiction}$$

Augmentons la valeur de $\tau$ à 2 : $\underline{\tau = 2}$

$$\begin{bmatrix} S_0 & S_1 & S_2 \\ S_1 & S_2 & S_3 \\ \vdots & \vdots & \vdots \end{bmatrix} \cdot \begin{bmatrix} C_2 \\ C_1 \\ C_0 \end{bmatrix} = 0$$

Avec $C_0 = 4$ (choix libre), on a :

$$S_0 \cdot C_2 + S_1 \cdot C_1 + S_2 \cdot C_0 = 0 \rightarrow 2 + 5 \cdot C_1 + 4 \cdot C_0 = 0$$
$$S_1 \cdot C_2 + S_2 \cdot C_1 + S_3 \cdot C_0 = 0 \rightarrow 5 + 4 \cdot C_1 + 2 \cdot C_2 = 0$$

La solution des deux équations avec deux inconnus donne :

$$S_0 \cdot C_2 + S_1 \cdot C_1 + S_2 \cdot C_0 = 0 \rightarrow 2 \cdot C_2 + 5 \cdot C_1 + 4 \cdot 4 = 0$$
$$S_1 \cdot C_2 + S_2 \cdot C_1 + S_3 \cdot C_0 = 0 \rightarrow 5 \cdot C_2 + 4 \cdot C_1 + 2 \cdot 4 = 0$$

On résout maintenant les deux équations en modulo 7, on obtient :

$$\left.\begin{array}{l} 2\cdot C_2+5\cdot C_1+2=0 \\ 5\cdot C_2+4\cdot C_1+1=0 \end{array}\right\} \bmod 7 \Rightarrow \left\{\begin{array}{l} C_2=1 \\ C_1=2 \end{array}\right. \text{ et } C_0=4 \text{ (choix libre)*}$$

* Si on connaît les positions des erreurs, il faut vérifier $C(x)=\sum_i (x-\alpha^i)$. Sinon, il faut essayer jusqu'à ce qu'on trouve le polynôme approprié.

Le polynôme localisateur d'erreurs est donc : $\underline{\underline{C(x)=4+2x+x^2}}$

**C.** Localisation d'erreurs (Chien-Search) :

$$C(x)\xrightarrow{\textbf{TFDI}} c(x)=c(\alpha^i),$$
$$\alpha=5 \text{ et } i=0,1,\cdots n-1=0,1,\ldots,5$$

| $i$ | 4 | $2x$ | $x^2$ | $c_i$ | |
|---|---|---|---|---|---|
| 0 | 4 | 2 | 1 | **0** | ← Position d'erreur |
| 1 | 4 | 3 | 4 | 4 | |
| 2 | 4 | 1 | 2 | **0** | ← Position d'erreur |
| 3 | 4 | 5 | 1 | 3 | |
| 4 | 4 | 4 | 4 | 5 | |
| 5 | 4 | 6 | 2 | 5 | |

$$\Rightarrow \underline{\underline{e(x)=e_0+e_2x^2}}$$

**D.** Evaluation d'erreurs par l'algorithme de Forney

Détermination de $T(x)$ par la relation (5.67b)

L'évaluation des erreurs est effectuée par l'algorithmes de Forney, où

$$T_j=\sum_{i=1}^{\tau-j} E_{n-i}C_{i+j}, \quad j\le\tau, \text{ où } \tau=2$$

Pour : $(S_0,S_1,S_2,S_3)=(E_2,E_3,E_4,E_5)=(2, 5, 4, 2)$, on a :

$$C=(C_0,C_1,C_2)=(4,2,1)$$
$$C(x)=4+2x+x^2 \Rightarrow C'(x)=dC/dx=2+2x$$

$$T_0=\sum_{i=1}^{\tau=2} E_{n-i}C_i, \quad j\le\tau$$
$$T_0=E_{n-1}\cdot C_1+E_{n-2}\cdot C_2 = E_5\cdot C_1+E_4\cdot C_2 = 2\cdot 2+4\cdot 1=8=1 \quad \bmod 7$$

$$T_1=\sum_{i=1}^{2-1} E_{n-i}C_{i+1}$$
$$T_1=E_{6-1}\cdot C_2 = E_5\cdot C_2 = 2\cdot 1=2 \quad \bmod 7$$

$$\Rightarrow \underline{\underline{T(x)=1+2x}}$$

Pour evaluer les erreurs $e_0$ et $e_1$, on utilise la relation (5.66) pour $\alpha = 5$, $i = 0$ et $i = 2$

$$\boldsymbol{e_i} = n \cdot \left.\frac{T(x)}{x \cdot C'(x)}\right|_{x=\alpha^i}$$

$$T(x) = 1 + 2x \; ; \; C'(x) = \frac{dC(x)}{dx} = 2 + 2x \bmod 7$$

$$\boldsymbol{e_0} = 6 \cdot x^{-1} \cdot \left.\frac{1+2}{2+2x}\right|_{x=\alpha^i} = \frac{6}{2} \cdot \left.\frac{1+2}{1+1}\right|_{x=\alpha^i} = 1 \bmod 7$$

$$\boldsymbol{e_1} = 6 \cdot x^{-2} \cdot \left.\frac{1+2}{2+2x}\right|_{x=\alpha^i} = \frac{6}{2} \cdot 5^{-2 \bmod 6} \frac{1+2 \cdot 5^2}{1+5^2} \bmod 7 = \frac{1}{5} \frac{2}{=} 1 \bmod 7$$

$$\left.\begin{matrix} e_0 = 1 \\ e_2 = 1 \end{matrix}\right\} \Rightarrow e = (1, 0, 1, 0, 0, 0, 0) \Rightarrow \underline{\underline{e(x) = 1 + x^2}}$$

Verification : $a(x) = b(x) - e(x) \Rightarrow$

$$\underline{\underline{a}} = b - e = (1, 6, 2, 4, 5, 3) - (1, 0, 1, 0, 0, 0) = \underline{\underline{(0, 6, 1, 4, 5, 3)}}$$

## 5.4. Solution

**5.4.1.** D'après le tableau de conversion suivant :

| $\alpha^i$ | | $\alpha^i \bmod \; p(\alpha)$ | binaire |
|---|---|---|---|
| 0 | = | 0 | 00 |
| $\alpha^0$ | = | 1 | 10 |
| $\alpha^1$ | = | $\alpha$ | 01 |
| $\alpha^2$ | = | $1+\alpha$ | 11 |

on obtient :

| $x$ | 0 | 1 | $\alpha$ | $1+\alpha$ | |
|---|---|---|---|---|---|
| $-x$ | 0 | 1 | $\alpha$ | $1+\alpha$ | * |
| $x^{-1}$ | – | 1 | $1+\alpha$ | $\alpha$ | ** |

*$GF(2)$ et $GF(2^2)$ sont isomorphes $\rightarrow x = -x \bmod 2$

** $x^{-i} = x^{(n-i) \bmod n} \Rightarrow \alpha^{(n-i) \bmod n} \; (n = 3, \; i = 1) \Rightarrow x^{-1} = x^2 \Rightarrow \alpha^2 = 1 + \alpha$

$x = (1+\alpha)^{-1} \Rightarrow (1+\alpha)^2 = 1 + 2\alpha + \alpha^2 = 1 + \alpha^2 = 1 + 1 + \alpha = \alpha \bmod 2$

**5.4.2.** Le code RS est un code DMS, on a donc :

$$\left.\begin{array}{l} t=1,\ n=q-1=2^2-1=3 \\ d_{min}=2t+1=n-k+1=3 \end{array}\right\} \Rightarrow k=1$$

**5.4.3.** Partant des relations (5.9) pout la TFD, la présentation matricielle est donnée par la relation (5.12a) :

$$\text{TFD}: A_i = n^{-1}\cdot a(\alpha^{-i}) = -\sum_{\mu=0}^{n-1} a_\mu (\alpha^{-i})^{\mu} \quad i=0,\dots,n-1$$

$$\begin{bmatrix} A_0 \\ A_1 \\ A_2 \\ \vdots \\ A_{n-1} \end{bmatrix} = -\underbrace{\begin{bmatrix} 1 & 1 & 1 & \cdots & 1 \\ 1 & \alpha^{-1} & \alpha^{-2} & \cdots & \alpha^{-(n-1)} \\ 1 & \alpha^{-2} & \alpha^{-4} & \cdots & \alpha^{-2(n-1)} \\ \vdots & \vdots & \vdots & \vdots & \vdots \\ 1 & \alpha^{-(n-1)} & \alpha^{-2(n-1)} & \cdots & \alpha^{-(n-1)^2} \end{bmatrix}}_{M_{TFD}} \cdot \begin{bmatrix} a_0 \\ a_1 \\ a_2 \\ \vdots \\ a_{n-1} \end{bmatrix}$$

Pour $n=3,\ i=(0,1,2)$, on a :

$$M_{TFD} = -\begin{bmatrix} 1 & 1 & 1 \\ 1 & \alpha^{-1} & \alpha^{-2} \\ 1 & \alpha^{-2} & \alpha^{-4} \end{bmatrix} = \begin{bmatrix} 1 & 1 & 1 \\ 1 & \alpha^{2} & \alpha \\ 1 & \alpha & \alpha^{2} \end{bmatrix} = \begin{bmatrix} 1 & 1 & 1 \\ 1 & 1+\alpha & \alpha \\ 1 & \alpha & 1+\alpha \end{bmatrix}$$

Pour la TFDI, on a d'après la relation (5.11a)

$$\text{TFDI}: a_i = A(\alpha^{i}) = \sum_{\mu=0}^{n-1} A_\mu \alpha^{i\mu} \quad i=0,\dots,n-1$$

$$\begin{bmatrix} a_0 \\ a_1 \\ a_2 \\ \vdots \\ a_{n-1} \end{bmatrix} = \underbrace{\begin{bmatrix} 1 & 1 & 1 & \cdots & 1 \\ 1 & \alpha^{1} & \alpha^{2} & \cdots & \alpha^{n-1} \\ 1 & \alpha^{2} & \alpha^{4} & \cdots & \alpha^{2(n-1)} \\ \vdots & \vdots & \vdots & \vdots & \vdots \\ 1 & \alpha^{n-1} & \alpha^{2(n-1)} & \cdots & \alpha^{(n-1)^2} \end{bmatrix}}_{M_{TFDI}} \cdot \begin{bmatrix} A_0 \\ A_1 \\ A_2 \\ \vdots \\ A_{n-1} \end{bmatrix}$$

Pour $n=3,\ i=(0,\ 1,\ 2)$, on a :

$$M_{TFDI} = \begin{bmatrix} 1 & 1 & 1 \\ 1 & \alpha^{1} & \alpha^{2} \\ 1 & \alpha^{2} & \alpha^{4} \end{bmatrix} = \begin{bmatrix} 1 & 1 & 1 \\ 1 & \alpha & 1+\alpha \\ 1 & 1+\alpha & \alpha \end{bmatrix}$$

**5.4.4.** Le mot de code $a$ correspondant à l'information $A_0 = \alpha$ est donné par la transformation TFDI.

$$a_i = A(\alpha^i) = \sum_{\mu=0}^{n-1} A_\mu \alpha^{i\mu} \Rightarrow a^T = M_{TFDI} A^T$$

$$a^T = M_{TFDI} A^T = \begin{bmatrix} 1 & 1 & 1 \\ 1 & \boldsymbol{\alpha} & 1+\boldsymbol{\alpha} \\ 1 & 1+\boldsymbol{\alpha} & \boldsymbol{\alpha} \end{bmatrix} \cdot \begin{bmatrix} \boldsymbol{\alpha} \\ 0 \\ 0 \end{bmatrix} = \begin{bmatrix} \boldsymbol{\alpha} \\ \boldsymbol{\alpha} \\ \boldsymbol{\alpha} \end{bmatrix}$$

$$\underline{\underline{\boldsymbol{a} = (\boldsymbol{\alpha}, \boldsymbol{\alpha}, \boldsymbol{\alpha})}}$$

**5.4.5.** Procédure de correction du mot de code reçu $b$ :

$$\left.\begin{array}{l} a_{new} = (1+\alpha, 1+\alpha, 1+\alpha) \\ e = (0,1,0) \end{array}\right\} \Rightarrow b = a_{new} + e = (1+\alpha, \alpha, 1+\alpha) \bmod 2$$

**A.** Calcul de Syndrome :

$$b \xrightarrow{\textbf{TFD}} B \Leftrightarrow B^T = M_{TFD} \cdot b^T$$

$$B^T = \begin{bmatrix} 1 & 1 & 1 \\ 1 & 1+\alpha & \alpha \\ 1 & \alpha & 1+\alpha \end{bmatrix} \cdot \begin{bmatrix} 1+\alpha \\ \alpha \\ 1+\alpha \end{bmatrix} = \begin{bmatrix} \alpha \\ 1+\alpha \\ \alpha \end{bmatrix}$$

$\underline{k=1}$

$$B = (B_0 B_1 B_2) = (B_0 \boldsymbol{S_0 S_1}) = (\alpha, 1+\boldsymbol{\alpha}, \boldsymbol{\alpha}) \Rightarrow \underline{\underline{S = (1+\boldsymbol{\alpha}, \boldsymbol{\alpha})}}$$

**B.** L'équation clé : Polynôme localisateur d'erreurs

$\underline{\underline{\boldsymbol{\tau} = \boldsymbol{t} = 1}}$ ; $C_1 = 1$ (Choix libre)

$$\begin{bmatrix} S_0 & S_1 & \cdots & S_t \\ S_1 & S_2 & \cdots & S_{t+1} \\ \vdots & \vdots & \cdots & \vdots \\ S_{t-1} & S_t & \cdots & S_{2t-1} \end{bmatrix} \cdot \begin{bmatrix} C_t \\ C_{t-1} \\ \vdots \\ C_0 \end{bmatrix} = 0 \Rightarrow \begin{bmatrix} S_0 & S_1 \end{bmatrix} \cdot \begin{bmatrix} C_1 \\ C_0 \end{bmatrix} = 0,$$

$$\left.\begin{array}{l} \begin{bmatrix} 1+\alpha & \alpha \end{bmatrix} \cdot \begin{bmatrix} 1 \\ C_0 \end{bmatrix} = 0 \Rightarrow (1+\alpha) + \alpha \cdot C_0 = 0 \\ C_0 = -\dfrac{1+\alpha}{\alpha} = \dfrac{1+\alpha}{\alpha} = \dfrac{\alpha^2}{\alpha} = \alpha \end{array}\right\} \Rightarrow \underline{\underline{C(x) = \alpha + x}}$$

**C.** Localisation d'erreurs par l'algorithme (Chien-Search)

$C(x) \xrightarrow{\text{TFDI}} c(x) = c(\alpha^i),\ i = 0,1,\cdots n-1 = 0,1,\ldots,5$

| $i$ | $\alpha$ | $x$ | $c_i$ |
|---|---|---|---|
| 0 | $\alpha$ | 1 | $1+\alpha$ |
| 1 | $\alpha$ | $\alpha$ | 0 |
| 2 | $\alpha$ | $\alpha^2$ | 1 |

$\leftarrow$ Position d'erreur $\quad \Rightarrow \underline{\underline{e(x) = e_1 \cdot x}}$

**D.** Evaluation d'erreurs par la méthode récursive.

D'après la relation (5.63), où ($C_0 \neq 1$)

$$E_j = -C_0^{-1} \sum_{i=1}^{\tau} C_i \cdot E_{(j-i)_{\text{mod } n}} \quad \text{pour } j = 0,1,\ldots,n-1$$

$$E = (E_0, E_1, E_2) = (E_0, S_0, S_1) \Rightarrow E_1 = S_0 = 1+\alpha \text{ et } E_2 = S_1 = \alpha$$

Alors il y a une seule valeur inconnue c'est $E_0$

$\underline{\boldsymbol{j = 0}}$

$$E_0 = -C_0^{-1} \cdot \sum_{\mu=1}^{1} C_\mu \cdot E_{(0-\mu)_{\text{mod } n}} \quad \text{pour } j = 0,1,\ldots,2$$

$$= -C_0^{-1} \cdot \sum_{\mu=1}^{1} C_\mu \cdot E_{-\mu_{\text{mod } n}} = -C_0^{-1} \cdot C_1 \cdot E_{-1\text{mod}n} = \alpha^{-1} \cdot E_2$$

$$\left.\begin{aligned} \alpha^{-1} &= (1+\alpha) \\ E_0 &= (1+\alpha) \cdot \alpha = 1 \end{aligned}\right\} \text{voir tableaux ci-dessus}$$

$$\underline{\underline{E = (1,\ 1+\alpha, \alpha)}}$$

L'erreur est déterminée par la TFDI :

$$E \xrightarrow{\text{TFDI}} e \Leftrightarrow e^T = M_{TFDI} E^T = [010]^T \Rightarrow \underline{\underline{e = (0,\ 1,\ 0)}}$$

Ce résultat est identique à l'indication donnée au point (5.4.5) de l'exercice.

## 5.5. Solution

**5.5.1.** Détermination du polynôme localisateur d'erreurs par l'algorithme BMA : $t = 3$ et $n = 2^4 - 1 = 15 \Rightarrow d_{min} = 2t + 1 = 7 = 15 - k + 1 \Rightarrow k = 9$

Le mot de code reçu : $b(x) = \alpha^0 \cdot x$, $\alpha$ élément primitif $\in GF(2^2)$.

Le syndrome correspondant :

$$S(x) = \alpha^6 + \alpha^5 \cdot x + \alpha^4 \cdot x^2 + \alpha^3 \cdot x^3 + \alpha^2 \cdot x^4 + \alpha^1 \cdot x^5$$

$$S = (S_0, S_1, S_2, S_3, S_4, S_5) = (\alpha^6, \alpha^5, \alpha^4, \alpha^3, \alpha^2, \alpha^1)$$

**Procédure** : Le tableau suivant donne les étapes de l'algorithme BMA (voir § 5.4.8)

| $j$ | $k$ | $\lambda$ | $\Delta_j$ | $C^{(j)}(x)$ | $C^{(j+1)}(x)$ | $2\lambda > j$ | $B^{(j+1)}(x)$ |
|---|---|---|---|---|---|---|---|
| Start | | | | $C^{(0)} = 1$ | | | $B^{(0)} = 0$ |
| **0** | **0** | **0** | $\Delta_0 = S_0 = \alpha^6$ | **1** | $1 - \alpha^6 x^0 \cdot 0 = 1$ <br> $C^{(1)} = C_0 + C_1 x = 1$ | **Non** | $B^{(1)} = \alpha^{-6}$ <br> $= \alpha^9$ |
| **1** | **1** | **1** | $\Delta_1 = S_1 + C_1^{(1)} \cdot S_0$ <br> $= \alpha^5 + 0 \cdot \alpha^6 = \alpha^5$ | **1** | $1 - \alpha^5 x \alpha^9 =$ <br> $C^{(2)} = \underline{1 + \alpha^{14} x}$ | **Oui** | $B^{(2)} = \alpha^9$ |
| **2** | **2** | **1** | $\Delta_2 = S_2 + C_1^{(2)} \cdot S_1$ <br> $= \alpha^4 + \alpha^{14} \alpha^5 = 0$ | $1 + \alpha^{14} x$ | $C^{(3)} = \underline{1 + \alpha^{14} x}$ | **Oui** | $B^{(3)} = \alpha^9$ |
| **3** | **3** | **1** | $\Delta_3 = S_3 + C_1^{(3)} \cdot S_2$ <br> $= \alpha^3 + \alpha^{14} \alpha^4 = 0$ | $1 + \alpha^{14} x$ | $C^{(4)} = 1 + \alpha^{14} x$ | **Oui** | $B^{(4)} = \alpha^9$ |
| **4** | **4** | **1** | $\Delta_4 = S_4 + C_1^{(4)} \cdot S_3$ <br> $= \alpha^2 + \alpha^{14} \alpha^3 = 0$ | $1 + \alpha^{14} x$ | $C^{(5)} = 1 + \alpha^{14} x$ | **Oui** | $B^{(5)} = \alpha^9$ |
| **5** | **5** | **1** | $\Delta_4 = S_5 + C_1^{(5)} \cdot S_4$ <br> $= \alpha + \alpha^{14} \alpha^2 = 0$ | $1 + \alpha^{14} x$ | $\underline{C^{(6)} = 1 + \alpha^{14} x}$ | | $B^{(6)} = \alpha^9$ |

L'algorithme démarre avec $S_0$ (Figure a). On constate ensuite que ce registre à décalage ne permet pas de produire la fréquence $S_1 \neq S_0$. Le polynôme supplémentaire $B_0 = \alpha^9$ est calculé de sorte que $\Delta_0 \cdot B_0 = C_0$. L'ajout du facteur $\alpha^{14}$ (Figure b) permet de calculer correctement $S_1 = \alpha^{14} \cdot S_0$. De même, les équations pour les autres fréquences de syndrome sont satisfaites : $S_i = \boldsymbol{\alpha}^{14} \cdot S_{i-1}$ pour $i$ = 1, 2, …, 5, de sorte que nous obtenons pour le polynôme localisateur d'erreurs : $C(x) = 1 + \alpha^{14} \cdot x$

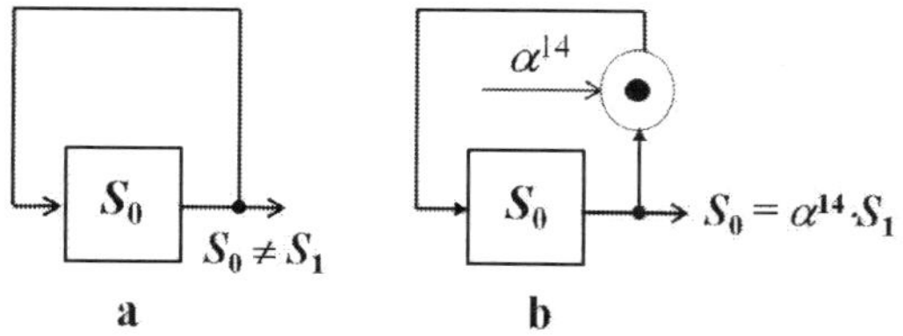


**5.5.2.** Pour $C(x = \alpha)$ et $x^n = 1$, on a :

$$C(x = \boldsymbol{\alpha}) = 1 + \boldsymbol{\alpha}^{14} \cdot \boldsymbol{\alpha} = 1 + \boldsymbol{\alpha}^{15} = 1 + 1 = 0 \Rightarrow e_1 \neq 0$$

Il s'ensuit que la position $b_1$ dans le mot de code reçu est erronée.

## 5.6. Solution

**5.6.1.** Codage du mot d'information : $A=(\alpha^3,\alpha^5,\alpha)$

Les données :

$$GF(2^3)\Rightarrow t=2,\ n=q-1=2^3-1=7$$
$$d_{\min}=2t+1=5=7-k+1\Rightarrow k=3$$
$$A=(A_0,A_1,\dots A_{k-1},0,0\dots)=((A_0,A_1,A_2,0,0,\dots)=(\alpha^3,\alpha^5,\alpha,0,0,\dots)$$

$$a_i=A(\alpha^i)=\sum_{\mu=0}^{n-1}A_\mu(\alpha^i)^\mu \bmod p,\quad i=0,\dots n-1$$

**Exemple :** ($i=2$)

$$A=(A_0,A_1,A_2)=(\alpha^3,\alpha^5,\alpha)$$
$$a_2=A(\alpha^2)=\sum_{\mu=0}^{n-1}A_\mu\cdot(\alpha^2)^\mu \bmod p$$
$$=A_0+A_1\cdot(\alpha^2)^1+A_2\cdot(\alpha^2)^2=\alpha^3+\alpha^5\cdot\alpha^2+\alpha\cdot\alpha^4$$
$$=\alpha^3+\alpha^7+\alpha^5=\alpha^3+1+\alpha^5 \bmod p(\alpha)$$
$$\underline{\underline{a_2}}=\alpha+1+1+1+\alpha+\alpha^2=\underline{\underline{1+\alpha^2}}$$

$$A=(\alpha^3,\alpha^5,\ \alpha,0,0,0,0)\xrightarrow{\text{TFDI}}\underline{\underline{a=(\alpha+\alpha^2,1+\alpha^2,1+\alpha^2,0,1+\alpha,\alpha+\alpha^2,0)}}$$

**5.6.2.** Forme binaire du mot de code trouvé.

En utilisant le tableau conversion pour : $\alpha^i \bmod p(\alpha)\ i=0,1\dots,n-1$

| | | | | | | | | | |
|---|---|---|---|---|---|---|---|---|---|
| $\alpha^0$ | = | $1$ | :100 | $\alpha^4$ | = | $\alpha+\alpha^2$ | = | | :011 |
| $\alpha^1$ | = | $\alpha$ | :010 | $\alpha^5$ | = | $\alpha^2+\alpha^3$ | = | $1+\alpha+\alpha^2$ | :111 |
| $\alpha^2$ | = | $\alpha^2$ | :001 | $\alpha^6$ | = | $\alpha^3+\alpha^4$ | = | $1+\alpha^2$ | :101 |
| $\alpha^3$ | = | $1+\alpha$ | :110 | $\alpha^7$ | = | $\alpha^0$ | = | $1$ | 100 |

$$a=(\alpha+\alpha^2,1+\alpha^2,1+\alpha^2,0,1+\alpha,\alpha+\alpha^2,0)$$
$$a=(\alpha^4,\alpha^6,\alpha^6,0,\alpha^3,\alpha^4,0)$$
$$\underline{\underline{a=(011,\ 101,\ 101,\ 000,\ 110,\ 011,\ 000)}}$$

**5.6.3.** La forme d'erreur $e$ change deux symboles (symbole 2 et 3) et puisque ce code RS corrige deux symboles ($t=2$), donc :

**1)** Les erreurs sont corrigeables.

**2)** Suites binaires :

$\boldsymbol{a} = (011, 101, 101, 000, 110, 011, 000)$

$$\oplus$$

$\underline{\boldsymbol{e} = (000, 000, \underline{110}, \underline{001}, 000, 000, 000)}$

$\boldsymbol{b} = (011, 101, \underline{011}, \underline{001}, 110, 011, 000)$

D'après le tableau de conversion ci-dessus, on obtient :

$$\underline{\underline{b = (\alpha + \alpha^2 ; 1 + \alpha^2 ; \alpha + \alpha^2 ; \alpha^2 , 1 + \alpha ; \alpha + \alpha^2 , 0)}}$$

$$\boldsymbol{a} = (\alpha^4, \alpha^6, \underline{\alpha^6}, \underline{0}, \alpha^3, \alpha^4, 0)$$

$$\downarrow \quad \downarrow$$

$$\boldsymbol{b} = (\alpha^4, \alpha^6, \underline{\alpha^4}, \underline{\alpha^2}, \alpha^3, \alpha^4, 0)$$

**3)** Syndrome pour le mot de code reçu :

$$b = (\alpha^4, \alpha^6, \alpha^4, \alpha^2, \alpha^3, \alpha^4, 0)$$

Le tableau ci-dessous montre les étapes du calcul de la transformation de la TFD, comme déjà décrit au § 5.2.3.-C.

$$b \xrightarrow{\text{TFD}} B_i = n^{-1} \cdot b(\boldsymbol{\alpha}^{-i}) = -\sum_{\mu=0}^{n-1} b_\mu (\boldsymbol{\alpha}^{-i})^\mu = \sum_{\mu=0}^{6} b_\mu (\boldsymbol{\alpha}^{-\mu})^i \bmod p$$

| | $\alpha^{-\mu}, \mu = 0,1,\cdots,6$ | | | | | | | |
|---|---|---|---|---|---|---|---|---|
| | $\alpha^0$ | $\alpha^6$ | $\alpha^5$ | $\alpha^4$ | $\alpha^3$ | $\alpha^2$ | $\alpha^1$ | |
| | Registre : $-\sum_{\mu=0}^{n-1} b_\mu (\alpha^{-\mu})^i \bmod p$ | | | | | | | $B = -b(\alpha^{-i})$ |
| $b_\mu$ | $b_0$ | $b_1$ | $b_2$ | $b_3$ | $b_4$ | $b_5$ | $b_6$ | Calcul mod $p = 2^3$ ou mod 2 |
| $i=0$ | $\alpha^4$ | $\alpha^6$ | $\alpha^4$ | $\alpha^2$ | $\alpha^3$ | $\alpha^4$ | 0 | $\alpha^2$ |
| $i=1$ | $\alpha^4$ | $\alpha^5$ | $\alpha^2$ | $\alpha^6$ | $\alpha^6$ | $\alpha^6$ | 0 | 0 |
| $i=2$ | $\alpha^4$ | $\alpha^4$ | $\alpha^0$ | $\alpha^3$ | $\alpha^2$ | $\alpha^1$ | 0 | $\alpha^2$ |
| $i=3$ | $\alpha^4$ | $\alpha^3$ | $\alpha^5$ | $\alpha^0$ | $\alpha^5$ | $\alpha^3$ | 0 | $\alpha^5$ |
| $i=4$ | $\alpha^4$ | $\alpha^2$ | $\alpha^3$ | $\alpha^4$ | $\alpha^1$ | $\alpha^5$ | 0 | $\alpha$ |
| $i=5$ | $\alpha^4$ | $\alpha^1$ | $\alpha^1$ | $\alpha^1$ | $\alpha^4$ | $\alpha^0$ | 0 | $\alpha^3$ |
| $i=6$ | $\alpha^4$ | $\alpha^0$ | $\alpha^6$ | $\alpha^5$ | $\alpha^0$ | $\alpha^2$ | 0 | 0 |

$\times$ Etat du registre $\times \alpha^{-\mu}$ (Exposants mod 7)

$$b = (\alpha^4, \alpha^6, \alpha^3, \alpha^0, \alpha^3, \alpha^6, 0) \xrightarrow{\text{TFD}} B = (\alpha^2, 0, \alpha^2 \alpha^5, \alpha, \alpha^3, 0)$$

$$B = (B_0, B_1, B_2, B_3, B_4, B_5, B_4) = (B_0, B_1, B_2, \underbrace{S_0, S_1, S_2, S_3}_{Syndrome})$$

$$\underline{\underline{S = (\alpha^5, \alpha, \alpha^3, 0)}}$$

**4)** Polynôme localisateur d'erreurs $C(x)$

Nous supposons d'abord $\tau = 1$ et $C_1 = 1$, on obtient l'équation clé suivante :

$$\begin{bmatrix} S_0 & S_1 & \cdots & S_t \\ S_1 & S_2 & \cdots & S_{t+1} \\ \vdots & \vdots & \cdots & \vdots \\ S_{t-1} & S_t & \cdots & S_{2t-1} \end{bmatrix} \cdot \begin{bmatrix} C_t \\ C_{t-1} \\ \vdots \\ C_0 \end{bmatrix} = 0 \Rightarrow \begin{bmatrix} S_0 & S_1 \\ S_1 & S_2 \\ S_2 & S_3 \end{bmatrix} \cdot \begin{bmatrix} C_1 \\ C_0 \end{bmatrix} = 0$$

$$\begin{bmatrix} \alpha^5 & \alpha \\ \alpha & \alpha^3 \\ \alpha^3 & 0 \end{bmatrix} \cdot \begin{bmatrix} 1 \\ C_0 \end{bmatrix} = 0 \; ; \; C_1 = 1 \text{ (choix libre)}$$

Ce système des équations donne une solution contradictoire pour $C_0$.

Augmentons la valeur de $\tau$ à 2 et prenons $C_2 = 1$ comme choix libre, l'équation clé devient :

$$\begin{bmatrix} S_0 & S_1 & \cdots & S_t \\ S_1 & S_2 & \cdots & S_{t+1} \\ \vdots & \vdots & \cdots & \vdots \\ S_{t-1} & S_t & \cdots & S_{2t-1} \end{bmatrix} \cdot \begin{bmatrix} C_t \\ C_{t-1} \\ \vdots \\ C_0 \end{bmatrix} = 0 \Rightarrow \begin{bmatrix} S_0 & S_1 & S_3 \\ S_1 & S_2 & S_3 \end{bmatrix} \cdot \begin{bmatrix} C_2 \\ C_1 \\ C_0 \end{bmatrix} = 0$$

$$\begin{bmatrix} \alpha^5 & \alpha & \alpha^3 \\ \alpha & \alpha^3 & 0 \end{bmatrix} \cdot \begin{bmatrix} 1 \\ C_1 \\ C_0 \end{bmatrix} = 0 \begin{cases} \alpha^5 + \alpha \cdot C_1 + \alpha^3 \cdot C_0 = 0 \\ \alpha + \alpha^3 \cdot C_1 + 0 \cdot C_0 = 0 \end{cases}$$

$$C_1 = -\frac{\alpha}{\alpha^3} = -\alpha^{-2} = \alpha^{-2} \bmod 2 = \alpha^{-2 \bmod 7} = \alpha^5$$

$$C_0 = -\frac{\alpha^5 + \alpha^6}{\alpha^3} = \frac{\alpha^5 + \alpha^6}{\alpha^3} \bmod 2 = \frac{\alpha}{\alpha^3} = \alpha^{-2 \bmod 7} = \alpha^5$$

Le polynôme localisateur d'erreurs est donc : $\underline{\underline{C = (\alpha^5, \alpha^5, 1)}}$

$$\underline{\underline{C(x) = C_0 + C_1 x + C_2 x^2 = \alpha^5 + \alpha^5 x + x^2}}$$

**5)** Localisation d'erreurs par l'algorithme (Chien-Search).

$$C(x) \xrightarrow{\text{TFDI}} c(x) \Rightarrow c_i = C(\alpha^i) = \sum_{\mu=0}^{\tau=2} C_\mu (\alpha^i)^\mu \bmod p, \quad i = 0,1,\ldots,6$$

Exemple pour $i=1$, $C = (\alpha^5, \alpha^5, 1)$

$$c_i = C(\alpha^i) = \sum_{\mu=0}^{\tau=2} C_\mu (\alpha^\mu)^i \bmod p, \quad i = 0,1,\ldots,6$$

$$\text{Exemple}: c_1 = C_0 \cdot (\alpha^0)^1 + C_1 \cdot (\alpha^1)^1 + C_2 \cdot (\alpha^2)^1 = \alpha^5 + \alpha^5 \cdot (\alpha^1)^1 + 1 \cdot (\alpha^2)^1$$
$$= \alpha^5 + \alpha^6 + \alpha^2 = \alpha^2 + \alpha^3 + \alpha^3 + \alpha^4 + \alpha^2 = \boxed{\alpha^4} \bmod 2$$

| | $\alpha^\mu$, $\mu = 0,1,2$ | | | | |
|---|---|---|---|---|---|
| | $\alpha^0$ | $\alpha^1$ | $\alpha^2$ | | |
| | Registre : $\sum_{\mu=0}^{n-1} C_\mu \cdot (\alpha^\mu)^i \bmod p$ | | | $c_i = C(\alpha^i)$ | × |
| $C_i$ | $C_0$ | $C_1$ | $C_2$ | Calcul mod $p$ ou mod 2 | |
| $i=0$ | $\alpha^5$ | $\alpha^5$ | $\alpha^0$ | 1 | |
| $i=1$ | $\alpha^5$ | $\alpha^6$ | $\alpha^2$ | $\alpha^4$ | |
| $i=2$ | $\alpha^5$ | $\alpha^0$ | $\alpha^4$ | 0 | ← Position d'erreur |
| $i=3$ | $\alpha^5$ | $\alpha^1$ | $\alpha^6$ | 0 | ← Position d'erreur |
| $i=4$ | $\alpha^5$ | $\alpha^2$ | $\alpha^1$ | 1 | ⋮ |
| $i=5$ | $\alpha^5$ | $\alpha^3$ | $\alpha^6$ | $\alpha^4$ | |
| $i=6$ | $\alpha^5$ | $\alpha^4$ | $\alpha^1$ | $\alpha^3$ | |

Les erreurs sont dans les positions 2 et 3 qui ne contredisent pas les attributions de la question 5.6.3 de cet exercice. Le polynôme d'erreurs $e(x)$ est donc :

$$\underline{\underline{e(x) = e_2 x^2 + e_3 x^3}}$$

**6)** Evaluation d'erreurs par la méthode récursive

D'après la relation (5.64), où ($C_0 = \alpha^5$) :

$$E_j = -C_0^{-1} \sum_{\mu=1}^{\tau} C_\mu \cdot E_{(j-\mu)_{\bmod n}} \quad \text{pour } j = 0,1,\ldots,n-1$$

on obtient :

$$E_j = -\alpha^{-5}\sum_{\mu=1}^{t=2} C_\mu \cdot E_{(j-\mu)_{\text{mod } n}} \quad \text{pour } j = 0,1,\ldots,6$$

$$E = (E_0, E_1, E_2, E_3, E_4, E_5, E_6) = (E_0, E_1, E_2, S_0, S_1, S_2, S_3)$$

$$\underline{\underline{\mathbf{E} = (E_0, E_1, E_2, \alpha^5, \alpha, \alpha^3, 0)}}$$

Alors les valeurs inconues de $E_i$ sont $E_0$, $E_1$ et $E_2$.

$\underline{\boldsymbol{j=0}}$

$$E_0 = \alpha^{-5 \text{mod} 7}\sum_{i=1}^{t=2} C_i \cdot E_{(0-i)_{\text{mod } n}} = \alpha^2 \sum_{i=1}^{t=2} C_i \cdot E_{(0-i)_{\text{mod} 7}}$$

$$\underline{\underline{E_0}} = \alpha^2(C_1 E_{0-1} + C_2 E_{0-2}) = \alpha^2\alpha^5 E_6 + \alpha^2 E_5 = \alpha^2\alpha^3 = \underline{\underline{\alpha^5}}$$

$\underline{\boldsymbol{j=1}}$

$$E_1 = \alpha^{-5 \text{mod} 7}\sum_{i=1}^{t=2} C_i \cdot E_{(1-i)_{\text{mod } n}} = \alpha^2 \sum_{i=1}^{t=2} C_i \cdot E_{(1-i)_{\text{mod} 7}}$$

$$\underline{\underline{E_1}} = \alpha^2(C_1 E_{1-1} + C_2 E_{1-2}) = \alpha^2\alpha^5 E_0 + \alpha^2 E_6 = \alpha^2\alpha^5 E_0 = \alpha^{12 \text{mod} 7} = \underline{\underline{\alpha^5}}$$

$\underline{\boldsymbol{j=2}}$

$$E_2 = \alpha^{-5 \text{mod} 7}\sum_{i=1}^{t=2} C_i \cdot E_{(2-i)_{\text{mod } n}} = \alpha^2 \sum_{i=1}^{t=2} C_i \cdot E_{(2-i)_{\text{mod} 7}}$$

$$\underline{\underline{E_1}} = \alpha^2(C_1 E_{2-1} + C_2 E_{2-2}) = \alpha^2\alpha^5 E_1 + \alpha^2 E_0 = \alpha^2\alpha^5\alpha^5 + \alpha^2\alpha^5$$

$$= \alpha^{12 \text{mod} 7} + \alpha^{7 \text{mod} 7} = \alpha^5 + \alpha^0$$

$$= 1 + \alpha^5 = 1 + 1 + \alpha + \alpha^2 = \alpha + \alpha^2 = \underline{\underline{\alpha^4}}$$

$$\underline{\underline{\mathbf{E}}} = (E_0, E_1, E_2, E_3, E_4, E_5, E_6) = \underline{\underline{(\alpha^5, \alpha^5, \alpha^4, \alpha^5, \alpha, \alpha^3, 0}}$$

Les valeurs $e_i$ sont trouvées par la TFDI :

$$E = (\alpha^5, \alpha^5, \alpha^4, \alpha^5, \alpha, \alpha^3, 0) \xrightarrow{\textbf{TFDI}} (0, 0, 1+\alpha, \alpha^2, 0, 0, 0)$$

$$\underline{\underline{e = (0, 0, \alpha^3, \alpha^2, 0, 0, 0)}} \Leftrightarrow \underline{\underline{e = (000, 000, \underline{110}, \underline{001}, 000, 000, 000)}}$$

**7)** Evaluation d'erreurs $e_i$ par l'algorithme de Forney

- Détermination de $T(x)$ par la relation (5.67b) pour :

$$\underline{\underline{E}} = (E_0, E_1, E_2, E_3, E_4, E_5, E_6) = \underline{\underline{(\alpha^5, \alpha^5, \alpha^4, \alpha^5, \alpha, \alpha^3, 0}}$$

$$C = (\alpha^5, \alpha^5, 1)$$

$$C(x) = \alpha^5 + \alpha^5 x + x^2 \Rightarrow C'(x) = dC/dx = \alpha^5 + 2x = \alpha^5 \bmod 2$$

$\underline{\tau = 2}$

$$T_0 = \sum_{i=1}^{\tau} E_{n-i} C_i, \quad j \le \tau \qquad \Big| \qquad T_1 = \sum_{i=1}^{\tau-1} E_{n-i} C_{i+1}$$

$$\begin{aligned} T_0 &= E_{n-1} \cdot C_1 + E_{n-2} \cdot C_2 \\ &= E_6 \cdot C_1 + E_5 \cdot C_2 = \\ &= 0 \cdot \alpha^5 + \alpha^3 \cdot 1 = \alpha^3 \bmod 8 \end{aligned} \qquad \Bigg| \qquad \begin{aligned} T_1 &= E_{n-1} \cdot C_2 \\ &= E_6 \cdot C_2 \\ &= 0 \cdot 1 = 0 \quad \bmod 8 \end{aligned} \qquad \Rightarrow \underline{\underline{T(x) = \alpha^3}}$$

- Evaluation d'erreurs par la relation (5.66) :

$$\boldsymbol{e_i} = n \cdot \left. \frac{T(x)}{x \cdot C'(x)} \right|_{x=\alpha^i} \quad \text{pour } i = 2 \text{ et } 3$$

$$\boldsymbol{e_i} = x^{-1} \left. \frac{T(x)}{C'(x)} \right|_{x=\alpha^i} ; \quad n = 7 \Rightarrow 7 = 7^{-1} \bmod 2 = 1$$

$$\boldsymbol{e_2} = x^{-1} \left. \frac{T(x)}{C'(x)} \right|_{x=\alpha^2} \qquad \Big| \qquad \boldsymbol{e_3} = x^{-1} \left. \frac{T(x)}{C'(x)} \right|_{x=\alpha^3}$$

$$\boldsymbol{e_2} = \alpha^{-2 \bmod 7} \frac{\alpha^3}{\alpha^5} = \alpha^5 \frac{\alpha^3}{\alpha^5} = \alpha^3 \qquad \Big| \qquad \boldsymbol{e_3} = \alpha^{-3 \bmod 7} \frac{\alpha^3}{\alpha^5} = \alpha^4 \frac{\alpha^3}{\alpha^5} = \alpha^2$$

$$\left. \begin{aligned} \boldsymbol{e}_2 &= \boldsymbol{\alpha}^3 \\ \boldsymbol{e}_3 &= \boldsymbol{\alpha}^2 \end{aligned} \right\} \Rightarrow \text{Même résultat trouvé par la méthode récursive.}$$

- Vérification : $a = b - e = b \oplus e \bmod 2$

$$\boldsymbol{b} = (\alpha^4, \alpha^6, \alpha^4, \alpha^2, \alpha^3, \alpha^4, 0 \quad )$$

$$\oplus$$

$$\underline{e = (0, 0, \alpha^3, \alpha^2, \ 0, 0, 0)}$$

$\underline{\underline{a = (\alpha^4, \alpha^6, \alpha^6, 0, \alpha^3, \alpha^4, 0)}}$ : Le mot de code a est entièrement récupéré.

## 5.7. Solution

**5.7.1.** Taux d'erreur

La méthode de codage de Reed-Solomon est définie par la transforméation de Fourier TFD, selon la relation (5.9). En notation vectorielle, le mot de code $A = (A_0,\ A_1, \ldots, A_{n-1})$ est formé à partir du mot d'information $u = (u_0,\ u_1, \ldots, u_{k-1})$ en remplissant les $(n - k)$ derniers chiffres avec des zéros :

$$A = (u_0, u_1, \ldots u_{k-1}, 0, 0, \ldots, 0) = (A_0, A_1, \ldots A_{k-1}, 0, 0, \ldots, 0)$$

La transformation de Fourier discrète inverse (TFDI) produit le mot de code $a$ dans le domaine temporel qui doit être transmis sur le canal : $a = \mathrm{TFDI}(A)$.

Les symboles $A_i$, $u_i$ et $a_i$ sont des éléments du champ de Galois $GF(p^m)$ :

$$A_i, u_i, a_i \in GF(p^m)$$

Il existe une relation importante entre $GF(p^m)$ et la longueur $n$ du mot de code : $n = p^m - 1$

Comme le code RS est un code MDS, le nombre de zéros $(n - k)$ saisis dans le mot de code $A$ peut indiquer combien de symboles $t_S$ erronés peuvent être corrigés :

$$n - k + 1 = 2t_S + 1 \Rightarrow t_S = \left\lfloor \frac{n-k}{2} \right\rfloor$$

$n$ et $k$ sont normalement choisis de manière à ce que leur différence donne un nombre pair. Comme indiqué dans cet exercice, ce code $RS(n, k)$ a une longueur de mot de code de $n = 63$ et une longueur de mot d'information de $k = 53$ positions. Chacune de ces positions peut être un élément du $GF(2^6)$, qui se compose de $2^6 = 64$ éléments différents. Chaque élément représente un vecteur à 6 positions avec des éléments de $GF(2) = \{0, 1\}$, qui à leur tour peuvent être interprétés comme des bits.

Le taux de codage d'un code orienté symbole est calculé de manière analogue à celui d'un code binaire. Peu importe que les symboles soient pris en compte ou le nombre de bits :

$$\underline{\underline{R_C}} = \frac{k}{n} = \frac{53}{63} = \frac{53 \cdot 6 \text{ Bits}}{63 \cdot 6 \text{ Bits}} = 0{,}841 = \underline{\underline{84{,}1\%}}$$

**5.7.2.** Nombre de mots de code N

Le nombre de mots de code N est égal au nombre de toutes les combinaisons possibles de mots d'information. Un mot d'information comporte $k = 53$ positions. Chaque position est un emplacement pour un $p^m = 2^6 = 64$ symboles possibles :

$$\underline{\underline{\mathrm{N}}} = (p^m)^k = (64)^{53} \approx \underline{\underline{5{,}34 \cdot 10^{95}}}$$

**5.7.3.** Le nombre d'erreurs de symbole $t_S$ et le nombre maximal corrigeable des bits erronés $t_b$.

- Le nombre d'erreurs de symbole $t_S$

$$t_S = \left\lfloor \frac{n-k}{2} \right\rfloor = \left\lfloor \frac{63-53}{2} \right\rfloor = 5$$

- Le nombre maximal corrigeable des bits erronés $t_b$.

Chacun des 63 symboles d'un mot de code est constitué de six bits. Le code peut corriger cinq chiffres. En conséquence, un maximum de 30 bits peut être corrigé : $t_b = m \cdot t_S = 6 \cdot 5 = 30$.

**5.7.4.** Les cas limites suivants sont déterminants pour la longueur minimale et maximale de l'erreur de regroupement que le code peut corriger.

**Longueur minimale d'un paquet d'erreurs** : La capacité de correction d'un code RS dépend du nombre d'erreurs de symboles corrigeables $t_S$. Sur cette base, plusieurs possibilités sont envisageables pour répartir des erreurs isolés ou des paquets d'erreurs sur un mot de code. Tant qu'un maximum de symboles $t_S$ est concerné, l'erreur peut être corrigée. Pour une longueur minimale autorisée d'un paquet d'erreurs, on suppose que ces symboles $t_S$ sont également affectés. Dans le pire des cas, le paquet d'erreur commence à la dernière position de bit d'un symbole de code ($e_b$ marque une position d'erreurs binaire) :

← 4 paquets →

| | | | | | | |
|---|---|---|---|---|---|---|
| ... | $e_b$ | $e_be_be_be_be_be_b$ | ... | $e_be_be_be_be_be_b$ | $e_b$ | |
| | | Au minimum 25 erreurs de bit consécutives dans 5 emplacements erronés peuvent être corrigées. | | | $t > t_S$ | |

Si l'erreur passe à un sixième symbole $e_b$, le nombre d'erreurs de symbole $t$ est supérieur au nombre de symboles corrigeables $t_S$ et ne peut être corrigé ; la longueur minimale possible d'un paquet d'erreurs qui peut être corrigée avec certitude est donc :

$$t_{l,min} = 1 + m \cdot (t_S - 1) = 1 + 6 \cdot (5 - 1) = 25 \text{ bits (Nombre des bits)}$$

**Longueur maximale d'un paquet d'erreurs** : 6 erreurs de bits maximum sont possibles par emplacement erroné (maximum $t$ = 5 emplacements peuvent être corrigés).

← 5 paquets →

| | | | | | | |
|---|---|---|---|---|---|---|
| … | … | $e_b e_b e_b e_b e_b e_b$ | … | $e_b e_b e_b e_b e_b e_b$ | … | |
| | Maximum 30 erreurs de bits consécutives à 5 emplacements erronés peuvent être corrigées. | | | | | |

La longueur maximale possible d'un paquet d'erreurs qui peut être corrigée est donc : $t_{l,max} = m \cdot t_S = 6 \cdot 5 = 30$ bits (Nombre des bits)

**5.7.5.** Pour les codes binaires, le nombre de vecteurs d'erreurs possibles est calculé par le biais des coefficients binomiaux :

$$N_f = \sum_{t=1}^{t_S} \binom{n}{t}$$

Ce nombre correspond au nombre de combinaisons permettant de placer les positions d'erreurs $t$ sur $n$ positions. Dans le cas des codes orientés symbole, chaque emplacement d'erreurs peut être désormais l'un des éléments $p^m - 1$ du $GF(p^m)\backslash\{0\}$ (le zéro ne correspond à aucune erreur et doit être donc exclu).

$$N_f = \sum_{t=1}^{t_S} \binom{n}{t} \cdot (p^m - 1)^t = \sum_{t=1}^{t_S} \binom{n}{t} \cdot n^t$$

Le facteur de croissance exponentielle $n^t$ est dominant dans cette équation, de sorte que $N_f$ peut être estimé par $t = t_S$.

$$N_f = \sum_{t=1}^{t_S} \binom{n}{t} \cdot (p^m - 1)^t = \sum_{t=1}^{t_S} \binom{n}{t} \cdot n^t \Rightarrow \underline{\underline{N_f}} \approx \binom{n}{t_s} \cdot n^{t_s} = \binom{63}{5} \cdot 63^5 \approx \underline{\underline{7 \cdot 10^{15}}}$$

Cela montre également pourquoi des méthodes de décodage analytiques sont nécessaires pour les codes RS, puisque le nombre de vecteurs d'erreurs qui viennent d'être calculé est trop important pour pouvoir le stocker tous dans un tableau de syndrome.

# A6. Solutions des exercices du chapitre 6

## 6.1. Solution

**6.1.1.** La distance minimale $d_{min}$ de Hamming nécessaire

$$d_{min} = 2t+1 = 2\cdot 3+1 = 7$$

**6.1.2.** D'après la relation (6.6), le polynôme générateur $g(x)$ est défini à partir des classes cyclotomiques en construisant un ensemble $M$ contenant $d-1=2t=6$ racines successives tel que :

$$M = K_1 \cup K_3 \cup K_5 \Rightarrow M = \{\underbrace{\mathbf{1,2,3,4,5,6}}_{2t},8,9,10,12,16,17,18,20,24\}$$

$$g(x) = m_1(x)\cdot m_3(x)\cdot m_5(x)$$

$$g(x) = (x-\alpha)(x-\alpha^2)(x-\alpha^3)(x-\alpha^4)(x-\alpha^5)(x-\alpha^6)(x-\alpha^8)$$
$$(x-\alpha^9)(x-\alpha^{10})(x-\alpha^{12})(x-\alpha^{16})(x-\alpha^{17})(x-\alpha^{18})$$
$$(x-\alpha^{20})(x-\alpha^{24}).$$

**6.1.3.** D'après la relation (6.7), où $n = p^m - 1 = 2^5 - 1 = 31$, on obtient :

$$m = n-k = \deg(g(x)) = 15 \Rightarrow k = n - |M| = n - \deg(g(x)) = 31-15 = 16$$

## 6.2. Solution

**6.2.1.** Représentation polynomiale et vectorielle des éléments $\alpha^4$ et $\alpha^{12}$.

En utilisant le tableau de conversion défini par le polunôme primitif $p(x)$ et l'élément primitif $\alpha$ : $p(x) = 1+x+x^3 \Rightarrow p(\alpha) = 1+\alpha+\alpha^3 = 0$

| | | | | | | | | | |
|---|---|---|---|---|---|---|---|---|---|
| $\alpha^0$ | = | 1 | :100 | $\alpha^4$ | = | $\alpha+\alpha^2$ | | | 011 |
| $\alpha^1$ | = | $\alpha$ | 010 | $\alpha^5$ | = | $\alpha^2+\alpha^3$ | = | $1+\alpha+\alpha^2$ | 111 |
| $\alpha^2$ | = | $\alpha^2$ | 001 | $\alpha^6$ | = | $\alpha+\alpha^2+\alpha^3$ | = | $1+\alpha^2$ | 101 |
| $\alpha^3$ | = | $1+\alpha$ | 110 | $\alpha^7$ | = | $\alpha^0$ | = | 1 | 100 |

$$\alpha^4 = \alpha+\alpha^2 \Rightarrow 011$$

$$\alpha^{12} = \alpha^{12 \bmod 7} = \alpha^5 = \alpha^2+\alpha^3 = 1+\alpha+\alpha^2 \Rightarrow 111.$$

**6.2.2.** BCH corrigeant deux erreurs ($t$ =2) dans $GF(2^3)$

**1)** A partir des classes de la division circulaire, un ensemble $M$ doit être formé, qui contient des nombres ($d$ –1) successifs. Le produit des polynômes minimums associés forme alors le polynôme générateur $g(x)$ :

Pour $t$ = 2, on $d_{min} = 2t + 1 = 5$. La construction de $g(x)$ nécessite $2t = 4$ racines successives d'un ensemble d'union des classes cyclotomiques tel que :

$$K_1 = \{1,2,4\} \rightarrow d_1 = 3 < d_{min} \ ; \ K_3 = \{3,5,6\}$$

$$M = K_1 \cup K_3 = \{\underbrace{1,2,3,4}_{2t},5,6\} \rightarrow d = 7 > d_{min} \text{ (condition remplie)}$$

$$M = K_1 \cup K_3 = \{\underbrace{1,2,3,4,5}_{2t},6\}$$

$$g(x) = \prod_{i \in M = \cup K_j} (x - \alpha^i) = m_{j1}(x) \cdot m_{j2}(x) \cdots$$

$$m_1(x) = (x-\alpha)(x-\alpha^2)(x-\alpha^4) = 1 + x + x^3$$

$$m_3(x) = (x-\alpha^3)(x-\alpha^5)(x-\alpha^6) = 1 + x^2 + x^3$$

$$g(x) = m_1(x) \cdot m_3(x)$$

$$\underline{\underline{g(x) = 1 + x + x^2 + x^3 + x^4 + x^5 + x^6}}$$

**2)** Selon la relation (6.7), on a :

$$k = n - |M| = n - \deg(g(x)) = 7 - 6 = 1 \Rightarrow \underline{\underline{k = 1}}$$

**3) Interprétation :** $k = 1$ signifie que l'ensemble des mots d'information $u$ ne contient que les éléments 0 et 1 : $u$ = (0, 1). Avec $c = u{\cdot}g$, il n'y a alors que deux mots de code :

| $u_i$ | $c_i$ |
|---|---|
| 0 | 0000000 |
| 1 | 1111111 |

Ce code $BCH(7,1)$ est également un code de répétition. La distance de Hamming minimale de ces deux mots est $d_{H,min} = 7$, de sorte que la valeur réelle de correction des erreurs est $t_r = 3$ et donc supérieure à la valeur requise de $t = 2$, c.-à-d. $d_{min} = 5$. Une telle distance minimale peut être réalisée avec $GF(2^4)$.

## 6.3. Solution

Si nous utilisons la relation (5.9) pour la TFDI

$$a_i = A(\alpha^i) = \sum_{\mu=0}^{n-1} A_\mu \alpha^{i\mu} \quad i = 0,\ldots,n-1,$$

et si nous prenons un exemple $j = 1$ et $A_0 = 1$ en utilisant le tableau de conversion (6.6) pour $p(\alpha) = 1 + \alpha + \alpha^3 = 0 \Rightarrow \alpha^3 = 1 + \alpha$, nous obtenons alors :

$$\begin{array}{lcll}
a_0 & = & A\,(x=\alpha^0) = 1 + \alpha^1\alpha^0 + \alpha^2\alpha^0 + 0\alpha^0 + \alpha^4\alpha^0 & = 1 \\
a_1 & = & A\,(x=\alpha^1) = 1 + \alpha^1(\alpha^1)^1 + \alpha^2(\alpha^1)^2 + 0(\alpha^1)^3 + \alpha^4(\alpha^1)^4 & = 1 \\
a_2 & = & A\,(x=\alpha^2) = 1 + \alpha^1(\alpha^2)^1 + \alpha^2(\alpha^2)^2 + 0(\alpha^2)^3 + \alpha^4(\alpha^2)^4 & = 0 \\
a_3 & = & A\,(x=\alpha^3) = 1 + \alpha^1(\alpha^3)^1 + \alpha^2(\alpha^3)^2 + 0(\alpha^3)^3 + \alpha^4(\alpha^3)^4 & = 1 \\
a_4 & = & A\,(x=\alpha^4) = 1 + \alpha^1(\alpha^4)^1 + \alpha^2(\alpha^4)^2 + 0(\alpha^4)^3 + \alpha^4(\alpha^4)^4 & = 0 \\
a_5 & = & A\,(x=\alpha^5) = 1 + \alpha^1(\alpha^5)^1 + \alpha^2(\alpha^5)^2 + 0(\alpha^5)^3 + \alpha^4(\alpha^5)^4 & = 0 \\
a_6 & = & A\,(x=\alpha^6) = 1 + \alpha^1(\alpha^6)^1 + \alpha^2(\alpha^6)^2 + 0(\alpha^6)^3 + \alpha^4(\alpha^6)^4 & = 0
\end{array}$$

$$\boldsymbol{A} = (1, \boldsymbol{\alpha}^j, \boldsymbol{\alpha}^{2j}, 0, \boldsymbol{\alpha}^{4j}, 0, 0) = (1, \boldsymbol{\alpha}, \boldsymbol{\alpha}^2, 0, \boldsymbol{\alpha}^4, 0, 0) \xrightarrow{\text{TFDI}} (1, 1, 0, 1, 0, 0, 0)$$

Ci-dessous le codage complet pour : $A_0 = 0$ et $A_0 = 1$, $j = 0, 1, .., n$-1 ;

| | | Domaine fréquentiel | | | | | | Domaine temporel | | | | | | | |
|---|---|---|---|---|---|---|---|---|---|---|---|---|---|---|---|
| ***Nr*** | $A_0$ | $A_1$ | $A_2$ | $A_3$ | $A_4$ | $A_5$ | $A_6$ | $a_0$ | $a_1$ | $a_2$ | $a_3$ | $a_4$ | $a_5$ | $a_6$ | $w(a_i)$ |
| **0** | **0** | **0** | **0** | **0** | **0** | **0** | **0** | **0** | **0** | **0** | **0** | **0** | **0** | **0** | **0** |
| **1** | **0** | $\alpha^{j=0}$ | $\alpha^0$ | **0** | $\alpha^0$ | **0** | **0** | **1** | **1** | **0** | **1** | **0** | **1** | **1** | **4** |
| **2** | **0** | $\alpha^{j=1}$ | $\alpha^2$ | **0** | $\alpha^4$ | **0** | **0** | **0** | **0** | **1** | **0** | **1** | **1** | **1** | **4** |
| **3** | **0** | $\alpha^{j=2}$ | $\alpha^4$ | **0** | $\alpha^1$ | **0** | **0** | **0** | **1** | **0** | **1** | **1** | **1** | **0** | **4** |
| **4** | **0** | $\alpha^{j=3}$ | $\alpha^6$ | **0** | $\alpha^5$ | **0** | **0** | **1** | **0** | **1** | **1** | **1** | **0** | **0** | **4** |
| **5** | **0** | $\alpha^{j=4}$ | $\alpha^1$ | **0** | $\alpha^2$ | **0** | **0** | **0** | **1** | **1** | **1** | **0** | **0** | **1** | **4** |
| **6** | **0** | $\alpha^{j=5}$ | $\alpha^3$ | **0** | $\alpha^6$ | **0** | **0** | **1** | **1** | **1** | **0** | **0** | **1** | **0** | **4** |
| **7** | **0** | $\alpha^{j=6}$ | $\alpha^5$ | **0** | $\alpha^3$ | **0** | **0** | **1** | **1** | **0** | **0** | **1** | **0** | **1** | **4** |
| **8** | **1** | **0** | **0** | **0** | **0** | **0** | **0** | **1** | **1** | **1** | **1** | **1** | **1** | **1** | **7** |
| **8** | **1** | $\alpha^{j=0}$ | $\alpha^0$ | **0** | $\alpha^0$ | **0** | **0** | **0** | **1** | **1** | **0** | **1** | **0** | **0** | **3** |
| **10** | **1** | $\alpha^{j=1}$ | $\alpha^2$ | **0** | $\alpha^4$ | **0** | **0** | **1** | **1** | **0** | **1** | **0** | **0** | **0** | **3** |
| **11** | **1** | $\alpha^{j=2}$ | $\alpha^4$ | **0** | $\alpha^1$ | **0** | **0** | **1** | **0** | **1** | **0** | **0** | **0** | **1** | **3** |
| **12** | **1** | $\alpha^{j=3}$ | $\alpha^6$ | **0** | $\alpha^5$ | **0** | **0** | **0** | **1** | **0** | **0** | **0** | **1** | **1** | **3** |
| **13** | **1** | $\alpha^{j=4}$ | $\alpha^1$ | **0** | $\alpha^2$ | **0** | **0** | **1** | **0** | **0** | **0** | **1** | **1** | **0** | **3** |
| **14** | **1** | $\alpha^{j=5}$ | $\alpha^3$ | **0** | $\alpha^6$ | **0** | **0** | **0** | **0** | **0** | **1** | **1** | **0** | **1** | **3** |
| **15** | **1** | $\alpha^{j=6}$ | $\alpha^5$ | **0** | $\alpha^3$ | **0** | **0** | **0** | **0** | **1** | **1** | **0** | **1** | **0** | **3** |

Représentation des fréquences conjuguées :

| $Nr$ | $A_0$ | $A_1$ | $A_2$ | $A_3$ | $A_4$ | $A_5$ | $A_6$ |
|---|---|---|---|---|---|---|---|
| 0 | 0 | 0 | 0 | 0 | 0 | 0 | 0 |
| 1 | 0 | $\alpha^0$ | $\alpha^0$ | 0 | $\alpha^0$ | 0 | 0 |
| 2 | 0 | $\alpha^1$ | $\alpha^2$ | 0 | $\alpha^4$ | 0 | 0 |
| 3 | 0 | $\alpha^2$ | $\alpha^4$ | 0 | $\alpha^1$ | 0 | 0 |
| 4 | 0 | $\alpha^3$ | $\alpha^6$ | 0 | $\alpha^5$ | 0 | 0 |
| 5 | 0 | $\alpha^4$ | $\alpha^1$ | 0 | $\alpha^2$ | 0 | 0 |
| 6 | 0 | $\alpha^5$ | $\alpha^3$ | 0 | $\alpha^6$ | 0 | 0 |
| 7 | 0 | $\alpha^6$ | $\alpha^5$ | 0 | $\alpha^3$ | 0 | 0 |
| 8 | 1 | 0 | 0 | 0 | 0 | 0 | 0 |
| 9 | 1 | $\alpha^0$ | $\alpha^0$ | 0 | $\alpha^0$ | 0 | 0 |
| 10 | 1 | $\alpha^1$ | $\alpha^2$ | 0 | $\alpha^4$ | 0 | 0 |
| 11 | 1 | $\alpha^2$ | $\alpha^4$ | 0 | $\alpha^1$ | 0 | 0 |
| 12 | 1 | $\alpha^3$ | $\alpha^6$ | 0 | $\alpha^5$ | 0 | 0 |
| 13 | 1 | $\alpha^4$ | $\alpha^1$ | 0 | $\alpha^2$ | 0 | 0 |
| 14 | 1 | $\alpha^5$ | $\alpha^3$ | 0 | $\alpha^6$ | 0 | 0 |
| 15 | 1 | $\alpha^6$ | $\alpha^5$ | 0 | $\alpha^3$ | 0 | 0 |

$A_0 = 0$ (lignes 0 à 7) ; $A_0 = 1$ (lignes 8 à 15)

$A_{2i} = A_i^2$

$A_i, a_i \rightarrow i = 0,\ldots,n-1$

$\alpha^j \rightarrow j = 0,\ldots,n-1$

$A_3$ Fréquence conjuguée

## 6.4. Solution

**6.4.1.** Représentation polynomiale et vectorielle des éléments $\alpha^6$ et $\alpha^{20}$.

D'après le tableau (Annexe 2), on a :

$$p(\alpha) = 1 + \alpha^2 + \alpha^5 = 0 \Rightarrow \alpha^5 = 1 + \alpha^2 \rightarrow 10100$$

$$\alpha^6 = \alpha + \alpha^3 \rightarrow 1 + \alpha + 1 + \alpha^3 \Rightarrow \underline{\underline{\alpha^6 = 01010}},\ (1+1 = 0 \bmod 2)$$

$$\alpha^{18} = 1 + \alpha$$

$$\alpha^{20} = \alpha^2 + \alpha^3 \rightarrow \underbrace{1+\alpha^2}_{10100} + \underbrace{1+\alpha^3}_{10010} \Rightarrow \underline{\underline{\alpha^{20} = 00110}}$$

**6.4.2.** La fonction cyclotomique est donnée par la relation suivante :

$$K_j := \left\{ j \cdot p^i \mod n \ \middle| i = 0,1,\ldots m-1 \right\}$$

On a pour :

$$j = 15,\ m = 5,\ n = p^m - 1 = 2^5 - 1 = 31$$

$$K_{15} := \{15, 23, 27, 29, 30\}$$

En utilisant le tableau d'annexe 2, où les exposants sont calculés modulo $n$, le polynôme minimal correspondant à $K_{15}$ est donc :

$$m_{15}(x) = (x-\alpha^{15})(x-\alpha^{23})(x-\alpha^{27})(x-\alpha^{29})(x-\alpha^{30})$$

$$m_{15}(x) = 1 + x^3 + x^5$$

**6.4.3.** En utilisant le tableau d'annexe 1 et la relation (6.7) :

$$k = n - |M| = n - \deg(g(x))$$

En outre, il faut vérifier combien des chiffres successifs sont contenus dans $M$. Ce nombre correspond à $2t$.

**Exemple** :

$$K_1 = \{\underbrace{\mathbf{1,2}}_{2t},4,8,16\}$$

$$m \equiv |M| = 5 \ ; \ k = n - |M| = 31 - 5 = 26$$

$$2t = 2 \Rightarrow t = 1 \Rightarrow d_{min} = 2t + 1 = 3$$

et d'après la relation (1.29b)

$$t'_{\max} = d_{min} - 1 \Rightarrow \ t' = 3 - 1 = 2$$

$$K_1 \cup K_3 = \{\underbrace{\mathbf{1,2,3,4}}_{2t},6,8,12,16,17,24\}$$

$$m \equiv |M| = 10 \ ; \ k = n - |M| = n - |M| = n - \deg(g(x)) = 31 - 10 = 21$$

$$2t = 4 \Rightarrow t = 2 \Rightarrow d_{min} = 2t + 1 = 5 \ ; \ t' = d_{min} - 1 = 4$$

Le tableau complet est ensuite présenté :

| ***M*** | ***n*** | ***k*** | ***m*** | ***t*** | ***t'*** |
|---|---|---|---|---|---|
| $K_1$ | 31 | 26 | 5 | 1 | 2 |
| $K_1 \cup K_3$ | 31 | 21 | 10 | 2 | 4 |
| $K_1 \cup K_3 \cup K_5$ | 31 | 16 | 15 | 3 | 6 |
| $K_1 \cup K_3 \cup K_5 \cup K_7$ | 31 | 11 | 20 | 5 | 10 |
| $K_1 \cup K_3 \cup K_5 \cup K_7 \cup K_{11}$ | 31 | 6 | 25 | 7 | 14 |

**6.4.4.**

**1)** $K_1 \cup K_3$ remplit la condition : détection d'au moins 3 erreurs ($t' = 4$)

$$g(x) = \prod_{i \in M = \cup K_j} (x - \alpha^i) = m_{j1}(x) \cdot m_{j2}(x) \cdots$$

D'après le tableau de l'annexe 1, on obtient :

$$g(x) = m_1(x) \cdot m_3(x) = (1 + x^2 + x^5) \cdot (1 + x^2 + x^3 + x^4 + x^5)$$

$$g(x) = 1 + x^3 + x^5 + x^6 + x^8 + x^9 + x^{10}$$

**2)** Vérification au moyen de la division polynomiale par $g(x) \rightarrow b(x)$ est erroné.

## 6.5. Solution

**6.5.1.** La relation (6.12a) ( $A_{2^\mu i} = A_i^{2^\mu}$, $\mu = 0,1,2,\ldots$ ; $\mu = 1 \Rightarrow A_{2i} = A_i^2$ ) divise les positions des mots de code en groupes représentés par les classes cyclotomiques $K_j$. Formellement, la détermination du $K_j$ se fait par la relation (6.3) :

$$K_j := \left\{ j \cdot p^i \mod n \;\middle|\; i = 0,1,\ldots m-1 \right\} \text{ avec } n = 2^m - 1$$

Pour $p = 2$ et $m = 3$ donc $n = 2^3 - 1 = 7$, la relation (6.3) est simplifiée :

$$K_j := \left\{ j \cdot 2^i \mod 7 \;\middle|\; i = 0,1,2 \right\}.$$

Les classes de division circulaire (cyclotomiques) correspondantes sont donc :

$$K_j := \left\{ j \cdot p^i \mod n \;\middle|\; i = 0,1,2 \right\} \text{avec } n = 7$$

$$\left.\begin{aligned} K_0 &= \left\{0 \cdot 2^0, 0 \cdot 2^1, 0 \cdot 2^2\right\} = \{0\} \rightarrow K_0 = K_7 \\ K_1 &= \left\{1 \cdot 2^0, 1 \cdot 2^1, 1 \cdot 2^2\right\} = \{1,2,4\} \rightarrow K_1 = K_2 = K_4 \\ K_3 &= \left\{3 \cdot 2^0, 3 \cdot 2^1, 3 \cdot 2^2\right\} = \{3,6,12\} = \{3,6,5\} \rightarrow K_3 = K_5 = K_6 \end{aligned}\right\} \text{mod } 7$$

L'explication de ce résultat est la suivante :

Comme on peut le constater ici, une classe cyclotomiques $K_j$ contient le nombre $j$ lui-même. Si l'on essayait de créer une classe de division circulaire avec les nombres contenus dans $K_j$ à côté de $j$, seul $K_j$ lui-même serait créé à nouveau. Par exemple, $j = 2$ et $j = 4$ créent la même classe de division $K_1$, en tenant compte du calcul modulo 7. Pour cette raison, $j = 2$ a été omis ici. La procédure est arrêtée lorsque tous les chiffres ($0 \leq j \leq n - 1 = 6$) ont été attribués à des classes cyclotomiques.

Le résultat doit être interprété comme suit : dans cette partie de l'exercice, $j$ décrit la position du mot de code pour lequel les positions associées doivent être recherchées pour la relation (6.12b). Cela signifie que $A_0$ représente un groupe à part entière, $A_1$, $A_2$ et $A_4$ forment un groupe, ainsi que $A_3$, $A_5$ et $A_6$. Un code purement binaire ne peut être généré que si ces positions sont considérées en lien avec la distribution de l'information (voir les parties suivantes de l'exercice).

**6.5.2.** Il existe une relation entre les classes cyclotomiques $K_j$ et les classes d'équivalence disjointes $[\alpha^i]$ (§ 2.5.4-B4 et § 2.6.2. Voir aussi exercice 2, question 2.2.5) :

$$K_j := \left\{j, j\cdot p, j\cdot p^2, \ldots\right\} \rightarrow \left[\alpha^j\right] = \left\{\alpha^j, \alpha^{j\cdot p}, \alpha^{j\cdot p^2}, \ldots\right\}$$

Il est ainsi simple de préciser les classes d'équivalence :

$$\left.\begin{array}{l}[\alpha^0] = \{\alpha^0\} = \{1\} \\ [\alpha^1] = \{\alpha^1, \alpha^2, \alpha^4\} \\ [\alpha^3] = \{\alpha^3, \alpha^5, \alpha^6\}\end{array}\right\} \text{Les exposants sont calculés en mod 7}$$

La formule suivante s'applique : $[\boldsymbol{\alpha}^{\mathbf{0}}] \cup [\boldsymbol{\alpha}^{\mathbf{1}}] \cup [\boldsymbol{\alpha}^{\mathbf{3}}] = GF(2^3) \setminus \{0\}$. Les classes d'équivalence $[\boldsymbol{\alpha}^i]$ combinent des éléments qui sont conjugués entre eux. Les nombres des classes de division circulaire peuvent être donc considérés comme des exposants des éléments de la représentation exponentielle du champ de Galois général (relation 2.28) :

$$GF(p^m) \setminus \{0\} = \{\alpha^0, \alpha^1, \ldots, \alpha^{p^m-2}\}.$$

Le lien entre les positions des mots de code dans le domaine fréquentiel et les éléments de la représentation exponentielle résulte de la transformation de Fourier discrète TFD.

**6.5.3.** Le polynôme minimal $m(x)$ a des racines $\in [\boldsymbol{\alpha}^i]$ (voir les relations 2.33, 2.37, 2.40 et 6.13).

$$m_j(x) = \prod_{i \in K_j} (x - \alpha^i) = x^n - 1$$

En utilisant le tableau de conversion (Tableau 6.A), on obtient :

$$m_{[\alpha^0]}(\boldsymbol{x}) = \underline{\underline{m_0(\boldsymbol{x})}} = (\boldsymbol{x} - \boldsymbol{\alpha}^0) = \underline{\underline{\boldsymbol{x} + 1}}$$

$$m_{[\alpha^1]}(x) = m_1(x) = (x-\alpha^1)(x-\alpha^2)(x-\alpha^4)$$
$$= \left(x^2 - x\cdot(\alpha+\alpha^2)+\alpha^3\right)\cdot(x-\alpha^4)$$
$$= (x^2 - x\cdot\alpha^4 + \alpha^3)(x-\alpha^4)$$
$$= x^3 - x^2\cdot(\alpha^4+\alpha^4) + x\cdot(\alpha^8+\alpha^3) - \alpha^7$$
$$= x^3 + x\cdot(\alpha+\alpha^3) - 1$$
$$\underline{\underline{m_1(x) = 1 + x + x^3}}$$

$$m_{[\alpha^3]}(x) = m_3(x) = (x-\alpha^3)(x-\alpha^5)(x-\alpha^6)$$
$$= \left(x^2 - x\cdot(\alpha^3+\alpha^5)+\alpha^8\right)\cdot(x-\alpha^6)$$
$$= (x^2 - x\cdot\alpha^2 + \alpha)(x-\alpha^6)$$
$$= x^3 - x^2\cdot(\alpha^6+\alpha^2) + x\cdot(\alpha^8+\alpha) - \alpha^7$$
$$= x^3 + x^2\cdot 1 + x\cdot(\alpha+\alpha) - 1$$
$$\underline{\underline{m_3(x) = 1 + x^2 + x^3}}$$

D'après la relation (2.44), on a donc :

$$m_0(x)\cdot m_1(x)\cdot m_3(x) = x^n - 1 \triangleq x^7 - 1 = x^7 + 1 \text{ mod } 2$$

**6.5.4.** La longueur du mot de code $n_\nu$ dépend uniquement du champ Galois utilisé : $n_\nu = p^m - 1 = 2^3 - 1 = 7$

En fonction du degré de $M_\nu = \cup K_j$, les positions des mots de code sont maintenant réparties entre les positions de contrôle et les positions d'information. Le nombre d'éléments dans les ensembles d'union correspond au degré du polynôme générateur correspondant et donc au nombre de symboles de contrôle $m_\nu$ :

$$m_\nu = \deg(g(x))$$

Le nombre des positions d'information sont alors données comme une différence : $k_\nu = n_\nu - m_\nu$

La distance minimale $d_\nu$, dépend, comme pour les codes RS, du nombre de fréquences de contrôle à définir. Chaque fréquence de contrôle supplémentaire augmente la distance minimale d'une unité. Cependant, ces fréquences doivent être (cycliquement) placées l'une à côté de l'autre. Dans le cas des codes BCH, les positions des mots de code qui servent de fréquences du contrôle sont déterminées par la quantité de l'ensemble de $M_\nu$ à sélectionner. La plus longue séquence de nombres successifs en $M_\nu$, détermine la distance minimale $d_\nu$ :

$$d_\nu \triangleq \text{Nombre des racines successives dans } M_\nu + 1 = 2t_\nu + 1$$

Pour déterminer $d_\nu$, par exemple, on considère l'ensemble d'union $M_4 = \{0, 1, 2, 4\}$, qui comporte trois nombres successifs (0, 1 et 2). Il faut faire attention à l'ensemble d'union $M_5 = \{0, 3, 5, 6\}$, où la cyclicité doit être prise en compte ; ici les nombres 5, 6 et 0 forment trois nombres successifs.

Le nombre d'erreurs détectables et corrigeables est déterminé par la distance minimale :

$$t'_\nu = d_\nu - 1 \; ; \; t_\nu = \left\lfloor \frac{d_\nu - 1}{2} \right\rfloor$$

Cela signifie que $e_\nu$, comparé à $d_\nu$, correspond exactement au nombre des racines successives dans $M_\nu$. Enfin, le taux de code $R_{C\nu}$ est calculé uniquement comme le quotient des chiffres de l'information et des chiffres du mot de code :

$$R_{C\nu} = \frac{k_\nu}{n_\nu}$$

Les résultats sont résumés dans le tableau suivant :

| $\nu$ | $M_\nu$ | $n_\nu$ | $k_\nu$ | $m_\nu$ | $d_\nu$ | $t'_\nu$ | $t_\nu$ | $R_\nu$ |
|---|---|---|---|---|---|---|---|---|
| 1 | $K_1$ | 7 | 4 | 3 | 3 | 2 | 1 | 4/7 |
| 2 | $K_3$ | 7 | 4 | 3 | 3 | 2 | 1 | 4/7 |
| 3 | $K_1 \cup K_3$ | 7 | 1 | 6 | 7 | 6 | 3 | 1/7 |
| 4 | $K_0 \cup K_1$ | 7 | 3 | 4 | 4 | 3 | 1 | 3/7 |
| 5 | $K_0 \cup K_3$ | 7 | 3 | 4 | 4 | 3 | 1 | 3/7 |

**6.5.5.** Le polynôme générateur $g(x)$ appartenant à un ensemble d'union $M$ est calculé comme le produit des polynômes minimums $m_j(x)$ dont les classes cyclotomiques associées $K_j$ forment l'ensemble d'union $M$ :

$$M = K_{j1} \cup K_{j2} \cdots \rightarrow g(x) = m_{j1}(x) \cdot m_{j1}(x) \cdots$$

Les résultats sont alors :

$$g_1(x) = m_1(x) = 1 + x + x^3$$
$$g_2(x) = m_3(x) = 1 + x^2 + x^3$$
$$g_3(x) = m_1(x) \cdot m_3(x) = 1 + x + x^2 + x^3 + x^4 + x^5 + x^6$$
$$g_4(x) = m_0(x) \cdot m_1(x) = 1 + x + x^2 + x^3 + x^4$$
$$g_5(x) = m_0(x) \cdot m_3(x) = 1 + x + x^2 + x^4$$

De cette manière, il est maintenant possible de déterminer avec précision les codes cycliques qui ont les propriétés de correction d'erreurs souhaitées. Après avoir défini un champ de Galois (et donc la longueur du mot de code), on peut déterminer le nombre d'erreurs $t$ à corriger de sorte que la distance minimale $d_{min} = 2t + 1$ à construire soit connue. A l'aide de cette distance, on recherche un ensemble d'union $M$ approprié, en notant que chaque chiffre de cet ensemble d'union représente une position dans le mot de code qui n'est plus disponible pour les informations à transmettre. L'objectif des codes BCH est donc de combiner le moins d'éléments possible dans une union $M$ pour une distance minimale donnée.

$g_3(x)$ décrit un code de répétition (7,1) (voir exercice 6.2, Question 6.2.2).

**6.5.6**. Par rapport aux codes RS, les dépendances des positions des mots de code dans le domaine fréquentiel doivent être prises en compte par la relation (6.12b).

**1)** Les positions des mots de code sont définies plus en détail dans les classes cyclotomiques et elles sont représentées dans le diagramme suivant (voir exemple 6.6) **:**

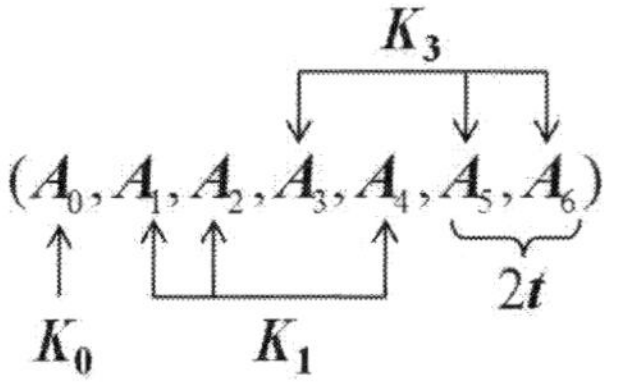


$M_2 = K_3 = \{3, 5, 6\}$ est sélectionné comme quantité d'union, c'est-à-dire que les positions $A_3, A_5$ et $A_6$ sont des fréquences de contrôle : $A_3 = A_5 = A_6 = 0$. Seules les positions $A_0$ et $A_1$ sont maintenant disponibles pour l'affectation des bits d'information, puisque $A_2$ et $A_4$ dépendent de $A_1$ (relation 6.12b). Selon les données ($u = (1, 1, 1, 1)$), $A_0$ est constitué d'un bit, tandis que $A_1$ peut être constitué de $m$ = 3 bits (voir exemple 6.6) ; le mot d'information $u$ est donc découpé après le premier bit.

Le mot de code $A$ dans le domaine fréquentiel est déterminé comme suit :

Code BCH binaire : $p = 2,\ m = 3 \rightarrow n = 2^3 - 1 = 7,\ t = 1$ et $d = 3$

$$u = (1,1,1,1)$$

| | |
|---|---|
| $\rightarrow A_0 = A_0$ } une position binaire | $\rightarrow A_0 = 1$ |
| $\rightarrow A_1 = A_1$ | $\rightarrow A_1 = (1,1,1) = 1 + \alpha + \alpha^2 = \alpha^5$ |
| $\rightarrow A_2 = A_1^2$ } trois positions binaires | $\rightarrow A_2 = A_1^2 = (\alpha^5)^2 = \alpha^{10} = \alpha^3 = (1,1,0)$ |
| $\rightarrow A_4 = A_1^4$ | $\rightarrow A_4 = A_1^4 = (\alpha^5)^4 = \alpha^{20} = \alpha^6 = (1,0,1)$ |

On obtient finalement :

$$\underline{\underline{A = (1, \alpha^5, \alpha^3, 0, \alpha^6, 0, 0)}}$$

**2)** Le polynôme du vecteur $\boldsymbol{A}$ est : $A(x) = 1 + \alpha^5 \cdot x + \alpha^3 \cdot x^2 + \alpha^6 \cdot x^4$. La règle de transformation de la TFDI est donnée par les relations : $a_i = A(x = \alpha^i)$ et (5.11a). Il est recommandé d'utiliser cette équation comme base du calcul au lieu de la création stupide d'une matrice de transformation, qui dans ce cas a une taille de 7 × 7, soit 49 éléments.

Le moyen le plus simple est de calculer le vecteur élément par élément. Mais on peut aussi calculer le vecteur complet en une fois en déterminant les colonnes nécessaires des matrices de transformation, on aura donc :

$$a^T = 1 + \alpha^5 \cdot \begin{bmatrix} \alpha^0 \\ \alpha^1 \\ \alpha^2 \\ \alpha^3 \\ \alpha^4 \\ \alpha^5 \\ \alpha^6 \end{bmatrix} + \alpha^3 \cdot \begin{bmatrix} \alpha^0 \\ \alpha^2 \\ \alpha^4 \\ \alpha^6 \\ \alpha^8 \\ \alpha^{10} \\ \alpha^{12} \end{bmatrix} + \alpha^6 \cdot \begin{bmatrix} \alpha^0 \\ \alpha^4 \\ \alpha^8 \\ \alpha^{12} \\ \alpha^{16} \\ \alpha^{20} \\ \alpha^{24} \end{bmatrix} = 1 + \begin{bmatrix} \alpha^5 + \alpha^3 + \alpha^6 \\ \alpha^6 + \alpha^5 + \alpha^{10} \\ \alpha^7 + \alpha^7 + \alpha^{14} \\ \alpha^8 + \alpha^9 + \alpha^{18} \\ \alpha^9 + \alpha^{11} + \alpha^{22} \\ \alpha^{10} + \alpha^{13} + \alpha^{26} \\ \alpha^{11} + \alpha^{15} + \alpha^{30} \end{bmatrix}$$

Il suffit maintenant de calculer les exposants en modulo 7 (les coefficients en modulo 2) et donner le résultat à l'aide du tableau de conversion (Tableau 6. A), on a donc :

$$a^T = 1 + \begin{bmatrix} \alpha^5+\alpha^3+\alpha^6 \\ \alpha^6+\alpha^5+\alpha^{10} \\ \alpha^7+\alpha^7+\alpha^{14} \\ \alpha^8+\alpha^9+\alpha^{18} \\ \alpha^9+\alpha^{11}+\alpha^{22} \\ \alpha^{10}+\alpha^{13}+\alpha^{26} \\ \alpha^{11}+\alpha^{15}+\alpha^{30} \end{bmatrix} = 1 + \begin{bmatrix} \alpha^5+\alpha^3+\alpha^6 \\ \alpha^6+\alpha^5+\alpha^{10} \\ 1+1+1 \\ \alpha^8+\alpha^9+\alpha^{18} \\ \alpha^9+\alpha^{11}+\alpha^{22} \\ \alpha^{10}+\alpha^{13}+\alpha^{26} \\ \alpha^{11}+\alpha^{15}+\alpha^{30} \end{bmatrix} = 1 + \begin{bmatrix} 1 \\ 1 \\ 1 \\ 0 \\ 0 \\ 1 \\ 0 \end{bmatrix} = \begin{bmatrix} 0 \\ 0 \\ 0 \\ 1 \\ 1 \\ 0 \\ 1 \end{bmatrix}$$

$$A = (1, \alpha^5, \alpha^3, 0, \alpha^6, 0, 0) \xrightarrow{\textbf{TFDI}} \underline{\underline{a = (0,0,0,1,1,0,1)}}$$

Le résultat est donc : $a = (0, 0, 0, 1, 1, 0, 1)$. Le fait que le vecteur soit binaire est l'indication la plus claire que le calcul n'est pas erroné.

Ce calcul est compliqué, mais aussi très clair, et convient parfaitement à la recherche des erreurs.

**6.5.7.** Pour calculer le polynôme localisateur d'erreurs $C(x)$ analogue aux codes RS, le vecteur reçu $\boldsymbol{b}$ doit être transformé au moyen de la TFD et le syndrome doit être déterminé à partir du vecteur résultant $\boldsymbol{B}$. Avec $b = (0,1,0,1,0,0,0) \rightarrow b(x) = x + x^3$.

La règle de transformation est la suivante :

$B(x) = -b(x = \alpha^{-i}) \rightarrow B(x) = b(x = \alpha^{-i})$, où $-i = n - i \bmod n$

La dernière simplification s'applique généralement aux codes BCH binaires. La structure de calcul présentée dans la partie précédente de l'exercice peut être également appliquée ici à nouveau.

En utilisant le tableau de conversion (Tableau 6.A), on obtient :

$$\left.\begin{array}{l} b(x) = x + x^3 \\ B = b(x = \alpha^{-i}) = \sum_{\mu=0}^{n-1} b_\mu \alpha^{-i\mu} \end{array}\right\} \Rightarrow B^T = \begin{bmatrix} \alpha^0 \\ \alpha^{-1} \\ \alpha^{-2} \\ \alpha^{-3} \\ \alpha^{-4} \\ \alpha^{-5} \\ \alpha^{-6} \end{bmatrix} + \begin{bmatrix} \alpha^0 \\ \alpha^{-3} \\ \alpha^{-6} \\ \alpha^{-9} \\ \alpha^{-12} \\ \alpha^{-15} \\ \alpha^{-18} \end{bmatrix} = \begin{bmatrix} \alpha^0+\alpha^0 \\ \alpha^6+\alpha^4 \\ \alpha^5+\alpha^1 \\ \alpha^4+\alpha^5 \\ \alpha^3+\alpha^2 \\ \alpha^2+\alpha^6 \\ \alpha^1+\alpha^3 \end{bmatrix} = \begin{bmatrix} 0 \\ \alpha^3 \\ \alpha^6 \\ 1 \\ \alpha^5 \\ 1 \\ 1 \end{bmatrix}$$

$$b = (0,1,0,1,0,0,0) \xrightarrow{\textbf{TFD}} \underline{\underline{B = (0,\ \alpha^3,\ \alpha^6, 1,\ \alpha^5, 1, 1)}}$$

Le vecteur de réception dans le domaine fréquentiel est donc : $B = (0, \alpha^3, \alpha^6, 1, \alpha^5, 1, 1)$. Les deux derniers chiffres ($A_5$ et $A_6$ comme fréquences de contrôle) donnent le syndrome $S = (1, 1)$. Le polynôme localisateur d'erreurs $C(x)$ est déterminé par l'équation (5.46). Comme ce code ne peut corriger qu'une seule erreur ($t = 1$), on ne peut supposer qu'une seule erreur ($\boldsymbol{\tau} = t = 1$).

$(S_0 \quad S_1)\cdot\begin{pmatrix} C_0 \\ C_1 \end{pmatrix} = (1 \quad 1)\cdot\begin{pmatrix} C_0 \\ 1 \end{pmatrix} = 0$, avec $C_1$=1 comme choix libre, on obtient :

$C_0 + 1 = 0 \Rightarrow C_0 = -1 = 1 \bmod 2$. Ainsi, polynôme localisateur d'erreurs est $\underline{\underline{C(x) = 1 + x}}$

La racine $x_0 = \alpha^0 \to C(x_0 = \alpha^0) = 1 + 1 = 0 \bmod 2$, ce qui signifie que le symbole $b_0$ du vecteur $\boldsymbol{b}$ est erroné. Comme il s'agit d'un code binaire, il ne peut s'agir que d'une erreur binaire, donc $e_0 = 1$. Le vecteur d'erreurs $\boldsymbol{e}$ est donc : $\underline{\underline{\boldsymbol{e} = (1, 0, 0, 0, 0, 0, 0)}}$.

# A7. Solutions des exercices du chapitre 7

## 7.1. Solution

**7.1.1.** Les paramètres peuvent être tirés directement de la figure ci-dessous : La longueur du mémoire : $m = 2$, la longueur de contrainte : $L_C = 3$, le nombre d'états de mémorisation : $2^m = 4$ et le taux de codage : $R_C = 1/3$.

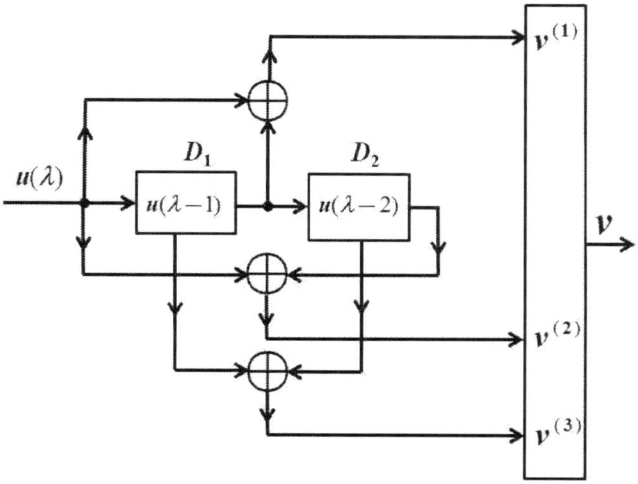

**7.1.2**. Diagramme de transition d'états.

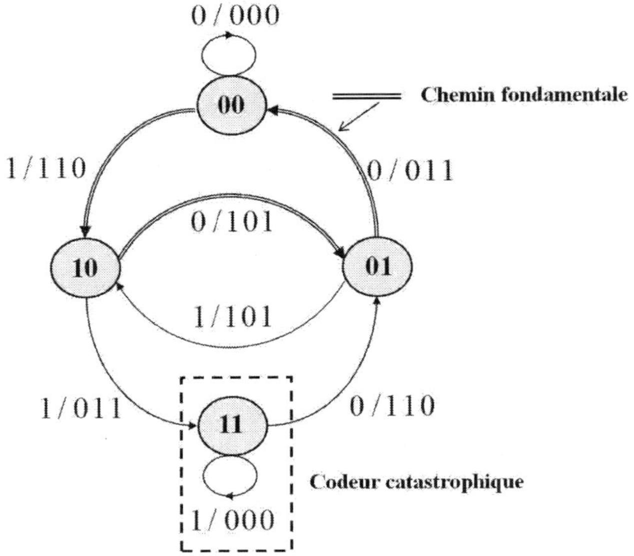


Avec ce code, une propagation d'erreurs catastrophique est possible.

**7.1.3**. Diagramme en Treillis ($Q = 4$)

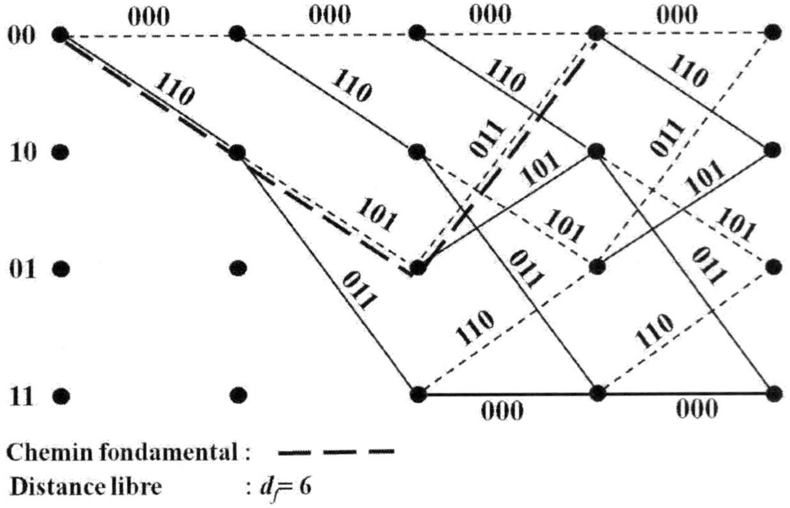


**7.1.4**. Décodage de la suite :

$\{110111001011\} \triangleq (110, 111, 001, 011)$

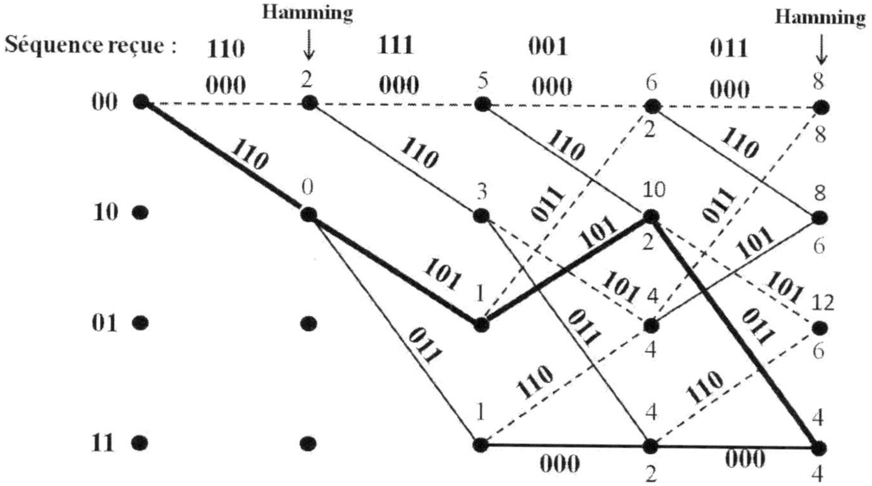


| | | | | | |
|---|---|---|---|---|---|
| **Séquence émise** | : | 110 | 101 | 101 | 011 |
| **Séquence décodée** | : | 110 | 101 | 101 | 0 01 |
| **L'information décodée** | : | 1 | 0 | 1 | 1 |

**7.1.5**. Codage de la suite {10000 …} → (110, 101, 011, 000, 000 …) : Modèle d'erreur pouvant entraîner un nombre infini d'erreurs de décodage : (000, 110, 011, 000, 000, 000, …) (voir le diagramme de transition d'états).

## 7.2. Solution

**7.2.1.** Codeur correspondant pour :

$g^{(1)} = (1,1,0)$ ; $g^{(2)} = (1,0,1)$ ; $g^{(3)} = (1,1,1)$

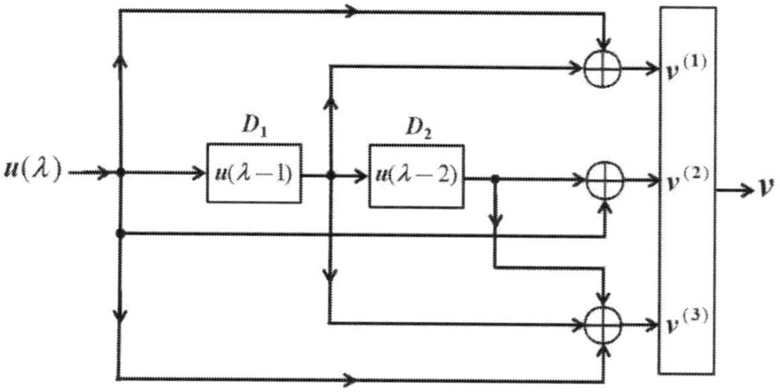

**7.2.2.** Diagramme de transition d'états

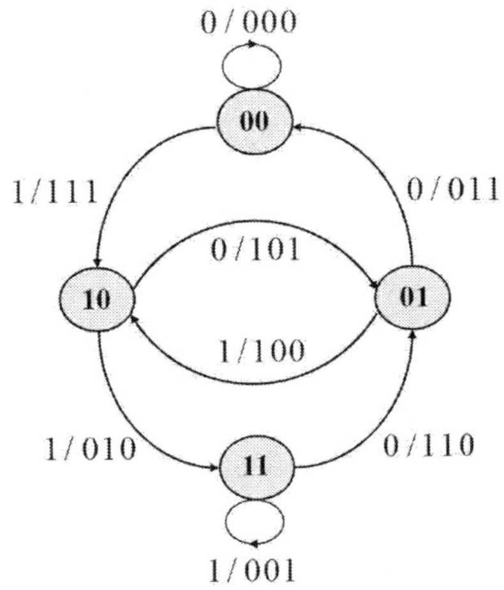


**7.2.3**. Le diagramme utilisé pour trouver la fonction génératrice est donné par la figure suivante :

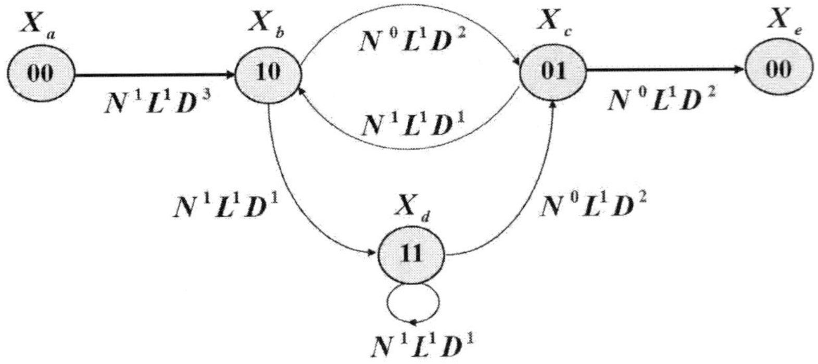


En utilisant les résultats du diagramme de flux précédent, on obtient le système des équations :

$$X_b = N^1L^1D^3 \cdot X_a + N^1L^1D^1 \cdot X_c$$
$$X_c = N^0L^1D^2 \cdot X_b + N^0L^1D^2 \cdot X_d$$
$$X_d = N^1L^1D^1 \cdot X_b + N^1L^1D^1 \cdot X_d$$
$$X_e = N^0L^1D^2 \cdot X_c$$

L'élimination de $X_b$, $X_c$ et $X_d$ se traduit par

$$T(N,L,D) = \frac{X_e}{X_a} = \frac{NL^3D^7}{1 - NLD - NL^2D^3}$$

Pour trouver la distance libre du code, nous fixons $N = L = 1$ dans la fonction de transfert, de sorte que :

$$T(N,L,D)_{N=L=1} = \frac{D^7}{1-D-D^3} = D^7 + D^8 + D^9 + \cdots$$

D'où $\underline{\underline{d_f = 7}}$ (voir exemple 7.12).

**7.2.4.** Treillis du code

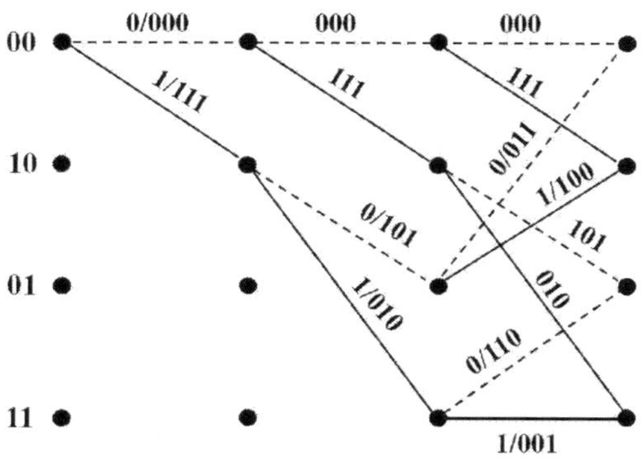


**7.2.5.** Codage de la séquence d'information $u = (1, 0, 1, 1)$.

**A.** La méthode par la transformation en $D$.

$$U(D) = 1 + D^2 + D^3$$
$$g^{(1)} = (1,1,0)\ ; g^{(2)} = (1,0,1)\ ;\ g^{(3)} = (1,1,1)$$
$$G(D) = (g^{(1)}, g^{(2)}, g^{(3)})$$
$$G(D) = [1+D\ ;\ 1+D^2\ ;\ 1+D+D^2]$$
$$V(D) = [U(D)\cdot G(D)] = \left[(1+D^2+D^3)\cdot G(D)\right]$$
$$= \left[\left\{(1+D^2+D^3)\cdot(1+D)\right\}; \left\{(1+D^2+D^3)\cdot(1+D^2\right\};\right.$$
$$\left.\left\{(1+D^2+D^3)\cdot(1+D+D^2\right\}\right]$$
$$= \left[\underline{1} + \underline{\underline{D}} + \underset{\times}{D^2} + \underset{*}{D^4}\ ;\ \underline{1} + \underset{\bullet}{D^3} + \underset{*}{D^4} + \underset{\circ}{D^5}\ ;\ \underline{1} + \underline{\underline{D}} + \underset{\circ}{D^5}\right]$$

$P.\ exemple : V(D) = (111\ \ 101\ \ 100\ \ 010\ \ 110\ \ 011)$

$$v = (\underline{\underline{111, 101, 100, 010,}}\ 010, 110,\ 011)$$

**B.** La méthode par utilisation de la matrice génératrice

$$\left.\begin{matrix} g_1 = (1\ \ 1\ \ 0) \\ g_2 = (1\ \ 0\ \ 1) \\ g_3 = (1\ \ 1\ \ 1) \end{matrix}\right\} \Rightarrow \left\{\begin{matrix} G_1 = (111) \\ G_2 = (101) \\ G_3 = (101) \end{matrix}\right. \Rightarrow G = \begin{bmatrix} G_0 & G_1 & G_5 & 0 \\ 0 & G_0 & G_1 & G_5 \\ 0 & 0 & G_0 & G_1 \\ 0 & 0 & 0 & G_0 \end{bmatrix}$$

$$\downarrow\downarrow\downarrow \quad G_1 G_2 G_3$$

$$v = u \cdot G = [1 \quad 0 \quad 1 \quad 1] \cdot \begin{bmatrix} 111 & 101 & 011 & 0 \\ 0 & 111 & 101 & 011 \\ 0 & 0 & 111 & 101 \\ 0 & 0 & 0 & 111 \end{bmatrix}$$

$$\Rightarrow \underline{\underline{\boldsymbol{v} = (111, 101, 100, 010, \ldots)}}$$

**C.** La méthode directe de treillis

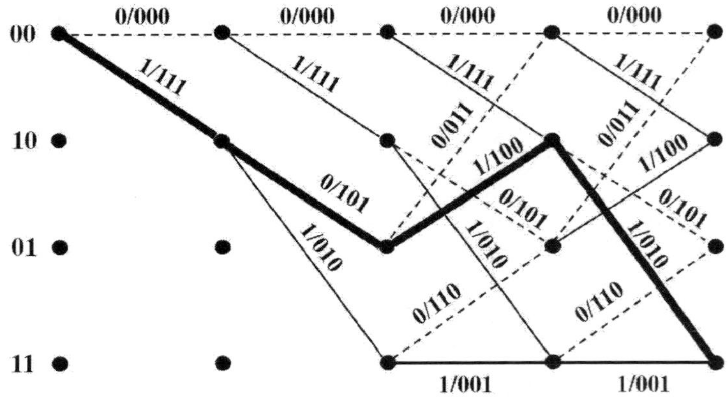


Chemin surligné en gras $\Rightarrow \underline{\underline{\boldsymbol{v} = (111, 101, 100, 010)}}$

## 7.3. Solution

**7.3.1.** Les paramètres du codeur sont :

- Une seule entrée : $k = 1$
- Deux sorties $n = 2$
- Un seul registre en décalage (mémoire) : $m = 1$
- La longueur de contrainte : $L_C = m + 1 = 2$
- Le taux de codage : $R_C = k/n = 1/2$

**7.3.2.** Les séquences génératrices $g^{(1)}$ et $g^{(2)}$.

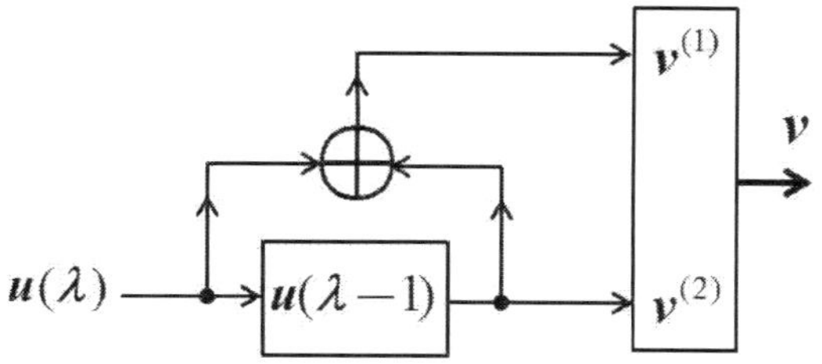


$$\Rightarrow g^{(1)} = (1,1) \; ; \; g^{(2)} = (0,1)$$

**7.3.3.** Le tableau d'états montre l'état de sortie et l'état suivant du codeur pour chaque combinaison possible de blocs d'informations (entrée et mémoire (état)) du codeur.

| **Entrée : *u*** | **Etat actuel du registre** | **Etat suivant du registre** | **Sortie** | |
|---|---|---|---|---|
| | | | $v^{(1)}$ | $v^{(2)}$ |
| **0** | $a = 0$ | $a = 0$ | **0** | **0** |
| **0** | $b = 1$ | $a = 0$ | **1** | **1** |
| **1** | $a = 0$ | $b = 1$ | **1** | **0** |
| **1** | $b = 1$ | $b = 1$ | **0** | **1** |

A partir de ce tableau, le diagramme de transition d'états peut être obtenu directement tel que :

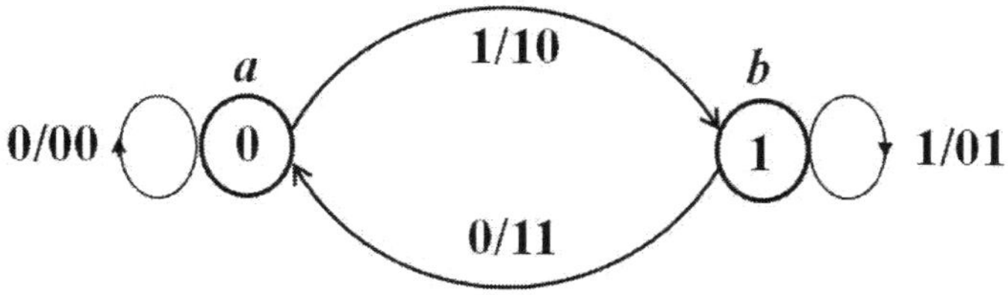


**7.3.4.** Le diagramme en treillis décrit également les états du codeur, mais avec une approche temporelle.

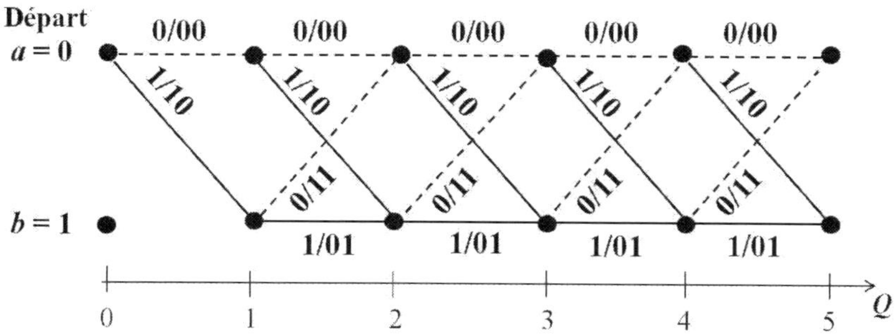

**7.3.5.** Le chemin fondamental et la distance libre.

- **Le chemin fondamental**

  Commencer et terminer par l'état zéro sans obtenir l'état zéro en cours du chemin.

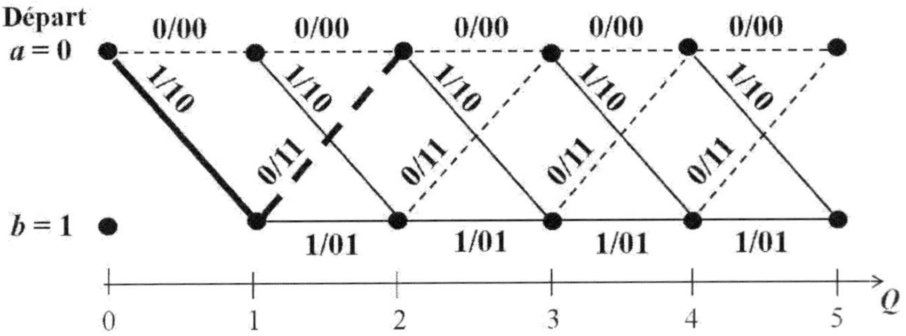


Chemin fondamental : Chemin surligné en gras.

- **La distance libre**

  Toutes les voies différentes qui commencent à l'état zéro et se terminent à l'état zéro (sauf toutes les voies à l'état zéro) ont un nombre plus élevé des « 1 » à la sortie.

  La distance libre $d_f$ est le nombre des « 1 » à la sortie en utilisant le chemin fondamental, de sorte qu'il s'agit de la distance à la séquence de tous les zéros $\Rightarrow d_f = 3$

  La distance libre est une mesure de la capacité de correction des erreurs. Plus la $d_f$ est élevée, plus la capacité de correction des erreurs est grande.

**7.3.6.** Code terminé

**A.** Chaque segment se termine par un seul « 0 ». La séquence à coder est donc la séquence terminée :

$$(\underbrace{1, 0, 1, 1}_{u}|0)$$

terminaison

La chemin correspondant dans le diagramme en treillis est mise en évidence dans le diagramme ci-après :

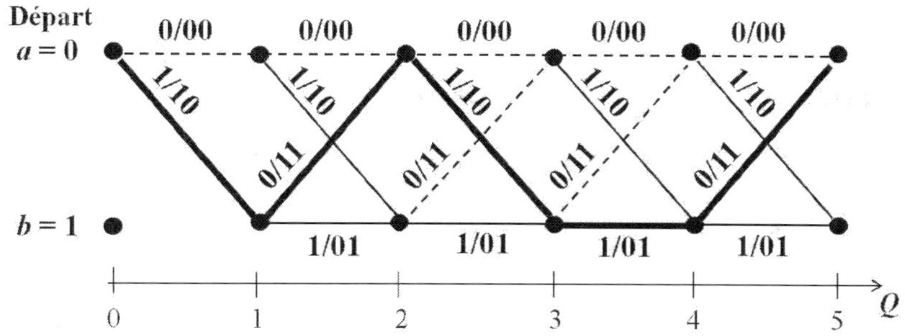


| | | | | | | |
|---|---|---|---|---|---|---|
| Séquence non codée | : | 1 | 0 | 1 | 1 | 0 |
| Séquence codée | : | 10 | 11 | 10 | 01 | 11 |

→ Terminaison

**B.** Taux de codage

- Pour un codeur non terminé

$$R_C = \frac{k}{n} = \frac{1}{2} \rightarrow 50\%$$

- Pour un codeur terminé

D'après la relation (7.28) :

$$R_{C,terminé} = \frac{N}{(N+m)\cdot n} = \frac{4}{(4+1)\cdot 2} = \frac{4}{10} \rightarrow 40\%$$

**7.3.7.** Décodage de la suite $\{10\ 10\ 10\ 00\ 11\}$ par l'algorithme de Viterbi.

La décision « Maximum Likelihood », c'est-à-dire la séquence qui est le mot de code le plus vraisemblablement transmis, si une séquence ***r*** est reçue.

- En commençant à l'état zéro (à gauche) du diagramme en treillis.
- On calcule le nombre de correspondances de la sortie et des bits reçus correspondants pour tout chemin possible (chaque flèche du diagramme en treillis) vers l'étape suivante.
- Pour chaque état, à chaque étape, seul le nombre maximum de correspondances (*i.e.* minimisation de la distance de Hamming) est utilisé pour les calculs ultérieurs. Tous les autres nombres sont annulés (ainsi, les chemins qui appartiennent à ces nombres sont également annulés).
- Enfin, on utilise le chemin qui présente le plus grand nombre de correspondances (distance de Hamming minimale) et on le retrace jusqu'au début du diagramme en treillis.

L'utilisation du treillis donne le résultat suivant :

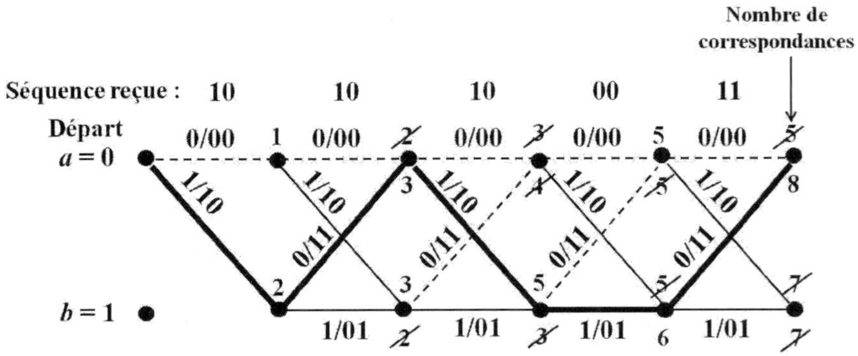


Ainsi, la séquence reçue est décodée :

| | | | | | | |
|---|---|---|---|---|---|---|
| Bits décodés | : | 1 | 0 | 1 | 1 | 0 |
| Séquence décodée | : | 10 | 11 | 10 | 01 | 11 (Surligné en gras) |
| Mot de code reçu | : | 10 | 10 ↑ | 10 | 00 ↑ | 11 |

On corrige donc les erreurs de 2 bits au 4^e^ chiffre et au 8^e^ chiffre.

## 7.4. Solution

**7.4.1.** Schéma équivalent

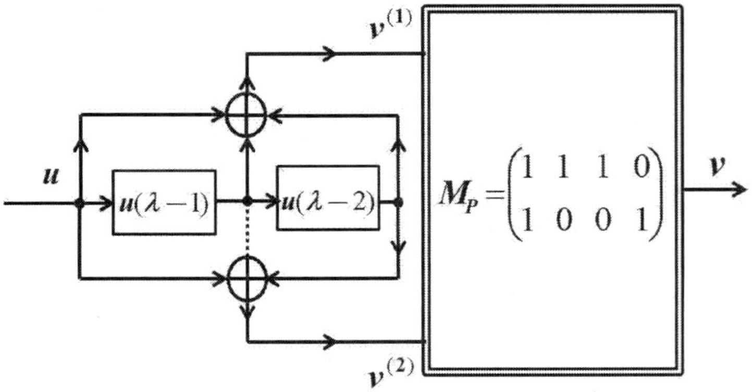


**7.4.2.** La matrice de perforation $M_P$ se compose de $n = 2$ lignes et $L_P = 4$ colonnes. Après la perforation, seuls 5 bits de l'original $n \cdot L_P = 8$ bits de code sont transmis. Le taux de codage du code perforé est donné selon la relation (7.32).

$$R_p = \frac{k \cdot L_p}{n \cdot L_p - e_p} \quad \text{où} \quad e_p < L_p \cdot (n-k) \Rightarrow R_p = \frac{1 \cdot 4}{2 \cdot 4 - 3} = \frac{4}{5}$$

**7.4.3.** Treillis du codeur

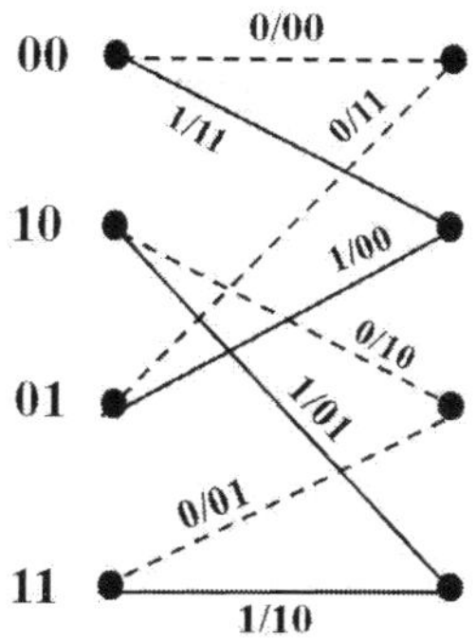


**7.4.4.** Compte tenu de la matrice de perforation, à partir de la séquence reçue perforée non perturbée *r* = (11, 0**x**, 0**x**, **x**0, 10, 1**x**), (avec un espace x pour les bits perforés).

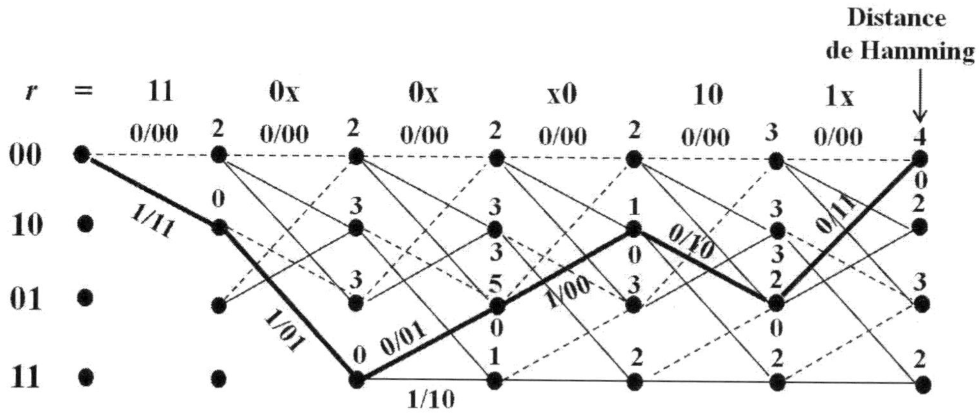


Séquence décodée : 11 0<u>1</u> 0<u>1</u> <u>0</u>0 10 1<u>1</u>

Information décodée : 1101(00)

- **Remarques**
  - Pour le décodage de Viterbi (décodage par treillis), nous avons utilisé la distance de Hamming comme métrique.
  - Le symbole **x** a été inséré dans la séquence reçue *r* aux positions qui ont été perforées lors de l'encodage. Ces chiffres **x** ne contribuent pas à la métrique.
  - Un traitement détaillé de la perforation est donné dans [47][48].

## 7.5. Solution

**7.5.1.** Matrice $G_{\text{RSC}}$

$$G_{\text{NSC}}(D)=[G_1,G_2]=[1+D+D^3,\ 1+D+D^2+D^3]$$

$$G_{\text{RSC}}(D)=[\tilde{G}_1,\tilde{G}_2]=\left[1,\frac{1+D+D^2+D^3}{1+D+D^3}\right]$$

**7.5.2.** Relations du système RSC

$$\tilde{V}^{(1)}(D)=U(D)\cdot\tilde{G}_1(D)=U(D)\ \rightarrow \text{Code systématique}$$

$$\tilde{V}^{(2)}(D)=U(D)\cdot\tilde{G}_2(D)=\frac{U(D)}{G_1(D)}\cdot G_2(D)=A(D)\cdot G_2(D)$$

On utilise : $A(D)=\dfrac{U(D)}{G_1(D)}$, et d'après la relation (7.23), on a :

$$A(D)\cdot G_1(D)=U(D)\Leftrightarrow A(D)\cdot\sum_{\mu=0}^{m}g_{j,\mu}\cdot D^{\mu}=U(D)$$

En utilisant l'opérateur de décalage $D = z^{-1}$ et $g_{1,0} = 1$, la relation (7.23) peut être généralisée et on obtient la transformation en $D$ inverse (TDI) :

$$A(D)\cdot\sum_{\mu=0}^{m}g_{j,\mu}\cdot D^{\mu}=U(D)\xrightarrow{\text{TDI}}\sum_{\mu=0}^{m}g_{j,\mu}\cdot a(\lambda-\mu)=u(\lambda)$$

Ce qui donne enfin :

$$A(D)\cdot G_1(D)=U(D)\Leftrightarrow A(D)\cdot\sum_{\mu=0}^{m}g_{j,\mu}\cdot D^{\mu}=U(D)$$

$$\tilde{V}^{(1)}(D)=U(D)\xrightarrow{\text{TDI}}\tilde{v}^{(1)}(\lambda)=u(\lambda)$$

$$\underline{\tilde{v}^{(1)}=u(\lambda)} \qquad \textbf{(1)}$$

$$A(D)\cdot\left(1+D+D^2\right)=U(D)\xrightarrow{\text{TDI}}u(\lambda)=a(\lambda)+a(\lambda-1)+a(\lambda-2$$

$$\underline{\underline{a(\lambda)=u(\lambda)+a(\lambda-1)+a(\lambda-3)}} \qquad \textbf{(2)}$$

$$\tilde{V}^{(2)}(D)=A(D)\cdot G_2(D)=A(D)\cdot\left(1+D+D^2+D^3\right)$$

$$\downarrow \textbf{TDI}$$

$$\underline{\underline{\tilde{v}^{(2)}=a(\lambda)+a(\lambda-1)+a(\lambda-2)+a(\lambda-3)}} \quad \textbf{(3)}$$

**7.5.3.** A partir des relations (1), (2) et (3), on peut construire le système équivalent RSC.

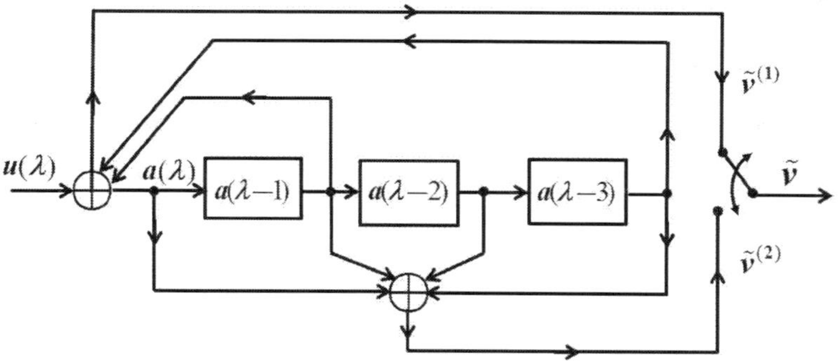


## 7.6. Solution

**7.6.1**. Les polynômes générarateurs pour le codeur A sont :

$$g^{(1)} = (1, 1, 1, 1) \rightarrow g^{(1)}(x) = 1 + x + x^2 + x^3$$
$$g^{(2)} = (1, 1, 0, 1) \rightarrow g^{(2)}(x) = 1 + x + x^3$$

Le message est donné par la polynôme suivant :

$$u = (1, 0, 1, 1, 1, \ldots) \rightarrow u(x) = 1 + x^2 + x^3 + x^4 + \cdots$$

La méthode par le produit de convolution directe* (relation 7.5) donne :

$$v^{(j)} = \sum_{\mu=0}^{m} g_\mu \cdot u(j-\mu) \text{ pour } j = 1,2 \text{ ; } \mu = 0,\ldots m$$

$$\left.\begin{aligned} v^{(1)} &= \{u\} * \{g_1\} = \{10111\ldots\} * \{1111\} = 110111\ldots \\ v^{(2)} &= \{u\} * \{g_2\} = \{10111\ldots\} * \{101\} = 111100\ldots \end{aligned}\right\}$$

$$\underline{\underline{v \;\; = (11,\ 11,\ 01,\ 11,\ 10,\ 10, \ldots)}}$$

*(voir aussi les exemples 7.4 et 7.7)

**7.6.2.** Analyse du codeur B

**A.** La figure du codeur B montre un codeur avec $R_C$ = 1/2. La réponse impulsionnelle de ce code est donnée par les polynômes génétarteurs suivants :

$$g^{(1)} = (0, 1, 1, 1) \rightarrow g^{(1)}(x) = x + x^2 + x^3$$
$$g^{(2)} = (1, 1, 1, 0) \rightarrow g^{(1)}(x) = 1 + x + x^2$$

**B.** Puisque le codeur a 3 cellules, il peut être représenté par un diagramme de transition avec $2^3 = 8$ états.

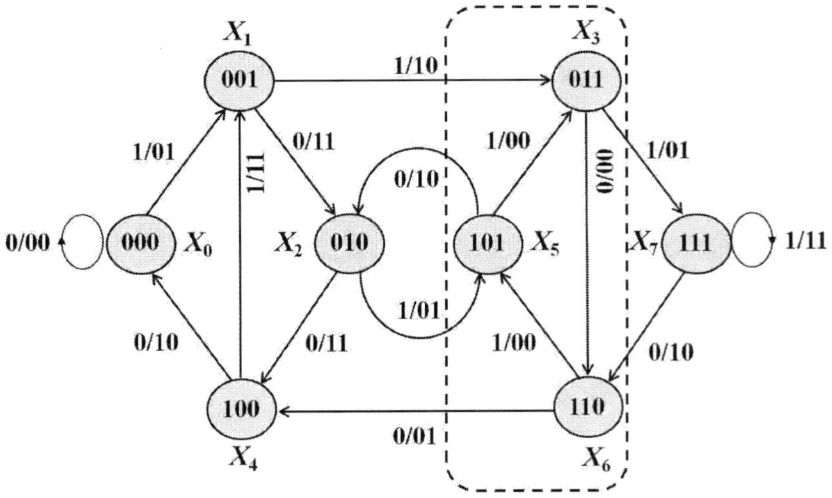


**C.** Un nombre fini des erreurs causé par le canal (p.ex. 2 erreurs) se traduit par un nombre infini des erreurs dans la séquence de l'information décodée. En fait, on peut le constater, d'abord dans la réponse impulsionnelle, où $1 + x + x^2$ est diviseur commun entre $g^{(1)}$ et $g^{(2)}$, ensuite dans la partie encadrée (- - -) du diagramme de transition d'états. Donc, le codeur modifié B est un codeur catastrophique.

## 7.7. Solution

**7.7.1**. Tableau représentant les états de transition :

| $u(\lambda)$ | $u(\lambda-1)$ | $u(\lambda-2)$ | $v^{(1)}$ | $v^{(2)}$ | $v^{(3)}$ |
|---|---|---|---|---|---|
| 0 | 0 | 0 | 0 | 0 | 0 |
| 0 | 0 | 1 | 1 | 1 | 1 |
| 0 | 1 | 0 | 0 | 1 | 1 |
| 0 | 1 | 1 | 1 | 0 | 0 |
| 1 | 0 | 0 | 1 | 0 | 1 |
| 1 | 0 | 1 | 0 | 1 | 0 |
| 1 | 1 | 0 | 1 | 1 | 0 |
| 1 | 1 | 1 | 0 | 0 | 1 |

**7.7.2.** Les sorties correspondantes selon le tableau ci-dessus :

- Pour les premières cinq entrées : $u_{0;4} = (1, 0, 1, 1, 0)$, on a la sortie suivante :
  $u_{0;4} = (1, 0, 1, 1, 0) \rightarrow v = (101, 011, 010, 110, 100)$
- Pour les cinq derniers bits : $u_{L\text{-}5;L\text{-}1} = (1, 1, 1, 0, 1)$, on a la sortie suivante : $u_{L\text{-}5;L\text{-}1} = (1, 1, 1, 0, 1), \rightarrow v = (001, 100, 010, 011, 111)$

**7.7.3.** Décodage de $r_{L\text{-}4;L\text{-}1} = (110, 110, 000, 110)$

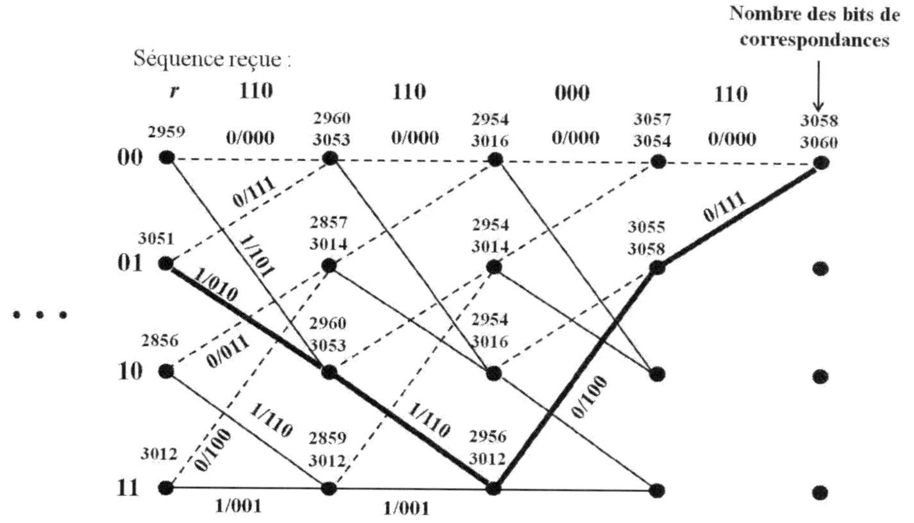


Séquence décodée : $\hat{v}_{L\text{-}4,\,L\text{-}1} = (\underline{\mathbf{0}}10, 110, \underline{\mathbf{1}}00, 11\underline{\mathbf{1}})$ (chemin surligné en gras).
Séquence d'information estimée : $\hat{u}_{L\text{-}4,\,L\text{-}1} = (1, 1, 0, 0)$.

## 7.8. Solution

**7.8.1.** Tous les paramètres peuvent être lus directement à partir du codeur :
$n = 3,\ k = 1,\ m = 3$ *et* $L_C = 4$.

**7.8.2.** Pour l'estimation de l'effort : il y a un total de $2^k$ combinaisons d'entrées possibles. La mémoire peut assumer un total de $2^{k\cdot m}$ états. Le nombre de combinaisons d'états d'entrée est le produit de ces deux valeurs : $2^k \cdot 2^{k\cdot m}$. Dans ce cas, il y a 2 combinaisons d'entrée possibles (0 ou 1), 8 états de mémoire différents et 16 combinaisons d'états d'entrée. Ce dernier est égal au nombre de lignes du tableau.

Tableau de transition d'états et le treillis correspondant :

| $u(\lambda)$ | $u(\lambda-1)$ | $u(\lambda-2)$ | $u(\lambda-3)$ | $v^{(1)}$ | $v^{(2)}$ | $v^{(3)}$ |
|---|---|---|---|---|---|---|
| 0 | 0 | 0 | 0 | 0 | 0 | 0 |
| 0 | 0 | 0 | 1 | 1 | 1 | 1 |
| 0 | 0 | 1 | 0 | 0 | 1 | 1 |
| 0 | 0 | 1 | 1 | 1 | 0 | 0 |
| 0 | 1 | 0 | 0 | 1 | 1 | 0 |
| 0 | 1 | 0 | 1 | 0 | 0 | 1 |
| 0 | 1 | 1 | 0 | 1 | 0 | 1 |
| 0 | 1 | 1 | 1 | 0 | 1 | 0 |
| 1 | 0 | 0 | 0 | 1 | 1 | 1 |
| 1 | 0 | 0 | 1 | 0 | 0 | 0 |
| 1 | 0 | 1 | 0 | 1 | 0 | 0 |
| 1 | 0 | 1 | 1 | 0 | 1 | 1 |
| 1 | 1 | 0 | 0 | 0 | 0 | 1 |
| 1 | 1 | 0 | 1 | 1 | 1 | 0 |
| 1 | 1 | 1 | 0 | 0 | 1 | 0 |
| 1 | 1 | 1 | 1 | 1 | 0 | 1 |

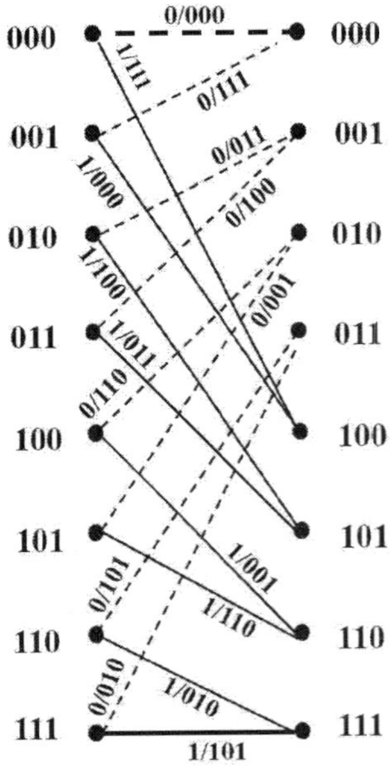


**7.8.3.** Codage de la séquence $u = (1, 0, 0, 1, 1)$.

Le mot de code terminé $\boldsymbol{v}_t$ (chemin surligné en gras).

$u_t = (1, 0, 0, 1, 1, \mathbf{000}) \to v_t = (111,\ 110,\ 011,\ 000,\ 001,\ 101,\ 100,\ 111)$

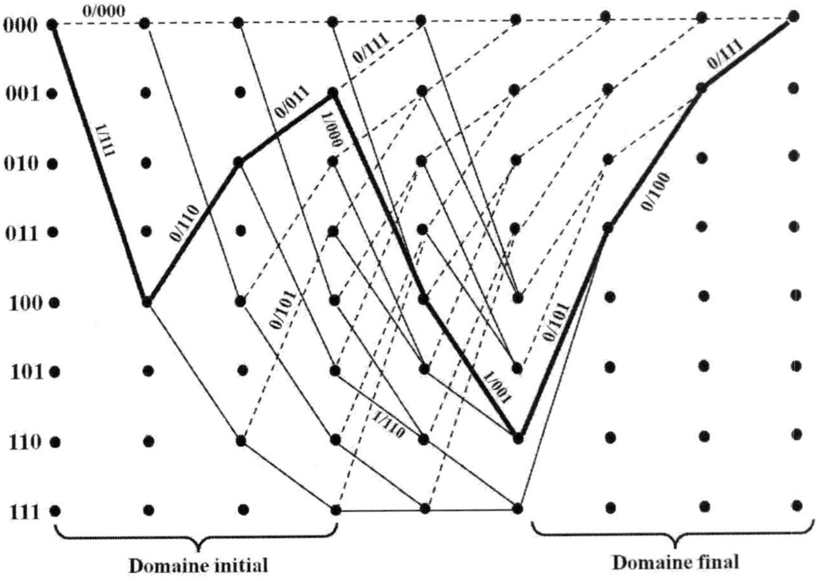

- Le mot de code perforé $v_{t,p}$.

  Selon la matrice de perforation

$$M_P = \begin{pmatrix} 1 & 1 & 1 & 1 & 1 & 1 & 0 & 1 \\ 1 & 1 & 0 & 1 & 1 & 1 & 1 & 0 \\ 1 & 1 & 1 & 1 & 0 & 1 & 1 & 1 \end{pmatrix},$$

on obtient : $\underline{\underline{v_{t,p} = (111,\ 110,\ 0\mathbf{x}1,\ 000,\ 00\mathbf{x},\ 101,\ \mathbf{x}00,\ 1\mathbf{x}1)}}$

**7.8.4.** Taux de codage

- Selon la relation (7.28), on a :

$$R_{C,\text{terminé}} = \frac{N}{(N+m)\cdot n} = \frac{5}{(5+3)\cdot 3} = \frac{5}{24}$$

- Le taux de codage du code perforé est donné selon la relation (7.32)

$$R_p = \frac{k\cdot L_p}{n\cdot L_p - e_p} \text{ où } e_p < L_p\cdot(n-k) \Rightarrow R_{C,t,p} = \frac{1\cdot 8}{3\cdot 8-4} = \frac{8}{20} = \frac{2}{5}$$

## 7.9. Solution

**7.9.1.** Tous les paramètres peuvent être lus directement à partir du codeur.

$n = 2$, $k = 1$, $m = 2$ et $L_C = 3$.

**7.9.2.** Selon le schéma, les bits du mot de code résultent des équations :

$\boldsymbol{v}^{(1)} = u(\lambda) + u(\lambda-1) + u(\lambda-2)$ ; $\boldsymbol{v}^{(2)} = u(\lambda) + u(\lambda-2)$

| $u(\lambda)$ | $u(\lambda-1)$ | $u(\lambda-2)$ | $v^{(1)}$ | $v^{(2)}$ |
|---|---|---|---|---|
| 0 | 0 | 0 | 0 | 0 |
| 0 | 0 | 1 | 1 | 1 |
| 0 | 1 | 0 | 1 | 0 |
| 0 | 1 | 1 | 0 | 1 |
| 1 | 0 | 0 | 1 | 1 |
| 1 | 0 | 1 | 0 | 0 |
| 1 | 1 | 0 | 0 | 1 |
| 1 | 1 | 1 | 1 | 0 |

Il y a un total de $2^k$ combinaisons d'entrées possibles. La mémoire peut prendre un total de $2^{k \cdot m}$ états. Le nombre de combinaisons d'états d'entrée est le produit de ces deux valeurs: $2^k \cdot 2^{k \cdot m}$.

Dans ce cas, il y a donc 2 combinaisons d'entrées possibles, 4 états de mémoire différents et 8 combinaisons d'états d'entrée. Les valeurs des transitions peuvent facilement être extraites du tableau :

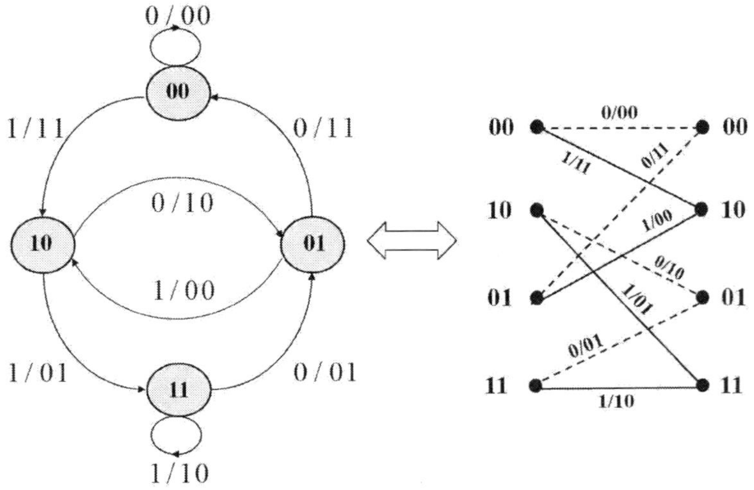


**7.9.3.** Il y a deux états qui ne sont pas changés si l'information reste la même, à savoir (00) lors du codage d'un 0 et (11) lors du codage d'un 1. Cependant, les séquences de code générées (00) et (10) sont différentes. Par conséquent, ce codeur n'est pas un encodeur catastrophique.

**7.9.4.** Le diagramme en treillis du code avec 4 étapes de transition.

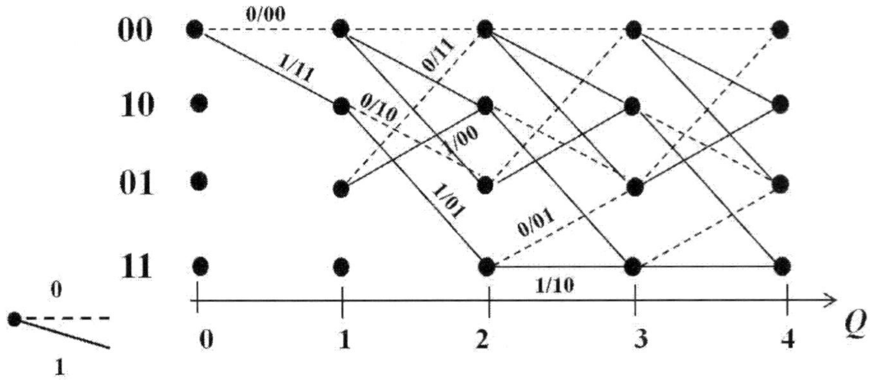


**7.9.5.** La distance libre peut être obtenue directement du diagramme en treillis par le chemin fondamental avec le poids le plus faible. La recherche de ce chemin passe par l'essai. La séquence d'information $u=(1,0,0)$ donne la séquence du code $v=(11,10,11)$ avec le poids 5. Les séquences de code de poids inférieur, sauf zéro, ne peuvent pas être trouvées, d'où la distance libre $d_f = 5$.

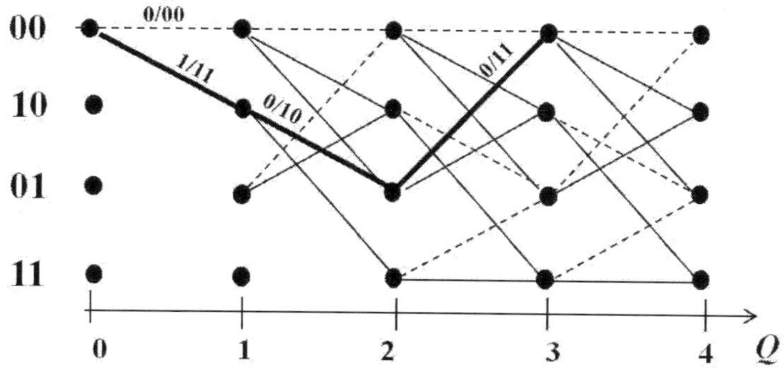


**7.9.6.** Le codage peut être effectué au moyen du tableau, du diagramme d'états ou du diagramme en treillis. Cette dernière option offre la solution la plus simple. Pour pouvoir encoder une séquence, il faut connaître le contenu de la mémoire, c'est-à-dire de l'état du mémoire. Selon la question, le codage doit commencer à l'état zéro (état initial). Le résultat du codage pour la séquence $u = (1, 1, 0, 1)$ est donc : $v = (11, 01, 01, 00)$

le chemin surligné en gras indique la séquence codée $v$.

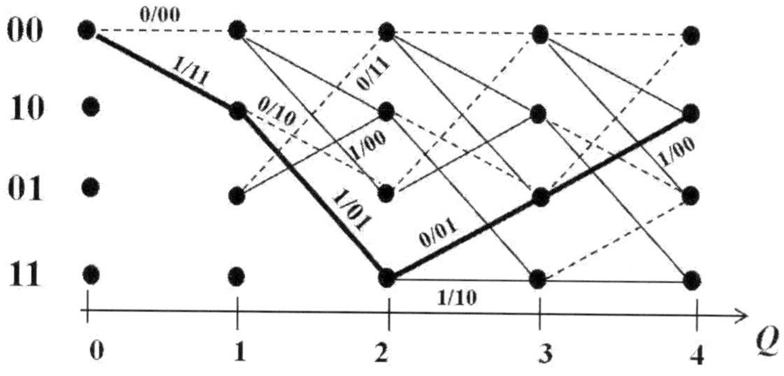


La terminaison vise à compléter un mot de code avant de coder une autre séquence d'informations. Pour cela, la mémoire doit être transférée dans un état défini, normalement l'état zéro. Par conséquent, pour la terminaison, $m \cdot k$ zéros doivent être ajoutés à la séquence d'information (dans ce cas deux zéros), de sorte que la séquence $(u|00)) = (1,1,0,1|00)$ soit codée.

- Le résultat est la séquence du code terminé : $v_t = (11, 01, 01, 00, 10, 11)$
- Les taux de codage sont obtenus en comptant simplement les bits d'information divisés par le nombre correspondant de bits de code :
- $R_C = \frac{1}{2}$
- Selon la relation (7.28), le taux de codage du mot de code terminé est donc :

$$R_{C,\text{terminé}} = \frac{N}{(N+m)\cdot n} = \frac{4}{(4+2)\cdot 2} = \frac{1}{3}$$

- La perforation est normalement effectuée périodiquement avec la période $\boldsymbol{L_P}$ et peut être ensuite décrite à l'aide d'une matrice de perforation $M_P$ telle que :

$$\boldsymbol{M_P} = \begin{pmatrix} 1 & 0 & 1 \\ 1 & 1 & 0 \end{pmatrix} \Rightarrow \boldsymbol{L_p} = 3$$

Selon le paragraphe (§ 7.7.7.C), on a : $\boldsymbol{v_{t,p}} = (11, 1, 0,\ 00, 0, 1)$

- Le taux de codage du code perforé est donné selon la relation (7.32)

$$R_p = \frac{k\cdot L_p}{n\cdot L_p - e_p} \quad \text{où} \quad e_p < L_p\cdot(n-k) \Rightarrow R_{C,t,p} = \frac{1\cdot 3}{2\cdot 3 - 2} = \frac{3}{4}$$

La terminaison réduit le taux de codage, tandis que la perforation l'augmente à nouveau.

**7.9.7.** Décodage de la séquence (01 **x**1 0**x** 00)

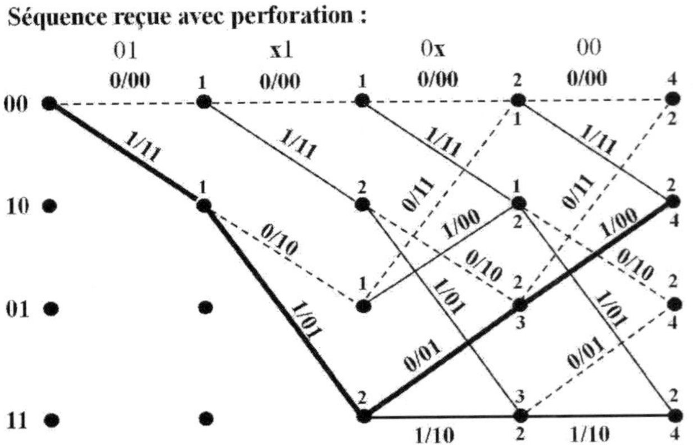


Le chemin avec le plus grand nombre de correspondances conduit au mot de code estimé $\hat{v} = (\underline{1}1, 01, 01, 00)$ (chemin surligné en gras). Séquence d'information estimée : $\hat{u} = (1, 1, 0, 1)$.

# Glossaire

| Symbole | Description |
|---|---|
| $A$ .................... | Alphabet fini, ensemble |
| $\boldsymbol{A}$ .................. | Vecteur du mot de code dans le domaine fréquentiel |
| $\boldsymbol{A(x)}$ .............. | Polynôme du mot de code au domaine fréquentiel |
| $\boldsymbol{A_i}$ .................. | Coefficient de mot de code au domaine fréquentiel |
| $A_i^2$ ................ | Fréquences conjuguées de $A_{2i}$ . |
| $\boldsymbol{a(x)}$ ............... | Polynôme du mot de code au domaine temporel |
| $\boldsymbol{a_i}$ ................... | Coefficient du polynôme $a(\boldsymbol{x})$ |
| $\hat{\boldsymbol{a}}$ .................... | Mot de code estimé |
| $\boldsymbol{a}$ ................... | Vecteur (matrice du mot de code) |
| $\boldsymbol{a}^T$ ................. | Transposée du vecteur $\boldsymbol{a}$ |
| $\boldsymbol{a_S}$.................... | Vecteur systématique (matrice du mot de code) |
| $\boldsymbol{a}^{(111)}$ .............. | Permutation circulaire de 3 bits d'un mot de code |
| $\boldsymbol{a}$..................... | Matrice de transition de l'état (00) à tous les autres états |
| $\alpha$ .................. | Elément primitif |
| $a,b,c,d$............. | Etats de registre (00), (10), (01), (11) |
| $B$..................... | Alphabet fini, ensemble |
| $\boldsymbol{b}$ .................... | Matrice de toutes les transitions vers (00) |
| $\boldsymbol{b(x)}$ ................ | Mot de code reçu au domaine temporel (polynôme) |
| $\boldsymbol{b_i}$ .................. | Coefficients du polynôme du mot de code reçu $b(x)$ |
| $\boldsymbol{B(x)}$ ............... | Mot de code reçu au domaine fréquentiel (polynôme) |
| $\boldsymbol{b_0, b_1, b_5}$........... | Coefficients intermédiaires du circuit de codage BCH |
| $B$ ..................... | Largeur de Bande |
| $\boldsymbol{c(x)}$ ............... | Polynôme du mot de code émis |
| $\boldsymbol{c'(x)}$ ............... | Polynôme du mot de code reçu |
| $\boldsymbol{c}^{(j)}$ ................ | Mot de code de la ligne $j$ |
| $\boldsymbol{c}^{(i)}(\boldsymbol{x})$.................. | Mot de code permuté de $i$ bits |
| $C(n, k)_2$ ............ | Code linéaire dans $GF(2)$ |
| $\boldsymbol{C}^{\perp}$ ................ | Code dual |
| $\boldsymbol{C}$ ..................... | Capacité d'un canal par symbole |
| $\boldsymbol{C_t}$ .................... | Capacité d'un canal par seconde |
| $\boldsymbol{C(x)}$ ................ | Polynôme localisateur d'erreurs dans le domaine fréquentiel (Chapitre 5) |

| Symbole | Description |
|---|---|
| $c(x)$ ............... | Polynôme localisateur d'erreurs dans le domaine temporel (Chapitre 5) |
| $c_0$, $c_1$, $c_2$, $c_3$........ | Coefficients de décalage du circuit de codage BCH |
| $d_H$.................... | Distance de Hamming |
| $d_H(u,v)$ ........... | Distance de Hamming entre les deux vecteurs ***u*** et ***v*** |
| $d_{\min}$ ................. | Distance minimale de Hamming |
| $d$ ...................... | Distance planifiée (designed distance) |
| $d_{eff}$.................... | Distance efficace |
| $d_0$, $d_1$................ | Coefficients de décalage du circuit de codage BCH |
| $\delta = d_{\min}$ ........... | Distance véritable |
| $D^d$..................... | Paramètre pour la description de la distance de Hamming, dont la puissance indique le nombre de chiffres autres que zéro. |
| $d_r$...................... | Distance minimale pour un code $C_r(n_r,k_r)$ (*r* pour : row-code = code-ligne) |
| $d_c$..................... | Distance minimale pour un code $C_c(n_c,k_c)$ (*c* : pour column-code = code-colonne) |
| $\Delta T$.................... | Période de transmission d'un signal |
| $e(x)$ ................. | Polynôme d'erreurs (Domaine temporel) |
| $e$....................... | Vecteur d'erreurs |
| $e_i$...................... | Coefficient correspondant au ***e*** (Domaine temporel) |
| $e_p$...................... | Bits perforés |
| $e_0$, $e_1$.................. | Eléments neutres pour l'addition et la multiplication |
| $\varepsilon$....................... | Nombre d'erreurs parmi *n* bits |
| $E$....................... | Erreur maximale |
| $E(x)$ ................. | Polynôme d'erreurs (Domaine fréquentiel) |
| $E^*$ .................... | Coefficients des erreurs inconnues dans le domaine fréquentiel |
| $E_{(j-i)_{\bmod n}}$ ......... | Coefficient correspondant au polynôme d'erreurs (Domaine fréquentiel) |
| $E_i$...................... | Elément arbitraire d'un ensemble |
| $E_0$...................... | Elément neutre |
| $E_S$...................... | Energie par symbole |
| $E_b$...................... | Energie par bit |
| $\mathbb{F}_p$ .................... | Corps fini avec des caractéristiques de nombres premiers |
| $\mathbb{F}_p[\mathbf{x}]_{p(x)}$ ............ | Corps obtenu en considérant les polynômes à coefficients dans $\mathbb{F}_p$ modulo $p(x)$ |
| $f(x)$ .................. | Polynôme |
| $g(x)$ .................. | Polynôme générateur |

| Symbole | Description |
|---|---|
| $g_\mu$ | Coefficient du polynôme générateur |
| $g^{(j)}(x)$ | Polynôme générateur correspondant à la $j$-ème séquences génératrices d'un codeur convolutif |
| $g_{i\mu}^{(j)}$ | Coefficient de la réponse impulsionnelle d'un codeur convolutif à plusieurs entrées et sorties |
| $\boldsymbol{G}$ | Matrice génératrice |
| $\boldsymbol{G}_S$ | Matrice génératrice systématique |
| $\boldsymbol{G(D)}$ | Transformation en $D$ de $g(x)$ |
| $\boldsymbol{G}^T$ | Matrice génératrice transposée |
| $\boldsymbol{G}_\mu$ | Sous-matrice de $\boldsymbol{G}$ (code convolutif) |
| $\boldsymbol{GF(p)}$ | Champ de Glaois de base $\boldsymbol{p}$ |
| $\boldsymbol{GF(q)}$ | Champ d'extension pour $\boldsymbol{q = p^m}$ |
| $\mathcal{G}$ | Ensemble |
| $\boldsymbol{h(x)}$ | Polynôme de contôle |
| $\boldsymbol{h}_i$ | Coefficients du polynôme de contrôle |
| $\boldsymbol{h}_{ij}$ | Eléments de la matrice de contrôle |
| $\bar{h}(x)$ | Polynôme réciproque du polynôme de contôle |
| $h_d(x)$ | Polynôme de contôle dual |
| $\boldsymbol{H}$ | Matrice de contrôle |
| $\boldsymbol{H}_S$ | Matrice de contrôle systématique |
| $\boldsymbol{H}^T$ | Matrice de contrôle transposée |
| $\mathcal{H}_{wld}$ | Nombre de séquences de code avec le poids de Hamming |
| $\boldsymbol{j}$ | $j = \sqrt{-1}$ : Nombre complexe |
| $\boldsymbol{J}$ | Longueur de mémoire |
| $\boldsymbol{k}$ | Nombre des bits de l'information (Dimension d'un code) |
| $\boldsymbol{k}_d$ | Nombre dual des bits de l'information |
| $\boldsymbol{K}_j$ | Classe de division circulaire (Classe cyclotomique) |
| $\mathcal{K}$ | Ensemble |
| $\boldsymbol{L}^l$ | Paramètre de numérisation des pas de codage, où $l$ est la longueur de la branche (chemin) de codage |
| $\boldsymbol{L}_C$ | Longueur de contrainte |
| $\boldsymbol{L}_p$ | Période de perforation |
| $\boldsymbol{L}$ | Rapport de paquets d'erreurs |
| **lb** | Logarithme binaire |
| $\Lambda$ | Profondeur d'entrelacement |
| $\boldsymbol{m}$ | Nombre des cellules : mémoire d'un codeur convolutif |

| Symbole | Description |
|---|---|
| $m \in \mathbb{N}$ ................ | Degré d'extension d'un champ de Galois $GF(p^m)$ |
| $m$ ........................ | Degré du polynôme primitif : $\deg(p(x)) = m$ |
| $m(x)$ .................. | Polynôme minimal |
| $M_P$ ..................... | Matrice de perforation |
| $M_{TFD}$ ................ | Matrice de de la transformation TFD |
| $M_{TFDI}$ .............. | Matrice de de la transformation TFDI |
| $\mathbf{M}(r\|c)$ .............. | Métrique de chemin (Path Metric) |
| $M$ ........................ | Nombre des éléments inclus dans $\cup K_j$ |
| $M$ ........................ | Ensemble |
| $\|M\|$ ...................... | Degré de polynôme générateur : $\|M\| = \deg(g(x))$ |
| $\mathbf{M}(r_i\|c_i)$ ............. | Métrique de bit (Bit Metric) |
| $\mathcal{M}(r\|c)$ ............. | Métrique de Viterbi d'un canal (CDSM), |
| $\mathcal{M}(r_i\|c_i)$ ............ | Incréments métriques (Surcoût de la métrique). |
| $\mu$ ........................ | Indice |
| $n$ ........................ | Longueur du mot de code |
| $n$ ........................ | Nombre de sorties d'un code convolutif |
| $n \times m$ .................. | Dimension d'une matrice de contrôle d'un code LDPC |
| $N$ ........................ | Puissance du bruit (AWGN) |
| $N_0$ ....................... | Densité de puissance de bruit |
| N ........................ | Longueur d'un mot de code convolutuif terminé |
| $N$ ........................ | Poids de séquence d'entrée non codé |
| $N_f$ ....................... | Nombre de vecteurs d'erreur possibles |
| $N^w$ ...................... | Paramètre présentant les éléments $w$ des «1» de la suite binaire du mot d'information |
| $v^{(j)}$ ...................... | La $j$-ème des $n$-séquences de sortie ($j = 1, ..., n$) d'un code Convolutif |
| $P(\varepsilon, n)$ .............. | Probabilité de la parition de $\varepsilon$ erreurs parmi $n$ bits |
| $P(\varepsilon=0)$ .............. | Probabilité de la réception de $n$ bits sans erreurs |
| $p$ ........................ | Densité de probabilité |
| $P_S$ ....................... | Probabilité d'apparition d'un symbole |
| $P(c)$ .................... | Probabilité *a priopri* |
| $P_e$ ....................... | Probabilité d'erreur |
| $P(y\|x)$ ................ | Probabilité de transition |
| $p(x)$ ................... | Polynôme primitif, polynôme modulaire |

| Symbole | Description |
| --- | --- |
| $p_i$ ........................ | Coefficients du polynôme primitif $\in GF(p)$ |
| $p_{i,j}$ ........................ | Coefficients de la matrice de perforation |
| $P_{k,n-k}$ ........................ | Matrice de parité |
| $P^T$ ........................ | Matrice de parité transposée |
| $Q$ ........................ | Profondeur de pénétration d'un treillis |
| $q(x)$ ........................ | Polynôme : Resultat de division de deux polynômes |
| $p_r$ ........................ | Parité ligne (row) |
| $p_c$ ........................ | Parité colonne (Column parity) |
| $p^+$ ........................ | Parité de parité |
| $R_C^c$ ........................ | Taux de codage (Codage vertical ) |
| $R_C^r$ ........................ | Taux de codage (Codage horizontal) |
| $R_b$ ........................ | Débit binaire |
| $R_C$ ........................ | Taux de codage |
| $\mathcal{R}$ ........................ | Ensemble |
| $r(x)$ ........................ | Mot de code reçu pour un code convolutif |
| $r(x)$ ........................ | Reste de la division polynomiale sur $g(x)$, $\boldsymbol{R}_{g(x)}\left[c(x)\right]$ |
| ρ ........................ | Chaque ligne est composée de ρ valeurs de 1 (LDPC) |
| $\rho$ ........................ | Période de $g(x)$ pour $1 + x^{\rho} = 0 \bmod g(x)$ |
| γ ........................ | Chaque colonne est composée de γ valeurs de 1 (LDPC) |
| $\eta$ ........................ | Densité des bits (LDPC) |
| $s$ ........................ | Vecteur de syndrome |
| $s^T$ ........................ | Transposée du vecteur $\boldsymbol{s}$ |
| $s(x)$ ........................ | Polynôme de syndrome dans le domaine temporel |
| $S(x)$ ........................ | Polynôme de syndrome dans le domaine fréquentiel |
| $s_d(n)$ ........................ | Signal discret dans le domaine temporel |
| $S_d(k)$ ........................ | Signal discret dans le domaine fréquentiel |
| $\sigma_r^2$ ........................ | Variance pour la valeur reçue $r$ |
| $T_b$ ........................ | Durée d'un bit |
| $t$ ........................ | Temps |
| $t$ ........................ | Nombre d'erreurs corrigeables (nombre maximal $t_{max}$) |
| $t'$ ........................ | Nombre d'erreurs détectables |
| $t_s$ ........................ | Nombre des symboles corrigeables |
| $t_b$ ........................ | Nombre des bits corrigeables |
| $t_{l,min}$ ........................ | Longueur minimale possible d'un paquet d'erreurs |
| $t_{l,max}$ ........................ | Longueur maximale possible d'un paquet d'erreurs |
| $T(x)$ ........................ | Polynôme d'évaluation d'erreurs |

| Symbole | Description |
|---|---|
| $T(D)$ .................... | Fonction de distribution pour $N^0 = 1$ |
| $T(N,D)$ .................. | Fonction de distribution pour $(N^1)$ |
| $T(N,L,D)$ ............. | Fonction génératrice ou fonction de transfert |
| $u$............................ | Séquence du mot d'information |
| $u(x)$...................... | Polynôme des symboles d'information |
| $u^{(i)}$ ........................ | $i$-ème entrée d'information à un codeur convolutif (CC) |
| $U^{(i)}(D)$ ................ | $i$-ème entrée d'information au domaine de $D$ |
| $U_{k,k}$, $U_{n-k,n-k}$........... | Matrices unitaires |
| $v$........................... | Sortie d'un codeur convolutif |
| $V^{(j)}(D)$ ................ | $j$-ème sortie d'un codeur CC au domaine de $D$ |
| $w(c)$ .................... | Poids d'un code |
| $x(t)$ ...................... | Signal temporel |
| $\mathbf{X}$.......................... | Etat des transitions entre (01) et (11) sans (00) |
| $X$.......................... | Etat de mémoire (code convolutif) |
| $X_\tau$ ........................ | Etat de registres au moment $\tau$ |
| $X_{\tau+1}$ ...................... | Etat de registres au moment $\tau+1$ |
| $X_a$ ........................ | Etat initial de mémoire (source) |
| $X_e$ ........................ | Etat final de mémoire (destinataire) |
| $Y(z)$ ...................... | Transformée en $Z$ du signal $y_\mu$ |
| $Y(D)$ ..................... | Transformée en $D$ du signal $y_\mu$ |
| $z$............................ | Variable complexe dans la transformée en $Z$ |
| $z_{min}$......................... | Le poids le plus faible d'une séquence de sortie |
| $\mathbb{Z}\backslash p\mathbb{Z}$....................... | Corps fini premier à $p$ éléments |

# Abréviations

| | |
|---|---|
| A/D | Analog-to-Digitalconverter |
| AM | Amolitude Modulation |
| AMI-NRZ | Alternate Mark Inversion-Non Return to Zero |
| ARQ | Automatic Repeat Request |
| ASCII | American Standard Code for Information Interchange |
| AWGN | Additive White Gaussian Noise |
| BER | Bit Error Rate |
| BF | Bit-Flipping |
| BCH | Bose-Chaudhuri-Hocquenghem |
| BDD | Bounded Distance Decoding |
| bit | binary digit : Unité de mesure de l'information |
| BMA | Berlekamp-Massey Algorithm |
| BMD | Bounded Minimal Distance Decoding |
| BSC | Binary Symmetric Channel |
| CBS | Canal Binaire Symétrique |
| CC | Code convolutif |
| CDSM | Canal Discret Sans Mémoire |
| CELP | Code-Excited Linear Prediction |
| CMI | Coded Mark Inversion |
| CRC | Cyclic Redundancy Check |
| DAB | Digital Audio Brodcasting |
| DCT | Descrete Cosine Transformation |
| dsp | Densité spectrale de puissance |
| DVB | Digital Video Brodcasting |
| D/A | Digital-to-Analog converter |
| EAN | European Article Numbering |
| e.a.b | end arround burst |
| EG | Euclidean Geometry |
| FCS | Frame-Checking-Sequence |
| FEC | Forward Error Correction |
| FIR | Finite-Impuls-Response |
| FM | Frequency Modulation |
| FSK | Frequency Shift Keying |
| GF | Galois Field |
| GIF | Graphics Interchange Format |
| HDD | Hard Decision Decoding |
| HDBn | High Density Bipolar Code |
| HDLC | High-Level Data Link Control |
| JPEG | Joint Photographic Experts Group |

| | |
|---|---|
| ISBN | International Standard Book Number |
| ITU | International Telecommunications Union |
| LAN | Local Area Network |
| LFSR | Linear Feedback Shift Register |
| LRC | Longitudinal Redundancy Checking |
| MAP | Maximum A Posteriori |
| MDS | Maximum Distance Separable |
| MLD | Maximum-Likelihood-Decoding |
| MLG | Majority-Logic |
| MPEG | Moving Pictures Experts Group |
| MP3 | Mpeg Audio Layer 3 |
| NSC | Nonrecursive non Systematic Convolutional Codes |
| PCM | Pulse Code Modulation |
| PG | Projective Geometry |
| PSK | Phase-shift keying |
| QPSK | Quadrature Phase Shift Keying |
| RCC | Recursive Convolutional Code |
| RCPC | Rate Compatible Punctured Convolutional Code |
| RNIS | Réseau Numérique à Intégration de Services |
| RS | Reed-Solomon |
| RSC | Recursive Systematic Convolutional Code |
| SLIT | Système Linéaire Invraint dans le Temps |
| SNR | Signal to Noise Ration |
| SDD | Soft Decision Decoding |
| SEC | Single Error Correction |
| SED | Single Error Detection |
| SISO | Soft Input Soft Output |
| SOVA | Soft-Output Viterbi Algorithm |
| SPA | Sum-Product Alogrithm |
| TFD | Transformation de Fourier Discrète |
| TFDI | Transformation de Fourier Discrète Inverse |
| TD | Transformation en $D$ |
| TDI | Transformation en $D$ Inverse |
| TG | Tanner Graph |
| TPC | Turbo Product Codes |
| TCC | Turbo Convolutional Codes |
| TEB | Taux d'Erreur Binaire |
| TZ | Transformation en $z$ |
| TZI | Transformation en $z$ Inverse |
| UMTS | Universal Mobile Telecommunications System |
| VRC | Vertical Redundancy Checking |
| WBF | Weighted Bit-Flipping |

# Bibliographie


**[1]** Shannon, C. E. : « A Mathematical Theory of Communication » *Bell Labs, Technical Journal*, 1948.

**[2]** Hamming, R. W. : *Coding and Information Theory*. Englwood Cliffs, NJ : Prentice Hall Inc., 1986.

**[3]** Proakis, J.G. : *Digital Communications*. 3rd ed., McGraw-Hill, 1995.

**[4]** Berraissoul, A. : *Initiation à la théorie de l'information et au codage de sources*. Ellipses, octobre 2020.

**[5]** Haykin, S. : *Communication systems*. 4th ed., John Willy & Sons, Inc., New York , Paris, 2001.

**[6]** Fontolliet, P. G. : *Systèmes de télécommunications*. Traité de l'Electricité, Volume XVIII. Presse Polytechniques et universitaires Romandes, 1994.

**[7]** Viterbi, A. J., Wolf, J. K., Zehavi E., Padovani, R. : « A Pragmatic Approach to Trellis-Coded Modulation » *IEEE Communications Magazine*, 27(6), July 1989, pp. 11–19.

**[8]** Clark, Jr., George, C., Cain, J. Bibb : *Error-Correction Coding for Digital Communications*. Springer US, 2013.

**[9]** Adamek, J. : *Foundations of Coding*. Wiley, Chichester, New York, 1991.

**[10]** Berrou, C. : *Codes et turbo codes*. Collection Iris, Springer ed., 2006.

**[11]** Gallager, R. G. : *Low density parity check codes*. MA : MIT Press, 1963.

**[12]** Steven, R. : *Introduction to Coding and Information Theory*. Berlin, Heidelberg, Springer-Verlag, New York, 1996.

**[13]** Bose, R. C., Ray-Chaudhuri, D. K. Hocquenhem, A. : « On a class of Error Correcting Binary Group Codes » *Information and Control* 3, 1960, pp. 68-79, 279-290.

**[14]** Reed, I.S., Solomon, G. : « Polynomial codes over certain finite fields » *J. Soc. Indus. Appl. Math.*, no 8, 1960, pp. 300-304,

**[15]** Gorenstein, D., Zierler, N. : « A class of Error-Correcting Codes in $p^m$ Symboles » *Journal SIAM*, Vol. 9, N° 3, 1961, pp. 207-214.

**[16]** Lin, S. Costello, D. J. : *Error Control Coding Fundamentals and Applications*. 2nd ed., Pearson Education International, 2001.

**[17]** Elias, P. : « Coding for Noisy Channels » *IRE Conv. REC.*, Part 4 1955, pp. 37-47.

**[18]** Wozencraft, J. M., Jacobs, I. M. : *Principles of communication Engineering*. John Wiley & Sons, New York, 1995.

**[19]** Massey, J. L. : « Shift-Register Synthesis and BCH Decoding » *IEEE Trans. on Information Theory* , vol. 15, no. 1, 1969, pp. 122-127.

**[20]** Viterbi, A. J. : « Convolutional codes and their performance in communications systems » *IEEE Trans. on Communication Technology*. Vol. COM-19 , 1971, pp. 751-772.

**[21]** Richardson, T. J., Urbanke, R. L. : « Efficient encoding of low-density parity-check codes » *IEEE Trans. on Information Theory*, vol. 47(2), Feb. 2001, pp.638–656.

**[22]** Pietrobon, S. : « Implementation and Performance of a Turbo/MAP Decoder » *Int'l. J. Satellite Commun.*, vol. 16, Jan-Feb 1998, pp. 23-46. *IEEE International Communications Conference* 1993.

**[23]** Luby, M., Mitzenmacher, M., Spielman, D. Shokrollahi, A. : « Efficient erasure correcting codes » *IEEE Trans. on Information Theory*, vol. 47, no 2, Feb. 2001, pp. 569 – 584.

**[24]** Bibliothèque et archives Nationales du Québec : *Guide sur l'utilisation de l'ISBN*

https://www.banq.qc.ca/documents/services/espace_professionnel/editeurs/Guide_ISBN.pdf

**[25]** McWilliams, J., Sloane, N. : *The Theory of Error-Correcting Codes*, North-Holland, 1977.

**[26]** Lin, S., Costello, D. J. : *Error Control Coding Fundamentals and Applications*. 2nd ed., Pearson Education International, 2008.

**[27]** Blake, Ian F., Mullin, Ronald C. : *The Mathematical Theory of Coding*. Academic Press, September, 2014.

**[28]** Berlekamp, E. R. : *Algebric Codding Theory*. McGraw-Hill, London u.a., 1968.

**[29]** Blahut, R. E. : *Theory and Practice of Error Control Codes*. Reading, MA : Addison-Wesley 1983.

**[30]** Mullen, De Gary L., Panario, D. : *Handbook of Finite Fields*. CRC Press, Taylor & Francis Group, 2013.

**[31]** Bossert, M. : *Channel Coding for Telecommunications*. Wiley-Blackwell, 1999.

**[32]** Peterson, W. W., Weldon, E. J. : *Error-Correcting Codes. Error-Correcting Codes*. 2nd ed., the MIT Press, 1972.

[**33**] Plotkin, M. : « Codes binaires avec une distance minimale » *Transactions spécifiée en Théorie de l'information*, 6, 1960, pp. 445–450

[**34**] Gilbert, E. N. : « A comparison of signalling alphabets » *Bell System Technical Journal*, 31, 1952, pp. 504–522.

[**35**] Varshamov, R. R. : « Estimate of the number of signals in error correcting codes » *Dokl. Akad. Nauk SSSR*, 117, 1957, pp. 739–741.

**[36]** Kasami, T. : « A Decoding Procedure For Multiple-Error-Correction Cyclic Codes » *IEEE Trans. on Information Theory*, Volume: 10, Issue: 2, April 1964, pp. 134 – 138.

**[37]** Haykin, S. , Van Veen, B. : *Signals and Sysytems*. 2nd ed., John Willy & Sons, New York Inc., 2003.

**[38]** Abramson, N. : *Information Theory and Coding*. McGraw-Hill electronic sciences series, McGraw – Hill, 1963.

**[39]** Van Den Enden, W. M. : *Traitement numérique du signal.* Elsevier-Masson, 1992.

**[40]** Reed, I. S., Solomon, G. : « Polynomial codes over certain finite fields » *J. Soc. Indus. Appl. Math.*, no 8, 1960, p. 300-304.

**[41]** Bose, R. C., Ray-Chaudhuri, D. K : « On a Class of Error Correcting Binary Group Codes » *Information and Control*, vol. 3, March 1960, pp. 68 – 79.

**[42]** Massey, J. L. : *Threshold Decoding.* MIT. Press, Cambridge, 1963.

**[43]** Falcone, Y., Fernandez, J.-Claude : *Automates à états finis et langages réguliers*. DUNOD, Collection : InfoSup, 2020.

**[44]** Mealy, George H. : « A Method for Synthesizing Sequential Circuits » *Bell System Tech. J.* 34, 1955, pp. 1 045–1 079.

**[45]** Kou, B. C. : *Automatic Control Systems*, 6th ed. Prentice-Hall, 1990.

**[46]** Ma, H., Wolf, J. : « Tail biting convolutional codes » *IEEE Transactions on Communications*, vol. 34, Issue: 2, Feb 1986, pp. 104-111.

**[47]** Hagenauer, J. : « Rate-Compatible Punctured Convolutional Codes (RCPC-Codes) and their Applications » *IEEE Transaction on Communication*, vol. c 36, N°. 4, 1988, pp. 389-400.

**[48]** Hagenauer, J., Seshadri, N., Sundberg, C-E. W. : « The Performance of Rate-Compatible Punctured Convolutional Codes for Future Digital Mobile Radio » *Proceedings of* 38*yh IEEE Vehicular Technology Conference*, Philadelphia 1988.

**[49]** Forney, G. D. : *Concatenated Codes*. The MIT Press, Cambridge, Massachusetts, 1966.

**[50]** Fire, P. : « A Class of Multiple-Error-Correcting Binary Codes for Non-Independent Errors » *Sylvania Report RSL-E-2, Firmenschrift Sylvania Electronic Defense Laboratory*. Mountain View, California 1959.

**[51]** Costello, D. J., Lin, S. : *Error Control Coding. Fundamentals and applications*. 2nd ed., Prentice-Hall, 2004.

[**52**] Bahai, A. R., Salztberg, B. R., Ergen, M. : *Multi-Carrier Digital Communications. Theory and Applications of OFDM*. 2nd ed., Springer 2004.

[**53**] Berrou, C., Glavieux, A., Thitimajshima, P. : « Near Shannon limit error correcting coding and decoding: Turbo-codes » *IEEE International Conference on Communications,* Geneva, May 1993, pp. 1064-1070.

[**54**] Ramsey, J. L. : « Realization of optimum interleavers » *IEEE Trans. Inform. Theory*, vol. IT-16, May 1970, pp. 338–345

**[55]** Ungerboeck, G. : « Trellis-coded modulation with redundant signal sets Part I: Introduction » *IEEE Communications Magazine*, vol. 25, no. 2, 1987, pp. 5-11.

**[56]** Huffman, W. C., Pless, V. : *Fundamentals of Error-Correcting Codes*. Cambridge University Press, 2003.

[57] Hagenauer, J.: « Iterative Decoding of Binary Block and Convolutional Codes » *IEEE Trans. on Information Theory*, vol. 42, no. 2, March 1996, pp.429-445.

[**58**] Breiling, M., Huber, J. B. : « Upper bound on the minimum distance of turbo codes » *IEEE Transactions on Communications* , vol. 49 , Issue: 5, May 2001, pp. 808 – 815.

**[59]** Heegard, Ch., Wicker, S. B. : *Turbo Coding*. Springer, 1999.

[**60**] Vucetic, B., Yuan, J. : *Turbo codes, Principles and Applications*. 1st ed., Kluwer Academic, Boston, London, 2000.

**[61]** Hagenauer, J., Robertson, P., Papke, L. : « Iterative Turbo-Decoding of Systematic Convolutional Codes with the MAP and SOVA Algorithms » *ITG Fachtagung Codierung für Quelle, Kanal und Übertragung*, Band 130, München, Oktober 1994. pp. 21-29.

**[62]** Hagenauer, J., Offer, E., Papke, L.: « Iterative Decoding of binary block and Convolutional Codes » *IEEE Trans. On Inf. Theory* , vol .IT-4, no. 2, March 1996, pp. 429- 445.

**[63]** Declerq, D., Fossorier, M., Biglieri, E. : *Channel Coding: Theory, Algorithms and Applications*. Academic Press Library in Mobile and Wireless Communications, 2014.

**[64]** MacKay, D. J. C., Neal, R. M. : « Near Shannon limit performance of low density parity check codes » *Electronics Letters*, vol. 33, no. 6, March 1997, pp. 457-458.

**[65]** Tanner, R. : « A recursive approach to low complexity codes » *IEEE Trans. on Information Theory,*, vol. 27, no. 5, Sep. 1981, pp. 533 – 547.

**[66]** Richardson, T. J., Urbanke, R. L. : « *Efficient encoding of low-density parity-check codes* » *IEEE Trans. on Information Theory*, vol. 47(2), Feb. 2001, pp.638–656.

**[67]** Ryan, W. E. : *An introduction to LDPC codes,* 2003 : http://www.telecom.tuc.gr/~alex/papers/ryan.pdf

**[68]** A collection of links to sites about LDPC codes and a list of papers about the topic. http://www.csee.wvu.edu/wcrl/ldpc.htm

**[69]** Wicker, S.B. : *Error Control Systems for Digital Communication and Storage.* Prentice-Hall, Englewood Cliffs (NJ), 1995.

**[70]** Ziemer, R. E., Peterson, R. L. : *Introduction to Digital Communication.* 2nd ed., Macmillan, New York, 1992.

**[71]** Kammeyer, K. D. : *Nachrichtenübertragung*, 3te Auflage, Teubner-Verlag Stuttgart, Leipzig, Wiesbaden, 2004.

**[72]** Forney, G. D. : « Maximum- Likelihood Sequence Estimation for Digital Sequences in the Presence of Intersymbol Interference » *IEEE Trans. on Information Theory.* IT-18, 1972, pp. 363-378.

**[73]** Elias, P. : « Error-free coding » *Transactions of the IRE Professional Group on Information Theory*, vol. 4, no. 4, 1954, pp. 29–37.

**[74]** Wiberg, N., Loeliger, H.-A., Kötter, R. : « Codes and iterative decoding on general graphs » *Europ. Tans. Telecomm*, vol. 6, Juli 1999, pp. 513–525.

**[75]** Lin, S., William, R. : *Channel Codes: Classical and Modern.* Cambridge University Press, 2003.

**[76]** Morelos-Zaragoza, R. H.: *The Art of Error Correcting Coding.* 2nd ed., John Wiley & Sons, 2006.

**[77]** A collection of links to sites about LDPC codes and a list of papers about the topic :

http://www.csee.wvu.edu/wcrl/ldpc.htm

**[78]** The homepage of MacKay. Demonstration of iterative decoding : http://www.inference.phy.cam.ac.uk/mackay/CodesFiles.html

**[79]** *Low Density Parity Check Codes for Use in Near-Earth and Deep Space Applications*. Orange Book, Issue 2, Consultative Committee for Space Data Systems (CCSDS) Experimental Specification 131.1-O-2, 2007

**[80]** Luby, M. : Mitzenmacher, M., Shokrollah, A., Spielman, D. : « Analysis of low density codes and improved designs using irregular graphs » *thirtieth annual ACM symposium on Theory of computing*, May 1998, pp. 249–258.

# Index

## D



## E



## F



## G



## H



## I



## L



## M



## N

## O



## P



## Q



## R



## S



## T



## U



## V

Made in the USA
Monee, IL
08 November 2026

68055344R00306